938381

D1684005

SCHÄFFER
POESCHEL

Volker Heyse/John Erpenbeck

Kompetenztraining

64 Modulare Informations- und Trainingsprogramme
für die betriebliche, pädagogische
und psychologische Praxis

2., überarbeitete und erweiterte Auflage

2009
Schäffer-Poeschel Verlag Stuttgart

Autoren:
Prof. Dr. Volker Heyse, TfP Trainingszentrum für Personalentwicklung Regensburg;
A C T Audit Coaching Training Regensburg; Heyse-Stiftung Menschenbilder – Menschenbildung

Prof. Dr. John Erpenbeck, Professor an der School of International Business and Entrepreneurship (SIBE), Herrenberg

Gestaltung:
Dr. Horst G. Max, MaxMultiMedia Inc. Lakeland/Florida

Bibliografische Information der Deutschen Nationalbibliothek
Die Deutsche Nationalbibliothek verzeichnet diese Publikation in der Deutschen Nationalbibliografie; detaillierte bibliografische Daten sind im Internet über <http://dnb.ddb.de> abrufbar.

Gedruckt auf chlorfrei gebleichtem, säurefreiem und alterungsbeständigem Papier

ISBN 978-3-7910-2731-9

Dieses Werk einschließlich aller seiner Teile ist urheberrechtlich geschützt. Jede Verwertung außerhalb der engen Grenzen des Urheberrechtsgesetzes ist ohne Zustimmung des Verlages unzulässig und strafbar. Das gilt insbesondere für Vervielfältigungen, Übersetzungen, Mikroverfilmungen und die Einspeicherung und Verarbeitung in elektronischen Systemen.

© 2009 Schäffer-Poeschel Verlag für Wirtschaft · Steuern · Recht GmbH
www.schaeffer-poeschel.de
info@schaeffer-poeschel.de

Einbandgestaltung: Willy Löffelhardt/Melanie Weiß
Satz: DTP + TEXT Eva Burri, Stuttgart · www.dtp-text.de
Druck und Bindung: Kösel Krugzell · www.koeselbuch.de
Printed in Germany
April 2009

Schäffer-Poeschel Verlag Stuttgart
Ein Tochterunternehmen der Verlagsgruppe Handelsblatt

Inhalt

Vorwort IX
Einleitung XI

Kapitel I: Personale Kompetenz P

Loyalität P 3
Normativ-ethische Einstellung P 9
Eigenverantwortung P 18
Glaubwürdigkeit P 24

Einsatzbereitschaft P/A 30
Selbstmanagement P/A 37
Offenheit für Veränderungen P/A 46
Schöpferische Fähigkeit P/A 55

Lernbereitschaft P/F 66
Ganzheitliches Denken P/F 74
Zuverlässigkeit P/F 82
Disziplin P/F 87

Humor P/S 94
Hilfsbereitschaft P/S 106
Delegieren P/S 119
Mitarbeiterförderung P/S 126

Kapitel II: Aktivitäts- und Handlungskompetenz A

Tatkraft A 135
Mobilität A 142
Initiative A 150
Ausführungsbereitschaft A 159

Ergebnisorientiertes Handeln A/F 165
Zielorientiertes Führen A/F 170
Konsequenz A/F 175
Beharrlichkeit A/F 183

Optimismus A/S 191
Soziales Engagement A/S 199
Schlagfertigkeit A/S 208
Impulsgeben A/S 212

Entscheidungsfähigkeit A/P 221
Gestaltungswille A/P 230
Belastbarkeit A/P 238
Innovationsfreudigkeit A/P 248

Kapitel III: Sozial-kommunikative Kompetenz S

Kommunikationsfähigkeit S 259
Kooperationsfähigkeit S 267
Anpassungsfähigkeit S 274
Beziehungsmanagement S 284

Konfliktlösungsfähigkeit S/P 294
Integrationsfähigkeit S/P 304
Dialogfähigkeit/Kundenorientierung S/P 313
Teamfähigkeit S/P 322

Akquisitionsstärke S/A 328
Problemlösungsfähigkeit S/A 337
Beratungsfähigkeit S/A 344
Experimentierfreude S/A 352

Sprachgewandtheit S/F 360
Verständnisbereitschaft S/F 363
Gewissenhaftigkeit S/F 373
Pflichtgefühl S/F 383

Kapitel IV: Fach- und Methodenkompetenz F

Fachwissen F 393
Marktkenntnisse F 403
Fachübergreifende Kenntnisse F/S 414
Planungsverhalten F 425

Projektmanagement F/S 433
Folgebewusstsein F/S 440
Fachliche Anerkennung F/S 446
Lehrfähigkeit F/S 455

Wissensorientierung F/P 466
Analytische Fähigkeiten F/P 482
Beurteilungsvermögen F/P 484
Sachlichkeit F/P 495

Konzeptionsstärke F/A 504
Organisationsfähigkeit F/A 512
Systematisch-methodisches Vorgehen F/A 521
Fleiß F/A 533

Kapitel V: Zusätzliche MIT für Führungskräfte

Loyalität P 547
Glaubwürdigkeit P 553
Offenheit für Veränderungen P/A 561
Schöpferische Fähigkeit P/A 568

Lernbereitschaft P/F 578
Humor P/S 586
Mitarbeiterförderung P/S 593
Entscheidungsfähigkeit A/P 606

Belastbarkeit A/P 614
Innovationsfreudigkeit A/P 624
Beziehungsmanagement S 631
Konfliktlösungsfähigkeit S/P 640

Teamfähigkeit S/P 649
Beratungsfähigkeit S/A 664
Analytische Fähigkeiten F/P 670
Beurteilungsvermögen F/P 677

Vorwort

Die erste Auflage dieses Buches erschien vor vier Jahren. Sie stieß sofort auf eine große Resonanz und wurde auf Grund des von uns vertretenen Kompetenzmodells, des KompetenzAtlas' und der Vielzahl der Informations- und Selbsttrainingsprogramme breit genutzt. Unsere Grundannahme, dass Kompetenzenentwicklungen nur durch emotions- und motivationsaktivierende Methoden unterstützt werden und dazu auch unsere Modularen Informations- und Trainingsprogramme (MIT) deutlich beitragen können, hat sich vielfach bestätigt.

Auf Grund des zunehmenden Leserinteresses hat der Verlag sich dazu entschieden, nun eine zweite, überarbeitete und deutlich erweiterte Auflage herauszugeben. Damit sind insbesondere folgende Veränderungen gegenüber der ersten Auflage verbunden:

Einerseits wurden einige MIT gegen neue ausgetauscht und damit neue Einsichten und Entwicklungen berücksichtigt. Bei allen 64 MIT wurde die empfohlene Literatur zur weiteren Beschäftigungen mit den jeweiligen Teilkompetenzen auf ihre Aktualität hin geprüft und ebenfalls auf den neuesten Stand gebracht. Andererseits wurden die bisherigen 64 MIT, die relativ tätigkeits- und funktionsunabhängig sind, durch *16 MIT speziell für Führungskräfte* erweitert.

Diese Veränderungen gegenüber der ersten Auflage kommen auch den früheren Lesern zugute; sie erwerben quasi ein neues Buch mit vielen erweiterten Anregungen.

Das vor Ihnen liegende Buch ist eine Art Trainingskompendium, ein Nachschlagewerk, jedoch kein Roman. Der Leser sollte – sofern er nicht Berater oder Trainer, Coach ist –, nur die MIT durcharbeiten und über die empfohlene Literatur weiterführen, die für ihn gegenwärtig besonders wichtig sind. Weniger bringt mehr. Beschäftigen Sie sich mit einem, höchstens zwei MIT zugleich und interessieren Sie sich erst für weitere, wenn Sie die selbst gesetzten Maßnahmen realisiert haben und mit dem Erfolg zufrieden sind. Gute Erfahrungen haben auch all diejenigen Leser gemacht, die die MIT für intensive Kommunikation und Erfahrungsaustausch mit anderen nutzten und somit zusätzlich ihre soziale Wahrnehmung trainierten. Bei etlichen MIT wird der Erfahrungsaustausch auch direkt empfohlen.

Uns sind diese Hinweise wichtig, da tatsächlich eine Leserzuschrift »eine durchgehende Handlung« vermisste und Schwierigkeiten beim »Durchlesen« des Buches signalisierte. Wir verkniffen es uns, darauf aufmerksam zu machen, dass man auch die »Gelben Seiten« nicht von Anfang bis zum Ende lesen sollte, sondern darin stets nur das suchen, was gerade gebraucht wird.

Im Vergleich zur ersten Auflage wurde auch die Einleitung neu konzipiert. Während der KompetenzAtlas in der Zwischenzeit für viele zu einem gewissen Standard wurde, die sich mit Kompetenzermittlung und -entwicklung befassten bzw. ihn als Vorlage für eigene Variationen und Kombinationen nutzten, rücken nach 15 Jahren Kompetenztheorie und -praxis in Deutschland die Divergenzen zweier Grundausrichtungen in den Vordergrund. Wir verweisen alle, die sich näher mit unserem Kompetenzmodell (und speziell mit dem KompetenzAtlas) befassen wollen, auf unsere Bücher »KompetenzManagement« (Heyse/Erpenbeck u. a. 2007) und »TalentManagement« (Heyse/Ortmann 2008) und bekräftigen stattdessen in der neuen Einleitung unsere Standpunkte zur Kompetenzentwicklung auf der Grundlage der Selbstorganisationstheorie. Dabei gehen wir auch über die MIT hinaus auf weitere Methoden und Wege zur Kompetenzentwicklung ein.

Uns bleibt zu danken: Allen Freunden und Kollegen, die zum Trainer- und Beraterkreis der KODE®- und KODE®X-Verfahrenssysteme gehörten und zu ihrer Entwicklung sowie zum Einsatz von Trainings beitrugen; allen Fachkollegen und Praktikern, die unserer Verständnis von Kompetenzen beeinflussten und bereicherten.

Schließlich sei allen gedankt, die an der Entstehung dieses Buches beteiligt waren, insbesondere Frau Dörthe Heyse und Frau Eva Burri sowie dem Lektorat des Schäffer-Poeschel Verlages.

Volker Heyse/John Erpenbeck   Regensburg/Berlin, August 2008

Einleitung

Was sind Kompetenzen?

Je komplexer und dynamischer Markt, Wirtschaft und Politik werden, desto unsicherer sind alle Voraussagen. Die Menschen müssen mehr und mehr unter Ungewissheit entscheiden, ihr Handeln wie auch das von Gruppen, Teams und Organisationen selbst organisieren. Dazu benötigen sie *besondere Fähigkeiten*: Selbstorganisations-Fähigkeiten. Kompetenzen sind die komplexen, zum Teil verdeckten, Potenziale – und somit das *Können* und *Könnte*. Sie umschließen komplexe Erfahrungen und Handlungsantriebe, die auf angeeigneten Regeln, Werten und Normen einer Person oder von Gruppen beruhen. Dabei werden Regeln, Werte und Normen für den einzelnen erst handlungsrelevant, wenn sie in Form von eigenen Emotionen und Motivationen angeeignet, »interiorisiert« wurden. »Bloß gelernte« aber nicht interiorisierte Regeln, Werte und Normen bleiben für das eigene Handeln ziemlich unerheblich. Die interiorisierten Emotionen und Motivationen gehen in die eigenen Erfahrungen ein.

Kurz zusammengefasst kann man sagen: Kompetenzen werden von Wissen im engeren Sinne fundiert, durch Regeln, Werte und Normen konstituiert, durch Interiorisationsprozesse personalisiert, als Fähigkeiten disponiert, durch Erfahrungen konsolidiert und aufgrund von Willen realisiert.

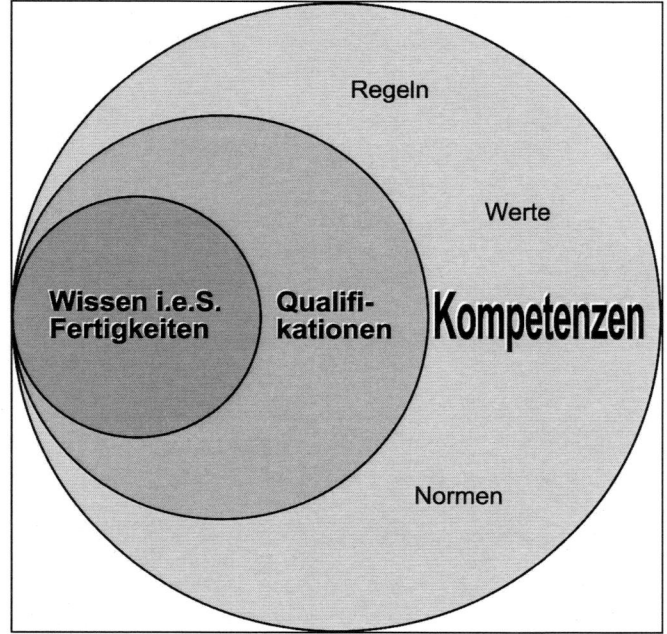

Abb. 1: Einheit von Wissen im engeren Sinne (i.e.S.), Qualifikation, Kompetenzen

Kompetenzen sind Selbstorganisationsfähigkeiten. Sie sind die individuellen Voraussetzungen, sich in konkreten Situationen an veränderte Bedingungen anzupassen, eigene Verhaltensstrategien zu ändern und erfolgreich umzusetzen.

Wissen, insbesondere Fachwissen, ist von den Kompetenzen deutlich abzugrenzen. Dabei muss betont werden, dass der Wissensbegriff sehr unterschiedlich benutzt wird. Unabhängig von Definitionsnuancen gibt es Wissensbegriffe im *engeren* Sinne, die Regeln, Werte, Normen, Emotionen, Motivationen und Erfahrungen ausschließen. Und es gibt Wissensbegriffe im *weiteren* Sinne, die alle Bewusstseinsresultate und die damit verbundenen Emotionen und Motivationen einschließen. Das wäre auch alles kein Problem, wenn diese beiden Begriffe nicht so oft über- und ineinander liefen – auch und gerade bei der Bestimmung dessen, was Personen in der Aus- und Weiterbildung etwa nun eigentlich lernen sollen. Das Management von Wissen im *engeren* Sinne läuft zudem oft auf ein Informationsmanagement hinaus. Und das Management von Wissen im *weiteren* Sinne kommt in der Regel dem Kompetenzmanagement sehr nahe.

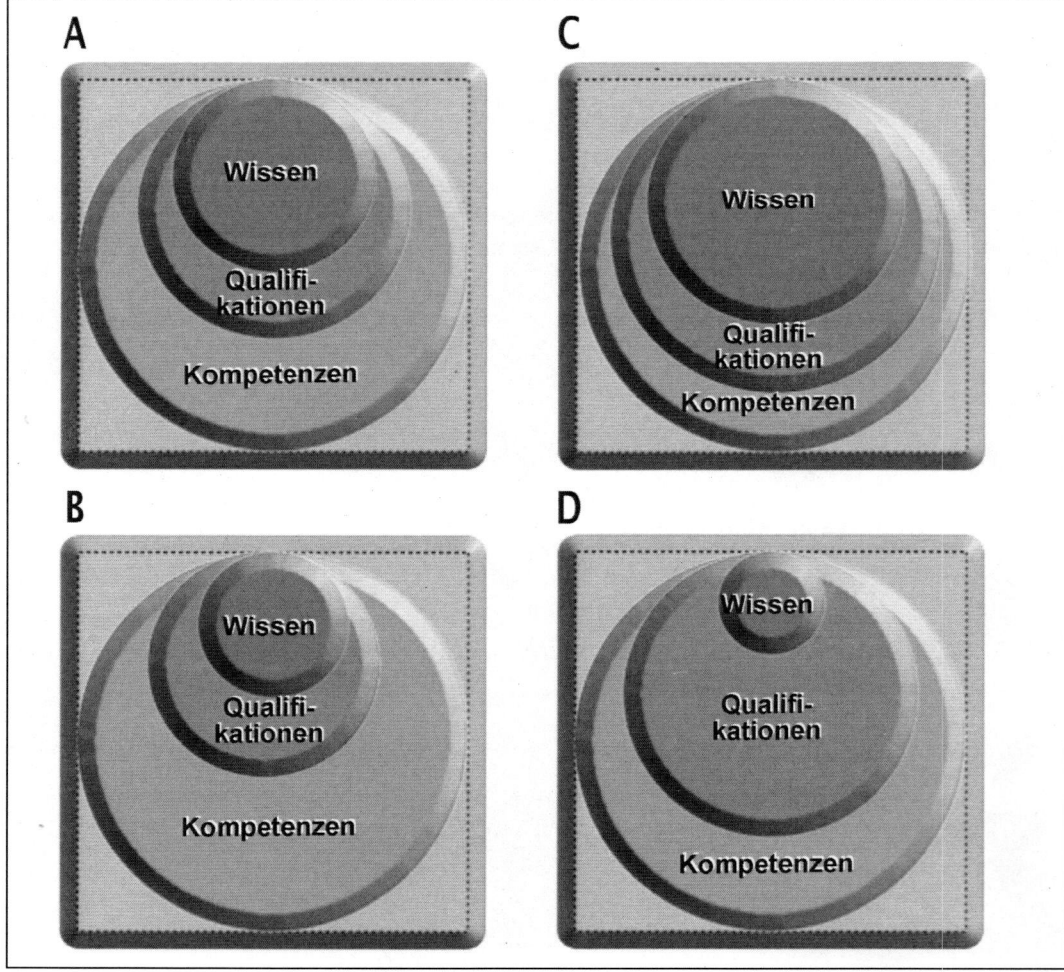

Abb. 2: Individuell unterschiedliche Verhältnisse

In allen Organisationen spielen Kompetenzen eine zunehmende Rolle. Immer weniger ist der exzellente »Fachidiot« gefragt. Das Beherrschen der fachlichen und methodischen Voraussetzungen für die Arbeit nimmt in der Bedeutung natürlich nicht ab, gilt aber – beispielsweise bei Rekrutierungen und Beförderungen – als selbstverständlich. Erst wirkliche Einsatzbereitschaft, schöpferische Fähigkeit und ausgeprägte Zuverlässigkeit – also personale Kompetenzen –, erst Entscheidungsfähigkeit, Mobilität und Initiative – also aktivitätsbezogene Kompetenzen – erst Teamfähigkeit, Kommunikationsfähigkeit und Pflichtgefühl – also sozial-kommunikative Kompetenzen – befähigen Mitarbeiter und Führungskräfte dazu, Leistungen zu erbringen und Produkte zu schaffen, die sich in echte, überdauernde Wettbewerbsvorteile ummünzen lassen. Mitarbeiterkompetenzen sichern letztlich Flexibilität und Innovationsfähigkeit und damit das Überleben des Unternehmens.

Kompetenzen sind also Fähigkeiten zur Selbstorganisation. Sie sind besonders wichtig in offenen Problem- und Entscheidungssituationen, in komplexen Systemen.

Für viele, die sich mit Kompetenzen befassen, ist der KompetenzAtlas inzwischen zu einem state of the art geworden:

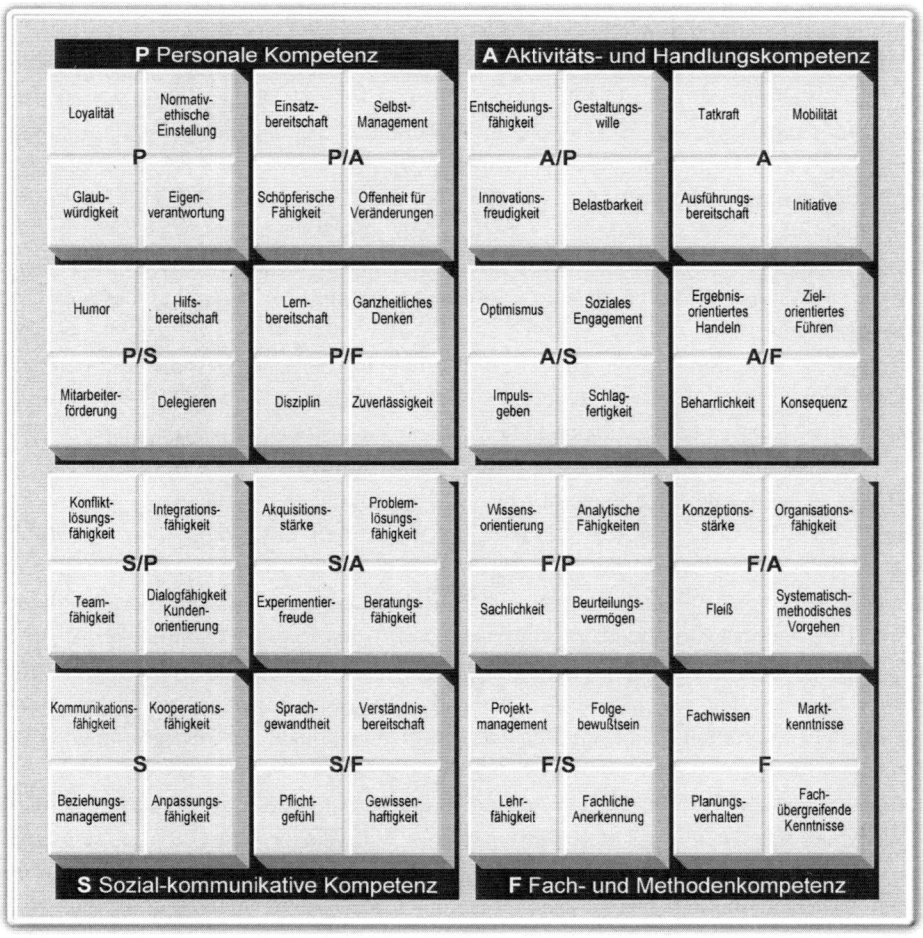

Abb. 3: KompetenzAtlas

Der wissenschaftlich vielfach abgesicherte KompetenzAtlas KODE®X Verfahrens geht von vier Kompetenzgruppen aus und unterscheidet in diesen nochmals 64 definierte Teilkompetenzen.

Alle 64 Kompetenzen sind umfassend beschrieben (Heyse/Erpenbeck 1999, 2007). Mit Hilfe des Kompetenzermittlungsverfahrens KODE® können auf der Grundlage des KompetenzAtlas Interpretaionen entlang einzelner Teilkompetenzen oder 2er-Mix, 3er-Mix oder 4er-Mix vorgenommen werden. Damit ergibt sich eine große Vielfalt an Bewältigungsstrategien und Stärken von Personen, Gruppen, Organisationen.

Der KompetenzAtlas selbst ist mit etwa 250 Synonymen hinterlegt und berücksichtigt regionale, branchen- und tätigkeitsspezifische Unterschiede.

KODE® und KODE®X sind moderne Verfahren der Kompetenzdiagnostik und -Entwicklung. KODE ist die Abkürzung von **KO**mpetenz-**D**iagnostik und -**E**ntwicklung.

Die wichtigsten Merkmale beider Verfahren sind – und das ist für die Kompetenzentwicklung von Führungskräften und Mitarbeitern besonders wichtig:

- ein deutlicher Organisationsstrategie- und Anforderungs**profil**-Bezug;
- die Unterscheidung zwischen unterschiedlichen Handlungssituationen, in denen das Verhältnis von Flexibilität und Kontinuität im Einsatz von Kompetenzen zum Ausdruck kommt;
- die Unterscheidung zwischen den Absichten und konkreten Erwartungen einer Person, ihrem konkreten Verhalten (also ihrem Einsatz von Kraft, Energie, Zeit zu Realisierung der Erwartungen), ihrer tatsächlichen Wirkung , dem Verhaltenseffekt und ihrer Vorstellung von einem Idealergebnis. Das Verhältnis von Erwartung, Verhalten, Ergebnis und Ideal bringt uns zur individuellen Kompetenzbilanz, zur Aussage über die Performanz einer Person. Es gibt nicht wenige Menschen, die einen hohen Anspruch haben, aber diesem Anspruch nicht im konkreten verhalten nachkommen und dann auch nicht auf die erwartete Wirkung kommen. Der Sprung vom WOLLEN zum TUN und dann zum erfolgreichen Realisieren scheint nicht selten ein Sprung von Lichtjahren zu sein;
- die Kompetenzfeststellung ist nur Mittel zum Zweck. Und der Zweck ist die Kompetenzstärkung und -Entwicklung! Und das ist die eigentliche Schnittstelle zum Beispiel zur Arbeit mit den Modularen Informations- und Trainingsmodulen dieses Buches oder zum Coaching.

Seit 2007 gibt es auch einen KompetenzAtlas für Jugendliche – basierend auf umfassenden Untersuchungen bei 13- bis 17-jährigen Schülern. Er ist ebenfalls mit Synonymen und umfassenden Identifikationsmerkmalen hinterlegt.

Individuelle Kompetenzen sind nicht zu verwechseln mit (relativ) stabilen Persönlichkeitsmerkmalen. Im Alltag werden die wichtigen Unterschiede oft übersehen. Persönlichkeitseigenschaften werden häufig als Persönlichkeitsmerkmale aufgefasst, die zeitlich und übersituativ stabil und universell vorkommen. Die Eigenschaften werden als hypothetische Ursachen für das beobachtbare aktuelle Verhalten angesehen. Eigenschaften und Fähigkeiten sind aber weder grammatikalisch noch inhaltlich austauschbar.

Kompetenzen lassen sich nur auf der Grundlage der Selbstorganisationstheorie erschließen und setzen eine dynamische Handlungsinterpretation voraus. Kompetenzen entstehen aus dem Zusammenspiel eines Bündels von Fähigkeiten, impliziten Erfahrungen in unterschiedlichen Lebenssituationen und Verhaltensweisen, mit denen die einzelne Person, Gruppe oder Organisation Einfluss auf andere Personen, Gruppen oder Organisationen nehmen kann. Hierbei geht es immer um die Anforderungsbewältigung in Bezug auf bestimmte Verhaltensanforderungen, Situationen und Personen.

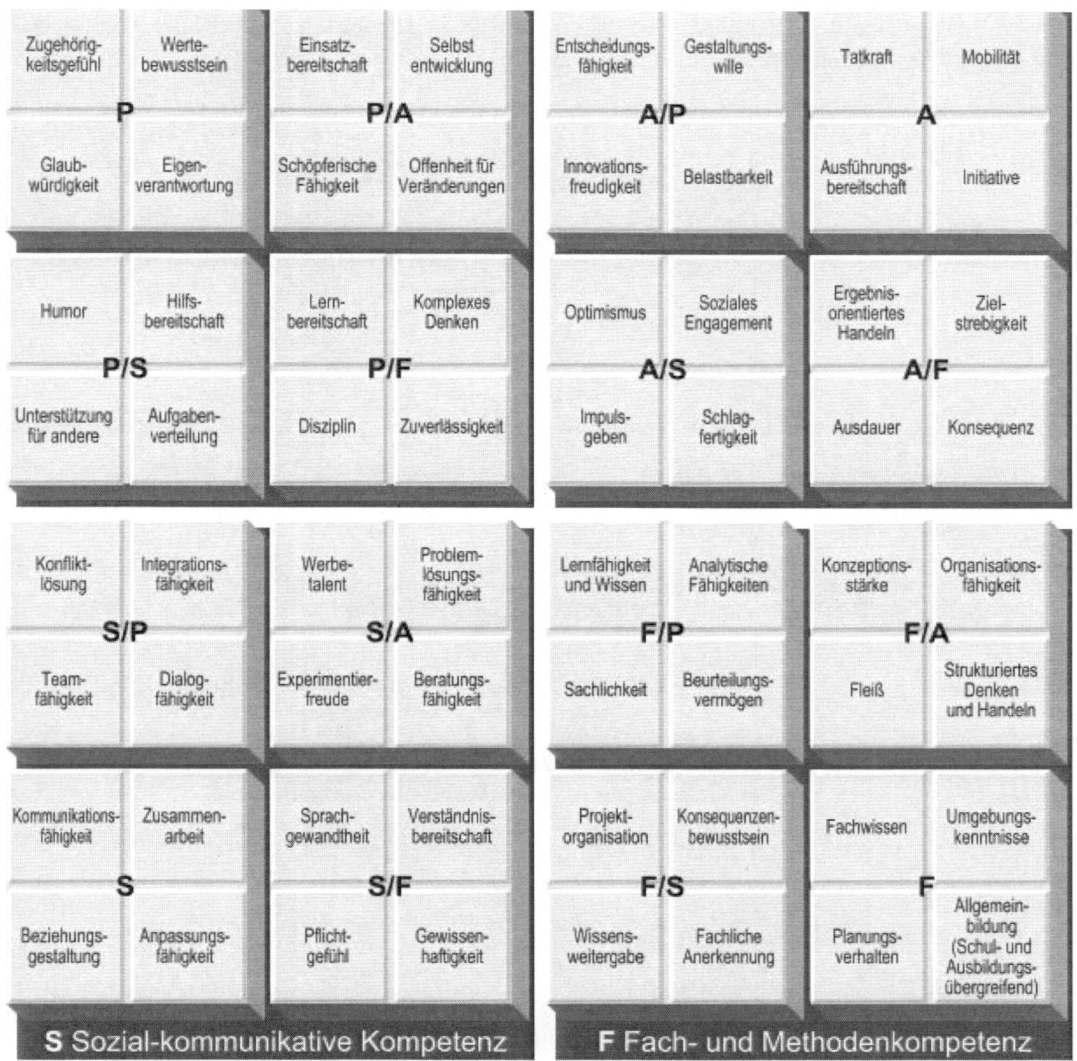

Abb. 4: KompetenzAtlas für Jugendliche

Insofern kann eine Person in Bezug auf die einen Funktions- oder Tätigkeitsanforderungen sehr kompetent sein, in Bezug auf eine andere wiederum nicht. Sie kann aber – entgegen der Betrachtung relativ stabiler Persönlichkeitsmerkmale – willentlich Kompetenzen entwickeln und in unterschiedlichen Situationen variabel nutzen.

Oft werden auch Wissen im engeren Sinne, Fertigkeiten und Qualifikationen umstandslos als Kompetenzen angesehen und benannt. Wissen ist jedoch niemals eine Handlungsfähigkeit, sondern eine operativ wichtige Voraussetzung dafür. Fertigkeiten und Qualifikationen beinhalten zwar Handlungsfähigkeiten, aber keine im kreativen, selbstorganisativen Sinne. Auch sie sind operative Voraussetzungen für echte, »strategische« Kompetenzen, haben aber einen anderen Status. Hier sollen

Wissen, Fertigkeiten und Qualifikationen als operative Kompetenzen gekennzeichnet werden. Das kommt auch dem Alltagsgebrauch in Unternehmen entgegen.

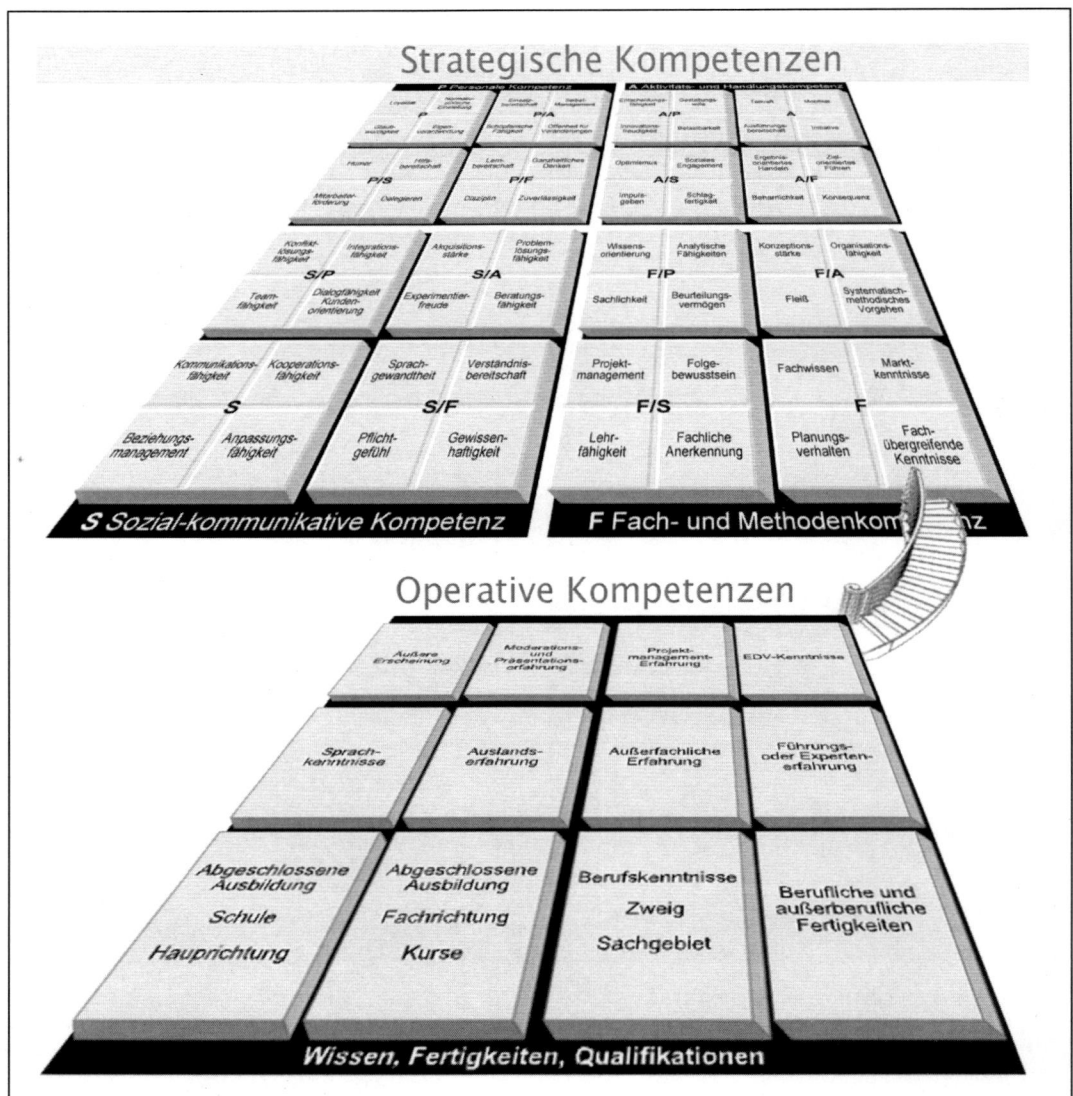

Abb. 5: Strategische und operative Kompetenzen

Zwei grundsätzliche Richtungen mit unterschiedlichen Kompetenzauffassungen

Es gibt in Deutschland zwei deutlich voneinander getrennte Richtungen der Kompetenzforschung, die sich genau an dieser Scheidelinie von operativen Kompetenzen und strategischen Kompetenzen auftrennen. Jede dieser Richtungen definiert Kompetenz auf ihre Art mit weitreichend unterschiedlichen Schlussfolgerungen.

Folgte man operationalistischem Denken, wäre das völlig unproblematisch. Jede Richtung operationalisierte ihre Anschauungen auf unterschiedliche Weise, die Ergebnisse wären nicht vergleichbar, aber jeweils praktisch nutzbar. Die Richtungen nähmen sich kaum zur Kenntnis, würden aber beide zur Kenntnis genommen und entsprechend ihren Unterschieden in der Praxis genutzt.

Eben das geschieht gegenwärtig in der Kompetenzforschung – nicht. Zu recht nicht. Denn die Definitionen greifen tief in das allgemeine Verständnis von Wissen, Lernen, Bildung und Weiterbildung ein.

Für die eine Richtung ist bei einer Begriffspräzisierung »vor allem von Interesse, welche Eigenschaften einer Kompetenzdefinition nützlich sind, wenn der Begriff im Kontext der pädagogisch-psychologischen Diagnostik verwendet werden soll und ›Kompetenz‹ zur Charakterisierung der Ergebnisse von Bildungsprozessen verwendet werden soll.« (Klieme u. a. 2007) Es geht hier also um Wissensbildung, nicht um Menschenbildung. Entsprechend werden Kompetenzen als »kontextspezifische kognitive Leistungsdefinitionen, die sich funktional auf Situationen und Anforderungen in bestimmten Domänen beziehen, definiert...Diese Verwendung des Kompetenzbegriffs deckt sich auch mit den großen internationalen Schulleistungsstudien (PISA, TIMSS, PIRLS). Mit dieser Arbeitsdefinition werden zwei wesentliche Restriktionen vorgenommen: Zum einen sind Kompetenzen funktional bestimmt und somit bereichsspezifisch auf einen begrenzten Sektor von Kontexten bezogen. Zum anderen wird die Bedeutung des Begriffs auf den kognitiven Bereich eingeschränkt, motivationale oder affektive Voraussetzungen für erfolgreiches Handeln werden explizit nicht mit einbezogen.« (ebenda) Abgesehen davon, dass hier ein außerordentlich eingeengter Begriff von »Kognition« verwendet wird, der Emotionen und Motivationen, im Gegensatz zu anderen Ansätzen der modernen Kognitionspsychologie, einfach ausschließt (vgl. Abelsons informative Unterscheidung von kalten und heißen Kognitionen (1963), auch Meynhardt 2004, Reisenzein/Schützwohl/Meyer 2008), hat eine solche Verwendung des Kompetenzbegriffs gravierende Folgen für die praktische Nutzbarkeit, schränkt sie auf die gut messbare, aber weniger praxisrelevante kontextbezogene Wissensvermittlung ein. Sie soll im Folgenden die *Kognitionsrichtung* genannt werden – Kognition hier im engeren Sinne verstanden. Zu recht stellen denn auch die Promotoren dieses Ansatzes fest: »Der hier verwendete Begriff von »Kompetenzen« ist daher ausdrücklich abzugrenzen von den aus der Berufspädagogik stammenden und in der Öffentlichkeit viel gebrauchten Konzepten der Sach-, Methoden-, Sozial- und Personalkompetenz.« (Klieme u. a. 2003) Zu dieser Öffentlichkeit gehören übrigens auch die gesamten Bereiche Politik, Wirtschaft und Kultur.

Genau von solchen Konzepten geht die zweite Richtung aus. Sie betrachtet Kompetenzen als spezifische Handlungsfähigkeiten, ist auf Kompetenzen als Voraussetzungen für die Durchführung und Verwirklichung von Handlungen, also auf Performanz gerichtet. Sie soll die *Performanzrichtung* genannt werden. Schon bei Chomsky (1962) gehörten Kompetenz und Performanz untrennbar zusammen. Diese Richtung untersucht, welche personalen, aktivitätsbezogenen, fachlich- methodischen sowie sozial-kommunikativen Kompetenzen notwendig sind, um gerade in eng-kognitiv nicht völlig aufschließbaren, neuen, unbekannten Situationen erfolgreich und kreativ handeln zu können – dies vor allem im Bereich beruflicher Arbeit und in modernen Unternehmen. Sie interessiert sich dafür, ob und inwieweit solche Kompetenzen von einer Domäne zur anderen übertragbar sind, also eben nicht nur domänen- und kontextspezifisch zum Einsatz kommen.

Beide Richtungen sind generös gefördert worden: die Kognitionsrichtung im Rahmen der genannten PISA-, TIMSS- und PIRLS-Untersuchungen. Selbst wenn man darüber hinweg sieht, dass dort plötzlich als Lese- und Rechen*kompetenz* firmiert, was einst schlicht als Lese- und Rechen*fertigkeit* bezeichnet wurde, ist ziemlich deutlich, dass hier vor allem die Wissensvoraussetzungen von Kompetenzen auf hohem methodisch-wissenschaftlichen Niveau untersucht werden. Wissen ist aber, wie bereits festgestellt, keine Kompetenz im Sinne einer Handlungsbefähigung: Es gibt keine Kompetenzen ohne Wissen und Qualifikationen – wohl aber Wissen und Qualifikationen ohne Kompetenzen. Dies lässt sich als Inklusionsbeziehung verstehen (vgl. nochmals Abb. 1).

Der »hochqualifizierte Inkompetente« ist bekanntlich der Schrecken jeden Unternehmens. Gerade die von der Kognitionsrichtung explizit ausgeschlossenen Emotionen und Motivationen, also interiorisierte, individuell angeeignete Wertungen, erzeugen erst die Handlungsfähigkeit auf der Grundlage des vorhandenen Wissens. Erst sie befähigen darüber hinaus zum Handeln unter unvollständigem oder sogar fehlendem Wissen – dem Normalfall im modernen Arbeitsleben. Ohne diese »Motio« vollzieht sich bestenfalls die Hirntätigkeit, und auch die nur widerwillig.

Die Performanzrichtung wurde vor allem seit der »Wende« 1989 massiv unterstützt. Auslöser war die bald einsetzende Erkenntnis, dass die klassische Weiterbildung bei den ostdeutschen Arbeitnehmern völlig ineffektiv war. Notwendiges Sach- und Fachwissen besaßen sie in hohem Maße und holten es kurzfristig ein, wo es fehlte. Was sie nicht besaßen waren die Fähigkeiten, im neuen Gesellschafts- und Wirtschaftssystem mit seinen Unwägbarkeiten und schnellen Veränderungen zurecht zu kommen (Sauer 2002). Sie benötigten vor allem neue personale, aktivitätsbezogene und sozial-kommunikative Kompetenzen, eine eigene Art von Menschenbildung (Erpenbeck/Weinberg 2003). Diese Erkenntnis mündete schließlich in das große, vom Bundesministerium für Wissenschaft und Forschung großzügig unterstützte Programm »Lernkultur Kompetenzentwicklung«. Bei aller Verschiedenheit der Forschungen und Fortschritte gab es doch einen Konsens darüber, dass Kompetenzen als Fähigkeiten zu einem selbstgesteuerten, sogar selbstorganisierten Handeln begriffen wurden. (Kompetenzen als Selbstorganisationsdispositionen, vgl. Erpenbeck/Heyse 2007; Erpenbeck/von Rosenstiel 2007). Der Rekurs auf moderne Selbstorganisationstheorien, schon in den achtziger Jahren durch konstruktivistische Ansätze begründet (zusammenfassend Arnold/Siebert 1995) wurde fortgesetzt und aufgefächert. Einen Überblick über solche handlungsorientierten Kompetenzbegriffe geben Sydow, Duschek, Möllering und Rometsch (2003). Es ist eine große Vielfalt, die sich dort auftut – aber keiner der analysierten Begriffe verbleibt im Bereich des bloß Kognitiven. Das Performative ist stets eingeschlossen (vgl. auch Schmidt 2005). Auf der Basis moderner Komplexitätstheorien hat Kappelhoff (2004) definiert: Kompetenzen sind evolutionär entstandene, generalisierte Selbstorganisationsdispositionen komplexer, adaptiver Systeme – insbesondere menschlicher Individuen – zu reflexivem, kreativem Problemlösungshandeln in Hinblick auf allgemeine Klassen von komplexen, selektiv bedeutsamen Situationen (Pfade). Dies könnte als generalisierte Definition der Performanzrichtung gelten.

Ein Beispiel aus unserer Forschungspraxis mag das performanzorientierte Vorgehen illustrieren (Heyse/Erpenbeck/Michel 2002): Da gibt es zum Beispiel eine kleine Multimediafirma. Alle vier bis sechs Wochen kommt ein neuer Kunde, ein neuer Auftrag. »Bitte, gestalten Sie für unsere Firma einen ansprechenden, werbewirksamen Internetauftritt.« »Haben Sie irgendwelche besonderen Wünsche, Vorstellungen, Forderungen?« »Nein, nein, das überlasse ich ganz Ihrer Kreativität. Nur: In sechs Wochen sollte der Auftritt stehen«. – Was nun beginnt, kann man mit keinem besseren Begriff als dem der Selbstorganisation kennzeichnen: Vage der Weg, vage das Ziel, einzig verlässlich die Fähigkeiten der Mitarbeiter, einen innovativen Weg selbst zu finden, im Prozess des Arbeitens sich selbst kreative Ziele zu setzen – »self directed« was keineswegs »selbst gesteuert«, sondern »sich selbst ausrichtend« heißt. Natürlich brauchen die Mitarbeiter auch große fachliche Qualifikationen, müssen die neuesten technischen und künstlerischen Möglichkeiten kennen. Vor allem aber brauchen sie Selbstorganisationsfähigkeiten, beispielsweise: persönliche Glaubwürdigkeit und Eigenverantwortung, Mobilität und Initiative, Planungs- und Marktkenntnis, Kommunikations- und Kooperationsfähigkeit. Solche Selbstorganisationsfähigkeiten oder -dispositionen kann man Kompetenzen nennen und zählt darunter, wie das Beispiel illustriert, personale, aktivitätsbezogene, fachlich-methodische und sozial-kommunikative Kompetenzen. Stellt der Chef dieser Multimediafirma neue Leute ein, wird er natürlich zunächst nach ihren Zeugnissen, Abschlüssen und Qualifikationen fragen. Was er aber eigentlich wissen möchte und muss: Haben sie die Kompetenzen, unter den Bedingungen schnell wechselnder Arbeitsaufgaben und -ziele erfolgreich zu bestehen? Was auch kommt – werden sie erfolgreich sein? Diese Fragen stehen vor immer mehr Unternehmern. Der Gewinn kompetenter Mitarbeiter wird zur Existenzfrage.

Die beiden Richtungen nehmen einander kaum wahr (vgl. den Sammelband Klieme u. a. 2007, worin nicht ein einziger der nun wirklich namhaften Vertreter der Performanzrichtung erwähnt wird). Das ist nicht verwunderlich. Die kognitiven Voraussetzungen von Kompetenzen werden für die Performanzrichtung erst dann und dort interessant, wo sie in personale, aktivitätsbezogene, sozial-kommunikative oder auch fachlich-methodische Kompetenzen einfließen. Letztere interessieren nicht als Wissen, sondern als Einstellung, Erfahrung, Expertise – wozu die Kognitionsrichtung wenig beizutragen vermag. Umgekehrt sind die Kompetenzen als Dispositionen selbstorganisierten, kreativen Handelns für die Kognitionsrichtung wenig interessant, auch weil sie mit klassischen psychometrischen Mitteln schwerer messbar sind.

Laternensucher

Manchmal, so Lutz von Rosenstiel, fühle er sich bei den methodologisch feinziselierten Argumenten der Kognitionsrichtung an den berühmten Laternenwitz erinnert: »Ein Polizist begegnet einem Mann, der, offenbar betrunken, unter einer Laterne den Schlüssel zu seinem Haus sucht. Eine Zeit lang hilft der Polizist ihm dabei, dann fragt er ihn, ob er denn sicher wäre, dass der Schlüssel hier verloren gegangen sei. Natürlich nicht, antwortet der Mann, aber da, wo ich ihn verloren habe, ist es zu dunkel, als dass ich ihn finden könnte.«

Wo lässt sich der Schlüssel zu den Kompetenzen finden?

Verlässt man das operationalistische »anything goes«, lassen sich historische, fachliche und methodologische Gründe anführen, warum die Performanzrichtung in fast allen Bereichen – außer im schulischen und, in geringerem Maße im universitären – einen Siegeszug angetreten hat (Veith 2003). Dass die Kognitionsrichtung im Schul- und Universitätsbereich reüssiert mag darin begründet sein, dass dort anscheinend fälschlich Menschenbildung als Wissensvermittlung begriffen und abgefragt wird, allen anders angelegten Schul- und Universitätsexperimenten zum Trotz (vgl. Struck 2007).

Es herrscht eine makabre Allianz der Laternensucher: Kognitiv vermittelter Stoff lässt sich klar rationieren, Lehrer und Dozenten vermitteln definierte Stoffmengen, Schüler und Studenten lernen definierte Stoffmengen, der Grad des Gelernten (definierte Operationen mit umfassend) kann beurteilt und zensiert werden. Lehrer, Dozenten, Schüler, Studenten und Eltern freuen sich über gute Zensuren, ein verlässliches Kognitionsmaß. Dass es mit der künftigen Handlungsfähigkeit nur wenig zu tun hat, wird ignoriert. Der Schlüssel bleibt im Dunkeln liegen.

Der interessanteste, lehrreichste ist der Berufsschulbereich. Hier überschneiden sich, wie der Name andeutet, schulische und berufliche Interessen. Große Teile der Wissensaneignung funktionieren immer noch nach dem Kognitionsprinzip, werden in trauter Allianz der Laternensucher vermittelt, abgeprüft, benotet, zertifiziert. Zugleich liegt aber auf diesem Bereich der Anforderungsdruck der Unternehmen, möglichst handlungsfähige Werker, Mitarbeiter, Angestellte usw. zu bekommen, was natürlich nur nach dem Performanzprinzip funktionieren kann. Das zeigt, dass eine integrierte Dualität unumgänglich ist, wenn man Kompetenzen vermitteln will. Gerade moderne Untersuchungen im Berufsschulbereich zeigen schlagend, dass die notwendigen Handlungsfähigkeiten nur als Kompetenzen im Sinne der Performanzrichtung erworben werden können. Erlebnislernen, situiertes Lernen, subjektivierendes Lernen, Erfahrungslernen, informelles Lernen, Expertiselernen sind hier wichtige, notwendige, unumgängliche Begriffe (Gruber/Ziegler 1996, Gruber 1999, Bauer 2001, Bauer/Böhle/Munz 2002, Böhle/Bolte 2002, Rauner 2004, Böhle 2008). Mit ihnen ist die Bedeutung von Emotionen und Motivationen eingefangen. Denn alle diese Lernformen umfassen zugleich im engeren Sinne kognitive und emotional-motivationale Aspekte, sind durchweg auch als Formen der – via Problemwahrnehmung, emotionale Labilisierung, wertungsfundierte Problemlösung, erfolgreiche Handlung erfolgenden – Interiorisation von Wertungen zu eigenen Emotionen und Motivationen zu begreifen. Dass die Betonung der Emotionen und Motivationen im beruflichen Lernen und Handeln schnell zunimmt (Arnold 2005, Gieseke 2007, Arnold/Holzapfel 2008), dass aber auch die Betonung des »Bauchgefühls« in anderen Bereichen vom Anekdotischen zum Fundamentalen avanciert (Gigerenzer 2008), ist alles andere als ein Zufall. Es ist Teil des Performanzdenkens im Kompetenzverständnis.

Historisch ging es im beruflichen Bereich schon immer um perfomanzorientierte Kompetenzvermittlung. Der Handwerker lernte schon im Mittelalter »arbeitsintegriert« (vgl. Geldermann/Seidel/Severing 2008). Die moderne Form von kognitionszentrierter Berufsschule ist noch sehr jung und von stetigen Reformdiskussionen begleitet. Sehr früh spürten Berufspädagogen, dass neben der Vermittlung von fachlichen Qualifikationen die von fachübergreifenden Kompetenzen – im Sprachstil der siebziger Jahre Schlüsselqualifikationen – immer wichtiger wurde. Von Mertens (1974) – klar performanzorientierten – Schlüsselqualifikationen führt ein gerader Weg zu den heute diskutierten Kompetenzen.

Über den beruflich-betrieblichen Bereich hinaus werden jedoch Kompetenzen im Sinne der Performanzrichtung auch umfassender wirtschaftlich entscheidend.

Die Entscheidung für die Kognitionsrichtung oder die Performanzrichtung der Kompetenzforschung ist nicht beliebig. Will man sich nur im engen Bereich eines Kompetenzverständnisses bewegen, das auf eine Weiterentwicklung der pädagogisch-psychologischen Diagnostik aus ist und die Ergebnisse von kognitionszentrierten Bildungsprozessen charakterisieren will, mag die Kognitionsrichtung hinreichend sein. Will man die zukunftsentscheidenden Fähigkeiten des Menschen charakterisieren, selbstorganisiert und kreativ in einer zunehmend komplexen, immer weniger eng-kognitiv beherrschbaren Welt erfolgreich zu handeln – und will man diese Fähigkeiten gezielt weiterentwickeln – kann man sich wohl nur für die Performanzrichtung entscheiden.

Die Performanzrichtung geht von einem neuen Weltverständnis aus, dessen wir uns nur sehr langsam wirklich bewusst werden. Es ist durch Selbstorganisation und Komplexität geprägt und wird durch die modernen Selbstorganisationstheorien (Synergetik, Autopoiesetheorie, Konstruktivismus, systemische Ansätze) und Komplexitätstheorien beschrieben.Uns wird immer klarer, dass Bildungsprozesse eben nicht in der Weitergabe von Kognitionen, sondern in der Ermöglichung selbstorganisierten Kompetenzerwerbs bestehen (Ermöglichungsdidaktik, vgl. Arnold 2007); Sieberts genialer Aphorismus »Erwachsene sind lernfähig aber unbelehrbar« (Siebert 1994) konzentriert diese Sicht auf den entscheidenden Punkt. Uns wird immer klarer, dass die komplexen Zusammenhänge von Kompetenzentwicklung auf den unterschiedlichen Strukturebenen – Individuum, Team, Unternehmen/ Organisation, Netzwerk – nur komplexitätstheoretisch erfasst werden können (Wilkens 2007). Der schöne Buchtitel »Komplexitäten. Warum wir erst anfangen, die Welt zu verstehen« (Mitchell 2008) hat weit mehr als nur symbolische Bedeutung – auch für die Kompetenzforschung.

Wir müssen angesichts zunehmender Selbstorganisation und Komplexität in Politik, Wirtschaft, Kultur und sozialem Leben, angesichts zunehmender Zukunftsunsicherheit handeln. Entsprechend bedarf es eines besonderen Begriffs, um Selbstorganisations- und Handlungsfähigkeit, um ein ins Zukunftsoffene hinein kreatives Handeln in dieser zunehmend selbstorganisativen, komplexen, unsicheren Umgebung (Risikogesellschaft) zu charakterisieren. Ob wir dafür die Wortmarken Kompetenzen, Talente, soft skills, Schlüsselqualifikationen oder andere verwenden, ist zunächst zweitrangig. Nur sollte man keinen dieser Begriffe auf das bloß Kognitive reduzieren und die Performanz-, die Handlungsaspekte vernachlässigen.

Diese Überlegungen haben Auswirkungen auf die Art der Anregungen und Entwicklungen von Kompetenzen. Die Kognitionsrichtung bevorzugt im Großen und Ganzen traditionelle Formen der Informations- und Wissensvermittlung, die Performanzrichtung nutzt diese ebenfalls bedingt unter dem Aspekt der Entwicklung bestimmter Seiten der Fach- und Methodenkompetenz, geht jedoch darüber hinaus davon aus, dass sich die Entwicklung Personaler Teil-Kompetenzen, Aktivitäts- und Umsetzungskompetenzen sowie sozial-kommunikative Kompetenz vorwiegend über motivations- und emtionsaktivierende Methoden und Vermittlungsformen unterstützen lassen. Die nachfolgenden Darstellungen untermauern dieses.

An dieser Stelle sei schon darauf hingewiesen, dass die in diesem Buch vorgelegten Modularen Informations- und Trainingsverfahren **MIT** der Versuch einer Brücke zwischen beiden Richtungen sind, indem einerseits aufklärende und weiterführende *Informationen* und Einsichten vermittelt werden und andererseits nachvollziehbare Erfahrungen und Wertvorstellungen von Modellpersonen, selbstreflexive Übungen, Selbst*trainings*module und Anregungen zur Erweiterung der sozialen Wahrnehmung und emotionalen Verankerung des Trainierten angeboten werden.

Wie können Kompetenzentwicklungen angeregt, begleitet werden?

Kompetenzen, die für bestimmte Tätigkeiten und Funktionen erforderlich sind, können
a) in Grenzen trainiert und angeregt werden und
b) **nur** in Grenzen trainiert und angeregt werden.

Der Schlüssel zur Kompetenzentwicklung liegt in deutlich emotions- und motivationsaktivierenden Lernprozessen.

Kompetenzen kann man nicht »lernen«, so wie man das Einmaleins oder die Differentialrechnung oder die Abfolge historischer Ereignisse lernt. Das hängt damit zusammen, dass Kompetenzen zwar von Wissen im engeren Sinne fundiert aber von Erfahrungen konsolidiert werden. Die dabei notwendigen Regeln, Werte und Normen kann man aber nur *selbst* verinnerlichen, Erfahrungen nur *selbst* machen. Man kann zwar fremde Erfahrungen mitgeteilt bekommen; damit diese jedoch eigene werden, müssen sie durch den eigenen Kopf und das eigene Gefühl hindurch. Das gilt ebenso für Werte, die ja erst zu Emotionen und Motivationen verinnerlicht werden müssen, um wirksam zu werden. Das eigene Gefühl, die eigenen Emotionen und Motivation sind nur beteiligt, wenn man vor spannungsgeladene, dissonante, nicht durch bloße Verstandesoperationen lösbare geistige oder handlungsbezogene Problem- und Entscheidungssituationen gestellt wird.

Deshalb gilt: Wissen im engeren Sinne lässt sich prinzipiell durch Lehrprozesse vermitteln. Erfahrungen, Werte, Kompetenzen können wir uns nur durch emotions- und motivationsaktivierende Lernprozesse aneignen. Solche Lernprozesse haben oft den Charakter von Trainingsprozessen: als Selbsttraining, Kleingruppentraining, Einzeltraining.

Informationsveranstaltungen, Vorträge, Planspiele, Fallbeispiele und viele andere bewährte Weiterbildungsmethoden zur Wissensaneignung helfen hier nicht weiter; es sind *neue* Inhalte und Formen der Weiterbildung gefragt, wenn es um Kompetenzentwicklung geht.

Kompetenzen sind vorrangig im direkten Praxisbezug, oder durch Formen von Coaching und Training vermittelbar.

Weitere Formen der Kompetenzentwicklung

Die in den MIT zusammengetragenen Methoden der Unterstützung von Kompetenzentwicklung gehen von einem Selbsttraining aus. Es gibt natürlich andere, mannigfaltige Möglichkeiten und Methoden – so viele, dass wir sie hier nicht einmal ansatzweise aufzählen könnten. Stattdessen soll hier ein Darbietungs- und Suchraster angegeben werden, dem sich wohl die meisten Methoden der Unterstützung von Kompetenzentwicklung einordnen lassen. Im Folgenden soll aber, der Kürze halber, einfach von Kompetenzentwicklungsmethoden sprechen.

Fast immer, wenn man handelt, sei es körperlich oder geistig, und wenn es nicht gerade um automatisierte Handlungen geht, entwickelt man Kompetenzen: Selbstorganisationsfähigkeiten für die jeweils neue Situation. Zugespitzt: Es ist äußerst schwer, im normal herausfordernden Leben, im herausfordernden Alltag keine Kompetenzen zu entwickeln. Diese Entwicklung geschieht nichtintentional (Intention = Absicht), unbeabsichtigt, nebenbei. Mit manchen der dabei entwickelten Kompetenzen kann man etwas anfangen, andere hindern einen eher, die »Achterbahn des Lebens« zu befahren. Ängstliches Verhalten, Ausweichen, Drückebergerei sind solche hinderlichen Handlungsfähigkeiten. Man kann sich auf den Alltag als Quelle der Kompetenzentwicklung nicht so recht verlassen.

Also wird man versuchen, Kompetenzen intentional, absichtsvoll, zielgerichtet zu entwickeln und weiterzuentwickeln. Kompetenzentwicklungsmethoden sind immer intentional. Die nichtintentionale, beiläufige Kompetenzentwicklung wird hier ausgeklammert, sie kann gleichwohl durch biografische Nachfragen eindrucksvoll belegt werden (Erpenbeck/Heyse 2007).

Vor aller weiteren Differenzierung von Kompetenzentwicklungsmethoden stehen gleichsam axiomatisch drei Grundüberzeugungen, die ein k.o. – Kriterium für die Methodenauswahl bilden: Kompetenzentwicklungsmethode oder bloße Wissensweitergabe? Dabei ist, wie festgestellt, Informationswissen eine entscheidende, operative Grundlage von Kompetenz, es ist aber keine strategische- Kompetenz, ermöglicht allein keine Handlungsfähigkeit, kein Handeln. Der schöne deutsche Begriff des Fachidioten illustriert den Sachverhalt: einer der alles weiß und kaum etwas kann. Kompetenz ist Handlungswissen, Wissen in einem weiteren, umfassenden Sinne (Reimann-Rotmeier 2004).

Dies sind die drei Bestandteile unseres **ELW – Axioms**:

Ermöglichung

Der Kompetenzentwickler kann keine Kompetenzen auf den sich Entwickelnden übertragen. Er kann nur Situationen schaffen, die es diesem ermöglichen, in seinem geistigen und physischen Handeln die eigenen Kompetenzen zu entwickeln oder weiterzuentwickeln. Im Konstruktivismus spricht man von »Ermöglichungsdidaktik«. Intendierte Kompetenzentwicklung ist immer das Setzen von Handlungsmöglichkeiten.

Labilisierung

Kompetenzen enthalten immer ein »Mehr« gegenüber reinem Informationswissen. Dieses besteht in Regeln, Werten und Normen, die durch den Handelnden in Form eigener Emotionen und Motivationen angeeignet, verinnerlicht, »interiorisiert« wurden. Werte und Normen, Emotionen und Motivationen »überbrücken« sozusagen fehlendes Informationswissen, ermöglichen überhaupt erst ein Handeln unter der daraus entstandenen unaufhebbaren Handlungsunsicherheit. Drehpunkt der individuellen Aneignung von Normen und Werten ist die *emotionale Labilisierung*: Eine Problemsituation, in der man handeln muss, die ich aber nicht routinemäßig, aufgrund bereits vorhandenen Wissens zu bewältigen ist, verursacht emotionale Spannungen, Stress, »Schwitzehändchen«. Man nimmt sich irgendwie bekannte Normen, Werte und Regeln zu Hilfe, um zu entscheiden und zu handeln. Gelingt es einem – nach eigener und fremder Beurteilung – erfolgreich zu handeln, wird die nun emotional verankerte Bewertung zusammen mit der Erinnerung an Handlungssituation und Handlung abgespeichert und steht in einer ähnlichen Situation erneut zur Verfügung. Erst dann kann man kompetent handeln. Emotionale Labilisierung ist eine Grundvoraussetzung von Kompetenzentwicklung. Fragen Sie bei Kompetenzentwicklungsmaßnahmen immer: »Und wo ist der Punkt der emotionalen Labilisierung?« Es gibt keine Kompetenzentwicklung ohne emotionale Labilisierung.

Weitergabe
Aufgrund des Vorstehenden kann man Kompetenzen nicht wie Informationswissen weitergeben – grundsätzlich nicht. Ermöglichungsbedingungen zu schaffen, emotionale Labilisierungen zu ermöglichen ist nicht das Geschäft gängiger Weiterbildung, üblicher Seminare. Kompetenzentwicklung erfordert eigene Formen der Kompetenzvermittlung.

Wenn geklärt ist, ob es sich bei dem ins Auge Gefassten tatsächlich um intendierte Kompetenzentwicklung handelt und ob es sich, entsprechend dem ELW – Axiom überhaupt um Kompetenzentwicklung handelt, müssen zwei *weitere Komplexe* bedacht werden: Zum einen, wo und wozu man Kompetenzen entwickeln will, und wer sie entwickeln sollte, und zum anderen, welche Kompetenzen man überhaupt entwickeln will. Und schließlich die Frage: Handelt es sich bei alldem um eine selbst- oder um eine fremdintendierte Kompetenzentwicklung? Der Reihe nach.

Wo soll Kompetenzentwicklung stattfinden? In welchem *Entwicklungsbereich*?

Das kann im Bereich Arbeit, Unternehmen oder Organisation sein. Das kann den Bereich Personal betreffen. Das kann auf Führungskräfte, Manager oder Mitarbeiter bezogen sein. Das kann sich auf Projekte, auf Aufgaben im sozialen Umfeld, aber auch auf soziale Problemgruppen oder sogar therapeutische Probleme beziehen. In jedem dieser Bereiche kann man beispielsweise überlegen, ob und welche MIT zielführend sein könnten, also Ansätze selbstintendierter Kompetenzentwicklung. Man kann aber auch fremdintendierte Kompetenzentwicklung einsetzen. Die Festlegung des Kompetenzentwicklungsbereichs ist die erste Festlegung jeder intendierten Kompetenzentwicklungsmaßnahme.

Wozu soll Kompetenzentwicklung stattfinden? Was ist ihre *Zielstellung*? Geht es um die Erhöhung des Human- und Kompetenzkapitals eines Unternehmens, geht es um die Verbesserung interner und externer Unternehmens- und Organisationsabläufe durch kompetentere Mitarbeiter? Geht es um die Erhöhung der Effektivität eines Unternehmens oder um die Bewältigung von Krisen und Konflikten im Unternehmen oder auch im Individuellen? Geht es gar um die Klärung persönlicher Probleme?

Auch all dies kann selbstintendiert oder fremdintendiert erfolgen. Man kann sich vornehmen dabei mitzuwirken, die Performanz des Unternehmens, in dem man beschäftigt ist, zu erhöhen; dies kann aber auch vom Unternehmen gewünscht und durch Kompetenzentwicklungsmaßnahmen umgesetzt werden.

Wer soll die eigenen Kompetenzen erhöhen? Wer sind die *Teilnehmer* der Kompetenzentwicklung? Einzelne Mitarbeiter, oder Gruppen und Teams?

Sowohl in dem einen wie in dem anderen Fall lassen sich Selbsttrainings im Sinne der MIT nahelegen, es lassen sich aber auch gezielte Maßnahmen wie Job Rotation, Coaching, Mentoring, Training usw. einsetzen.

Welche Kompetenzen sollen entwickelt werden? Um welche *Kompetenzarten* handelt es sich? Handelt es sich um Grundkompetenzen, etwa personale, aktivitätsbezogene, fachlich-methodische oder sozial-kommunikative? Handelt es sich um abgeleitete, wie sie z. B. im KODE®X – Kompetenzatlas zusammengefasst sind? Oder handelt es sich um übergreifende, alle Einzelkompetenzen berührende Kompetenzen wie beispielsweise interkulturelle Kompetenzen, Führungskompetenzen, Medienkompetenzen, Innovationskompetenzen usw.? Und schließlich:

Womit will man diese Kompetenzen entwickeln, Kompetenzentwicklung erreichen? Innerhalb welcher *Kompetenzentwicklungsstufen*? Drei grundsätzliche Kompetenzentwicklungsstufen bieten sich an, unterschieden nach der Reflexionshöhe, mit der sie theoretisch durchdacht und sprachlich kommuniziert werden:

Die Praxisstufe wählt bewusst Handlungsfelder aus, in denen sich ziemlich sicher Kompetenzen entwickeln werden. Man stellt sich, selbstintendiert, einer neuen Herausforderung, einer neuen Problemsituation, hoffend, dass sich dort die eigenen Kompetenzen in beabsichtigter Weise weiterentwickeln. Hier sind die MIT eine unverzichtbare Hilfe.

Oder ein Unternehmen organisiert, fremdintendiert, die systematische Konfrontation mit neuen Herausforderungen von Einzelnen oder Teams, die dadurch Kompetenzen entwickeln. Jeder Job-Rotation-Ansatz ist hierfür ein Beispiel. Aufgrund des Wissens um die Bedeutung emotionaler Labilisierung kann eine Arbeitsumgebung kompetenzförderlich gestaltet werden. Sie bietet dann Entscheidungs- und Labilisierungsanlässe, fördert die Kompetenzentwicklung intendiert besser, selbst wenn es dem Handelnden gar nicht bewusst wird. Auch die intensive Kompetenzentwicklung im sozialen Umfeld kann bewusst genutzt werden, um eine intendierte Kompetenzentwicklung anzustoßen. Das prominenteste Beispiel eines solchen Vorgehens ist der »Seitenwechsel«, bei dem der Abteilungsleiter einer Bank in die Suppenküche eines Klosters geschickt wird, um an personalen und sozialen Kompetenzen hinzuzugewinnen.

Erfahrungslernen, Erlebnislernen, Expertiselernen, das Lernen durch subjektivierendes Handeln, informelles Lernen und situiertes Lernen sind typische Formen der Kompetenzentwicklung durch Praxislernen.

Praxislernen beinhaltet immer *Erfahrungslernen*. Erfahrungen werden stets bewertet, sind nicht bloße Erweiterungen von Sachwissen. Erfahrung bezeichnet Wissen, das durch Menschen in ihrem eigenen materiellen oder ideellen Handeln selbst gewonnen wurde und unmittelbar auf einzelne emotional-motivational bewertete Erlebnisse dieser Menschen zurückgeht. Damit erfasst Erfahrung auch das Vertrautsein mit Handlungs- und Denkzusammenhängen ohne Rückgriff auf ein davon unabhängiges theoretisches Wissen. Wichtig ist das selbst Gewonnen- und unmittelbar Erlebtsein des Wissens. Erfahrungen lassen sich nur in Form von Wissen und Kenntnissen weitergeben, nicht als Erfahrungen desjenigen, der sie gewann. Jedes selbst und unmittelbar gewonnene Wissen eines Menschen ist durch die Ausbildung von Emotionen, Motivationen, Willensentscheidungen, Werten und individuellen Kompetenzen, die in Lebens- und Erlebensprozessen vor sich gehen, flankiert. Jeder selbst und unmittelbar durch Teams und Gruppen erzielte Wissensgewinn ist von einer in Lebens- und Erlebensprozessen gegründeten Ausbildung von Werten, Normen, Regeln und supraindividuellen Kompetenzen – beispielsweise Team-, Unternehmens- oder Organisationskompetenzen – begleitet. Der Erfahrungsbegriff schließt Einstellungen und Überzeugungen als besondere Erfahrungsformen ein. Wichtig ist in diesem Zusammenhang, dass Erfahrungen auch ohne eine nachfolgende theoretische Diskussion und Reflexion gemacht, bewertet, in ihren Wissens- und Wertaspekten abgespeichert und kommuniziert werden können. Erfahrungslernen heißt, dass Menschen selbst handelnd mit echten Entscheidungssituationen konfrontiert werden und dabei unmittelbar eigene Werthaltungen entwickeln.

Erlebnislernen ist eine weitere wichtige Form der Praxisstufe. Erlebnisse sind für den Erfahrungsgewinn unverzichtbar; gerade sie liefern die Lernmomente, unter denen nicht nur Sachwissen gelernt, sondern Emotionen angeregt, Motivationen ausgeprägt und Werthaltungen entwickelt werden.

Expertiselernen ist, was Könner zu Könnern macht. Einziger Indikator für ihre Könnerschaft ist ihre Leistung beim Ausüben einer Tätigkeit. Untersucht man die tieferliegenden Gründe für die

Könnerschaft, wird deutlich, dass Könner sowohl von anderen kognitiven Fähigkeiten, wie z. B. Beherrschung von Komplexität oder Entwicklung von Metastrategien, als auch von anderen wertend-motivationalen Grundlagen als durchschnittlich Handelnde ausgehen.

Das *Lernen durch subjektivierendes Handeln* baut auf Erfahrungen und Erlebnissen einzelner Menschen auf und spielt in realen beruflichen Tätigkeiten eine stark zunehmende Rolle. Die moderne Arbeitswelt erfordert nicht nur ein objektivierendes Handeln, das durch exaktes Registrieren, logisch formalisiertes, kategorisierendes Wissen, und planmäßiges und affektneutrales Vorgehen gekennzeichnet ist. Vielmehr werden Momente komplexen, emotional-motivational basierten Verhaltens, assoziativ wertenden und erlebnisbezogenen Denkens und dialogisch-explorativen Vorgehens unter Betonung sozial-kommunikativer Nähe zu Anderen immer wichtiger.

Auch *informelles Lernen* in erfahrungsgeleiteter Kooperation und Kommunikation und *situiertes Lernen* anhand möglichst authentischer Problemsituationen gehören zur Praxisstufe der Kompetenzentwicklung.

Die Coachingstufe kann an alle vorgenannten Lernformen anknüpfen. Coaching lässt sich als eine besondere Art intendierter Kompetenzentwicklung fassen. Es lässt sich als eine methodisch fundierte Vorgehensweise zur selbst- oder fremdintendierten individuellen Kompetenzentwicklung, zuweilen auch zur teambezogenen oder organisationalen Kompetenzentwicklung, verstehen. Die Coachingstufe weist jedoch gegenüber der Praxisstufe zwei entscheidende Unterschiede auf. Sie kann zwar Elemente der Kompetenzentwicklung in der Praxis mit benutzen, kann aber auch, beim »Durchspielen« von Modellen und Hypothesen die Realität erstmal völlig ausklammern. Sie kann stark emotionalisierende Medien für Kompetenzentwicklungsprozesse nutzen. Vor allem wenn sie durch ein entsprechendes *Mentoring* durch Ältere, Freunde, Lehrer begleitet sind. Es ist viel wirkungsvoller, ethische und politische Grundhaltungen als Kernbestandteile personaler Kompetenzen in Form von Medienerlebnissen, von Filmen, Bildern, Büchern zu interiorisieren, als sie nur auf der Wissensebene zu kommunizieren. Für viele Grundhaltungen wäre das ohnehin praktisch nicht möglich – man kann nicht für jede Generation neu Kriege inszenieren, um die Abscheu vor Diktatur und Gewalt emotional-motivational zu befestigen. Dieser Fiktionalbezug ist sehr coachingtypisch. Wichtig ist dabei, dass die Lern- und Kompetenzentwicklungsbegleiter sich keinesfalls auf einer hohen pädagogischen, auch emotions- und motivationspädagogischen Reflexionsfähigkeit bewegen müssen, die man zwar von einem professionellen Trainer, aber nicht von einem Coach erwartet. Betrachtet man beispielsweise Vorgesetzte als Coaches ihrer Mitarbeiter, so wäre eine solche Anforderung sogar kontraproduktiv und vermessen.

Ohne auf die vielfältigen, sich oft mit dem Trainingsbegriff überschneidenden Definitionen des Coaching verstehen wollen, ist festzuhalten, dass Coaching in beruflichen Entwicklungsprozessen die Fähigkeit des Coachee zur Selbststeuerung, zur Selbstorganisation im Sinne einer »Hilfe zur Selbsthilfe« stärken soll. Es handelt sich überwiegend um arbeitsbezogene Selbstreflexion. Bei Führungskräften sollen beispielsweise Charisma und »emotionale Kompetenz« entwickelt werden, typische Markssteine personaler und sozial-kommunikativer Kompetenzentwicklung. Allerdings ist nicht zu übersehen, dass der Coaching – Begriff ebenso wie andere vielfältig nutzbare Begriffe fast inflationär verwendet wird. Mit dem Coaching werden Ziele verbunden wie Krisenmanagement, Selbsthilfe, Konfliktbearbeitung oder auch Hilfe bei persönlichen Problemen. Coaching entwickelt sich zu einem allgegenwärtigen Begriff, der manchmal zum Deckmantel für altbewährte Konzepte wie Schulung oder Beratung gebraucht wird. Zunehmend entwickeln sich jedoch neue Coaching-Felder: Organisations-Coaching, Personal- Coaching, Führungskräfte-Coaching, Manager-Coaching,

Projekt-Coaching, Selbst-Coaching, Team-Coaching oder NLP-Coaching, um nur einige Beispiele zu nennen.

Coaching setzt die Ziele von Aktivität und Engagement in der Regel nicht selbst, sondern nutzt die im beruflichen oder auch persönlichen Alltag vorkommenden, um diese Kompetenzen zu entwickeln und die Handlungsfähigkeiten der Coachees zu erhöhen. Hier liegt ein entscheidender Unterschied zum Training, das Ziele und Aufgaben selbst setzt, um eine intendierte Kompetenzentwicklung zu erreichen.

Lernprozessbegleiter im beruflichen Bereich werden, im Gegensatz zum schulischen und universitären Bezug, mehr und mehr zu Kompetenzcoaches, zu Kompetenzentwicklungsbegleitern, und wachsen aus der Rolle der traditionellen Lehrer oder Ausbilder heraus. Ein wichtiger Hinweis aus diesem Bereich in Bezug auf jegliche Kompetenzentwicklung ist die Feststellung, dass die meisten Formen von Lernen, insbesondere aber Wert- und Kompetenzlernen von heftigen Gefühlen eines Missbehagens begleitet sein können. Ausgangspunkt ist ja immer eine nicht herkömmlich lösbare Problem- und Handlungssituation; die resultierende Dissonanz, die notwendige Labilisierung werden in den seltensten Fällen als angenehm empfunden sondern eher als »Mangelzustände« gedeutet. Das kann zu regelrechten Identitätskrisen führen.

Die Trainingsstufe kann an die Praxis-, wie an die Coachingstufe anknüpfen. Training lässt sich als eine besondere Art selbst- oder fremdintendierter Kompetenzentwicklung begreifen, nicht scharf abtrennbar aber doch deutlich abhebbar von der in Praxis oder Coaching.

Selbst wo sich die Trainingsstufe direkt auf die Realität bezieht, handelt es sich um eine weitgehend umgedeutete oder umfunktionalisierte Wirklichkeit. Das lässt sich, ungeachtet aller berechtigter und unberechtigter Kritik, am Outdoortraining gut veranschaulichen: die Natur, die gemeinschaftlich bezwungen, die Stromschnelle, die zusammen überquert, das Floß, das im Team gebaut wird, werden rein funktional verwendet. Die Wirklichkeit wird zur bewusst benutzten Erlebensmetapher. Ein didaktisch durchdachtes Training nutzt die Realität primär um anstehende individuelle Kompetenzentwicklungsaufgaben zu lösen – was natürlich im Nachhinein durchaus reale betrieblichen Prozesse massiv verändern kann.

Voraussetzung aller Kompetenzentwicklung auf der Trainingsstufe, ob auf Wirklichkeitssegmente oder auf Fiktionen bauend, ist, dass Trainer Kompetenzentwicklungsprozesse hinreichend reflektieren, Wertkommunikation als solche bewusst wahrnehmen und verorten und die Interiorisationsprozesse, also das emotional – motivationale Umlernen verstehen. Das erfordert nicht nur ein großes Verständnis für Wertinhalte, für die Ästhetik, Ethik und Politik des Berufs- und Alltagshandelns, sondern auch ein tiefes Begreifen, welche Wertkommunikationsmittel in welchen Kompetenzentwicklungsprozessen zum Einsatz kommen und wie sie zu beurteilen sind. Dies setzt hohe pädagogische, auch emotions- und motivationspädagogische Reflexionsfähigkeit voraus die man von einem professionellen Trainer verlangen muss (Arnold 2005, Giesecke 2007, Siecke 2007).

Auch der Trainingsbegriff hat viele, sich mit dem Coachingbegriff überschneidende Spielarten. Allgemein steht der Begriff Training für alle Prozesse, die eine verändernde Entwicklung eines Individuums oder einer Gruppe hervorrufen. Sieht man von Sporttrainings verschiedenster Art ab, so können bei einzelnen Menschen solche Veränderungen durch interne Prozesse in ihm selbst (Einstellungen, Emotionen oder Motivationen betreffend), durch die Erhöhung seines Aktivitätsniveaus (Aufmerksamkeit, Aufgewecktheit oder Neugier) durch die Erweiterung seiner kreativ anwendbaren Wissensbestände (Fachwissen, überfachliches Wissen oder Methodenwissen) und durch die Erweiterung seiner sozialen und kommunikativen Beziehungen (Ausdrucksfähigkeit, Kommunikationsfähigkeit oder Kooperationsfähigkeit) entstehen. Damit ist jedes auf die Erweiterung der selbstorganisierten Handlungsfähigkeit gerichtete Training auch ein Kompetenztraining. Die Methoden der Kompetenzentwicklung durch Kompetenztraining lassen sich unter verschiedensten Gesichtswinkeln ordnen. Diese Vielfalt soll hier nicht im Einzelnen betrachtet werden (vgl. Erpenbeck/Sauter 2007).

Es soll vielmehr auf besonders interessante Einsatzbereiche verwiesen werden, die aus den Erfahrungen einer Beschäftigung mit Kompetenz- und Talentmanagement besonders wichtig erscheinen. Abbildung 6 fasst sie zunächst optisch zusammen (Sauter/Erpenbeck 2007, Heyse/Ortmann 2008):

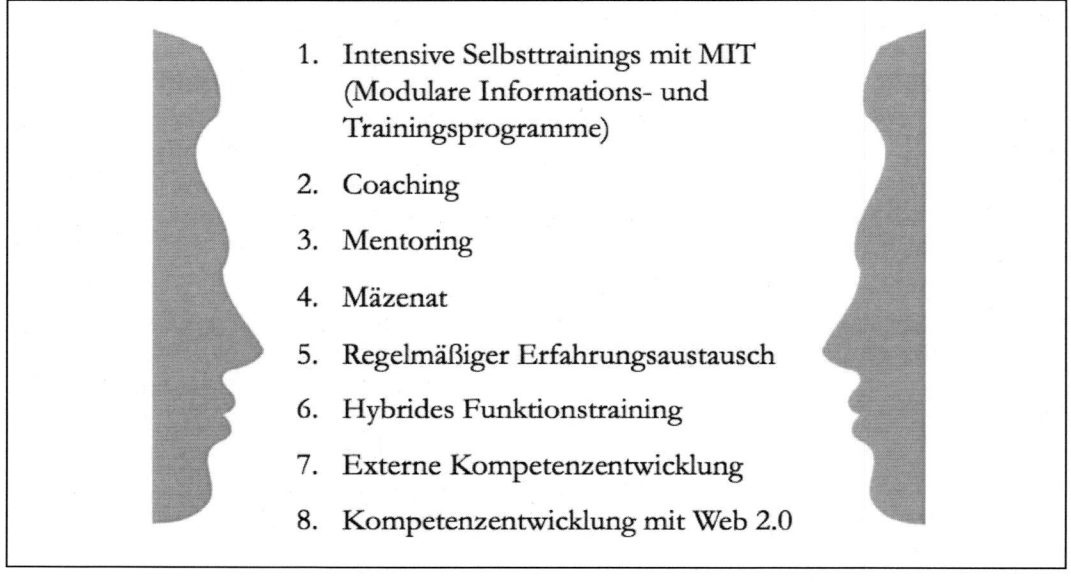

Abb. 6: Einsatzbereiche

Der **erste Einsatzbereich** liegt natürlich in den hier im Mittelpunkt stehenden Selbsttrainings mit Modularen Informations- und Trainingseinheiten. Dazu bedarf es an dieser Stelle keiner weiterführender Begründungen.

Der **zweite Einsatzbereich** liegt im direkten Talent- bzw. Kompetenz-Coaching, wobei die Zusammenhänge von Talent und Kompetenz hier nicht durchleuchtet werden sollen (Heyse/Ortmann 2008). Coaching als eine Hilfe zur Selbsthilfe macht verdeckte Ressourcen sichtbar und nutzbar. Es ist eine besondere Form der arbeitsbezogenen Selbstreflexion und unterstützt einen Perspektivenwandel und eine Wahrnehmungserweiterung, insbesondere in Bezug auf das individuelle Selbstmanagement. Im Mittelpunkt des Talent- bzw. Kompetenz-Coachings stehen die Zielbestimmung (Was will ich erreichen? Wie und mit welchen »Kosten« komme ich dahin?), reflexive Selbstchecks, Erfahrungstransfer, Aufgaben (insbesondere zur Erhöhung der Eigen-Macht und zur aktiven Arbeitsgestaltung) und daran gekoppeltes Feedback. Der Coachee wird ermutigt, zu explorieren, zu experimentieren, Verantwortung zu übernehmen, andere einzubeziehen, zu delegieren, differenzierter wahrzunehmen und zu verstehen. Er soll seine Potenziale entfalten und seine Performanz steigern. Talent- bzw. Kompetenz-Coaching kann sowohl die individuelle Beratung und das persönliche Feedback als auch Trainingstools einbeziehen, die dazu beitragen sollen, dass die Coachees alltägliche Dinge anders sehen, um sie besser und effizienter zu machen. Damit wird das Coaching noch nicht zum Training, trägt aber auch zur Erhöhung des individuellen Wohlbefindens – als wichtiger Teil der Gesundheit – bei. Dieses Coaching hat eine deutliche Nähe zu anderen Beratungsformen wie Einzelsupervision, Mediation, Training oder Consulting. Allerdings kann der Coach weder einen Supervisor noch einen Fachberater und Trainer ersetzen.

Der **dritte Einsatzbereich** ist das Kompetenz-Mentoring als ein Prozess der Weiterentwicklung einer Person mit dem Ziel, zukünftig höhere Funktions- und Tätigkeitsanforderungen erfüllen zu können. Mentoring setzt an entdeckten Kompetenzen an und kann sehr konkret oder relativ unspezifisch in Bezug auf bestimmte Funktionen oder Tätigkeiten sein.

Der Mentor (das gilt ebenso für die Mentorin) ist ein erfahrener Ratgeber, der das eigene Wissen und die eigenen bewährten Erfahrungen an eine – auf diesem Gebiet bedeutend unerfahrene – Person (= Mentee) weitergibt. Der Mentor vermittelt insbesondere organisationsspezifisches Wissen, impliziert eine karrierebezogene Beratung und erhöht die Bindung der Mentees an das Unternehmen. Wenn es dem Mentor gelingt, emotions- und motivationsaktivierend auf die zu betreuende Person einzuwirken, dann ist ein gutes Fundament für die Kompetenzentwicklung in den intendierten Richtungen gelegt. Gegenüber dem Coaching engagiert sich der Mentor persönlich in hohem Maße für Person und Unternehmen. Das kommt der griechischen Mythologie nahe, in der Pallas Athene in Gestalt eines weisen Greises, Namens Mentor, die Erziehung des Sohnes von Odysseus und seiner Frau Penelope, Telemach, übernahm. Ein über eingegrenzte fachliche Fragen hinausführendes Mentoring kann vor allem die Belastbarkeit und Beständigkeit des Mentees unter Stress erhöhen, sein individuelles Beziehungsmanagements verbessern, seine Anpassungsfähigkeit an neue Anforderungen erhöhen, seine erfolgreiche Arbeit in unterschiedlichen nationalen sowie internationalen Kulturen sichern und seine Fähigkeit verstärken, gleichsam aus der Vogelperspektive Situationen zu betrachten und zu werten. Es kann zu seiner Karriereentwicklung beitragen. Es dient dem verbesserten Umgang mit betrieblichen Krisensituationen und dem Auffinden von innovativen Lösungswegen in neuen, schier unlösbaren Problemsituationen. Die langfristige Bindung der Mentees an das Unternehmen wird erhöht. Früher wurde Mentoring in der Regel im Rahmen der Führungsnachwuchskräfte-Förderung eingesetzt, inzwischen gibt es auch ein internes individuelles, ein externes, mehrere Personen übergreifendes (Cross-), ein Gruppen- und ein Teammonitoring sowie ein Mentoring für Auszubildende. Das Mentoring selbst kann als Cross-Gender-Mentoring oder als Equal-Gender-spezifisch verlaufen und schließt heutzutage auch zunehmend E-Mentoring-Formen (mit Online-Mentorbeziehungen) ein.

Der **vierte Einsatzbereich** ist das Kompetenz-Mäzenat. Die Bezeichnung Mäzen rührt von dem Etrusker Gaius Cilnius Maecenas her, der Dichter wie Vergil und Horaz förderte. Im Gegensatz zum Sponsoring liegt dem Mäzenat keine geschäftliche Nutzenerwartung, keine gezielte Beeinflussung der öffentlichen Meinung und keine Machtdemonstration zu Grunde. Der Mäzen handelt altruistisch, verwirklicht eigene Ideale und handelt rein freiwillig. Viele Mäzene möchten sogar in der Öffentlichkeit ungenannt bleiben.

Der ideale interne oder externe Sponsor weiß und versteht, was nötig ist und kümmert sich um das Erreichen hoher Ergebnisse und die beschleunigte Profilierung des zu Fördernden. Das Mäzenat öffnet in der Regel Türen, beseitigt Barrieren, unterläuft bürokratische Prozesse und ermöglicht den zu Fördernden verbesserte und beschleunigte Arbeits- und Entwicklungsbedingungen. Durch diese Art begünstigter Projektbearbeitungen werden Kompetenzträger für die Senior Executives und andere Entscheider bekannt und attraktiv und verbessern ihre Chancen im Unternehmen.

Während Mäzenatentum früher mit einer Unterstützung durch Geld oder geldwerten Vorteilen (zum Beispiel verbilligte Übernahme von Aufträgen, Sachmittelbereitstellung, Tombolapreise u.v.a.m.) gleichgesetzt wurde, schließt das Kompetenz-Mäzenat vor allem immaterielle Unterstützung und Netzwerkvermittlungen ein.

Der **fünfte Einsatzbereich** ist der Kompetenz – Erfahrungsaustausch. Der viel zitierte Erfahrungsaustausch (Erfa) zwischen unterschiedlichen Experten bringt in der Regel bei weitem weniger als erhofft. Neben vielen formalen Behinderungsfaktoren (Unzureichende Zielstellung und Moderation, Uninteressiertheit der Anwesenden, Diskussionsbeherrschung durch Einzelne…) kommt ein wesentlicher Aspekt hinzu: Zwar kann man formales Wissen austauschen, jedoch die komplexen Erfahrungen, die zu bestimmten Zeiten unter bestimmten Umständen mehr sinnlich erworben und »gespeichert« wurden, können nicht in ihrer Verdichtung »so einfach einmal abgerufen« werden. Es braucht bestimmte Bahnungen zu den ganzheitlich gespeicherten Erfahrungen, es braucht einen emotionalen Erinnerungsschlüssel zu früheren Handlungssituationen. Der Kompetenz-Erfahrungsaustausch setzt somit voraus, dass sich unterschiedliche Personen in bestimmten Abständen beispielsweise für zwei Stunden treffen und nach gemeinsamen Lösungen suchen. So können Widerstände im Unternehmen im Rahmen der Kompetenzförderung ein Thema für einen Erfa sein, in dem es darum geht festzustellen, wer schon einmal an anderer Stelle einem ähnlichen Problem gegenüberstand, wie erfolgreich oder nicht zufrieden stellend dieses Problem gelöst wurde und was daraus schließlich gelernt wurde. Wesentlich ist, dass über wichtige Fragen gesprochen wird, die Ausgangssituation so deutlich wie möglich allen dargestellt wird und die Akteure authentisch ihre (Lebens-)Erfahrungen zur Diskussion stellen. Unter diesen Bedingungen wird es unter den Teilnehmern ähnliche Emotionen geben und die Akteure fühlen sich im Kern angesprochen. Das ist ein schmaler, aber wirkungsvoller Weg, durch einen Erfa Kompetenzentwicklungen anzustoßen. Da solche Erfa sehr anspruchsvoll sind und die Organisatoren sehr stark bzgl. ihrer eigenen Personalen Kompetenz fordern, gibt es in der Praxis diese Form der Kompetenzentwicklung nur sehr selten.

Der **sechste Einsatzbereich** ist das Hybride Funktionstraining. Es bietet sich als eine sehr effiziente Form der Führungsnachwuchskräfte-Entwicklung an, wird jedoch auf Grund des damit verbundenen Organisations- und Steuerungsaufwandes leider nur selten genutzt. Insbesondere für KMU hat das Hybride Funktionstraining viele Vorteile. Sein Ziel ist, in einem überschaubaren Zeitraum hochkompetente Personen auf eine Führungsfunktion vorzubereiten, sie zugleich an das Unternehmen zu binden und weitere Führungskräfte im Rahmen von gezielten Weiterbildungsmaßnahmen und durch Mentorentätigkeiten zu qualifizieren. Es wird ein Teilsystem mit globalen Wirkungen auf das Gesamtsystem aktiviert. Im Mittelpunkt des Hybriden Funktionstrainings steht die Kombination von gezielten Kompetenzentwicklungsmaßnahmen einer Gruppe, der Verallgemeinerung der Weiterbildungsergebnisse in das Unternehmen hinein und die Arbeit der Personen an zusätzlichen innovativen Projekten des Unternehmens mit konkreten Ergebnis- und Zeitvorgaben und individuellen Betreuern und Mentoren. Das Hybride Funktionstraining verbindet Weiterbildung, Training, innovative Problembearbeitung, Betreuung und Mentoring, anspruchsvolles Teamwork in der Fördergruppe sowie überzeugenden Wissens- und Erfahrungstransfer miteinander. Es verbindet Formen der Personalentwicklung und Organisationsentwicklung sinnvoll miteinander und orientiert auf eine mehrdimensionale erfolgreiche Kompetenzentwicklung: individuell, im Team und in der Organisation.

Der **siebte Einsatzbereich** ist die externe kompetenzorientierte Talententwicklung. Sie stellt eine interessante Möglichkeit intensiver Kompetenzentwicklung dar und ist die Kombination interner und externer Entwicklungen. Letztere schließen Top-Lehrgänge und duale Studienformen ein. Sie sind besonders für Jungakademiker und Hochschulabsolventen ohne größere Berufserfahrung sowie für Nachwuchsführungskräfte interessant. Als sehr erfolgreiche Unterstützungsangebote erweisen sich beispielsweise die dualen Studiengänge des Steinbeis-Transfer-Instituts School of International Business and Entrepreneurship (SIBE) Herrenberg. In diesen Studiengängen steht der Nutzen für die Studierenden und für die in die Studien integrierten Unternehmen grundsätzlich im Mittelpunkt. Die systematische Bearbeitung von unternehmensrelevanten Projekten, der Transfer des vermittelten theoretischen und methodischen Wissens in die unternehmerische Praxis sowie Begleitung der Studierenden in einem Kompetenzfeedback- und Coachingprozess während der gesamten zweijährigen Studienzeit sind die zentralen Bestandteile der MBA- und MSc-Studiengänge. Die Unternehmen selbst profitieren durch die Projektarbeiten mit hoher Unternehmensrelevanz und Praxisorientierung sowie durch den deutlichen Entwicklungsschub der delegierten Talente. Diese Form der Kompetenzentwicklung hat Ähnlichkeiten mit der Talent-Entwicklungsmethode HFT. Der Vorteil jedoch liegt in dem hohen europäischen Studienniveau, in der externen Betreuung und im Coaching durch Spitzenkräfte sowie in dem sich aufbauenden Networking mit hoch kompetenten Fachleuten aus den verschiedensten Branchen und Unternehmen. Letzteres erweist sich später als wichtiger Kompetenzverstärker sowohl für den einzelnen Studierenden als auch für die Unternehmen.

Der **achte Einsatzbereich** ist die Kompetenzentwicklung im Netz mit Hilfe des Web 2.0. Es ist bekannt, dass sich das klassische E-Learning für die Wissensweitergabe hervorragend, für die Kompetenzentwicklung jedoch nur schlecht eignet. Das ist mit der Weiterentwicklung und intensiven Nutzung des so genannten Web 2.0 grundsätzlich anders geworden. Zum Beispiel wurde in einer neueren Arbeit zur »Kompetenzentwicklung im Netz« (Erpenbeck/Sauter 2007) herausgearbeitet, dass und wie sich Instrumente des Web 2.0 hervorragend für Aufgaben der Kompetenzentwicklung einsetzen lassen. Die Autoren entwickelten ein Methodenpaket, das sie KOBLESS tauften (KOmpetenzentwicklungssysteme mit Blended LEarning und Social Software) und zeigten an Beispielen, dass sich dieses vorzüglich für Aufgaben der Kompetenzentwicklung in Universitäten wie in Unternehmen eignet. Der Verfahrensvorschlag ermöglicht Lernprozesse mit dem Ziel, die Fähigkeit zur selbstorganisierten Problemlösung zu vervollkommnen (»Ermöglichungsdidaktik«). Dabei werden Arbeitsprozesse und Projekte als Katalysatoren der Kompetenzentwicklung genutzt. Das neue Lernen sieht Lerner als gleichberechtigte Partner, sowohl in der Kommunikation mit anderen Lernpartnern, als auch mit Tutoren, Coaches und Trainern. Sie erzeugen gemeinsam und in einem meHrsgliedrigen Prozess Kompetenzen – auf Seiten der Lernenden und der Lehrenden.

Die genannten Einsatzbereiche sind keinesfalls vollständig. Sie stellen vielmehr Beispiele dar, mit welchen Methoden man – selbst- oder fremdintendiert – Kompetenzen entwickeln kann. Dabei gilt in allen Beispielen das ELW – Axiom, zudem werden jeweils spezifisch die Fragen beantwortet, wo, wozu und für wen Kompetenzentwicklung angestrebt wird und welche Kompetenzen sich entwickeln sollen. Analog lassen sich weitere Einsatzbereiche verorten.

Die Abbildung 7 fasst die zusammengestellten und kurz umrissenen Formen selbst- und fremdintendierter Kompetenzentwicklung nochmals zusammen.

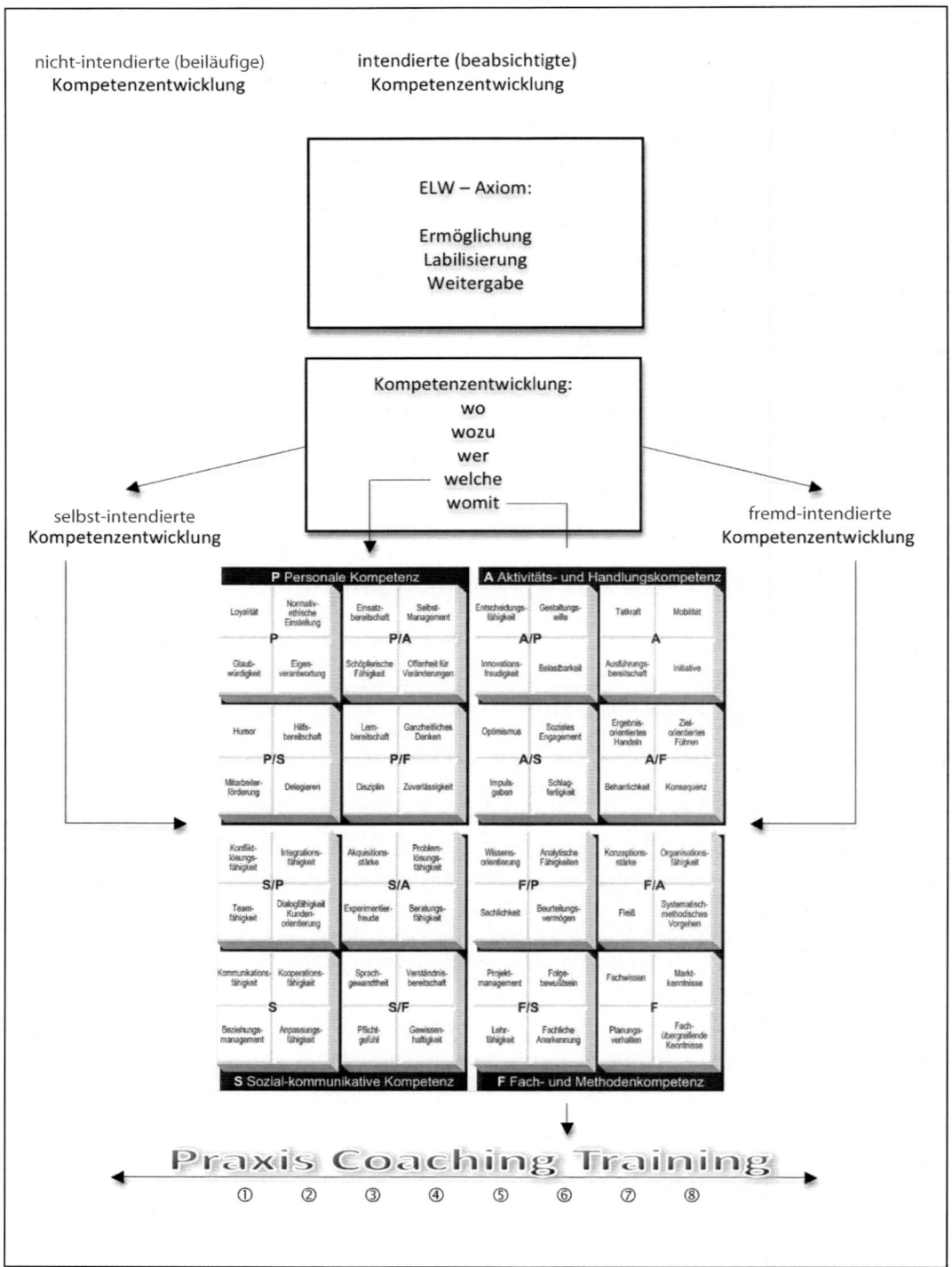

Abb. 7: Formen selbst- und fremdintendierter Kompetenzentwicklung

Selbstintendierte Kompetenzentwicklung

Es muss stets gegenwärtig bleiben, dass sich viele Kompetenzen biographisch schon sehr früh herausbilden. Zugleich ist zu beachten, dass wichtige Kompetenzen nicht in speziellen Trainingsprozessen erworben werden, sondern eher nebenbei im sozialen Umfeld oder in der unmittelbaren Arbeit (Erpenbeck/Heyse 2007). Die Analyse des Lernens im sozialen Umfeld ist deshalb auch eine wichtige Voraussetzung für die Planung von Kompetenztrainings.

Wodurch kann man dann Ist und Soll in Übereinstimmung bringen?

Auf diese Fragestellung versucht das vorliegende Buch theoretisch fundierte und praktisch erprobte Antworten zu geben. Dabei kommt Theorie nur insoweit ins Spiel, als sie in Modularen Informations- und Trainingsprogrammen (MIT) technisch umsetzbar ist. Diese Techniken werden beschrieben. Ihre Umsetzungen in Form von Übungen werden dargestellt. »Techniken« und »Übungen« umreißt das Einsatzfeld all jener Verfahren, die wirklich zur Kompetenzentwicklung genutzt werden können. Dabei orientiert sich der Aufbau des Textes an der abgeleiteten Übersicht der 64 Grund- und Teilkompetenzen. Der Vorteil dieses Aufbaus für ein Trainingskompendium ist, dass die vier *Basiskompetenzen* P, A, F, S und die davon ausgehenden *Teilkompetenzen* in Kombinationen ein äußerst differenziertes und vor allem nicht »fachkompetenzlastiges« Bild ergeben, wie das bei eher qualifikationsorientierten Weiterbildungsmaßnahmen so häufig der Fall ist.

Jede der 64 Trainingseinheiten plus weitere 16 Trainingseinheiten ist modular aufgebaut:
- Zu jeder der insgesamt 80 Teilkompetenzen liegen aus dem KODE®X-Verfahren charakterisierende Definitionen vor.
- Davon ausgehend werden in den einzelnen Trainingseinheiten zunächst umrissartig – oft mit Bonmots, Beispielen und Anekdotischem gewürzt – die *Basis- und Teilkompetenzen* plastisch umrissen.
- Fragebögen zur *Selbsteinschätzung* von nachgefragten eigenen Basis- und Teilkompetenzen ermöglichen es, Antworten auf solche Fragen zu finden:
  - Wie sieht es mit meinen Kompetenzen aus?
  - Habe ich deutliche Kompetenzdefizite?
  - Kann ich diese durch andere, stärker ausgeprägte Kompetenzen kompensieren?
  - Wo muss ich mir über weniger ausgeprägte Kompetenzen klar werden und sie durch ein entsprechendes Training erhöhen?
- Daraus leiten sich die *persönlichen Zielsetzungen* ab, die in Veränderungsvorsätzen – gleich ob mit oder ohne Training – münden:
  - Was muss sich ändern?
  - Wo setze ich an?
  - Welche Ziele stelle ich mir persönlich?
- Zugleich werden die Hintergründe von *Veränderungsmöglichkeiten* deutlich:
  - Was kann ich überhaupt verändern?
  - Wo stehen mir Hilfe und Unterstützung zur Verfügung?
  - Welche Energiequellen können und sollen mich antreiben?

- Ebenso ist herauszufinden, welche Gewohnheiten, Hindernisse, *Bremsen* der Zielerreichung entgegenstehen:
  - Wann und wo habe ich meine Kompetenzentwicklung vernachlässigt?
  - Was steht subjektiv und objektiv meiner Entwicklung entgegen?
  - Wie kann ich Bremsen beseitigen?
- Daraus lassen sich schließlich persönliche *Schlussfolgerungen und Maßnahmen* für die eigene Kompetenzentwicklung ableiten.
- Ist man bis zu diesem Punkt vorgedrungen, beginnt die Suche nach geeigneten *Techniken und Übungen*. Hier soll dem Suchenden nichts vorgeschrieben werden. Es gibt keine allgemeingültigen Rezepte zur Kompetenzentwicklung. Es gibt nur Erfahrungen und Möglichkeitsfelder, die man selbst – eventuell gestützt durch Trainer, Personalentwickler, Kollegen oder Freunde – ausschreiten kann.
- Abschließend ermöglichen zusammenfassende *Checklisten* einzuschätzen, ob sich die Kompetenzen tatsächlich in der gewünschten Weise entwickelt haben, ob man sich durch die Anstrengungen belohnt und bereichert fühlen darf.
- Am Ende jedes Modularen Informations- und Trainingsprogramms findet der Leser Hinweise auf *Literatur*, die zur Entwicklung des Moduls diente und die auch für den Laien lesenswerte Hinweise und Weiterführungen enthält.

Wenn die hier neuerlich vorgelegten Informations- und Trainingsprogramme auch in Zukunft zu einem effektiven Kompetenztraining beitragen könnten, hätten sie ihr Ziel voll erreicht.

Literatur

Abelson, R.P. (1963): Computer simulation of »hot« cognition. In: Tomkins, S.S., Messick, S. (Hrsg.): Computer Simulation of Personality. Wiley, New York

Ant, M. (2004): Die Auswirkung von Kompetenzbilanzen auf das Selbstwertgefühl von Arbeitslosen, Editions d'Letzebuerger Land, Luxemburg

Arnold, R. (2005): Die emotionale Konstruktion der Wirklichkeit. Beiträge zu einer emotionspädagogischen Erwachsenenbildung. Schneider Verlag, Hohengehren

Arnold, R. (2007): Ich lerne, also bin ich. Eine systemisch-konstruktivistische Didaktik. Carl Auer Verlag, Heidelberg 2007

Arnold, R., Holzapfel, G. (Hrsg.) (2008): Emotionen und Lernen. Die vergessenen Gefühle in der (Erwachsenen-) Pädagogik. Schneider Verlag, Hohengehren

Arnold, R., Siebert, H. (1995): Konstruktivistische Erwachsenenbildung. Schneider Verlag Hohengehren

Barthel, E., Erpenbeck, J., Hasebrook, J., Zawacki-Richter, O. (Hrsg.) (2007): Kompetenzkapital heute. Wege zum Integrierten Kompetenzmanagement. Frankfurt School Verlag, Frankfurt am Main

Bauer, H.G. (2001): Erlebnis- und Abenteuerpädagogik. Eine Entwicklungsskizze. 6. Aufl., München, Rainer Hampp Verlag, Mering

Bauer, H.G., Böhle, F., Munz, C. u. a. (2002): Hightech – Gespür. Erfahrungsgeleitetes Arbeiten und Lernen in hoch technisierten Arbeitsbereichen. W. Bertelsmann Verlag, Bielefeld

Bergmann, G., Daub, J., Meurer, G. (2003): Die absolute Kompetenz. Von der Kompetenz zur Metakompetenz. Manuskript, Siegen

Böhle, F., Bolte, A. (2002): Die Entdeckung des Informellen. Der schwierige Umgang mit Kooperation im Arbeitsalltag. Campus Verlag, Frankfurt, New York

Böhle, F., Weihrich, M. (Hrsg.) (2008): Handeln unter Unsicherheit. Verlag für Sozialwissenschaft, Wiesbaden

Buhr, S., Ortmann, S. (2004): KomBilanz – Software zur Kompetenzbilanzierung. In: Heyse, V., Erpenbeck, J., Max, H. (Hrsg.): Kompetenzen erkennen, entwickeln, bilanzieren. Waxmann Verlag, Münster 2004

Calonder Gerster, A.E. (2007): Das CH-Q Kompetenz-Management-Modell. In: Erpenbeck, J., v. Rosenstiel, L. (Hrsg.) : Handbuch Kompetenzmessung. Erkennen, verstehen und bewerten von Kompetenzen in der betrieblichen, pädagogischen und psychologischen Praxis. Schäffer-Poeschel Verlag, Stuttgart. S. 719–736

Chomsky, N. (1962): Explanatory Models in Linguistics. In: Nagel, E., Suppes, P., Tarski, A. (Hrsg.): Logic, Methodology and Philosophy of Science. Stanford; University Prints, Calif.

Chomsky, N. (1971): Aspekte der Syntaxtheorie, Suhrkamp Verlag, Frankfurt am Main

Council of Competitivness (1998): Winning the Skills Race. Publications Office, Washington

DFG Schwerpunktprogramm 1293 »Kompetenzmodelle zur Erfassung individueller Lernergebnisse und zur Bilanzierung von Bildungsprozessen« Internet

Erpenbeck, J., v. Rosenstiel, L. (Hrsg.) (2003; 2. Aufl. 2007): Handbuch Kompetenzmessung. Erkennen, verstehen und bewerten von Kompetenzen in der betrieblichen, pädagogischen und psychologischen Praxis. Schäffer-Poeschel Verlag, Stuttgart

Erpenbeck, J., Heyse, V. (1999, 2007): Die Kompetenzbiografie. Wege der Kompetenzentwicklung. 2. Aufl., Waxmann Verlag, Münster, New York, München, Berlin

Erpenbeck, J., Weinberg, J. (1993): Menschenbild und Menschenbildung. Bildungstheoretische Konsequenzen der unterschiedlichen Menschenbilder in der ehemaligen DDR und in der heutigen Bundesrepublik. Beiträge zur Entwicklung effektiver Qualifikationsstrukturen. Waxmann Verlag, Münster, New York

Garcia, S. (2002): Kompetenzbilanzierung. Diplomarbeit, Institut für betriebswirtschaftliche Forschung der Universität Zürich, Zürich

Geldermann, B., Seidel, S., Severing, E. (2008): Rahmenbedingungen zur Anerkennung informell erworbener Kompetenzen in der Berufsbildung, Nürnberg. W. Bertelsmann Verlag, Bielefeld

Gieseke, W. (2007): Lebenslanges Lernen und Emotionen: Wirkungen von Emotionen auf Bildungsprozesse aus beziehungstheoretischer Perspektive. W. Bertelsmann Verlag, Bielefeld

Gigerenzer, G. (2008): Bauchentscheidungen. Die Intelligenz des Unbewussten und die Macht der Intuition. Goldmann Verlag, München

Gnahs, D. (2007): Kompetenzen – Erwerb, Erfassung, Instrumente. W. Bertelsmann Verlag Bielefeld

Gnahs, D., Neß, H., Schrader, J. (Hrsg.) (2003): Machbarkeitsstudie im Rahmen des BLK-Verbundprojektes ›Weiterbildungspass mit Zertifizierung informellen Lernens‹. BMBF, Berlin

Grote, S., Kauffeld, S., Frieling, E. (2006): Kompetenzmanagement. Grundlagen und Praxisbeispiele. Schäffer-Poeschel Verlag, Stuttgart

Gruber, H. (1999): Erfahrung als Grundlage kompetenten Handelns. Huber Verlag, Bern

Gruber, H., Ziegler, A. (1996): Expertiseforschung. Westdeutscher Verlag, Opladen

Haase, K. (lfd. 2000–2006): Statusberichte Monitoring Grundlagenforschung Kompetenzmessung, Berlin (URL: http://www.abwf.de).

Haasler, B., Schnitger, M., Rauner, F. (2006): Kompetenzbilanzen. Europäische Ansätze – eine Untersuchung aus dem Anwendungsfeld der Vermittlung Arbeitssuchender. In: QUEM, edition (Hrsg.): Kompetenzen bilanzieren. Auf dem Weg zu einer europaweiten Kompetenzerfassung. Waxmann Verlag Münster, New York, München, Berlin

Hasebrook, J., Zawacki-Richter, O., Erpenbeck, J. (Hrsg.) (2004): Kompetenzkapital. Verbindungen zwischen Kompetenzbilanzen und Humankapital. Frankfurt School Verlag, Frankfurt am Main

Heyse, V. (2007): Kompetenzmanagement. Methoden, Vorgehen, Praxiserfahrungen. In: Neumann, R., Graf, G.: Management-Konzepte im Praxistest. Linde international, Wien

Heyse, V., Ortmann, S. (2008): TalentManagement in der Praxis – Mit Arbeitsblättern, Checklisten, Softwarelösungen, Waxmann Verlag, Münster, New York, München, Berlin

Heyse, V., Erpenbeck, J. (Hrsg.) (2007). Kompetenzmanagement. Methoden, Vorgehen, KODE® (und KODE®X im Praxistest. Waxmann Verlag, Münster, New York, München, Berlin.

Heyse, V., Erpenbeck, J. (2004): Kompetenztraining. 64 Informations- und Trainingsprogramme. Schäffer-Poeschel Verlag, Stuttgart

Heyse, V., Erpenbeck, J., Michel, L. (2002): Kompetenzprofiling. Weiterbildungsbedarf und Lernformen in Zukunftsbranchen. Waxmann Verlag, Münster, New York, München, Berlin

IASB (Hrsg.) (2003): Abbreviated International Financial Reporting Standards 2003 (IAS 1 to IAS 41). IFRS, London

Kappelhoff, P. (2004): Kompetenzentwicklung in Netzwerken. Die Sicht der Komplexitäts- und allgemeinen Evolutionstheorie. Manuskript, Berlin

Kauffeld, S. (2006): Kompetenzen messen, bewerten, entwickeln: Ein prozessanalytischer Ansatz für Gruppen. Schäffer-Poeschel Verlag, Stuttgart

Klieme u. a. (2007): Möglichkeiten und Voraussetzungen technologiebasierter Kompetenzdiagnostik. BMBF, Bonn, Berlin

Kommission der Europäischen Gemeinschaften (2005): Auf dem Weg zu einem europäischen Qualifikationsrahmen für lebenslanges Lernen. Arbeitsunterlage der Kommissionsdienststellen, Kommission der Europäischen Gemeinschaften, Brüssel

Landesinstitut für Qualifizierung NRW (2006): Talentkompass. www.talentkompass.de, Hagen

Lang-von Wins, T., Barth, U.G., Sandor, A., Triebel, C. (2005): Grundlagen einer lernenden Kompetenzbeurteilung in Unternehmen. In: QUEM (Hrsg.): Kompetenzmessung in Unternehmen. Waxmann Verlag, Münster, New York, München, Berlin, S. 453–600

Lang-von Wins, T., Triebel, C. (2006). Kompetenzorientierte Laufbahnberatung, Springer Verlag, Heidelberg

Mayring, P. (2003): Qualitative Inhaltsanalyse. Grundlagen und Techniken. 8. Aufl., Beltz Verlag, Weinheim, Basel

Mertens, D. (1974):Schlüsselqualifikationen. Thesen zur Schulung für eine moderne Gesellschaft. In: Institut für Arbeitsmarkt- und Berufsforschung (Hrsg.): Mitteilungen aus der Arbeitsmarkt- und Berufsforschung. Jhg. 7, H.1 Nürnberg

Mertins, K., Döring-Katerkamp, U. (Hrsg.) (2004): Kompetenzmanagement – Der Faktor Mensch entscheidet! Eine gemeinsame Studie des Fraunhofer IPK und des Instituts für angewandtes Wissen iaw. Berlin; Fraunhofer Verlag, Köln

Mitchell, S. (2008): Komplexitäten. Warum wir erst anfangen, die Welt zu verstehen. Suhrkamp Verlag, Frankfurt am Main

Mittelstraß, J. (1999): Lernkultur – Kultur des Lernens. In: Kompetenz für Europa: Wandel durch Lernen – Lernen im Wandel. Referate auf dem internationalen Fachkongress Berlin. QUEM-report 60, Berlin, 49–63

Nonaka, O.I., Takeuchi, H. (1997): Die Organisation des Wissens. Campus Verlag, Frankfurt am Main, New York

North, K., Friedrich, P., Lantz, A. (2005): Kompetenzentwicklung zur Selbstorganisation. In: QUEM (Hrsg.): Kompetenzmessung in Unternehmen. Waxmann Verlag, Münster, New York, München, Berlin. S. 601–672

Osterloh, M. (2001): Wettbewerbsfähigkeit in der Wissensgesellschaft oder: Können Organisationen lernen? In: QUEM (Hrsg.): Arbeiten und Lernen. Lernkultur Kompetenzentwicklung und Innovative Arbeitsgestaltung. QUEM-report, Berlin

Osterloh, M., Wübker, S. (1999): Wettbewerbsfähiger durch Prozess- und Wissensmanagement. Mit Chancengleichheit auf Erfolgskurs. Gabler Verlag, Wiesbaden

Pawlowsky, P., Menzel, D., Wilkens, U. (2005): Wissens- und Kompetenzdiagnostik in Organisationen. In: QUEM (Hrsg.): Kompetenzmessung in Unternehmen. Waxmann Verlag, Münster, New York, München, Berlin, S. 341–452

Probst, G. J., Deussen, A. , Eppler, M., Raub, S. P. (2000): Kompetenzmanagement. Wie Individuen und Organisationen Kompetenzen entwickeln. Gabler Verlag, Wiesbaden

Projektteam (2004): Weiterbildungspass mit Zertifizierung informellen Lernens. Machbarkeitsstudie im Rahmen des BLK-Verbundprojekts, BMBF, Berlin.

QUEM (Hrsg.) (2003): Was kann ich wissen? Theorie und Geschichte von Lernkultur und Kompetenzentwicklung. QUEM-report, Berlin

QUEM (Hrsg.) (2005): Kompetenzmessung im Unternehmen. Lernkultur- und Kompetenzanalysen im betrieblichen Umfeld. Waxmann Verlag, Münster, New York, München, Berlin

QUEM (Hrsg:) (2006): Kompetenzentwicklung 2006. Das Forschungs- und Entwicklungsprogramm »Lernkultur Kompetenzentwicklung« Ergebnisse – Erfahrungen – Einsichten. Waxmann Verlag, Münster, New York, München, Berlin

QUEM (Hrsg.) (ab 2001): Internationales Monitoring Kompetenzmessung http://www.abwf.de/main/programm/frame_html?ebene2=befunk&ebene3=Monitoring

QUEM, edition Bd. 20 (2006): Kompetenzen bilanzieren. Auf dem Wege zu einer europaweiten Kompetenzerfassung. Waxmann Verlag, Münster, New York, München, Berlin

Rauner, F. (2004): Praktisches Wissen und berufliche Handlungskompetenz. ITB Forschungsberichte 14/2004

Rauner, F. (2004): Qualifizierungsforschung und Curriculum. W. Bertelsmann Verlag, Bielefeld

Reinhardt, R. (1998): Das Management von Wissenskapital. In: Pawlowsky, P. (Hrsg.): Wissensmanagement. Erfahrungen und Perspektiven. Gabler Verlag, Wiesbaden, S. 152, 153

Reisenzein, R., Schützwohl, A., Meyer W.-U. (2008): Einführung in die Emotionspsychologie. Bd. 3, Kognitive Emotionstheorien. Huber Verlag, Bern 2008

Sauer, J. (2002): Transformation beruflicher Weiterbildung – Infrastrukturen für neue Lernkulturen. Von einer Weiterbildungspolitik zur Lernkulturpolitik. In: QUEM (Hrsg.): Kompetenzentwicklung 2002. Waxmann Verlag, Münster, New York, München, Berlin. S. 435–472

Schmidt, N. (1995): Philosophie und Psychologie. Trennungsgeschichte, Dogmen und Perspektiven. Rowohlt Verlag, Reinbeck

Siegfried J., Schmidt, S.J. (2005): Lernen, Wissen, Kompetenz. Vorschläge zur Bestimmung von vier Unbekannten. Carl Auer Systeme, Heidelberg 2005.

Sonntag, K.-H., Schaper, N., Friebe, J. (2005): Erfassung und Bewertung von Merkmalen unternehmensbezogener Lernkulturen. In: QUEM (Hrsg.): Kompetenzmessung in Unternehmen. Waxmann Verlag, Münster, New York, München, Berlin. S. 19–340

Struck, P. (2007): Die 15 Gebote des Lernens, 2.Aufl., Wissenschaftliche Buchgesellschaft, Darmstadt

Sydow, J., Duschek, S., Möllering, G., Rometsch, M. (2003): Kompetenzentwicklung in Netzwerken. Verlag für Sozialwissenschaften, Wiesbaden

The Boston Consulting Group (2007): The Future of HR in Europe. Key Challenges Trough 2015. Europäische Vereinigung für Personalführung, Düsseldorf, Paris

Veith, H. (2003): Kompetenzen und Lernkulturen. Zur historischen Rekonstruktion moderner Bildungsleitsemantiken. Waxmann Verlag, Münster, New York, München, Berlin

Wildemann Consulting, Karlsbad (2005): Die Kompetenzhaltigkeit moderner betrieblicher Assessments. In: QUEM (Hrsg.): Kompetenzmessung in Unternehmen. Waxmann Verlag, Münster, New York, München, Berlin. S. 723–760

Wilkens, U., Gröschke, D. (2007): Kompetenzbeziehungen und Kompetenznutzung im Wissenschaftssystem – Theoretische Überlegungen und empirische Einblicke. In: Barthel, E., Erpenbeck, J., Hasebrook, J., Zawacki-Richter, O. (Hrsg.): Kompetenzkapital heute. Wege zum Integrierten Kompetenzmanagement. Frankfurt School Verlag, Frankfurt am Main, S. 269–292

Wissensbilanz Made in Germany (2005): Dokumentation Nr. 536 des BmfWA. Leitfaden 1.0 zur Erstellung einer Wissensbilanz. Bundesministerium für Wirtschaft und Arbeit, Berlin

Wolf, A. (1995): Competence-Based Assessment (Assessing Assessment). Open University Press, New York

Wucknitz, U., Heyse, V. (2008): Retention Management. Schlüsselkräfte entwickeln und binden. Waxmann Verlag, Münster, New York, München, Berlin, S. 19–340

Wunderer, R., Bruch, H. (2000): Umsetzungskompetenz. Diagnose und Förderung in Theorie und Praxis, Verlag Franz Vahlen, München.

Zawacki-Richter, O., Hasebrook, J., Barthel, E. (2004): Kompetenzen als immaterielle Vermögenswerte in Betrieben. QUEM-Bulletin 2/2004, S. 23 ff.

Kapitel I
Personale Kompetenz   P

P Personale Kompetenz

P	P/A
Loyalität / Normativ-ethische Einstellung	Einsatzbereitschaft / Selbst-Management
Glaubwürdigkeit / Eigenverantwortung	Schöpferische Fähigkeit / Offenheit für Veränderungen

P/S	P/F
Humor / Hilfsbereitschaft	Lernbereitschaft / Ganzheitliches Denken
Mitarbeiterförderung / Delegieren	Disziplin / Zuverlässigkeit

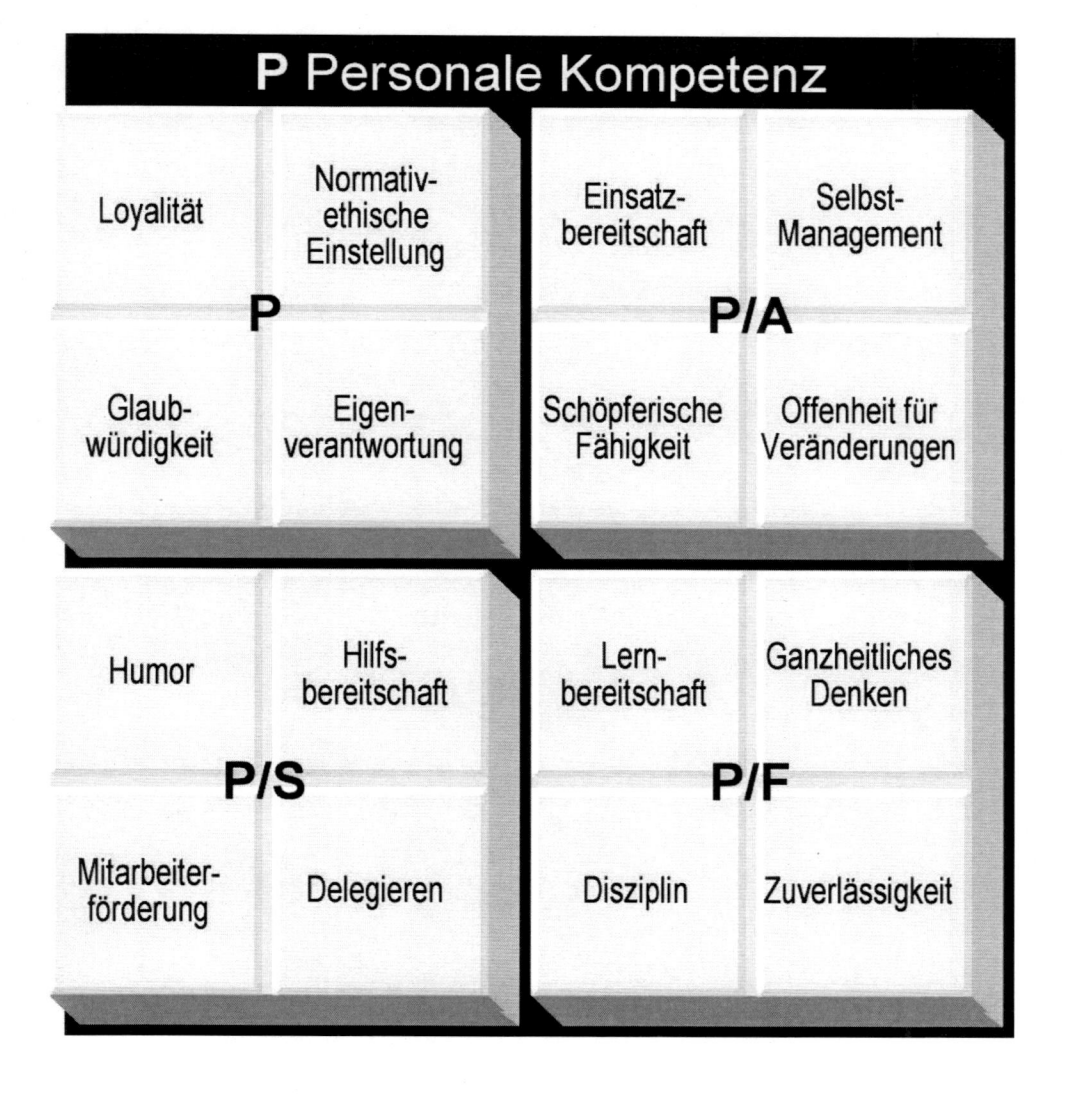

Loyalität   P

Grundsätzliche Überlegungen

Lange Zeit war Loyalität ein eher verpönter Begriff, der einerseits mit »blindem Gehorsam« in diktatorischen Strukturen und mit dem »Abschieben eigener Verantwortung« assoziiert wurde. Gegenwärtig gewinnt der mit diesem Begriff verbundene Sachverhalt wieder eine wachsende Bedeutung – häufig verbunden mit den Begriffen »Commitment«, »soziale Identifikation« und »soziale Integration«.

Loyalität kann allgemein umschrieben werden als ein nach außen gerichtetes Gefühl der persönlichen Bindung an andere Personen, Gruppen, Organisationen oder andere soziale Gebilde. Der Begriff der Loyalität ist Element eines sehr komplexen Wortfeldes. Folgende Übersicht zeigt verschiedene Dimensionen und ihnen entsprechende Begriffe:

Dimension »Herrschaftsbeziehung«	Treue, Fügsamkeit, Vertrauen, Ergebenheit, Folgebereitschaft, Konformität
Dimension »Soziale Gruppenkohäsion«	Wir-Gefühl, Identifikation, Korpsgeist, Konsens, Solidarität, Betriebstreue
Dimension »Emotionalität/Affektivität«	Pflicht, Pflichtgefühl, Disziplin, Verpflichtung, Verantwortung
Dimension »Zweierbeziehung«	Liebe, Treue, Freundschaft, Aufrichtigkeit
Dimension »Region«	Lokalstolz, Heimatliebe, Patriotismus

Loyalität drückt einen bestimmten Typus von intrinsisch verankerter Folgebereitschaft aus und ist eine Einstellungsvariable. Im Anglo-amerikanischen wird Loyalität als eine Folge von (organisatorischem) »Commitment« erfasst sowie im Sinne von »Wertbindung«. Mit der wachsenden Bedeutung von Selbstständigkeit, Commitment und intrinsischer Motivation erhält die Teilkompetenz Loyalität einen neuen Stellenwert.

Ein bekannter innovativer Berliner Unternehmer formulierte in einem Interview mit den Verfassern, in dem es vor allem um Fragen des eigenen Lebensanspruches, um seine Auffassung von Sinn und Werten ging, seinen Anspruch an Loyalität wie folgt: »Loyalität habe ich in den letzten drei Jahren unserer Unternehmensentwicklung besonders beachtet. Ich habe erkannt, dass das Know-how von diesem Punkt abhängig ist. Ein Mitarbeiter, der viel weiß, aber unloyal ist, von dem haben wir nichts. Der ist mit seinem Kopf woanders. Er arbeitet hier, erhält sein Gehalt, aber irgend etwas hält ihn zurück. Und das will ich ja freimachen.«

Also, damit ich erreiche, dass die Mitarbeiter lange dem Unternehmen gehören und dass sie mit Freude in ihre Schulung, in ihre Möglichkeiten, in ihre sozialen Entwicklungen investieren können, muss ich diese Mitarbeiter erst einmal gewinnen. Und »gewinnen« heißt für mich nicht zu 99 %, sondern das heißt zu 100 %. Es darf nicht ein Prozent fehlen! Und umgekehrt muss ich zu 100 % gegenüber dem Mitarbeiter loyal sein. Das ist genau spiegelbildlich zu betrachten. Sie können das alles ja im Grunde auch mit dem Begriff »Motivation« ersetzen. Für mich ist das in diesem Zusammenhang das Gleiche«.

Loyalität in Arbeitsorganisationen

Erstens bezeichnet Loyalität die Bereitschaft zur Identifikation mit zentralen Werten und Normvorstellungen des Unternehmens. Und das gilt für alle handelnden Personen gleichermaßen – als stillschweigende Übereinstimmung. Das geht auch deutlich aus den Aussagen des zitierten Unternehmers hervor.

Zweitens weist Loyalität einen hohen Zusammenhang mit Kompromisslosigkeit, Konsequenz und Einsatzbereitschaft auf. Das demonstriert das folgende Beispiel sehr deutlich (nach Nölke 2002): Mitte der 50er Jahre des letzten Jahrhunderts begann nach etlichen Anlaufschwierigkeiten langsam der Durchbruch der dänischen Firma Lego.

Das damals kleine Unternehmen exportierte damals seine Lego-Steine fast ausschließlich nach Norwegen und Schweden, wollte aber auch auf dem deutschen Markt tätig werden. Dazu reiste der Juniorchef Gottfried Christiansen im Jahre 1955 zur Spielzeugmesse nach Nürnberg und warb für die Lego-Steine. Damals galt jedoch die Meinung der Experten, dass Deutschland kein Markt für dieses Produkt sei.

Christiansen ließ jedoch nicht locker und reiste kurze Zeit später nach Hamburg, um nochmals den deutschen Markt zu sondieren. Auf der Rückfahrt besuchte er mehr zufällig den ihm eher flüchtig bekannten Puppenmöbel-Fabrikanten Axel Thomsen. Ihm stellte Christiansen sein Lego-System vor und begeisterte Thomsen auf der Stelle. Dieser bat nach einem langen Gespräch, in dem es anscheinend um die unendlichen Möglichkeiten des Lego-Systems und die unterschiedlichen Zielgruppen, die man damit erreichen kann, um die Generalvertretung in Deutschland. Christiansen aber lehnte ab mit dem Hinweis, dass Thomson seine eigene Firma zu leiten hätte und das Lego-System nur von jemandem vertreten werden kann, der sich dieser Sache zu einhundert Prozent verschreibt. Kurze Zeit später reiste Thomson zu Lego und teilte mit, dass er seine eigene Firma seinem Sohn übertragen und sich ganz Lego widmen werde, sofern er Lego auf den deutschen Markt bringen dürfe. Und so wurde er der erste deutsche Geschäftsführer von Lego Deutschland.

Drittens kommt es auf Loyalität vor allem dann an, wenn man auch anders handeln könnte, wenn es keine eindeutigen Orientierungen und Regeln gibt und wenn die unmittelbare soziale Kontrolle fehlt.

Kein soziales System kann nur durch formale (sozial-)technische Regelungs- und Steuerungsmechanismen funktionieren. Rein rationale Kontrakte und formale Regelungen reichen letztlich nicht aus, um Menschen im »Systemsinn« handeln zu lassen. Soziale Systeme jedweder Art benötigen vielmehr einen Konformitätsüberschuss (Hoyos 2004), um überdauern und effizient sein zu können. Sie bedürfen mehr oder weniger generalisierter und verinnerlichter Handlungsbereitschaften der einzelnen Personen.

Auf Loyalität kommt es immer dann an, wenn man auch anders handeln könnte. Also wenn die unmittelbare soziale Kontrolle und Interventionsmöglichkeiten fehlen, wenn es keine eindeutigen Regeln gibt.

Insbesondere in etablierten Unternehmen fordern schriftliche oder auch nicht schriftlich niedergelegte soziale Normen von den Mitarbeitern, das Unternehmen nach innen und nach außen zu repräsentieren, Verantwortung für Handlungen und Ergebnisse zu übernehmen und sich persönlich für den Erhalt und die Weiterentwicklung des Unternehmens zu engagieren.

Trends

1. Mit zunehmendem Veränderungsdruck auf ein Unternehmen, mit zunehmender Komplexität und Dynamik, denen ein Unternehmen ausgesetzt ist, wächst die Erwartung an die Loyalität der Mitarbeiter – als Sicherheit für den Fortbestand des Unternehmens. Je nach Tiefe und Breite, je nach Tätigkeitsanforderung variieren die Loyalitätsanforderungen.

2. Größere Handlungsspielräume, zugestandene »Autonomie«, mehr Verantwortung fordern nicht nur eine größere Loyalität, sondern sie erzeugen auch wiederum Loyalität über Mechanismen der »Selbstbindung« auf der Grundlage persönlich zu treffender oder getroffener Entscheidungen. Die Gewährung von Handlungsspielräumen ist auch durchaus als eine Art Einbindungsstrategie zu verstehen.

3. Mit zunehmendem Innovationsdruck sowie wachsender Flexibilität von betrieblicher Technologie und Arbeitsorganisation steigen die Loyalitätsanforderungen. Hierbei kommt man schnell in das sog. »Doppelbindungsdilemma« (Türk, in Sarges 2000): Bindung und Nichtbindung werden zugleich gefordert. Und das sieht etwa so aus: Einerseits wird Betriebstreue erwartet und andererseits Mobilität, einerseits Arbeitsmotivation bzgl. der jeweils spezifischen Tätigkeiten/Aufgaben, andererseits Bereitschaft zum permanenten Arbeitsplatzwechsel, einerseits Identifikation mit der Berufsrolle, andererseits berufliche Flexibilität und ständiges Hinzulernen, einerseits Solidarität mit den Kollegen, andererseits Konkurrenz mit denselben…

4. Mit der Zunahme von Selbstständigen, sei es durch Neugründungen von Unternehmen, durch spinn off, durch MbO/MbI oder durch den Versuch, aus der Arbeitslosigkeit heraus eine selbstständige Tätigkeit zu finden, nimmt zugleich die Anforderung an eine zeitwei-

lige, multilaterale Loyalität der Selbstständigen gegenüber verschiedenen Auftraggebern und Kunden zu, die im Rahmen der Beziehung nicht minder der Loyalität fest angestellter Mitarbeiter sein muss.

Wir sehen, dass die Loyalität sehr unterschiedliche Facetten aufweist und insbesondere mit der Zunahme von Veränderungen an Bedeutung gewinnt.

Aus dem engen Verhältnis von Loyalität und persönlicher Identifikation für Menschen, Gruppen, Aufgaben, Unternehmen u. a. heraus sind nach Löhner (1991, 2005) folgende Arbeitseinstellungen und Handlungen für eine ausgeprägte Loyalität kennzeichnend:

⮕ Kennzeichen

> **Erstens:** Kleinigkeiten wie Unordnung, geringe Erledigungsverzögerungen und Defizite in Randinformationen werden unmittelbar mit ihrer Wahrnehmung erledigt. »**Sofort statt gleich!**«

> **Zweitens:** Wahrgenommene Missstände werden nicht erst lange besprochen oder dessen Ursachen analysiert, sondern unmittelbar beseitigt. Der verantwortliche Mitarbeiter wird sich nie zu schade sein, Bilder an der Wand zurechtzurücken. »**Taten statt Worte!**«

> **Drittens:** Ideen, Einfälle, kreative Verbesserungen werden geprüft, möglichst probiert und dann erst vorgetragen. Die ständige Aussage »Man könnte doch hier …« soll oft von der eigenen Umsetzungsscheu ablenken. »**Praktische Vorschläge statt theoretischer Ratschläge«.**

Aus dieser Arbeitseinstellung erhöht sich spürbar die Loyalität der Mitarbeiter sowie auch die Loyalität gegen sich selbst.

Was kann man persönlich zur Erhöhung der Loyalität in Unternehmen tun? Im Folgenden werden vor allem Empfehlungen zusammengetragen, die die eigenen, unmittelbaren Möglichkeiten des Wirkens und Einwirkens auf Dritte betreffen und sich zwar selbstverständlich anhören, jedoch im betrieblichen Alltag allzu häufig nicht oder unzureichend realisiert werden und dadurch eher zu Spannungen und Konflikten führen als zu Identifikation und Integration.

Empfehlungen

- Stehen Sie immer loyal zu Ihren Kollegen. Unterstützen Sie sie bei Auseinandersetzungen mit Außenstehenden soweit es die Tatsachen zulassen.
- Versuchen Sie, sich in die Situation der anderen zu versetzen und gehen Sie offen und aufgeschlossen auf andere zu.
- Gehen Sie stets davon aus, dass alle gemeinsam an einer Aufgabe arbeiten, für den Erfolg des Unternehmens tätig sind – jeder auf seine Weise. Unterstellen Sie grundsätzlich den anderen Interesse, Identifikation und Engagement für das gemeinsame Unternehmen.
- Denken Sie immer daran, dass zeitweilige Konflikte in sozialen Systemen etwas ganz Normales sind und zur Entwicklung einer Organisation gehören. Und: Konflikte können nur gemeinsam und zur Zufriedenheit aller Betroffenen gelöst werden.
- Schieben Sie die Schuld an Spannungen und Konflikten nicht anderen zu; suchen Sie erst einmal bei sich selbst Ursachen für diese Spannungen und Möglichkeiten für Lösungsinitiativen.
- Gehen Sie aktiv auf die anderen zu und fragen Sie konkret nach den Ursachen ihres Verhaltens. Hüten Sie sich vor vorschnellen Interpretationen und Bewertungen.
- Kritisieren Sie Ihre Kollegen nicht vor Dritten, sondern offen und veränderungsorientiert unter vier Augen.
- Schlichten Sie Unstimmigkeiten so, dass jeder das Gesicht wahren kann.
- Bringen Sie in der Kommunikation mit Kollegen und Führungskräften Geduld auf und hören Sie aufmerksam zu. Geben Sie Rückmeldungen darüber, wie etwas bei Ihnen angekommen ist.
- Setzen Sie sich offen, geduldig und konsequent für Verbesserungen im Unternehmen, aber auch für die Erhaltung von Bewährtem ein und stellen Sie das Unternehmensinteresse über momentane persönliche Vorteile.
- Scheuen Sie keine Auseinandersetzungen, wenn es um Unternehmensinteressen geht, weder gegenüber einzelnen Personen noch Teams. Solange Sie solcher Art Auseinandersetzungen offen austragen und mit persönlichen Werten und Normen rechtfertigen können, handeln Sie in hohem Maße loyal.
- In Teams werden naturgemäß nicht nur Probleme gelöst, sondern auch geschaffen. Für die Effizienz von Teams und die Identifikation der Mitglieder mit dem Team und Unternehmen ist es wichtig, dass Sie sich für die Loyalität zwischen den Teammitgliedern einsetzen. Halten Sie hierbei anscheinend störende Mitglieder solange für unschuldig, bis bestehende Probleme geklärt sind. Nehmen Sie eine aktiv vermittelnde Rolle ein.
- Nehmen Sie kritische Hinweise von internen und externen Kunden ernst und gehen Sie den Ursachen nach. Kritisieren Sie jedoch nie pauschal die eigene Einrichtung. Nehmen

Sie die Hinweise als Möglichkeiten einer weiteren Arbeits- oder Produktverbesserung an und halten Sie sich ansonsten mit Belastungen Dritter, pauschalisierenden Antworten oder eigener negativer Darstellung gegenüber der Einrichtung zurück.
- Auch wenn Sie eine Organisation verlassen haben, sollten Sie loyal bleiben und sie nicht in der Öffentlichkeit pauschal kritisieren.

Persönliche Maßnahmen

Was nehme ich mir für die nächsten 6 Wochen im Sinne einer Verbesserung meiner »Loyalität« vor? (Stichworte):

_____

_____

Was werde ich zuerst und vorrangig tun? (Stichworte):

_____

_____

Wie kontrolliere ich die Resultate? (Stichworte):

_____

_____

Wo werde ich mich weiter zum Thema »Loyalität« informieren? (Stichworte):

_____

_____

Literatur

Frey, D.; Rosenstiel, L. v., Hoyos, C. G.: Wirtschaftspsychologie. Beltz Psychologie Verlags Union, München/Weinheim 2005
Löhner, M.: Unternehmen heißt lernen. Econ Verlag, Düsseldorf/Wien u. a. 1991
Löhne, M. et al.: Führung neu durchdenken, Campus Verlag, Frankfurt/Main 2005
Nöllke, M.: Anekdoten, Geschichten, Metaphern. Haufe Mediengruppe, Freiburg/Berlin u. a. 2002
Sarges, W. (Hrsg.): Managementdiagnostik. Hogrefe Verlag, Göttingen/Bern 2000

Normativ-ethische Einstellung P

Normativ-ethische Einstellungen mit der Bereitschaft, selbstverantwortlich zu handeln und Werte zu verwirklichen hat viel mit Sinn- und Sinnerfüllung, mit der Formulierung und Verfolgung eigener Leitbilder und schließlich mit der Erhöhung der persönlichen Lebensqualität und des eigenen Wohlbefindens zu tun.

Sagen Sie »Ja« zu Ihrem Leben, oder verändern Sie es!

Grundsätzliche Überlegungen

Veränderungen in der Umwelt, in der Familie, im Unternehmen fordern oft eine Neuformulierung von persönlichen Leitbildern, Zielen und Strategien. Das setzt eine selbstkritische Auseinandersetzung mit den eigenen aktivitätsfördernden und aktivitätshemmenden Einstellungen voraus.

Persönliche Ziele und Strategien orientieren sich an der Umwelt, an der Familie, an der eigenen Arbeit und am persönlichen Leitbild, daran, ob und wofür »etwas Sinn macht«.

Sinn im Leben

Sinn wird hier nicht als »Sinn des Lebens« verstanden, sondern als »Sinn im Leben«, der erfahrbar ist (nach Frankl).

Dieser Sinn ist an die einzelne Person gebunden, an deren ererbte sowie gelernte Motivation – und an die jeweils situativen Herausforderungen.

Lebensqualität

Sinn ist nicht nur Arbeitssinn, sondern auch Lebenssinn. Beides hat eine unmittelbare Beziehung zum persönlichen Wohlbefinden und zur Sicherung der Lebensqualität.

Eine Beeinträchtigung von Lebensqualität, für die es keine einsehbaren Gründe gibt, lässt wiederum die Arbeitsmotivation deutlich zusammenbrechen. Leider wird in betrieblichen Untersuchungen vorwiegend nach Reibungen und Spannungen gesehen – und damit nach betrieblichen Mängelausschnitten – und weniger nach Möglichkeiten der Verbesserung der Lebensqualität. Letztere verlangt eine ganzheitliche betriebliche Sicht.

Die individuelle Lebensqualität hängt oft und vorwiegend von sinnvoll erlebten Gruppenbeziehungen und -qualitäten ab.

Werte

Das Operationalisieren von Sinn, das Umsetzen von Sinn in konkrete Handlungen ist die Verwirklichung von Werten.

> Nur wer sich wandelt, bleibt sich treu.

Je mehr sich unsere Umwelt verändert, je komplexer und dynamischer die uns umgebenden Bedingungen sind, desto mehr benötigen wir »Ordner«, Werte, die Kontinuität und Orientierung in die Veränderungen bringen. Fragen der Sinnverwirklichung, des persönlichen Leitbildes nehmen an Bedeutung zu.

Das Ableiten individueller Ziele, individueller Sinneinheiten ist sehr schwer und auf direktem Frageweg (etwa: »Was ist der Sinn meines Tuns«? »Welchen Zielen will ich nachgehen?«…) für den Praktiker fast unmöglich. Deshalb werden im Folgenden mehrere Checklisten und Fragebögen für die Bearbeitung durch Sie angeboten. Sie sind logisch miteinander verknüpft: vom Selbstcheck der persönlichen Wertvorstellungen über Handlungsangebote bis hin zu Schlussfolgerungen zur Verbesserung der eigenen Lebensqualität und des Wohlbefindens.

✔ Selbstcheck

Wenn Sie sich mehr mit Ihren Wertvorstellungen und Leitbildern bzw. Idealen auseinander setzen wollen und dieses nicht auf abstrakter Ebene, dann können Sie schrittweise vorgehen:

1. Schritt: Persönliche Grundannahmen/ein persönliches Leitbild formulieren

Um das persönliche Leitbild herauszuarbeiten, gilt es, eine Reihe konkreter »W«-Fragen zu beantworten, z. B.:
- Wer will ich sein?
- Was ist gut für mich?
- Wo will ich etwas leisten (im Unternehmen, außerhalb des Unternehmens…)?

Normativ-ethische Einstellung (P)

- Was ist schlecht für mich?
- Was will ich meiden bzw. nicht unterstützen bzw. gar bekämpfen?
- Wer ist bzw. wird der Empfänger meiner persönlichen Zuwendung/Sympathie?
- Was sind meine zentralen Wertvorstellungen?

2. Schritt: Persönliche Ziele herausarbeiten
Längerfristige (eher strategische) Ziele sind in erster Linie qualitativ zu formulieren. Mehr kurzfristige Ziele müssen demgegenüber beobachtbar, abrechenbar, messbar sein. Bei der Ableitung persönlicher Ziele zur Realisierung der Leitbilder könnten eher solche Fragen beantwortet werden wie:
- Warum will ich das tun?
- Was will ich bis wann erreicht haben?
- Wie kann ich diese Ziele erreichen?
- Wer kann mir dabei helfen?
- Welche Störgrößen muss ich schon heute beachten?
- Wie kontrolliere ich meine Zielerreichung, woran erkenne ich den Erfolg?

Viele Menschen bleiben bei der Zielformulierung stehen und warten quasi auf deren Selbsterfüllung.

Die Ziele sind und bleiben jedoch nur insoweit realistisch, wie sie in Maßnahmen umgesetzt werden. Diese können eher mittelfristige oder eher kurzfristige sein – mit konkreten Terminen und Kontrollkriterien.

Nehmen Sie sich aber nicht zu viele Ziele auf einmal vor. 2–3 genügen, und nach deren Erreichen können Sie sich Neue stellen.

3. Schritt: Maßnahmen ableiten
- Wie und auf welchem Wege will ich die formulierten und somit für mich verbindlichen Ziele erreichen?
- Wer kann mich wie bei der Erreichung unterstützen, und wie gewinne ich diejenige Person?
- Wie müssen die Termine Kapazitäten, Budgets sowie das Umsetzungsmanagement realistisch aussehen?

> Informieren Sie nach Möglichkeit eine vertraute Person über Ihre Ziele und bitten Sie sie, Ihnen Feedback zur Zielerreichung zu geben.

Wir neigen sehr schnell dazu,
- unsere Ziele zu verniedlichen, zu vertagen, da eine konsequente Umsetzung Mühe, Geduld und oft auch Auseinandersetzungen (mit sich selbst und mit anderen) erfordern;
- die Schuld an Zielverhinderungen oder Verzögerungen bei anderen zu suchen.

✔ Selbstcheck

Deshalb empfehlen wir Ihnen, sich selbst einmal nach den eigenen »versteckten« Blockaden und Fallen abzuleuchten.

Kreuzen Sie deshalb in der Rubrik »Könnte von mir stammen« all die Aussagen an, mit denen Sie sich identifizieren können bzw. die Ihnen eher ähnlich sind.

Sie können auch parallel zu Ihrem Selbstcheck einer vertrauten Person eine Kopie geben und sie bitten, ein »Fremdbild« anzufertigen. Dann können Sie Ihre Selbsteinschätzung mit der Fremdeinschätzung vergleichen und erhalten vielleicht Hinweise, die für Sie neu und wichtig sind.

Einstellungen		Könnte von mir stammen
1.	Man kann keinem Menschen vertrauen	☐
2.	Ich bin vom Pech verfolgt	☐
3.	Je weniger ich offen bin, desto besser	☐
4.	Es ist wichtig, von allen akzeptiert zu werden	☐
5.	Die Welt sollte gerecht sein	☐
6.	Es ist wichtig, immer Recht zu haben	☐
7.	Die anderen sind besser dran als ich	☐
8.	Änderungen sind unnatürlich und gefährlich	☐
9.	Alle sollen mich lieben	☐
10.	Keiner hat das Recht, mich zu kritisieren	☐
11.	Ich bin für alle verantwortlich	☐
12.	Er/sie ist an allem schuld	☐
13.	Starke Menschen brauchen keine Hilfe	☐
14.	Ich kann es nicht mehr ertragen	☐
15.	Ich habe überhaupt keine Probleme	☐
16.	Ich werde sowieso nicht verstanden	☐
17.	Ich bin meinen Gefühlen ausgeliefert	☐
18.	Ich muss immer alles unter Kontrolle haben	☐
19.	Man kann sich auf niemanden verlassen	☐
20.	Ich werde es nie schaffen, mich zu verändern	☐
21.	Es gibt immer eine perfekte Lösung	☐
22.	Nichts ist schlimmer, als Fehler zu machen	☐
23.	Probleme und unangenehme Situationen lösen sich von alleine auf	☐
24.	Die anderen sind besser/stärker/schöner/schlauer … als ich	☐
25.	Es gibt keine Ehrlichkeit mehr	☐

Erkennen und Abbau irrationaler Einstellungen

Da subjektiven Einstellungen eine besondere Bedeutung bei der Entstehung, Festigung oder Auflösung von Wertorientierungen und entsprechender Handlungsstrategien zukommen, sind kognitive (Trainings-)Verfahren besonders interessant, z. B. die rational emotive Therapie von Albert Ellis (RET). Letztere befasst sich mit dysfunktionalen Kognitionen, z. B. das subjektive Wohlbefinden beeinträchtigende Bewertungen, Ideen, Folgerungen, Sichtweisen.

Viele wichtige Ziele werden schon dadurch im Keim vereitelt, als die Realität häufig so konstruiert wird, dass sie mit negativen Konsequenzen verbunden ist. »Selbsterfüllende Prophezeiungen«, die bei der Lösung schwieriger (Stress- bzw. Konflikt-)Situationen hinderlich sind, können z. B. sein:
- Schon wieder so ein Ärger, so eine Belastung;
- mir hilft niemand;
- immer muss ich für alle Sorge tragen;
- das schaffe ich nie;
- man will mir nur Ärger bereiten.

> Was die Menschen bewegt, sind nicht die Dinge selbst, sondern die Ansichten, die sie von ihnen haben. (Epiktet, 1. Jahrhundert n. Chr.)

Schlussfolgerungen

Selbsterfüllende Prophezeiungen sind starke (Vor-)Bewertungen, die für eine Person zum Verstärker werden und mehr und mehr die eigene Umwelt konstruieren. Die Bewertungen werden zu Eigenschaften von Situationen bzw. der eigenen Person deklariert.

Nach der RET haben irrationale Einstellungen vor allem folgende Merkmale:
- Irrationale Bewertungen sind nicht wahr, sind häufig extrem übertrieben (»entsetzlich«, »unerträglich«, »absolut« …);
- irrationale Überzeugungen äußern sich in unbedingten Ansprüchen und absoluten Verlangen statt in Wünschen und Präferenzen;
- irrationale Einstellungen behindern die Zielerreichung und verhindern Genuss und Wohlbefinden. Nach einer kurzen Orientierungshilfe gemäß den bisherigen Darstellungen kann den Trainingsteilnehmern die Liste »Irrationale Einstellungen« zur Diskussion vorgelegt werden.

Kontrolle

Schauen Sie jetzt noch einmal auf den Selbstcheck-Bogen. Wenn Sie an mehreren oder vielen Einstellungen ein Kreuz gemacht haben, dann arbeiten Sie mit sog. »Selbsterfüllenden Prophezeiungen«, machen sich unnötig das Leben schwer, halten sich gefangen. Das bewusste Abbauen von solch unrealistischen Einstellungen gibt Ihnen mehr Selbstsicherheit und Gestaltungsfreiheit. Diskutieren Sie mit einer anderen Person ihres Vertrauens darüber, was Sie zum Erkennen und zum Abbau irrationaler Einstellungen tun können.

Wenn Sie nun etwas erreichen und ggf. deutlich verändern wollen, dann müssen Sie auch wissen, wofür! Es muss für Sie persönlich wichtig werden, etwas zu unternehmen. Es muss für Sie persönlich ein Nutzen absehbar sein, eine Erfüllung, die Ihr Wohlbefinden steigert. Ein primäres Ziel der eigenen Lebensplanung, der Suche nach dem Sinn im Leben, den eigenen Verhaltensnormen ist die Gesundheit (die eigene und die der anderen; die psychische, physische und soziale). Für diese gelten positive Erlebnisse, allseitiges Wohlbefinden und Zufriedenheit auf der Arbeit und in der Freizeit als grundlegende Voraussetzungen.

Genießen lernen

Nach Koppenhöfer (2004) gibt es sieben Prinzipien zur Entwicklung von Genussfähigkeit und Zufriedenheit. Genussfähigkeit ist der Kern der Wertorientierung, bewusst das »Leben zu leben« (und nicht »gelebt werden«).

Sieben Prinzipien

1. **Genießen braucht Zeit:**
   Die Entwicklung eines subjektiven Gefühlszustandes der Zufriedenheit und des Glücks lässt sich nicht erzwingen und verlangt entsprechende Zeit für angenehme Erfahrungen; das legt eine Haltung der Ruhe und Entspannung nahe.

2. **Genuss ist erlaubt:**
   Viele Personen entwickeln im Laufe ihrer Lerngeschichte die Haltung, dass angenehme Erfahrungen wie Essen, Trinken, Freizeit, Sexualität oder Sport Luxusdinge seien, die für manche sogar in den Bereich von »Sünde« fallen oder die man sich zumindest nicht offen zugestehen darf. Genuss wird auch häufig mit einer regressiven oder leistungsfeindlichen Haltung gleichgesetzt und gilt vielen als Mangel an Selbstdisziplin.
   Es ist deshalb kaum verwunderlich, dass eine direkte Anleitung zum Genießen bei vielen Menschen zunächst Zögern, Angst oder Widerstand auslösen kann.

3. **Genießen verlangt Erfahrung:**
   Genuss ist nicht allein dadurch zu erreichen, dass man sich diesen (quasi per Beschluss) gedanklich erlaubt, sondern erfordert die konkrete Umsetzung auf allen Verhaltensebenen. Genuss ist eine positive Emotion und verlangt eine positive Erfahrung ebenso wie deren entsprechende kognitive Bewertung und Einschätzung.

4. **Genuss ist niemals zufällig oder eine bloße Beigabe:**
   Zur echten Erfahrung von Genuss gehört eine ungeteilte Hinwendung der Aufmerksamkeit auf der sensorischen Ebene; deshalb sollten genussvolle Momente bewusst geplant und erlebt werden, wobei ablenkende Stimuli nach Möglichkeit ausgeschaltet werden (z. B. Essen, ohne gleichzeitig zu lesen oder fernzusehen), weil der Genuss eines Ereignisses im Grunde die gesamte Aufmerksamkeit verlangt.

5. **Im Genießen gibt es große individuelle Unterschiede:**
   Welche Ereignisse von einer Person als angenehm angesehen werden, ist individuell äußerst unterschiedlich; im Trainingskontext ergeben sich zwei Zugangsmöglichkeiten: Man kann zum einen (u. U. nur noch gering) vorhandene Genussereignisse intensivieren;

zum anderen ist es durchaus sinnvoll, neue Genussbereiche zu suchen, auszubauen und entsprechend zu kultivieren.

6. **Genuss ist auch im Alltag möglich:**
Mit Genuss sind nicht nur außergewöhnliche und seltene Ereignisse gemeint; man sollte wieder lernen, auch im Verlaufe des Alltagslebens erfreuliche Aspekte wahrzunehmen und diese zu genießen.
Das Gefühl des Genießens sollten wir nicht von irgendwelchen großen, seltenen und z. T. unbeeinflussbaren Ereignissen abhängig machen, sondern unsere Wahrnehmung dahingehend schulen, in unserer Umgebung und innerhalb unseres Körpers (u. U. kleine) angenehme Dinge zu entdecken und diese auch zu genießen.

7. **Beim Genießen ist weniger oft mehr:**
Angenehme Erfahrungen und Momente des »Glücks« rufen bei uns Menschen im Allgemeinen den Wunsch hervor, dass dieser Zustand weiter fortbestehen sollte.
Übermaß führt jedoch zu Sättigung – und Sättigung schwächt unseren Genuss, auch bei noch so angenehmen Dingen. Dies bedeutet keineswegs, aus Gründen der Selbstdisziplin ein Ereignis nicht in vollen Zügen zu genießen; gemeint ist vielmehr, dass der höchste Genuss mit eher kleinen »Portionen« verbunden bleiben sollte, damit sein Anreiz und seine Frische nicht verloren gehen.

Empfehlungen

Zukunftsplanung

Beim Nachdenken über die bisherigen Aktivitäten und Zufriedenheitserlebnisse und bei der Neuauswahl für die persönliche Zukunftsplanung soll die nachfolgende Auflistung behilflich sein. Kreuzen Sie in Spalte 1 ehrlich an, was Sie während der letzten 30 Tage ein oder mehrere Male gemacht haben. In Spalte 2 kreuzen Sie danach an, was Sie zukünftig zusätzlich machen/ausprobieren wollen, um Ihre Genussfähigkeit, Ihr Wohlbefinden zu erhöhen.

Zufriedenheitserlebnisse (**»Genusszellen«**)	Spalte 1 Mache ich bereits	Spalte 2 Nehme ich mir vor
Kinobesuche		
Theater-/Konzertbesuche		
Ausstellungen/Museen besuchen		
Bücher/Zeitungen lesen (als Muße)		
Spazierengehen		
Einkaufsbummel (spontan)		
Urlaub		
Musizieren		
Werken		
gemütlich faulenzen		

Zufriedenheitserlebnisse (»Genusszellen«)	Spalte 1 Mache ich bereits	Spalte 2 Nehme ich mir vor
Sport betreiben		
Sportveranstaltungen besuchen		
Gäste haben		
Besuche machen		
etwas mit Freunden unternehmen		
Essen gehen		
Denksportaufgaben lösen (Schach)		
sich mit Tieren beschäftigen		
Partys besuchen		
Gartenarbeit		
Verreisen (auch Kurzreise)		
Körperpflege betreiben		
Zärtlichkeiten austauschen		
Sex		
persönlichen Hobbys nachgehen		
Weitere Beispiele		

> Ihr habt die Uhren, wir haben die Zeit (Tibetanischer Priester)

Zwischen Wohlbefinden, persönlichem Leitbild, individuellem Lebenssinn, normativ-ethischer Einstellung bestehen engste Beziehungen. Und: Je mehr Sie zu Ihrem Wohlbefinden beitragen und sich selbst im Leben klar positionieren können, desto selbstbewusster und standfester nehmen Sie auch Einfluss im Rahmen der Arbeit. Sie handeln Wert geleitet und überzeugend, mit hohen Ansprüchen und sich selbst und auch andere.

Persönliche Maßnahmen

Was nehme ich mir für die nächsten 6 Wochen im Sinne einer Verstärkung meiner »Ideale und Werte« vor? (Stichworte):

_____

_____

Was werde ich zuerst und vorrangig tun? (Stichworte):

_____

_____

Wie kontrolliere ich die Resultate? (Stichworte):

_____

_____

Wo werde ich mich weiter zum Thema »Normativ-ethische Einstellung« informieren? (Stichworte):

_____

_____

Literatur

Ellis, A., MacLaren, C.: Rational Emotive Behavior Therapy. Impact Publishers, Inc. Atascanero/California 1998, 2005
Frankl, V.: Der Wille zum Sinn. Verlag Hans Huber, Bern/Stuttgart/Wien 2005
Koppenhöfer, E.: Kleine Schule des Genießens. In: Lutz, R. (Hrsg.): Zur Psychologie des genussvollen Erlebens und Handelns. Verlag Pabst, Berlin 2004
Längle, A.: Sinnvoll leben. Residenz Verlag, St. Pölten/Salzburg 2007

Als weiterführende Informationsquellen empfehlen wir

Böckmann, W.: Wer Leistung fordert, muss Sinn bieten. ETB, Econ Taschenbuch Verlag, Düsseldorf 1984
Böckmann, W.: Sinn in Arbeit, Wirtschaft und Gesellschaft. Viktor Frankl Institut, Wien 2006
Böschemeyer, U.: Worauf es ankommt. Werte als Wegweiser. Pieper Serie, München/Zürich 2008
Staudinger, M.: Weisheit ist leicht zu erkennen – aber schwer zu erreichen. In: Psychologie Heute, 28. Jg., Oktober 2001

Eigenverantwortung   P

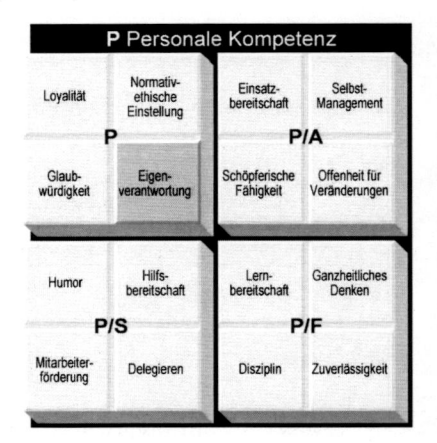

Eine chassidische Geschichte erzählt:
»*Ein Kaufmann wollte auf Reisen gehen. Er nahm sich einen Gehilfen und stellte ihn in den Laden. Er selbst hielt sich meist im Nebenzimmer auf. Von da aus hörte er im ersten Jahr, wie der Gehilfe zu einem Kunden sagte: ›So billig kann es mein Herr aber nicht hergeben.‹ Der Kaufmann reiste nicht. Im zweiten Jahr hörte er mitunter von nebenan: ›So billig können wir es Ihnen aber nicht hergeben.‹ Der Kaufmann reiste nicht. Im dritten Jahr sagte der Lehrling: ›So billig kann ich es aber nicht hergeben.‹ Da trat der Kaufmann seine Reise an.*« (nach Nöllke 2002)

▸▸ Grundsätzliche Überlegungen

Die Führungskraft – in unserem Falle der Kaufmann – war erst zu dem Zeitpunkt entlastet und konnte sich ruhigen Gewissens anderen Aufgaben widmen, als der Mitarbeiter (Lehrling) gelernt hatte, die Verantwortung für sein Handeln selbst zu übernehmen.

Für eine erfolgreiche Organisation ist es unabdingbar, dass ihre Mitarbeiter selbstständig und mit hoher Eigenverantwortung ihre Aufgaben lösen und sich nicht an bequemeren, weniger aktiven Mitarbeitern messen bzw. die Verantwortung auf andere (insbesondere auf die Führungskräfte) abwälzen.

➔ Kennzeichen

Eigenverantwortung beinhaltet die Ausnutzung des eigenen Handlungsspielraumes und die damit verbundene Verwirklichung des eigenen Verantwortungsbewusstseins. Letzteres weist darauf hin, dass Eigenverantwortung im Wesentlichen moralisch bedingt ist und auch Ausdruck des eigenen Wertesystems.

Nicht selten hört man im betrieblichen Alltag Mitarbeiter sagen:

> »Ich bin ja ohnehin nur ein Rädchen im Getriebe und habe nichts zu sagen. Wenn die Bedingungen anders wären, ja dann würde ich mich ja ganz anders engagieren.«

Sicher ist das in einigen Fällen ein Hinweis auf schlechte Arbeitsbedingungen und unzureichende Kommunikation und Zusammenarbeit. Nicht selten steht diese Aussage aber auch für Bequemlichkeit, Nichtausnutzen des vorhandenen Gestaltungsspielraumes und ein Abwälzen der eigenen Verantwortung auf andere.

Für die Eigenverantwortung der Mitarbeiter gibt es im Wesentlichen folgende Kriterien:
- Setzt sich im Rahmen seiner Tätigkeit und der damit verbundenen Freiräume voll für die vereinbarten Ziele ein und versucht auch unter erschwerten Bedingungen, sehr gute Ergebnisse zu erreichen;
- nimmt Verantwortung für das Unternehmen und (interne sowie externe) Kooperationspartner aus freier Entscheidung wahr;
- stellt sich klare Leistungs- (Teil-)Ziele mit realistischen Maßnahmen und verschafft sich die notwendigen Rahmenbedingungen zur Realisierung dieser Ziele und Maßnahmen. Unterstützt andere Mitarbeiter, die an den eigenen Aufgaben beteiligt sind, bei der Erfüllung von deren Zielen;
- zeigt Selbstdisziplin und verfolgt die Ziele bis zur Erreichung. Gibt bei Hindernissen und evtl. Auseinandersetzungen mit anderen Mitarbeitern nicht auf.

Selbstcheck ✓

Die Übernahme von Verantwortung muss man wollen! Eigenverantwortung ist in hohem Maße vom eigenen Anspruch und der Bereitschaft, sich auch ggf. unangenehmen Auseinandersetzungen auszusetzen, abhängig. Letztlich steht dahinter auch die Frage nach den eigenen Lebenszielen und der Art der Selbstverwirklichung.

Prüfen Sie mit den folgenden Fragen die Ausprägung Ihrer Eigenverantwortung (vgl. auch MAO, 24. Jg., Heft 1/2002). Bewerten Sie die nachfolgenden Feststellungen danach, wie zutreffend sie für Sie sind.

Nutzen Sie die Bewertungsziffern 1 bis 5. Dabei steht 1 für »völlig falsch« und 5 für »völlig richtig für mich«.

☐	Ich habe hohe Erwartungen und Wünsche an mein berufliches Fortkommen.
☐	Es macht mir nichts aus, mich auch zukünftig mit den gleichen oder ähnlichen Aufgaben, die ich derzeitig bearbeite, zu befassen.
☐	Mir ist die professionelle Anerkennung meiner Leistungen, insbesondere meiner zusätzlichen Initiativen und Verantwortung, sehr wichtig.
☐	Ich möchte eine Position mit mehr Verantwortung übernehmen.
☐	Ich möchte gern noch mehr Gestaltungsräume nutzen und einen noch größeren Einfluss in meiner Gruppe/Abteilung ausüben.

- [ ] Ich arbeite gern an strategischen Fragen und an Leitlinien für anspruchsvolle Aufgabengebiete mit.
- [ ] Die Nachteile einer hohen Verantwortung übersteigen die damit für mich persönlich verbundenen Vorteile.
- [ ] Wenn andere Mitarbeiter so viel Eigenverantwortung wie ich aufbrächten, dann wären wir in unserem Unternehmen ein ganzes Stück weiter.
- [ ] Am liebsten ist es mir, wenn ich relativ unauffällig meine Aufgaben erledigen kann und ich nicht zur Rechenschaft gezogen werde.
- [ ] Wie die anderen ihren Anforderungen nachkommen, ist mir relativ egal, solange sie nicht mich beeinträchtigen.
- [ ] Ich bin maßlos unzufrieden mit mir selbst, wenn ich die gesteckten Ziele nicht erreiche.
- [ ] Schwierigkeiten fordern mich eher heraus als dass ich in meinen Zielen nachlasse.

Sehen Sie sich Ihre Einzelbewertungen noch einmal in aller Ruhe an. Vergleichen Sie nun Ihre Antworten mit den eingangs dargestellten Kriterien für eine hohe Eigenverantwortung. Das Wollen oder Nicht-Wollen von höherer Eigenverantwortung ist keine leichte Entscheidung, zumal lebensgeschichtliche Prägungen, langjährige Gewohnheiten und zum Teil fehlende Auseinandersetzungserfahrungen hier hineinwirken.

Unterhalten Sie sich über Ihre Bewertungen und die aufgezeigten Kriterien mit einer Vertrauensperson und erkunden Sie deren persönliche Haltung. Fragen Sie diese nach deren Einschätzung der Fragen (für sich selbst).

Fragen oder beobachten Sie Personen, von denen Sie wissen, dass deren Eigenverantwortung sehr hoch ist. Letzteres kann auch außerhalb des betrieblichen Verhaltens sein, z. B. im Rahmen von Ehrenämtern, Engagements in Vereinen u. a.

Notieren Sie die Anregungen, die Sie aus diesen Gesprächen bzw. Beobachtungen für sich entnehmen können in einer Art »Lerntagebuch«. Notieren Sie einige Maßnahmen für sich, die Sie in den nächsten sechs Wochen realisieren werden.

☞ Empfehlungen

Wenn Sie sich ernsthaft mit dem Thema »Eigenverantwortung« auseinander setzen und diese Teilkompetenz bei sich selbst stärken wollen, dann kann folgende Geschichte, wiederum bei Nöllke (2002) nachlesbar, für Sie eine wichtige Bekräftigung in Ihrem Vorhaben sein:

Ein Ring aus Raupen
»Die Raupen des Prozessionsspinners haben eine eigentümliche Art sich fortzubewegen. Sie bilden eine Kette, die erste Raupe kriecht voran, die zweite Raupe schließt sich ihr an, berührt mit ihrem Kopf das Hinterteil der vor ihr kriechenden Raupe, während sich an ihrem Hinterteil eine dritte Raupe orientiert, an deren Hinterteil wiederum eine weitere Raupe hängt, und so geht es weiter bis zur letzten Raupe. Daraus entsteht eine Prozession von mehreren hundert Raupen die durch den Wald kriecht und nach Nahrung sucht, und zwar bevorzugt Eichblätter.

Ein Wissenschaftler setzte eine solche Raupenprozession einmal in einen runden Blumentopf und legte ein frisches Eichenblatt in die Mitte. Dabei fügte er die beiden Enden der Prozession zusammen. Es entstand also ein geschlossener Ring, jede Raupe hatte ein Vordertier und ein Hintertier und die Prozession bewegte sich im Kreis. Die Tiere krochen rund um den Blumentopf, immer wieder und immer wieder – bis sie verhungerten. Dabei befand sich ihre Lieblingsspeise direkt in ihrer Nähe. Sie hätten nur aufhören müssen, blind ihrem Vordertier zu folgen.«

Blindes Folgen führt also zu einem Leerlauf und – im übertragenen Sinne das Fehlen von Eigenverantwortung – zum organisationalen Tod.

Veränderungen eingeschliffener Gewohnheiten und jahrelang bestehender Einstellungs- und Verhaltensmuster sind natürlich für jeden Menschen sehr schwierig. Insbesondere trifft das für Personen zu, die über Jahre die Erfahrung gemacht haben, dass ihre Unsicherheit, Hilflosigkeit oder Abhängigkeit von anderen Personen deutlich verstärkt wurden.

Solche Personen haben sich zum Teil einen Lebensstil angewöhnt, in dem sie jeglicher Verantwortung dadurch aus dem Wege gehen, dass sie anderen (Ihrer Führungskraft, anderen Mitarbeitern, Lebenspartnern, Kindern, Eltern…) in eine verantwortliche Rolle zur Lösung ihrer persönlichen Probleme drängen.

Empfehlungen

Es ist sehr schwer, solche Mechanismen bei sich selbst zu entdecken und selbstständig »Gegenmaßnahmen« zu ergreifen. Umso wichtiger ist es, entsprechende Rückmeldungen Dritter ernst zu nehmen.
- Schreiben Sie sich Ziele und einfache Maßnahmen auf, um mehr Verantwortung zu übernehmen.
- Überlegen Sie sich unterschiedliche und – wenn noch so – kleine Aufgaben zur Erhöhung Ihrer Selbstständigkeit und Eigenverantwortung.
- Ergreifen Sie beispielsweise die Initiative und widersprechen Sie oberflächlichen alltäglichen Meinungen (privat, beruflich). Führen Sie Veränderungen in Ihrem Alltagsablauf herbei.
- Beschäftigen Sie sich mit weiteren Selbsttrainingsprogrammen, insbesondere mit den Modularen Informations- und Trainingsprogrammen »Normativ-ethische Einstellungen« und »Initiative«.
- Sprechen Sie mit Ihrer Führungskraft darüber, wie Sie beide Ihre Selbstständigkeit und Eigenverantwortung schrittweise und in Absprache miteinander erhöhen können.
- Denken Sie immer daran, dass man jahrelange Einstellungen und Verhaltensgewohnheiten nie auf einen Schlag, sondern nur über zunächst relativ einfache Aufgaben überwinden kann.
- Hüten Sie sich vor übertriebenen Erwartungen und unrealistischen Anforderungen an sich selbst und belohnen Sie sich für kleine Anfangserfolge.
- Formulieren Sie für sich Teilziele und gehen Sie stets von positiven Erwartungen aus.
- Lassen Sie sich bei Ihrer Motivation zu Veränderungen unbedingt durch vertraute Personen bekräftigen und nutzen Sie unterschiedliche Chancen zum Ausprobieren neuer Verhaltensweisen.

Verschiedene K.D.O.W – Tools (http://www.kdow.de/text/tools/bs4.htm) befassen sich mit der Eigenverantwortung, Selbstverantwortung und Eigeninitiative, die in einem stehen in engem Zusammenhang stehen. Eigeninitiative, also aus eigenem Antrieb, die Initiative ergreifen, und Probleme, Herausforderungen und Hindernisse *eigenverantwortlich* angehen und lösen, ist ohne die Entscheidung zu eigener Verantwortlichkeit nicht möglich. Basis hierfür ist das Wissen, dass jeder selbst für seinen Gesamtzustand verantwortlich ist, bzw. ein verantwortlicher Teil für den Gesamtzustands des Systems ist, in dem man lebt. Jeder kann selbst an einem unerwünschten oder negativen Zustand etwas ändern. Leider sind wir es zu sehr gewohnt, uns gegenseitig die Verantwortung zuzuschieben.

Das eigene Leben, in den unterschiedlichen Lebensbereichen, selbst- und eigenverantwortlich in die Hand nehmen erfordert Mut, Entschlossenheit, Entscheidungsfreude und Risikobereitschaft, und ist manchmal mit unangenehmen Erfahrungen verbunden. Gleichzeitig ist es die Quelle aus der Motivation, Kreativität, die Fähigkeit zur Problemlösung, neue Erfahrungen, Selbstzufriedenheit und Lebensweisheit entspringen.

Der erste und wichtigste Schritt für ein selbst bestimmtes, eigenverantwortliches Leben, ist, das persönliche Leitbild zu definieren, und sich klar dafür zu entscheiden. Dieses Leitbild ist die Grundlage für erfolgreiches Selbst- und Lebensmanagement, und wirkt wie ein Kompass, der Flexibilität und Prioritäten ermöglicht um sich auf das Wesentliche zu konzentrieren. An dem man Entscheidungen ausrichtet, sein Verhalten steuert, Möglichkeiten und Chancen bewertet, Erfahrungen reflektiert, und es ist das, was uns immer wieder aufstehen lässt, wenn wir auf die Nase gefallen sind.
- An welchen Leitmotiven richte ich meine Entscheidungen aus?
- Welche Zustände und Situationen möchte ich verändern?

> Verantwortlich ist man nicht nur für das, was man tut, sondern auch für das, was man nicht tut. (Laotse)

Der Baustein 4 des K.D.O.W – Tools betont, dass wir uns selbst würdigen und bestätigen mit der Verantwortung, die wir für unsere Bedürfnisse, Gefühle, Visionen, unser Verhalten, Denken, Leben und unser Miteinander übernehmen.

Selbstverantwortung bedeutet eigenverantwortlich, aus eigener Entscheidung, dem Leben, und uns selbst zu antworten. Die Antworten die wir geben, sind das, was wir aus uns und unserem Leben machen, wie wir auf uns selbst und unser Leben reagieren, wie wir uns selbst und unser Leben interpretieren.

Selbstverantwortung schafft die Voraussetzung, um uns selbst zu kontrollieren.

Persönliche Maßnahmen

Was nehme ich mir für die nächsten 6 Wochen im Sinne einer Verbesserung meiner »Eigenverantwortung« vor? (Stichworte):

_____

_____

Was werde ich zuerst und vorrangig tun? (Stichworte):

_____

_____

Wie kontrolliere ich die Resultate? (Stichworte):

_____

_____

Wo werde ich mich weiter zum Thema »Eigenverantwortung« informieren? (Stichworte):

_____

_____

Als weiterführende Informationsquellen empfehlen wir

Schmidt, B.: Eigenverantwortung haben immer die Anderen. Der Verantwortungsdiskurs im Gesundheitswesen. Verlag Hans Huber, Bern u. a. 2008

Sprenger, R.K.: Die Entscheidung liegt bei dir: Wege aus der alltäglichen Unzufriedenheit. Campus Verlag, Frankfurt a.M. u. a. 2004

http://www.kdow.de/text/tools/bs4.htm

Glaubwürdigkeit P

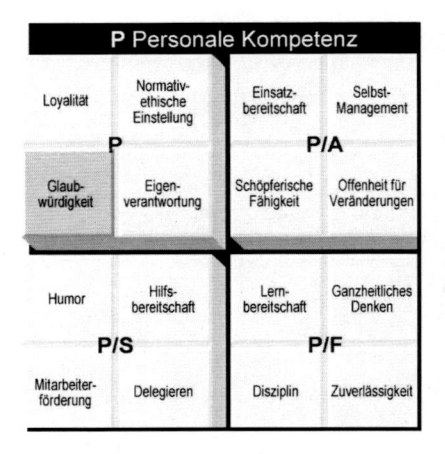

	P Personale Kompetenz			
Loyalität	Normativ-ethische Einstellung	Einsatz-bereitschaft	Selbst-Management
P		**P/A**	
Glaub-würdigkeit	Eigen-verantwortung	Schöpferische Fähigkeit	Offenheit für Veränderungen
Humor	Hilfs-bereitschaft	Lern-bereitschaft	Ganzheitliches Denken
P/S		**P/F**	
Mitarbeiter-förderung	Delegieren	Disziplin	Zuverlässigkeit

Vom amerikanischen Schriftsteller Mark Twain wird folgende Anekdote berichtet (vgl. Nöllke 2002): Er begann seine Laufbahn als Redakteur einer kleinen Provinzzeitung. Eines Morgens sagte er zu seiner Wirtin: »Wir werden in diesem Jahr eine schlechte Ernte haben.« Die Wirtin widersprach und sagte: »Ich wohne seit Jahren in dieser Gegend und kenne mich aus. Ich sage Ihnen: Die Ernte wird in diesem Jahr gut.« Mark Twain ging in die Redaktion und schrieb einen Artikel, in dem er die Prognose stellte, es werde eine schlechte Ernte geben. Am nächsten Tag wollte Twain gerade wieder zur Arbeit gehen, als ihn seine Wirtin auf dem Flur traf. Sie sagte. »Mister Twain, Sie hatten Recht. Es wird eine schlechte Ernte geben. Heute steht es in der Zeitung.«

▶▶ Grundsätzliche Überlegungen

Erosion der Glaubwürdigkeit

Glaubwürdigkeit, öffentliche Meinung, Vorurteile, Manipulation hängen oft zusammen, obwohl sie andererseits im Widerspruch zueinander stehen. Die letzten zehn Jahren sind durch eine zunehmende Erosion der Glaubwürdigkeit sowohl auf Seiten der Politiker als auch seitens der Wirtschaft gekennzeichnet, bei Letzterer zugespitzt durch Bilanzfälschungen und deren Vertuschung durch international führende Wirtschaftsprüfer, Insider-Geschäfte, kriminelle Abfindungssummen, Verdummungsstrategien im sog. Neuen Markt u. v. a. m.

Andererseits kommt der Teilkompetenz »Glaubwürdigkeit« im betrieblichen Alltag auf allen Ebenen eine fundamentale Bedeutung zu. Ohne sie gibt es keine tiefer gehende individuelle Identifikation, keine sichere persönliche Orientierung in schwierigen und Veränderungssituationen, keine lebendigen Visionen und vorwärts gerichteten Unternehmenskulturen. Stiefel (1997) bezeichnet Glaubwürdigkeit in Form einer »unsichtbaren Wirksubstanz« als einen der »entscheidenden Parameter für erfolgreiche Veränderungen«

– in allen sozialen Systemen. Bezogen auf den betrieblichen Alltag schließt Stiefel: »Man ist als Veränderer im Mikrobereich von Unternehmen nicht auf einer Insel. Vielmehr erleben die, um die es geht, diese notwendige Glaubwürdigkeit für Veränderungen ständig im Alltag. Und wenn diese Glaubwürdigkeit im Makrobereich erodiert, dann weht Ihnen bei Ihrer Veränderungsarbeit der Wind ins Gesicht – und das ist das Gegenteil von »Rückenwind«, der …als der entscheidende Erfolgsparameter für Veränderungsprojekte empirisch nachgewiesen wurde.«

Kennzeichen

Glaubwürdigkeit im betrieblichen Alltag

»Glaubwürdigkeit« kennzeichnet Aussagen und Verhaltensweisen, bei denen im Verlauf des Zustande Kommens die grundlegenden Sachverhalte und Standpunkte nicht durch persönliche Verarbeitungsprozesse verzerrt werden. Verzerrungen und damit eine Minderung der Glaubwürdigkeit können unbeabsichtigt, aber auch in Form von Täuschung und Unwahrheit beabsichtigt zu Stande kommen. Kriterien für Glaubwürdigkeit sind insbesondere:
- Handelt im Einklang mit den eigenen Einstellungen und Aussagen; Wort und Tat stimmen überein;
- schafft gegenseitigen Respekt und Vertrauen im Umgang mit Kollegen, mit der eigenen Führungskraft und mit Kunden;
- setzt auf kritische Toleranz, Ehrlichkeit und steht zu den eigenen Werten und Idealen;
- wahrt Vertraulichkeit;
- gibt Fehler zu, vermeidet falsche Aussagen, etwa um selbst besser dazustehen;
- identifiziert sich mit den Werten des Unternehmens, tritt loyal zum Unternehmen auf und setzt sich kritisch für das Lösen erkannter Probleme ein;
- ermutigt richtiges und korrigiert falsches Verhalten Dritter im Sinne des Unternehmenserfolges.

> »Kritische« Toleranz heißt: Akzeptanz und Toleranz gegenüber Dritten, jedoch nicht »um jeden Preis«.
> Wer beispielsweise Auseinandersetzungen, Hinweisen auf Fehler aus dem Wege geht oder aber immer nur das Positive und Mut machende betont, um den anderen zu bestätigen und zu unterstützen riskiert in kritischen Situationen unglaubwürdig zu werden. Glaubwürdigkeit schließt kritische Standpunkte, persönliche Konsequenz im Handeln und Einflussnahme auf Dritte, wenn es die Sache verlangt, ein.

Selbstcheck

Schätzen Sie sich persönlich an Hand der folgenden zweipoligen Aussagen (vgl. Neges/Neges 2001) auf einer 5-stufigen Antwortskala ein.

Wenn Sie an einer umfassenderen Einschätzung interessiert sind, dann bitten Sie eine Ihnen vertraute Person um ebenfalls eine Einschätzung Ihrer Person und vergleichen Sie beide Einschätzungen.

Lassen Sie sich Beispiele von ihrer vertrauten Person überall dort geben, wo Sie Abweichungen zwischen Ihren beiden Einschätzungen von zwei oder mehr Skalenpunkten haben.

Mein persönliches Glaubwürdigkeitsprofil

Glaubwürdigkeitshemmnisse	1	2	3	4	5	Glaubwürdigkeitsverstärker
Ich kenne meine persönlichen Stärken nicht						Ich bin sehr interessiert, meine Stärken zu erweitern
Meine Schwächen sind mir kaum bewusst						Ich versuche, meine Schwächen abzubauen
Ich warte eher einmal ab, was andere machen						Wenn ich merke, dass etwas gemacht werden muss, dann setze ich mich auch dafür ein
Ich glaube, man kann kaum jemandem so richtig vertrauen						Vertrauen ist für mich so wichtig wie Sauerstoff zum Leben
Ich nehme mir nur selten etwas vor						Ich versuche alle Pläne zu realisieren
Meine Grundeinstellung ist eher pessimistisch						Ich bin sehr optimistisch eingestellt
Mein persönliches Potenzial kenne ich nur unzureichend						Ich weiß sehr gut, was in mir steckt
Ich halte meine wahre Meinung eher zurück						Ich vertrete das, was ich wirklich meine auch offensiv in der Öffentlichkeit
Ich bekomme meine eigenen Probleme nur schlecht in den Griff						Bei Problemlösungen habe ich kaum Schwierigkeiten
Ich bin oft ungeduldig und sprunghaft						Mit Gelassenheit und Berechenbarkeit erreiche ich mehr
Ich nehme mir recht viel vor, setze es dann nicht um						Das was ich mir vornehme, setze ich dann auch um
Ich habe Angst, Fehler zu zu lassen						Ich lerne aus meinen Fehlern
Ich halte nicht viel von Selbstreflexion						Selbstreflexion ist die Voraussetzung für Selbstverwirklichung
Ich verfüge nur über unklare Ziele und lasse mich eher treiben						Ich habe sehr klare Ziele und Ideale
Ich habe eine negative Selbsteinschätzung						Meine Selbsteinschätzung ist positiv
Selbverwirklichung muss nur mir etwas bringen						Selbstverwirklichung besteht aus Geben und Nehmen

Erhöhung der Glaubwürdigkeit

Folgende vertrauensbildende und glaubwürdigkeitsverstärkende Maßnahmen können empfohlen werden (Rosenstiel, L.v. et al.: Führung von Mitarbeiter. Schäffer-Poeschel Verlag, Stuttgart 2003):

> Versuchen Sie möglichst sachkundig zu sein
> Stellen Sie eine offene Kommunikation sicher:
> - Suchen Sie selbst das Gespräch;
> - sprechen Sie auch eigene Probleme an;
> - sprechen Sie das an, was Sie wirklich meinen;
> - reden Sie nicht abstrakt über Feedback, sondern machen Sie Feedback zum Markenzeichen Ihrer persönlichen Authentizität.
>
> Stellen Sie eine Einheit im Denken, Reden und Handeln sicher:
> - Haben Sie eine klare Meinung und klare Ziele (die auch einmal falsch sein dürfen, aber beim Erkennen von Fehlern konsequent verändert werden);
> - leben Sie Ihre Maßstäbe und Forderungen konsequent vor;
> - halten Sie Versprechungen ein;
> - brechen Sie keine Vertraulichkeiten;
> - stehen Sie auch bei Schwierigkeiten zu Ihren Kollegen und zu Ihrer Führungskraft;
> - seien Sie stets Sie selbst.
>
> Übernehmen Sie die Verantwortung für eigene Fehler
> Vergeben Sie nur Anerkennung, deren Grundlage Sie beurteilen können
> Gewinnen Sie Vertrauen durch Vertrauensbeweise und suchen Sie Möglichkeiten, wo Vertrauen gebildet werden kann.

Kommunikationsfallen

Gerade der Art und Weise der Kommunikation kommt eine besondere Bedeutung für die Glaub- oder Unglaubwürdigkeit zu. Donnert (1999) führt eine Reihe von Gründen dafür an, warum die Kommunikation im betrieblichen Alltag immer wieder gestört wird und warum Gespräche scheitern:
- Ich fühlte mich zu Entscheidungen gedrängt, obwohl ich noch nicht überzeugt war.
- Ich konnte mich auf das Gespräch nicht ausreichend vorbereiten.
- Ich wurde von oben herab behandelt, mein Gegenüber ließ deutlich seine Überlegenheit spüren.
- Mir war peinlich, dass andere bei dem Gespräch zugegen waren und zuhörten.
- Wir wurden häufig unterbrochen und gestört.
- Meinem Gesprächspartner ging es wohl nur um die Sache und Zahlen, als Mensch war ich uninteressant.
- Er wirkte gehetzt, zerstreut und unter Zeitdruck.
- Er war oberflächlich, sehr verbindlich, trotzdem aber glatt (guter Schauspieler?).
- Er hatte schon eine vorgesetzte Meinung, und ich redete gegen eine Wand.
- Seine Freundlichkeit war nur gespielt und kam nicht aus dem Herzen.
- Es kam zu keiner Entscheidung; wir redeten um den heißen Brei herum.

- Er hat mir stets Kontra gegeben und hatte kein Verständnis.
- Er hat sich überhaupt nicht bemüht, die Dinge auch einmal aus meiner Sicht zu sehen.
- Er kann überhaupt nicht zuhören und tat nur so.
- Er war unbeherrscht und schrie mich an.
- Er hat viel selbst gesprochen, monologisiert, und ich kam gar nicht zum Sprechen.
- Er hat mich mit schönen Worten abgespeist, ich fühlte mich nachher auf den Arm genommen.

☞ Empfehlungen

Überlegen Sie, wozu Sie in Bezug auf die aufgeführten Kommunikationsbarrieren selbst tendieren und beobachten Sie intensiv Ihr Umfeld auf Fehler in der Kommunikation.

Bei wem erkennen Sie Kommunikationsverhalten in der von Donnert aufgeführten Weise? Machen Sie dazu auf einem gesonderten weißen Blatt Ihre Notizen.

Danach überlegen Sie, wie Sie zukünftig solche Kommunikationsbarrieren überwinden. Machen Sie nachfolgend in Stichworten Notizen.

_____

_____

_____

_____

Wer sich insbesondere mit der Verbesserung des eigenen Kommunikationsverhaltens weiter befassen will, kann diesbezügliche Trainings, die breit angeboten werden, besuchen.

Es ist gut, wenn man sich in Vorbereitung oder gar an Stelle solcher Trainings insbesondere mit solchen Fragen befasst wie:
- Unvoreingenommenes Zuhören, andere Sichtweisen verstehen;
- Formulieren von Ich-Botschaften;
- richtiges Feedback;
- Fragetechniken;
- Erkennen und Begegnen von Killerphrasen und -verhalten.

Für ein (anfängliches) Selbsttraining bieten sich die Bücher von Neges/Neges (2001, 2007) und Donnert (1999) an.

Persönliche Maßnahmen

Was nehme ich mir für die nächsten 6 Wochen im Sinne einer Erhöhung meiner »Glaubwürdigkeit« vor? (Stichworte):

___

___

Was werde ich zuerst und vorrangig tun? (Stichworte):

___

___

Wie kontrolliere ich die Resultate? (Stichworte):

___

___

Wo werde ich mich weiter zum Thema »Glaubwürdigkeit« informieren? (Stichworte):

___

___

Als weiterführende Informationsquellen empfehlen wir

Donnert, R.: Soziale Kompetenz. Lexika Verlag, München 1999
Neges, G., Neges, R.: Kompaktwissen Management. Ueberreuter Verlag, Wien/Frankfurt 2001
Neges, G., Neges, R.: Führungskraft und Persönlichkeit. Linde international, Wien 2007
Neges, G., Neges, R.: Führungskraft und Mitarbeiter. Linde international, Wien 2007
Nöllke, M.: Anekdoten, Geschichten, Metaphern. Haufe Mediengruppe, Freiburg/Berlin u. a. 2002
Stiefel, R.: Die Erosion der Glaubwürdigkeit. MAO 19. Jg., Heft 1/1997

Einsatzbereitschaft P/A

▶▶ Grundsätzliche Überlegungen

Einsatzbereitschaft ist eine persönliche Grundhaltung und realisiert sich in einem aktiven und weitgehend vorbehaltlosen Engagement gegenüber Aufgaben aus der Arbeit, dem Unternehmen, dem privaten Lebensbereich. Leistungsbereitschaft fordert und fördert Tatkraft, Hilfsbereitschaft und Verantwortungsbewusstsein. Sie steht im Gegensatz zu egoistischer Zurückhaltung und passiver Gleichgültigkeit.

⇨ Kennzeichen

Im betrieblichen Alltag zeigt sich Einsatzbereitschaft z. B. an solchen Verhaltensweisen wie:
- Setzt sich vorbehaltlos und verantwortungsbewusst für gemeinsame Unternehmens- und Arbeitsziele ein;
- setzt hohe Maßstäbe an die eigenen Maßstäbe;
- stellt hohe Forderungen an Engagement und Qualität der Kolleginnen;
- missbilligt Trägheit und Passivität und versucht, andere zum Tatkräftigen Handeln zu bewegen;
- wirkt durch das eigene Engagement und entschlossene Handeln auf andere mitreißend.

Die Einsatzbereitschaft eines Menschen als personale Grundhaltung hat einen engen Bezug zur Leistungsmotivation und zu der Energie, die jemand bereit ist, aufzubringen – auch gegen äußeren Widerstand.
Personen mit einer hohen Einsatzbereitschaft sind in der Regel
- sehr offen gegenüber neuen Anforderungen und offen gegenüber Veränderungen, wenn diese eine persönliche Herausforderung beinhalten und sinnvoll erscheinen;

- bereit, sich bei neuen Erkenntnissen von alten stabilen Gewissheiten zu trennen, insbesondere dann, wenn Handlungskonsequenzen an die Meinungsänderung gebunden sind;
- bei Misserfolgserlebnissen sehr frustrationstolerant, insbesondere in Situationen, in denen Fehler fast unvermeidlich sind;
- konsequent und beharrlich in der Verfolgung von Zielen – auf der Grundlage einer hohen Selbstmotivation;
- »zupackend« nach der Devise »Erst machen, dann bewerten« (Löhner, M. et al: Führung neu durchdenken. Campus Verlag, Frankfurt a.M. 2005).

Empfehlungen

1. Grundsatz

Prüfen Sie einmal Ihre Leistungsbereitschaft. Müssen Sie sich oft zu Leistungen drängen? Müssen Sie sich mit Selbstbefehlen und Unzufriedenheit quälen? Oder liegen Ihrer Leistungsbereitschaft klare Ziele zu Grunde, die Sie erreichen wollen und für die Sie sich selbst motivieren?

Je klarer, konkreter und je bildhafter Sie ein Ziel vor Augen haben, desto intensiver wird der Wunsch und die Aktivität, dieses Ziel zu erreichen. Sich selbst motivieren heißt in diesem Zusammenhang, sich selbst die Befriedigung von Wünschen in Aussicht zu stellen. Und das ist die beste Art von Selbstmotivation.

2. Grundsatz

Nutzen Sie das Schwierigkeitsgesetz der Motivation: Die Anstrengung passt sich (automatisch) der Aufgabenschwierigkeit an. Deshalb ist es wichtig, dass man sich nicht zu einfache Aufgaben und sich immer wieder neuen Anforderungen stellt.

Im Allgemeinen fühlt man sich dort wohl, wo man »zu Hause ist«; man macht das am liebsten, was man ohnehin gut kann. Insofern ist es wichtig, über das eigene Selbstkonzept nachzudenken, über die künftige Aufgabenwahl und besonders wichtige Rückmeldungen.

Definieren Sie auch für sich, was überdurchschnittliche Leistungen und deren Erfüllung somit besonders hohe Erfolgserlebnisse sein werden. Was überdurchschnittliche Leistungen sind, das wechselt von Aufgabe zu Aufgabe. Belohnen Sie sich entsprechend dem Schwierigkeitsgrad. Zwar sagt man, dass der Erfolg stets die Belohnung in sich trage, aber das soll Sie nicht davon abhalten, Ihre Leistung darüber hinaus anzuerkennen. Das kann mit einer erholsamen »Auszeit« verbunden sein, mit einem guten Essen, einem Kinobesuch, einfach einmal Bummeln, Freunde besuchen oder vielem anderen mehr.

3. Grundsatz

Eine hohe Leistungsbereitschaft mit nachfolgender entsprechend hoher Aktivität sollte neben klaren Zielen und Zufriedenheitserlebnissen auch mit einem ausgewogenen Zeitmanagement mit planmäßig eingesetzten Regenerierungsphasen verbunden sein.

Eine selbstmotivierte Leistungsbereitschaft sollte stets einschließen, die eigenen Energien richtig einzusetzen und eine Ausgewogenheit von Erwartungen, Zielvorstellungen und Erfüllungsmöglichkeiten zu realisieren.

Wenn die Erwartungen den Realisierungsmöglichkeiten angepasst sind, dann entwickeln sich starke Kräfte. Liegen die Erwartungen immer wieder über den Möglichkeiten, dann kann es zu Misserfolgserlebnissen, Ärger und einer deutlichen Leistungssenkung kommen.

4. Grundsatz

Leistungsbereitschaft ist der subjektive Wunsch bzw. die Absicht, etwas zu leisten. Wichtig für die eigene Leistungs- und Selbstverwirklichung ist es, mögliche objektive wie subjektive Barrieren frühzeitig zu erkennen und in Chancen zu verwandeln. Das heißt einerseits, bei Schwierigkeit erst einmal zu fragen: »Was kann ich dagegen tun?« bzw. »Wie kann ich es, wenn es so schon nicht geht, anders, mehr, besser… tun?« Diese Fragen sind wichtig, um dem Lernen von Hilflosigkeit immer wieder vorzubeugen. Die »Theorie der gelernten Hilflosigkeit« besagt, dass ein negatives Erlebnis, dem man nicht ausweichen kann, zu dem Gefühl, eine Situation nicht beeinflussen zu können, führt. Wiederholen sich solche Erlebnisse und verstärkt sich das Gefühl der Hilflosigkeit, dann macht man auch nichts mehr gegen dieses negative Gefühl, wenn man durchaus etwas dagegen tun könnte. Und die Negativsituationen, an denen man zerbricht, werden für außenstehende Betrachter immer einfacher…

Die einen sehen schwierige Situationen als Herausforderung und Lernchance, andere resignieren und verharren in Passivität.

Andererseits sollte man sich den »Blick aus der Vogelperspektive« willentlich angewöhnen: Wichtig soll nicht mehr das Schwierige und Destruktive sein, sondern das eigene Potenzial sowie das der weiteren Partner in der Zusammenarbeit und dem Erbringen von Leistungen. Mit diesem Perspektivenwechsel ereifern Sie sich nicht mehr über Mängel und Fehler, sondern gehen nach der Devise vor: »Was stört, das ändere selbst. Jedes Problem ist eine Lernchance für mich und andere; das muss ich den anderen verdeutlichen, indem ich mich selbst gemäß dieser tieferen Einsicht verhalte.«

Wenn Sie bei allem, was Sie tun, das Beste anstreben, werden Ihre Arbeiten erfolgreicher. Denn Sie entwickeln dabei Ihre Kompetenzen und können bei zukünftig weit schwierigeren Aufgaben noch mehr aus sich herausholen.

5. Grundsatz

Leistungsbereitschaft muss immer wieder herausgefordert, gefördert und durch Resultate bestätigt werden. Hierbei spielen die nachfolgenden persönlichen Entwicklungsfaktoren eine besondere Rolle (Rangreihe):

- Hohes Maß an Weiterbildung/Konfrontation mit Neuem (einschließlich selbstorganisiertes Lernen und Informieren und learning by doing);
- Verantwortung (einschließlich in der Familie und in Ehrenämtern);
- Employabilität (Überzeugung von der Beschäftigungsfähigkeit, von der eigenen Anpassungsfähigkeit).

Einsatzbereitschaft (P/A) 33

6. Grundsatz

Die äußeren Bedingungen sollten so gut wie möglich gestaltet werden; das setzt Mut für eventuelle Auseinandersetzung und eigene Gestaltungsenergien voraus. Unterforderungen wie Überforderungen müssen vermieden werden.

Bei großer Leistungsbereitschaft neigen nicht wenige Personen zur Verzettelung und Aktionismus. Umso wichtiger ist ein gutes Selbstmanagement mit realistischem (Zwischen-)Ziel und Prioritäten setzen.

Andererseits können permanente Unterforderungen zu einer Abnahme der eigenen Einsatzbereitschaft führen.

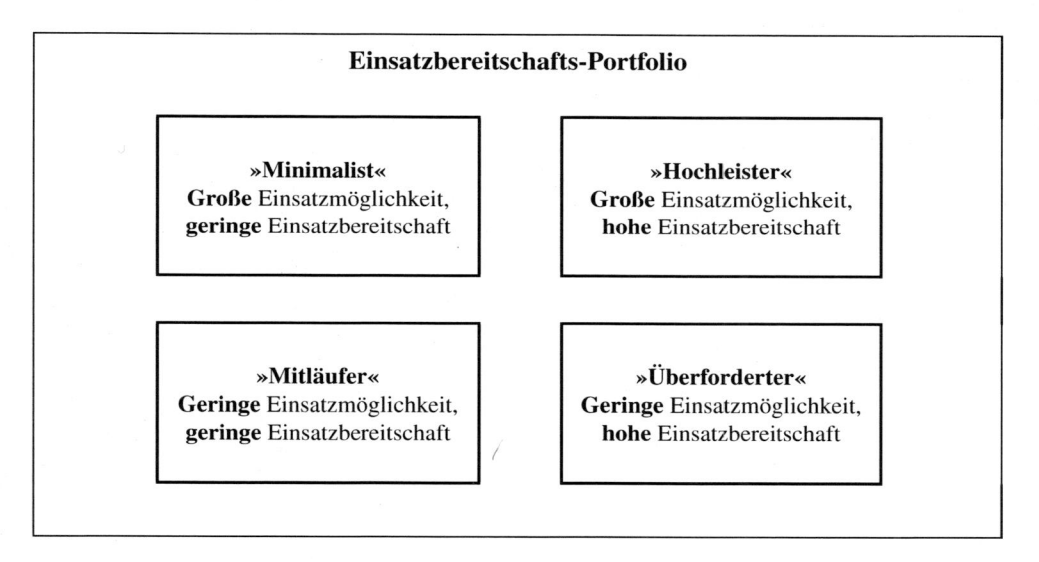

Einsatzbereitschafts-Portfolio

»Minimalist«	»Hochleister«
Große Einsatzmöglichkeit, **geringe** Einsatzbereitschaft	**Große** Einsatzmöglichkeit, **hohe** Einsatzbereitschaft
»Mitläufer«	**»Überforderter«**
Geringe Einsatzmöglichkeit, **geringe** Einsatzbereitschaft	**Geringe** Einsatzmöglichkeit, **hohe** Einsatzbereitschaft

Selbstcheck ✓

Schätzen Sie mit den folgenden 12 Fragen Ihre Einsatzbereitschaft mit weiteren damit zusammenhängenden Verhaltensweisen ein. Wählen Sie bei jeder Frage eine Antwortmöglichkeit zwischen 1 und 4 aus, und zwar die, die Sie am deutlichsten charakterisiert:

1 = nein, eigentlich nicht	3 = häufig
2 = mitunter	4 = immer

1. Ich habe Schwierigkeiten im Umgang mit passiven und trägen Personen, die man zu Handlungen nötigen muss ☐
2. Ich bemühe mich, meine Fähigkeit zur Selbstmotivation weiter zu entwickeln. ☐
3. Ich fordere Rückmeldungen zum Ergebnis meiner Bemühungen ein, um daraus Kraft zu weiteren Engagements zu schöpfen ☐
4. Ich erkenne überdurchschnittliche Leistungen und bekräftige diese auch bei anderen ☐

5. Ich bin offen gegenüber neuen Anforderungen und versuche, mich aktiv mit diesen auseinander zu setzen ☐
6. Ich übernehme die Verantwortung für meine Engagements ☐
7. Ich unterstütze andere Personen, Initiative zu ergreifen ☐
8. Ich lasse mich durch Fehler und zeitweiligen Misserfolg nicht in meiner Einsatzbereitschaft einschränken ☐
9. Ich setze mir persönliche Ziele und befolge sie bewusst ☐
10. Ich belohne mich für das Erreichen meiner hochgesteckten Zielen ☐
11. Ich setze mich für Verbesserungen ein und versuche, andere mitzuziehen ☐
12. Ich sehe in anspruchsvollen Aufgaben Möglichkeiten, mich selbst zu verwirklichen und etwas zu bewirken. ☐

Zählen Sie alle Punkte zusammen und vergleichen Sie Ihr Ergebnis mit den auf der nächsten Seite folgenden Zusammenfassungen. ☐

12–24 Punkte:
Sie bewegen sich anscheinend auf einem recht niedrigen Niveau Ihrer Einsatzbereitschaft und mindern Ihre Motivation. Gehen Sie noch einmal die Grundsätze und dann differenziert die nachfolgenden Empfehlungen durch und nehmen Sie sich konkrete Schritte zur Veränderung Ihres Verhaltens vor.

25–41 Punkte:
Ihre Einsatzbereitschaft ist durchaus ausgeprägt, und Sie können sich für eine lohnende Aufgabe gut engagieren. Wenn Sie sie weiter erhöhen wollen, dann überlegen Sie jetzt, wo einerseits noch Ihre Schwachpunkte liegen und andererseits, was Sie anders machen müssten, wenn Sie noch mehr überdurchschnittliche Leistungen erbringen wollen.

42–48 Punkte:
Sie haben eine sehr stark ausgeprägte Einsatzbereitschaft und scheinen sich sehr gut selbst motivieren zu können. Bleiben Sie auf diesem hohen Niveau und überlegen Sie, wie Sie Ihr Selbstmanagement, insbesondere den planmäßigen Wechsel von Anstrengung und Entspannung, weiter stärken können.

Insbesondere bei Ergebnissen mit Punktwerten zwischen 12 und 30 sollten die folgenden Empfehlungen sowie die in den Literaturhinweisen ausgewiesenen Modularen Informations- und Trainingsprogramme durchgearbeitet werden.

Empfehlungen

Was können Sie tun, um Ihre Einsatzbereitschaft zu erhöhen und zu erhalten?

1. Steigerung des allgemeinen Leistungs- und Einsatzmotivs

- Persönliche Ziele setzen: Orientieren Sie sich an überdurchschnittlichen Leistungen und entsprechenden Zielen und Teilzielen. Was wollen Sie in einem, in zwei, in…fünf Jahren erreicht haben und was müssen Sie dafür unternehmen, lernen, umsetzen? Welche Maßnahmen leiten Sie dafür ab und woran messen Sie das erreichen von Teilzielen?
- Verminderung misserfolgsängstlicher Einstellungen und gelernter Hilflosigkeit durch gezieltes Einüben herausfordernder Zielstellungen. Wählen Sie – nach Möglichkeit unter Einbeziehung einer für Sie wichtigen und vertrauten Person – erst einmal mittelschwere Aufgaben und lösen Sie diese. Erhöhen Sie nach jedem Erfolg den Schwierigkeitsgrad. Werten Sie Ihre Ergebnisse mit dieser Person aus.
- Messen Sie sich an besonders einsatzbereiten Personen und arbeiten Sie heraus, was Sie ähnlich bei sich selbst erreichen wollen und was nicht.
- Versuchen Sie noch mehr mit anderen zusammenzuarbeiten und dabei zeitweilig Führungsverantwortung zu übernehmen (im Sinne von Koordinieren, Organisieren, Steuern, Kontrollieren, Motivieren). Das kann zu Hause beginnen, in Freizeitaktivitäten zum Ausdruck kommen (Sportverein, Partei u.v.a.m.). Streben Sie Initiativen und ausführende Überlegenheit an. Überlegen Sie, was Sie im Unternehmen noch mehr unterstützen und wofür Sie sich noch intensiver einsetzen können. Probieren Sie einfach mehr. Erinnern Sie sich an eigene Erfolgserlebnisse und analysieren Sie, wodurch diese Erfolge zustande kamen. Knüpfen Sie an diesen an!

2. Troubleshooting

Bewerten Sie zeitweilige Misserfolge oder auch ein Scheitern neutral. Wenn Sie wüssten, wie viele Millionen Menschen täglich Misserfolge erleiden, diese aber neutral verarbeiten und neuerlich in die Startlöcher gehen.

- Orientieren Sie sich an klaren Performancezielen und unternehmen Sie alles, um Angst vor Versagen und Unterlegenheit zu bekämpfen! Stärken Sie immer wieder aufs Neue Ihre Willenskraft! Es kommt auf Ihren Anspruch an. Schrauben Sie ihn hoch und nehmen Sie ihn dann als Scheinwerfer mit auf Ihren Weg. Wenn Sie wissen, wohin Sie wollen, dann sind Sie bereits auf dem Weg und werden das hohe Ziel mit aller Gewissheit auch schaffen. Dann ist es vorwiegend eine Frage der eingesetzten Energien und des Durchhaltevermögens.
- Holen Sie sich von Dritten Rückmeldungen ein.

3. Arbeit am Selbstkonzept

- Üben Sie sich in der Betrachtung aus der Vogelperspektive. Schreiben Sie sich in Stichworten alles auf, was Sie im Arbeitsprozess mit anderen stört und bringen Sie die Einzelheiten in eine konstruktive Form: Wie sollte es von Ihnen und von den anderen anders, besser

gemacht werden? Setzen Sie sich für Verbesserungen unaufgefordert ein. Seien Sie dabei kreativ und ausprobierend. Arbeiten Sie dabei bewusst an Ihrer Persönlichkeitsprofilierung. Von Ihrem Einsatz gehen wichtige Signale und Lernerlebnisse für Sie selbst, für die Kolleginnen, für ihre Führungskraft und andere aus – das eine offensichtlich, das andere vielleicht mehr indirekt, in beiden Fällen aber aktiv.
- Werden Sie sich klar über Ihre Motive, sich für jemanden oder für etwas einzusetzen und verankern Sie Ihre Einsatzbereitschaft in einem tieferen Sinn und Werten.

Persönliche Maßnahmen

Was nehme ich mir für die nächsten 6 Wochen im Sinne einer Stärkung oder einer besseren Kontrolle meiner »Einsatzbereitschaft« vor? (Stichworte):

_____

_____

Was werde ich zuerst und vorrangig tun? (Stichworte):

_____

_____

Wie kontrolliere ich die Resultate? (Stichworte):

_____

_____

Wo werde ich mich weiter zum Thema »Einsatzbereitschaft« informieren? (Stichworte):

_____

_____

Als weiterführende Informationsquellen empfehlen wir

Löhner, M. et al.: Führung neu durchdenken. Campus Verlag, Frankfurt a.M. 2005

Selbstmanagement P/A

Zum Thema Selbstmanagement gibt es viele Trainingsangebote. Im Mittelpunkt stehen Fragen
- des eigenen Stärken- und Schwächenerkennens (das können Sie in Ihrem Unternehmen durch Selbst- und Fremdchecks mittels KODE® und KODE®X unkompliziert erreichen);
- der richtigen Zielfindung und -realisierung;
- der effektiven Zusammenarbeit mit anderen.

Grundsätzliche Überlegungen

Die zentrale Frage im Rahmen des Selbstmanagements aber lautet: »Wie manage ich meine Zeit und die Zeit mir anvertrauter Dritter?«

Peter Drucker, der Vordenker des modernen Managements, brachte unser aller Problem, nämlich das des Umganges mit unserer Zeit, auf den Punkt: »Der Mensch bringt wenig Voraussetzung mit, um Manager seiner Zeit zu werden ... Insbesondere in negativen Stress-Situationen schwindet unser Gefühl für einen richtigen Umgang mit der Zeit. Und je weniger wir in der Lage sind, mit Stress umzugehen, desto ineffizienter werden wir die uns zur Verfügung stehende ›unelastische Zeit‹ nutzen«.

Über Jahre befasste sich der Verfasser mit Zeitanalysen im betrieblichen Alltag und mit Selbstmanagement-Trainings in betrieblichen Verwaltungen, Marketing- und Vertriebsabteilungen sowie im Außendienst von Finanzdienstleistern. Und es ist stets erstaunlich: So unterschiedlich die Aufgaben und die Organisationseinheiten auch waren, sie haben ähnliche Probleme des Selbstmanagements und keine großen Unterschiede im Ausmaß ihrer Zeit- und Energiefresser und ihrer Zeitvergeudung.

Folgende Trends brachten diese Untersuchungen an rund 1.500 Personen zu Tage:

Arbeitszeitgestaltung

Die gegenwärtige Arbeitszeitgestaltung wurde von
- 38 % der Befragten als »relativ weitgehend ausgenutzt« und »mit weniger bzw. begrenzten Entwicklungsräumen verbunden« ausgewiesen;
- 62 % der Befragten sehen die gegenwärtige Arbeitszeitgestaltung als »noch nicht voll ausgenutzt« und mit einem »fehlenden Konzept« begründet.

Lebenszeit

64 % der Befragten betonen, dass sie ihre »Lebenszeit« künftig noch besser »selbst managen« wollen.

Die häufigsten Gründe für ineffiziente Arbeitszeitgestaltung (und zeitliche Überlastungen)

1. Arbeitsorganisation
1.1 Lückenhafte Zuarbeit zwischen den Abteilungen
1.2 Unnötige »Feuerwehraktionen« (z. T. Wiederholungen gleicher Aufgaben und Aktionen)
1.3 Viele redundante Rundschreiben/zu umfangreiche Umlaufmappen
1.4 Zu langsame, z. T. zu »beharrende« Arbeit anderer Organisationseinheiten
1.5 Häufige Rückdelegationen von Unterlagen durch Mitarbeiter anderer Organisationseinheiten

2. Kooperation
2.1 Überzogene Arbeitsteilung als Zeitfalle
2.2 Lückenhafte Dokumentation bei (stellenweise häufigem) Struktur- und Bearbeiterwechsel
2.3 Zu viele Routineaufgaben, die an andere Stellen gehörten
2.4 Kommunikationsbarrieren zwischen Mitarbeitern/Organisationseinheiten

3. Bearbeiter-Zuständigkeit
3.1 Zu geringe Entscheidungskompetenzen
3.2 Zu viele »Altlasten-Aufarbeitung«
3.3 »Alt-Vorschriften« mit unnötigen Aufgaben und Reglementierungen
3.4 Zu viele Entscheidungen gleichzeitig
3.5 Fehlende Delegierbarkeit von Aufgaben, die nicht unbedingt zu den Bearbeiteraufgaben gehören
3.6 Tätigkeitsbild zu unscharf und in den anderen Organisationseinheiten nicht ausreichend kommuniziert bzw. arbeitsteilig abgestimmt
3.7 Abstimmungsprobleme, divergierende Anforderungsauffassungen zwischen verschiedenen Tätigkeitsgruppen/Stellen

4. Fehlende Arbeitsmittel
   – diverses –

5. Eingriffe durch Vorgesetzte
5.1 »Aktionismus«, ungesteuerte Aufträge von Vorgesetzten
5.2 Störung von Arbeitsabläufen
5.3 Administrative Überlastung

6. Eigene Unzulänglichkeit
6.1 Verplempern« von Zeit
6.2 Nicht ausreichende Prioritätensetzung bzw. inkonsequente Einhaltung von erkannten Prioritäten, »Verzettelung«
6.3 Hang zum Perfektionismus
6.4 Schlechtes Delegieren
6.5 Mangelnde Einarbeitung bzw. mangelhafte Tätigkeitserfahrung

> Nur wer die Stunden und Minuten im Griff hat, der holt das meiste heraus – aus seiner Arbeitszeit wie auch aus seiner Lebenszeit insgesamt.

Empfehlungen

Sie haben sich soeben über die dominierenden Zeitblockierer informiert und konnten sehen, dass mindestens sechs Einflussgrößen zu beachten und »anzugehen« sind, um effizienter zu arbeiten und insgesamt mehr (Lebens-)Zeit zu erhalten. Und es lohnt, hierbei aktiv zu werden.

Selbstcheck

Welche der nachfolgenden »Zeit- und Energiefresser« sind für Sie in der Arbeit typisch, und wie stark wirken Sie?

Testen Sie mit dem T.M.S. (TimeManagementSystem) die Hauptfaktoren für Zeitverluste. Machen Sie in die Kästchen der jeweils zutreffenden Antworten ein Kreuz oder einen Haken.

1.	Ich akzeptiere zu viele Aufgaben zugleich	☐
2.	Ich wälze Verantwortung auf andere ab	☐
3.	Ich ändere meine Prioritäten ohne vernünftigen Grund	☐
4.	Ich lasse mich gehen	☐
5.	Ich verschiebe notwendige Entscheidungen	☐
6.	Ich bin konfus und unordentlich	☐
7.	Ich bin zu genau, systematisch und penibel	☐
8.	Ich delegiere nicht oder schlecht	☐

9.	Ich lasse meine Mitarbeiter nicht selbstständig arbeiten	☐
10.	Ich lege keine Prioritäten fest	☐
11.	Ich lege keine Normen für mich fest	☐
12.	Ich bin oft erschöpft	☐
13.	Ich kann nicht Nein sagen	☐
14.	Ich plane nie oder selten	☐
15.	Ich verstehe es nicht, gute Mitarbeiter zu finden	☐
16.	Ich werde oft gestört und unterbrochen	☐
17.	Ich habe zu wenig Autorität, um meine Verantwortlichkeiten zu erfüllen	☐
18.	Ich habe kein genaues Ziel	☐
19.	Es fällt mir schwer, mich zu konzentrieren	☐
20.	Es fehlt mir an Informationen	☐
21.	Ich gehe die täglichen Probleme nicht methodisch an	☐
22.	Ich bin nicht ausreichend motiviert	☐
23.	Ich nehme meine Funktion als "Manager" nur in Krisenzeiten ernst	☐
24.	Ich liebe Sitzungen	☐
25.	Ich ändere häufig das Ordnungssystem meiner Unterlagen	☐
26.	Ich habe keinen Tagesplan	☐
27.	Ich habe »archaische« Arbeitsmethoden	☐
28.	Meine Aktivitäten widersprechen einander	☐
29.	Es gibt persönliche Differenzen zwischen meinen Mitarbeitern	☐
30.	Ich leide unter Unsicherheit	☐
31.	Ich habe Kommunikationsschwierigkeiten	☐
32.	Mein Ablagesystem ist schlecht	☐
33.	Ich bin es nicht gewöhnt, Aufgabenlisten zu machen	☐
34.	Ich verschiebe oft Arbeiten von einem Tag zum anderen	☐
35.	Ich habe zu viele persönliche Aktivitäten	☐
36.	Ich beteilige zu viele Leute an meinen persönlichen Entscheidungen	☐
37.	Ich schreibe zu viele Aktennotizen, Vermerke, Briefe	☐
38.	Ich lasse oft Arbeiten liegen	☐
39.	Ich führe unnötige Telefongespräche oder nehme welche an	☐
40.	Meine Telefongespräche sind oft zu lang	☐
41.	Ich erledige gelegentlich unnötige Arbeiten	☐
42.	Ich schreibe selbst Berichte, die gut auch von anderen abgefasst werden könnten	☐

Zählen Sie jetzt alle Kreuze bzw. Häkchen zusammen. Bei mehr als 8 sollten Sie unbedingt zu einem Zeitmanagement-Seminar gehen bzw. die zum Schluss angegebene Literatur ansehen und die darin enthaltenen Trainingsaufgaben bearbeiten. Ferner ist das Gespräch mit einer vertrauten Person ratsam, in dem Sie einige Ihrer Hauptfaktoren für Zeitverluste zur Diskussion stellen und heraushören, was andere gegen solche Faktoren unternehmen.

Selbstcheck

Im Folgenden sind 41 T.M.S.-»Zeit- und Energiefresser«, die – so vorhanden – sich als Blockaden auswirken und Sie in Ihrem Selbstmanagement vor Probleme stellen. Auch bei diesen Aussagen sollten Sie die für Sie Zutreffenden ankreuzen oder anhaken.

A. In der Arbeitsphäre

1.	Unfähigkeit, mir Ziele zu setzen	☐
2.	Keine Tagesplanung	☐
3.	Mangelnde Klarheit oder Wechsel von Prioritäten	☐
4.	Unerledigte Aufgaben	☐
5.	»Krisenmanagement« und »Feuerwehreinsätze«	☐
6.	Keine präzisen Terminfestsetzungen	☐
7.	Unfähigkeit zu korrekter Zeiteinschätzung	☐
8.	Keine persönliche Organisation/überladene Aufgabenliste	☐
9.	Doppel-Arbeit	☐
10.	Unklare Verantwortlichkeiten	☐
11.	Verschiedene Vorgesetzte	☐
12.	Aufgabenerledigung unter meiner Leitung	☐
13.	Routinedetails	☐
14.	Unwirksame Motivation	☐
15.	Mangelnde Motivation	☐
16.	Mangelndes Geschick bei der Konfliktbewältigung	☐
17.	Mangelnde Anpassungsfähigkeit an Veränderungen	☐
18.	Störung durch Telefonanrufe	☐
19.	Unangemeldete Besucher	☐
20.	Mangel an Disziplin	☐
21.	Zu viele unterschiedliche/widersprüchliche Interessen	☐
22.	Fehler, Ineffektivität meiner Leistung	☐
23.	Keine Normen oder Arbeitsberichte	☐
24.	Unzureichende Informationen	☐
25.	Sitzungen	☐
26.	Mangelnde Eindeutigkeit von Weisungen	☐
27.	Unaufmerksames, ungenügendes Zuhören	☐
28.	Cliquenbildung	☐
29.	Überstürzte Entscheidungen	☐
30.	Unentschlossenheit/Aufschieben	☐
31.	Entscheidungen durch Ausschussbeschluss	☐
32.	Perfektionismus	☐

B. In der Privat- (Freizeit-)Sphäre

1.	Schlechte Einkaufsplanung	☐
2.	Fehlende Planung bevorstehender Mahlzeiten	☐
3.	Erledigung von Aufgaben, die andere Familienmitglieder erledigen könnten oder sollten	☐
4.	Verabredungen aller Art (Arzt, Zahnarzt, Klavierstunden usw.) für sämtliche Familienmitglieder	☐
5.	Herumfahren der Kinder mit dem Auto	☐
6.	Unfähigkeit, auf bestimmte Anforderungen von außen, Nein zu sagen (freiwillige Hilfe bei Veranstaltungen, Mitarbeiter bei Vereinen u. Ä.)	☐
7.	Suche nach Dingen oder Unterlagen für die anderen Familienmitglieder	☐
8.	Perfektionismus	☐
9.	Anderes	☐

Die Auswertungshinweise entsprechen denen des ersten Selbstchecks. Darüber hinaus ist folgende Auswertung möglich: Die Einzelaussagen können nochmals gruppiert werden. So erkennen Sie deutlicher die Schwächen-Bereiche, wenn diese gehäuft bestätigt wurden:

Planung:	1– 7
Organisation:	8–11
Leitung:	12–17
Überwachung:	18–24
Kommunikation:	25–28
Entscheidungsfindung:	29–32

Für beide Selbstchecks gilt: Die Ursachen für verplemperte Zeit sind einerseits sog. »externe Zeitfresser« (z. B. unangemeldete Besucher, Störungen durch das Telefon, Blitzaktionen von Dritten …), andererseits aber sog. »innere Zeitfresser« (z. B. Mangel an Selbstdisziplin, Unfähigkeit zum Delegieren, keine Zeitplanung, Nicht-Nein-Sagen-Können …). Wir neigen sehr dazu, erst einmal auf die »externen Zeitfresser« zu verweisen und anderen die Schuld zuzuweisen, uns quasi reinzuwaschen. Besser ist es aber immer, bei den eigenen Fehlern anzufangen und bei sich etwas zu ändern.

☞ Empfehlungen

Ändern Sie auf Dauer Ihre Einstellungen, um zu einem effizienten Umgang mit der Zeit zu kommen.

> Gebraucht der Zeit, sie geht so schnell von hinnen,
> doch Ordnung lehrt Euch Zeit gewinnen. (J.W. Goethe)

1. Beschäftigen Sie sich intensiv und kontinuierlich mit Erfahrungen Anderer im Umgang mit der Zeit und nutzbaren Methoden und Instrumenten. Fangen Sie an, sich die von uns empfohlene Literatur genauer anzuschauen. Nehmen Sie an einem Zeitmanagement-Seminar teil. Nehmen Sie Einfluss auf Besprechungen und wirken Sie darauf hin, dass diese nach Möglichkeit nicht länger als eine Stunde dauern und mit konkreten Festlegungen abgeschlossen werden und legen Sie Wert darauf, dass in jeder Mitarbeiterbesprechung ein Tagesordnungspunkt »Verbesserungen/Zeiteinsparung« lautet.
2. Überwachen Sie sich selbst: Führen Sie in regelmäßigem Abstand ein »Gespräch mit sich selbst«, überprüfen Sie dabei Ihre Fortschritte, Stärken und Schwächen und vor allem die Punkte, in denen Sie umgehend Abhilfe schaffen müssen. Setzen Sie sich neue Ziele, ausgerichtet und befristet auf Ihr nächstes »Gespräch« dieser Art.
3. Überwachen Sie die anderen: Ermitteln Sie jene, die Ihnen Zeitverlust verursachen, Sie behindern in Ihrem Bemühen um richtigen Umgang mit der Zeit oder bestimmte Anstrengungen Ihrerseits »verwässern«. Unternehmen Sie ihnen gegenüber ganz konkrete Schritte. Treffen Sie sich nötigenfalls mit ihnen, um die Probleme definitiv auszuräumen.
4. Erweitern Sie Ihre Kenntnisse: Richtiger Gebrauch der Zeit ist eine Kunst, die Wachsamkeit und Umsicht verlangt. Dazu gehört es, sein Wissen ständig aufzufrischen. Lesen Sie diesen Abschnitt immer wieder durch, halten Sie neue Erkenntnisse, die Ihnen kommen, schriftlich fest. Lesen Sie Bücher über Zeitmanagement oder persönliche Entwicklung, um ständig Ihre Kenntnisse zu erweitern, nehmen Sie an Seminaren oder Lehrgängen zu diesem Thema teil.
5. Helfen Sie den anderen: Helfen Sie diskret und möglichst nur unter vier Augen anderen, ihre schlechten Gewohnheiten im Umgang mit der Zeit abzulegen, bringen Sie ihnen die von Ihnen bevorzugten Techniken bei, empfehlen Sie ihnen Bücher, Lehrgänge, die hilfreich sein können.
Einerseits ist das nicht schwer, Sie leisten einen Dienst und ihr Gesprächspartner wird Ihnen dankbar sein dafür; andererseits aber ziehen Sie selbst Gewinn aus dem nun gemeinsamen Bemühen um eine bessere Nutzung der Zeit, und wenn Sie beide zum gleichen Team gehören, steigern Sie damit Ihre Chance, dessen Führer zu werden und es zum Erfolg zu führen.
6. Bewahren Sie Augenmaß: Gehen Sie schrittweise und in vernünftigem Rahmen vor, statt Ihre Zeiteinteilung und Ihre Arbeitsweise völlig umzukrempeln. Gehen Sie jedoch stetig und deutlich vorwärts; üben Sie sich dabei in Geduld und wenden Sie neue Techniken oder Gewohnheiten erst dann an, wenn Sie die wichtigsten Grundtechniken absolut beherrschen und praktizieren. Auf diese Weise können Sie Schritt für Schritt die jeweiligen Ergebnisse Ihrer einzelnen Anstrengungen und Fortschritte bemessen.

Veränderungen – Wozu?

Wenn Sie Veränderungen in Ihrem Zeitmanagement vornehmen wollen und das kein Strohfeuer sein soll, dann sollten Sie sich auch klare Ziele für sich und andere, für das Wesentliche im Leben. Die Zeit mehr ausschöpfen, auf keinen Fall vergeuden; im Fluss der Zeit leben und nicht gegen sie.

Diese Überlegungen führen zu grundsätzlichen Fragen nach unseren individuellen Idealen, Leitbildern, Werten. (Zu Ihrer erweiterten Anregung gibt es in dieser Reihe auch ein KODE®X-Selbsttrainingsprogramm zu »Normativ-ethische Einstellung«).

Zeit ist nicht überall Geld

Wie Levine und sein Forschungsteam herausfanden, sind Länder mit besonderer Betonung individualistischer Werte stärker leistungsorientiert als Länder mit noch intakten Gemeinschaften und besonderer Hervorhebung dieser. Diese Konzentration auf die Leistung führt zu einer recht engen Zeit-Geld-Einstellung, die schließlich in dem Zwang münden würde, jeden Augenblick irgendwie zu nutzen.

In Kulturen, in denen soziale Beziehungen im Vordergrund stehen, findet sich auch eine entkrampfte Haltung der Zeit gegenüber. So gibt es zum Beispiel im ostafrikanischen Burkina Faso keine »verschwendete Zeit«. Es wäre eher »Verschwendung«, wenn man für die Mitmenschen nicht ausreichend Zeit hätte.

> Zeitmanagement = Übung in Selbstbeherrschung

Gerade in hoch industrialisierten, auf Individualismus setzenden Kulturen (wie Deutschland) kann Zeit nur derjenige gewinnen, der den Unterschied zwischen »gefüllter« und »erfüllter« Zeit kennt und bewusst sog. »Zeitlöcher« sucht und zur Entspannung nutzt. Mopi-Indianer leben nach der Weisheit ihrer Fischer: »Es gibt eine Zeit zum Fischen und eine Zeit, die Netze zu trocknen«. Diese Weisheit können Sie auch auf Ihren Lebensalltag übertragen, indem Sie lernen, »Zeitlöcher« bewusst wahrzunehmen und sie als Ruhepausen zu nutzen. »Zeitlöcher« sind somit Zwischenzeiten zwischen zwei Aktivitäten. Sie sind die Zeit, »in der die Netze trocknen«. Das heißt auch, freie Zeit ungeplant auf sich zukommen lassen und sich selbst zu nutzen in der Zeit. Wer so gesehen »freie Zeit« sagt, meint Lebensstil und Wohlbefinden.

Die Beherrschung der Zeit ist der wichtigste Schlüssel für den Erfolg. Selbstmanagement ist vor allem Zeitmanagement. Personen mit einem starken Selbstmanagement sind »Herren« über sich selbst und über eigene Zeitreserven.

Da Zeit wiederum das kostbarste Gut im Leben ist, das einmal Verausgabte für immer verausgabt ist, heißt »Herr über sich selbst« zu sein, auch in hohem Maße frei und reich zu sein. Insbesondere Unentschlossenheit, Aufschub, ineffizienter Arbeitsstil, fehlende (Lebens-) Ziele sind Diebe der eigenen Zeit.

> Nutze die Zeit für die Arbeit – das ist die Bedingung für den Erfolg.
> Nutze die Zeit, um nachzudenken – das ist die Quelle der Kraft.
> Nutze die Zeit, um zu spielen – das ist das Geheimnis der Jugend.
> Nutze die Zeit, um zu lesen – das ist die Voraussetzung des Wissens.
> Nutze die Zeit, um die Freundschaft zu pflegen – das ist die Pforte zum Glück.
> Nutze die Zeit, um zu träumen – das ist der Weg, der zu den Sternen dich führt.

> Nutze die Zeit, um zu lieben – das ist die wahre Freude des Lebens.
> Nutze die Zeit, um froh zu sein – das ist Musik für die Seele.
>
> (Nach einem irischen Originaltext)

Persönliche Maßnahmen

Was nehme ich mir für die nächsten 6 Wochen im Sinne einer Verstärkung meines »Selbstmanagements« vor? (Stichworte):

_____

_____

Was werde ich zuerst und vorrangig tun? (Stichworte):

_____

_____

Wie kontrolliere ich die Resultate? (Stichworte):

_____

_____

Wo werde ich mich weiter zum Thema »Selbstmanagement« informieren? (Stichworte):

_____

_____

Als weiterführende Informationsquellen empfehlen wir

Corssen, J.: Der Selbst-Entwickler. Beustverlag, München 2004
Godefroy, C.H.; Clark, J.: T.M.S. Das Zeitmanagement-System Band 1 + 2. Verlag Norman Rentrops, Bonn 1992 (Dieses Buch wurde leider nach 1992 nicht mehr aufgelegt. Es ist u. E. das beste deutschsprachige Werk zum Thema!)
Levine, R.: Eine Landkarte der Zeit. Wie Kulturen mit Zeit umgehen. Piper Verlag, München 1998
Müller, H.: Selbstmanagement Trainer (mit CD). Haufe Taschen Guide, Freiburg 2007
Roming, A.: Zeit kann man nicht haben – aber wir könnten sie genießen. Zeitschr. »Psychologie heute«, 25. Jg., Juni 1998

Video:
Seiwert, J.W.: Mehr Zeit für das Wesentliche. VHS/60 Min. Spieldauer, mit Begleitmaterial. Verlag moderne Industrie (mi video)

Offenheit für Veränderungen P/A

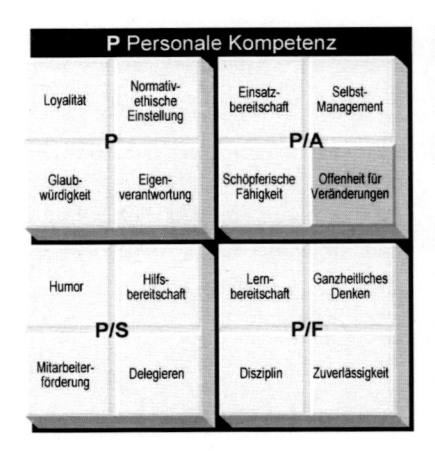

▶▶ Grundsätzliche Überlegungen

In einer sich rasch ändernden sozialen, ökonomischen, technisch-technologischen Umwelt ist es wichtig, prinzipiell für Veränderungen offen und interessiert zu sein. Nur so können Personen aktiv ihr Leben gestalten und aus den vielfältigen impliziten Erfahrungen anderer, die neue Situationen und Herausforderungen erfolgreich bewältigt haben, lernen. Jedes wirkliche Erfahrungs-Lernen erfolgt in offenen Situationen und unter einem Anpassungs- und Handlungsdruck.

Viele Veränderungen zählen

Wenn von Veränderungen gesprochen wird, denkt man in der Regel an große, durchgreifende Veränderungen. Im realen Alltag treten diese aber eher selten auf.

Es sind vielmehr die vielen kleinen Veränderungen im Arbeitsalltag, denen wir begegnen und auf die wir uns einstellen müssen. Diese sind für ein Unternehmen genauso bedeutsam wie die großen.

Diese »kleinen« Veränderungen nennt man auch »inkrementale«. Frohman stellte in einer beachtenswerten Studie, in der er die »inkrementalen Veränderungen« und ihre Rolle im Unternehmen untersucht, fest:

➲ Kennzeichen

- Solche Personen, die Veränderungserfordernisse frühzeitig erkennen und tatkräftig fördern bzw. ermöglichen, waren zwar in der Regel der Geschäftsführung bekannt, jedoch nicht auf der Liste der »High potential-Kandidaten«. Es handelte sich hierbei vor allem um Personen, die sich nicht vollständig in die unternehmensinternen PE-Systeme einpassten.

**Offenheit für Veränderungen,
für Neues und für die Welt**

**Werte, Tradition,
regionale Verbundenheit und
Identität**

Sie galten aber Personen, die Probleme, wenn sie auftraten, offensiv anpackten und versuchten, sie zügig zu lösen.
- Die Initiative solcher Personen wurde in allen untersuchten Fällen auf der Grundlage einer Verantwortung für das Unternehmen getragen. Die Initiative, Veränderungen frühzeitig zu erfassen und ihnen aktiv handelnd zu begegnen, waren weder in der jeweiligen Arbeitsaufgabe, in der Selbstbeschreibung oder sonst wo begründet.
- In allen von Frohmann untersuchten Fällen mussten die besagten Personen etwas Neues lernen. Und dieses Neue hatte stets etwas mit der angestrebten Veränderung zu tun. Es wäre sicher nicht oder weniger intensiv gelernt worden, wenn die Personen sich nicht mit den Problemen auseinandergesetzt hätten.
- Die Personen waren stark intrinsisch motiviert und nicht an öffentlichen Würdigungen und Auszeichnungen interessiert. Sie packten Veränderungen direkt an und beließen es nicht dabei, andere von der Notwendigkeit der Veränderung zu überzeugen.
- Insofern waren diese in hohem Maße handlungsorientiert und engagierten sich auch unter ungünstigen organisatorischen Bedingungen (Strukturen, Ressourcen, Befürchtungen von Führungskräften und Mitarbeitern...) für die angestrebten Veränderungen. Sie schoben bei Schwierigkeiten und Behinderungen unterschiedlicher Art nicht die Verantwortung auf andere ab, sondern packten selbst tatkräftig an und sahen ihr Handeln als wichtigen Beitrag, um ein Problem des Unternehmens frühzeitig zu lösen.
- Die Verantwortung für das Unternehmen, für andere Personen, für »die Sache« ist eine wesentliche Triebkraft für das Verhalten dieser inkrementalen Veränderer. Die Teilkompetenz »Offenheit für Veränderungen« hat sowohl starke Anteile der Personalen

Kompetenz (P) als auch der Aktivitäts- und Handlungskompetenz (A) und erklärt somit die von Frohmann herausgestellte Verantwortungsbereitschaft, Tatkraft und intrinsische Motivation dieser Personen.
- Die untersuchten Personen waren mehr auf die Ergebnisse ihres Veränderungshandelns als auf Gruppenarbeit oder Teamwork ausgerichtet. Natürlich arbeiteten sie mit anderen zusammen. Wenn sie von ihrer verändernden Arbeit überzeugt waren, dann verfolgten sie auch die Aufgabe – gegebenenfalls auch »an den anderen vorbei« und mit anscheinend nicht selten undiplomatischen Erscheinungsformen.

Insofern achtet die Umwelt diese Personen oft erst vom Ergebnis her. Und sie werden davor eher als unbequeme, ja für andere auch als relativ unberechenbare Personen charakterisiert, denn nicht wenige Mitarbeiter fürchten sich vor Veränderungen – und den Betreibern dieser.

Tatsächlich sind die Bedingungen für inkrementale Veränderungen – entgegen der oft vollmundigen Aussagen in der Managementliteratur – in vielen Unternehmen eher einschränkend und hinderlich.

Einerseits brauchen die Unternehmen Ordnung und Konzentration auf Kontinuität, andererseits müssen sie auch Offenheit und Initiativen für Veränderungen und somit auch für die Veränderung bisheriger unternehmensinterner Normen zulassen. Stiefel (1997) drückt dieses Wechselspiel in folgender Matrix aus:

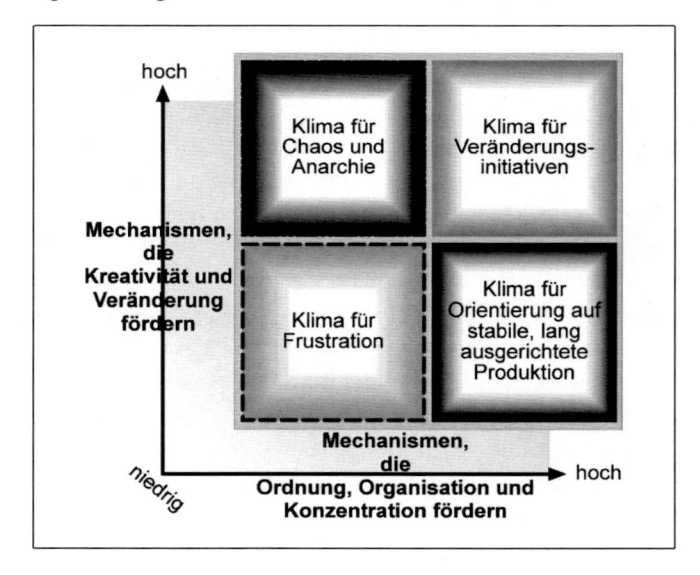

Differenzierung von Lern- und Veränderungsoffenheit

Lombardo/Eichinger (2000) unterscheiden vier unterschiedliche Personengruppen bzgl. ihrer Lern- und Veränderungsoffenheit:

Gruppe 1: »People agility«
Das sind Personen, die sich selbst sehr gut kennen und die aus früher gewonnenen Erfahrungen lernen. Sie verhalten sich anderen Personen gegenüber konstruktiv und beziehen

diese nach Möglichkeit ein. Sie gehen mit Veränderungen überlegt um und sind in der Regel sehr zielbeharrlich und aktiv.

Gruppe 2: »Results agility«
Das sind wiederum Personen, die Ergebnisse unter schwierigen Bedingungen erzielen, sich offensiv mit Widersprüchen auseinander setzen und diese suchen. Sie nehmen auf andere dahingehend Einfluss, dass sich diese über die Maße in ihrem Leistungsverhalten engagieren und den anderen Personen Zuversicht in deren Leistungen und Veränderungsbereitschaft vermitteln.

Gruppe 3: »Mental agility«
Damit werden Personen beschrieben, die neue Probleme mit einer neuen Perspektive anpacken und sowohl mit Komplexität als auch mit Widersprüchlichkeiten umgehen können. In der Regel können sie ihre Vorstellungen anderen gegenüber logisch, systematisch, gut nachvollziehbar erläutern.

Gruppe 4: »Change agility«
Das sind Personen, die neugierig sind und Hinweise Dritter gern auffangen und erweitern. Sie experimentieren gern mit neuen Ideen und engagieren sich konkret, wenn sie sich davon eine Erweiterung vorhandener oder die Entwicklung neuer Fertigkeiten und Fähigkeiten erhoffen.

Diese vier Gruppen entsprechen in hohem Maße den vier Kompetenzgruppen und -richtungen, die den vorliegenden »Modularen Informations- und Trainingsprogrammen« zu Grunde liegen:

Selbstcheck

Wenn Sie Ihre »Offenheit für Veränderungen« prüfen und erweitern wollen, dann analysieren Sie zuerst einmal, zu welcher der vier Gruppen Sie eher gehören – wenn auch zur Zeit möglicherweise weniger stark ausgeprägt. Gehen Sie am besten diese vier Gruppen mit einer

Ihnen sehr vertrauten Person durch, lassen Sie sich von dieser einmal zuordnen und prüfen Sie diese Zuordnung an konkreten alltäglichen Situationen und Verhaltensweisen.

Die inkrementalen Veränderer mit der größten Nachhaltigkeit sind Personen, die den Gruppen l und 2 angehören bzw. deutliche Ausprägungen in beiden Richtungen (P/A-Anteile) aufweisen. Wenn Sie sich in dieser Richtung bewusst weiter entwickeln wollen, dann sind weitere Modulare Informations- und Trainingsprogramme aus der ACT-Serie empfehlenswert, insbesondere:

- Eigenverantwortung (P);
- Einsatzbereitschaft (P/A);
- Gestaltungswille (A/P);
- Initiative (A);
- Innovationsfreudigkeit;
- Tatkraft (A).

Gründe für Nicht-Veränderung

McCall (1998) fertigte auf empirischer Grundlage eine umfassende Liste mit Gründen für Nicht-Veränderung und mangelnde Offenheit für Veränderungen an. Einerseits verfügen diejenigen Mitarbeiter über ein großes Veränderungspotenzial, die bereit und fähig sind, aus einmal gemachten Erfahrungen zu lernen und für sich neue Erkenntnisse und Kompetenzen abzuleiten. Andererseits haben Personen, die sich nicht verändern (wollen) und insbesondere Feedbacks abblocken und ignorieren, bedeutend weniger Potenzial für eigenständiges, selbst verwirklichendes Lernen und aktives Verändern.

66 Gründe
McCall zählt 66 Gründe für Nicht-Verändern auf:

1. »Frisiertes« Feedback,
2. unterschiedliche Botschaften,
3. kein Feedback,
4. hat die Botschaft nicht verstanden,
5. glaubt die Botschaft nicht,
6. hört nicht zu,
7. akzeptiert sie nicht,
8. muss Fehler und Mängel eingestehen,
9. passt nicht zum eigenen Selbstbild,
10. hört es gar nicht,
11. nimmt es nicht persönlich,
12. tendiert zur Überreaktion,
13. reagiert nicht gut auf Kritik,
14. ist misstrauisch gegenüber den Motiven anderer,
15. Quelle ist nicht glaubwürdig,
16. Andere kennen nicht mein wahres Ich,
17. fürchtet, dass unangenehme Fakten wahr sein könnten,

Offenheit für Veränderungen (P/A)

18. vertraut dem Geber des Feedbacks nicht,
19. es verletzt, schlechte Dinge zu hören,
20. negatives Feedback macht mich verrückt,
21. ich fühle, es ist inkorrekt,
22. es gibt mir das Gefühl, wie ein Kind ausgeschimpft zu werden,
23. kein Anreiz zur Veränderung,
24. es wird belohnt, so zu bleiben, wie man ist,
25. kostet Zeit und Energie,
26. die Kosten überwiegen den Nutzen,
27. der Nutzen ist nicht klar,
28. wird von außen oktroyiert,
29. keine persönliche Verpflichtung zur Veränderung,
30. sieht nicht die tatsächliche Bedeutung der Sache,
31. es ist nicht klar, was geändert werden muss,
32. es ist nicht sicher, was eine Veränderung hervorbringen wird,
33. kann nicht sagen, was wirklich wichtig ist,
34. kann nicht sagen, was wirklich wichtig ist,
35. erfordert etwas aufzugeben, was geschätzt wird,
36. weiß nicht, wie man sich verändern soll,
37. es gibt keine Gelegenheit zum Ausprobieren,
38. keine Rollenmodelle/klaren Orientierungen und Vorbilder,
39. ich war erfolgreich, so wie ich bin,
40. es ist bequem so, wie ich bin,
41. ich will nichts ändern,
42. ich kann es nicht ändern und will mir meine Finger nicht verbrennen,
43. es sieht dumm aus, wenn ich…,
44. ich fühle mich inkompetent,
45. es gibt keine Unterstützung,
46. der Zusammenhang und die Bedingungen sind unverändert,
47. zu viel Arbeit,
48. die Aufmerksamkeit liegt bei anderen Dingen,
49. andere Leute haben sich nicht verändert,
50. die Leute erlauben keine Veränderung,
51. ds ist schmerzhaft, demütigend,
52. Angst vor Manipulation,
53. Angst vor dem Unbekannten,
54. Arroganz,
55. Angst, Fehler zu machen,
56. Verletzlichkeit während des Versuchs der Änderung,
57. Angst, ich werde nicht genug kompetent sein,
58. ich habe schon früher versucht, mich zu ändern und bin gescheitert,
59. zu bequem, faul,
60. Angst, lächerlich gemacht zu werden,
61. ich bin überzeugt, recht zu haben,

62. ich will gemocht werden,
63. unterminiert das Selbstvertrauen,
64. bedroht das Selbstbild,
65. zu stolz,
66. ich bin durch andere abgeschreckt.

✔ Selbstcheck

Gehen Sie diese unterschiedlichen Gründe einzeln durch und überprüfen Sie dabei, inwieweit Sie sich von ihnen leiten lassen oder auch sich hinter einigen von ihnen »verstecken«. Je mehr Gründe für Sie zutreffend sind, desto mehr lassen Sie sich in ihrer möglichen Lern- und Veränderungsoffenheit einschränken bzw. bauen abwehrend Veränderungen vor.

Ein solcher Vergleich kann Ihnen helfen, Ihr eigenes Veränderungspotenzial kritisch einzuschätzen.

Wenn Sie sich Veränderungen gegenüber weiter öffnen wollen, dann suchen Sie sich anfangs drei hemmende Gründe heraus, denen Sie in den nächsten 14 Tagen energisch entgegentreten wollen und fixieren Sie Ihre Schritte. Schauen Sie täglich auf die Liste und führen Sie die Schritte konsequent aus. Sollten Sie sehen, dass eine Präzisierung eines Schrittes notwendig wird (aber nie im Sinne einer Senkung des Anspruchsniveaus, sondern wenn schon, dann im Sinne einer Zuspitzung, einer Erhöhung des Konkretheitsgrades!), dann nehmen Sie diese unverzüglich auf der Liste vor und setzen Sie sie in den nächsten Tagen um!

Gründe	Gegenstrategie	Einzelne Maßnamen/Schritte	Beginn (Zeit)
1.			
2.			
3.			

Wenn Sie Ihre Schritte/Maßnahmen erfolgreich umgesetzt haben, wählen Sie die nächsten »Gründe« aus, denen Sie verändernd entgegentreten wollen, und definieren Sie auch hier Ihre Umsetzungsschritte. Gehen Sie davon aus, dass Sie sicher nicht alle Gründe verändern können, aber bei etlichen können Sie bei mehr Aufmerksamkeit, eigener Zielsetzung und einer höheren Portion Mut tatsächlich Veränderungen erwirken. Und bei den anscheinend kleinen, nicht sofort für andere sichtbaren Veränderungen sollte man beginnen! Denken Sie immer daran, dass sich Veränderungen im Sinne des Fortschritts nicht einfach ignorieren lassen und irgendwann auch die ewig Zögernden überholen und dann oft verbunden mit einem schmerzlichen Erwachen und Bedauern, nicht schon früher für die Veränderung eingetreten zu sein.

Eine Anekdote aus der Darwin-Zeit belegt diesen allzu oft auftretenden Widerspruch zwischen wissenschaftlicher Erkenntnis und praktischer Verdrängung zugespitzt: Die Evolutionstheorie wurde vor allem von Seiten der Kirche von Anfang an auf das Schärfste bekämpft. In diesem Zusammenhang wird von dem Ausspruch der Ehefrau eines damals besonders prägenden anglikanischen Bischofs berichtet: »Lasset uns beten, dass die ganze Sache unwahr ist. Oder wenn sie doch wahr sein sollte, dass sie sich wenigstens nicht herumspricht.«

> Lernen ist wie Rudern gegen die Strömung. Wer damit aufhört, fällt zurück.

> Nur tote Fische schwimmen mit dem Strom.

> Wo Wasser still steht, verschlammt es.

Persönliche Maßnahmen

Was nehme ich mir für die nächsten 6 Wochen im Sinne einer Erhöhung meiner »Offenheit für Veränderungen« vor? (Stichworte):

_____

_____

Was werde ich zuerst und vorrangig tun? (Stichworte):

_____

_____

Wie kontrolliere ich die Resultate? (Stichworte):

_____

_____

Wo werde ich mich weiter zum Thema »Offenheit für Veränderungen« informieren? (Stichworte):

_____

_____

Literatur

Bär, M. et al.: Change-Prozesse sind doch anders – darum dieses Buch. Gabler Verlag, Wiesbaden 2007

Die Zitate zur Frohman-Studie sind entnommen:
Stiefel, R.: Auch die kleinen Veränderungen zählen: Entwicklung einer Veränderungskultur. MAO, 19. Jg., Heft 3, St. Gallen 1997

Die Zitate zur Liste von 66 Gründen der Nicht-Veränderung sind entnommen:
Stiefel, R.: Wer sich im Lernen engagiert, verfügt über Potenzial. MAO, 23. Jg., Heft 1, St. Gallen 2001

http:www.123bild.info/leader/Strategiedach_070420_Weitzer.pdf: NÖ-Mitte: »Auf dem Weg zum Selbst«. 2007

Schöpferische Fähigkeit P/A

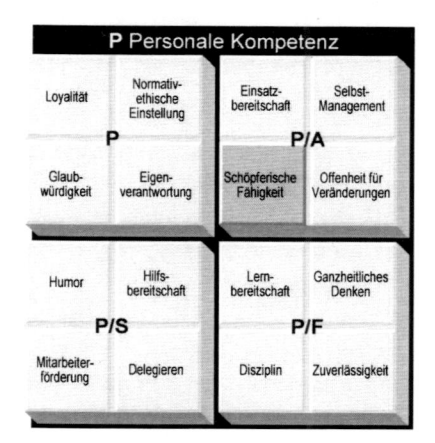

	P Personale Kompetenz		
Loyalität	Normativ-ethische Einstellung	Einsatz-bereitschaft	Selbst-Management
P		**P/A**	
Glaub-würdigkeit	Eigen-verantwortung	Schöpferische Fähigkeit	Offenheit für Veränderungen
Humor	Hilfs-bereitschaft	Lern-bereitschaft	Ganzheitliches Denken
P/S		**P/F**	
Mitarbeiter-förderung	Delegieren	Disziplin	Zuverlässigkeit

Grundsätzliche Überlegungen

Schöpferische Fähigkeit ist die Voraussetzung zur Lösung sachlicher und situativer Probleme und Aufgaben in Form neuer, bisher noch nicht dagewesener Konzepte, Bedingungen, Organisationsformen, Strukturen, Produkte… Der Begriff »kreative Fähigkeit« wird in diesem Sinnzusammenhang als Synonym behandelt.

Über die Notwendigkeit einer ständigen Anpassung von Unternehmen an die regionalen/ nationalen/ internationalen Veränderungen und einer ebenso ständigen Suche nach Innovationen gibt es heute keine Meinungsverschiedenheiten mehr. Die Innovationsleistung eines Unternehmens wiederum kommt in dem unermüdlichen Bestreben zum Ausdruck, einen zielgerichteten, durchsetzbaren Wandel im wirtschaftlichen, technisch-technologischen und sozial-personalen Potenzial des Unternehmens herbei zu führen. Dazu sind auf allen unternehmerischen Ebenen natürlich solche (Teil-)Kompetenzen erforderlich wie: Offenheit gegenüber Neuem, Lernbereitschaft, schöpferische Fähigkeit, Tatkraft u. a.

Der Gründer von Sony, Akio Morita, meint: »Nur wenn sich die Kreativität auf die drei Bereiche Technologie, Produktplanung und Marketing erstreckt, kann das Publikum aus einer neuen Technologie Nutzen ziehen. Ohne eine Unternehmensorganisation, die diesen drei Teilbereichen das zum Teil sehr langfristig erforderliche Ineinandergreifen gestattet, wird man neue Produkte nur schwerlich reifen sehen.«

Die entscheidende Frage für ein Unternehmen ist letztlich immer: Wie lässt sich gewährleisten, zum richtigen Zeitpunkt mit innovativen und kundengerechten Produkten am Markt zu sein? Ein Patentrezept gibt es dafür nicht. Die Entfesselung der Kreativität und des Engagements der Mitarbeiter ist eine Voraussetzung.

Innovationsquellen

Innovationen sind nur in den seltensten Fällen geniale Spontaneinfälle, sondern das Ergebnis harter individueller und Team-Arbeit, konzentrierter und zielgerichteter Suche nach neuen Lösungen. Und nur in wenigen Fällen werden die »grandiosen«, später viel zitierten und adaptierten Lösungen gefunden.

Peter F. Drucker spricht in diesem Zusammenhang von vier Bereichen innerhalb eines Unternehmens, die Innovationspotenziale bieten und die die schöpferische Fähigkeit heraus fordern:
- Unerwartete Ereignisse;
- Unvereinbarkeit;
- Prozessanforderungen;
- Veränderungen in der Gesellschaft, in der Industrie oder im Markt.

Ferner führte Drucker drei zusätzliche Quellen von wirtschaftlichen Chancen außerhalb eines Unternehmens auf, die in seiner »sozialen und intellektuellen Umgebung« zu finden sind:
- Demografische Veränderungen;
- Veränderungen in der Wahrnehmung;
- Neues Wissen.

Drucker verweist darauf, dass es natürlich Überschneidungen innerhalb dieser Quellen und Bereiche gibt – so unterschiedlich diese auch hinsichtlich Komplexität, Schwierigkeit, Risiko u. a. sind. Und das Potenzial für Innovationen kann durchaus auf mehreren Gebieten zugleich vorhanden sein. In seinem Buch »Die ideale Führungskraft« geht Drucker differenziert auf die einzelnen Bereiche und Quellen ein.

Schöpferisch kann jeder sein

Sicher sind wir uns schnell einig, dass es keine »Rezepte« für schöpferisches Arbeiten gibt. Dazu ist der schöpferische Prozess zu komplex und – bezogen auf die ihn tragenden Personen – einmalig.

Andererseits ist aber auch unbestritten, dass es zwischen erfolgreichen kreativen Personen eine Reihe gemeinsamer, vergleichbarer Züge gibt und dass diese im Bildungsprozess positiv beeinflusst werden können.

Früher ging man davon aus, dass die Fähigkeit, Neues zu schaffen, angeboren sei oder durch »Erleuchtung« zustande käme. Inzwischen ist jedoch vielfach bestätigt: Unter günstigen Umweltbedingungen ist jeder gesunde Mensch in der Lage, kreative Leistungen zu vollbringen. Allerdings hängt es zu einem Teil von jedem Einzelnen ab, ob diese schöpferischen Fähigkeiten auch wirklich genutzt und entwickelt werden.

Berufs- bzw. Tätigkeitsbezogene schöpferische Fähigkeiten erweitern, verändern, stabilisieren sich über einen langen Entwicklungsweg und durch harte (Lern-)Arbeit. Bis ins hohe Alter hat jeder von uns die Möglichkeit, seine Fähigkeiten durch intensives Lernen und mutiges Erproben zu erweitern. Diese Erfahrung sowie die Erkenntnis, dass hohe kreative Leistungen neben den intellektuellen Fähigkeiten und dem ständigen Wissenserwerb feste Wertorientierungen und Lebensziele, ausgeprägte Motive und Erwartungen an die schöpferische Tätigkeit und deren Ergebnis sowie ein hohes Maß an Fleiß und kritischer Selbstbetrachtung (Selbstreflexion) voraussetzen, zeigt die großen Möglichkeiten des selbstmotivierten und selbstorganisierten Lernens und der Erziehung zur Weiterbildung.

Schöpferische Fähigkeiten können entfacht, aber auch in ihrer Entwicklung gehemmt werden. Problemzentrierung, Spezialwissen, hohe Identifikation mit der Arbeit und hoher Arbeitseinsatz bilden wichtige Voraussetzungen für kreative Leistungen.

Die Ergebnisse schöpferischer Tätigkeit in einem Unternehmen müssen zur Erfüllung gegenwärtiger oder zukünftiger Bedürfnisse des selben beitragen. Sie müssen zielgerichtet sein und dürfen nicht in reiner Phantasie bestehen, obwohl sie nicht unbedingt sofort praktisch anwendbar und vollständig sein müssen.

Kennzeichen

Zu Beginn zwei kleine Anekdoten aus der amerikanischen Firma 3M, die seit Jahrzehnten als ein kreatives Musterunternehmen gilt (aus: Nöllke 2002):

Es gibt eine Regelung, dass die Angestellten 15 % ihrer Zeit an neuen Projekten arbeiten sollen, über die sie keinerlei Rechenschaft abgeben müssen. Vielleicht erklärt sich diese Regelung aus der Firmengeschichte: Ein junger Angestellter namens Richard Drew arbeitete an einem Projekt, das nicht so recht vorwärts zu gehen schien. Der damalige Firmenchef von 3M forcierte Drew auf, das Projekt abzubrechen. Drew setzte sich jedoch einfach darüber hinweg und blieb bei seinem Projekt, ein durchsichtiges Klebeband zu entwickeln. Drews Ungehorsam zahlte sich später aus; es entstand »Scotch Tape«, eines der erfolgreichsten 3M-Produkte. (Hier spielten Unangepasstheit, Hartnäckigkeit, Zielbeharrlichkeit, mutiger Umgang mit Widersprüchen u. a. persönlichen Merkmale eine besondere Rolle auf der Seite von Drew).
William Coyne, der ehemalige Entwicklungschef von 3M, warnt davor, bei schöpferischen Tätigkeiten zu schnell erste Ergebnisse zu erwarten. Er sagt: »Wer einen Samen einpflanzt, gräbt ihn auch nicht jeden Tag aus, um zu sehen, wie er sich entwickelt.« (Hier wird das Umfeld angesprochen, die erforderliche Geduld und das Vertrauen gegenüber schöpferischen Menschen, das Wissen um die Kompliziertheit des schöpferischen Prozesses und der Eigenarten der Menschen in diesem Prozess).

In den letzten Jahrzehnten entstanden auf der Grundlage von Beobachtungen, Befragungen, Literaturanalysen u. a. etliche »Kataloge« sogenannter persönlicher Voraussetzungen oder Kennzeichen schöpferischer Personen, die sich zum Teil widersprachen bzw. erschienen sehr spekulativ. Übereinstimmend wurden jedoch hervorgehoben:
- Besonders ausgeprägtes Interesse am Widerspruch sowie Fähigkeiten im Aufspüren von Widersprüchen;
- Zweifel an zu offensichtlich erscheinenden Zusammenhängen – als persönliches Denk- und Arbeitsprinzip –, verbunden mit der Fähigkeit, kritische Fragen zu stellen und oberflächliche Formulierungen zu vermeiden;
- Fähigkeit, alternativ zu denken und zu formulieren, verbunden mit überdurchschnittlicher Phantasie (»Kühnheit des Denkens«);

- große Beweglichkeit und »Flüssigkeit« des Denkens, zugleich verbunden mit einer außerordentlichen Zielbeharrlichkeit (Verfolgen eines Problems über Jahre, Jahrzehnte);
- hohe Identifikation mit dem untersuchten Problem;
- die Bereitschaft zur Auseinandersetzung mit Bezweifelbarem sowie mit divergierenden Meinungen;
- die Bereitschaft, auf ein relativ genau berechenbares Risiko einzugehen;
- der persönliche Mut, eine eigene (zeitweilig isolierte) Meinung zu besitzen und gewohnte Dinge »auf eine neue Art zu sehen«. Schöpferische Menschen fühlen sich stärker von komplizierten und neuen (zum Teil erst heranreifenden) Problemen, die originelle, neue Lösungen verlangen, angezogen;
- deutliches Interesse an (Gedanken-)Experimenten und an der systematischen Erweiterung der bisherigen Kenntnisse und Erfahrungen sowie eine ausgeprägte Fähigkeit, die eigenen schöpferischen Anstrengungen zu konzentrieren.

> Das schöpferische Moment in der Arbeit besteht nicht allein darin, Probleme zu lösen, sondern vielmehr in der persönlichen Motivation und Fähigkeit, Probleme und Lösungschancen dort zu entdecken, wo andere Personen die Frage als nicht relevant oder als schon gelöst und bewiesen betrachten.

In diesem Zusammenhang wird gesagt, das Genie Einsteins hätte in seinem Unvermögen bestanden, das anscheinend Offensichtliche zu verstehen.

Unzulässige Schlussfolgerungen

Neben diesen übereinstimmenden Charakteristika schöpferischer Menschen werden im Alltagsbewusstsein, aber auch in durchaus ernst zu nehmender Literatur immer wieder unzulässige Schlussfolgerungen gezogen. Grund dafür sind einseitige Beobachtungen und zu kurz fassende Theorien. So werden widersprüchliche Charakteristika kreativer Menschen nicht ausreichend in ihrem gesellschaftlichen und sozialen Kontext und vom kreativen Arbeitsprozess her untersucht. So können wir immer wieder solche Etikettierungen vorfinden wie
- sozial »unangepasst«;
- »introvertiert«, in sich zurückgezogen;
- egozentrisch;
- emotional »unausgeglichen«;
- unkontrolliert, »undiszipliniert«.

Dagegen sollen in aller Kürze einige Erklärungsansätze gestellt werden, die bei der Betrachtung des Wesens kreativer Prozesse plausibel erscheinen und die dazu beitragen können, im betrieblichen Alltag Vorurteile zu beseitigen.

Unangepasst oder angepasst?
Feststellung: »Kreative reagieren sensibel und differenziert auf ihre Umwelt. Während es ihnen gelingt, sich gut auf ‚die Sache‘ einzustellen, haben sie nicht selten Probleme in ihrem sozialen Anpassungsvermögen.«

Woran liegt das? Ist ihr Verhalten in gewisser Hinsicht »asozial«? Kreative nehmen das Wahrnehmungsfeld realitätsgerechter wahr und sind dabei anscheinend unabhängiger von irrelevanten Konstellationen sowie traditionellen Ansichten. In den Augen derjenigen, die vorwiegend darauf orientiert sind, Bestehendes zu festigen und auszubauen, sind sie »unangepasst«, wenn sie anscheinend Beständiges anzweifeln. Kreative sind ferner offener gegenüber dem, was sie sehen, nicht jedoch immer gegenüber den sozialen Einflüssen. Letzteres muss sicher berücksichtigt werden, wenn von (mangelnder) Anpassungsfähigkeit gesprochen wird.

Es ist ein großer Unterschied, ob vom Erkenntnisgegenstand aus oder vom durchschnittlichen Erwartungsbild des sozialen Umfeldes aus gegenüber »sozial erwünschtem Verhalten« die Bewertung »unangepasst« oder »angepasst« vorgenommen wird. Schöpferische Menschen passen sich den objektiven Veränderungen eher an, da sie selbst verändern wollen. Sie nehmen Einfluss auf die Veränderung der Umwelt, passen sich der Umwelt an. Und damit kommen sie zwangsläufig in Konflikt mit althergebrachten Ergebnissen, starren Erwartungen und Einstellungen eines maßgeblichen Teiles ihrer Mitmenschen, was zu erheblichen Missverständnissen und Vorurteilen führen kann.

Kreative Problemlöseprozesse unterscheiden sich von anderen Problemlöseprozessen insbesondere darin, dass keine Lösungs- bzw. Auswahlkriterien (Bewertungsmaßstäbe) vorausgesetzt werden können bzw. sich die bisherigen Bewertungskriterien auf nun gegenseitig ausschließende Denk- und Verhaltensmodelle beziehen. Es müssen also Metakriterien, neue Bewertungsmaßstäbe entwickelt werden. Der kreative Suchprozess, der der späteren rationalen Form der Lösung vorausgeht, kann vielleicht treffend als »prärationales Stadium« (Einstein) oder »präkonfigurativ« (Ghiselin) charakterisiert werden. Auffallend ist dabei eine ungewollt auf ein Ziel hinführende »Richtungsbewusstheit«, die mittels sukzessiver Abweichungskorrekturen jenem paradoxen, nämlich ungezielten, jedoch nicht zielblinden Erreichen des Ziels dient.

Je mehr sich die schöpferische Person nun in dieser Phase mit der Sache identifiziert und sich zum Lösen des erkannten Widerspruchs entschließt, zugleich aber zeitweilig den Widerspruch »als unlösbar« erlebt, desto nachhaltiger erfährt sie diese Phase als Konflikt. Dieser Konflikt ist aber nicht lösbar durch etwa ein bloßes Hinzufügen von Informationen oder ein dem Widerspruch »Aus-dem-Wege-gehen«, sondern nur durch eine Neuprofilierung bzw. Umstrukturierung der Denk-, Handlungs- und Operationsvoraussetzungen. So gesehen, lösen die erlebten Konflikte generell auch einen für die eigene Persönlichkeit wichtigen Lernprozess aus. Die für den Konflikt (wie für alle Konflikte) nachhaltigen Emotionen können allerdings von einer eher skeptisch eingestellten sozialen Umwelt, die die Emotionen losgelöst sieht vom kreativen Problemlöseprozess und fälschlicherweise als »dysfunktional« und »unangepasstes Verhalten« bewertet, tatsächlich zu Vorurteilen führen – zumal schöpferische Menschen häufiger und intensiver sogenannte Ziel- und Anforderungskonflikte auslösen und durchleben.

Eigennützig oder uneigennützig?

Schöpferische Menschen ziehen eher Irregularität vor, da sie ihnen ermöglicht, daraus eine neue Ordnung zu gestalten. Sobald das Problem deutlich umrissen ist, müssen diese Personen fähig sein, ausdauernd an der Problemlösung zu arbeiten, ein hohes Maß an Zielbeharrlichkeit aufbringen, auch wenn zeitliche Kompromisse und Umwege die Vollendung zunächst aufschieben. Sie müssen sich von den hochgesteckten Zielen »beherrschen« lassen und auch Misserfolge ertragen können. Diese Motivation ist zutiefst uneigennützig.

Kreative werden häufig als energisch, dominant bezeichnet und irrtümlicherweise als egozentrisch, da sie ihre Idee in den Mittelpunkt des »Aneignen der Umwelt« stellen. Tatsächlich sind schöpferische Menschen häufig initiativreicher, da sie in starkem Maße erfolgsorientiert, unabhängiger und weniger konform handeln. In ihrem Verhalten kommt eine starke »Nichtanpassung der Anpassung halber« zum Ausdruck: hohe Identifikation mit dem zu lösenden Problem, höchste »Anpassung an das Wesen des zu lösenden Problems« bei gleichzeitig zunehmendem Widerspruch zur vorherrschenden Meinung und Gewohnheit des Umfeldes (Nichtanpassung).

Emotional instabil, unausgeglichen oder stabil?
Die emotionale Stabilität bei schöpferischen Menschen ist oft mit einem hohen Angstniveau verbunden. Dafür bieten sich mehrere Erklärungen an:
- Intensives Erleben eines ständigen Informationsdefizites, sehr hohe Erwartungen an die Qualität und Quantität von Informationen, Arbeitsmitteln und -bedingungen;
- Unsicherheit, mitunter Angst, eine Aufgabe mit weitreichendem Ziel nicht zu Ende führen zu können. Hinzu kommt: Ein Ziel birgt neue in sich; Jagd nach dem nie endlichen Ziel (Relativität der Zielgenauigkeit).

Diese Unsicherheiten potenzieren sich in Phasen, die Konflikte enthalten. Andererseits beschleunigt ein solches Erleben die rationale Durchdringung der widersprüchlichen Strukturen/Beziehungen. Als »unangepasst« wird dieses Verhalten nur von rational wertenden Beobachtern bezeichnet, die den Konflikt aus der Distanz wahrnehmen.

Unbeherrscht oder beherrscht?
Anlass für sehr unterschiedliche Schlussfolgerungen gibt auch immer wieder der scheinbare Widerspruch zwischen hohem Leistungsanspruch einerseits und ausgeprägter Selbstgenügsamkeit bis hin zu zeitweiliger »Selbstvergessenheit«. Tatsächlich fällt in bestimmten Phasen der kreativen Problemlöseprozesse eine starke Konzentration auf die (sachliche) Problemlösung bei gleichzeitiger Ausblendung sozialer Ansprüche auf.

Selbstvergessenheit in diesem Zusammenhang ist jedoch nicht mit der moralischen Kategorie »fehlende Selbstbeherrschung« zu verwechseln, sondern meint das Vergessen der eigenen Person um der Sache willen. Diese Form der Selbstgenügsamkeit kann in schöpferischen Phasen eine sehr starke Ausprägung erfahren und von einer Umwelt, die diesen Prozess nicht nachvollziehen kann oder mag, als »provokativ«, »ich-betontes« Verhalten umgedeutet oder zumindest als »anders« und als irritierend empfunden werden. Schöpferische Selbstvergessenheit ist also durchaus eine Art von Sachbesessenheit.

Zusammenfassung

Es wurde versucht, einseitige Beobachtungen und Verallgemeinerungen zum kreativen Verhalten aus dem Wesen schöpferischer Problemlöseprozesse heraus in Frage zu stellen. So kehrt sich z. B. die häufig unterstellte »Unangepasstheit« in eine außerordentliche Anpassung an den Gegenstand, an die Sache um.

Zugleich wurde auch dargestellt, dass schöpferische Personen zwar in der Regel offener gegenüber dem sind, was sie – sachzentriert – sehen, nicht immer aber gegenüber den sozialen Einflüssen.

Bei eingeschränkter sozial-kommunikativer Kompetenz, also auch bei unzureichendem Wissen und Beachten der sozialen Folgen neuer Erkenntnisse, Produktentwicklungen, Organisationsprinzipe …, aber auch der Verhaltensmotive, Denk- und Handlungsgewohnheiten der sozialen Umwelt kann es zu zusätzlichen Konflikten kommen, deren ausbleibende Lösung die Weiterführung und Umsetzung der kreativen Ergebnisse und Lösungen massiv behindern.

Durch Selbstüberschätzung, eingeschränkte Kooperationsbereitschaft, Intoleranz und dgl. wird der Eindruck des »Unangepasstseins« verstärkt (und erhält in diesem Zusammenhang sogar Berechtigung). Im Bewusstsein des sozialen Umfeldes wird dann häufig nicht mehr zwischen Person und Sache unterschieden.

Empfehlungen

Steigerung der eigenen schöpferischen Fähigkeiten

Wir betonten anfangs »**Schöpferisch kann jeder sein**«. Was kann man dazu unterstützend selbst machen?

Einerseits sollten wir überprüfen, welche Kreativitätsblockaden uns hindern und wie wir sie bewusst verkleinern können. Und in einem zweiten Schritt sollten wir nach Möglichkeiten suchen, unsere schöpferischen Fähigkeiten zu trainieren und zu erproben.

Kreativitätsblockaden

Wir können »selbst gesetzte« und »umweltbedingte« Kreativitätsblockaden unterscheiden. Mittels einer Checkliste, in der beide Arten von Blockaden aufgeführt sind, können Sie abschätzen, welchen und wie vielen Blockaden Sie persönlich zur Zeit unter liegen. Blockaden behindern die Entwicklung neuer Ideen.

✔ Selbstcheck

Gehen Sie jede Zeile der Checkliste (nach Bossong et al.) durch und schreiben Sie in das jeweils rechts abgebildeten Quadrat Ihre Bewertungsziffer:

2 = das trifft zu; 1 = das trifft teilweise zu; 0 = das trifft nicht zu.

Wahrnehmungsblockaden
- Fehlendes Interesse an Problemlösungen
- Griff nach der erstbesten Lösung
- Übermotivation und -engagement
- Pessimismus

Rationale Blockaden
- Hang zum Perfektionismus
- Suche nach dem absolut Richtigen
- Verfrühte Urteile
- Beharren auf gewohnten Vorgehensweisen
- Abhängigkeit von den Meinungen anderer

Emotionale Blockaden
- Furcht vor Kritik und Ablehnung anderer
- Wenig Vertrauen in die eigenen Fähigkeiten
- Starke innere Spannungen
- Negative Erfahrungen bei versuchten Änderungen in der Vergangenheit
- Wenig Humor und Lockerheit
- Mangel an Selbstmotivation

Blockaden der Ausdrucksfähigkeit
- Ausdrucksschwäche: mündlich, schriftlich
- Hang zur Konformität, einschließlich sprachlicher Anpassung
- Mangel an Überzeugungsfähigkeit
- Unsicherheit, Ungewöhnliches zu sagen
- Angst vor Ideenklau

Umweltbedingte Blockaden
- Mangelnde Anerkennung neuer Ideen durch Dritte
- Unternehmenstraditionen und Tabus
- Bürokratismus und enge Vorschriften
- Zeitliche Überforderung
- Zu viele Routineaufgaben
- Starke Abwehr von Neuerungen im Unternehmen.

Addieren Sie nun die Punkte, die Sie sich gegeben haben.

Empfehlungen

Zur Auswertung können Sie folgende Empfehlungen berücksichtigen:

Bei **35–50 Punkten** arbeiten Sie mit vielen Kreativitätsblockaden. Ein Selbsterfahrungstraining sowie Kreativitätstrainings könnten für Sie sehr anregend sein.

Bei **20–34 Punkten** sollten Sie den Blockaden gezielt nachgehen und versuchen, diese einzeln und schrittweise abzubauen.

Bei **0–19 Punkten** spielen Kreativitätsblockaden für Sie kaum eine Rolle, und Sie haben einen bedeutenden Vorsprung gegenüber dem Durchschnitt der Mitarbeiter in einem Unternehmen. Setzen Sie Ihre schöpferischen Fähigkeiten ruhig mehr ein.

Kreativitätstechniken

Es gibt viel Literatur, die relativ einfache Kreativitätsmethoden anbietet, die im Prinzip jeder erlernen kann und die zu Erfolg versprechenden Lösungsansätzen führen können. Diese kann man durch Lesen und übendes Nachvollziehen gewissermaßen spielerisch erwerben – und ggf. mit einem Kreativitätstraining im Unternehmen oder einem externen Training festigen und vertiefen. Einige Literaturtipps sind zum Schluss aufgeführt.

Es gibt ferner aufbauende und anspruchsvolle Trainingsangebote, und schließlich sollte man auch Trainingsangebote (einschließlich Selbsttrainings der ACT-Reihe) zu den Themen »Selbstmanagement« und »Projektmanagement« zur Entwicklung der eigenen schöpferischen Fähigkeiten einbeziehen. Jährlich ein solches 1–3-tägiges Training mit nachfolgender konsequenter Umsetzung des Angeregten kann enorm viel bewegen.

Die Trainingsinhalte und -methoden bei unterschiedlichen Trainingsanbietern unterscheiden sich im Kern kaum; die Trainingsqualität und insbesondere Praxisnähe differieren jedoch zum Teil zwischen den Anbietern erheblich.

Die Mehrzahl der »Einstiegstrainings« behandelt die Methoden und Techniken der »kreativen Ideenfindung« und unterscheidet – analog zu Wack et al. – vier Methodengruppen:

- **Assoziationsmethoden**
  - Brainstorming
  - Brainwriting (Methode 6-3-5)
  - Imaginäres Brainstorming
  - Destruktiv-konstruktives Brainstorming

- **Analogiemethoden**
  - Analogietechnik
  - Klassische Synektik
  - Visuelle Synektik

- Biosoziation
- Bionik-Übertragung
- Fabel-/Metaphern-Analogien

- **Methoden der Zufallsanregung**
  - Lexikon-Methode
  - Superposition
  - Katalog-Methode
  - Force-Fit-Spiel
  - Semantische Intuition

- **Methoden der systematischen Bedingungsvariation**
  - Osborn-Checkliste
  - Stop-Technik
  - Heuristische Variationstechnik
  - Kopfstand-Technik
  - Nebenfeldintegration
  - Identifikation

Ebenso wichtig ist das Training von Bewertungsmethoden und -techniken für kreative Lösungen.

Die oben aufgeführten Methoden sind keinesfalls in jeweils einzelnen Trainingskursen zu erlernen, sondern werden in der Regel als Methodenmix angeboten.

Mit dem soeben von Ihnen gelesenen Selbsttrainingsprogramm »Schöpferische Fähigkeit« wollten wir Sie in erster Linie für die Vielfalt der Seiten schöpferischer Tätigkeit öffnen und durch Abbau von landläufigen Fehleinschätzungen und Vorurteilen gegenüber Kreativen ermutigen, Ihre eigene schöpferische Fähigkeit bewusst zu entwickeln und zu gebrauchen. Die Kenntnis der eigenen Kreativitätsblockaden sind der Schlüssel für die eigene Entwicklung. Für den nächsten Schritt gibt es diverse Unterstützungsmöglichkeiten in der Literatur sowie im Rahmen der Weiterbildung.

Persönliche Maßnahmen

Was nehme ich mir für die nächsten 6 Wochen im Sinne einer Erhöhung meiner »Schöpferischen Fähigkeit« vor? (Stichworte):

_____

_____

Was werde ich zuerst und vorrangig tun? (Stichworte):

_____

_____

Wie kontrolliere ich die Resultate? (Stichworte):

___

___

Wo werde ich mich weiter zum Thema »Schöpferische Fähigkeit« informieren? (Stichworte):

___

___

Als weiterführende Informationsquellen empfehlen wir ⓘ

Bossong, C. et al.: Selbstmanagement. BZ Buch und Zeit Verlagsanstalt, Köln 2001
Csikszentmihalyi, M.: Kreativität. Wie Sie das Unmögliche schaffen und Ihre Grenzen überwinden. Klett-Cotta, Stuttgart 2007
Csikszentmihalyi, M.: Das flow-Erlebnis: Jenseits von Angst und Langeweile: im Tun aufgehen. Klett-Cotta, Stuttgart 2008
Nöllke, M.: Kreativitätstechniken. STS Verlag, Planegg 2002

Lernbereitschaft P/F

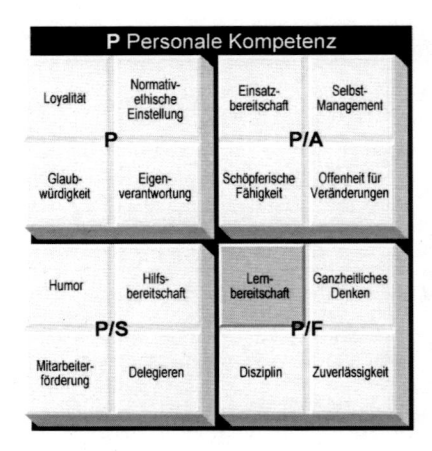

▶▶ **Grundsätzliche Überlegungen**

Die Lernbereitschaft steht in engem Zusammenhang mit der Offenheit gegenüber Neuem, dem Streben nach Selbstverwirklichung, der Selbstdisziplin und eigenen Anpassung an sich ändernde Tätigkeitsanforderungen. Heute ist, wenn man arbeits- und leistungsfähig bleiben will, ständiges lebensbegleitendes Lernen unerlässlich. Dabei wird es immer wichtiger, die Fähigkeit zum so genannten informellen Lernen in verschiedenen Lebensbereichen zu stärken und zu erweitern.

Heutzutage rücken Begriffe wie »Formelles und Informelles Lernen«, »Explizites Wissen und Implizites Wissen«, »Organisierte und Selbstorganisierte Weiterbildung« immer mehr in den Vordergrund der Weiterbildung und des Lernens. Ernst zu nehmende Stimmen von Wissenschaftlern sowie Führungskräften aus der Praxis weisen darauf hin, dass sich Erwachsene neues Wissen und vor allem neue Erfahrungen zu 80–90 % selbstorganisiert erwerben und das »informelle Lernen« und der Aufbau »impliziten Wissens« die letztlich entscheidenden Lernseiten sind, die im betrieblichen Alltag mehr Beachtung und Unterstützung erlangen sollten.

Zum besseren Verständnis sind diese Begriffe hier kurz erläutert:

Unter **formellem Lernen** verstehen wir ein von Bildungsinstitutionen veranstaltetes, planmäßiges, strukturiertes Lernen, insbesondere in Bildungsveranstaltungen, das zu anerkannten Abschlüssen und Zertifikaten führt.

Unter **informellem Lernen** verstehen wir ein Lernen, das nicht in planmäßig geregelten, aus anderen Lebenstätigkeiten herausgelösten besonderen Bildungsveranstaltungen, sondern ungeregelt im Lebenszusammenhang stattfindet; ein Streben nach Erkenntnissen, Wissen und Fähigkeiten außerhalb von direkten Lerneinrichtungen, also auch das Lernen im Prozess der Arbeit selbst.

Explizites Wissen kann sehr unterschiedlicher Natur sein. Es kann Daten, Fakten, Informationen, Methoden, Texte, Bilder und Formeln enthalten. Entscheidend ist, dass es diejenigen, die darüber verfügen, in allen Einzelheiten dokumentieren und weitergeben können, wenn man ihnen dazu genügend Zeit lässt.

Implizites Wissen ist ein so komplexes, so mit eigenem Deutungen und Erfahrungen durchtränktes Wissen, dass man es erst langwierig verdeutlichen muss, um es einem anderen zu erklären. Man kann es nicht vollständig weitergeben. Es kann aber auch so an den Wissensträger gebunden sein, dass er es zwar verwenden, aber nicht direkt weitergeben kann. Dazu gehören die eigenen Kompetenzen, im fachlichen Bereich die Expertise, die das Sach- und Fachwissen mit den eigenen Urteilen und Erfahrungen zusammenbringt und die eigenen Werthaltungen, die in Kompetenzen und Expertise einfließen.

Kennzeichen

Lernformen im Unternehmen

Organisierte Lernformen der beruflichen Weiterbildung:
- Verhaltensregelungen (Grundsätze, Vorschriften) — 6.
- Informationsveranstaltungen, unternehmensweite Schulungsveranstaltungen — 4.
- unternehmensweite Workshops, zielgruppenspezifische Workshops, individuelle Informationsseminare (extern/intern) — 7.
- individuelles Verhaltenstraining (extern/intern) — 5.
- Teamtraining, handlungsbegleitendes Training — 10.

Selbstorganisierte Lernformen der beruflichen Weiterbildung:
- Übernahme von Sonderaufgaben, Mitwirkung an Projekten/Task Forces, Qualitätszirkel — 9.
- Nutzung von Lernmedien (Video, PC, Multimedia, Netz) in der Freizeit — 8.
- individuelles Selbststudium, selbstgewählte Fernkurse, Abendschule, Bildungsurlaub — 1.
- freiwilliger Erfahrungsaustausch mit Kollegen innerhalb und außerhalb des Unternehmens — 2.
- learning by doing, Lernen im Leben außerhalb der Berufsarbeit im engeren Sinne — 3.

Umfangreichen Untersuchungen entsprechend dominieren auf den Plätzen 1–3 einer Lern-Bedeutungsrangreihe im Unternehmen **deutlich selbstorganisierte** Formen der Weiterbildung. Dieses Ergebnis steht in hoher Übereinstimmung mit **dem Memorandum** der Europäischen Union über **Lebenslanges Lernen vom** 30.10.2000.

In dem von allen EU-Mitgliedsländern mitgetragenen Memorandum werden folgende strategische Orientierungen vertreten, die auf der individuellen Ebene eine Bestärkung der Lernbereitschaft und Einsicht in ein lebensbegleitendes Lernen bedingen (Zitatausschnitte und Zusammenfassungen):

1. Der erfolgreiche Übergang zur wissensbasischen Wirtschaft und Gesellschaft muss mit einer Orientierung zum lebenslangen Lernen einhergehen.
2. Lebenslanges Lernen ist nicht mehr bloß ein Aspekt von Bildung und Berufsbildung, sondern wird zu einem Grundprinzip, an dem sich Angebot und Nachfrage in sämtlichen Lernkontexten ausrichten. Ebenso wird der »Beschäftigungswert« der einzelnen Mitarbeiter zukünftig noch stärker von der Lernbereitschaft und dem nachweisbaren selbstorganisierten Lernengagement bestimmt.
3. Was in erster Linie zählt, ist die Fähigkeit des Menschen, Wissen zu produzieren und dieses Wissen effektiv und intelligent zu nutzen, und dies unter ständig verändernden Rahmenbedingungen.
4. Die Menschen werden nur dann ständige Lernaktivitäten während ihres ganzen Lebens einplanen, wenn sie lernen wollen. Die individuelle Lernmotivation und eine möglichst

große Vielfalt an Lernangelegenheiten sind letztlich der Schlüssel für eine erfolgreiche Implementierung des lebenslangen Lernens.
5. Zukünftig gilt es, sämtliche Formen des Lernens (siehe unsere Definitionen weiter oben) in ihrer Einheit zu sehen und zu nutzen. Das bedeutet auch eine Anerkennung vor allem des informellen Lernens, der selbstorganisierten Lernformen und des impliziten Wissens und eine Ermunterung zur Nutzung dieser Vielfalt.
6. »Vielfalt« bezieht sich auch auf die zu nutzenden Lernfelder der (organisierten und selbstorganisierten) Weiterbildung:
   – Lernfeld Weiterbildungsorganisatoren (im und außerhalb des Unternehmens);
   – Lernfeld betriebliche Arbeit (Learning by doing mit den verschiedenen Personalentwicklungsmaßnahmen wie Job rotation ...; Projektgruppenarbeit; Arbeit im gemischten Team mit Kunden und Kooperationspartnern; Arbeit in Arbeitsgruppen, Organisationen; Erfahrungsaustausch...);
   – Lernfeld soziales Umfeld (z. B. Kompetenzlernen in ehrenamtlichen Funktionen...);
   – Lernfeld multimedialer Raum (Intra-/Internet, e-Learning...).

Das geht weit über die bisherige Auffassung von Weiterbildung hinaus und verlegt deutlich einen großen Teil der Verantwortung auf die einzelnen Personen: Selbstverantwortung, lebenslange Lernbereitschaft!

Die Erhöhung der individuellen Lernbereitschaft setzt die Einflussmaßnahme auf verschiedene Faktoren voraus, z. B.:

Das betriebliche Umfeld muss Lernen ermöglichen und unterstützen.

Man muss konkrete Anlässe zum Lernen haben, Lernen auf Vorrat sollte unbedingt vermieden werden. Aber, man kann auch Anlässe provozieren, schaffen. Auf jeden Fall gehören ein bestimmtes Ausmaß an »Betroffenheit«, »Bewährungssituation«, »Lernzwang« zu den wichtigen Voraussetzungen effizienten Lernens.

Man muss wissen, dass der Lernstoff zu bewältigen ist. Ebenso sollte gewusst sein, wie man möglichst schnell wo/worüber/mit wem zu den wichtigsten Lernresultaten kommt.

Die Informationen sollten dem eigenen Lernstil und den praktischen Ergebniserwartungen gemäß aufbereitet sein.

✔ Selbstcheck

Die Lernbereitschaft ist nicht primär angeboren, sondern in hohem Maße erlernbar, erweiterbar und somit auch prinzipiell (selbst-)beeinflussbar.

Sie können im nachfolgenden Selbstcheck zu wichtigen Erkenntnissen zur Stärkung Ihrer Lernbereitschaft kommen. Sie finden in der Checkliste vielfältige Behauptungen, die sich auf Ihre Person beziehen. Sie müssen nur durch Ankreuzen in der jeweiligen Antwortrubrik bestimmen, in welchem Maße diese Behauptungen auf Sie zutreffen oder nicht, inwieweit Sie diesen Behauptungen zustimmen oder sie ablehnen.

Antworten Sie durch Ankreuzen in jeder Zeile; seien Sie spontan und denken nicht darüber nach, was als Antwort »sozial erwünscht« sein könnte. Somit kommen Sie zu wertlosen

Lernbereitschaft (P/F)

Ergebnissen für sich; es gibt bei keiner Bekämpfung ein von außen gesetztes »Richtig« oder »Falsch«.

Behauptungen	stimme sehr zu	stimme zu	unent- schieden	lehne ab	lehne sehr ab
1. Es hängt vor allem von mir und meinen Fähigkeiten ab, ob ich irgendwo eine führende Rolle spiele.	5	4	3	2	1
2. Mein Leben wird zu einem großen Teil durch zufällige Ereignisse bestimmt.	5	4	3	2	1
3. Ich habe das Gefühl, dass das Nächste, was in meinem Leben passiert, von anderen Leuten abhängt.	5	4	3	2	1
4. Es kommt vor allem auf mein fahrerisches Können an, ob ich in einen Verkehrsunfall verwickelt werde oder nicht.	5	4	3	2	1
5. Wenn ich Pläne mache, bin ich ziemlich sicher, dass mir ihre Ausführung gelingen wird.	5	4	3	2	1
6. Ich habe oft einfach keine Möglichkeit, mich vor Pech zu schützen.	5	4	3	2	1
7. Wenn ich bekomme was ich will, dann habe ich gewöhnlich nur Glück gehabt.	5	4	3	2	1
8. Wie immer meine Qualitäten sein mögen, ohne die Unterstützung einflussreicher Personen werde ich kaum in eine verantwortungsvolle Position gelangen.	5	4	3	2	1
9. Die Zahl meiner Freunde hängt vor allem von mir und meinem Verhalten ab.	5	4	3	2	1
10. Ich habe schon oft festgestellt: Wenn etwas geschehen soll, dann geschieht es auch über unsere Köpfe hinweg.	5	4	3	2	1
11. Mein Leben wird im Wesentlichen von anderen Leuten mit Macht und Einfluss bestimmt.	5	4	3	2	1
12. Ob ich in einen Autounfall gerate oder nicht, ist vor allem Glückssache.	5	4	3	2	1
13. Menschen wie ich haben nur geringe Möglichkeiten, ihre Interessen gegen andere durchzusetzen.	5	4	3	2	1
14. Es ist für mich nicht gut, weit im Voraus zu planen, da häufig das Schicksal dazwischen kommt.	5	4	3	2	1
15. Um zu erhalten, was ich will, ist es erforderlich, übergeordnete Personen freundlich zu stimmen.	5	4	3	2	1
16. Ob ich eine führende Stellung erlange, hängt vor allem davon ab, ob ich das Glück habe, zur rechten Zeit am rechten Ort zu sein.	5	4	3	2	1
17. Wenn wichtige Personen mir ihre Freundschaft versagen, werde ich wahrscheinlich nicht viele Freunde gewinnen können.	5	4	3	2	1
18. Ich kann weitgehend selbst darüber bestimmen, was in meinem Leben passiert.	5	4	3	2	1
19. Gewöhnlich bin ich in der Lage, meine eigenen Interessen zu schützen.	5	4	3	2	1
20. Ob ich in einen Autounfall verwickelt werde oder nicht, hängt vor allem davon ab, wie sich der Fahrer des anderen Wagens verhält.	5	4	3	2	1
21. Wenn ich erreiche, was ich will, so ist das meistens Ergebnis eigener harter Arbeit.	5	4	3	2	1
22. Bevor ich eigene Pläne zu verwirklichen suche, versichere ich mich der Übereinstimmung mit den Personen, die Macht über mich haben.	5	4	3	2	1
23. Mein Leben wird durch meine eigenen Handlungen bestimmt.	5	4	3	2	1
24. Es ist Glückssache oder Schicksal, ob ich wenige oder viele Freunde habe.	5	4	3	2	1

Auswertung der Checkliste

Tragen Sie die angekreuzten Werte aus dem Fragebogen in die nachfolgende Liste unter die entsprechende Behauptungen-Nr. Addieren Sie in allen 3 Zuordnungsgruppen A–C die Werte bei »Total«.

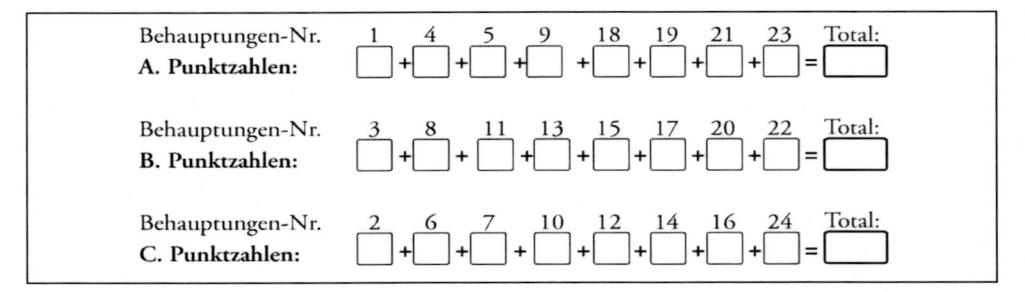

Behauptungen-Nr.	1	4	5	9	18	19	21	23	Total:
A. Punktzahlen:	☐ +	☐ +	☐ +	☐ +	☐ +	☐ +	☐ +	☐ =	☐

Behauptungen-Nr.	3	8	11	13	15	17	20	22	Total:
B. Punktzahlen:	☐ +	☐ +	☐ +	☐ +	☐ +	☐ +	☐ +	☐ =	☐

Behauptungen-Nr.	2	6	7	10	12	14	16	24	Total:
C. Punktzahlen:	☐ +	☐ +	☐ +	☐ +	☐ +	☐ +	☐ +	☐ =	☐

Übertragen Sie nun die 3 Totalwerte in das Diagramm und verbinden Sie die Summenwerte. Sie sehen nun, wo ihre höchsten Werte liegen, ob in A, B oder C.

Prinzipiell unterscheiden die Menschen bei den Ursachen für ihren persönlichen Erfolg oder Misserfolg im Sinne von:

A. »Interne Gründe«; Ursachen werden eher in sich selbst gesucht
B. »Mächtige Andere«; Ursachen werden bei anderen Menschen gesucht
C. »Zufall«; der Zufall wird für bestimmte Erfolge, Misserfolge, Leistungen… verantwortlich gemacht.

	Total-Werte:																			
	2	4	6	8	10	12	14	16	18	20	22	24	26	28	30	32	34	36	38	40
A. "Interne" Gründe für E/M																				
B. "Mächtige Andere" als Grund für E/M																				
C. "Zufall" als Grund für E/M																				

Durch diesen Selbstcheck werden die subjektiv empfundenen Gründe für den eigenen Erfolg oder Misserfolg erfasst. Dabei basiert das Ergebnis des Selbstchecks auf 24 Meinungen und Überzeugungen, die Sie ablehnten oder denen Sie zustimmten. Diese Meinungen und Überzeugungen beziehen sich auf die Ursachen von individuellen Erfolgen oder Misserfolgen.

Wozu neigen Sie?

Ein mögliches Ergebnis könnte sein, dass Sie dazu neigen, Ihre Erfolge bzw. Misserfolge auf Umstände zurückzuführen, die außerhalb Ihrer eigenen Personen liegen (Bereich C).

In diesem Fall sollten Sie darüber nachdenken, ob Sie dadurch
- Änderungen Ihrer eigenen Person eher verhindern und sich daher
- auf veränderte Bedingungen weniger leicht einstellen.

☞ Empfehlungen

Eine starke externe Kontrollüberzeugung kann es Ihnen erschweren, sich in der erforderlichen Weise auf einen Wechsel in Ihren
- persönlichen und
- beruflichen Umweltbedingungen einzustellen.

Dies ist besonders dann der Fall, wenn Sie der Meinung sind, Erfolg und Misserfolg hingen vom Zufall ab. Unter diesen Umständen sollten Sie sich grundsätzlich stets die Frage stellen,
- auf welche Weise diese Haltung von Ihnen erlernt worden ist und
- ob eine Änderung dieser Überzeugung möglich ist.

Die Richtung Ihrer Meinungen und Kontrollüberzeugungen sagt etwas über Ihre Lernbereitschaft und die Tragfähigkeit dieser für ernsthafte Lernprozesse aus. Je stärker der Bereich A ausgeprägt ist, desto stabiler sind wahrscheinlich Ihre bisherigen Erfahrungen und Fertigkeiten in Richtung selbstorganisiertes Lernen; Aufgeschlossenheit gegenüber Neuem und der eigenen Anpassung/des eigenen Lernens; Bereitschaft, bei sich selbst anzufangen, wenn es um Veränderungen geht.

Und umgekehrt, je niedriger die Gesamtpunktzahl bei A, desto wichtiger ist das Selbsttraining in Richtung **Selbst**motivation, **Selbst**sicherheit, **Selbst**management und **Selbst**verantwortung.

Auch sollten Sie sich in diesem Falle, wie auch generell unter dem Aspekt der bewussten Erhöhung und Steuerung der **Lernbereitschaft**, die auf der nächsten Seite folgende Fragen stellen und am besten auch mit vertrauten Dritten darüber sprechen.

Selbstcheck ✓

Lernbereitschaft: Motivation vertiefen

Indem Sie sich **selbst kontrollieren** und Rechenschaft zu diesen Fragen geben, werden Sie vielfache Reserven aufspüren und Ihre eigene Lernmotivation damit vertiefen:
- Welche Fragen interessieren mich besonders, auf welchen Gebieten lerne ich freiwillig mehr und intensiv?
- Wie lerne ich? Und wie lerne ich am besten?
- Wie halte ich mich beruflich/fachlich am laufenden?
- Welche Zeit investiere ich in das Lernen im Job?
- Lerne ich mehr durch Nachlesen, oder mehr über Kommunikation und Erfahrungsaustausch mit Anderen?
- Wie sieht meine Lernbilanz für die letzten 6 und 12 Monate aus?
- Lerne ich nach Lern- bzw. Zeitplan?
- Woran erkenne ich meinen Lernerfolg?
- Wie aktiv fördere ich das Lernen im Team?
- Setze ich mich aktiv mit lernhinderlichen oder lernwidrigen Arbeitsbedingungen auseinander?
- Nehme ich an Lernveranstaltungen mit anderen Mitarbeitern teil, z. B. Verkaufstraining, Moderationstraining, Verhandlungstraining… Oder lasse ich mich von Teilnehmern solcher Lernveranstaltungen über Letztere gründlich informieren?

Wie kann man die eigene Lernbereitschaft erhöhen, vertiefen?

Wenn Sie sich ein paar Minuten Zeit nehmen und ohne voreilige Bewertungen (»Geht sowieso nicht«. »Halte ich nicht durch«. »Ich behalte sowieso nichts«...) die verschiedenen Möglichkeiten zur Erhöhung der Lernbereitschaft in Stichworte aufschreiben, dann werden Sie möglicherweise über die Vielzahl der Zugänge erstaunt sein.

Möglichkeiten zur Erhöhung der Lernbereitschaft:	

Kreuzen Sie nun in der rechten Spalte all die Möglichkeiten an, die Sie für sich als nutzbar/ausprobierbar sehen. Lassen Sie ruhig einmal als Ausgangspunkt eines evtl. längeren Erfahrungsaustausches eine andere Person (Mitarbeiter, Bekannter ...) eine gleiche Tabelle im »Einzel-Brainstorming«-Verfahren ausfüllen und vergleichen Sie beide.

☞ Empfehlungen

Wenn Sie dann nach unterstützender Literatur und Seminaren suchen, dann lassen Sie sich vor allem von folgenden Schlagworten leiten (sie fallen zum Teil mit Trainingsprogrammen und -teilen zusammen):

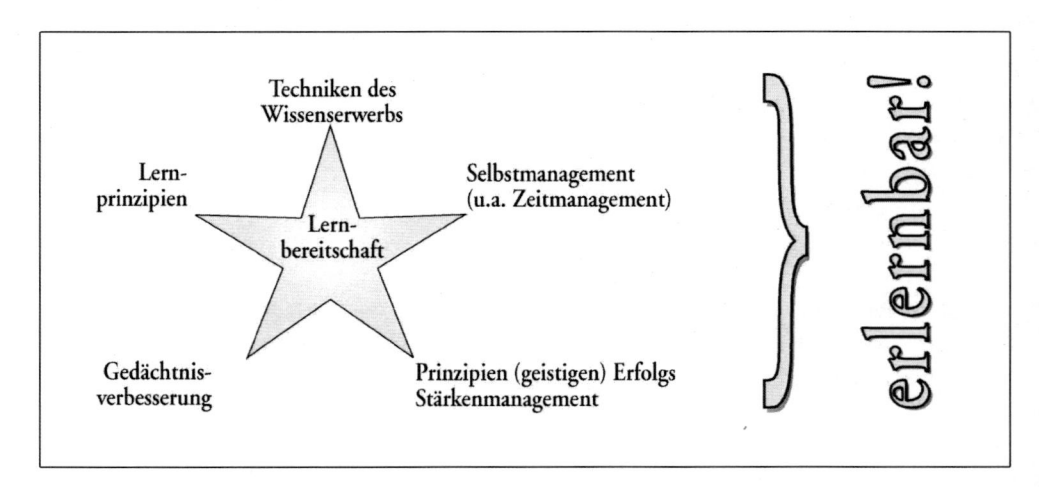

- Techniken des Wissenserwerbs
- Lernprinzipien
- Selbstmanagement (u.a. Zeitmanagement)
- Lernbereitschaft
- Gedächtnisverbesserung
- Prinzipien (geistigen) Erfolgs Stärkenmanagement

} erlernbar!

Persönliche Maßnahmen

Was nehme ich mir für die nächsten 6 Wochen im Sinne einer Verstärkung meiner »Lernbereitschaft« vor? (Stichworte):

___

___

Was werde ich zuerst und vorrangig tun? (Stichworte):

___

___

Wie kontrolliere ich die Resultate? (Stichworte):

___

___

Wo werde ich mich weiter zum Thema »Lernbereitschaft« informieren? (Stichworte):

___

___

Als weiterführende Informationsquellen empfehlen wir

Edelmann, W.: Lernpsychologie. Beltz PVU, Weinheim 2000
Heineken, E. et al.: Die Koordinaten des Erfolgs: Lernen und Gedächtnis. Books on Demand Gmbh, 2006
Heyse, V.: Selbstorganisiertes Lernen. In: Rosenstiel, L.; Regnet, E.; Domsch, M.E. (Hrsg.): Führung von Mitarbeitern, Schäffer-Poeschel Verlag, Stuttgart 2003
Papmehl, A.; Siewers, R.: Wissen im Wandel. Die Lernende Organisation im 21. Jahrhundert. Uebereuter Verlag, Wien/Frankfurt 2002
Robins, A.: Das Prinzip des geistigen Erfolgs – Der Schlüssel zum Power-Programm. W. Heyne Verlag, München 2004
Steiner, V.: Exploratives Lernen. Der persönliche Weg zum Erfolg. Pendo Verlag, München/Zürich 2006
Tissen, R.; Andriessen, D.; Deprez, F.L.: Die Wissensdividende. Unternehmenserfolg durch wertorientiertes Wissensmanagement. Financial Times Prentice Hall, München 2000

Ganzheitliches Denken   P/F

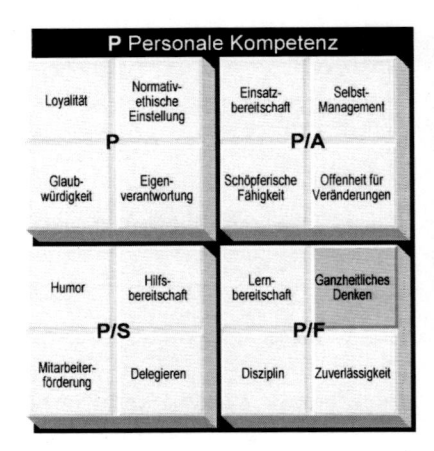

▶▶ Grundsätzliche Überlegungen

Eine Anekdote berichtet von dem irischen Dramatiker Georg Bernard Shaw (1856–1950), der, einmal danach gefragt, welcher der drei Faktoren Arbeit, Geld oder Intelligenz am sichersten zum Erfolg führen würde, mit einer Gegenfrage antwortete: »Welches Rad bei einem Dreirad ist das Wichtigste, wenn Sie sich darauf setzen und vorwärts kommen wollen?«

Was versteht man heutzutage unter ganzheitlichem Denken? Ist es die häufig gehörte Aussage: »Alles hängt mit allem zusammen« und ein damit unterstelltes Zusammenhänge im Detail erkennendes Denken? Mit Sicherheit nicht, denn das wäre eine zu vereinfachende und in hohem Maße unrealistische Annahme.

Interview-Zitate

Lassen wir dazu einige Personen zur Sprache kommen, bei denen ein hohes Maß an ganzheitlichem Denken beobachtbar war. In einer umfassenden kompetenzbiographischen Untersuchung erfolgreicher Innovatoren äußerten sich diese auch zu Ihrer Art, mit Komplexität umzugehen und ganzheitlich zu denken und zu handeln (Erpenbeck, J.; Heyse, V.: Die Kompetenzbiographie. Strategien der Kompetenzentwicklung …, Waxmann Verlag Münster/New York u. a. 2007). Einige typische Zitate, die den Kern der Auffassungen von Ganzheitlichkeit deutlich wiedergeben, seien hier dargestellt:

⮕ Kennzeichen

> »Die meisten Menschen leben in Schubkästen: Bloß nicht über den Schubkasten rausgucken (»Das haben wir schon immer so gemacht«) und ja nichts Neues. Lasst mich in Ruhe … Mich würde das irre machen. Ich muss ständig irgendwo Veränderungen haben und nach breiteren Zusammenhängen suchen.«

»Wichtig ist für mich das strategische und systemische Denken, insbesondere bei allem den Aspekt der Umwelt zu sehen und zu gestalten. Umwelt generell. Das kann auch das Umfeld sein, das man als Mitarbeiter oder als Manager selber gestalten kann. Also betriebsinternes und unmittelbares soziales Umfeld. Aber auch Wettbewerbsumfeld, oder das Umfeld, wie sich überhaupt ein Markt gestaltet, was die treibenden Kräfte sind. Wenn man etwas signalisiert, dass man weiß, das wird einen Einfluss nehmen. Dass man lernt, das überhaupt zu sehen und zu bewerten. Und die Idee bekommt, wie wird sich das in Zukunft möglicherweise auswirken? Also die Gesamtorientierung – vom Bewusstsein her.«

»Ich habe einen Sinn für Signale und spüre, wohin der Trend geht. Ich hole mir immer neue Signale durch viel Kommunikation mit den anderen Mitarbeitern, mit Kunden, mit Wettbewerbern, durch Mitarbeit in Gremien und durch Tagungs- und Messebesuche.«

»Mit Ganzheitlichkeit meine ich in erster Linie, dass man bei seinem Denken und Tun stets ein umfassenderes Ganzes im Auge haben sollte, in das sich die momentanen Aufgaben einordnen. Dann entdeckt man auf einmal Zusammenhänge, an denen man sonst blind vorbeigelaufen wäre. Und man verliert sich nicht im Detail. Man bleibt auch persönlich bescheidener, nimmt sich nicht so unendlich wichtig.«

»Ich richte mein Denken vor allem auf Dinge, die es noch nicht gibt: Wie muss ich etwas analysieren, denken, um etwas getan zu bekommen, um es auf den Weg zu bekommen? Woran muss ich alles denken? Kann etwas Außergewöhnliches eintreten? Wie muss ich mich verhalten? Auf welche Veränderungen muss ich mich einstellen, und an welche Folgen muss ich frühzeitig denken? Was sind die ersten Schritte bei der Bearbeitung solcher neuen Aufgaben? Was die Folgenden? Woran erkenne ich, dass ich auf dem richtigen Weg bin?«

»Mich fasziniert es, Analogien zwischen unterschiedlichen Branchen zu entwickeln und zu erkennen, dass diese ähnliche Problemstellungen haben, aber in der überwiegenden Mehrzahl anders darüber reden und nicht erkennen, dass es eigentlich das Gleiche ist. Mich fasziniert es, Muster und Trends zu erkennen.«

»Ich habe immer Zufälle genutzt, die eigentlich gar keine sind. Vielleicht erkenne ich eher als andere Zusammenhänge und Entwicklungschancen.«

Aspekte ganzheitlichen Denkens

Aus diesen wenigen Zitaten gehen schon wichtige Aspekte eines ganzheitlichen Denkens hervor, so insbesondere:
1. Im Mittelpunkt stehen die Suche sowie der Vergleich einzelner Aufgaben oder Probleme an einem übergeordneten Ganzen.
2. Die Orientierung ist nicht auf einfache Ursache-Wirkung-Ketten gerichtet, sondern auf real verlaufende bzw. zukünftig vermutete Veränderungsprozesse.
3. Es geht aus den Interviews eine persönliche Offenheit gegenüber Trends hervor, genauso auch der Versuch, Elemente, die auf sehr unterschiedlichen Abstraktions- und Aggregations-Ebenen liegen, miteinander in Beziehung zu setzen.
4. Auffallend ist die frühzeitig gestellte Frage nach den eventuellen späteren Folgen und die Aufnahme dieser in das prozessuale Modell.

Einstellung zum Ganzen

Nach Malik (2006) ist die Einordnung der eigenen Tätigkeit in einen größeren Rahmen, ist der »Beitrag zum Ganzen« der Kern dessen, was mit »ganzheitlichem Denken« umschrieben wird. In diesem Zusammenhang verweist Malik auf die »Geschichte von den drei Maurern«, die kurz gefasst Folgendes zum Inhalt hat:

Ein Mann kommt an eine Baustelle, auf der drei Maurer sehr fleißig arbeiten. Auf den ersten Blick ist zwischen ihnen kein Unterschied zu erkennen. Er geht zum Ersten und fragt: »Was tun Sie da?« Der Maurer schaut ihn verdutzt an und sagt: »Ich verdiene mir hier meinen Lebensunterhalt«.

Der Mann geht zum Zweiten und fragt ihn dasselbe. Der zweite Maurer schaut ihn sichtbar stolz an und sagt: »Ich bin der beste Maurer weit und breit«.

Nun geht der Mann zum dritten Maurer und stellt auch ihm dieselbe Frage. Dieser denkt einen kurzen Moment nach und sagt dann: »Ich helfe hier mit, eine Kathedrale zu bauen.«

Wenn Sie Ihre eigenen Denkgewohnheiten kritisch hinterfragen und mehr Ganzheitlichkeit in Ihrem Vorhaben, Ihren Tätigkeiten anstreben wollen, dann sollten Sie zum einen die im Allgemeinen häufig auftretenden Denkfehler im Umgang mit komplexen Situationen kennen und bei sich vermeiden.

Damit ist gleichsam das Kennen und Beherrschen der erfolgreichen Schritte ganzheitlichen Problemlösens angesprochen. Zum anderen gilt es, Schlüsselfragen und Algorithmen zur planmäßigen Reduzierung von Komplexität und der Entwicklung ganzheitlicher Problemlösungen zu kennen und zu beherrschen. Zu beiden Aspekten einige Anregungen sowie Hinweise für ein weiterführendes Literaturstudium.

Denkfehler

Gomez/Probst verweisen auf sieben besonders häufige Denkfehler und nennen gleichzeitig alternative Schritte ganzheitlichen Problemlösens. Und Kasper (www.wu-wien.ac.at/inst/abwl/Denkfehler_10_02.pdf) verweist bei Letzteren gleichzeitig auf die mit ihnen möglicherweise verbundenen Gefahren, die man immer im Auge haben sollte:

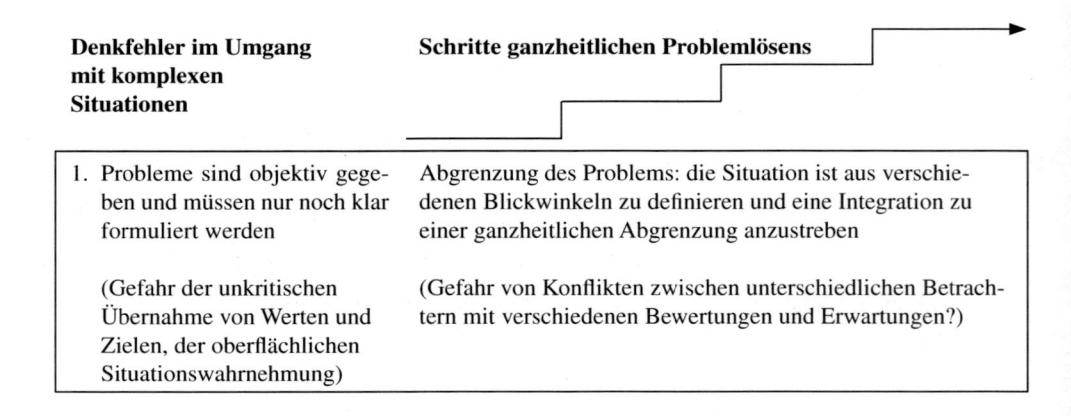

Denkfehler im Umgang mit komplexen Situationen	Schritte ganzheitlichen Problemlösens
1. Probleme sind objektiv gegeben und müssen nur noch klar formuliert werden	Abgrenzung des Problems: die Situation ist aus verschiedenen Blickwinkeln zu definieren und eine Integration zu einer ganzheitlichen Abgrenzung anzustreben
(Gefahr der unkritischen Übernahme von Werten und Zielen, der oberflächlichen Situationswahrnehmung)	(Gefahr von Konflikten zwischen unterschiedlichen Betrachtern mit verschiedenen Bewertungen und Erwartungen?)

Ganzheitliches Denken (P/F) 77

2. Jedes Problem ist die direkte Konsequenz einer Ursache. (Punktuelles Ursache-Wirkung-Denken)	Ermittlung der Vernetzung: Zwischen den Elementen einer Problemsituation sind die Beziehungen zu erfassen und in ihrer Wirkung zu analysieren. (Gefahr von Verzettelung?)
3. Um eine Situation zu verstehen, genügt eine »Photographie« des Ist-Zustandes. (Statisches Denken. Zu enge Abgrenzung der Situation, Nicht-erfassen von Wechselbeziehungen)	Erfassung der Dynamik: Die zeitlichen Aspekte der einzelnen Beziehungen und einer Situation als Ganzem sind zu ermitteln. Gleichzeitig ist die Bedeutung der Beziehungen im Netzwerk zu erfassen. (Gefahr von Zeitverschwendung?)
4. Verhalten ist prognostizierbar, notwendig ist nur eine ausreichende Informationsbasis. (Mechanistische Vorstellungen)	Interpretation der Verhaltensmöglichkeiten: Künftige Entwicklungspfade sind zu erarbeiten und in ihren Möglichkeiten zu simulieren. (Gefahr von Verunsicherung?)
5. Problemsituationen lassen sich »beherrschen«; es ist lediglich eine Frage des Aufwandes. (Vereinfachtes Input-Output-Denken. Vernachlässigung von Störungen im Prozess und von Zeitverzögerungen)	Bestimmung der Steuerungsmöglichkeiten: Die steuerbaren und nicht wesentlich veränderbaren Aspekte einer Situation sind zu beobachten und in einem Steuerungsmodell abzubilden. (Gefahr von Untätigkeit?)
6. Ein »Macher« kann jede Problemlösung in der Praxis durchsetzen. (Punktuelles Ursache-Wirkung-Denken)	Gestaltung der Steuerungseingriffe: Entsprechend systemischer Regeln sind die Interventionsmöglichkeiten so zu bestimmen, dass situationsgerecht und mit optimalem Wirkungsgrad eingegriffen werden kann. (Gefahr von Halbherzigkeit?)
7. Mit der Einführung einer Lösung kann das Problem endgültig ad acta gelegt werden. (Machen statt »Weiterentwickeln«. Fehlendes Frühwarnsystem. Reaktives Handeln bei Störungen)	Weiterentwicklung der Problemlösung: Veränderungen in einer Situation sind in Form lernfähiger Lösungen vorwegzunehmen. (Gefahr von Fixierung?)

☞ Empfehlungen

Für eine ganzheitliche Betrachtung ist es wichtig,

1. einerseits ein klares Ziel und
2. andererseits ein Bild der Wirklichkeit

zu haben, das der realen Situation entspricht.

Probst/Gomez (1991) führen dazu weiter aus:

> »Eine ganzheitliche Betrachtung einer Problemsituation erfolgt durch ein integriertes Netzwerk, das alle zentralen Größen erfasst und deren Abhängigkeiten und Beziehungen aufweist.«

✔ Selbstcheck

Zur Erfassung zentraler Größen sowie der wichtigsten Symptome von Störungen innerhalb des Ganzen helfen die nachfolgenden Schlüsselfragen, die – ausreichend allgemein gehalten – auf die verschiedensten Problemsituationen angewandt werden können (nach Lemaître/Maders 1989, zit. nach Probst 1993):

Dimension		Schlüsselfragen
Objekt	Was?	Beschreibung der Aktivität oder der hauptsächlichen Operationen
Ausführender	Wer?	Hinweis auf die Ausführenden der Arbeitsschritte und genaue Angaben zu den einzelnen Personen und Stellen (z. B.: »Wer wirkt an der Erstellung des Jahresbudgets mit?«)
Raum	Wo?	Räumliche Anordnung des Arbeitsplatzes und der Betriebsmittel. Wo genau wird die Arbeit verrichtet? Wohin gehen die Personen? Gibt es auch eine virtuelle Zusammenarbeit? Wohin bewegen sich die Objekte? Wo werden Informationen gesammelt? Welche Organisationseinheiten und Stellen innerhalb des Unternehmens sind »Durchlaufstationen«? Woher kommen die Informationen, die Dokumente, die Sachmittel? Wer wartet Letztere?
Zeit	Wann?	Zu welchem Zeitpunkt des Jahres, des Monats, der Woche, des Tages wird die Arbeit verrichtet? Wann beginnt und wann endet sie? Wie ist die zeitliche Abfolge der einzelnen Arbeitsvorgänge? Zu welchem Zeitpunkt sollen Informationen abgerufen werden? Wann werden sie verfügbar sein? Bis wann sollen welche Informationen an wen weitergegeben werden?

Art und Weise	Wie?	Wie wird die Arbeit verrichtet? Welche Mittel sind verfügbar? Welche Mittel sind notwendig? Welche Verfahren werden angewendet? Gab es kürzlich eine Veränderung bzw. einen Wechsel der Mittel oder Verfahren?
Menge	Wieviel?	Welche Menge bildet eine Kontrolleinheit? Welches ist die optimale Losgröße? Wieviel Arbeitsschritte werden pro Zeiteinheit erledigt?
Zielgerichtetheit	Warum?	Welches ist das Aufgabenziel? Welchem Zweck dient die sequentielle Anordnung der Arbeitsschritte? Existiert eine Beziehung vom Typ Leistungserbringer/-abnehmer unter den Mitarbeitern? **Welcher Gesamtziel**setzung entspricht die Logik der Ablauffolge? Ermöglicht die erstellte Leistung die Entwicklung des **Ganzen**? Tragen die hierfür notwendigen Aktivitäten zur individuellen Entwicklung der Personen bei, die diese verrichten?

Empfehlungen

Die Schlüsselfragen können Sie auf die verschiedensten Situationen und Probleme zuspitzen; Sie haben eine umfassende Checkliste zur differenzierten Analyse des **Ganzen**. Ein weiterer Schritt zum ganzheitlichen Problemerkennen und -lösen ist die Erarbeitung eines Netzwerkes.

Hierzu sind in der angegebenen Literatur von Gomez/Probst die einzelnen Schritte nachvollziehbar aufgezeigt. Ein vereinfachtes Beispiel zum Thema Smart-Produktion geben auch Fitzek/Künzle (2002) in einem Thesenpapier im Internet.

Methodik des vernetzten Denkens

Probst/Gomez (2007) empfehlen, zur Bewältigung von Komplexität methodisch bewusst vorzugehen und die Problemerkennung und -lösung als einen iterativen Prozess anzusehen. Dahinter steht die Erkenntnis, dass komplexe Probleme nur mit der Fähigkeit zu ganzheitlichem Denken zu bewältigen sind.

Sechs Schritte
Methodik des vernetzten Denkens
1. Zielbestimmung und Problemabgrenzung;
2. Analysieren der Wirkungsverläufe;
3. Erfassen und Interpretieren der Potenziale;
4. Giestaltungsmöglichkeiten erarbeiten;
5. Planen von Strategien und Maßnahmen;
6. Verwirklichung der Problemlösung.

Der Kern eines solchen Methoden geleiteten Denkens besteht
- in der Entwicklung einer Vorstellungskraft für die Komplexität von Problemstellungen;
- im Identifizieren der Faktoren, die auf die Problemlösung (ein-)wirken;
- im Erkennen der Wirkungen dieser Faktoren auf das Lösungsergebnis und der Wechselwirkung der Faktoren untereinander und
- in der Entwicklung »lernfähiger Lösungen«.

Und eine letzte Anregung

»*Sai Weng hat sein Pferd verloren*«*:* Das ist eine chinesische Redewendung, die auf eine bekannte Geschichte aus der Han-Zeit (260 v. Chr. – 25 n. Chr.) zurückgeht und uns bedeutet, dass aus einem momentanen Verlust ein späterer Gewinn werden kann wie auch umgekehrt ein vermeintlicher Vorteil zu einem späteren Nachteil führen kann. Diese Geschichte zeigt eine weitere wichtige Seite, die den Europäern sehr schwer fällt: das Denken und Argumentieren mit Methaphern, Zitaten, Fabeln, was Assoziationen und kreative Einfalle, aber auch das Aufspüren allgemeingültiger Erfahrungen zulässt.

Europäer werden von klein auf zum linearen Denken erzogen. Die Chinesen hingegen kreisen die Probleme ein, denken eher anschaulich und ganzheitlich, sind früh geübt im bildlichen und vergleichenden Denken und visualisieren Vieles von dem, was die Europäer versuchen, abstrakt zu erfassen (Meng Fanchen, J.Y.: Ganzheitliches Denken – harmonisches Handeln. TU International (TU Berlin) 48/49, August 2000).

Die Geschichte von Sai Weng und seinem verlorenen Pferd erzählt Nöllke (Nöllke, M.: Anekdoten, Geschichten, Metaphern für Führungskräfte. Haufe Verlag, Freiburg/Berlin u. a. 2002) wie folgt:

Einem alten Mann namens Sai Weng lief eines Tages sein Pferd davon. Daraufhin besuchten ihn seine Nachbarn, um ihn zu trösten. Doch zu ihrer Verwunderung war Sai Weng keineswegs niedergeschlagen. Er sagte nur: »Man kann nicht wissen, was das bedeutet. Vielleicht ist es ja ein Vorteil, dass mir mein Pferd weggelaufen ist.« Wenige Tage später kehrte das Pferd von allein zurück und brachte noch ein prächtiges zweites Pferd mit. Als die Nachbarn davon hörten, dachten sie: »Wer hätte das gedacht? Der alte Sai Weng hat Recht behalten!« Und sie liefen zu ihm, um ihm zu gratulieren. Doch Sai Weng war gar nicht fröhlich, sondern sagte: »Es ist nicht unbedingt eine gute Sache, so ein prächtiges Pferd zu bekommen, ohne dafür zu bezahlen. Vielleicht bringt es sogar Unglück.«

Sai Weng hatte einen Sohn, der ein begeisterter Reiter war. Der setzte sich eines Tages auf das prächtige Pferd, um auszureiten. Kaum hatte er den Hof verlassen, da rannte das Pferd schnell wie ein Pfeil davon. Sai Wengs Sohn fiel herunter und brach sich das Bein. Die Nachbarn kamen wieder, um Sai Weng zu trösten. Doch war dieser vollkommen ruhig. »Man kann nicht wissen, was das bedeutet. Dass der Junge sich das Bein gebrochen hat, muss nicht unbedingt schlecht sein.«

Ein paar Wochen später brach ein Krieg aus. Sehr viele junge Männer wurden zum Militär eingezogen, und viele kehrten nicht zurück. Sai Wengs Sohn jedoch konnte wegen des gebrochenen Beins zu Hause bleiben.

Persönliche Maßnahmen

Was nehme ich mir für die nächsten 6 Wochen im Sinne einer Verbesserung meines »Ganzheitlichen Denkens/Problemlösens« vor? (Stichworte):

_____

_____

Was werde ich zuerst und vorrangig tun? (Stichworte):

_____

_____

Wie kontrolliere ich die Resultate? (Stichworte):

_____

_____

Wo werde ich mich weiter zum Thema »Ganzheitliches Denken« informieren? (Stichworte):

_____

_____

Als weiterführende Informationsquellen empfehlen wir

Fitzek, D.; Künzle, A.: Vernetztes Denken und Innovation. www.item.unisg.ch/org/item/web.nsf/SysWeb Ressources/Forschungsmethodikll_9_2/$FILE/Fitzek_Kuenzle_Pres.pdf
Gomez, P.; Probst, G.J.B.: Die Praxis des ganzheitlichen Problemlösens: Vernetzt denken – Unternehmerisch handeln – Persönlich überzeugen. Haupt Verlag, Bern 2007
Lehner, M.; Wilms, F.E.P: Systemisch denken – klipp und klar. Verlag Industrielle Organisation, Zürich 2002
Malik, F.: Führen, Leisten, Leben. Campus Verlag, Stuttgart/München 2006

Zuverlässigkeit P/F

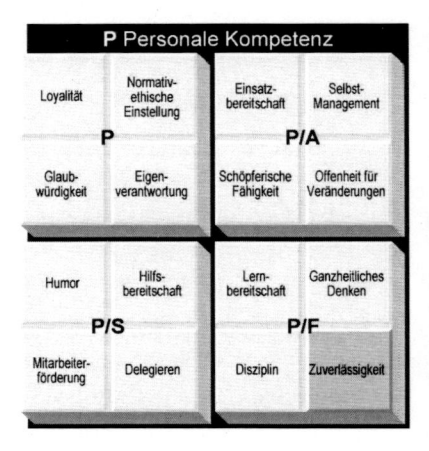

▶▶ **Grundsätzliche Überlegungen**

Zuverlässigkeit bezeichnet ein Verhalten, das von anderen als berechenbar bzw. als erwartet wahrgenommen wird. Die Berechenbarkeit beziehungsweise die Erwartung basiert entweder auf Regeln, die in bestimmten Arbeitsvollzügen vorgeschrieben sind, oder auf Vereinbarungen, die zwischen zwei oder mehreren Personen getroffen wurden. Zuverlässigkeit ist also der Grad der Gewissheit, mit der die Erfüllung der Aufgabe beziehungsweise Einhaltung der Vereinbarung erwartet werden kann.

Zuverlässigkeit ist Voraussetzung für Delegation, da sie für den Rahmen der zeitlichen, örtlichen und sachlichen Vereinbarung eine unmittelbare Kontrolle überflüssig macht. Dies gilt auch für die Kooperation von Gleichgesinnten, da Zuverlässigkeit erst ein reibungsloses und damit effektives Aufbauen beziehungsweise Ineinandergreifen von Teilaufgaben ermöglicht.

(modifiziert nach Lothar Schäffner)

➲ **Kennzeichen**

Zuverlässigkeit zeigt sich vor allem in standardisierten Arbeitsvollzügen, unter anderem in der Befolgung von Richtlinien, Sicherheitsbestimmungen, Qualitätsregeln und Einhaltung von Terminen.

Bei Aufgaben, die eher weniger standardisiert bewältigt werden können, zeigt sie sich durch Termintreue und Lieferung der zugesagten Qualität und Quantität.

Zuverlässigkeit basiert zum einen auf der individuellen Einstellung, aufmerksam, umsichtig und verlässlich sein zu wollen, zum anderen aber auch auf Kenntnissen und Fähigkeiten bis hin zu spezifischen Planungstechniken. So ist es nicht überraschend, dass z. B. die Zuverlässigkeit für Vorgesetzte ein vorrangiges Kriterium für die Bewährung ihrer Mitarbeiter im Berufsalltag darstellt. Zuverlässigkeit darf sich dabei nicht auf einen blinden Gehorsam gegenüber Regeln und Vereinbarungen reduzieren lassen. Zuverlässigkeit schließt das Wissen um den Sinn der Regeln und Vereinbarungen ein, was schließlich die Konsequenz bedeutet, offensiv darauf aufmerksam zu machen und zu warnen, wenn Regeln, Vorschriften oder bisherige Vereinbarungen – aus welchen Gründen auch immer – dem eigentlichen Sinn der Regeln widersprechen. Insofern basiert Zuverlässigkeit auf einem Commitment gegenüber den Unternehmenszielen. Zuverlässigkeit in diesem Sinne ist die Basis, als Intrapreneur agieren zu können.

Einstellungen als Grundlage für Zuverlässigkeit beziehungsweise Unzuverlässigkeit sind am ehesten über die Einsicht in die Notwendigkeit vor allem durch Familienmitglieder, Kollegen und Vorgesetzte zu vermitteln. Dabei stehen im Zentrum der Vermittlung die negativen Folgen nicht gezeigter Zuverlässigkeit.

Negative Folgen

Folgen von Unzuverlässigkeit sind auf der Sachebene Qualitätsmängel
- Unfälle;
- Überschreiten der Lieferzeiten;
- Unterschreiten der Liefermenge;
- Verzögerung im Produktionsablauf;
- erforderliche Nachbesserungen;
- Zurücknahme von Zusagen.

Auf der Beziehungsebene wird Unzuverlässigkeit als Schwäche des anderen interpretiert, die leicht auf dessen Gesamtpersönlichkeit verallgemeinert wird. Dort, wo das eigene Arbeitsergebnis von der Zuverlässigkeit der anderen abhängt, wird Unzuverlässigkeit z. B. schon beim Zuspätkommen als Geringschätzung interpretiert.

Ein Mangel an Zuverlässigkeit führt auf Grund ihrer sowohl sachlichen als auch beziehungsmäßig grundlegenden Bedeutung für das Zusammenwirken und Zusammenleben von Menschen zur Ausgrenzung der Unzuverlässigen. Dies kann auch kaum durch eine hierarchisch höhere

Position verhindert werden. Die Folgen einer solchen Ausgrenzung können für den eigenen beruflichen und privaten Erfolg verheerend sein.

Die meisten Organisationen, insbesondere jedoch Softwareunternehmen, Automobilhersteller, Energiekonzerne, Krankenhäuser oder Einheiten der Polizei, sind heute zunehmend mit unbestimmten und dynamischen Umwelten konfrontiert. Die Mitarbeiter müssen häufig in neuen und unbekannten Situationen weitreichende Entscheidungen treffen. Hierfür fehlen oft die notwendigen Informationen. Erschwerend kommen Stress und Zeitdruck hinzu. Gleichzeitig wird von den Organisationen und ihren Mitglieder erwartet, dass sie eine zuverlässige Leistung im Hinblick auf die jeweiligen Zielstellungen erbringen und sich nicht durch unerwartete Situationsveränderungen, die durch die hohe Umweltdynamik hervorgerufen werden, in ihrer Handlungs- und Leistungsfähigkeit beeinträchtigen lassen. Insbesondere Organisationen wie Kernkraftwerke, petrochemische Unternehmen, zivile Luftfahrt, medizinische Einrichtungen oder Spezialeinheiten der Polizei, zählen zu Organisationen, die in sog. Hochrisikoumwelten agieren. Das sind Umwelten, in denen Fehler zu einer überdurchschnittlichen Gefahr für die Gesundheit und das Leben von Menschen oder Gefahren für die Umwelt führen und größte Zuverlässigkeit erforderlich ist. Diese Organisationen sind bisweilen mit unvorhergesehenen Situationen konfrontiert, in denen sie handeln müssen. Von ihnen wird erwartet, dass sie den ihnen gestellten Herausforderungen gewachsen sind, möglichst keine Fehler machen und auf allen Ebenen zuverlässig arbeiten.

✔ Selbstcheck

Zu den Kenntnissen, Fähigkeiten und Techniken als Voraussetzung von Zuverlässigkeit: Stellen Sie bitte eine Liste der wichtigsten Regeln und Vorschriften auf, die für Ihre alltägliche Arbeit verbindlich sind (Stichworte).

_____

_____

_____

Sind das wirklich alle? Denken Sie noch einmal konzentriert nach. Vergleichen Sie diese Liste mit zusammen mit anderen Personen (ein Mitarbeiter oder Ihr Vorgesetzter). Danach erst machen Sie den folgenden Selbstcheck.

Überprüfung des eigenen Verhaltens

Schätzen Sie sich mittels der nachfolgenden Fragen selbstkritisch ein. Ihre Antworten geben Ihnen wichtige Hinweise auf Ihre Zuverlässigkeit und auf (subjektive) Störeinflüsse, auf die Sie in Zukunft mehr Einfluss nehmen sollten.

- Wie oft haben Sie in den letzten sechs Monaten einen zugesagten Termin nicht eingehalten?
    - Wem gegenüber?
    - Warum?
    - Mit welchen Folgen?

- Wie oft haben Sie in den letzten sechs Monaten Bestimmungen und Regeln (im Sinne von Abläufen und Formularen) nicht beachtet?
    - Wem gegenüber?
    - Warum?
    - Mit welchen Folgen?

- Wie oft haben Sie in den letzten sechs Monaten auf Leitlinien (z. B. Führungsleitlinien, strategische Vorgaben) nicht geachtet?
    - Wem gegenüber?
    - Warum?
    - Mit welchen Folgen?

- Wie oft haben Sie in den letzten sechs Monaten die geforderte Qualität nicht geliefert?
  - Wem gegenüber?
  - Warum?
  - Mit welchen Folgen?

- Wie oft haben Sie in den letzten sechs Monaten nicht zurückgemeldet, dass Sie eine Regel vor dem Hintergrund der vorgesehenen Ziele nicht mehr für sinnvoll halten?
  - Wem gegenüber?
  - Warum?
  - Mit welchen Folgen?

- Erkennen Sie Muster im Sinne von
  - hierarchischen Unterschieden?
  - vergleichbaren Gründen?
  - vergleichbaren Folgen?

Empfehlungen

Wenn Sie Ihre Aufzeichnungen (Stichworte) genau besehen, zu welchen Einsichten und Schlussfolgerungen gelangen Sie? Was können Sie selbst zur Verbesserung Ihrer Zuverlässigkeit a) auf der Sachebene und b) auf der Beziehungsebene beitragen?

Sprechen Sie mit einer vertrauten Person, die Sie als zuverlässiger einschätzen, und erkundigen Sie sich nach deren Vorschlägen, was Sie unternehmen sollten und wie.

Persönliche Maßnahmen

Was nehme ich mir für die nächsten 6 Wochen im Sinne einer Verstärkung meiner »Zuverlässigkeit« vor? (Stichworte):

_____

_____

Was werde ich zuerst und vorrangig tun? (Stichworte):

_____

_____

Wie kontrolliere ich die Resultate? (Stichworte):

_____

_____

Wo werde ich mich weiter zum Thema »Zuverlässigkeit« informieren? (Stichworte):

_____

_____

ⓘ Als weiterführende Informationsquellen empfehlen wir

Mistele, P.: Faktoren des verlässlichen Handelns. Leistungspotenziale von Organisationen in Hochrisikoumwelten. DUV Gabler Edition Wissenschaft, Wiesbaden 2007

Modulares Informations- und Trainingsprogramm
- Eigenverantwortung

Disziplin   P/F

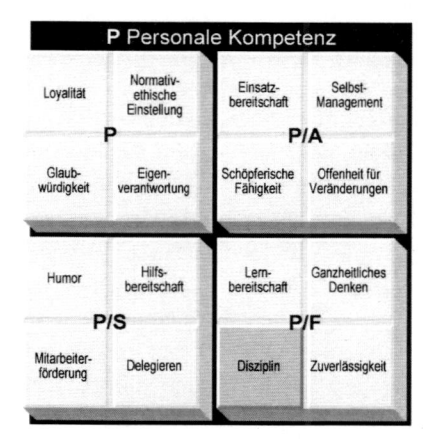

Gerade am Beispiel der Auffassungen von Disziplin im öffentlichen Verständnis zeigt sich die historische Gebundenheit und Abhängigkeit dieses Begriffes von politischen Vorstellungen und Systemen. Es ist noch nicht lange her in Deutschland, dass Disziplin mit verschiedenen Arten von Kadavergehorsam bzw. politischer Unterwürfigkeit verbunden wurde.

Beim Suchen nach Anekdoten zum Thema Disziplin fällt auf, dass fast alle Anekdotensammlungen hierzu mehr oder weniger verstaubte Anekdoten aus dem militärischen Bereich bereithalten. Eine solche Anekdote berichtet:

> *»Einem pommerischen Soldaten wurde in der Schlacht bei Dennewitz (6. September 1813) das linke Auge ausgeschossen. Ohne sich dadurch irre machen zu lassen, tritt er festen Schrittes vor seinen Offizier, zieht das Gewehr an und fragt mit der ruhigsten Miene der gewohnten Subordination: ›Kann ich abtreten, Herr Lieutnant? Mir ist das linke Auge ausgeschossen‹«* (www.niedergoersdorf.de).

Kommentar zu dieser Anekdote: »Wahrlich das schönste Muster eines Soldaten«.

Die folgende Anekdote zeigt den Zusammenhang von Disziplin und einem eingeengten Werteverständnis. Bis in die 60er Jahre des vorigen Jahrhunderts war das gesellschaftliche Leben in der damaligen Bundesrepublik vom christlichen Werteverständnis bestimmt.

So hat beispielsweise Konrad Adenauer seinen Minister Schmückle, von dessen Scheidung er erfahren hatte, zu einem Gespräch gebeten und vor die Alternative gestellt: »*Entweder Sie heiraten wieder ihre Frau oder ich entlasse Sie als Minister*«. Schmückle heiratete seine Frau wieder und blieb Minister.

▸▸ Grundsätzliche Überlegungen

> Disziplin ist laut Wörterbuch: Selbstzucht, Selbstbeherrschung. Aber auch Ordnung, Benehmen nach Regeln sowie Unterordnung und Einordnung.

Disziplin ist ein unverzichtbarer Wert und von grundlegender Bedeutung für das menschliche Zusammenleben und für das individuelle Selbstmanagement.

Das Werteverständnis ist in unserer »postmodernen« Gesellschaft ein völlig anderes als noch vor 200 Jahren. Es ist weitgehend vom christlichen Glauben losgelöst; Werte werden areligiös verstanden. Ferner gibt es keine »wahren« oder »falschen« Werte mehr, sondern einander ausschließende Aussagen und Orientierungen stehen gleichberechtigt nebeneinander. Und schließlich: Es bleibt dem Einzelnen weitgehend überlassen, welche Werte er für sich als verbindlich anerkennt und wie er sie auslegt. In der postmodernen Gesellschaft bestimmt weitgehend der einzelne Mensch, welche Werte verbindlich sind und welche nicht (vgl. www.lza.de/materialhilfen/thema/christliche_werte_vermitteln_in_.html). Dahinter steht auch die Auffassung, dass es keine ewigen Werte gibt und dass die Werte quasi nur so lange gültig sind wie es Menschen gibt, die sie anerkennen und »leben«. Insofern ist der Wert Disziplin auch einem Bedeutungswandel ausgesetzt und heute anders im öffentlichen Bewusstsein belegt als noch vor 50 Jahren. Andererseits gibt es aber auch eine Art von Wellenbewegungen bestimmter Werte oder Wertegruppen: heute eher in Frage gestellt oder verdrängt, morgen wiederentdeckt und neu bestimmt. So zeigen soziologische Untersuchungen, vor allem die des Werteforschers Klages aus Speyer, dass es seit den 60er Jahren eine Verschiebung von den sog. »Pflicht- und Akzeptanzwerten« wie Treue, Disziplin, Fleiß, Pünktlichkeit, Höflichkeit, Ordnung, Opfer-, Anpassungsbereitschaft und Leistung zu den »Selbstentfaltungswerten« gegeben hat: hin zu Selbstverwirklichung, Autonomie, Genuss, Emanzipation, Gleichberechtigung, Freizeit.

In den letzten Jahren gab es wieder eine Veränderung, Pflicht- und Akzeptanzwerte sind wieder mehr gefragt. Und:

> »Disziplin« wird mit Selbstdisziplin, Selbstmanagement, Anpassung an neue Begebenheiten, Loyalität und Integration in Teamprozesse unter Anerkennung entsprechender sozialer Normen und Regeln verbunden gesehen.

Unter Disziplin wird heutzutage das an sozialen Normen und Werten gemessene und mit fachlich-methodischen Erfordernissen übereinstimmende persönliche Verhalten des Menschen verstanden. Die Normen, Werte und Erfordernisse können allgemeineren sozialen Zusammenhängen oder aber dem Unternehmen, der Arbeitsumgebung, dem augenblicklichen Arbeitszusammenhang entstammen. Nur eine bewusste, freiwillig eingehaltene Disziplin ist letztlich arbeitsförderlich.

Kennzeichen

Kriterien für Disziplin im heutigen betrieblichen Alltag sind insbesondere:
- Handelt freiwillig und selbstverantwortlich gemäß Normen und einmal akzeptierten und persönlich angeeigneten Werten;
- folgt fachlich-methodisch gewonnenen Einsichten unbeirrt, auch wenn sich unbequeme persönliche Konsequenzen ergeben;
- sorgt im Unternehmen, im Arbeitsbereich in der Arbeitsgruppe ... dafür, dass sich verbindliche Werthaltungen ausbilden;
- achtet darauf, dass einmal erarbeitete Werthaltungen und Normen auch von den anderen praktisch umgesetzt werden;
- ist konsequent gegenüber sich selbst und bekämpft schlechte Gewohnheiten und verhütbare Ablenkungen von eigenen Vorhaben.

In diesem Modularen Informations- und Trainingsmodul wollen wir uns auf die Frage nach der Selbstdisziplin, insbesondere nach dem individuellen Umgang mit der Zeit sowie die individuelle Lerndisziplin konzentrieren. Zu bedenken ist jedoch: Nicht selten sind Zeitmanagement-Trainings, Zeitplanbücher und ähnliche Lern- und Lebensorganisationshilfen fruchtlos, weil damit massiv gegen individuelle Einstellungen und Gewohnheiten gehandelt wird. Nicht wenige Menschen haben ein psychisch gespanntes Verhältnis zum Phänomen Zeit und sind damit zwar formal motivierbar, aber nicht konsequent umsetzungsfähig. Sie nehmen nicht ernsthaft wahr, dass Zeit ein Rohstoff ist, der, so einmal verausgabt, nicht wieder nachwächst.

Andererseits birgt jeder neue Tag auch eine neue Chance, einen Neubeginn in sich und damit neue Gestaltungszeit. Disziplin ist vor allem (Lebens-)Zeitdisziplin und ist in hohem Maße abhängig von individuellen Leitbildern und Wertorientierungen.

Empfehlungen

Wenn Sie über ihre Disziplin nachdenken wollen, dann empfehlen wir Ihnen in diesem Modularen Informations- und Trainingsmodul vor allem zwei Aspekte und Zugänge (damit sind natürlich nicht alle Seiten der Disziplin angesprochen, jedoch zwei heutzutage sehr wichtige): Erstens sollten Sie Ihr Zeitmanagement und Ihre Strategien der Absicherung Ihrer wichtigsten Vorhaben überprüfen. Zweitens sollten Sie über das nachdenken, was Sie blockiert. Gemeint sind die eigenen »schlechten Gewohnheiten«.

Wenn Sie disziplinierter und erfolgreicher mit Ihrer (Lebens-)Zeit umgehen wollen, dann arbeiten Sie die nachfolgenden Tipps gründlich durch.

✔ **Selbstcheck**

Überlegen Sie einmal, welche Vorhaben (dienstliche oder private) in den letzten zwei Jahren aus eigener Inkonsequenz und mangelhafter Selbstdisziplin gescheitert sind oder nur mit einer erheblichen Verspätung realisiert wurden oder auf »unbestimmte Zeit verschoben« wurde – obwohl die Vorhaben Ihnen wichtig waren. Schreiben Sie nachfolgend solche Vorhaben in Stichworten auf und nennen Sie die Gründe für das Scheitern oder Verschieben.

_____

_____

Können Sie realistisch über die Gründe sprechen? Warum konnten Sie die Vorhaben nicht verwirklichen? Lag es an Ihrem Zeitmanagement?

Beachten Sie zukünftig die Grundregel: »Die Erledigungsfrist für Vorhaben muss einerseits ausreichend genug sein, um effektives und diszipliniertes Arbeiten zu ermöglichen, und andererseits knapp genug bemessen, um die volle eigene Produktivität zu gewährleisten«.

Godefroy und Clark geben in ihrem nach wie vor hoch aktuellen Buch »T.M.S.« (1992) hierzu einige Tipps aus eigenen Erfahrungen:

1. **Setzen Sie sich für jede Arbeit einen Schlusstermin!**
   Viele Menschen verlassen sich auf ihre »Intuition« und arbeiten mit zum Teil sehr willkürlichen Terminfestlegungen: entweder ist die Zeitschätzung zu großzügig oder aber viel zu knapp bemessen.

2. Konsequent weiter gedacht heißt das auch: **Nehmen Sie nie einen Auftrag ohne festen Endtermin an** – auch nicht von Ihrer Führungskraft.
   Planen Sie konsequent feste Arbeitszeiten pro Tag und pro Aufgabe und halten Sie diese weitestgehend von Störungen frei. Schreiben Sie am Abend die wichtigsten Aufgaben mit geplanter Bearbeitungsdauer auf und ordnen Sie diese nach Prioritäten. Planen Sie auch Pausenzeiten und erledigen Sie persönliche und familiäre Aufgaben nur außerhalb der geplanten Arbeitszeiten, sonst verzetteln Sie sich ungewollt und unbemerkt.

3. **Seien Sie realistisch!** Wenn Sie Endtermine für Vorhaben und feste Arbeits- und Konzentrationszeiten geplant haben und diese umsetzen, dann sollten Sie auch regelmäßig und selbstkritisch überprüfen, wie konsequent Sie hierbei sind und wann Sie evtl. geplante Termine und Zeiträume nicht eingehalten haben. Analysieren Sie die Ursachen für Verspätungen, Inkonsequenzen, Verzettelungen und sorgen Sie dafür, dass das nicht mehr vorkommt. Legen Sie sich eine Liste an, auf der Sie wöchentlich notieren, was gut und was nicht so gut (und warum nicht) gelaufen ist. Nehmen Sie bei der Planung der nächsten Woche diese Liste und lesen Sie sie durch. Analysieren Sie auch, ob Sie evtl. bei Ihren Planungen zu optimistisch waren und im Nachhinein gesehen normal erscheinende Faktoren nicht beachtet haben. Ein Maßstab für eine durchaus reale Zeitplanung ist eine bis zu 15 %ige Abweichung. Höher aber darf die Abweichung nicht ausfallen – und: eine solche Abweichung darf auch nicht zum Normalfall werden.

4. Setzen Sie nicht nur in festgelegten Abständen Pausen, sondern denken Sie auch daran, sich nach dem rechtzeitigen Beenden einer Aufgabe zu belohnen. Sie motivieren sich dadurch auch für schwierige Aufgaben, und anderen Mitarbeitern fallen Sie durch ein sehr konzentriertes, zuverlässiges, diszipliniertes Arbeiten auf.

Godefroy und Clark verwenden folgende Checkliste zum Thema Termintreue und Arbeit mit Endterminen:
- Haben Sie sich angewöhnt, sich stets einen Endtermin zu setzen? Auch dann, wenn Ihre Führungskraft das nicht tut?
- Informieren Sie jemanden aus Ihrer Umgebung über diesen Endtermin?
- Setzen Sie sich für jede Ihrer Arbeiten einen solchen Endtermin?
- Führen Sie Buch über Ihre Erfolge bei der Einhaltung dieser Endtermine?
- Gönnen Sie sich jedes Mal eine Belohnung, wenn Sie Ihr diesbezügliches Ziel erreicht haben?
- Überprüfen Sie, ob die jeweiligen Weisungen in Bezug auf eine bestimmte Aufgabe klar und präzise sind?
- Holen Sie vor Ihrer Schätzung des Zeitaufwandes für ein Vorhaben, das Ihnen wenig vertraut ist, Informationen über vernünftige Bewertungsmaßstäbe ein?
- Vergewissern Sie sich, ehe Sie eine Schätzung der Erledigungsfrist vornehmen, darüber, dass Sie über alle notwendigen Informationen verfügen?
- Gelingt Ihnen die Ausschaltung des »Wird-schon-gehen-Syndroms«?
- Können Sie willkürliche Festlegungen von Erledigungsfristen vermeiden bzw. Ihrerseits ablehnen?
- Berücksichtigen Sie bei Ihren eigenen Zeitvorgaben auch die Fristen und Endtermine anderer?
- Schaffen Sie es, Perfektionismus zu vermeiden bzw. abzublocken?
- Schaffen Sie genug Druck, sowohl auf sich selbst als auch auf andere, um eine optimale Leistung mit möglichst geringem Zeitaufwand zu erreichen?

Gehen Sie diese Fragen nicht nur einmal durch, sondern mindestens zweimal hintereinander und wiederholen Sie diese »Fragestunde« ruhig alle drei Wochen im Sinne eines Selbst-Controllings. Die Fragen sind ja nicht einfach mit »Ja« oder »Nein« zu beantworten, sondern enthalten inhaltlich Orientierungen und Wegleitungen zum Bessermachen. In den Modularen Informations- und Trainingsmodulen »Selbstmanagement« und »Planungsverhalten« sind die im Alltag typischen »schlechten Gewohnheiten«, die uns von der Arbeit ablenken bzw. uns zu ineffizienten Arbeitsweisen verleiten, dargestellt. An dieser Stelle sollen Ihnen quasi als Resümee vielfacher Untersuchungen zum Thema »Schlechte Arbeitsgewohnheiten« einige Anregungen dafür gegeben werden, wie Sie Ihren Arbeitsalltag diszipliniert und bewusst besser gestalten können.

☞ Empfehlungen

- Sie nehmen sich genügend Zeit für Bad und Frühstück.
- Bei Arbeitsbeginn ist der Zeitplan für Ihren Arbeitstag fertig.
- Sie sprechen zu Arbeitsbeginn kurz mit Ihrer Führungskraft sowie mit den KollegInnen, um sich mit ihnen abzustimmen, gegenseitig über Projekte und offene Fragen zu informieren.
- Sie setzen sich bzgl. einer weitgehend störungsfreien Arbeitszeit durch und arbeiten die ersten zwei Stunden sehr konzentriert an den schwierigsten Aufgaben bzw. Vorhaben des Tages. Gehen Sie dabei von einer Realzeitplanung mit konkreten Fristen aus.
- Unterbrechungen meistern Sie rasch und dehnen sie nicht etwa selbst durch andere Tätigkeiten, Telefongespräche usw. aus.
- Sie haben eine klare Informationsablage und differenzieren zwischen Dringlichkeit und Wichtigkeit. Sie sortieren die Informationen konsequent und halten sich nicht mit Nichtigkeiten auf. Ihr Papierkorb (einschließlich der Computer-Papierkorb) wird von Ihnen täglich gefüllt und quillt eher über.
- Sie setzen sich aktiv dafür ein, dass Besprechungen in Ihrer Organisationseinheit gut vorbereitet und straff gelenkt werden, so dass sie nicht länger als 60–80 Minuten dauern und mit klaren Festlegungen beendet werden.
- Am Ende Ihres Arbeitstages, also noch im Unternehmen, machen Sie einen Tagesplan für den nächsten Tag. Am Freitagabend überdenken Sie noch einmal die zurückliegende Woche und notieren kurz, was besonders erfolgreich und was weniger gut gelaufen ist. Wenn Sie diese Wochenbilanz regelmäßig durchführen, dann werden Sie z. B. auch erkennen, dass viele Störfaktoren, mit denen Sie nicht gerechnet haben, häufiger auftreten und von Ihnen im Vorhinein beachtet oder verringert werden können.
- Gehen Sie bei der Wochen- wie auch bei der Tagesplanung stets davon aus, dass Sie Ihre Arbeitszeit nie zu 100 % störungsfrei planen können; rechnen Sie täglich mit bis zu 20 % Störungen, zusätzlichen Aufgaben, Anfragen usw., und versuchen Sie diesen 20 %-Einfluss zu verringern. Das Positive an diesem Vorgehen in der eigenen Planung ist, dass Sie sich über diese Auffangzeit in Höhe von 20 % neue Zeit für zusätzliche bzw. liegengebliebene oder strategische Aufgaben reservieren, wenn es Ihnen gleichzeitig gelingt, die Störungen zu verringern. Sie gehen am Ende mit einer positiven Bilanz nach Hause und das persönliche Wohlbefinden steigt!
- Nutzen Sie Ihre Freizeit zu Hause für Ihre Familie, Freunde, Hobbys und trennen Sie diszipliniert den Arbeitstag von der Privatzeit. Beziehen Sie die Privatzeit und Ihre Verwendung in Ihre Wochen- und Tagesplanung ein. Sprechen Sie mit Ihrem Partner/Ihrer Partnerin Ihre Planung durch und ab und halten Sie die Zusagen auch konsequent ein.

Persönliche Maßnahmen

Was nehme ich mir für die nächsten 6 Wochen im Sinne einer Erhöhung meiner »Disziplin« vor? (Stichworte):

_____

_____

Was werde ich zuerst und vorrangig tun? (Stichworte):

_____

_____

Wie kontrolliere ich die Resultate? (Stichworte):

_____

_____

Wo werde ich mich weiter zum Thema »Disziplin« informieren? (Stichworte):

_____

_____

Als weiterführende Informationsquellen empfehlen wir

Godefroy, C.H.; Clark, J.: T.M.S. Das Zeitmanagement-System. Rentrop Verlag, Bonn 1992
Öttl, Ch.; Härter, G.: Mehr Disziplin, bitte. Gräfe & Unzer, München 2007

Humor   P/S

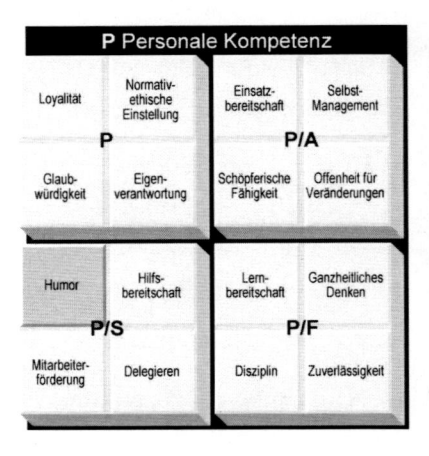

> Humor ist die Kunst, das Komische zu erkennen.

▶▶ Grundsätzliche Überlegungen

Je eher man das Komische erkennt, desto früher kann man Spannungen abbauen und desto früher stellt sich das Lachen ein. Humor ist – philosophisch betrachtet:
- »die Erkenntnis der Grenzen, verbunden mit grenzenloser Erkenntnis«;
- die Betrachtungsweise des Endlichen vom Standpunkt des Unendlichen aus;
- Distanzgefühl;
- lächelnder Zweifel;
- ein mehr verallgemeinerndes Gefühl, eine verhältnismäßig beständige weltanschauliche Einstellung Einzelner oder Gruppen von Menschen.

Humor setzt voraus, dass man das Lächerliche, die Unzulänglichkeit als letztlich etwas Positives und Anziehendes empfindet. Mit Humor lacht man über die Unzulänglichkeit eines Wesens, mit dem man sich identifiziert. Auch das Beste ist schließlich nicht bar irgendwelcher Schwächen und Unzulänglichkeiten, die es zu belächeln, zu kritisieren und aktiv lösend zu überwinden gilt, wenn man hinter ihnen einen Sinn und reale Werte sieht.

Im Alltag wird Humor nicht selten mit »Lachen« oder mit »Auslösen von Lachen« zusammengeschmissen und auf der individuellen Seite mit einer überdurchschnittlichen Menge an Witzen, Anekdoten oder spontaner Schlagfertigkeit assoziiert. Tatsächlich schließt Humor all diese Seiten nicht aus, ist aber letztlich etwas Tiefergehenderes. Humor ist eine wichtige Seite der persönlichen Weltanschauung und die Gabe, relativieren zu können, Abstand nehmen zu können von Einengungen, aufgezwungener und übertriebener Ernsthaftigkeit.

So gesehen haben Humor und Lachen natürlich einen engen Zusammenhang. Es gibt jedoch etwa 18 verschiedene Arten zu lachen – vom leisen inneren Schmunzeln, über das leichte Grinsen und Kichern bis zum ansteckenden Losgackern.

Humor hat mit seinen unterschiedlichen Aspekten direkt etwas mit sozialem Wohlgefühl, psychischer Gesundheit, Lebensqualität und Genuss zu tun. Insofern gehört Humor viel mehr in unseren Alltag, und insbesondere in die Arbeitswelt als gegenwärtig in vielen Unternehmen gewollt und zugelassen wird.

> Wenn wir frustriert waren oder erschöpft sind, können wir entweder weinen oder lachen.
> Ich persönlich ziehe das Lachen vor, weil ich mir hinterher nicht die Nase putzen muss. (Kurt Vonnegut)

Lachen ist gesund!

Außerhalb der Arbeitswelt entwickelt sich eine Lachbewegung langsam aber stetig. Der erste Sonntag im Mai ist sogar zum Weltlachtag erklärt worden. Er geht auf den Inder Madan Kataria zurück, der ihn 1998 ausrief, um der Welt mehr Fröhlichkeit zu spenden. Unabhängig von diesem weltumspannenden Anspruch des Gründers sind für den Einzelnen die gesundheitsfördernden und Genuss-Aspekte interessant: Gelotologen, also Wissenschaftler, die sich ernsthaft mit dem Lachen beschäftigen, untersuchen, wie man Lachen als Medizin nutzen kann. Dass Lachen gesund ist, wird heute nicht mehr bestritten. Lachen löst Verkrampfungen und verdreifacht die Sauerstoffproduktion:

Lachen aktiviert bis zu 80 Muskeln, die die Durchblutung anregen. 20 Sekunden herzhaftes Lachen beansprucht den Körper angeblich so stark wie drei Minuten schnelles Rudern. Gleichzeitig reduziert es die Produktion von Stresshormonen.

Beim Lachen bildet der Körper sogenannte Glücksbotenstoffe (Endorphine), die die Immunabwehr erhöhen und das persönliche Wohlbefinden steigern. Das Lachzentrum ist in der linken Großhirnhälfte lokalisiert worden und ist etwa vier Zentimeter groß.

Interessant ist auch, dass Kinder viel häufiger als Erwachsene spontan lachen. Kinder lachen rund 400 mal am Tag; ein Erwachsener kommt in Deutschland im Schnitt auf 15 Lacher. Allerdings wandelt sich die Gründe des Lachens, und keiner konnte zählen, wie oft Erwachsene »in sich hinein schmunzeln«.

In Berlin gibt es übrigens eine »1. Berliner Lachschule«.

Ein zweiter – mehr instrumenteller Aspekt

Der Einsatz von Spaß am Arbeitsplatz und die Förderung von Humor als Kulturelement wie auch als aktiver Gesundheitsschutz (Gesundheit = Einheit von physischen, psychischem und sozialem Wohlbefinden) wird in den entwickelten Industrie- und Informationsgesellschaften zwangsläufig zu einem neuen Paradigma in der Arbeitswelt/Kennzeichen einer neuen Unternehmensführung. Die Veränderungen beschleunigen sich, der Arbeitsstress wird größer. Die Produktivität des Einzelnen muss wachsen, denn die Anforderungen erhöhen sich bei kleinerer Mitarbeiterzahl weiter …

Die neue Art der Unternehmensführung als Reaktion darauf hat vor allem folgende Züge:
- Mitarbeiter erhalten mehr Selbstständigkeit und Befugnisse;
- mehr Aufmerksamkeit bzgl. JobDesign. Verbesserung der Arbeitsmoral der Mitarbeiter durch Tätigkeitsaufwertung und attraktivere Arbeitsgestaltung;
- Pflege der High Potenzials;
- Förderung von Teamgeist;
- Erhöhung der psychischen Widerstandsfähigkeit;
- Förderung einer offenen Gesprächsbasis, Mitarbeiter-Einbeziehungsmaßnahmen;
- Förderung der Kreativität.

Humor in der Arbeit kann alle diese Maßnahmen unterstützen und darüber hinaus ein Zusammengehörigkeitsgefühl erzeugen.

Humor steigert Produktivität und Qualität

Mit der Geisteshandlung Humor wächst die Offenheit für Veränderungen. Humor als ein wichtiger Unternehmenskultur – Faktor gefördert, führt in Unternehmen

- zu einer höheren Arbeitsmoral und Identifikation mit der eigenen Firma bzw. Organisation; die Arbeit macht mehr Spaß und die Qualität steigt;
- zu einer Reduzierung von betrieblichem Stress und Konflikten und fördert die Fähigkeit zur aktiven Konfliktlösung;
- zur Förderung des individuellen und des Team-Energiepotenzials;
- zu einer höheren Rate innovativer Problemlösungen;
- fördert das Loslassen von Rechthaberei, verbessert die Kommunikationsfähigkeit und die Gelassenheit.

Interessant sind in diesem Zusammenhang auch solche Untersuchungsergebnisse (737 US-amerikanische Generaldirektoren):
- 98 % würden mehr Arbeitnehmer mit ausgeprägtem Sinn für Humor einstellen als solche ohne, also Arbeitnehmer, die gut aufgestellt und »gut drauf sind«
- 84 % meinten, die Menschen mit Humor seien effizienter und belastbarer.

Jedoch: Wunsch und Wirklichkeit klaffen auseinander: Die Einsicht ist da, sie wird jedoch nicht konsequent in der Praxis umgesetzt.

Noch überwiegen anscheinend in vielen Unternehmen solche Meinungen:
- Arbeit und Humor (häufig begrenzt auf »Spaß«) sind nicht vereinbar; Humor boykottiert die Ernsthaftigkeit (»unsere Firma ist doch kein Kasperle-Theater«).
- Menschen mit ausgeprägtem Humor sind schlechter einzuordnen, nehmen die Arbeit oder den Chef nicht ernst – oder das was humorlose Menschen unter Ernst verstehen.
- Humorvolle Menschen sind eher »unreif (spüren weniger Druck, und sind damit unverständlicher für humorlose Personen), unprofessionell...«

Übrigens, zwischen Humor und Kreativität gibt es einen deutlichen Zusammenhang; beides sind Voraussetzungen für eine hohe personale Kompetenz.

Trainieren Sie sich zuerst einmal in der Kunst, das Komische an sich selbst zu erkennen, eigene Widersprüche im Verhalten und eigene Grenzen anzunehmen. Humor ist eine Geisteshaltung! Wenn Sie Ihren Humor nutzen, um andere zu entkrampfen oder gar zum Lachen zu bringen, führen Sie und nehmen Sie gestaltend Einfluss auf andere. Das gelingt glaubhaft jedoch nur, wenn Sie sich dafür entschieden haben, die Menschen in ihren Unzulänglichkeiten zu akzeptieren oder gar zu lieben.

Wie können Sie den durch Stärkung Ihrer Eigen-Macht freiwerdenden Humor erweitern und vertiefen und somit eine sehr wichtige Metakompetenz weiter kultivieren? Hierzu schlagen wir Ihnen 7 Übungen zum Selbsttraining mit entsprechenden Übungen vor. Das damit verbundene stufenweise Selbsttraining ist umso wirksamer, je mehr Sie mit einer Person Ihrer Wahl oder mehreren Personen, die solchen Vorgehensweisen gegenüber aufgeschlossen sind, über die einzelnen Stufen sprechen.

Empfehlungen

Stufen eines Humor-Trainingsprogrammes (Selbsttraining)

Grundsätze:
- Achten Sie darauf, wann Lachen angebracht ist und wann nicht. Zeigen Sie immer zuerst Ihre Kompetenzen. Nehmen Sie Ihre Arbeit ernst, sich selbst aber nicht allzu sehr!
- Wer seinen Humor nutzt, um andere zu entkrampfen oder gar zum Lachen zu bringen, führt und nimmt Einfluss auf andere.

Sieben Übungen zum Selbsttraining

Übung 1: Mein eigener Humor

> Achtung: Ihr Humor schadet Ihrem Ärger! Wollen Sie das?

Suchen Sie Ihren eigenen Sinn für Humor, Ihr derzeitiges Verständnis. Führen Sie mit den nachfolgenden Fragen eine Selbstdiagnose durch und protokollieren Sie Ihre Antworten in Stichpunkten:
- Was sind meine Humor-Stärken?
- Erkenne ich Widersprüche und komische Situationen?
- Erkenne ich Zwischentöne?
- Habe ich eher einen »trockenen Humor«?
- Wann habe ich zum letzten Mal gelacht?
- Wann habe ich Mitarbeiter zum letzten Mal zum Lachen gebracht?
- Wann habe ich das letzte Mal eine für andere ziemlich verkrampfte Situation gelockert?
- Was bringt mich zum Lachen?
- Wie oft lache ich (leise/laut)?

- Wie fühle ich mich, wenn ich lache?
- Was regt mich am meisten an, zu lachen?
- Welche Bedeutung hat(te) Humor in meiner Familie, in der ich aufgewachsen bin?
- Kenne ich Personen, denen ich näher stehe, solche, die humorvoll sind?
- Wann habe ich das letzte Mal ungezwungen gespielt?
- Angenommen, ich wäre ein Komödiant. Welcher möchte ich sein und weshalb?
- Was kann ich heute tun, damit ich mich zum Lächeln bringe?
- Was kann ich heute tun, um andere (Mitarbeiter oder Familienangehörige..) zum Lachen zu bringen?
- Wenn es mir gelänge, mehr Spielfreude und Lachen in mein Leben zu bringen, wie würde ich mich dann fühlen?
- Betrachte ich Humor als eine Quelle der Entspannung?
- Wenn ich in der nächsten Zeit lache, merke ich mir, was mich zum Lachen gebracht hat.
- Ich beobachte meine Umgebung: Was amüsiert mich?
- Ich notiere über 4 Wochen lang in Stichworten, was andere zum Lachen bringt. Ich vergleiche die Anlässe mit meinen Aufzeichnungen zum vorletzten Punkt.

Sie erwerben wichtige Menschenkenntnisse und erweitern Ihre eigene Sichtweite und Ihre Toleranz, wenn Sie am Thema Humor dranbleiben.

Übung 2: Wirkung auf andere
Erkunden Sie, wie andere Ihren Humor erkennen und bezeichnen.
- Wie sehen andere meinen Humor, welche Facetten fallen anderen besonders auf?
- Was mögen andere an mir und womit erschrecke ich sie möglicherweise?
- Wie kann ich anderen noch deutlicher humorvoll begegnen (nicht lustig, sondern herzlich)?
- Wie sehen Freunde oder Mitarbeiter von mir ihren eigenen Humor?

Übung 3: Quer-Denken und -Analysieren
Suchen Sie den Humor im Alltagsleben. Wechseln Sie die Perspektive und betrachten Sie z. B. Ihr Unternehmen, den Arbeitsbereich, die Abteilung einmal ganz anders. Versetzen Sie sich in die Position des lächelnd-kritischen Betrachters und spüren Sie Widersprüche, typische Denkmuster, Unzulänglichkeiten dadurch auf. Dazu können Sie die nachfolgenden Fragen nutzen; statt Unternehmen können Sie auch Bereich oder Abteilung einsetzen.

1. In welcher Entwicklungsphase stehen wir als Unternehmen? (Ankreuzen)
    - ☐ Phase des Suchens
    - ☐ Phase des Aufbaus
    - ☐ Phase des Wachstums
    - ☐ Phase der Konzentration der Kräfte
    - ☐ Phase der Verlagerung
    - ☐ Phase des Rückganges und der Auflösung
    - ☐ Andere Phase

2. Welcher »Geist« prägt die gegenwärtige Phase?
   - ☐ Schöpfer
   - ☐ Macher
   - ☐ Nutzer
   - ☐ Verwalter
   - ☐ Erhalter
   - ☐ Profiteur
   - ☐ Andere
3. Beschreiben Sie in Bildern den von Ihnen angekreuzten gegenwärtigen »Geist« Ihres Unternehmens genauer.
4. Gibt es besondere Bräuche, Rituale in Ihrem Unternehmen?
5. Gibt es Tabubereiche, über die nicht gesprochen wird?
6. Was sind Hochs und Tiefs in Ihrem Unternehmen?
7. Was fällt Ihnen spontan ein, wenn Sie Ihr Unternehmen mit folgenden Begriffen in Verbindung bringen?
   – Wenn wir ein Buch wären ...
   – Wenn wir ein Auto wären ...
   – Wenn wir ein Tier wären ...
   – Wenn wir ein Schlager wären ...
   – Wenn wir ein Haus wären ...

Darüber hinaus können Sie versuchen, alltägliche Situationen wie mit einer »versteckten Kamera« zu sehen: beobachten, was in einfachen Situationen komisch und lustig ist – z. B. im Autobus, in der Kantine, in der Dienstbesprechung. Machen Sie das aber in einer wohlwollenden Stimmung.

Natürlich sollen Sie nicht alles auf die leichte Schulter nehmen und vielleicht sogar verniedlichen oder verdrängen. Sie haben ein Recht darauf, sich zu ärgern und diesen Ärger auch kundzutun. Die Frage ist nur, wie lange bleiben Sie in diesem Zustand, **wann** gehen Sie dazu über, nachzudenken, warum Sie diese Situation, diese Reaktion, die Worte Dritter als ärgerlich und für Sie störend **bewertet** haben. Was könnten Sie das nächste Mal anders machen?

Die Situation ist mein Coach und ich bin der Situation als Schüler deshalb dankbar
Wenn Sie an diesem Punkt der Verarbeitung angelangt sind, dann sind Sie nicht mehr Opfer Ihrer automatischen Denk- und Handlungsmechanismen, sondern distanzieren sich augenzwinkernd von diesen.

Übung 4: Aktive Beobachtung
Beobachten Sie andere Personen, wie diese unvorhersehbaren Situationen und Ereignissen begegnen und für sich hektisch oder gelassen – überlegen meistern: in öffentlichen Verkehrsmitteln, im Restaurant, in Besprechungen? Wie reagieren z. B. unterschiedliche Personen auf Verspätungs-Ankündigungen bei der Bahn bei der U-Bahn, auf dem Flughafen?

Schärfen Sie Ihre Beobachtungsgabe:
Lesen Sie Biografien unter dem Gesichtspunkt des unterschiedlichen Umganges mit Problemen und erschwerten zwischenmenschlichen Beziehungen.

Falls Sie wirklich an Ihrem Humor arbeiten wollen, dann machen Sie sich zu wichtigen Beobachtungen stichwortartige Notizen (z. B. in einem kleinen Vokabelheft) und sehen Sie sich diese von Zeit zu Zeit an. Probieren Sie beobachtete oder gelesene Verhaltensweisen aus und streichen Sie das, was Sie übernommen haben und ergänzen Sie neu, was Sie beobachten. Diese Methode des Selbstlernens über Beobachtungen und mittels Lerntagebuch haben wir in dieser oder ähnlicher Form bei etlichen innovativen Selbst-Entwicklern vorgefunden – eine äußerst effektive Form des Lernens, die Sie nicht nur unter dem Gesichtspunkt der eigenen Humorerweiterung nutzen können, sondern ebenso zu vielen anderen Lernzielen, z. B. Verbesserung meines Verhandlungsverhaltens.

Übung 5: Verkrampftes entkrampfen
Wir fragten den Aachener Humoristen Alfred Gerhards, bekannt als Clown GLOBO, nach Techniken, die wir uns zueigen machen können, um verkrampfte Situationen zu entkrampfen und um auf die Meta-Ebene der Betrachtung und des Tuns zu kommen, um der eigene Boss zu werden. GLOBO gibt im Folgenden einige Beispiele.

Als erstes stellt GLOBO sich folgender Situation, die schon viele von durchlebt haben: Er sitzt in einem Zug auf einem reservierten Platz und hofft natürlich, dass gerade dieser nicht abgefordert würde. Nun kommt jedoch eine ältere Dame, die die entsprechende Platzkarte vorweist.

Sehen wir nun, wie GLOBO reagiert.

GLOBO: »Was man befürchtet, soll man sich wünschen.« Das ist von Victor Frankl.

Heyse: Wir sagen auch, »die Situation aufnehmen, bewusst aufnehmen als Coach« (»Die Situation ist mein Coach«).

GLOBO: Ja, dazu ein kleines Beispiel: Ich saß im Abteil. Dann kam eine Dame. Streng, ein bisschen herrisch, verkniffener Mundwinkel und sie hatte ein Jägerhütchen auf. Sie sagte: »Das ist mein Platz, stehen Sie bitte auf«. Dann habe ich gesagt: »Mensch, ich warte schon die ganze Zeit auf Sie, endlich sind Sie da. Ich habe den Platz freigehalten. Glauben Sie, das ist ein Vergnügen? Jetzt kann ich mir endlich einen eigenen Platz suchen. Vielen Dank.« Sie war so irritiert, und dann fingen die ersten um sie herum zu lachen an und dann löste sich plötzlich auch ihr Gesicht.
»Ach, wissen Sie was, bleiben Sie einfach sitzen, ich gehe, da ist ja noch etwas frei. Wenn Sie aber so freundlich sind, auf meine Tasche aufzupassen.« Da ging es darum, die Situation als Lernsituation anzunehmen und sie zu *drehen*.

Heyse: Raus aus der eigenen Enge…

GLOBO: Ja raus aus diesem eigenen Gefühl der Ohnmacht.

Heyse: »Ich werde jetzt gemaßregelt, wie schon früher von den Eltern.«

GLOBO: Es hat ihr nicht wehgetan, es war *kein* Gegenangriff. »Ich habe es einfach nur gedreht«, und das meine ich auch – mit »die Situation im Griff haben und nicht umgekehrt«. Und das ist auch eine gute Methode.

Heyse: Mir ist eben aufgefallen, Sie strahlten das auch so richtig pantomimisch und gestenreich aus, das muss ja auch geübt sein. Ich kann zwar mit dem Kopf so Einiges machen, aber ich muss ja dahinterstehen.

GLOBO: Dieses, was ich gerade gemacht und erzählt habe, ist auch die so genannte Lehnstuhltechnik. Ich habe also eine Situation, die ich schon häufiger erlebt habe, die mich in das Gefühl der Ohnmacht gebracht hat. Dazu habe ich mir in einem Zustand, in dem ich entspannt war, dann eine Strategie überlegt. Denn es ist schwer, es dann zu tun, wenn man so richtig drinhängt. Man ist dann doch meistens geschockt, beeindruckt, hat dann gar nicht mehr die Kapazität und keine Schlagfertigkeit. Die kennen wir nur aus Filmen, irgendwelchen Comedy-Filmen. Da haben Regisseure aber ein halbes Jahr lang an Drehbüchern geschrieben. Da wird so lange geprobt an Schlagfertigkeit, bis sie dann funktioniert. Im Alltag ist das nicht so einfach. Aber deshalb diese Lehnstuhltechnik, weil ich weiß, das passiert mir immer wieder und da will ich etwas ändern. Dann lehne ich mich in den Lehnstuhl und denke mir etwas aus, dann freue ich mich schon und bin gewappnet. Es geht ja darum, in ein anderes Gefühl zu kommen, in eine andere Situation. Da hilft zum Beispiel die Imagination, sich praktisch einen anderen Rahmen vorzustellen, eine andere Umgebung. Das kann man.

Übung 6: Geschichten und Anekdoten erzählen
Üben Sie, zu verschiedenen Anlässen kleine Geschichten zu erzählen, Gleichnisse, Metaphern, plastische Beispiele. Legen Sie Wert auf Analogien. Suchen Sie Beispiele für Humor in schwierigen Situationen. Diese kann man vor allem in Anekdoten finden. Beeindruckende Beispiele für die Anwendung von Humor bei schweren psychischen Krankheiten und den erstaunlichen Heilungserfolgen vermittelt der Arzt und Psychotherapeut Nossrat Peseschkian.

Empfehlenswert sind 2 Tonbandkassetten, die im Handel erhältlich sind sowie einige populärwissenschaftliche Bücher (auch für Laien verständlich und sehr anregend): Audiokasetten: Orientalische Märchen in der Psychotherapie, Band 1 und 2. ISBN 3-8302-0169-9: Auditorium Netzwerke.

Nutzen Sie solche Quellen zur Anregung. Menschen wollen Geschichten hören und folgen ihnen eher auch in Konflikt-Situationen über Geschichten zu anderen Betrachtungsweisen als über gutgemeinte Belehrungen.

Öffnen Sie sich beobachtend der Vielfalt humorgetragener Kommunikationen im Alltag. Unterscheiden Sie unterschiedliche Situationen, Kontexte, Kommunikationskanäle und -weisen. Als Beobachtungshilfe sind acht humorgetragene Kommunikationen nachfolgend aufgeführt:
- Humorvolle Kommentare (unerwartete und überraschende Fragen und Bemerkungen)
- Anekdoten (Verwendung von Parabeln, humorvollen Geschichten, Witzen; aber personifiziert und nicht abstrakt wiedergebend einsetzen: »Es war einmal…«; »Ich hatte einmal eine Situation…«)
- Sprichwörter – treffsicher eingesetzt
- Humorvolles Ansprechen »zentrierter« Gedanken und Gefühle
- Humorvolles Infragestellen von Überzeugungen
- Humorvolles Einführen neuer Erklärungen (Reframing)

- Humorvolle Phantasien
- Humorvolle verhaltensorientierte Aufgaben, beginnend bei der Vorbereitung von
- (Bütten-)Reden, über Trainingsaufgaben und -rollen bis hin zu unternehmenskabarettistischen Aufgaben.

Übung 7: Mut zum Probieren und Andersdenken unterstützen

Wenn Sie eine Führungskraft sind oder eine andere Möglichkeit der breiteren Einwirkung in Ihrer Firma oder Organisation haben, dann können Sie über vielfältige Wege bei anderen den Mut zum Ausprobieren und Wagen und zum konstruktiven Zweifel (auf Distanz gehen, Beobachterrolle annehmen) unterstützen. Einige seien mit dem Vorschlag an Sie genannt, diese Wege zu ergänzen und einige sodann in Ihrem Unternehmen auszuprobieren:

- Bei Einstellungsgesprächen auch auf Humor achten, also noch bewusster Mitarbeiter im Sinn für Humor und Freude am Beruf einstellen (Die Idee sollte größer als das Ego sein und der Mitarbeiter sollte sich selbst nicht zu ernst nehmen!);
- Vorschriften humorvoller darstellen, Einflussnahme auf eine humorvolle betriebliche Kommunikation und Interaktion;
- ein informeller Bekleidungstag (z. B. Freitags ist auch Freizeitkleidung gestattet);
- im Management mehr Humor einbauen, zum Beispiel mit dem Tagesordnungspunkt »Systematische Müllabfuhr« (Was können wir zukünftig besser machen, von welchen Arbeitsgewohnheiten, Schwächen müssen wir uns verabschieden...) auch die Kurzdarstellung von Erfolgsstories und lustigen Begebenheiten in der Firma verbinden (das muss nicht mehr als 15 Minuten dauern, enthält aber auf eine lockere Weise viele Anregungen, Einsichten und positive Bekräftigungen);
- Cartoons und Anekdoten am Schwarzen Brett (Jeder kann eigene anbringen);
- Fotowettbewerb und Ausstellung (»Lustiges im Alltag«);
- Einbeziehen von Humorberatern und Unternehmenskabarettisten (im deutschen Sprachraum noch unterentwickelt, aber kommend). Einbeziehung von »Spaßkomikern«, die analysieren sollten, wie man Spaß in die Arbeit bringt (z. B. Video über Mitarbeiter-Weihnachtsfeier);
- statt ernsthafter Fotos von der Unternehmensleitung zeitweilig Fotos von den Mitgliedern als kleine Kinder; Mitarbeiterbefragung mit ungewöhnlichen, die Phantasie anregenden Fragen.

Weitere Wege:

_____

_____

_____

_____

Dieses stufenweise Training ist umso wirksamer, je mehr wir mit einer oder mehreren vertrauten Person, die für diese Interaktionen aufgeschlossen sind, über die einzelnen Schritte sprechen und sie als Verbündete und Coaches gewinnen.

Machen Sie ein halbes Jahr lang nach jeweils 2 Wochen ein Zwischenresümee, eine Selbstdiagnose und vergleichen Sie die Ergebnisse mit denen, die Sie zum Anfang Ihrer Übungen niedergeschrieben haben.

Achten Sie erst auf einzelne Realisierungsschritte und setzen Sie einzelne Vorhaben konsequent im Alltag um. Werten Sie aufmerksam die gewonnenen Erfahrungen aus.

Wir haben Ihnen absichtlich vielfältige Übungen zu diesem Thema zur Auswahl freigestellt, dass der Humor Stiefkind des (deutschen) Alltags ist und es auch für den einzelnen somit schwer ist, sich humorvoll zu *ent*wickeln. Humor-Entwicklung setzt eine hohe Diszipliniertheit beim Ein-Üben und Selbst-Kontrollieren voraus. Im Kern aller Übungen steht der Aufbau innerer Distanz; allein die intensive Beschäftigung mit dem Thema Humor gibt Ihnen Distanz.

Andere Distanzübungen sind zum Beispiel:
- Meditation (Gelassenheit)
- Reflektionsübungen: »Ich sehe, beurteile…Ich sehe, dass ich beurteile…«
- Zügelung persönlicher vorschneller Wertungen und persönlicher Vorurteile, Rechthaberei: »Jeder hat in seinen Denk- und Handlungssystemen recht. Lass ihm sein Recht, mich hat das nicht zu stören…«
- Ich gebe mein Bestes und diene aus der Position der Stärke
- Ich bin stark, weil ich weiß, dass es nach jedem Tief (persönlich ungünstige Resultate) auch wieder ein Hoch gibt …

Zum Schluss noch einige Empfehlungen zur Erhöhung von Spaß und Wohlbefinden am Arbeitsplatz (vgl. www.humor.ch-Aktuell / Mai 2008):
1. Bewahren Sie sich bei der Arbeit eine spielerische Grundhaltung.
2. Gehen Sie fröhlich auf andere Menschen zu. Ein Lächeln und ein nettes Wort sind wichtige Brücken zwischen zwei Menschen.
3. Nehmen Sie sich vor, täglich einer fremden Person ohne Aufforderung zu helfen (und sei es, die Tür aufzuhalten). Suchen Sie bewusst nach Gelegenheiten und sehen Sie die Suche und Realisierung als Training für Ihre Lockerheit und Freundlichkeit an.
4. Beobachten Sie die Mimik und Gestik Ihres Gegenüber, wenn Sie eine humorvolle Bemerkung machen. Nach und nach lernen Sie dadurch zu unterscheiden, welche Art von Humor ankommt, welche nicht und wann Sie eher vorsichtig agieren sollten.
5. Vermeiden Sie schlüpfrige Witze, Sarkasmus, zynische Bemerkungen oder Gesten.
6. Machen Sie sich nie über Schwächen Dritter lustig.
7. Lachen Sie über Ihre eigene Schwächen und signalisieren Sie damit anderen, dass Sie »auch nur ein Mensch sind« und sich nicht allzu ernst nehmen.
8. Wenn sie einmal schlechte Laune haben, lassen Sie diese auf keinen Fall an Unschuldigen aus. Suchen Sie stattdessen mit dem Verursacher ins Gespräch zu kommen und sagen Sie ihm geradeheraus, warum Sie verärgert oder enttäuscht sind.

9. Kritisieren Sie in solch einem Fall nie die »Person an sich, grundsätzlich«, sondern sprechen Sie über die konkreten Verhaltensweisen, die für Sie erschwerend, »ungünstig« sind.

Wenn Sie diese neun Empfehlungen konsequent für sich umsetzen, dann tragen Sie zur Verbesserung des Betriebsklimas und zu einer konstruktiven Fehlerkultur bei!

Persönliche Maßnahmen

Was nehme ich mir für die nächsten 6 Wochen im Sinne einer Verstärkung meines »Humors« vor? (Stichworte):

_____

_____

Was werde ich zuerst und vorrangig tun? (Stichworte):

_____

_____

Wie kontrolliere ich die Resultate? (Stichworte):

_____

_____

Wo werde ich mich weiter zum Thema »Humor« informieren? (Stichworte):

_____

_____

Als weiterführende Informationsquellen empfehlen wir

Harenberg Anekdotenlexikon. Harenberg Lexikon Verlag, Dortmund 2000
Heuser, H.: Als die Götter lachen lernten (griechische Denker verändern die Welt). Verlag Piper, München/Zürich 1996
Hirsch, E.C.: Der Witzableiter (oder Schule des Gelächters). Deutscher Taschenbuch Verlag, München 2001
Kirchmayr, A.: Witz und Humor. EDITION VA bENE, Wien 2006
McGhee, P.E.: Health, Heating and the Amuse System (Humor as survival training). Kendall/Hunt Publishing Company Dubugne, Iowa 1999
www.humor.ch-Aktuell
www.lachseminare.de

Hilfsbereitschaft   P/S

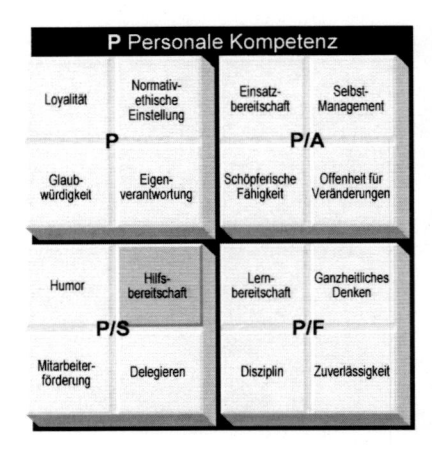

▶▶ **Grundsätzliche Überlegungen**

Allgemein kann Hilfsbereitschaft als die persönliche Bereitschaft bezeichnet werden, anderen Erleichterungen zu verschaffen oder sie aus irgendwelchen Einschränkungen und Notlagen zu befreien. Die Intensionen selbst können sehr komplex sein und nicht direkt erkennbar. Es muss – um ein sehr einfaches Beispiel zu wählen – nicht immer reine Hilfsbereitschaft sein, wenn jemand einer Dame in den Mantel hilft (Schmerl und Steinbach [1973] gehen z.B. sehr kritisch auf die »Ritterlichkeit« als eine Form der Frauenfeindlichkeit ein: Schmerl, Ch., Steinbach, D.: »Ritterlichkeit – eine indirekte Form von Mysogenie?« In: Schmidt, H.D. et al. [Hrsg.]: Frauenfeindlichkeit. Sozialpsychologische Aspekte der Mysogyenie. München 1973). Hilfsbereitschaft folgt insbesondere der Intension, bedürftigen anderen Personen Erleichterungen oder Besserungen der Anforderungs- und Lebenssituationen zu verschaffen. Hier spielt also auch die Motivation eine Rolle, auf die Bedürfnisse und auf die Befriedigung der Bedürfnisse anderer einzugehen. Das Einfühlen (empathy) in die Bedürfnislage des anderen ist ebenfalls ein wichtiges Kennzeichen für die Hilfsbereitschaft sowie für die konkrete Hilfeleistung. Und ferner spielt in diesem Zusammenhang die »soziale Verantwortung« des Einzelnen eine wichtige Rolle, also ein Verhalten, das in Übereinstimmung mit sozialen Idealen und Normen sowie relativ unabhängig von möglichen erwartbaren Belohnungen anderer erfolgt und auf eine oder mehrere Personen oder Gruppen gerichtet ist.

Hilfsbereitschaft wird oft gedanklich verbunden mit »spontan und schnell helfen«, »sofort helfen«, aktiv und konkret etwas tun« »aus innerer Überzeugung heraus etwas unternehmen«…

Kennzeichen

In einem Unternehmen spielen solche Kriterien zur Kennzeichnung der Hilfsbereitschaft eine Rolle wie:

- Geht vom tief verankerten, persönlichen Bedürfnis nach Kommunikation und Kooperation miteinander aus.
- Vernachlässigt auch in Konkurrenz- und Wettbewerbssituationen nicht die Zusammenarbeit und die Hilfe für andere.
- Hat bei der Hilfeleistung für andere nicht nur das Gesamtergebnis des Unternehmens, der Arbeitsgruppe... im Blick, sondern auch deren Persönlichkeit und Entwicklung.
- Orientiert die eigene Hilfsbereitschaft nicht an vordergründigen Statusverbesserungen und Belohnungen.
- Hilfsbereitschaft verlang ein hohes Maß an Spontaneität und Selbstständigkeit.

Persönlichkeitsunterschiede

Literaturanalysen ergaben eine Reihe von Unterschieden in Bezug auf Hilfsbereitschaft und Hilfeleistung, die allerdings zum Teil auch widersprüchlich und im konkreten Fall schwer nachweisbar sind. Nachfolgend seinen einige tendenzielle Unterschiede genannt:

Kennzeichen hilfsbereiter Erwachsener:
- Geselligkeit;
- soziale Integriertheit;
- soziale Angepasstheit;
- soziale Verbundenheit;
- Attraktivität als Freund(in);
- starke Orientierung an einer moralisch besonders orientierten Person (Eltern, Verwandte ...);
- starker Glaube (Gottesglaube, Wertbezüge ...);
- Autoritarismus und politischer Konservativismus.

Frauen:
- Soziale Extrovertiertheit;
- Bedürfnis nach sozialem Kontakt;
- Zyklothymie (zu periodischem Wechsel zwischen niedergeschlagenen und heiteren Stimmungslagen neigendes Temperament).

Männer:
- Starke Belastbarkeit;
- Bewusstheit der Konsequenzen eigenen Verhaltens für andere;
- Zuschreibung eigener Verantwortlichkeit für die Konsequenzen eigenen Verhaltens für andere.

Kinder:
- Abhängig von sozialer Zuwendung;
- Fähigkeit, Hindernisse zu überwinden.

Das Helfen in Extremsituationen (untersucht nach dem zweiten Weltkrieg z. B. an damals noch lebenden Judenhelfern) zeigte bei aller Unterschiedlichkeit der Personen, ihrer Herkunft, ihres Alters insbesondere drei Gemeinsamkeiten:
- eine starke Identifikation mit einem elterlichen Modell moralischen Verhaltens;
- das persönliche Gefühl der sozialen Randständigkeit (Angehöriger einer verbotenen Partei, Sekte, Minderheit…);
- Abenteuerlust (risikofreudige Freizeitinteressen, mutige Sabotageakte im Dritten Reich…).

Die moralisch verankerte soziale Verantwortung spielt also eine sehr große Rolle. In »milderen« sozialen Hilfesituationen können aber auch moralische Normen der Reziprozität wirken: man versucht einerseits, den Schaden, den man angerichtet hat, in gleicher Höhe wieder auszugleichen. Andererseits fühlt man sich verpflichtet, empfangene Hilfeleistungen oder Geschenke »in gleicher Höhe wieder gut zu machen«.

Zwei Experimente

Experiment 1: Einstellungen und Hilfsbereitschaft

Die Hilfsbereitschaft und Ehrlichkeit wurde in einem größeren Experiment in den USA mit der sog. Technik der verlorenen Briefe (lost letter technique) geprüft:

Ein Versuchsleiter ließ an verschiedenen regenfreien Tagen in mehreren Städten des Ostens der USA frankierte, jedoch nicht abgestempelte Briefe und Postkarten auf den Bürgersteig fallen. Es sollte beobachtet werden, wie und wie viele der so »verlorenen« Briefe durch die Hilfe ehrlicher Finder beim Empfänger ankommen würden. Die Briefe waren mit einer Privatadresse versehen und ein Teil der Briefe enthielt ein rundes, flaches Bleistück in der Form einer 50-Cent-Münze. Der Versuchsleiter »verlor« seine Post unauffällig durch eine aufgeschlitzte Hosentasche durch ein Hosenbein.

Von den einfachen Briefen (ohne münzähnliches Bleistück) erreichten 85 % den Empfänger, von den Postkarten 72 % und von den Briefen mit dem scheinbaren Geldstück nur 54 %. Und die Autoren berichteten von ihren Beobachtungen: »Zu beobachten, wie die Briefe aufgehoben wurden, erwies sich als höchst amüsanter Zeitvertreib: Einige wurden aufgehoben und sofort in den nächsten Briefkasten geworfen. Andere wurden sorgfältig untersucht, wobei der Finder offensichtlich in den Konflikt geriet, ob er den Brief einstecken oder einwerfen sollte… Zwei von fünf Briefen, die während eines Gottesdienstes auf die Stufen eines Kircheneingangs gelegt wurden, kamen nicht an«.

Selbstcheck

Überlegen Sie, wie Sie diese Ergebnisse interpretieren würden und was Sie wahrscheinlich getan hätten:

_____

_____

_____

Experiment 2: Stimmung des Helfers
In einer Vielzahl von Experimenten wurde das Spendenverhalten untersucht.
- Gottesdienstbesucher, die sozialem Druck ausgesetzt sind, spenden höhere Beiträge für die Kollekten. Das gilt, wenn die Kollekte in einem offenen, einsehbaren Behälter gesammelt wird und wird anscheinend noch verstärkt, wenn dicht neben dem Spender andere Personen sitzen und ihn beobachten.
- Bei Spenden richtet man sich oft nach den schon getätigten Spenden Dritter. Erfahrene Mitarbeiter karitativer Organisationen fangen bei ihren Haussammlungen zuerst bei spendenfreudigen Anwohnern an, um oben auf der Liste möglichst hohe Beträge zu haben.
- Je stärker in der sog. Abkündigung zum Spenden für eine Kollekte aufgefordert wird, desto höhere Beträge werden anschließend dafür gespendet.
- Je besser die Spender über den Verwendungszweck informiert werden, desto mehr wird gespendet.
- Ältere spenden mehr als Jüngere, Frauen mehr als Männer.
- An Feiertagen ist das Spendenaufkommen höher als an »gewöhnlichen« Tagen.

Aus diesen und weiteren Ergebnissen geht die Bedeutung der emotionalen Faktoren für die Spenden- und Hilfsbereitschaft hervor.
- Gute Laune wirkt sich förderlich auf die Hilfsbereitschaft aus.
- Eine heitere Stimmung hat öffnende Wirkung. Der Mensch fühlt sich stärker und reicher.
- Gut gelaunte Menschen helfen mehr und schneller. Und umgekehrt: Menschen mit Misserfolgsgefühlen und starken Frustrationserlebnissen beachten die Umwelt enger und abwehrender. Die Stressforschung bestätigt dieses: Misserfolge führen zu einer Aufmerksamkeits- und Wahrnehmungsverengung, zu einer Unzufriedenheit mit sich selbst, zu Ärger und zu solchen abwehrenden Äußerungen wie: »Mir hilft auch keiner, soll er doch sich selbst helfen« oder »Undank ist der Welten Lohn und jeder ist sich schließlich selbst der Nächste«.

Andererseits können auch unangenehme Gefühle die Hilfsbereitschaft erhöhen, z. B. Schuldgefühle und Wiedergutmachungsmotive gegenüber konkreten Personen. Das kann sich natürlich auch auf Personen beziehen, die eine starke Ähnlichkeit mit dem Geschädigten haben. Dieser Excurs sollte die Vielfältigkeit der Aspekte der Hilfsbereitschaft sowie die Wurzeln dieser andeuten.

Zugleich können wir resümieren:

> Es gibt einen starken Zusammenhang zwischen sozialer, moralischer Verpflichtung, sozialem Druck und der Hilfsbereitschaft einer Person.
>
> Eine Öffnung und Erweiterung der individuellen Hilfsbereitschaft hängt in hohem Maße davon ab, wie tief eigene Werte, Ideale und erlebte Vorbilder in das Leben eingegriffen haben.

Hilfsbereitschaft im Unternehmen

In vielen Untersuchungen zur Arbeitszufriedenheit sowie zum Betriebsklima werden Kommunikation, gegenseitige Hilfe und Teamgeist als subjektiv besonders bedeutsam hervorgehoben – und hier von Frauen sowie von Älteren noch mehr als von anderen. Anscheinend dominiert hierbei einer von vielen Aspekten. Es wird der Aspekt »Wenn es notwendig ist, wird mir geholfen« betont.

Empfehlungen

Das Thema Hilfsbereitschaft hat jedoch noch mehr Aspekte:
- Eigene Hilfe/Unterstützung (auch in druckärmeren Situationen) anbieten – auch als Beweis der Ernstnahme und Wertschätzung anderer Personen;
- rechtzeitig um Hilfe bitten (und nicht erst, wenn der Ruf ertönt »Land unter«);
- selbst so arbeiten, dass sich Hilfe erübrigt und andere nicht unnötig helfen müssen (periodische eigene Schwächenanalyse und Maßnahmen zur Schwächenreduzierung);
- frühzeitige, sensible Wahrnehmung der Hilfebedürftigkeit von Kolleginnen und Ableitung »leiser« Unterstützungsmaßnahmen.

Selbstcheck

Härter (2003) stellt in ihrem Aufsatz »Teamwork und Hilfsbereitschaft« lebensnahe Fallbeispiele vor, kommentiert sie und gibt vielfältige Hinweise zum Selbstcheck. Letztere sollen hier ausschnittsweise zitiert und hervorgehoben werden.

So arbeiten, dass andere nicht helfen brauchen

Wie gut komme ich selbst mit meinen Aufgaben und meiner Auslastung klar?

_____

_____

Brauche ich häufig Unterstützung? Von wem, wann, bei welchen Aufgaben?

Wie sind mein eigenes Selbstmanagement, meine Arbeitsweise und mein Arbeitsstil einzuschätzen. Was müsste ich hier besser machen?

Welche Informationen und Befugnisse benötigte ich zu einer noch selbstständigeren Arbeit?

Welche Schnittstellen, Tätigkeiten, Verständigungen gibt es, wo eine Unzufriedenheit in der Aufgabenbearbeitung der Teammitglieder existiert? Wo lässt sich wie etwas optimieren?

Gibt es bei uns Mitarbeiter, die häufig überlastet und solche, die unterfordert und weniger ausgelastet sind? Was kann man hier verändern, so dass eine bessere Aufgabenverteilung realisiert und die Notwendigkeit der Hilfe ohne Ursachenbeseitigung vermindert werden?

Wie kann ich/können wir noch unsicheren, aber motivierten MitarbeiterInnen helfen, diese Unsicherheit zu überwinden?

Rechtzeitig um Hilfe bitten

Hier gilt es, insbesondere zwei Seiten im Auge zu behalten: Einerseits geht es um den persönlichen Mut und den rechtzeitigen Zeitpunkt. Andererseits muss man auch mit dem »Nein« der MitarbeiterInnen umgehen können, wenn deren Kapazität zum gleichen Zeitpunkt erschöpft ist.

_____

_____

Wie gehe ich selbst damit um, wenn ich einmal Hilfe benötige? Habe ich den Mut, auf »geradem Wege« auf andere zuzugehen und um deren Rat und Hilfe zu bitten?

_____

_____

Wie gehe ich persönlich mit Rückweisungen anderer um? Kann ich das richtig einordnen und anerkennen, ohne mich enttäuscht zurückzuziehen?

_____

_____

Wie gehe ich selbst damit um, wenn ich von anderen in einer für mich schwierigen Phase um Hilfe gebeten werde?

_____

_____

Macht es mir etwas aus, wenn ich bei der Unterstützung anderer auch mal »niedere Arbeiten« übernehmen muss?

_____

_____

Haben Sie im Team geklärt, wie Sie in puncto »Um-Hilfe-Bitten« miteinander umgehen?

_____

_____

Sind die KollegInnen bereit, über Verbesserungen nachzudenken und diese gemeinsam zu tragen?

Hilfe anbieten

Wie aktiv gehe ich auf andere zu, die ich in Bedrängnis und Arbeitsstress sehe? Dabei muss es ja nicht an die Übernahme von deren Aufgaben gehen, sondern vielleicht nur um das Angebot, für einige Zeit das Telefon des anderen zu übernehmen und damit Störungen fern zu halten.

Mache ich (vielleicht unbewusst) inhaltlich oder personenbezogen Unterschiede zwischen den KollegInnen? Welche, warum zwischen wem?

Bieten wir uns im Team gegenseitige Unterstützung an, wenn wir sehen, dass der Druck zunimmt?

Werden in der Regel Prioritäten gesetzt und die Aufgaben nach »wichtig« und »dringend« unterschieden?

Sieht jeder seine Aufgabe als wichtig an, oder denken wir schon mehr im Sinne von Teamergebnissen und gegenseitigen Abhängigkeiten bei der Aufgabenerledigung?

Was kann ich bei mir verbessern, und was können wir alle im Team verbessern?

Helfen in Krisen

Erkenne ich, wenn ein Kollege stark unter Stress steht? Das muss nicht in erster Linie ein durch die Arbeitsbedingungen verursachter Stress sein, sondern kann durchaus ganz private Ursachen haben.

Gibt es Beispiele im Team für gemeinsames erfolgreiches Helfen in Krisen? Wurde darüber gesprochen und wurden gemeinsam Schlussfolgerungen für spätere Ereignisse und Vorgehens weisen daraus gezogen? Werden auf neue MitarbeiterInnen solche Teamerfahrungen übertragen?

Wie sind Ihre persönlichen Erfahrungen und Ihre Bereitschaft, auch bei größeren persönlichen Krisen Dritter denjenigen zu helfen?

Kennen Sie die Symptome des Verhaltens bei starkem negativen (Dis-)Stress und kritischen Lebensereignissen so, dass Ihnen eine entsprechende Betroffenheit Dritter auffällt? Haben Sie Erfahrungen in der »Psychologischen Ersten Hilfe«? Wenn ja, wie vermitteln Sie sie auch anderen MitarbeiterInnen bzw. Ihrer Führungskraft?

Verhaltensbeobachtung bei Stress und kritischen Lebensereignissen

Zur Erweiterung Ihrer Verhaltensbeobachtung nachfolgend einige Kriterien (Feser, 2001):

1. Aktuelle Lebenssituation
   - Ausmaß bzw. Intensität des belastenden Ereignisses oder einer andauernden, unangenehmen Situation;

- soziale Ressourcen und Unterstützung, die ein Mitarbeiter in seiner Umgebung findet (z. B. Führungskraft, KollegInnen, Freunde, Familie, Sozialdienste…).
2. Beispiele für Symptome und Verhalten

- Angstäußerungen
- Erschöpfungszustände
- Leistungseinschränkungen
- Konzentrationsprobleme
- Reizbarkeit, Konflikthaftigkeit
- Spannungszustände
- Morgenmüdigkeit
- Nicht-abschalten-können
- Psychische Beschwerden
- Schlafstörungen
- Gewichtsprobleme/ starke Ab- bzw. Zunahme
- Erhöhte Fehlzeiten

3. Personale Bedingungen
   - Etwaige Häufigkeit von kritischen Lebensereignissen innerhalb einer überschaubaren Lebensspanne.
4. Geäußerte Hilflosigkeit
   - Negative Lebensbewertung, (Fern-)Ziellosigkeit.
5. Subjektive Bewertungen von Stresserleben
   - Beeinträchtigung;
   - Gefahr;
   - Bedrohung;
   - Scham;
   - Schuld;
   - Rollenverlust.
6. Günstige Ansätze zur Stressbewältigung
   - Die Person kann soziale Unterstützung annehmen;
   - sie äußert positive Zielerwartungen;
   - sie zeigt Problemlösungsverhalten;
   - erkennbare Verbesserung des Wohlbefindens.

Persönliche Maßnahmen

Was nehme ich mir für die nächsten 6 Wochen im Sinne einer Erhöhung meiner »Hilfsbereitschaft« vor? (Stichworte):

_____

_____

Was werde ich zuerst und vorrangig tun? (Stichworte):

_____

_____

Wie kontrolliere ich die Resultate? (Stichworte):

_____

_____

Wo werde ich mich weiter zum Thema »Hilfsbereitschaft« informieren? (Stichworte):

_____

_____

ⓘ Als weiterführende Informationsquellen empfehlen wir

Feser, H.: Führen und helfen in der Krise. Arbeitshefte Führungspsychologie, Band 44. Sauer Verlag, Heidelberg 2001
Härter, G.; Öttl, C.: Management & Lebensqualität, München 2003
Lazarus, L.; Fay, A.: Ich kann, wenn ich will. Anleitung zur psychologischen Selbsthilfe, dtv Deutscher Taschenbuch Verlag, München 2001
Heckhausen, J.; Heckhausen, H. (Hrsg.): Motivation und Handeln. VS Verlag für Sozialwissenschaften, Wiesbaden 2006

Anhang

Empfehlungen

Übertreibungen

Wenn Sie nachdenken, wie Sie Ihre Hilfsbereitschaft spontaner und selbstbewusster ausrichten können, dann sollten Sie sich auch stets der Folgen einer (vielleicht unbewusst gesteuerten) Übertreibung bewusst sein und Möglichkeiten und Schritte kennen, diese Übertreibungen abzubauen. Lazarus/Fay (2001) schildern einen typischen Fall:

Eine junge Frau, die große Anstrengungen unternahm, es jedem recht zu machen, stets für andere dazusein und ihre Zuneigung zu gewinnen, kam in eine äußerst schwierige Situation, als mehrere ihrer engsten Freunde miteinander unvereinbare Ansprüche an sie stellten. Sie hatte natürlich ihre eigenen Bedürfnisse nie zum Ausdruck gebracht, und sie fing an, unter Angstzuständen und Panikanfällen zu leiden. Hinter diesem Verhalten können folgende Glaubenssätze stehen:

1. Mache es allen recht, sei gegenüber allen hilfsbereit; nur so werden sie dich mögen.
2. Stelle deine Interessen und Bedürfnisse zurück und gehe von dem Grundsatz aus: Wer einem Menschen hilft, der hilft der ganzen Welt.
3. Besser, man macht es einem anderen recht, als sich selbst.
4. Wenn du die Bedürfnisse anderer Menschen über die eigenen stellst, hast du auch das Recht in eigener Not auf sie zu zählen.
5. Nur wenn du anderen Menschen hilfst, bewahrst du dir die Chance zum Glücklich sein.
6. Wenn du dich anderen verweigerst, wirst du als Person verwundbar und nicht mehr anerkannt.

Selbstcheck

Seien Sie zu sich selbst ehrlich und überlegen Sie, ob Sie einem oder mehreren dieser Glaubenssätze nahe stehen. Überlegen Sie zugleich, bevor Sie weiterlesen, welche falschen Prämissen mit diesen (in jedem Fall übertriebenen, also unbedingt zu mindernden) Glaubenssätzen verbunden sind. Machen Sie sich dazu einige Notizen in Stichworten:

_____

_____

☞ Empfehlungen

Vergleichen Sie Ihre Übertreibungsanalyse mit den Folgerungen und Übungsempfehlungen von Lazarus/Fay (2001, S. 61, 62).

> Oft greifen Personen zu Übertreibungen (»Mache es allen recht«. »Sei stets solidarisch mit Schwächeren und hilf ihnen«...), weil sie Angst vor dem möglichen Verlust von persönlicher Akzeptanz und Anerkennung haben. Sie haben Angst vor einem eingebildeten Resultat, das gar nicht eintreten muss und nach und nach eine Angst vor der Angst (dem mit diesen Erwartungen einher gehenden sehr unangenehmen Gefühlen). Aus Furcht davor, anderen nicht zu gefallen, verschweigt man die eigene Meinung und geht vermeintlichen Auseinandersetzungen aus dem Weg.

Dazu abschließend eine kleine Geschichte – ebenfalls wiedergegeben von Lazarus/Fay:

> Zwei langjährige Freunde waren regelmäßige Kirchgänger. Während der eine ziemlich locker zu seinen Gebeten stand, war der andere eifrig darauf bedacht, Gott zu gefallen, ihn zu preisen und bemühte sich im Allgemeinen außerordentlich »religiös« und gottesfürchtig zu sein. Schließlich kam der nicht so verbissene der beiden Männer gut im Leben voran, wurde wohlhabend und zufrieden, während sein ernster Freund nur mühsam vorankam, obwohl er sich noch mehr anstrengte, dem Herren zu gefallen. Schließlich, als der Letztere in den Himmel kam und Gott fragte, warum denn alle seine Opfer und Gebete unbeachtet geblieben wären, antwortete Gott: »Weil Du mich aufgeregt hast damit!«

Delegieren P/S

Grundsätzliche Überlegungen ◀◀

Delegieren beschreibt die gezielte Übertragung persönlicher Verantwortung auf andere mit dem Ziel einer Verbesserung der gemeinsamen Arbeit. Es ist etwas qualitativ anderes als das landläufige »Machen Sie mal«.

Delegieren ist nicht nur ein Thema für alle Führungskräfte, sondern ebenso für alle zeitweiligen Projektleiter und Mitarbeiter mit umfassenden Aufgabenstellungen. Delegieren heißt auch: sinnvolle Arbeitsteilung und gegenseitige Ergänzung, vertrauensvolle Entwicklung von Mitarbeitern, erweiterung von Gestaltungsmöglichkeiten und Verantwortung Dritter.

Delegieren hat zwei besonders wichtige Aspekte:
1. Einbindung Dritter in Verantwortung und Beteiligung dieser an Entscheidungsvorbereitungen. Dahinter steht ein demokratisches Mitarbeiterbild, das Mitarbeiter ernst nimmt und Gestaltungs- sowie Entfaltungsräume gewährt.
2. Bewusstes Delegieren, um bedeutend mehr Zeit für die eigenen Aufgaben einsetzen zu können. Vor allem für die Aufgaben, die den eigenen Fähigkeiten und der eigenen Position entsprechen. Effizientes Delegieren ist Ausdruck ausgeprägter personaler sowie sozial-kommunikativer Kompetenzen! Zugleich ist Delegieren ein wichtiges Führungsinstrument.

Grundsätzliche Probleme

Empirischen Untersuchungen zufolge erschweren folgende Alltagstrends direkt und indirekt das (richtige) Delegieren:
- Ca. 80 % der zeitweiligen Projektleiter und der Führungskräfte haben Delegieren nie richtig gelernt, haben dazu auch keine Vorbilderfahrungen. Feedback von Vorgesetzten bzgl. Delegieren gibt es so gut wie gar nicht.

Das bezieht sich auf beide Richtungen: Führungskraft zu Führungskraft und Führungskraft zu Mitarbeiter.
- Ca. 60 % der Projektleiter und Führungskräfte fühlen sich zeitlich überfordert, von diesen wiederum aber nur ca. 4 % fachlich überfordert. Dahinter steht vielfach mangelndes Delegieren von Aufgaben, die an andere Stelle gehören und die andere Mitarbeiter viel besser lösen sollten.
- Vielen Managern, aber auch Mitarbeitern mangelt es an klaren sowie ehrgeizigen persönlichen Zielen, deren Realisierung das Abgeben von zweitrangigen Aufgaben voraussetzt und die zu mehr bewusster Verantwortung gegenüber bedeutenden Aufgaben führen könnten.

✔ **Selbstcheck**

Wieviel Arbeitszeit können Sie durchschnittlich pro Woche für die wichtigsten Aufgaben, die Ihrer Funktion/Position entsprechen, einsetzen? Kreuzen Sie kritisch das entsprechende Kästchen an:

ca. | 100% | 90% | 80% | 70% | 60% | 50% | 40% | 30% | 20% | 10% |

Wenn Sie weniger als 70% angekreuzt haben, dann suchen Sie zuerst einmal bei sich selbst nach Optimierungsmöglichkeiten und Möglichkeiten des klaren Delegierens!

Je wertvoller Ihre Zeit (Arbeitszeit und Freizeit) ist, desto mehr müssen Sie delegieren. Zeit lässt sich, wenn einmal verausgabt, nicht regenerieren.

Persönliche Meinung zum Delegieren

Aufgabenstellung

Sie finden insgesamt 30 verschiedene Standpunkte/Meinungen von Menschen zum Delegieren. Versuchen Sie herauszufinden, mit welchen Meinungen Sie sich am meisten oder nicht identifizieren können. Hinter den einzelnen Meinungen stehen spezifische Erfahrungen, Bereitschaften, Fähigkeiten im Umgang mit anderen und eventuellen grundsätzlichen Delegierungsproblemen. Die Meinungen können somit nicht als »richtig« oder »falsch« gewertet werden, sondern geben nur unterschiedliche Sicht- und Handlungsweisen wieder.

Vorgehen

Legen Sie bei jeder der 30 **Meinungen** (auf S. 121 f.) Ihre Einschätzung durch Ankreuzen des entsprechenden Wertes -5 bis +5 nieder.

Je mehr Pluswerte bei Ihnen beispielsweise vorkommen, desto mehr stimmen Sie den vorgegebenen Meinungen zu. Und umgekehrt, je mehr Minuswerte, desto weniger stimmen Sie überein. Gehen Sie immer von der jeweiligen Gesamtaussage aus und überlegen Sie, inwieweit Sie sich persönlich damit identifizieren.

Einschätzung

Nehmen Sie durch Ankreuzen Ihre Einschätzung vor.

Frage Nr.:	Ablehnung						Zustimmung				
1	-5	-4	-3	-2	-1	0	+1	+2	+3	+4	+5
2	-5	-4	-3	-2	-1	0	+1	+2	+3	+4	+5
3	-5	-4	-3	-2	-1	0	+1	+2	+3	+4	+5
4	-5	-4	-3	-2	-1	0	+1	+2	+3	+4	+5
5	-5	-4	-3	-2	-1	0	+1	+2	+3	+4	+5
6	-5	-4	-3	-2	-1	0	+1	+2	+3	+4	+5
7	-5	-4	-3	-2	-1	0	+1	+2	+3	+4	+5
8	-5	-4	-3	-2	-1	0	+1	+2	+3	+4	+5
9	-5	-4	-3	-2	-1	0	+1	+2	+3	+4	+5
10	-5	-4	-3	-2	-1	0	+1	+2	+3	+4	+5
11	-5	-4	-3	-2	-1	0	+1	+2	+3	+4	+5
12	-5	-4	-3	-2	-1	0	+1	+2	+3	+4	+5
13	-5	-4	-3	-2	-1	0	+1	+2	+3	+4	+5
14	-5	-4	-3	-2	-1	0	+1	+2	+3	+4	+5
15	-5	-4	-3	-2	-1	0	+1	+2	+3	+4	+5
16	-5	-4	-3	-2	-1	0	+1	+2	+3	+4	+5
17	-5	-4	-3	-2	-1	0	+1	+2	+3	+4	+5
18	-5	-4	-3	-2	-1	0	+1	+2	+3	+4	+5
19	-5	-4	-3	-2	-1	0	+1	+2	+3	+4	+5
20	-5	-4	-3	-2	-1	0	+1	+2	+3	+4	+5
21	-5	-4	-3	-2	-1	0	+1	+2	+3	+4	+5
22	-5	-4	-3	-2	-1	0	+1	+2	+3	+4	+5
23	-5	-4	-3	-2	-1	0	+1	+2	+3	+4	+5
24	-5	-4	-3	-2	-1	0	+1	+2	+3	+4	+5
25	-5	-4	-3	-2	-1	0	+1	+2	+3	+4	+5
26	-5	-4	-3	-2	-1	0	+1	+2	+3	+4	+5
27	-5	-4	-3	-2	-1	0	+1	+2	+3	+4	+5
28	-5	-4	-3	-2	-1	0	+1	+2	+3	+4	+5
29	-5	-4	-3	-2	-1	0	+1	+2	+3	+4	+5
30	-5	-4	-3	-2	-1	0	+1	+2	+3	+4	+5

Standpunkte/Meinungen

1. Ich mache alles selbst viel schneller; Delegieren bringt mich da nicht weiter.
2. Bis ich die Aufgabe erklärt habe, könnte ich sie selbst schon gelöst haben. Wozu also delegieren? Außerdem heißt »gehört« noch lange nicht »begriffen«.
3. Wenn schon, dann delegiere ich eigentlich nur Teilaufgaben um stets den Überblick darüber zu behalten, was läuft, und um Pannen vorzubeugen.
4. Ich kann einfach nicht delegieren, habe es auch nicht gelernt.

5. Die Mitarbeiter müssten von sich aus um verantwortungsvolle Aufgaben bemüht sein und sich entsprechend anbieten. Damit wäre die Frage nach dem Delegieren überflüssig.
6. Mir macht viel Arbeit und eine große Portion Druck Spaß. Da habe ich auch nichts zum Delegieren.
7. Ich möchte alles besonders gut erledigen und habe hierbei einen sehr hohen Anspruch. Ich kann es nicht ertragen, wenn andere es anders machen.
8. Aufgaben und Verantwortung abzugeben bedeutet für mich ein zu großes Wagnis bei der heute vielfach zu sehenden mangelnden Verantwortungsbereitschaft.
9. Warum soll unterstellten Mitarbeitern zusätzlich Verantwortlichkeit zugestanden werden, wenn diese bei auftretenden Problemen letztlich wieder auf meine eigentliche Verantwortung hinweisen?
10. Ich habe schlechte Erfahrungen mit Mitarbeitern gemacht, die Aufgaben nicht ernst nahmen oder sich aus der Verantwortung gestohlen haben. Gebranntes Kind scheut das Feuer!
11. Hätte ich mehr Mitarbeiter, dann würde ich auch mehr delegieren.
12. Ich mag mich nicht gern rechtfertigen und mag keine langen Diskussionen und Widerstände, die aber auftreten, wenn ich die Anzahl von Aufgaben anderer vergrößere.
13. Wem kann man schon vertrauen? Zu viel Einbeziehung »kann nach hinten losgehen«.
14. Ich weiß nicht, wo und womit ich beim Delegieren anfangen sollte. So arbeite ich lieber mit meinen bisherigen Arbeitsgewohnheiten weiter.
15. Ich kann nicht wirklich delegieren, weil mir mein Chef zu oft in meine Aufgaben hineinredet.
16. Ich weiß nicht, wie man richtig delegiert und wie man mit den Konsequenzen umgeht.
17. Bestimmten Mitarbeitern würde ich schon zusätzliche Aufgaben übertragen, glaube aber, dass sie es zum gegenwärtigen Zeitpunkt noch nicht schaffen.
18. Wenn ich Mitarbeiter mehr belaste, bleiben evtl. ihre eigentlichen Aufgaben liegen. Da habe ich dann auch nicht viel gewonnen.
19. Beim Versagen müsste ich den Mitarbeiter vor meinem Chef bloßstellen. Und das mag ich nicht. Außerdem würde es auf mich zurückfallen.
20. Durch Delegieren gehe ich zusätzliche Risiken ein.
21. Zu viel Delegieren macht mich ersetzbar und gefährdet meinen Job.
22. Wenn ich delegiere, wendet sich mein Chef direkt an die Mitarbeiter und übergeht mich.
23. Ich möchte für meine Arbeit auch die persönliche Anerkennung erhalten und nicht noch mit Dritten teilen müssen.
24. Ich mag es nicht, wenn meine Mitarbeiter zu viel Machtbefugnis erhalten und diese dann ausnutzen.
25. Je mehr ich delegiere, desto durchsichtiger werden meine Arbeit und meine Leistungen. Das muss nicht sein.
26. Delegieren beinhaltet auch Konflikte. Bestimmte Mitarbeiter fühlen sich sicher zurückgesetzt.
27. Bestimmte Mitarbeiter verlangen bei der Übertragung neuer bzw. anderer Aufgaben detaillierte schriftliche und mündliche Arbeitsanweisungen. Und dazu möchte ich mich gar nicht erst zwingen lassen.

28. Mein Chef ist recht pedantisch. Da ist es besser, wenn ich die Aufgaben persönlich erledige.
29. Delegieren – das ist eine Vertrauens- und Erfahrenssache und sollte sich auf die im Unternehmen älteren Mitarbeiter beziehen.
30. Wenn ich delegiere, verliere ich die Kontrolle. Und das wäre fatal.

Auswertung der Einschätzung

Wenn Sie alle 30 Standpunkte/Meinungen auf dem Antwortblatt bewertet haben, dann verbinden Sie jetzt die einzelnen Punktwerte. Sie sehen jetzt auf einen Blick, wo und wie oft Sie über den »0«-Punkt hinaus in die Bewertungsfelder +1 bis +5 gegangen sind.

Beachten Sie bei der Auswertung dieses Selbstchecks, dass die eigenen Erfahrungen und Bereitschaften, zu Delegieren umso geringer ist, je weiter Sie sich über die »0« hinaus auf der rechten Seite des Antwortbogens befinden!

Addieren Sie alle Ihre Kreuze zwischen +1 und +5. Mehr als 8 Kreuze zeigen, dass die Delegierungsbereitschaft zur Zeit eher eingeschränkt ist.

Frage Nr.:	Ablehnung						Zustimmung				
1	-5	-4	-3	-2	-1	0	+1	+2	+3	+4	+5
2	-5	-4	-3	-2	-1	0	+1	+2	+3	+4	+5
3	-5	-4	-3	-2	-1	0	+1	+2	+3	+4	+5
4	-5	-4	-3	-2	-1	0	+1	+2	+3	+4	+5
5	-5	-4	-3	-2	-1	0	+1	+2	+3	+4	+5
6	-5	-4	-3	-2	-1	0	+1	+2	+3	+4	+5
7	-5	-4	-3	-2	-1	0	+1	+2	+3	+4	+5
8	-5	-4	-3	-2	-1	0	+1	+2	+3	+4	+5
9	-5	-4	-3	-2	-1	0	+1	+2	+3	+4	+5
10	-5	-4	-3	-2	-1	0	+1	+2	+3	+4	+5
11	-5	-4	-3	-2	-1	0	+1	+2	+3	+4	+5
12	-5	-4	-3	-2	-1	0	+1	+2	+3	+4	+5
13	-5	-4	-3	-2	-1	0	+1	+2	+3	+4	+5
14	-5	-4	-3	-2	-1	0	+1	+2	+3	+4	+5
15	-5	-4	-3	-2	-1	0	+1	+2	+3	+4	+5
16	-5	-4	-3	-2	-1	0	+1	+2	+3	+4	+5
17	-5	-4	-3	-2	-1	0	+1	+2	+3	+4	+5
18	-5	-4	-3	-2	-1	0	+1	+2	+3	+4	+5
19	-5	-4	-3	-2	-1	0	+1	+2	+3	+4	+5
20	-5	-4	-3	-2	-1	0	+1	+2	+3	+4	+5
21	-5	-4	-3	-2	-1	0	+1	+2	+3	+4	+5
22	-5	-4	-3	-2	-1	0	+1	+2	+3	+4	+5
23	-5	-4	-3	-2	-1	0	+1	+2	+3	+4	+5
24	-5	-4	-3	-2	-1	0	+1	+2	+3	+4	+5
25	-5	-4	-3	-2	-1	0	+1	+2	+3	+4	+5
26	-5	-4	-3	-2	-1	0	+1	+2	+3	+4	+5
27	-5	-4	-3	-2	-1	0	+1	+2	+3	+4	+5
28	-5	-4	-3	-2	-1	0	+1	+2	+3	+4	+5
29	-5	-4	-3	-2	-1	0	+1	+2	+3	+4	+5
30	-5	-4	-3	-2	-1	0	+1	+2	+3	+4	+5

Da sollten Sie auf jeden Fall etwas unternehmen! Wenn Sie zukünftig diese Teilkompetenz verbessern wollen, dann sollten Sie beginnen, Ihre Einstellungen bei den größten Abweichungen nach recht zu überprüfen.

Suchen Sie das Gespräch mit einer Ihnen besonders vertrauten Person, von der Sie annehmen, dass diese effizienter und offensiver als Sie delegiert bzw. delegieren würde. Überlegen Sie mit dieser Person zusammen, was Sie ändern bzw. tun müssten, um von der rechten Seite zur linken des Antwortbogens zu kommen, also Ihre produktive Auseinandersetzung mit Delegierungshemmnissen deutlich zu erhöhen.

Empfehlungen

Vorteile des Delegierens für mich (direkte und im übertragenen Sinne)

Markieren Sie am Rand alle »1«- und »2«-Punktwerte. Überlegen Sie, ob Sie bei diesen für Sie besonders wichtigen Vorteilen schon bewusst und viel delegieren und wie zufrieden Sie damit sein können. Überlegen Sie ferner – am besten in einem Erfahrungsaustausch mit (einem) Dritten – wie Sie noch besser delegieren können. Orientieren Sie sich ruhig daran, dass sehr gute Führungskräfte 30–40 % ihrer Zeit darauf verwenden, Aufgaben verständlich zu delegieren, Mitarbeiter zur Übernahme und Bearbeitung zu motivieren und den Bearbeitungsprozess steuernd zu kontrollieren.

Gehen Sie die nachfolgenden Vorteile des Delegierens für Ihre Arbeit und Wirkung als Führungskraft (oder als verantwortungsvoller Mitarbeiter ohne Führungsfunktion) durch.

Drücken Sie durch die Bewertungsziffern 1–5 aus, wie wichtig die einzelnen Vorteile für Sie persönlich sind:

---

1 Sehr wichtig für mich ... 5 Völlig unwichtig für mich

1. mehr Zeit zu haben für meine besonders wichtigen Arbeiten und Aktivitäten ☐
2. die individuellen Kompetenzen und Stärken der Mitarbeiter zu erweitern und sie zu erweiterten Leistungen zu motivieren ☐
3. die persönlichen Unterschiede zwischen den Mitarbeitern bewusst zu nutzen und die Mitarbeiter noch differenzierter als Person mit spezifischen, unverwechselbaren Stärken einzusetzen ☐
4. die Teamproduktivität, die Leistung der Abteilung oder anderer Organisationseinheiten zu erhöhen ☐
5. die High-Potenzials zu erkennen, herauszufordern und zu fördern ☐
6. die Mitarbeiter mittelfristig in ihrer Verantwortungsbereitschaft zu stärken und routinemäßige Seiten meiner Arbeit nach Notwendigkeit übertragen zu können ☐
7. die Mitarbeiter zu entdecken, die in Zukunft besondere Spezialis-ten- oder Führungsaufgaben übernehmen können ☐
8. praktisches Jobenrichment zu betreiben, die Disponibilität der Mitarbeiter zu erhöhen ☐
9. zukünftig noch flexibler Aufgaben verteilen zu können, wenn Mitarbeiter bestimmte Aufgaben besser und schneller realisieren ☐

Delegierungshemmnisse

So, wie es die beschriebenen 9 Vorteile des Delegierens in einem Unternehmen gibt, so gibt es auch die gleiche Zahl von – zum Teil unbewussten – persönlichen Befürchtungen und Blockaden, die das Delegieren erschweren.

1. Hang zum Perfektionismus;
2. schlechtes Zeitmanagement;
3. Workaholic, Wichtigtuerei durch »Überlastungs«- und Unentbehrlichkeits-Beweise;
4. Machtbesessenheit und Angst vor Machtverlust;
5. Kaschieren von Inkompetenz;
6. fehlende Management-Basics;
7. mangelnde unternehmerische Verantwortung, mangelnde Einsicht in die übergeordneten Interessen der Organisation;
8. Mangel an persönlich anspruchsvollen Zielen, deren Realisierung Aufgabenteilung und -überantwortung einschließt;
9. Scheu vor der bzw. Misstrauen in die Zusammenarbeit mit anderen.

Seien Sie kritisch zu sich selbst! Tendieren Sie zu einem oder mehreren (Selbst-)Hemmnissen? Wenn ja, dann ist das ein wichtiger Hinweis zur Korrektur bzw. schrittweisen Überwindung.

Persönliche Maßnahmen

Was nehme ich mir für die nächsten 6 Wochen im Sinne verbesserten »Delegierens« vor? (Stichworte):

_____

_____

Was werde ich zuerst und vorrangig tun? (Stichworte):

_____

_____

Wie kontrolliere ich die Resultate? (Stichworte):

_____

_____

Wo werde ich mich weiter zum Thema »Delegieren« informieren? (Stichworte):

_____

_____

Als weiterführende Informationsquellen empfehlen wir

Heller, R.; Hindle, T.: Erfolgreiches Management. Das Praxishandbuch. Dorling Kindersley Verlag GmbH, Stuttgart/München 2000
Malik, F.: Wirksam Führen. AuscultA Management. Hörbucher (2. Kassette). Innsbruck 2006
Neges, G.; Neges, R.: Führungskraft und Mitarbeiter. Linde international, Wien 2007
Zielke, C.: Führungstechniken – live Mit Audio CD (Track 7–10). Haufe Verlag, München 2007

Mitarbeiterförderung P/S

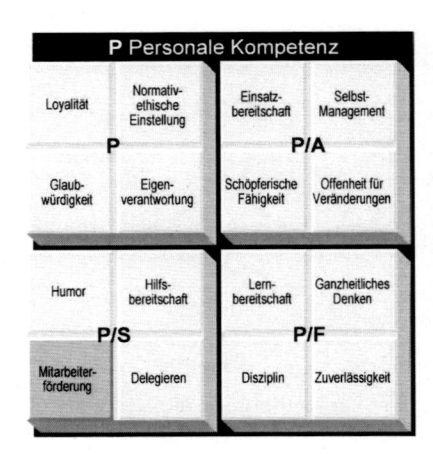

▶▶ **Grundsätzliche Überlegungen**

Mitarbeiter-Erwartungen

In unseren Befragungen von rund 600 Mitarbeitern in Dienstleistungsunternehmen wurden zum Beispiel folgende Trends ersichtlich (Ausschnitt):

Untersuchungsergebnisse

1. Persönliche Wertorientierungen
Von 15 zur Auswahl gestellten Wertorientierungen wurden in der Rangfolge 1–5 folgende mehrheitlich ausgewiesen:

1. Sinnvoller Arbeitsinhalt
2. Erweiterung der Handlungsspielräume
3. Entscheidungen selbst treffen können
4. Gute Zusammenarbeit (mit Vorgesetzten und mit anderen Abteilungen)
5. Gehalt/Lohn

Auffallend ist die Dominanz von Selbstverwirklichungs- und Selbstentwicklungs-Orientierungen und damit implizierten Handlungsbereitschaften.

2. Arbeitsanforderungen und -ziele

Die gegenwärtige Arbeits-(Zeit-)Gestaltung wurde von
- 38 % der Befragten als »relativ weitgehend ausgenutzt« und mit »weniger bzw. begrenzten Entwicklungsräumen verbunden« ausgewiesen.
- 62 % der Befragten sehen die jetzige Arbeitszeitgestaltung als »noch nicht voll ausgenutzt« und mit »fehlendem Konzept« begründet. »Wesentliche Verbesserungen« wurden an folgende Veränderungen gekoppelt:
  - Individuell konsequenter nach klaren Prioritäten vorgehen.
  - Verbesserte Kommunikation und Arbeitsteilung in den Organisationseinheiten/Filialen ..., Bündelung der Aufgaben, Entlastung von Routinearbeiten durch Back office, bessere Aufgabenabgrenzungen innerhalb des Unternehmens.
  - Delegation von Kompetenzen; Schaffung von Freiräumen für eine noch intensivere Betreuung und Akquisition sowie Öffentlichkeitsarbeit.
  - Planvolleres, besser abgestimmtes Vorgehen vorgesetzter Stellen, bessere Unterstützung der Organisationseinheiten/Filialen...

Unterstützungserwartungen bei der weiteren persönlichen Effizienzsteigerung wurden von 42 % der Befragten geäußert und bezogen sich vorwiegend auf:
- Weiterbildungsangebote (Zeitmanagement; Kundenmanagement, erfolgsorientierte Gesprächsführung; Produktvielfalt/neue Produkte; Selbstentwicklungsmanagement);
- erweiterte Software: Computerprogramme – über anwendbare Festprogramme hinaus;
- bessere Arbeitsunterlagen/-instrumente;
- Veränderung der Betreuungsstruktur im Sinne von stärkerer Orientierung auf vorhandene Kunden, Ausbau/Pflege der langfristigen Kundenbeziehung.

3. Verhalten der Führungskräfte

Verbesserungsmöglichkeiten bzgl. der Wirkung der Führungskräfte und der Unterstützung der Mitarbeiter wurden insbesondere hinsichtlich folgender Aspekte gesehen:
- Besseres eigenes Zeitmanagement (der Führungskräfte);
- mehr Delegation von Aufgaben und Verantwortung;
- mehr Beschäftigung mit strategischen Aufgaben, weniger sprunghaftes und unplanmäßiges Verhalten, weniger unnötige Rückfragen und Einschieben augenblicklich nicht so wichtiger Aufgaben/Termine ...;

Mehr Sorge um gute Arbeitsbedingungen und »Leistungsermöglichung«, ständige Suche nach Verbesserungen der Arbeitsbedingungen.

Schlussfolgerung

Schon allein diese Ergebnisse zeigen den hohen Anspruch der Mehrheit der Befragten nach mehr Gestaltungsräumen und Verantwortung und lassen eine durchaus hohe (Eigen-)Motivation erkennen.

»Fördern von Mitarbeitern« aus der Sicht der Führungskräfte hat viel mit Vermeidung von Demotivation, von Beseitigung motivationsbeeinträchtigender Arbeitsbedingungen (angefangen bei mangelnder Kommunikation und Vertrauen, Doppelarbeit, Unterforderung, fehlenden Entscheidungen ...) zu tun und muss heutzutage eng verbunden sein mit Möglichkeiten des Selbstlernens und der Selbstentwicklung der Mitarbeiter. Das wiederum setzt entsprechende Einsichten und Bereitschaften der Führungskräfte auf allen Ebenen voraus.

Ein psychisch und physisch gesunder sowie sozial aufgeschlossener Mitarbeiter will etwas leisten, sofern er ausreichend informiert ist und die Umfeldbedingungen ihn nicht daran hindern.

Gründe für "verdeckte Ausfallzeiten"

Führungs-verhalten	Organisatorische Mängel	Information und Kommunikation	Personelle Probleme
./. Fehlende Identifikation mit den Aufgaben	./. Keine Einarbeitung neuer Mitarbeiter	./. Mangelnde Informationsweitergabe	./. Geringe Personaldecke, Überlastung, Fehlzeiten
./. Mangelnde Entscheidungsfähigkeit, Zaudern	./. Lange Entscheidungswege	./. Schriftliche Anweisungen, keine Kontrolle und Rückinformation	./. Ad-hoc-Personalentscheidungen
./. Kreativität der Mitarbeiter wird nicht genutzt	./. Doppelarbeiten wegen fehlender Koordination	./. Zusammenhänge werden nicht erkannt	./. Überforderung / Unterforderung
./. Eigene (Rollen-) Unsicherheit bei Führungskräften	./. Keine Beteiligung bei Veränderungen	./. Ressortegoismus	./. Qualitätsarbeit leidet durch dünne Personaldecke und Orientierungsprobleme
./. Mangelnde hierarchische Interaktion	./. Übertriebene Arbeitsteilung (zu viele Schnittstellen)	./. Informationsverzerrungen und -umdeutungen aufgrund unvollständiger Informationen und Vorurteile	./. Abschiebung von Verantwortung aufgrund fehlender Orientierungen
	./. Zu viel Improvisation, fehlende Ablauforganisation		

Die Abbildung zeigt eine Vielzahl von Gründen für »verdeckte Arbeitszeitausfälle« und Demotivierungen von Mitarbeitern, deren Verhinderung im Prinzip nichts kostet und bei einer umfassenderen Vorstellung der Führungskräfte bzgl. der »Förderung von Mitarbeitern« als nur durch Weiterbildung ihre Existenzberechtigung verlieren.

Selbstverständlichkeit der Führungskraft als Förderer

Diese »umfassendere Vorstellung«, das erweiterte Führungs-Selbstverständnis, hat 7 Aspekte: Die Führungskraft
1. als interessierter, kritischer Partner;
2. nicht als Motor des Geschehens, sondern als Katalysator;
3. nicht als Alleinmacher und Zugpferd, sondern als Entscheider;
4. nicht als Überwacher und Kontrolleur (im engeren Sinne), sondern als Koordinator, Moderator, Betreuer, Coach;
5. nicht als Star der Mannschaft, sondern als Diagnostiker, Betreuer, Lehrender/Trainer und Berater;

6. nicht als hektischer Aktionist, sondern als geduldiger Zuhörer und Unterstützer im Rahmen von Einzel- und Gruppengesprächen;
7. als Organisator und Moderator von Selbstlernprozessen und als Förderer einer hohen Eigenmotivation der Mitarbeiter für ihre eigene Vervollkommnung sowie für die Nutzung von Synergien der Gruppen- und Teamarbeit.

> Menschen entwickeln sich mit und an ihren Aufgaben. Vom Niveau der Aufgaben und Arbeitsbedingungen und von der Einsetzbarkeit des Erlernten hängt die Entwicklungs- und Lernbereitschaft der Mitarbeiter wesentlich ab.

Und umgekehrt: Je anspruchsvoller die Aufgaben durch die Führungskraft gestaltet werden, je attraktiver sie vertreten werden und je höher die Herausforderung für den Mitarbeiter, desto höher ist auch in der Regel der Eigenanteil der Mitarbeiter und ihre Zufriedenheit mit den Entwicklungsmöglichkeiten im Unternehmen. Das ist die beste Förderungsvoraussetzung und Förderung zugleich.

Ferner sollten die bereits vorhandenen Stärken bekannt sein, und auf diesen sollte aufgebaut werden. Es interessiert viel weniger, welche Schwächen vorhanden sind.

Empfehlungen

Prinzipien der Entwicklung und Förderung von Mitarbeitern

- Fördern Sie stets individuell, nicht standardisiert.
- Setzen Sie bei den Stärken statt bei den Schwächen an und entwickeln Sie diese.
- Entwickeln Sie vorwiegend an und über Aufgaben.
- Verbinden Sie die Förderung mit Verantwortungsübertragung (nicht vordergründig mit einem höheren Salär).
- Stellen Sie klar, in welcher Organisationseinheit, auf welcher Stelle und mit welcher (Art von) Führungskraft der zu entwickelnde Mitarbeiter zukünftig arbeiten soll.
- Verbinden Sie bewusst Formen der organisierten und der selbstorganisierten Weiterbildung.
- Achten Sie bei der Förderung stets auf die Verbindung von hard- und soft-skills, von Fach- und Methodenkompetenz einerseits und sozial-kommunikativen, personalen und Handlungs-(Umsetzungs-)Kompetenzen. Nutzen Sie für die Diagnostik und für Ihre Beratung der Mitarbeiter auch die KODE®- und KODE®X-Instrumente.
- Bilden Sie zeitweilige Arbeits- und Projektgruppen, um gute Mitarbeiter aufzubauen. Fördern Sie vor allem veränderungswillige Mitarbeiter.
- Nutzen Sie die Möglichkeiten des jährlichen Fördergespräches außerhalb von Arbeits- bzw. Leistungsbeurteilungen. Damit machen Sie Ihre Förderabsichten und -anforderungen verbindlich und können die einzelnen Schritte später auch bewerten.

Ziele von Fördergesprächen

Die wichtigsten Ziele sind:
1. Wertschätzung der bisherigen Zusammenarbeit und Arbeitsdurchführung;
2. Veränderungswünsche des Mitarbeiters ansprechen;
3. Probleme und evtl. Konflikte des Mitarbeiters in seinem Arbeitsbereich hinterfragen und gemeinsame Lösungen erarbeiten;
4. Überprüfen der Ist-Qualifikation und der Kompetenzen hinsichtlich der zukünftigen Anforderungen gemäß dem Strategiekonzept des Unternehmens/Bereiches;
5. Klärung der Erwartungen gegenüber der Führungskraft (Aufgaben, Arbeitsbedingungen, Förderungsmaßnahmen);
6. Klärung der notwendigen Förderungsschritte und -maßnahmen (organisiert, selbstorganisiert).

Das Fördergespräch sollte auf jeden Fall so gut wie ein Beurteilungs- oder Zielvereinbarungsgespräch vorbereitet und später partizipativ geführt werden. Checklisten, Gesprächsempfehlungen u. v. a. m. können dem Buch von Neges/Neges (2007) entnommen werden.

Persönliche Maßnahmen

Was nehme ich mir für die nächsten 6 Wochen im Sinne einer Verstärkung meiner »Mitarbeiterförderung« vor? (Stichworte):

_____

_____

Was werde ich zuerst und vorrangig tun? (Stichworte):

_____

_____

Wie kontrolliere ich die Resultate? (Stichworte):

_____

_____

Wo werde ich mich weiter zum Thema »Mitarbeiterförderung« informieren? (Stichworte):

_____

_____

Als weiterführende Informationsquellen empfehlen wir

Malik, F.: Führen, Leisten, Leben. Wirksames Management für eine neue Zeit. Campus Verlag, Frankfurt a.M. 2006
Neges, G.; Neges, R.: Führungskraft und Mitarbeiter. Linde international, Wien 2007
Sprenger, R.K.: Gut aufgestellt. Fußballstrategien für Mitarbeiter. Campus Verlag, Frankfurt/New York 2008

Kapitel II
Aktivitäts- und
Handlungskompetenz

A

A Aktivitäts- und Handlungskompetenz

A/P	A
Entscheidungs-fähigkeit	Tatkraft
Gestaltungs-wille	Mobilität
Innovations-freudigkeit	Ausführungs-bereitschaft
Belastbarkeit	Initiative

A/S	A/F
Optimismus	Ergebnis-orientiertes Handeln
Soziales Engagement	Ziel-orientiertes Führen
Impuls-geben	Beharrlichkeit
Schlag-fertigkeit	Konsequenz

Tatkraft　　　　　　　　　　　　　　　　　　　　　　　　A

A Aktivitäts- und Handlungskompetenz

Entscheidungs-fähigkeit	Gestaltungs-wille	Tatkraft	Mobilität
Innovations-freudigkeit	Belastbarkeit	Ausführungs-bereitschaft	Initiative
A/P		**A**	
Optimismus	Soziales Engagement	Ergebnis-orientiertes Handeln	Ziel-orientiertes Führen
Impuls-geben	Schlag-fertigkeit	Beharrlichkeit	Konsequenz
A/S		**A/F**	

Mache aus deiner Arbeit einen Sport. (August Oetker)

Eine Sache hat man, indem man sie macht. (Cesare Parese)

Effektiv handelnde Mitarbeiter konzentrieren sich auf das Wesentliche und zögern nicht vor Schwierigkeiten. Menschen mit hoher Tatkraft verstehen es gut, sich selbst zu motivieren und »greifen halt zu« – wo andere dazu neigen, etwas zu zerreden. Sie gehen an Arbeits- sowie Lerntätigkeiten mit großer Aktivität und starkem Auftrieb heran.

Wer sich selbst anspornt, kommt weiter als der, welcher das beste Ross anspornt.
(J. M. Pestalozzi)

Tatkraft und die eigene Willensstärke hängen eng zusammen. Nicht selten hört man im betrieblichen Alltag Aussagen wie:

»Ich möchte schon, aber ich traue es mir nicht zu/ich trau' mich nicht...«
»Wenn die Arbeitsbedingungen anders wären, ja, dann würde ich...«
»Ja, wenn ich wollte, dann ...«

Diese und andere Aussagen sind eigentlich Ausreden (im Sinne von »von sich weg reden«) und nicht selten selbstbetrügerische oder gar feige Schutzbehauptungen. Andererseits sollte man diesen Aussagen nachgehen und stutzig werden, wenn eine Vielzahl von Mitarbeitern schon bei kleineren Schwierigkeiten solche Ausreden benutzen. Häufig stimmt dann auch einiges nicht in der Abteilung/im Bereich/Unternehmen.

Untersuchungen zeigen, dass vor allem 5 neuralgische Punkte im Unternehmensalltag sinkende Tatkraft bekräftigen:
1. Visionsdefizite (im Sinne von Fehlen von hohen Zielen, verbunden mit der Konsequenz des Handelns aller Beteiligten);
2. Umsetzungsdefizite (viele Besprechungen und Projektgruppen, aber kein Umsetzen der Ergebnisse; »Für jedes Problem gibt es eine Projektgruppe«);
3. Auseinandersetzungsdefizite (keine Streitkultur, keine Konfliktaustragung, sondern »Friede-Freude-Eierkuchen«-Atmosphäre);
4. Perfektionskultur (wenig Mut zum Unperfekten, Angst vor Fehlern und Misserfolgen);
5. Wissen ist statt Erfahrungen gefragt (»Man will durch die Waschanlage, ohne nass werden zu wollen«).

> Alle Menschen schieben auf und bereuen den Aufschub. (S. C. Lichtenberg)

Neben diesen äußeren Kopmpetenzblockern – insbesondere gegenüber der Teilkompetenz Tatkraft – gibt es auch die diversen subjektiven: Mangelnde Tatkraft ist zu einem sehr großen Teil selbstverschuldet und damit auch änderbar – wenn man es wirklich will.

Viele Menschen machen fälschlicherweise in erster Linie äußere Faktoren für ihre Stimmungen, für ihr Abwarten, für ihre Skepsis – verantwortlich. Erfolgreiche Veränderungen fangen jedoch bei einem selbst an.

Eine uralte Beobachtung besagt: Wir werden nicht von den Dingen, von den äußeren Ereignissen beeinträchtigt, sondern davon, dass wir sie mit unseren eigenen Wahrnehmungen beurteilen und uns – auch bei falschen Beurteilungen – nach ihnen in unserem Verhalten richten.

> Es sind nicht wenige Möglichkeiten, die wir haben, sondern viele Möglichkeiten, die wir nicht am Schopfe packen. (V. Heyse)

Tatkräftige Personen zeigen in der Regel folgende Merkmale besonders ausgeprägt:
- Können Chancen schnell wahrnehmen;
- können zeitweilige Enttäuschungen und Rückschläge wegstecken;
- freuen sich über kurzfristige Erfolge;
- reiben sich gern an Widerständen und Schwierigkeiten;
- freuen sich darüber, dass sie sich an neuen Aufgaben ausprobieren und bewähren können;
- nehmen gern neue Ideen und Vorschläge auf;
- können sich für eine Sache richtig begeistern;
- sind sehr zielbeharrlich;
- gehen auch Risiken ein, wenn es die Sache voranbringt;
- gehen konkreten Ergebnissen nach; verwirklichen das, was andere nur denken;
- sind kontaktoffen;

- haben eine optimistische Lebensgrundstimmung;
- zeigen ein hohes Selbstvertrauen.

Selbstcheck ✓

Wie viele dieser Eigenschaften sind bei Ihnen stark ausgebildet?

Insbesondere die ersten 2 und die letzten 2 Eigenschaften sollten Sie prüfen. Wenn Sie weniger als 8 dieser Eigenschaften zustimmen können, Ihre Tätigkeit aber mehr Tatkraft verlangt, dann sollten Sie über Veränderungen und (Selbst-)Trainingsmöglichkeiten ernsthaft nachdenken.

Auch sollten Sie sich mit Dritten über Ihre (vielleicht heute für Sie überraschend ersichtlichen) Probleme unterhalten, nach deren Erfahrungen fragen und Letztere – ohne vorzeitige Wertung vorzunehmen – protokollieren, die am Ende dieser Anleitung empfohlene Literatur lesen und intensiv Personen in Ihrem Unternehmen beobachten, die eine stark ausgeprägte Tatkraft haben. Nur dann ändern Sie sich beständig in positiver Richtung, erweitern und vertiefen Sie Ihre Kompetenzen.

Zufriedenheit – Unzufriedenheit (Neges/Neges).	
Zustände	**Bewertung**
Ich bin zufrieden/unzufrieden mit…	1 = sehr zufrieden 5 = nicht zufrieden (bitte entsprechenden Grad ankreuzen):
meiner Tätigkeit	1 ☐ 2 ☐ 3 ☐ 4 ☐ 5 ☐
meiner bisherigen beruflichen Entwicklung	1 ☐ 2 ☐ 3 ☐ 4 ☐ 5 ☐
meinem Gehalt	1 ☐ 2 ☐ 3 ☐ 4 ☐ 5 ☐
unserer Unternehmenskultur	1 ☐ 2 ☐ 3 ☐ 4 ☐ 5 ☐
den vorhandenen Intencives	1 ☐ 2 ☐ 3 ☐ 4 ☐ 5 ☐
meinen Entwicklungsmöglichkeiten	1 ☐ 2 ☐ 3 ☐ 4 ☐ 5 ☐
meinen Kontakten zu meiner Führungskraft	1 ☐ 2 ☐ 3 ☐ 4 ☐ 5 ☐
dem Betriebsklima bei uns	1 ☐ 2 ☐ 3 ☐ 4 ☐ 5 ☐
der Förderung von guten Mitarbeitern	1 ☐ 2 ☐ 3 ☐ 4 ☐ 5 ☐
dem Teamgeist	1 ☐ 2 ☐ 3 ☐ 4 ☐ 5 ☐
der Reaktion auf Verbesserungsvorschläge	1 ☐ 2 ☐ 3 ☐ 4 ☐ 5 ☐
meinen persönlichen Arbeitsergebnissen	1 ☐ 2 ☐ 3 ☐ 4 ☐ 5 ☐
der Art, wie mit Anerkennung/Lob umgegangen wird	1 ☐ 2 ☐ 3 ☐ 4 ☐ 5 ☐

der Art, wie mit Kritik umgegangen wird	1	2	3	4	5
der Sicherheit am Arbeitsplatz	1	2	3	4	5
der Flexibilität des Unternehmens	1	2	3	4	5
gegenüber Marktentwicklungen	1	2	3	4	5
der Leistungsorientierung im Unternehmen	1	2	3	4	5
dem Führungsverhalten der Entscheider bei uns	1	2	3	4	5
dem Kontakt zu Kollegen	1	2	3	4	5
dem Spaß an der Arbeit	1	2	3	4	5

Bewerten Sie die einzelnen Kriterien kritisch und unternehmen sie bei denjenigen Punkten etwas, bei denen Ihre Einschätzung zwischen 4–5 liegt. Wenn Sie noch aktiver verändern wollen, dann können Sie natürlich auch die Einschätzungen mit 3 einbeziehen.

Gehen Sie im Rahmen einer differenzierten Auswertung bei allen dementsprechenden Einschätzungen so vor:
- Was läuft gut/weniger gut?
- Was stört mich?
- Wodurch ist meine Einstellung verändert worden?
- Inwieweit bin ich positiv/negativ beeinflussbar?
- Wer wirkt auf mich ein?
- Welche Schwierigkeiten gilt es zu meistern?
- Was trage ich selbst/meine Führungskraft/das Team dazu bei?
- Welche Veränderungen müssten durch mich eingeleitet werden, um meine innere Einstellung positiv zu entwickeln?
- Was werde ich konkret und mutig anpacken?

Nach der Bearbeitung der entsprechenden Kriterien empfiehlt sich ein umfassendes Gespräch mit einem kompetenten, vertrauten Mitmenschen.

Danach sollten Sie einen Aktivitätenplan zur Realisierung von Selbstmotivationsstrategien zusammenfassen.

Das will ich nun konkret anpacken und verbessern:					
Aktion/ Maß-nahme	Inhalt	Wer soll mich evtl. dabei unterstützen?	Von welchen Widerständen will ich mich nicht abschrecken lassen?	Zeitplan	Ziel

Empfehlungen

Wenn Sie so vorbereitet ihre Tatkraft an Dingen trainieren werden, die Ihnen persönlich wichtig sind, dann müssen Sie auch ganz konkrete Ziele/Ergebnisse formulieren, an denen Sie dann Ihr Verhalten messen können! Seien Sie beim Umsetzen konsequent und gehen Sie immer von der Maxime aus »Wo ein Wille ist, ist auch ein Weg – und ich will!«. Am Madrider Kolumbus-Denkmal steht: »Ich habe es gewagt!«). Kolumbus brauchte für seine Erkundungsreisen Geld und wurde am Hofe vielmals abgewiesen. Und doch hat er es letztlich von Isabella von Kastilien erhalten...

Lazarus und Fay (2001) nennen in einem überschaubaren Selbsttrainingsprogramm 20 alltägliche Fehler, die die Tatkraft, den eigenen Willen einschränken und zeigen Wege aus diesen Fehlern auf. Nachfolgend ist ein Beispiel daraus wiedergegeben:

Fehler Nr. 11: Geh auf Nummer sicher! Riskiere nichts!
Ein 48-jähriger Apotheker, der in einer Krankenhausapotheke beschäftigt war, litt darunter, dass er die Gelegenheit verpasst hatte, zusammen mit einem seiner Freunde eine Apotheke aufzumachen. »Die Arbeit im Krankenhaus gab mir Sicherheit und ich wollte nichts riskieren. Mein Freund fragte dann jemand anderes, ob er bereit wäre, bei dem risikohaften Unternehmen mitzumachen, und schon ein Jahr später haben sie zwei Filialen aufgemacht.«

Er glaubte:
1. Es ist lebenswichtig, alles hin und her zu überlegen und alles sehr gründlich abzuwägen, bevor man etwas wagt;
2. Schuster bleib' bei deinen Leisten – dann passiert dir auch nichts;
3. wann auch immer du etwas riskierst, du stürzt dich damit doch nur ins Verderben;
4. Sicherheit ist wichtiger als Glück.

Glauben **Sie** irgend etwas davon?

Wie Sie sich ändern

A. Überdenken
1. Sehr oft, wenn Sie »erst wägen, dann wagen«, fährt der Zug am Ende ohne Sie ab. Es ist zwar vernünftig, verschiedene Punkte sorgfältig zu berücksichtigen, aber manchmal, wenn Sie »wagen bevor Sie wägen«, können Sie gerade dadurch »einen Blumentopf gewinnen«.
2. ...
3. ...
4. Kennen Sie irgend jemanden, der ein glückliches und erfülltes Leben führt und nichts riskiert?

B. Korrigierende Handlungen
1. Fragen Sie sich selbst: »Was von dem, das ich bisher vermieden habe, kann ich anfangen zu tun?« Dann wagen Sie es, etwas von diesen speziellen Sachen zu tun; z. B. um eine Gehaltserhöhung zu bitten, um ein Rendezvous zu bitten, einen Vorgesetzten einzuladen, ganz offen zu einem intimen Freund/zu einer intimen Freundin zu sein oder einen abweichenden Standpunkt zu äußern!
2. Bringen Sie es schließlich zu einem psychischen Wagnis täglich! (Beispiel: »Ich habe meinem Onkel widersprochen.« »Ich habe mich geweigert, Überstunden zu machen.« »Ich bat einen Freund, mir das Geld zurückzuzahlen, das er mir schuldete.«) Nach einer Woche, wenn Sie sieben oder mehr Risiken auf sich genommen haben, werden Sie wahrscheinlich mehr Selbstsicherheit und Selbstvertrauen und das Gefühl haben, Ihr eigenes Schicksal mehr in der Hand zu haben.

Persönliche Maßnahmen

Was nehme ich mir für die nächsten 6 Wochen im Sinne einer Verbesserung meiner »Tatkraft« vor? (Stichworte):

_____

_____

Was werde ich zuerst und vorrangig tun? (Stichworte):

_____

_____

Wie kontrolliere ich die Resultate? (Stichworte):

_____

_____

Wo werde ich mich weiter zum Thema »Tatkraft« informieren? (Stichworte):

_____

_____

Als weiterführende Informationsquellen empfehlen wir

Arndt, R.: 222 Impulse für erfolgreiches Networking (mit CD). HP Marketing GmbH, Reinfeld (Holstein) 2005
Confidence, M.: Das Positiv-Training. EBook Manfred Confidence Ltd., 2008
Fichtl, G.; Fischer, J.: Zitate für Beruf und Karriere. Haufe Verlag, Freiburg 2007
Neges, G.; Neges, R.: Kompaktwissen Management. Wirtschaftsverlag C. Ueberreuter, Wien/Frankfurt a.M. 2001
Lazarus, A.; Fay, A.: Ich kann, wenn ich will, dtv, München 2001

Mobilität A

A Aktivitäts- und Handlungskompetenz

| Entscheidungs-fähigkeit | Gestaltungs-wille | Tatkraft | Mobilität |
| Innovations-freudigkeit | Belastbarkeit | Ausführungs-bereitschaft | Initiative |

A/P A

| Optimismus | Soziales Engagement | Ergebnis-orientiertes Handeln | Ziel-orientiertes Führen |
| Impuls-geben | Schlag-fertigkeit | Beharrlichkeit | Konsequenz |

A/S A/F

▶▶ **Grundsätzliche Überlegungen**

Mobilität (Beweglichkeit) ist ein Zeichen der Zeit. Die Deutschen gehören zur Weltspitze der Reisenden, die ein oder mehrere Male im Jahr ihren Urlaub im Ausland verbringen. Millionen und Abermillionen benutzen die Nord-Süd-Autobahnen – und sogar rd. 40.000 Urlauber sind die 30 Stunden Flugreise nicht zu beschwerlich, um drei oder vier Wochen Urlaub »Upside down«, in Neuseeland, zu verbringen… Zunehmend ist die Anzahl der Senioren, die im Winter ihren zweiten Wohnsitz auf Mallorca oder anderswo haben.

Wie nie zu anderen Zeiten sind Menschen unseres Zeitalters mobil, d. h. »in Bewegung«. Diese Feststellung bezieht sich auf die Arbeitswege, auf die unterschiedlichen Verkehrsmittel auf Shopping-Tours, spontane Wochenendtrips, aber auch auf die »geistige Beweglichkeit«. Das hat beispielsweise auch der Handel sehr gut begriffen. Der Konsum wird immer mehr durch Impulse verstärkt, und »Food on the move«, »Coffee to go« u. a. werden zu Megatrends. Gastronomische Anbieter warten z. B. nicht allein darauf, dass ihre Kunden zu ihnen kommen, sondern entwickeln Konzepte für die Aufenthaltsorte der Kunden: Bahnhöfe, Flughäfen, Freizeitparks, Einkaufszentren, Messen, Events. Die Anforderung lautet dann auch: Flexibilität und Mobilität als Angebotsform.

Andererseits steht all das anscheinend als krasser Widerspruch zur erforderlichen beruflichen Mobilität. Zitat Süddeutsche Zeitung:

> »Organisationen fehlen deutsche Manager… Nach Auffassung des Auswärtigen Amtes arbeiten nicht genug Führungskräfte auf internationaler Ebene… Zur Zeit gebe es 44.000 Stellen in internationalen Organisationen, die mit dem höheren Dienst in Deutschland vergleichbar sind. Gegenwärtig arbeiten dort 4.100 Deutsche. Doch es fehlt an besetzten Positionen im mittleren Management, einer niedrigeren Stufe. Da es auf dieser Stufe zu

wenig Deutsche gebe, könnten nur begrenzt Deutsche in frei werdende Führungspositionen nachrücken.«

Dieses geringe Engagement Deutscher hat viele Ursachen; das beginnt sicher bei der – im Vergleich zu anderen europäischen Ländern und zu den USA – noch immer zu geringen Anzahl von Studenten, die (zumindest zeitweilig) im Ausland studieren, und endet beim Fehlen attraktiver Berufsangebote im Inland nach einem mehrjährigen Auslandsaufenthalt im Rahmen der internationalen Organisationen ein wichtiger Karriereschritt für den höheren Staatsdienst.

Auch wenn dieser Artikel in der SZ nur eine bestimmte Zielgruppe anspricht, so zeigt er doch eine generelle Tendenz: In Deutschland, dem »Weltmeister des Exports«, sind nur ca. 17 % der Berufstätigen aus beruflichen Gründen permanent mobil: als Berufsfahrer, Vertreter, Monteur, Dozent Selbstständiger... Einer Studie des Bundesministeriums für Familie, Senioren, Frauen, Jugend (BMFSFJ) zufolge empfinden immerhin 67 % der befragten Vertreter der Zielgruppe »beruflich Mobile« diese Lebensform als belastend.

Kennzeichen

Mobilitätstypen

Diese Studie unterscheidet verschiedene *Mobilitätstypen:*

1. Projektpendler (Varimobile)
Das sind Berufsgruppen, die schon von Berufs wegen für mehrere Tage hintereinander verreisen und vor allem in Hotels übernachten müssen. Pendeln gehört zum Berufsbild und ist den Personen, die diese Berufe wählen, von Anfang an bewusst. Das sind vor allem: Manager, Piloten, Vertreter, technische oder karikative Hilfsorganisationen, verschiedene Freiberufler-Gruppen. Die Anzahl der Projektpendler nimmt zu.

2. Wochenendheimfahrer (Shuttles)
Diese Personen leben in zwei Haushalten und verbringen das Wochenende im Haupthaushalt der Familie. Der typische Shuttle ist männlich und hält diese Mobilität für eine Übergangsphase. 50 % der Shuttles pendeln nach eigener Einschätzung unfreiwillig auf Grund der Situation auf dem Arbeitsmarkt. Für viele birgt diese Mobilitätsform einen großen Dis-Stressfaktor. Seit der Wiedervereinigung stieg die Zahl der Shuttles stark an – und zwar in beiden Richtungen: von West nach Ost und umgekehrt. Heute ist es mehr von Ost nach West.

3. Fernbeziehungen (LATs: living apart together)
Die Partner leben in zwei Haushalten in verschiedenen Orten und sind überwiegend jung, kinderlos und haben ein hohes Ausbildungslevel. Es können Singles sein, es können aber auch getrennt lebende Eheleute sein.

4. Umzugsmobile
Es sind Personen, die nach einigen Jahren den Wohnort berufsbedingt wechseln müssen. Das betrifft vor allem Offiziere der Bundeswehr. Auch für die mitziehenden Familien sind diese Umzüge mit Belastungen verbunden: Schulwechsel, Abbruch und Neuaufbau sozialer Beziehungen, neue Wohnumgebung, Ungewissheit über die Wohndauer.

5. Fernpendler
Dieser Personenkreis fährt täglich länger als zwei Stunden zur Arbeit (Hin- und Rückfahrt) und bezieht sich vor allem auf Tätigkeiten in größeren Städten. Es sind vor allem Männer mittlerer oder höherer Altersgruppen. Auch hier stieg die Zahl nach der Wiedervereinigung deutlich. Diese Personen leben häufig in ländlicher Gegend in Eigenheimen und möchten letztere nicht aufgeben. Sie bewirtschaften nicht selten den eigenen Bodenbesitz und leiden unter ständigem Zeitmangel.

6. Ausländer (zeitweilig sesshaft)
Gemeint sind hier Dienstreisende, die einen zeitweiligen Wohnsitz mit oder ohne Familie in Deutschland haben, aber wissen, dass sie nach einer bestimmten Zeit das Land wieder verlassen werden. Das bezieht sich gleichermaßen auf deutsche Staatsangehörige im Ausland.

Neben diesen sechs Mobilitätstypen gibt es die große Gruppe der sog. Ortsfesten (Rejektors), die auch bei Gefahr der Arbeitslosigkeit und anderer drastischer Folgen auf keinen Fall den Wohnort verlassen würden. Das sind in Deutschland immerhin 45 %.

Mobil sind vor allem Karrierebereite junge Männer und Frauen mit hoher Bildung und ohne feste Beziehungen. Ca. die Hälfte befragter Männer würde für eine besser bezahlte Tätigkeit den Wohnort wechseln. Bei den Frauen behauptete das nur ein Drittel. Hinzu kommt, dass Frauen in der Regel mit ihrem Partner mitziehen und die größte Last der Umstellung übernehmen; bei den Männern ist das die Minderheit.

Nachteile

Auch wenn Mobilitätsanforderungen zunehmen und anscheinend immer selbstverständlicher (zumindest von der Forderungsseite aus betrachtet) sind, dürfen die damit verbundenen persönlichen Nachteile nicht herunter gespielt werden. Vielmehr gilt es, sich in der Familie mit diesen Nachteilen und auch Fallen für das Zusammenleben gründlich auseinander zu setzen und die gemeinsame Lebensplanung im Detail darauf abzustimmen. Nicht umsonst laden beispielsweise progressive Unternehmen, die Spezialisten ins Ausland schicken wollen, frühzeitig auch die Lebenspartner zu gründlich vorbereitenden Gesprächen und zum Teil auch zu späteren interkulturellen und Umstellungs-Trainings ein. Folgende **Nachteile** müssen in diesem Zusammenhang also bedacht und bearbeitet werden:
- Starke (physische und psychische) Belastungen über einen längeren Zeitraum hinweg;
- Zeit wird zur Mangelware;
- Liegenbleiben von ausgleichenden Hobbys;
- die Organisation des Lebens ist stark von außen geprägt und wird als oktroyiert empfunden;
- Verlust oder Zurückfahren gewohnter sozialer Kontakte;
- der abwesende Elternteil erlebt nicht oder nur besuchsweise das Heranwachsen der Kinder;
- Gefahr der Entfremdung der Partner;
- die berufliche Entwicklung und Selbstverwirklichung des mitreisenden Partners wird beeinträchtigt;
- hohe Kosten durch die doppelte Haushaltsführung.

Selbstcheck

Auch wenn Sie nicht einer der sechs Mobilitätsgruppen angehören, sollten Sie sich mit der Frage

> *»Was wäre, wenn ich eine Tätigkeit an einem anderen Ort aufnehmen müsste...?«*

beschäftigen – am besten zusammen mit Ihrem Partner/ihrer Partnerin.

Je mehr man sich frühzeitig (und freiwillig) mit verschiedenen Anforderungen und möglichen Folgen auseinandersetzt, desto mehr Verhaltensalternativen kann man erkennen, und desto besser kann man dann später mit den auftretenden Problemen umgehen. Gehen Sie die dargestellten Nachteile einzeln durch und überlegen Sie, welche dieser Nachteile für Sie am Unangenehmsten wäre. Wie könnten Sie diese Nachteile andererseits bewältigen?

Ihre Stichworte:

_____

_____

_____

Vorteile

Unumstritten gibt es natürlich auch Vorteile der Mobilität, die ebenfalls nicht übersehen oder heruntergespielt werden dürfen. Insbesondere trifft das auf zeitweilige Auslandsaufenthalte zu:

- Zwang zur Anpassung, zum Hinzulernen und damit zum geistigen Fit bleiben. Die Anpassungsfähigkeit und deren Aufrechterhaltung nimmt an Bedeutung im beruflichen Alltag zu (hierzu erhalten Sie viele wichtige Informationen und Anregungen im Modularen Informations- und Trainingsprogramm »Anpassungsfähigkeit«).
- Kennenlernen neuer Kulturen und Städte; Erweiterung der Allgemeinbildung und der Erfahrungen mit anderer Mentalität und Geschichte.
- Manche Familien finden erst in der Fremde richtig zueinander.
- Neue Bekanntschaften und Freundschaften.
- Höhere Tätigkeitssicherheit, besserer Verdienst.
- Mobilität als wichtiger Teil der eigenen Karriere (vor allem in international agierenden Großunternehmen); Erhöhung der eigenen Employability.

Ergänzen Sie nach Möglichkeit diese Vorteile aus Ihrer Sicht. Was könnte Sie besonders interessieren, welche Vorteile könnten Sie für sich persönlich aus mehr Mobilität ziehen?

Ihre Stichworte:

_____

_____

_____

Mobilität, insbesondere in Vorbereitung auf eine spätere internationale Mobilität, sollte schon früh geübt werden, z. B. durch einen mehrmonatigen Auslandsaufenthalt nach der Ausbildung, durch den Wechsel der Hochschule nach dem Grundstudium und durch Auslandssemester oder -praktika… Sie haben damit immer Vorteile bei späteren Bewerbungen. Noch viel wichtiger ist aber Ihre erweiterte Weltsicht und Fähigkeit zu lernen und sich anzupassen.

Andererseits muss vor einer Übertreibung beim Wechsel von Tätigkeiten und Orten gewarnt werden. Die so genannten Job-Hopper und Hip-Hop-Bewerber, die es in der Regel nicht länger als ein bis zwei Jahre in einer Firma aushalten, haben es bei Bewerbungen schwer. Auch neigen Sie eher dazu, Belastungen aus dem Wege zu gehen als sie anzunehmen und sie zu meistern.

»Mobilität vor Ort«

Das bisher Diskutierte entsprach der traditionellen und in der Öffentlichkeit am meisten bekannte Seite der Mobilität, der menschlichen Beweglichkeit. Nun ändert sich aber auch sehr viel in den Unternehmen selbst und setzt erweiterte oder neue Anforderungen an die Tätigkeiten und Personen. Programmierer z. B., die relativ abgeschirmt von der Umwelt ihren Aufgaben nachkamen, müssen auf einmal in zeitweilig gemischten Teams zusammen mit Vertretern des Kunden, eines Wettbewerbers und einer Hochschule im Kundenunternehmen selbst Software erstellen und erproben. Sie müssen Mobilität genauso wie Kommunikations- und Teamfähigkeiten entwickeln. Oder: Im Rahmen der Reorganisation werden Tätigkeiten zusammengelegt und neue kommen hinzu, und bisherige Spezialisten müssen wieder auf die »Schulbank« und neu hinzulernen.

Wenn wir also zunehmend von »unternehmensinterner Mobilität« oder »Mobilität vor Ort« sprechen werden, dann ist damit vor allem die individuelle Bereitschaft zur Veränderung des Arbeitsplatzes, der Arbeitsaufgaben, des Mitarbeiterkreises gemeint. Damit hängt auch die freiwillige Aneignung der hierzu notwendigen fachlichen, methodischen und sozialen Erfahrungen in Form von organisierter Weiterbildung und selbstorganisiertem, informellem Lernen dazu.

Dieser Art Mobilität ist somit ein direkter Ausdruck der individuellen Aktivität, mit neuen Situationen und veränderten Arbeitsaufgaben konstruktiv umzugehen.

Kennzeichen

Kennzeichen der »Mobilität vor Ort« von Personen sind insbesondere:
- Ist bereit, sich schnell ändernden Produktions- und Marktbedingungen aktiv anzupassen;
- stimmt einem Wechsel des Arbeitsplatzes, der Arbeitsaufgaben und der Mitarbeiter ohne überlange Bedenklichkeit zu, wenn es die betrieblichen Notwendigkeiten erfordern;
- ist bereit, sich das Wissen, das bei einem Wechsel der Arbeitsanforderungen notwendig wird, schnell und unkonventionell anzueignen;
- ist als »Vorreiter« bei auftretenden Mobilitätsbarrieren unersetzlich.

Selbstcheck

Wenn auch mehr Beweglichkeit von jedem Mitarbeiter gefordert wird, so sollte der Wechsel einer Tätigkeit und eines Arbeitsplatzes natürlich zuvor gründlich überlegt werden, zumal, wenn Sie ihn persönlich forcieren wollen. Bereiten Sie den Wechsel in Ruhe vor, um die damit zwangsläufig verbundenen Risiken zu minimieren. Prüfen Sie analog zu den weiter oben diskutierten Vor- und Nachteilen der mit einem Ortswechsel verbundenen Mobilität auch diese bei der »Mobilität vor Ort«.

Beantworten Sie die folgenden Fragen a) unter dem Gesichtspunkt Ihrer derzeitigen Tätigkeit und b) unter dem Aspekt der neuen Tätigkeit (vgl. auch: www.squeaker.net).

Fragen	a) derzeitige Tätigkeit	b) zukünftige Tätigkeit
Werde ich über-/unterfordert?		
Kann ich mein Wissen richtig einsetzen?		
Kann ich meine Intuitionen, Erfahrungen einbringen?		
Sind meine Verantwortlichkeit und Zuständigkeit klar geregelt?		
Was muss ich unbedingt hinzulernen?		
Welche Entwicklungschancen bieten sich mir?		
Verdiene ich genug?		
Wo liegen die Stärken?		
Wo liegen die Schwächen?		
Welche Vorzüge bietet mir das Unternehmen?		
Baut das Unternehmen freiwillige Leistungen auf – oder ab?		
Werden neue Mitarbeiter eingestellt?		
Verlassen gute Mitarbeiter das Unternehmen?		
Welchen Marktanteil haben unsere Produkte?		
Wo liegen Schwächen im Unternehmen?		
Trauen Sie sich zu, neue Aufgaben zu übernehmen?		
Zu der möglichen neuen Aufgabe: Welchen Vorteil bringt die neue Aufgabe?		
Sind die Vorteile so erheblich, dass Sie die Risiken und Belastungen, die mit dem Wechsel verbunden sind, aufwiegen?		

👉 Empfehlungen

Wenn Sie die letzte Frage bejahen können, dann können Sie mobil werden.

Verneinen Sie sie aber, dann müssten Sie – nach Möglichkeit gemeinsam mit einem Dritten – prüfen, welche Bedingungen verändert werden und was Sie selbst tun müssten, um die Anzahl der Vorteile gegenüber den Nachteilen zu erhöhen.

Stichworte:

_____

_____

_____

Sie sind immer auf der »richtigen Uferseite« und geistig mobil, wenn Sie sich stets fachlich auf dem Laufenden halten und erkunden, welchen Veränderungen Ihr Unternehmen in den nächsten ein bis drei Jahren folgen wird bzw. folgen muss. In diesem Zusammenhang können Sie sich auch mit weiteren Modularen Informations- und Trainingsprogrammen beschäftigen, die in den Literaturhinweisen aufgelistet sind.

Sollten Sie sich vor allem mit Fragen der transkulturellen Kompetenz und beruflichen Mobilität befassen wollen, dann fragen Sie z. B. beim Bundesinstitut für Berufsbildung (BIBB) nach den Ergebnissen der Fallstudien ECATA/DASA: www.ibqm@bibb.de

> »Der Mensch der Zukunft wird ein beschleunigter, elektronischer Nomade sein – überall unterwegs im globalen Dorf, aber nirgends zu Hause«.

So beschrieb vor 30 Jahren der kanadische Medienforscher Marshall McLuhan die Welt von morgen. Heute wird die Vision Wirklichkeit.

✎ Persönliche Maßnahmen

Was nehme ich mir für die nächsten 6 Wochen im Sinne einer Stärkung meiner »Mobilität« vor? (Stichworte):

_____

_____

Was werde ich zuerst und vorrangig tun? (Stichworte):

_____

_____

Wie kontrolliere ich die Resultate? (Stichworte):

_____

_____

Wo werde ich mich weiter zum Thema »Mobilität« informieren? (Stichworte):

_____

_____

Als weiterführende Informationsquellen empfehlen wir

Englisch, G.: Jobnomaden. Wie wir arbeiten, leben und lieben werden. Campus Verlag, Frankfurt/New York 2001
Soziale Mobilität (in Deutschland): www.uni-potsdam.de/u/soziologie/methoden/lehre/sozstruk/Sitzung_6.pdf

Modulare Informations- und Trainingsprogramme
- Anpassungsfähigkeit;
- Offenheit für Veränderungen;
- Tatkraft.

Initiative   A

> Es stimmt nicht, dass »heute der erste Tag vom Rest meines Lebens« wäre, sondern das Jetzt ist alles, was ich am Leben habe. (Hugh Prater)

> Ab jetzt schiebe ich nichts mehr bis morgen auf. (Sam Levenson)

▶▶ Grundsätzliche Überlegungen

Initiative ist eine Fähigkeit, die erlernbar ist. Natürlich gibt es unterschiedliche »Aktivitätstypen«, die auch physiologisch nachweisbar sind. Bei anspruchsvollen persönlichen Zielen, Plänen und zwingenden Maßnahmen ist Eigeninitiative schließlich die notwendige Voraussetzung, diese auch umzusetzen.

So ist Eigeninitiative weniger vom individuellen Muskeltonus abhängig als vielmehr von
- den eigenen Zielen;
- der Aufgeschlossenheit und Begeisterungsfähigkeit gegenüber Neuem;
- dem persönlichen Wunsch nach aktivem, gestaltendem Verhalten;
- dem Bedürfnis nach Selbstbestimmung und umfassenderer Lebensgestaltung.

(Eigen-)Initiative steht in einem engen Zusammenhang zu Begeisterungsfähigkeit, Veränderungs- und Lernbereitschaft, Eigenverantwortung, Selbstmanagement, Tatkraft, ergebnisorientiertem Handeln. Zugleich sind die persönlichen und beruflichen Ziele sowie die Konsequenz ihrer Umsetzung wichtige Voraussetzungen für das eigene Selbstmanagement und die Quelle der Eigeninitiative.

Initiative (A) 151

> Wenn man ein Ziel erreicht, so findet man an der Zielgeraden die Startposition zum nächsten Ziel.

Viele Menschen gehen aber tagtäglich unnötig Kompromisse ein, lassen sich von äußeren Einflüssen oder spontanen Impulsen bestimmen und eher treiben als aktiv zu gestalten.

Wenn über die Teilkompetenz Eigeninitiative nachgedacht wird, spielen die persönlichen Zielsetzungen, die Energiequellen sowie die Antriebsbremsen eine große Rolle.

Selbstcheck ✓

Beginnen wir bei den Zielsetzungen: Kreuzen Sie in einem ersten Schritt all die Aspekte klarer Zielsetzungen an, die Sie als Vorteile für Ihre persönlichen und beruflichen Tätigkeiten betrachten:

- ☐ Ziele setzen bedeutet, zukunftsorientiert zu sein.
- ☐ Ziele dienen der Konzentration der Kräfte auf Schwerpunkte.
- ☐ Eindeutige Ziele helfen, Zeitverschwendung zu vermeiden.
- ☐ Klare Ziele schaffen Überblick.
- ☐ Persönliche Ziele konzentrieren die Energie für die eigenen Angelegenheiten.
- ☐ Wer Ziele hat weiß, welchen Endzustand er erreichen will.
- ☐ Angestrebte Ziele motivieren, alles zur Zielerreichung zu tun.
- ☐ Ziele verlangen Maßnahmen, was, bis wann, wie erreicht werden soll.

Überlegen Sie nun ehrlich, inwieweit Sie im Alltag mit klaren Zielsetzungen für sich selbst und Ihre Familie arbeiten. Denken Sie hierbei nicht an irgendwelche vagen Zielvorstellungen, sondern an schriftlich fixierte Eigenvorgaben: Was, bis wann, wie erreichbar, wie vom Ergebnis her kontrollierbar?

Markieren Sie irgendwo auf dem Zeitstrahl Ihre wirkliche Position:

1	2	3	4
Ich arbeite in der Regel situativ und setze mir kaum detaillierte Ziele	Ich setze mir immer wieder Ziele, aber erreiche sie häufig nicht bzw. halte mich nicht an sie		Ich setze mir immer klare Ziele, die ich dann auch realisiere und über deren Erreichung ich vor mir Rechenschaft ablege

Wenn Sie im Bereich 1–3 mit Ihrer Markierung liegen, dann sollten Sie sich unbedingt und zusätzlich zu diesem Trainingsprogramm mit den Selbsttrainingsprogrammen »Planungsverhalten«, »Selbstmanagement«, »Ergebnisorientiertes Handeln« befassen.

Energiequellen

Die Energiequellen Ihrer Initiative können sein
- das eigene Potenzial, einschließlich frühkindliche Prägungen und besondere Kompetenzen, die irgendwo erworben und nur selten abgerufen werden (»Sein-Könnte«);
- das Umfeld: Familie, eigene Führungskraft, Kollegen, Freunde;
- interessante aktuelle Aufgabenstellungen;
- neuartige Situationen, deren Bewältigung »verborgene Talente« freilegt.

In den folgenden Checklisten (nach Brommer, U.: Schlüsselqualifikationen. Deutscher Sparkassenverlag, Stuttgart 1993) können Sie Ihre Energiequellen hinsichtlich der Ausschöpfung bewerten:

Energiequellen aus meinem eigenen Potenzial	Nutze ich (Kreuz)	Hier müsste ich mehr tun (Kreuz)
1. Selbstwertgefühl		
2. Selbstvertrauen		
3. Klare Zielvorstellungen		
4. Durchhaltevermögen		
5. Überzeugungskraft		
6. Konfliktlösungsfähigkeit		
7. Soziale Kompetenz		
8. Sportliche Aktivitäten		
9. Zivilcourage		
10. Zeit für Regeneration		
11. Interesse an Neuem		
12. Selbstverwirklichung		

Wenn Sie in der rechten Spalte (»Hier müsste ich...«) etwas angekreuzt haben, dann überlegen Sie jetzt, welche Maßnahmen Sie nun ergreifen werden. Beraten Sie sich ggf. mit einem vertrauten Menschen, Ihrer Familie/Umgebung.

Maßnahmen:

1. _____
2. _____
3. _____

Initiative (A)

Prüfen Sie nun die Energiequellen aus Ihrem Umfeld und gehen Sie analog zur Einschätzung Ihrer »**Energiequellen aus meinem eigenen Potenzial**« vor:

Energiequellen aus meinem Umfeld	Nutze ich (Kreuz)	Hier müsste ich mehr tun (Kreuz)
1. Positives Fremdbild		
2. Soziale Anerkennung		
3. Übereinstimmung mit wichtigen Personen		
4. Intaktes familiäres Umfeld		
5. Berufliche Anerkennung		
6. Positives Feedback von anderen		
7. Vertrauter Zuhörer		
8. Allgemeine Aufbruchstimmung		
9. Andere mitziehende Personen		
10. Motivierende Person		
11. Konstruktiver Kritiker		
12. Positiver Partner		

Maßnahmen:

1. _____

2. _____

3. _____

Schätzen Sie nun die Energiequellen aus einer herausfordernden Tätigkeit ein:

Energiequellen aus meinem Umfeld	Nutze ich (Kreuz)	Hier müsste ich mehr tun (Kreuz)
1. Arbeit, die Ihnen Spaß macht		
2. Hohe Aktivitätserwartungen		
3. Produktives Arbeitsklima		
4. Erfolgreicher Geschäftsabschluss		
5. Bewältigtes Arbeitspensum		
6. Lösung einer schwierigen Aufgabe		
7. Kreative Problemlösung		
8. Hochmotivierte Teammitglieder		
9. Leistungswürdigung durch Andere		
10. Möglichkeit, in Ruhe zu arbeiten		
11. Identifikation mit einer aktiven Person		
12. Bewältigung einer unangenehmen Aufgabe		

Maßnahmen:

1. _____

2. _____

3. _____

Antriebsbremsen

Neben den diversen Energiequellen gibt es auch die sogenannten Antriebsbremsen.
Analysieren Sie die nachfolgend aufgeführten Antriebsbremsen in ihrer Wirkung auf Ihr Verhalten und leiten Sie Maßnahmen zu ihrer Kontrolle, Verringerung, Verhütung ab.

Antriebsbremsen	Maßnahmen-Katalog
1. Mangelndes Selbstwertgefühl	
2. Negative Grundhaltung	
3. Fehlende Ziele	
4. Fehlende Vertrauensperson	
5. Planlosigkeit	
6. Fremdbestimmung	
7. Intoleranz	
8. Missachtung der Person	
9. Bildungsdefizite	
10. Mangelnde Abwechslung und Veränderung	
11. Planlosigkeit	
12. Misstrauen	
13. Fehlender Sinn für mein Tun	
14. Misserfolgstendenz	
15. Schuldgefühl	
16. Unberechenbarkeit	
17. Mangelnde Belastbarkeit	
18. Unordnung	
19. Erhöhtes Stressniveau	
20. Perfektionismus	
21. Konfliktvermeidung	
22. Selbstmitleid	

Achte auf deine Gedanken! Sie sind der Anfang deiner Taten. (Chines. Sprichwort)

> Man glaubt gar nicht, wie schwer es oft ist, eine Tat in einen Gedanken umzusetzen. (Karl Kraus)

Empfehlungen

Wenn die Menschen wissen, wofür und wann sie etwas erreichen wollen, dann können sie in kurzer Zeit über sich hinaus wachsen und quasi Bäume versetzen. Erinnern Sie sich einmal an Ereignisse in Ihrem Leben, bei denen Sie meinten, Sie schafften keine gute Lösung. Sie haben dennoch – vielleicht unter dem Zwang der Bedingungen – die Situation bewältigt. Solche Erinnerungen können uns die Kompetenzpotenziale und die Quellen unserer Initiative vor Augen führen und Mut machen, auch fürderhin Initiative zu ergreifen. Die Initiative ist quasi der erste Schritt.

> Eine Reise von tausend Meilen beginnt mit dem ersten Schritt. (Laotse)

Eine chinesische Fabel bekräftigt drastisch diese Überlegungen:

> *»Ein Schwein ging in einem engen Tal spazieren, um Futter zu suchen. Plötzlich spürte es, dass der Boden, auf dem es lief, feucht wurde. Das Schwein war etwas beunruhigt. ›Hoffentlich bin ich nicht in einen Sumpf geraten‹, dachte es und ging weiter. Doch der Boden wurde immer tiefer. Es dauerte nicht lange, da watete das Schwein mit seinen Füßen im Wasser. ›Das wird mir zu gefährlich‹, dachte es und kehrte um. Doch das Wasser stieg weiter. Es reichte bald bis zum Bauch des Schweins. Stellen, die zuvor trocken gewesen waren, standen nun völlig unter Wasser. ›Ich muss versuchen, aus dem Tal herauszukommen‹, dachte das Schwein, ›aber die Bergwände an den Seiten sind zu steil‹. Das Schwein merkte, dass es sich in einem ausgetrockneten Flussbett befand, das sich nun unbarmherzig mit Wasser füllte. ›Der Fluss wird sich in einen reißenden Strom verwandeln‹, dachte das Schwein, ›und ich werde ertrinken‹. Tatsächlich reichte das Wasser dem Schwein schon bis zur Schnauze.*
> *Das Schwein überlegte: ›Wenn ich meine letzte Kraft zusammennehme, um laut um Hilfe zu rufen, kommt vielleicht jemand und zieht mich heraus‹. Also blieb das Schwein stehen und fing an um Hilfe zu rufen. Es schrie und schrie. Doch es kam niemand, um das Schwein aus dem Fluss zu ziehen. Das Wasser stieg höher und höher. Das Schwein schluckte schon Wasser. Schließlich schloss das Schwein seine Schnauze und fing an zu schwimmen. Da merkte das Schwein, dass es kein schwerfälliges Schwein mehr war, sondern sich in eine Ente verwandelt hatte.«*

Diese Fabel macht deutlich, wie wichtig es ist, sich Veränderungen zu stellen und Eigeninitiative sowie Selbstverantwortung auszuüben.

Vertrauen wir unseren Fähigkeiten, dann können wir ungeahnte Kräfte erschließen und das vermeintlich unausweichliche Schicksal überwinden. Kein Mensch scheitert, jedoch viele Menschen geben vorzeitig auf.

☞ Empfehlungen

Impulse zu mehr Initiative

Fertigen Sie eine Liste mit alltäglichen Situationen an, in denen Sie eigentlich (mehr) Initiative zeigen wollen oder müssen – z. B. auf Grund Ihrer Funktion, Berufserfahrungen, Verantwortung gegenüber…). Schreiben Sie zu jeder dieser Situationen mehrere Möglichkeiten des Handelns auf. Lassen Sie sich bei letzterem gegebenenfalls von vertrauten Personen beraten; greifen Sie also auch auf die Erfahrungen anderer zurück und erweitern Sie über diesen Weg Ihre Kompetenzen.

> Grundsatz:
> Hast du einen bestimmten Entschluss gefasst, so schreibe dir fünf bis zehn Möglichkeiten auf, die dir helfen können, dein Ziel zu erreichen. Denke immer daran: Je mehr verschiedene Möglichkeiten du hast, dich selbst zu bestärken, desto besser sind deine Erfolgsaussichten. (Claudi Haynes)

Alltagssituationen Anforderungen Ärgernis	Maßnahmen-Katalog
1.	1.
	2
	3.
	4.
2.	1.
	2.
	3.
	4.
3.	1.
	2.
	3.
	4.
4.	1.
	2.
	3.
	4.

Es sind mitunter die kleinen, schier banalen Anlässe, die uns hemmen, Initiativen zu übernehmen.

Nicht wenige Menschen haben z. B. eine große Scheu, sich nach einem Vortrag in der nachfolgenden Diskussion aktiv zu beteiligen, obwohl sie durchaus Wichtiges zu dieser beitragen könnten. Später ärgern sie sich über ihre Inaktivität. Die schwierigste Hürde ist für viele der Eintritt in die Diskussion – insbesondere am Beginn.

Empfehlungen

Möglichkeiten der Begegnung dieser Scheu könnten z. B. sein:
- Meldung als Erster, Aussprechen einer Bestätigung/eines Lobes bzgl. des guten Vortrages und Anfrage, ob eine Kopie des Vortrages erhältlich sei;
- Frage nach den praktischen Konsequenzen und Empfehlungen z. B. für die Arbeit der (eigenen) Abteilung;
- Betonung der Bedeutsamkeit bestimmter Aspekte des Vorgetragenen und Bitte an die Diskussionsteilnehmer, eigene Erfahrungen dazu zu nennen und zu diskutieren.

Eigentlich ist im Rahmen eines solchen Selbsttrainings weitgehend unwesentlich, mit welchem Beitrag, welcher Frage der Eintritt in die Diskussion erfolgt. Wichtig allein ist die Überwindung der eigenen Scheu – und den Beginn möglichst als erster zu vollziehen. Die ersten und die letzten Diskussionsbeiträge bleiben in der Regel den meisten Teilnehmern am besten in Erinnerung, und die ersten Diskussionsbeiträge werden als besonders entlastend, mutig und initiativreich empfunden.

Natürlich gibt es sehr unterschiedliche Alltagssituationen, in denen sich Menschen in ihrer Initiative blockiert fühlen. Analysieren Sie also Ihr Verhalten in sehr unterschiedlichen Situationen und schreiben Sie diese kurz auf.

Dann suchen Sie nach Möglichkeiten initiativreicher zu sein und unterstreichen Sie solche, die Sie in den nächsten Tagen und Wochen konkret ausprobieren wollen! Fangen Sie bei den leichteren an und wählen Sie erst einmal 1 bis 2 aus. Das genügt allemal für einen Anfang. Und diese müssen Sie dann besonders ernsthaft verfolgen.

Formulieren Sie zu diesen Möglichkeiten Maßnahmen; schreiben Sie diese auf und kontrollieren Sie die Realisierung sowie den Erfolg wöchentlich.

Machen Sie jedes Mal eine Notiz in Ihrem Timeplaner, wenn Sie sich erfolgreich zu etwas durchringen bzw. überwinden konnten.

Gehen Sie auf andere zu und bitten Sie sie um Rat und Unterstützung bei der Überwindung Ihrer Begrenzungen.

Persönliche Maßnahmen

Was nehme ich mir für die nächsten 6 Wochen im Sinne einer Erhöhung meiner »Initiative« vor? (Stichworte):

_____

_____

Was werde ich zuerst und vorrangig tun? (Stichworte):

_____

_____

Wie kontrolliere ich die Resultate? (Stichworte):

_____

_____

Wo werde ich mich weiter zum Thema »Initiative« informieren? (Stichworte):

_____

_____

Als weiterführende Informationsquellen empfehlen wir

Haynes, C.: Nur wer sich wandelt bleibt sich treu. Herder Verlag, Freiburg/Basel u. a. 2001
Perry, M.: Selbstvertrauen. 10 Schritte zur vollkommenen Selbstsicherheit. Edition XXL GmbH, Fränkisch-Crumbach 2007

Modulare Informations- und Trainingsprogramme
- Tatkraft;
- Planungsverhalten;
- Selbstmanagement.

Ausführungsbereitschaft A

Grundsätzliche Überlegungen

Viele Mitarbeiter haben hervorragende Ideen und könnten etwas bewegen. Ihnen mangelt es aber an der Ausführungsbereitschaft und der Umsetzung. Allzu oft hört man auch die Meinung: »Wenn die Bedingungen anders wären, dann würde ich ja…« Einer mangelnden Ausführungsbereitschaft können verschiedene Ursachen zu Grunde liegen, z. B.
- Trägheit, Lethargie, Neigung zu Passivität als Grundstimmung;
- Hemmungen, Minderwertigkeitskomplexe, Angst vor Versagen.

Viel häufiger aber liegen die Ursachen im betrieblichen Alltag nicht in diesen tiefen Sphären der Persönlichkeit, sondern können Hinweise dafür sein, dass
- Mitarbeiter unter- oder überfordert sind und im Sinne einer Abwehr- bzw. Verweigerungshaltung bestimmte Aufgaben nicht lösen (wollen);
- Mitarbeiter frustriert sind und mit einer »inneren Kündigung« nur auf eine Möglichkeit warten, ohne größeren (Gesichts-)Verlust das Unternehmen zu verlassen;
- Mitarbeiter unmotiviert sind, bestimmte Aufgaben zu erledigen, da diese nicht ausreichend klar beschrieben wurden oder besonders unattraktiv sind oder ohne klare Ziel- und Ergebnishinweisen vergeben wurden oder nicht attraktiv genug erscheinen;
- Mitarbeiter an der falschen Stelle eingesetzt sind und besser eine andere Arbeit verrichten sollten.

☞ Empfehlungen

Selbstreflexion

Wenn Ihnen möglicherweise empfohlen wurde, sich mit diesem Modularen Informations- und Trainingsprogramm zu beschäftigen, dann sollten Sie im Rahmen einer konsequenten Selbstreflexion prüfen, aus welchem dieser aufgezeigten vielen Gründe Ihnen mangelnde Ausführungsbereitschaft unterstellt wird.

Und: Prüfen Sie auch an Hand der nachfolgenden Kriterien für eine hohe Ausführungsbereitschaft, welchen (heute typischen) organisationalen Anforderungen Sie mit aller Wahrscheinlichkeit nicht ausreichend nachkommen.

»Ausführungsbereitschaft« beinhaltet die Bereitschaft, die als notwendig erkannten Arbeitstätigkeiten und Handlungen schnell, sachgemäß, konsequent und mit einem guten Ergebnis zu realisieren. Für eine hohe Ausrührungsbereitschaft ist eine hohe persönliche wie soziale Motivation notwendig, zumal es sich auch um auszuführende Tätigkeiten mit einem hohen Schwierigkeitsgrad und damit verbundenen Belastungen handeln kann. Diese hohe Bereitschaft und ihre nachfolgende praktische Umsetzung kann durchaus zu Spannungen mit anderen Mitarbeitern und zur Gefährdung der eigenen Beliebtheit führen.

⮕ Kennzeichen

Einzelne Kriterien einer hohen Ausführungsbereitschaft für die Mitarbeiter im betrieblichen Alltag sind:
- Ist bereit, als notwendig erkannte Handlungen aktiv und schnell voranzutreiben;
- ist handlungsorientiert und voller Energie, um Herausforderungen zu meistern;
- ist entschlossen, ergreift Gelegenheiten und sorgt für rasche Implementierung;
- strebt Einfachheit und Klarheit an. Vermeidet unnötige »Bürokratie«;
- gewinnt die eigenen Antriebe aus der eigenen Aufgabe selbst – und nicht aus dem Bestreben, es anderen »recht zu machen«.

✔ Selbstcheck

Haben Sie kritisch eingeschätzt, wo Differenzen zu den eben dargestellten Kriterien bestehen? (Stichworte):

_____

_____

Was wollen und können Sie tun, um Ihre Ausführunsbereitschaft zu erhöhen? (Stichworte):

_____

_____

Die Teilkompetenz »Ausführungsbereitschaft« steht einerseits in einem engen Zusammenhang mit der persönlichen Zielstrebigkeit und damit mit der Durchhalte- und Durchsetzungsfähigkeit, der Erfolgsorientierung, Vitalität und Frustrationstoleranz. Andererseits hängt sie eng zusammen mit der intrinsischen Motivation (von innen her bestimmte), also dem persönlichen Idealismus sowie der eigenen Identifikation mit dem Unternehmen sowie des Weiteren mit der eigenen Arbeitsorganisation.

Wo liegen die Ursachen Ihrer anscheinend niedrigeren Ausführungsbereitschaft? Haben Sie darüber schon einmal nachgedacht und auch mit Dritten darüber gesprochen?

Wenn sie in der zweiten Ursachen-Gruppe liegen, also im Bereich der persönlichen Differenz zu den betrieblichen Bedingungen, dann sollten Sie den Mut haben, für betriebliche Veränderungen einzutreten und sich im Sinne der Sache und im Sinne Ihrer Selbstverwirklichung die Bedingungen zu sichern bzw. zu erzwingen, die Ihre Ausführungsbereitschaft höher werden lässt.

Wenn Sie beispielsweise zur Gruppe der Mitarbeiter mit einer (Fach-)Hochschulausbildung gehören und sich als unter- oder überfordert einschätzen, dann sollten Sie wissen, dass in Deutschland ca. 25 % aller Mitglieder dieser Qualifikationsgruppen sich als fachlich unterfordert und ca. 5 % als fachlich überfordert einschätzen.

Dabei muss es kein Widerspruch sein, dass sich Mitarbeiter gleichzeitig als überfordert (zeitlich, mit zu vielen Routineaufgaben befasst, mangelhafte Ausstattung mit Informationen …) und unterfordert (fachlich-inhaltlich, Personalverantwortung…) einschätzen. Die Frage ist nur, ob das ein Dauerzustand sein muss oder ob hier nicht in der Organisation, Qualifizierung, Delegierung, im Zeitmanagement u. a. Änderungen angesagt sind.

> Als Kapitän eines Segelschiffes können Sie den Wellen und dem Wind nicht Ihren Willen aufzwingen, aber Sie können durch geschicktes Nutzen der Ruder und Segel doch an Ihr Ziel gelangen. Und Sie bestimmen selbst, wie!

Das ist ein wichtiger Grundsatz für die Selbstmotivation und Selbstverwirklichung. Die Kunst der Selbstmotivation besteht ja gerade darin, für sich selbst zu erkennen, welche unbefriedigten Bedürfnisse vorliegen und sich zugleich realistische Anreize zu schaffen, die zur Erreichung der Ziele motivieren (vgl. Bossong 2001).

✔ Selbstcheck

Analysieren Sie nun, welche äußeren sowie inneren (persönlichen) Bedingungen Ihre Ausführungsbereitschaft beeinträchtigen. Sehen Sie sich noch einmal die anfangs aufgeführten Hemmnisse und Blockaden sowie die danach dargestellten Kriterien einer hohen Ausführungsbereitschaft an.

Schreiben Sie in die nachfolgende Analysetabelle die für Sie zutreffenden Blockaden bzw. Differenzen.

Danach gewichten Sie diese und geben der bzw. den Blockaden/Differenzen eine 1, die für Sie am Stärksten beeinträchtigen, den an zweiter Stelle beeinträchtigenden eine 2 und den übrigen eine 3.

Analysetabelle: Blockaden/Differenzen	Bewertung	Persönliche Maßnahmen
1.		
2.		
3.		
4.		
5.		
6.		

In einem nächsten Schritt schreiben Sie hinter allen mit einer 1 und danach hinter allen mit einer 2 gekennzeichneten Blockaden/Differenzen auf, was Sie in der Zukunft dagegen unternehmen können.

Sprechen Sie auch mit Dritten darüber und lassen Sie sich von diesen ebenfalls sagen, was sie anders machen bzw. ändern würden. Sprechen Sie, wenn es Fragen der Arbeitsorganisation und der Arbeitsbedingungen sind, unbedingt mit Ihrer Führungskraft darüber und regen Sie an, dass Sie gemeinsam Schritte zur Verringerung der Differenzen zwischen IST- und SOLL-Zustand vornehmen. Protokollieren Sie dieses nach Möglichkeit und setzen Sie sich gemeinsam Fristen zur Umsetzung der gemeinsam herausgearbeiteten Ziele und Maßnahmen.

Empfehlungen

Bei Ihrem Vorhaben, Ihre eigene Einstellung zur selbstständigen Arbeitsausführung, Ihre tätigkeitskonkrete Ausführungsbereitschaft zu erhöhen, muss es für Sie zum Grundsatz werden, dass es mit Ihrem Vorbringen von Kritik nicht schon getan sein kann, sondern dass Sie stets selbst an den Schwierigkeiten arbeiten müssen, falls eine Verbesserung eintreten soll.

Setzen Sie sich anfangs kleinere Ziele und versuchen Sie, diese konsequent zu erreichen. Denken Sie stets daran, dass Sie gerade in der Anfangszeit Ihres Selbsttrainings eine große Portion Eigeninitiative und nach Möglichkeit auch Unterstützung durch eine Ihnen vertraute Person benötigen, zumal Sie sich mit Ihrer eigenen Lerngeschichte, die durchaus eine Reihe von erfolglosen Selbstkontrollversuchen einschließen kann, auseinandersetzen müssen. Sie müssen Verhaltensgewohnheiten in Frage stellen und ändern. Umso mehr Selbstmotivation, Veränderungsmotivation und viele kleine Probe-Schritte benötigen Sie.

Eine Bekräftigung für die notwendige hohe Eigenmotivation und Eigeninitiative können Sie auch dem folgenden Beispiel entnehmen. Im **Coaching** gelten insbesondere folgende Kriterien für eine aktive Rolle des Coachingpartners:
- Der Partner liefert freiwillig die nötigen Informationen.
- Der Partner macht konkrete eigene Vorschläge und wartet nicht einseitig auf die des Coaches.
- Er bringt unaufgefordert wichtige Unterlagen mit.
- Getroffene Vereinbarungen und Absprachen werden penibel eingehalten.
- Der Partner lässt sich von zeitweiligen Misserfolgen nicht entmutigen und versucht viele kleine Schritte ernsthaft.

Persönliche Maßnahmen

Was nehme ich mir für die nächsten 6 Wochen im Sinne einer Erhöhung meiner »Ausführungsbereitschaft« vor? (Stichworte):

_____

_____

Was werde ich zuerst und vorrangig tun? (Stichworte):

_____

_____

Wie kontrolliere ich die Resultate? (Stichworte):

_____

_____

Wo werde ich mich weiter zum Thema »Ausführungsbereitschaft« informieren? (Stichworte):

ⓘ Als weiterführende Informationsquellen empfehlen wir

Bossong, C. et al.: Selbstmanagement. Buch und Zeit Verlagsanstalt, Köln 2001
Fischer-Epe, M.; Epe, C.: Selbstcoaching (hier v.a. Abschn. 3: Motivation und Leistungsbereitschaft entwickeln). Rowohlt Verlag GmbH, Reinbek bei Hamburg 2007

Ergebnisorientiertes Handeln   A/F

Grundsätzliche Überlegungen

Die Arbeit in jedweden Organisationen ist auf konkrete Ergebnisse ausgerichtet. Letztlich zählt nicht, was individuell gewollt oder gewünscht, sondern das, was tatsächlich erreicht wurde.

> Ergebnisorientiertes Handeln setzt in erster Linie Handlungskompetenz und Fach- und Methodenkompetenz voraus.

Ergebnisorientiertes Handeln muss im Alltag immer wieder gefordert, unterstützt, belohnt werden, da täglich zu viele objektive und subjektive Bedingungen vom eigentlichen Ziel ablenken bzw. unterschiedliche Ergebnisauslegungen zulassen. Insofern müssen Führungskräfte immer wieder auf klare Ziele und Ergebnisse hinführen. Das ist aber nicht nur eine Aufgabe der Personen mit klar fixierter Führungsverantwortung, sondern auch aller Manager im erweiterten Sinne. Malik schätzt die Anzahl von Managern im Verhältnis zur Gesamtzahl der Beschäftigten auf 5–25 % und mit steigender Tendenz. Aber vielen von diesen ist es nicht bewusst, dass sie Managementaufgaben mit Teilführungsverantwortung lösen sollen. Nicht selten gibt es – schaut man auf die eigentlichen »Macher« in einer Organisation – Differenzen zwischen den Positionshaltern in einem Organigramm und den eher versteckten eigentlichen Akteuren, von denen letztlich die Ergebnisse abhängen.

Wesentlich ist also nicht alleinig der Status, sondern das erzielte Ergebnis. Malik zu Folge sind viele Menschen in ihrem alltäglichen Denken, in ihrer Wahrnehmung, in Bewertungen und auch im Handeln »eher input- als output-orientiert«.

Zum Input gehören z. B. die persönliche Anstrengung, das harte und ausdauernde Arbeiten, das Lernen für die Arbeit, die Bewältigung von Stress innerhalb der Organisation u. v. a. m.

Worauf es in einer Organisation ankommt, ist der Output. Malik bringt zur vorwiegenden Input-Orientierung zwei plastische Beispiele:
1. »Wenn ich mit Führungskräften zusammen bin, und man gelegentlich noch Zeit hat, gemeinsam ein Bier zu trinken, dann frage ich: »Was tun Sie in der Firma?« Alle beschreiben daraufhin ihre Tätigkeit. Das ist nicht anders zu erwarten. Dann aber kommt das Interessante: Rund 80 % beginnen danach zu erzählen, wie hart sie arbeiten, wie sehr sie sich anstrengen, wieviel Stress sie haben und wieviel Mühe sie sich geben. Nur etwa 20 % berichten, nachdem sie ihre Tätigkeit geschildert haben, über ihre Ergebnisse.«
2. »Acht von zehn Lebensläufen, die ich im Zusammenhang mit Stellenbesetzungen bekomme, enthalten eine zumeist lange und oft beeindruckende Liste von Positionen oder Stellen, die der Bewerber bisher immer hatte. Nur einer von zehn Bewerbern gibt aber auch an, was er oder sie in diesen Positionen erreichten, worin ihre Leistung bestand und was schließlich die Ergebnisse waren, die erzielt wurden.«

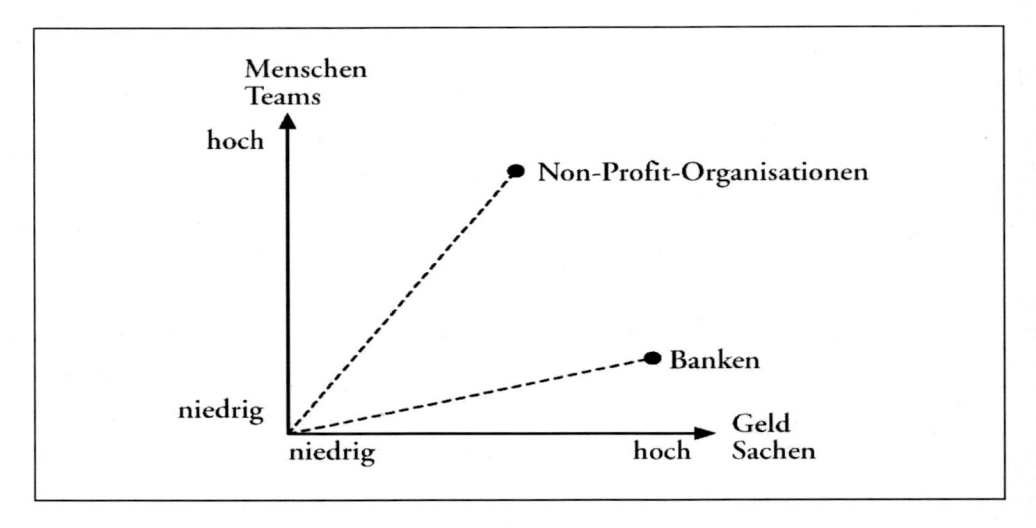

Ergebnisse spielen in allen Organisationen – so fern sie nicht zum Selbstzweck gegründet wurden – die letztlich entscheidende Rolle: von Wirtschaftsunternehmen über Krankenhäuser bis hin zur UNICEF.

Allerdings muss zwischen 2 Ergebnisgruppen unterschieden werden:
- Ergebnisse, die auf **Menschen** orientiert sind und
- Ergebnisse, die sich in **Geld** darstellen:

✔ **Selbstcheck**

Aktion A

Überlegen Sie, wie sehr Sie dazu neigen, solche Aussagen zu gebrauchen wie:
- Wenn die Bedingungen anders wären, dann würde ich ja…
- Man soll nicht auf den Putz hauen und die eigenen Leistungen nicht in den Vordergrund stellen.

- Auf das Ergebnis kommt es nicht nur an; wichtig ist, was dafür getan wird.
- Ich bin ja nur ein kleines Rädchen im großen Getriebe und relativ belanglos.
- Bei uns hat man kaum Chancen, sich durchzusetzen;
- besser ist es, eigene Meinungen und Standpunkte zurückzuhalten.
- Warum soll man sich so stark für etwas einsetzen, wenn es einem dann doch nicht gedankt wird?...

Diese Aussagen und Erfahrungen sind enorme Bremsen des erfolgsorientierten Handelns. Sie können von negativen Erfahrungen in der Vergangenheit zeugen, die zu einem eher misserfolgsorientierten bzw. mangelnden Verhalten geführt haben. Ebenso könnte hinter diesen Aussagen große Bescheidenheit oder Bequemlichkeit oder der Glaube stehen, es käme an auf große Ergebnisse, die ohnehin nicht erreicht werden können.

Beobachten Sie in der nächsten Zeit einmal, wie viele Menschen im beruflichen oder privaten Alltag solche oder ähnliche Aussagen gebrauchen. Testen Sie auch einmal Personen mit der ersten Malik-Frage.

Wenn Sie jedoch Ihr »Ergebnisorientiertes Handeln« erweitern oder verstärken wollen, dann tun Sie das mit kleinen, aufeinander aufbauenden Schritten – und sprechen Sie über die erreichten Ergebnisse oder führen ein Ergebnisprotokoll/-Tagebuch über Monate.

Aktion B

Beantworten Sie für sich die folgende Frage und tragen Sie die Antworten in Stichworten in die Tabelle ein: **»Was habe ich in den letzten fünf Tagen tatsächlich erreicht?«**

Arbeit	Familie	Freizeit
Bericht abgeschlossen	3 Himbeersträucher gepflanzt	Nachbarn geholfen, Tür einsetzen
2 wichtige Personalgespräche	Ellen bei Mathe geholfen: Note 2	Mein Leserbrief wurde teilweise gedruckt
Inventur 3 Std. eher abgeschlossen		
Beschwerden verringert		
2 neue Kunden gewonnen		

Gehen Sie bewusst auch auf kleine Ergebnisse ein. Hier gibt es oft einen überraschenden Stimmungseffekt: Viele kleine Ergebnisse führen häufig zu einem großen Erfolgserlebnis und zu einer Erhöhung von Selbstvertrauen und Selbstachtung, wenn man sie nicht in der Hektik des Alltags übersieht. Und **Erfolgserlebnisse sind die Voraussetzung für weiteres konsequentes und bewusstes erfolgsorientiertes Handeln.**

☞ Empfehlungen

Aktion C: Wochenplan

Machen Sie sich wöchentliche Vorgaben und kontrollieren Sie sie am Ende der Woche konsequent. Planen Sie jedoch realistisch und übernehmen Sie sich nicht durch zu viele Ziele und Aktionen. »**Was will ich in dieser Woche an konkreten und messbaren Ergebnissen erreichen?**«

Arbeit	Familie	Freizeit

✎ Persönliche Maßnahmen

Was nehme ich mir für die nächsten 6 Wochen im Sinne einer Verstärkung meines »Ergebnisorientieren Handelns« vor? (Stichworte):

_____

_____

Was werde ich zuerst und vorrangig tun? (Stichworte):

_____

_____

Wie kontrolliere ich die Resultate? (Stichworte):

_____

_____

Wo werde ich mich weiter zum Thema »Ergebnisorientiertes Handeln« informieren? (Stichworte):

_____

_____

Als weiterführende Informationsquellen empfehlen wir   ⓘ

Drucker, P.F.: Die Kunst des Managements. Econ Verlag, München 2000
Drucker, P.F.: Was ist Management? Das Beste aus 50 Jahren. Technisat/Radioropa Hörbuch (Audio CD) 2006
Malik, F.: Führen-Leisten-Leben. Campus Verlag, Frankfurt a. M. 2006
Malik, F.: Führen-Leisten-Leben. Campus Verlag, Frankfurt a. M. (Audio CD) 2007

Zielorientiertes Führen A/F

> Management heißt in erster Linie, für Ziele zu sorgen, Ziele zu vereinbaren, zu entscheiden, für die Realisierung der Ziele zu sorgen, Verantwortung zu tragen und zu übertragen und die Mitarbeiter für die Ziele zu begeistern, sie mitzureißen.

Unser ganzes Leben ist auf zukünftige Ereignisse ausgerichtet, und wir leben nur dann aktiv, wenn wir Ziele planen und setzen. Als **aktive Führungskraft** gehen wir mit einer finalen Betrachtungsweise in den Arbeitsalltag hinein und fragen weniger nach dem »Warum«, sondern stärker nach dem »Wozu«, »Wohin«, »Bis wann«.

▶▶ Grundsätzliche Überlegungen

Ziele setzen

Ziele können auf uns eine schier magnetische Anziehungskraft ausüben, wenn wir von ihnen überzeugt sind. Dieses Wissen um die **Kraft der Ziele** ist für Führungskräfte in mehrfacher Hinsicht bedeutsam:

- Ziele geben Orientierung, motivieren, spornen an und sind somit ein sehr wichtiges Führungsinstrument jeder einzelnen Führungskraft.
- Das Führen mit Zielen ist grundsätzlich einfach. Die wirkliche Arbeit liegt in der Ausarbeitung und Diskussion mit den Beteiligten bzw. Betroffenen, der Präzisierung der Ziele im Prozess und der Begeisterung der Mitarbeiter. Letzteres setzt genauso voraus, dass die Mitarbeiter über den Weg zu diesen Zielen informiert und von ihm begeistert werden. Ansonsten wird das Führen eher schlecht als recht verlaufen.
- Das Führen mit Zielen ist erlernbar, verlangt jedoch persönliche Konsequenz und Überzeugungsfähigkeit – und die ständige Wachsamkeit darüber, dass das Führen mit Zielen in der Organisation nicht zu einem komplizierten, bürokratischen System ausufert.

Grundsätze für realistische Zielsetzungen

1. Die Zielbeschreibung erfolgt in operativer Form und hat damit den Vorteil, dass sie sowohl die Norm für das Ziel-Controlling als auch das zeitliche Messkriterium beinhaltet:
   - Der Zielinhalt sowie der Weg zum Ziel werden verständlich und präzise (klar und kurz) beschrieben.
   - Die Ziel-Messbarkeit wird in quantitativer und qualitativer Hinsicht klar ausgewiesen (Ziele ohne Norm und Kontrollkriterien sind unverbindlich und nicht nachvollziehbar).
   - Zeitdauer und ggf. Zwischenziele und Päzisierungsschritte bis zur Zielerreichung werden festgelegt.
2. Da Ziele miteinander kollidieren können und es damit zu Zielkonflikten (zwischen verschiedenen Bereichen/Abteilungen bzw. zwischen Unternehmenszielen insgesamt und spezifischen Abteilungszielen) kommen kann, muss bei der Planung von Zielen gleichzeitig an ihre Folgen und an Wege für die Lösung möglicher Zielkonflikte gedacht werden. Ein Fehlen dieser Betrachtung zeugt in der Praxis oft von fehlender Gesamtidentifikation mit der Führungsrolle, einseitig-bürokratischer Arbeit mit Zielen oder gar Verantwortungslosigkeit.

> Grundsatz an dieser Stelle ist die gemeinsame Suche von einzelnen Betroffenen (Führungskräfte) oder von Gruppen (z. B. Führungsteams, Expertengruppen ...) nach Lösungen; und das ist in erster Linie eine Frage der Kommunikation und der Kommunikationskultur im Unternehmen.

3. Erfahrene Führungskräfte unterrichten mündlich die Mitarbeiter, verzichten jedoch nicht auf eine schriftliche Fassung, die präziser und eindeutiger als die mündliche Unterweisung ist.

Empfehlungen

Praktische Orientierungen

- Besser wenige Ziele als zu viele, dann aber vorbehaltslose Konzentration auf ihre Realisierung.
- Wenn wenige Ziele, dann aber bedeutende, große, die viel bezwecken, wenn sie erreicht werden. Nicht in »Zielen mittlerer Reichweite« verzetteln.
- Operative Ziele mit Ergebniskontrollen formulieren. Klare Aussagen darüber, was bis wann erreicht und wie beurteilt werden soll.
- Die Vereinbarung von Zielen setzt gleichermaßen die Vereinbarung von Leistungsnormen und Beurteilungskriterien voraus. Die Vor- und Nachteile fester Normen und Kriterien sind aus der Übersicht ersichtlich (nach Probst 1993):

Konsequenzen fester Leistungsnormen und Beurteilungskriterien	
Bedingungen: • Regelmäßige Gespräche zwischen Führungskräften und Mitarbeitern • Funktionen werden von Einzelpersonen und weniger als Team übernommen	**Anwendungsbereich:** • Große und mittlere Unternehmen • Gesellschaften, die eine vorausschauende Ressourcenverwaltung mit der Entwicklung und Entfaltung ihres Personals verbinden möchten
Vorteile • Klärt Zielvorstellungen bei den Beteiligten, macht sie verständlich • Verbessert den Dialog und motiviert • Zeigt Entwicklungspotenziale und Schwächen auf, macht somit auch Personalentwicklungsbedarf deutlich	**Nachteile:** • Relativ starr • Erschwert die Beherrschung unvorhergesehener und somit nicht prioritärer Ereignisse • Gefahr der Berufung auf Normen als Konfliktbewältigungsmechanismus statt Dialog

Bei der Formulierung von Zielen muss gleichermaßen an Maßnahmen zu ihrer Umsetzung, an die erforderlichen Mittel sowie an die mit der Umsetzung befassten Personen gedacht werden. Bei der Ressourcenplanung muss der gesamte Zeitraum der Arbeit mit den Zielen, einschließlich eventuelle Rückfälle, bedacht werden. Das hat viel mit Folgebewusstsein (vgl. KODE®-Selbsttrainingsprogramm zum Folgebewusstsein) zu tun.

Individuelle Anwendung von Zielen. Das schließt falsche Gleichmacherei aus und setzt das Eingehen auf unterschiedliche Erfahrungen und Kompetenzen der Mitarbeiter voraus.

Eine eher einseitige Vorgabe von Zielen empfiehlt sich beim Fehlen guter Mitarbeiter bzw. beim Fehlen von Zeit und von Ressourcen. Ansonsten spricht Vieles für die Partizipation motivierter Mitarbeiter, für die Führung durch Zielvereinbarung (Management by Objectives, MbO).

Selbstcheck

Festlegen von Zielen

1. Welche Ziele sollen realisiert werden:
2. Unternehmensziele;
3. Ziele des Mitarbeiters;
4. Ziele des Teams;
5. Ziele der Führungskraft?
6. Wie wurden die früheren Ziele realisiert? Wo gab es Abweichungen? Welche Gründe dafür gab es? Was muss zukünftig beachtet werden?
7. Wie lassen sich die entsprechenden Ziele quantifizieren und ihre Realisierung bewerten?
8. Wie weit werden die Mitarbeiter in die Zielfindung und -formulie-rung einbezogen?
9. Welche Konsequenzen gibt es bei Nicht-Erreichen der Ziele? Wonach wird beurteilt?
10. Welche motivierenden Konsequenzen gibt es beim Erfüllen und Übererfüllen der Ziele?
11. Sind Zwischenziele und Zielpräzisierungen vorgesehen?
12. Inwieweit kennen und verinnerlichen die Mitarbeiter die Ziele?
13. Inwieweit werden die Mitarbeiter von den Zielen und den Wegen dahin begeistert?
14. Werden die Ziele schriftlich vereinbart?
15. Wie groß sind die Gestaltungsmöglichkeiten der Führungskraft, inwieweit wird sie von ihrer unmittelbaren Führungskraft wiederum unterstützt und bestärkt?

Erweiterte Checklisten, Zielvereinbarungsformulare und Ablaufvorschläge für Zielvereinbarungs- sowie Zielerreichungsgespräche sind bei Neges/Neges (2007) nachschlagbar.

Persönliche Maßnahmen

Was nehme ich mir für die nächsten 6 Wochen im Sinne einer Verstärkung meines »Führens mit Zielen« vor? (Stichworte):

_____

_____

Was werde ich zuerst und vorrangig tun? (Stichworte):

_____

_____

Wie kontrolliere ich die Resultate? (Stichworte):

_____

_____

Wo werde ich mich weiter zum Thema »Führen mit Zielen« informieren? (Stichworte):

_____

_____

ⓘ Als weiterführende Informationsquellen empfehlen wir

Neges, G.; Neges, R.: Führungskraft und Mitarbeiter. Linde international, Wien 2007
Zielke, C.: Führungstechniken – live. Audio CD (Track 2–6). Haufe Verlag, München 2007

Konsequenz   A/F

Grundsätzliche Überlegungen

Laut Wörterbuch meint Konsequenz
- Folgerichtigkeit;
- Schlüssigkeit sowie
- Unbeirrbarkeit und
- feste Entschlossenheit;
- einmal für richtig und wichtig empfundene Ziele zu verfolgen.

In diesem Zusammenhang kann man auch von Zielbeharrlichkeit sprechen.

Letzteres zeichnet beispielsweise Wissenschaftler und Erfinder besonders aus, wenn sie über Jahre oder über Jahrzehnte einer wissenschaftlichen oder erfinderischen Idee folgen und dabei viele Widerstände überwinden müssen. Oder um bei einem sicher extremen, aber umso aussagekräftigeren Beispiel zu bleiben: Der südafrikanische Präsident a.D. Nelson Mandela verbrachte Jahrzehnte im Gefängnis und blieb in dieser Zeit seiner politischen Vision treu, die er später als alter und kränkelnder Mann auch noch umsetzen konnte.

Gerade in einer Zeit großer gesellschaftlicher Veränderungen und Veränderungen in der Arbeitswelt sind Zielorientierung und persönliche Konsequenz im Denken und Handeln äußerst wichtig. Sie sind eine Art »Ordner im Chaos«, sind Stabilisatoren in der Veränderung.

Anforderungen

In Befragungen zu den Anforderungen an Führungskräfte heute und in naher Zukunft dominieren solche wie:
- ethische Grundsätze;
- Kreativität;
- Intelligenz;
- Begeisterungsfähigkeit;
- Fähigkeit, Anregungen zu geben;
- Aufgeschlossenheit gegenüber Neuem;
- Konsequenz im Handeln;
- Risikofreude;
- Förderung von Mitarbeitern;
- Tatkraft;
- analytisches Denkvermögen.

Diese Anforderungen sind aber auch für einen großen Teil der Mitarbeiter gleichermaßen zutreffend, und das nicht nur in den mittelständischen Unternehmen mit wenigen Hierarchien und großer Verantwortungsbreite der Mitarbeiter. Auch in großen Unternehmen und in Nonprofit-Unternehmen übernehmen Mitarbeiter immer mehr Teilmanagement-Aufgaben – sei es in der Mitarbeit in wichtigen Arbeitsgruppen, sei es als Moderator oder als zeitweiliger Projektmanager…

Insofern ist die Teilkompetenz Konsequenz heute verbindlicher denn je – für Führungskräfte **und** für Mitarbeiter.

Konsequenz schließt nicht aus, dass man an einer Wegkreuzung statt geradeaus nicht auch nach rechts oder links abweichen kann. Man kann durchaus in seinem Leben seine Position und auch seine Überzeugung verändern. Im Sinne der Konsequenz ist es aber wichtig festzustellen, wie zielgerichtet und unbeirrt die neue Richtung verfolgt wird. Dazu gibt es eine bemerkenswerte Anekdote (nach Nöllke 2002):

Jean-Baptiste Bernadotte (1763–1844) war französischer General und Marschall unter Napoleon, ehe er zum Kronprinzen von Schweden gewählt wurde. Später wurde er Regent unter dem Namen Carl Johan König von Schweden und Norwegen.

Eines Tages wurde er schwer krank. Der königliche Leibarzt wollte ihn zur Ader lassen. Doch der König weigerte sich hartnäckig. Als sich sein Zustand aber verschlechterte, gab er schließlich nach. »Also gut«, erklärte er dem Leibarzt, »dann lassen Sie mich zur Ader. Aber Sie müssen mir schwören, dass Sie keinem Menschen sagen, was Sie gleich sehen werden.« Der Leibarzt schwor es, und als er den Ärmel des Königs hoch schob, entdeckte er eine bemerkenswerte Tätowierung: eine Jakobinermütze, das Zeichen der französischen Revolutionäre, und darunter auf Französisch die Worte »Tod den Königen«.

Konsequenz im betrieblichen Alltag hat vor allem folgende Facetten:
1. Konsequenz ist eine Haltung, die folgerichtiges Denken mit folgerichtigem, zielstrebigem Handeln verbindet. Sie bezieht sowohl die Gesamtheit der sachlichen Gegebenheiten als auch die Folge-, Aus- und Nebenwirkungen des Handelns ein.

2. Während Konsequenz im fachlich-methodischen Denken Gefühle ausklammern muss, um zu gültigen Resultaten zu gelangen, spielt im Bereich des Handelns gerade die Stabilität der Gefühle die entscheidende Rolle für ein konsequentes Vorgehen.

Kennzeichen

- Analysiert die sachlichen Gegebenheiten und methodischen Möglichkeiten des Handelns in einer Situation umfassend;
- versucht, Emotionen und subjektive Wertungen aus Analysen fern zu halten;
- geht beim Handeln von einem festen persönlichen Wertefundament aus und strebt das als richtig erkannte Ziel ohne Umschweife an;
- neigt – auch außerhalb der Arbeitssphäre – nicht zu oberflächlichen Kompromissen;
- setzt das als richtig Erkannte möglichst schnell und energisch um.

In einer Untersuchung der Verhaltensvoraussetzungen bei anerkannten Innovatoren, in der kompetenzbiographische Interviews eine zentrale Rolle einnahmen, wurden zur Frage nach der persönlichen Konsequenz und Zielbeharrlichkeit u. a. folgende Antworten gegeben (Erpenbeck, J.; Heyse, V.: Die Kompetenzbiographie. Strategien der Kompetenzentwicklung durch selbstorganisiertes Lernen und multimediale Kommunikation. Waxmann Verlag, Münster/New York u. a. 2007):

- Man soll nicht machen müssen, was man **nicht will** … Ich entscheide für mich selber. Und auch bei den Mitarbeitern muss man viel mehr Gewicht daraufflegen, dieses »**Ich will**« herauszubilden.
- Für eine Sache, von der man überzeugt ist, muss man ggf. auch Gewalt (und in erster Hinsicht gegenüber sich selbst) ausüben, obwohl ich Gewalt bis zu einem bestimmten Punkt mit Fairness begleitet sehen möchte. Ich bin kein gewalttätiger Mensch.
- Entscheidungen, von deren Richtigkeit ich überzeugt bin, setze ich auch bei Widerstand Dritter um und gehe Inkonsequenzen aus dem Wege.
- Meine Konsequenz und Berechenbarkeit versuche ich transparent zu machen und ebenso von anderen einzufordern.
- Man muss herausfinden, was man selber will, muss eine Selbstbestimmung haben und eine kritische Wahrnehmung davon entwickeln, was ist. Und ich muss auch unpopuläre Entscheidungen gegen meine Umwelt treffen, wenn ich es für gut finde.
- Ich übernehme sehr hohe Anforderungen und Strapazen, wenn ich so dem selbst gesteckten Ziel näher komme.
- Ich habe ein gerade begonnenes Studium auf Grund der katastrophalen Zustände an der Universität kurzfristig abgebrochen und habe dann gleichzeitig eine zweifache, sich überlappende Ausbildung vorgenommen. In drei Jahren war ich mit beiden zweijährigen Ausbildungen fertig.
- Wenn man nicht permanent irgendwelche Sachen einfordert, dann wachsen die Mauern im Sinne von Trägheit, »Aussitzen«.

✓ Selbstcheck

Setzen Sie sich einmal mit diesen Interviewzitaten auseinander:
- Inwieweit können Sie sich mit diesen Erfahrungen Dritter identifizieren?
- Was sind Ihre eigenen Erfahrungen und Selbstorientierungen in puncto »Konsequenz im Denken und Handeln«?

Machen Sie sich dazu Notizen. Meine Meinung zu den Zitaten:
- Bekräftigung oder Ablehnung;
- positive Erfahrungen mit der eigenen Konsequenz:

_____

_____

☞ Empfehlungen

1. Sprechen Sie nach Möglichkeit mit einem vertrauten Menschen über Ihre Überlegungen.
2. Fragen Sie diese Person nach ihren eigenen Erfahrungen und Prämissen.
3. Notieren Sie sich auch die Meinungen und Standpunkte Ihres Gesprächspartners und vergleichen Sie diese mit Ihren Überlegungen.
4. Schreiben Sie sich danach einige Schlussfolgerungen für Ihre eigene Konsequenz-Stärkung und -kontrolle auf.

Meinungen/Standpunkte des Gesprächspartners:

_____

_____

Schlussfolgerungen für mich:

_____

_____

Was halten Sie von dem Eingangszitat dieses Modularen Informations- und Trainingsprogramms? Es lautete:

> Wenn jemand konsequenter sein will als bisher, dann frage ihn zuallererst, ob er auch bereit ist, zukünftig alle schlechten Gewohnheiten zu bekämpfen. Erst dann kannst Du ihn in seinem Vorsatz unterstützen.

An welche eigenen »schlechten Gewohnheiten«, die der Konsequenz gegenüber hinderlich sein können, denken Sie selbstkritisch?

Notieren Sie zwei bis vier aus Ihrer Sicht hinderlichen Gewohnheiten, die Sie immer wieder bekämpfen (müssen)?

_____

_____

Selbstcheck

Wie bekämpfen Sie diese im Alltag? Und was müssen Sie sich immer wieder bewusst machen, um nicht nachzugeben?

Art und Weise der Bekämpfung:

1. _____
2. _____
3. _____
4. _____

Wichtige Vorsätze:

1. _____
2. _____
3. _____
4. _____

Wie würden Sie im Zusammenhang den Ausspruch des bayerischen Kabarettisten und Schriftstellers Karl Valentin (1882–1948) für sich selbst interpretieren und bewerten?

> Mögen täten wir schon wollen, aber dürfen haben wir uns nicht getraut.

_____

_____

Haben Sie, wenn Sie an **Konsequenz im Denken und im Handeln** denken, irgendwelche Vorbilder (reale Menschen, Film- oder Buchhelden)? An wen denken Sie dabei? Nennen Sie ein bis drei in diesem Zusammenhang für Sie besonders interessante Personen!

_____

_____

Notieren Sie in Stichworten, was die besonderen **Kennzeichen** dieser **konsequenten** Personen für Sie sind. Heben Sie das Wesentliche in dem Verhalten dieser Personen hervor!

_____

_____

Schreiben Sie in Stichworten auf, **was Sie** in Zukunft ähnlich bei sich selbst herausprägen wollen, **wie Sie** Ihre eigene Konsequenz stärken und kontrollieren können. Vermeiden Sie bei diesen Überlegungen vorschnelle Bewertungen (»Geht doch nicht…«) und Ausschlüsse.
    Dehnen Sie beim Nachdenken quasi Ihren Erwartungs- und Verhaltensmöglichkeiten-Horizont!

_____

_____

☞ Empfehlungen

Wählen Sie sich ein Symbol, das Sie in der Übung von Konsequenz unterstützt. Suchen Sie nach einem Leitspruch, der – auf einem kleinen Zettel in Ihrer Geldbörse aufbewahrt – Sie täglich begleitet und an Ihren Vorsatz erinnert.

Leitsprüche (Beispiele)

> Das Unmögliche behandeln, als ob es möglich wäre! (Johann Wolfgang von Goethe)

> Wenn Sie es sich vorstellen können, dann können Sie es auch tun. (Autor unbekannt)

> Frage nicht ob, sondern wie! (Peter Ebeling)

Konsequenz (A/F)

> In Ihnen befindet sich gerade jetzt die Kraft, um Dinge zu tun, die Sie nie für möglich gehalten haben. Diese Kraft steht Ihnen zur Verfügung, sobald Sie Ihre Einstellung ändern. (Maxwell Maltz)

Der Unterschied zwischen einem erfolgreichen Menschen und einem weniger erfolgreichen ist weder ein Mangel an Stärke noch ein Mangel an Wissen. Es ist allein der Mangel am Glauben an sich selbst, der Mangel an Vorstellungskraft, Willen und Konsequenz (vgl. Rotter/Wagner 2000).

- Glauben Sie fest daran, dass Sie die gesetzten Ziele und die damit verbundenen Aufgaben erreichen und lösen können.
- Stellen Sie sich bildhaft vor, dass Sie es bereits geschafft haben, was Sie erreichen wollen. Kosten Sie auch die mit dem Erreichten verbundenen positiven Gefühle aus.
- Nutzen Sie die Begeisterung, es zu wollen und orientieren sie sich an Personen, die konsequent waren, etwas Außergewöhnliches zu schaffen.
- Erstellen Sie einen schriftlichen Vorhaben-Plan, terminieren Sie das Erreichen von (Teil-)Ergebnissen.
- Arbeiten Sie konsequent an der Zielerreichung. Suchen Sie nach Verbündeten, die Sie bei der konsequenten Vorhaben-Realisierung ermutigen und hinter Ihnen stehen.

> Das Einzige, was zwischen Ihnen und dem, was Sie sich vom Leben wünschen, steht, sind lediglich der Wille es zu versuchen, der Glaube und die Vorstellungskraft, dass es möglich ist und die Konsequenz, Ihren Wunsch umzusetzen.
> (frei nach Richard M. de Vos)

Persönliche Maßnahmen

Was nehme ich mir für die nächsten 6 Wochen im Sinne einer Stärkung meiner »Konsequenz« vor? (Stichworte):

_____

_____

Was werde ich zuerst und vorrangig tun? (Stichworte):

_____

_____

Wie kontrolliere ich die Resultate? (Stichworte):

_____

_____

Wo werde ich mich weiter zum Thema »Konsequenz« informieren? (Stichworte):

_____

_____

ⓘ Als weiterführende Informationsquellen empfehlen wir

Rotter, E.A.; Wagener, K.F.: Mit den Adlern fliegen. Die Kunst des grenzenlosen Denkens – Anleitung zum persönlichen Erfolg. Band 1, ET-V ErfolgsTraining-Verlag K.F. Wagner, Wilnsdorf 2000
Weidner, J.: Die Peperoni-Strategie Mit Audio-CD). Campus Verlag, Frankfurt a.M. 2007

Beharrlichkeit   A/F

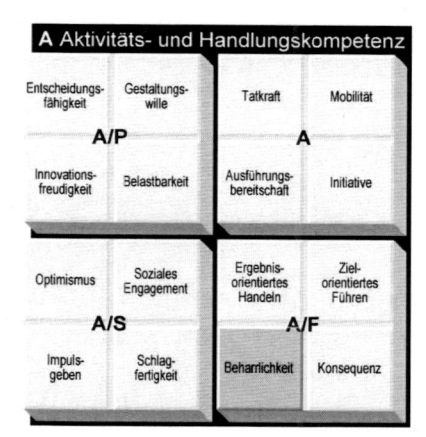

Es gibt aber nichts, was einen so anständigen Eindruck macht, als die Beharrlichkeit bei der geschäftlichen Verrichtung und bei jedem Entschluss.
(Cicero, 106–43 v. Chr.)

Besäße der Mensch die Beharrlichkeit, so wäre ihm fast nichts unmöglich.
(Chinesisches Sprichwort)

Ich gehe langsam, aber ich gehe nie zurück. (I'm a slow walker, but I never walk back.) (Abraham Lincoln, 1809–1865)

Grundsätzliche Überlegungen

Beharrlichkeit beschreibt die aktive, konsequente und dauerhafte Zielverfolgung beim Auftreten gegensätzlicher Wissensbestandteile, unterschiedlicher methodischer Möglichkeiten und widersprüchlicher Handlungsbedingungen. Dabei wirken dann das fachlich-methodische Wissen und die persönliche Aktivität, **Willensstärke** und Motivation eng zusammen.

Beharrlichkeit ist auch eine Voraussetzung, um fachliche Sprunghaftigkeit und Unbeständigkeit zu vermeiden.

⇨ Kennzeichen

Beharrlichkeit als Kompetenzanforderung im betrieblichen Alltag kennzeichnet insbesondere folgende Mitarbeiter:
- Analysiert Widersprüche tiefgründig, um eigene Handlungsmöglichkeiten zu erkunden;
- ist fähig, dabei auftretende Widerstände, Belastungen und Hindernisse standhaft und hartnäckig zu überwinden;
- hat bei der Analyse und beim Tätigsein stets die einmal fremd- oder selbstgesetzten Handlungsziele im Auge und verfolgt diese ausdauernd.

Mit Beharrlichkeit werden somit vor allem verbunden: standhaft, hartnäckig, ausdauernd, konsequent, aktiv, willensstark.

Beharrlichkeit in diesem Zusammenhang darf nicht mit Sturheit, Unnachgiebigkeit und Hartnäckigkeit verwechselt werden. Sie hat viel mit Selbstbeherrschung, Zielorientierung und ergebnisorientiertem Handeln zu tun.

Es gibt einen engen Zusammenhang zwischen Beharrlichkeit und Willen. Willentlich herbeigeführte Entscheidungen erweisen sich als ergebnis- und nutzlos, wenn sie nicht konsequent und beharrlich umgesetzt werden. Zielfestlegungen sind so lange wertlos, wie sie nicht beharrlich umgesetzt werden.

Ausgehend von dem engen Zusammenhang zwischen Beharrlichkeit und Wille ist es wichtig zu wissen, was beide einerseits hemmen und andererseits ermöglichen kann. Darauf wird nachfolgend näher eingegangen. Hierbei wird auf Darstellungen von Daco, P.: Psychologie für jedermann. mvg verlag, Landsberg am Lech 2001 zurückgegriffen.

Hemmnisse

1. Übertriebene Impulsivität
   Impulsive Menschen haben häufig Probleme, sich zu bremsen und konzentriert und zielbeharrlich zu arbeiten. Sie stürzen sich in oft übertriebene Aktivität und gleichen dem Unruhigen, der anscheinend viel Energie hat, aber sie unstetig einsetzt oder im Aktionismus vergeudet. Menschen mit übertriebener Impulsivität bieten äußerlich das Bild von tatkräftiger Willenskraft und Handlungsstärke; kennt man die betreffenden Personen aber besser, dann weiß man, dass sie weder sich selbst noch ihre Stimme, Stimmung noch ihre Bewegung beherrschen. Starke Impulsivität und Beharrlichkeit schließen sich also eher aus als dass sie sich ergänzen oder gegenseitig verstärken.

2. Übermäßige Hemmung
   Sie schwächt oder verzögert die gedankliche Arbeit und verlangsamt die beabsichtigte Handlung. Dahinter können durchaus vernünftige Überlegungen z. B. dergestalt stehen, dass man sich einer Sache noch nicht sicher ist, nach Begründungen, Rechtfertigungen sucht oder Ziele sehr gründlich verfolgen will. In normalen Situationen währt diese Suche und Absicherung nicht allzu lange. Bei gehemmten Personen dauern solche Pausen des Überlegens aber zu lang; sie befassen sich mit ihren Bedenken und Unsicherheiten zu lange

und verhindern nicht selten notwendige Handlungen – unabhängig von den abzusehenden Konsequenzen.

Beharrlichkeit hingegen ist die Teilkompetenz, auf deren Grundlage konsequent das umgesetzt wird – auch gegen subjektive und objektive Hemmnisse – was als prinzipiell richtig, sinnvoll und mit den eigenen Werten und Normen vereinbar eingeschätzt wurde.

Hemmungen mildern einerseits zu große Impulsivität, sind aber andererseits Bremsen für die beständige Umsetzung von einmal Beschlossenem.

3. Mangel an Energie

Erschöpfung und Unruhe können die Folgen permanenter Belastungen und körperlicher wie geistiger »Müdigkeit« sein. Erschöpfung wiederum ist eine deutliche Bremse für Beharrlichkeit.

Erschöpfung und Unruhe stehen keinesfalls im Widerspruch zueinander. Unruhige Menschen führen häufig viele Handlungen in einer relativ kurzen Zeit aus und verspüren über lange Zeit ihre Erschöpfung nicht. Man unterstellt ihnen viel Energie, Zielklarheit und Beharrlichkeit, während dies jedoch kaum zutrifft.

Ein Mangel an Energie ruft auch Nervosität und Rastlosigkeit hervor. Auch hier gibt es Verkennungen seitens der Umwelt, indem solchen Personen viel – wenn auch verstreute – Energie unterstellt wird – ebenso Personen, die sich, aus welchen Gründen auch immer, auf eine Aufgabe krampfhaft versteifen.

Beharrlichkeit in dem von uns focussierten Sinn jedoch ist verbunden mit einer hohen Ziel- und Aufgabenorientierung, Konzentration auf das Wesentliche, Selbstbeherrschung, Ausgeglichenheit und Vitalität.

4. Mangel an Interesse

Um beispielsweise tragfähige Entscheidungen fällen zu können und um diese dann mit Beharrlichkeit und Konsequenz mit Leben erfüllen zu können, muss man sich mit dem Gegenstand und dem Ziel dieser identifizieren können. Es muss ein Interesse an den mit dieser Entscheidung zusammenhängenden Bedingungen, Resultaten und Auswirkungen vorhanden sein. Personen jedoch, die mit einer »inneren Kündigung« täglich zur Arbeit gehen (und der Anteil solcher liegt gemäß einer Reihe betrieblicher Untersuchungen in den letzten 10 Jahren nicht selten zwischen 25–50 % in den untersuchten Unternehmen), interessieren sich kaum für die betrieblichen Belange und die langfristigen Konsequenzen ihrer Arbeit. Ein Mangel an Interesse führt in der Regel zu Gleichgültigkeit, zu einem Absinken der Arbeitsmotivation und Selbstmotivation, zu Vorurteilen und Abgrenzungen sowie zu Unstetigkeit und Qualitätsmängeln der ausgeführten Handlungen.

5. Geistige Erstarrung

Gehemmte Menschen und solche mit Minderwertigkeitsgefühlen zögern lange, bevor sie sich für etwas entscheiden und handeln. Entscheidungen kosten viel Kraft und führen dann dazu, dass sich diese Personen danach an diese Entscheidungen »klammern«, zu Korrekturen oder neuen Entscheidungen nur sehr schwer zu bewegen sind.

Dieses »Klammern« ist keineswegs ein Zeichen von Beharrlichkeit, sondern vielmehr von Schwäche und Energiemangel. Solche Personen benötigen viel Sicherheit, um sich zu Neuem zu entscheiden und dieses beharrlich zu verfolgen. Sie gehen entweder entsprechenden unsicheren Situationen aus dem Wege oder »verstecken« sich hinter »ehernen Prinzipien« und Autoritätsbeweisen, um ihre anscheinende Unbeugsamkeit und Geradlinigkeit zu rechtfertigen. Konfliktvermeidungs-Strategien wie Verdrängung und Rationalisierung werden von Ihnen häufig verwendet. Auf der Grundlage eigener geistiger Erstarrung und Schwäche nehmen sie nicht selten dominant Einfluss auf Schwächere und können hierdurch Schaden anrichten.

6. Stereotype Einstellungen
   Hier ist an Personen gedacht, die sich stur und starrsinnig verhalten, da sie ihre Umwelt aus einem sehr kleinen Wahrnehmungsfenster sehen und behandeln. Es sind in der Regel Personen mit Vorurteilen, die neue Informationen vorwiegend zur Rechtfertigung ihrer Vorurteile aufnehmen. Sie kommen aus dem immer enger werdenden, selbst verursachten Teufelskreis nicht von allein heraus und sind auf ihre Weise anscheinend »beharrlich«, in Wahrheit aber stur und verschlossen. Unsere Art von Beharrlichkeit, nämlich die auf Zielverwirklichung und weitgehend auf soziale Werte und Normen gerichtete, ist hiermit aber nicht gemeint.

☞ Empfehlungen

Übung der Beharrlichkeit

An erster Stelle ist es wichtig, sich kritisch Rechenschaft über eigene Hemmnisse und Vitalitätsstörungen abzulegen und sie zu eliminieren. Beharrlichkeit braucht Kraft, Aufgeschlossenheit, Selbstbeherrschung und Entschlossenheit, Ziele unter allen Umständen zu erreichen. Es muss alles unternommen werden, um das zu umgehen und zu eliminieren, »was das eigene ›Ich‹ zersplittern kann« (Daco 2002).

✔ Selbstcheck

1.	Haben Sie deutliche Ideale und Werte, die Ihrem Handeln zu Grunde liegen?	Ja	Nein
2.	Haben Sie die Ideale und Werte deutlich vor Augen und bestimmen sie Ihr Tun?	Ja	Nein
3.	Setzen Sie sich klare kurz- und langfristige Ziele?	Ja	Nein
4.	Richten Sie all Ihre Energie und Konzentration auf die Verwirklichung dieser Ziele?	Ja	Nein
5.	Setzen Sie sich ein für Ihre berufliche Arbeit, aber auch für familiäre und ehrenamtliche Tätigkeiten Prioritäten, die Sie dann auch konsequent einhalten?	Ja	Nein

6. Kontrollieren Sie kritisch und in Abständen die Zwischenergebnisse Ihres Tuns?	**Ja**	Nein
7. Ergreifen Sie auch Maßnahmen, um die ursprünglich gesteckten Ziele – auch unter erhöhtem Krafteinsatz – zu erreichen?	**Ja**	Nein
8. Bleiben Sie auch an Zielen und Aufgaben weiter dran, die von anderen in Frage gestellt werden, von deren Sinnhaftigkeit und Wichtigkeit Sie aber überzeugt sind?	**Ja**	Nein
9. Widersetzen Sie sich Angriffen und Blockaden durch Dritte, wenn Sie von der Sache überzeugt sind?	**Ja**	Nein
10. Können Sie eine für Sie wichtige Sache auch über Jahre verfolgen, auch wenn über eine längere Zeit nicht gewiss ist, ob Sie sie jemals damit zu Ende kommen?	**Ja**	Nein
11. Kennen Sie Personen, die Sie bei der Verwirklichung auch sehr anspruchsvoller Ziele unterstützen (können)?	**Ja**	Nein
12. Haben Sie in Ihrem Leben auch Aufgaben gelöst, von deren Realisierbarkeit Sie nicht durchgehend überzeugt waren, die für Sie aber so wichtig waren, dass Sie unter keinen Umständen aufgeben wollten?	**Ja**	Nein
13. Haben Sie bei solchen Aufgaben das Gefühl gehabt, über sich selbst hinausgewachsen zu sein und das vor allem auf Grund großer Willensanstrengung und Beharrlichkeit?	**Ja**	Nein

Wenn Sie 9 oder mehr dieser Fragen mit »Ja« beantwortet haben, dann kann eine hohe Beharrlichkeit angenommen werden. Bei nur 1–5 Bejahungen empfehlen wir Ihnen, erstens die nachfolgenden Anregungen und Hinweise ernst zu nehmen und zu erproben und zweitens die intensive Durcharbeitung folgender Modularer Informations- und Trainingsprogramme dieser Serie: »Ergebnisorientiertes Handeln«, »Ethisch-moralische Wertvorstellungen«, »Konsequenz«, »Planungsverhalten«, »Selbstmanagement«.

Empfehlungen

Überlegen Sie als Erstes, wer aus Ihrem Bekanntenkreis oder darüber hinaus Ihres Erachtens eine besonders große Beharrlichkeit beim Verfolgen von Zielen aufbringt. Schreiben Sie in Stichworten auf, woran Sie die Beharrlichkeit dieser Person(en) erkennen und zu welchen Ergebnissen diese geführt hat. Vergleichen Sie sie mit ihrer eigenen Beharrlichkeit und Konsequenz, Ziele zu verfolgen und Aufgaben zu lösen.

Überlegen Sie dann, wie Sie Ihre eigene (Ziel-)Beharrlichkeit stärken bzw. weiter entwickeln können und schreiben Sie Ihre Überlegungen als Stichworte in Form eines Fünf-Punkte-Programms auf, das Sie in den nächsten vier Wochen konsequent verfolgen wollen. Suchen Sie nach Möglichkeit auch ein Gespräch mit einer weiteren Person zu diesem Thema und versuchen Sie, deren implizite Erfahrungen zu erfassen und zu überprüfen.

Setzen Sie sich klare kurz- und langfristige Ziele.

Legen Sie Ihre Ziele schriftlich fest und achten Sie darauf, dass sie die nachfolgenden Merkmale aufweisen (vgl. auch Timm, P.R.: Erfolgreiches Selbstmanagement. Überreuter Verlag, Wien 1995).

Sie sollten
- konkret und klar formuliert sein;
- spezifisch sein und keine »Allerweltsziele«;
- realistisch sein; sie sollten letztlich erreichbar sein – wenn auch möglicherweise erst nach langen Bemühungen und umfassenden Vorleistungen;
- nicht lasch sein, sondern uns herausfordern, so dass wir uns anstrengen müssen, »an der Sache dran bleiben« müssen;
- eine Frist für das Erreichen enthalten und auch Teilergebnisse ausweisen;
- fest in den eigenen Werten verankert sein;
- mit konkreten Maßnahmen der Umsetzung verbunden sein und
- auf irgendeine Weise quantitativ oder qualitativ mess- bzw. abschätzbar und damit kontrollierbar sein.

Merke: Ein Ziel, das nicht schriftlich niedergelegt ist, ist kein Ziel, sondern ein Wunsch. Das Gleiche gilt für zwar schriftlich fixierte Ziele, die jedoch keine Maßnahmen und keine klaren Kriterien des Erfolgsnachweises (einschließlich der vorgenommenen Zwischenerfolge) enthalten.

☞ Empfehlungen

Kräftebündelung

- Bündeln Sie Ihre Kräfte, indem Sie sich über Ihre Werte klar werden. Verbinden Sie Ihre Ziele stets mit der Frage nach dem vertretbaren Sinn und Wert, dem »Warum« der vorgenommenen Aktivitäten.
- Wenn Sie die Frage nach dem »Warum« für sich präzise und mit guter Überzeugung beantworten können, dann sollten Sie im nächsten Schritt die Umsetzung planen und konsequent realisieren. Wenn etwas wert ist, gemacht zu werden, dann sollte man alles daran setzen, dieses auch mit hoher Qualität und sofort in Angriff zu nehmen. Ein Zögern zwischendurch oder ein Weglegen kann es dann nicht mehr geben. Das ist wie beim Marathon. Wobei für den einen auch schon ein 5000 Meter-Lauf wie ein Lauf über 40 km für einen anderen sein kann. Aber für beide gilt, das gesteckte Ziel zu erreichen und die Kräfte so einzusetzen, dass es zwischendurch nicht zu einem Ausstieg oder einer Niederlage kommt ... Wenn als wichtig wertvoll anerkannt, dann alle Kraft für ein gutes Resultat.
- Sagen Sie mutig »Nein«, wenn Sie mit Fragen, Aufgaben oder Forderungen konfrontiert werden, die Ihren besonders wichtigen Zielen und Werten entgegenwirken. Hier macht natürlich der Ton die Musik. Ein »Nein« kann sehr unterschiedlich ausgesprochen und mit Gesten begleitet werden, und die Kunst besteht sicher darin, dieses auf eine »ange-

nehm direkte«, passable Art und Weise zu vermitteln. Wenn jedoch Beharrlichkeit auf besonders wichtige Ziele und Werte gerichtet ist und als besondere Konzentration auf das Wesentliche und nachhaltige Konzentration auf erfolgreiche Problemlösungen bezeichnet werden kann, dann ist Beharrlichkeit auf das Engste auch mit einem »Nein-Sagen-Können« verbunden. Und ein angenehm direktes »Nein« schließt ja nicht aus, dass man es kurz begründet oder mit Hinweis auf eigene unumstößliche und gerechtfertigte Prioritäten dem anderen gegenüber vertritt.

- Beschäftigen Sie sich in Abständen immer wieder aufs Neue mit Ihrem Selbstmanagement und hierbei insbesondere mit Ihrem Zeitmanagement.
- Erstellen Sie auf der Grundlage einer monatlichen Grobplanung unter besonderer Berücksichtigung Ihrer wichtigsten Vorhaben, die Ihrer Beharrlichkeit am meisten bedürfen, Wochen- und Tagespläne. Erstellen Sie sehr konsequente Prioritätenlisten und nehmen Sie diese in Ihrer Durchsetzung und Kontrolle besonders ernst. Wehren Sie alle Ablenkungen ab, die Ihre wichtigsten Vorhaben mit der Priorität A gefährden. Bekämpfen Sie auch Ihre »inneren Ablenker« und behandeln Sie Ihre Maßnahmen, die Sie zur Zielerreichung abgeleitet haben, als unumstößlich.
- Belohnen Sie sich bei der beharrlichen Verfolgung von Zwischenzielen und bei deren Erreichung. Lehnen Sie konsequent alle Unterbrechungen durch Dritte ab.
- Gehen Sie stets zuerst die unangenehmen Aufgaben an, die man lieber nach hinten schiebt, und genießen Sie nach deren Erledigung Ihre Konsequenz und den Rest des Tages. Betrachten Sie Ihre Selbstdisziplin und Zielbeharrlichkeit als besonders starke Vorteile, wenn vieles andere fehlgeschlagen ist – und als »unversiegbare Reserven«.

Persönliche Maßnahmen

Was nehme ich mir für die nächsten 6 Wochen im Sinne einer Ausformung und Verstärkung meiner zielorientierten »Beharrlichkeit« vor? (Stichworte):

_____

_____

Was werde ich zuerst und vorrangig tun? (Stichworte):

_____

_____

Wie kontrolliere ich die Resultate? (Stichworte):

_____

_____

Wo werde ich mich weiter zum Thema »Beharrlichkeit« informieren? (Stichworte):

ⓘ Als weiterführende Informationsquellen empfehlen wir

Daco, P.: Psychologie für jedermann. Moderne Verlagsgesellschaft Mvg, München 2002
Winterheller, M.: Beharrlich sein! Statt keine Fehler machen. 4 Audio-CDs. Winterheller Management, 2004

Optimismus   A/S

> Ein Optimist ist ein Mensch, der alles halb so schlimm oder doppelt so gut findet.
> (Heinz Rühmann)

Grundsätzliche Überlegungen

Allgemein kann Optimismus beschrieben werden als:
- Lebenskunst;
- positives Denken und spezifische Einstellung und soziale Wahrnehmung (»Jeder sieht die Welt durch die Brille, die für seine Augen passt«);
- Erkennen und Annehmen von Chancen;
- Offenheit gegenüber Veränderungen und die Überzeugung, dass man mit ihnen zurechtkommen kann;
- erfolgreiche Selbstmotivation.

Optimismus ist an positive Gefühle und menschliche Beziehungen gebunden.

Nach vielen Jahren kam ein Geschäftsfreund wieder nach Deutschland. Nach seinen neuen Eindrücken befragt, zeigte er sein Erstaunen über zwei Alltagsaussagen, die er überhäufig und als Standardaussagen sowohl im betrieblichen als auch im Freizeit-Alltag ständig hörte:
1. *»Das ist ein Problem«.*
2. *»Ja, aber...«.*

Er sah darin einen deutlichen Trend der Zunahme von Bedenkenträgerschaft und der Plattform für diverse »Killerphrasen« und Passivität. Das mag von ihm übertrieben empfunden sein, verweist aber dennoch auf eingeschränkten Optimismus.

Wenn es stimmt, dass nach einer Meldung der Süddeutschen Zeitung in der deutschen Wirtschaft, insbesondere in den großen Unternehmen, ca. 40 % der Beschäftigten mit einer »inneren Kündigung« zur Arbeit (besser: zum »ungeliebten Job«) gehen, dann ist das ein alarmierendes Signal für fehlenden Optimismus, fehlenden Spaß an der Arbeit, für Ziellosigkeit und für das Erleben fehlender Mitwirkungs- und Gestaltungsmöglichkeiten.

Oft ist es schwer zu sagen, wo die eigentlichen Ursachen von eingeschränktem Optimismus liegen: in der eigenen Lebensgeschichte, in der Familie, im Unternehmen ...

> Für ein erfolgreiches Unternehmen und für das persönliche Wohlbefinden sind jedoch eine optimistisch stimmende Arbeitsatmosphäre, stimmige zwischenmenschliche Beziehungen und Erfolge in der Arbeit äußerst wichtig.

✔ Selbstcheck

Wie nehme ich mich und mein Umfeld wahr?

	Ja	Nein
1. Ich glaube an das Gute in der Welt	☐	☐
2. Erfolg ist kein Zufall	☐	☐
3. Ich habe viele positive Eigenschaften und kenne meine Stärken	☐	☐
4. Ich bin risikobereit	☐	☐
5. Ich kann mich auf eine Sache gut konzentrieren	☐	☐
6. Ich bin oft guter Laune und begeisterungsfähig	☐	☐
7. Ich denke weniger an Misserfolge als an Erfolge	☐	☐
8. Man kann mich nicht leicht entmutigen	☐	☐
9. Die meisten Menschen, mit denen ich zu tun habe, sind zu mir aufgeschlossen und freundlich	☐	☐
10. Ich denke an eine gute Zukunft	☐	☐
11. Meine engeren Bekannten und Freunde finden mich nett und positiv gestimmt	☐	☐
12. Ich muss nicht perfekt sein	☐	☐
13. Von kleinen Misserfolgen lasse ich mir nicht den ganzen Tag verderben	☐	☐
14. An meine Vergangenheit erinnern mich viele gute Ereignisse und Erlebnisse	☐	☐
15. Über Dinge, auf die ich ohnehin keinen Einfluss nehmen kann, mache ich mir wenig Sorgen und Kopfzerbrechen	☐	☐
16. Was auch immer passieren möge, ich komme schon damit klar	☐	☐
17. Ich fühle mich vital und gestaltungsfähig	☐	☐
18. Ich hatte und habe viel Glück	☐	☐
19. Von Widerständen und Hindernissen lasse ich mich nicht abhalten	☐	☐
20. Anderen Menschen kann ich Mut machen	☐	☐
Zählen Sie Ihre »Ja«-Kreuzchen zusammen:	☐	☐

Bei weniger als 8 Kreuzchen sollten Sie sich intensiv um ein Training von Optimismus bemühen. Möglicherweise haben Sie in Ihrem Leben recht große mentale Blockaden aufgebaut (ungelöste Konflikte, starke negative Erziehungsimpulse durch die Eltern/Großeltern o. Ä. in der frühen Kindheit oder andere tiefe Erfahrungen).

Zwischen 8 und 15 Kreuzchen bescheinigen Ihnen eine grundsätzlich optimistische Einstellung zum Leben und zu sich selbst, die Sie noch optimieren können.

Über 15 Kreuzchen: Sie sind sehr optimistisch.

Pessimismus

Menschen mit einer pessimistischen Grundhaltung neigen dazu,
- Vorurteile aufzubauen und nachfolgend immer mehr selektiv wahrzunehmen und die Vorurteile zu verfestigen: Es werden die Informationen gesucht und verarbeitet, die die Vorurteile stützen;
- ihr ganzes Verhalten auf die Vorurteile und die damit zusammenhängenden negativen Ereignisse und Ängste abzustimmen und damit handlungsunfähig zu werden;
- »selbsterfüllende Prophezeiungen« werden anscheinend wahr und die Ursachen wie auch Auswirkungen anderen Personen oder Umständen zugewiesen. Eigene anscheinende Machtlosigkeit und erlebte Misserfolge verstärken negative Gefühle wie Angst. Gefühle des Ausgeliefertseins und der Auswegslosigkeit führen zu funktionalen Erkrankungen und zu einem geschwächten Immunsystem.

Pessimismus und Krankheit/Anfälligkeit stehen in einem engen Zusammenhang – wie umgekehrt auch Gesundheit und Optimismus. Letzteres wird bei näherer Betrachtung der Gesundheitsdefinition der WHO (Weltgesundheitsorganisation) deutlich: Gesundheit = Einheit von physischem, psychischem und sozialem Wohlbefinden.

Kennzeichen

- Optimisten sind weniger hilflos und ängstlich und haben in der Regel ein stärkeres Immunsystem.
- Optimisten pflegen mehr Sozialkontakte und erhalten dadurch in schwierigen Zeiten mehr soziale Unterstützung.
- Optimisten lernen aus Konflikten eher und integrieren sie als Entwicklungsimpulse in ihr Leben. Sie betrachten Konflikte eher funktional und als gestaltbar.

Für die bewusste Entwicklung des Optimismus gibt es viele relativ einfache Trainingsmöglichkeiten/Aktionen. Einige seien zur Anregung aufgeführt:

✔ Selbstcheck

Erkennen eigener negativer Glaubenssätze, Behauptungen

> Bitte ankreuzen: »Könnte von mir stammen«:
> - ☐ Man kann keinem Menschen vertrauen
> - ☐ Starke Menschen brauchen keine Hilfe
> - ☐ Ich bin für alles verantwortlich
> - ☐ Es ist wichtig, immer recht zu haben
> - ☐ Je weniger ich offen bin, desto besser
> - ☐ Ich bin vom Pech verfolgt
> - ☐ Mir hilft niemand
> - ☐ Ich bin meinen Gefühlen ausgeliefert
> - ☐ Die Welt sollte gerecht sein
> - ☐ Alle sollen mich lieben
> - ☐ Nichts ist schlimmer als Fehler zu machen
> - ☐ Bei mir geht immer alles schief
> - ☐ Andere können das besser als ich
> - ☐ Ich habe nie genügend Zeit
> - ☐ Ich muss mich immer um andere kümmern
> - ☐ Man erwartet von mir, dass ich es allen recht mache
> - ☐ Keiner hat das Recht, mich zu kritisieren
> - ☐ Es gibt keine Ehrlichkeit mehr
> - ☐ Nichts ist schlimmer als Fehler zu machen
> - ☐ Ich werde es nie schaffen, mich zu verändern

Zählen Sie die angekreuzten Behauptungen zusammen. Schauen Sie sich die angekreuzten Behauptungen genau an und überlegen Sie,
- was wann an diesen Aussagen unsinnig/übertrieben ist und
- was man machen könnte, um solche übertriebenen und irrationalen Einstellungen abzubauen.

Merke: Viele wichtige Ziele werden schon dadurch im Keim erstickt, weil die Realität häufig subjektiv so konstruiert und zurechtgerückt wird, dass sie mit negativen Konsequenzen verbunden ist. Negative Einstellungen und »selbst erfüllende Prophezeiungen«, die bei der Lösung schwieriger Situationen hinderlich sind, haben Sie in dieser Übung kennen gelernt.

> Was die Menschen bewegt, sind nicht die Dinge selbst, sondern die Ansichten, die sie von ihnen haben. (Epiktet, 1. Jh. n. Chr.)

Empfehlungen

Transformation negativer in positive Glaubenssätze

Verändern Sie negative, bremsende Einstellungen in positive, überwindende:

-alt-	-neu-
Bei mir geht immer alles schief.	Dieses Mal wird es klappen.
Andere können dies besser als ich.	Ich werde es schaffen, weil ich mich anstrenge.
Ich habe nie genügend Zeit.	Ich setze jetzt Prioritäten und teile meine Zeit besser ein.
Ich muss mich immer um andere kümmern.	Ich werde auch »Nein« sagen und habe das Recht, mich einmal um mich selbst zu kümmern.
Man erwartet von mir, dass ich es allen recht mache.	Ich werde mich weniger um die Meinung anderer sorgen.

Tragen Sie auf die leeren Zeilen weitere negative und dann Ihre umformulierten Einstellungen/Glaubenssätze ein. Suchen Sie mindestens 10 weitere negative Aussagen und formulieren Sie positive. Je leichter Ihnen das nach mehrfachem Üben fällt, desto eher können Sie die bei Ihnen noch wirksamen negativen Glaubenssätze relativieren und verringern.

_____

_____

Selbstcheck

Meine individuellen Stärken

Bitte versuchen Sie jetzt ohne jede falsche Zurückhaltung etwa fünf eigene, persönliche Stärken zu benennen, die Sie für Ihren Erfolg in und mit ihrem Unternehmen für besonders maßgeblich halten (Stichworte). Diese können in Ihrem überlegenen Wissen, in Ihrer Beherrschung besonderer Organisations-, Produktions-, Vertriebs-, Werbe- und anderer Methoden, in Ihrer sozialen Kommunikationsfähigkeit (mit Mitarbeitern, Zulieferern, Kunden, Beratern, Wissenschaftlern, Politikern und der Öffentlichkeit) oder in Ihrer Persönlichkeit (Beispielhaftigkeit, Begeisterungsfähigkeit, Visionen, Charisma) begründet sein.

Meine besonderen Stärken, die vor allem in meiner Arbeit zur Geltung kommen:							
Stärken	☐	0	+1	+2	+3	+4	+5
	☐						
	☐						
	☐						
	☐						
	☐						

Rangordnung der individuellen Stärken

Versuchen Sie nun, diese Stärken in eine Rangordnung zu bringen. Beziffern Sie dazu die Stärken im Feld ☐ mit 1 (größte Stärke) bis 5.

Veränderungen der individuellen Stärken

Die von Ihnen benannten Stärken haben sich möglicherweise in den zurückliegenden drei Jahren herausgebildet oder erkennbar weiter entwickelt. Wenn das der Fall ist, tragen Sie bitte die Veränderungen unter den Ziffern **0 +1 +2 +3 +4 +5** durch einen Pfeil ein, dessen Anfangspunkt das Jahr 2006, dessen Endpunkt (Pfeilspitze) dieses Jahr markiert. 0 bedeutet das Nichtvorhandensein, 5 die maximale Ausprägung der benannten Stärken.

Wenn es Ihnen möglich ist, tragen Sie bitte unter dem Pfeil als Stichwort ein, wodurch es Ihrer Meinung nach zu der jeweiligen Veränderung gekommen ist.

Wenn Sie bisher keine 5 Stärken aufgeschrieben haben, dann überlegen und ergänzen Sie neu. Sie können auch Dritte nach Ihren Stärken befragen.

> Wichtig ist es, dass Sie sich zu zweifelsohne vorliegenden Stärken bekennen und Ihr Selbstvertrauen und Optimismus auf dieses Fundament stellen.

✔ **Selbstcheck**

Zukünftige Stärken

Welche Ihrer Stärken und weiteren positiven Verhaltensweisen wollen Sie zukünftig erweitern, vertiefen, verstärken (auch mit und über Dritte), kontrollieren, bewusster nutzen, anderen gegenüber besser vertreten…?

_____

_____

Optische Erinnerungen/positive Glaubenssätze

Suchen Sie Synonyme, Sprichwörter, Zitate, Karikaturen o. Ä. zum Stichwort Optimismus. Schreiben Sie diese mit großen Buchstaben auf bzw. kopieren Sie diese und hängen Sie sie in der Nähe Ihres Arbeitsplatzes auf, so dass Sie immer wieder erinnert werden (Aktion F).

> **Wählen Sie einen der nachfolgenden Sätze als Ihren Leitsatz aus und sehen Sie ihn täglich an**
> - Dieser Tag birgt viele Chancen für mich in sich.
> - Heute wird es ein guter Tag, denn ich freue mich, dass ich lebe.
> - Ich weiß, dass ich den heutigen Tag zu einem großen Teil selbst gestalten kann.
> - Heute beginnt ein neuer Lebensabschnitt, in dem ich mir mehr Freude gönne.
> - Ich werde heute die fröhlichen Seiten des Tages erkunden.

Überlegungen

Überlegen Sie gemeinsam mit anderen, wie Sie die Arbeit(sbedingungen) noch angenehmer gestalten können und wie mehr Lust als Frust dadurch aufkommen soll. Fertigen Sie in einem ca. 20-minütigen Gespräch ein Ideen- und Realisierungsprotokoll an.

Training: Beachten Sie für Ihr Optimismus-Selbsttraining auch die Hinweise zur Teilkompetenz Humor.

Persönliche Maßnahmen

Was nehme ich mir für die nächsten 6 Wochen im Sinne einer Verstärkung meines »Optimismus« vor? (Stichworte):

_____

_____

Was werde ich zuerst und vorrangig tun? (Stichworte):

_____

_____

Wie kontrolliere ich die Resultate? (Stichworte):

_____

_____

Wo werde ich mich weiter zum Thema »Optimismus« informieren? (Stichworte):

_____

_____

ⓘ Als weiterführende Informationsquellen empfehlen wir

Enkelmann, N.B.: Ab heute Optimist. Gabal Verlag, Offenbach 1998
Gallmeier, D.: Emotionale Intelligenz. Hauser Verlag, München/Wien 1999
Haques, C.: Nur wer sich wandelt, bleibt sich treu. Herder Spektrum, Freiburg i. Br. 2001
Pizzecco, T.: Optimismus-Training. Gräfe & Unzer, München 2007
Seligman, M.: Pessimisten man nicht küsst. Droemer Knaur Verlag, München 2002
Seligman, M.; Brockert v. Lübbe, S.: Der Glücks-Faktor: Warum Optimisten länger leben. Bastei Lübbe, Bergisch Gladbach 2005
Weisbach, Chr.; Dacks, U.: Mehr Erfolg durch Emotionale Intelligenz. Gräfe und Unzer Verlag, München 2002

Soziales Engagement A/S

Grundsätzliche Überlegungen

»Soziales Engagement« steht für vieles. Das kann in der Familie sein, in der Nachbarschaft, im Ort, in einem Club... Das soziale Engagement kann Spenden wie auch Unterschriften für oder gegen etwas sein, das mit dem Leben und der Entwicklung von Menschen zu tun hat. Somit ist das soziale Engagement nicht vom Alter oder irgendwelchen sozialen Gruppen abhängig. Es ist aber die Grundlage für ein gesundes Zusammenleben von Menschen.

Soziales Engagement kennzeichnet Personen, die initiativreich soziale Kontakte suchen und sich tatkräftig für soziale Belange einsetzen. Die »sozialen Belange« können sehr vielgestaltig und speziell sein.

Soziales Engagement basiert auf der Fähigkeit zu sozialer Bindung und sozialem Einsatz und ist eine spezifische Form von Sozialverhalten.

Die Werte und Normen prosozialen Verhaltens, das auf Hilfe und Unterstützung für Angehörige, Freunde und Bekannte, Arbeitskollegen, Kunden oder hilfsbedürftige Personen im Allgemeinen gerichtet ist, werden nicht in erster Linie in der Arbeitssphäre, sondern im sozialen Umfeld und im Privatbereich erworben. Sie sind jedoch für das Arbeits- und auch für das Führungsverhalten wesentlich und müssen deshalb bei personalen Entscheidungen berücksichtigt werden.

Kennzeichen

Demgemäß gibt es bestimmte Kennzeichen für Personen mit ausgeprägtem sozialen Engagement:
- Sucht aktiv soziale Kontakte;
- setzt sich tatkräftig für soziale Belange von Arbeitskollegen, Kunden... ein;

- baut auf ein solides Fundament pro-sozialer Normen und Werte;
- besitzt ein »soziales Hinterland« außerhalb der Arbeitssphäre, das für den Erhalt und die Ausformung des sozialen Engagements wichtig ist;
- engagiert sich sozial auch außerhalb des Unternehmens.

Narrative Interviews, andere Befragungen und Beobachtungen, Ergebnisse von Personen mit hohem sozialen Engagement zeigen eine Reihe von Ähnlichkeiten und Gemeinsamkeiten:
- Solche Personen gestalten die Zusammenarbeit und das Zusammenwirken mit anderen aktiv und gehen flexibel auf die unterschiedlichsten Menschen ein.
- Durch die hohe Kommunikationsbereitschaft und die in der Regel gute Kommunikationsfähigkeit bauen sie schnell Kontakte auf, erfahren viel und lassen sich durch innovative Ideen und Vorschläge anregen.
- Sie sind optimistisch und zukunftsorientiert.
- Sie gehen auf andere zu und akzeptieren unterschiedliche Auffassungen. Sie versuchen, eine Verbindung, einen Konsens zwischen unterschiedlichen Einstellungen und Meinungen herzustellen, wenn daraus gemeinsame Resultate erwachsen sollen.
- Sie gehen durchaus Risiken ein, wenn es der Sache und den beteiligten Personen zu dienen scheint.
- Ihnen ist es wichtig, dass die Aufgaben, Ziele, Visionen, das Engagement von anderen akzeptiert und sie selbst als Initiatoren anerkannt werden.
- Diese Personen haben in der Regel eine hohe »soziale Kreativität« und versuchen auf verschiedenen Ebenen, »Krusten im Alltag« (Formalismus, Bürokratie…) aufzuweichen und sich für soziale Gerechtigkeit einzusetzen.

Das sind relativ nüchterne Kennzeichnungen. Betrachtet man zusätzlich Personen mit weit überdurchschnittlicher Kompetenz auf diesem Gebiet, die zu Vorbildern ihres Zeitalters wurden, dann erkennen wir den eigentlichen Kern dieser Teilkompetenz: Hohe ethisch-moralische Einsichten und Leitideen, Zielbeharrlichkeit, Selbstverwirklichung in der Bereicherung Dritter, Hilfsbereitschaft, soziale Kreativität, Optimismus.

Leuchtende Beispiele für ein lebensbegleitendes hohes soziales Engagement – sogar unter schwierigsten Lebensbedingungen mit äußerlich gesehen vielen persönlichen Entbehrungen, in Wahrheit jedoch mit einem enormen inneren Reichtum – waren im vorigen Jahrhundert beispielsweise *Albert Schweitzer* und *Mutter Theresa*.

Albert Schweitzer (1875–1965) war ein deutscher evangelischer Theologe, Organist, Musikwissenschaftler, Mediziner und Philosoph. 1913 begann er seine Tätigkeit im Urwaldhospital bei Lambaréné (heute Gabun). Seine Philosophie gipfelt in einer Welt bejahenden Ethik tätiger Nächstenliebe. Albert Schweitzer erhielt 1952 den Friedensnobelpreis.

Mutter Theresa (1910–1997) gründete als albanisch-indische Nonne den Orden »Missionarinnen der Nächstenliebe« in Kalkutta im Jahre 1950 (heute: über 3000 Ordensschwestern und über 500 Ordensbrüder in über 100 Ländern). Engagement: Sterbende, Kranke (insbesondere Leprakranke), Waisen; Friedensnobelpreis: 1979; Seligsprechung: 2003.

Ausschnitt aus Stuttgarter Zeitung vom 10. Mai 2001:

Mutter Theresa fasziniert die Manager

Die 1997 verstorbene Friedensnobelpreisträgerin Mutter Theresa ist die Person, von der deutsche Manager am stärksten fasziniert sind. Das fand das Düsseldorfer Marktforschungsinstitut Ires in persönlichen Interviews unter 400 Wirtschaftsführern für die »Wirtschaftswoche« heraus. Auf den nächsten Plätzen folgen Bill Gates, Johann Wolfgang von Goethe, Wolfgang Amadeus Mozart und Pablo Picasso. Die Manager mussten 399 Personen, Marken und Begriffe nach deren Faszinationspotenzial bewerten. Bei den Marken gewann Porsche.

Wenn wir auf den Kern der **Teilkompetenz »Soziales Engagement«** blicken, dann sind das alles Anforderungen an gute Führungskräfte, und es ist nicht verwunderlich, dass Mutter Theresa als Vorbild genannt wurde (in den 50er Jahren des vorigen Jahrhunderts wurde übrigens Albert Schweitzer in vergleichbaren Umfragen zum Vorbild gekürt).

Gehen wir der Frage nach, woran sich diese Kerneigenschaften dieser starken Kompetenz beider Personen zeigen, wo Vergleichbares in ihren Werten, ihren Handlungsvoraussetzungen existiert, obwohl diese Personen äußerlich völlig unterschiedlich waren: das betrifft ihre Herkunft, ihren Entwicklungsweg, ihre religiöse Zugehörigkeit und Ausübung und vieles andere mehr.

An drei Beispielen soll die Vergleichbarkeit aufgezeigt werden: Hohe ethisch-moralische Einsichten und Leitideen; Ausschnitte aus der Rede von Mutter Theresa bei der Verleihung des Friedensnobelpreises:

»Vor einiger Zeit las ich ein Kind von der Straße auf, in dessen Gesicht ich sehen konnte, dass es hungrig war. Ich weiß nicht, wie viele Tage es nichts zu essen hatte. Ich gab ihm ein Stück Brot, und das Kleine aß Krume um Krume. Ich sagte dem Kind: ›Nun iss doch das Brot!‹ Da sah das Kind mich groß an und sagte: ›Ich habe Angst, das Brot zu essen, ich fürchte, wenn es zu Ende ist, werde ich wieder hungrig sein!‹

»Die Größe der Armen ist eine Realität. Eines Tages kam ein Herr zu mir und sagte: ›Dort lebt eine Hindufamilie mit acht Kindern, die schon lange Zeit hungert.‹ Ich nahm Reis und brachte ihn dort hin. Ihre Augen glänzten vor Hunger. Während ich noch dort war, teilte die Mutter den Reis und ging mit einer Hälfte hinaus. Als sie zurückkam, fragte ich sie, was sie getan habe. Sie antwortete: ›Sie sind auch hungrig.‹ Sie wusste, dass ihre Nachbarn, eine Moslemfamilie, auch hungrig waren. Was mich am meisten erstaunte, war nicht, dass sie den Nachbarn etwas mitgab, sondern dass sie in ihrem Leiden, in ihrem Hunger wusste, dass noch jemand hungrig war. Sie hatte den Mut zu teilen und die Liebe zu teilen.«

Zitate von Albert Schweitzer:

»Das Mitgefühl mit allen Geschöpfen ist es, was den Menschen erst zum Menschen macht.«

»Das Glück ist das Einzige, das sich verdoppelt, wenn man es teilt.«

»Humanität besteht darin, dass niemals ein Mensch einem Zweck geopfert wird.«

»Niemand wird alt, weil er eine bestimmte Anzahl von Jahren gelebt hat. Menschen werden alt, wenn sie ihre Ideale verraten.«

»Es ist besser, hohe Grundsätze zu haben, die man befolgt, als noch höhere, die man außer Acht lässt.«

»Kraft macht keinen Lärm; sie ist da und wirkt.«

»Demut ist die Fähigkeit, auch zu den kleinsten Dingen im Leben empor zu sehen.«

Selbstverwirklichung in der Bereicherung Dritter?
Albert Schweitzer bekennt:

»Das schönste Denkmal, das sich ein Mensch wünschen kann, steht in den Herzen seiner Mitmenschen.«

»Es weiß keiner von uns, was er Menschen gibt. Es ist für uns verborgen und soll es bleiben. Manchmal dürfen wir ein klein wenig davon sehen, um nicht mutlos zu werden.«

»Wer sich vornimmt, Gutes zu bewirken, darf nicht erwarten, dass die Menschen ihm deswegen Steine aus dem Weg räumen, sondern muss auf das Schicksalhafte gefasst sein, dass sie ihm welche draufrollen.«

Aus dem zweiten und dritten Zitat ist kein Pessimismus zu hören, sondern eine nüchterne Bilanz, eine starke Selbstmotivation, ein energievolles »Trotzdem« als Handlungsgrundlage und Herausforderung schwierigster Aufgaben.

Mutter Theresa spitzt dieses »Trotzdem« weiter zu und erweitert es zugleich:

»Die Leute sind unvernünftig, unlogisch und selbstbezogen, liebe sie trotzdem.«

»Wenn du Gutes tust, werden sie dir egoistische Motive und Hintergedanken vorwerfen, tue trotzdem Gutes.«

»Wenn du erfolgreich bist, gewinnst du falsche Freunde und echte Feinde, sei trotzdem erfolgreich.«

»Das Gute, das du tust, wird morgen vergessen sein, tue trotzdem Gutes.«

»Ehrlichkeit und Offenheit machen dich verwundbar, sei trotzdem ehrlich und offen.«

»Was du in jahrelanger Arbeit aufgebaut hast, kann über Nacht zerstört werden, baue trotzdem.«

»Deine Hilfe wird wirklich gebraucht, aber die Leute greifen dich vielleicht an, wenn du ihnen hilfst, hilf ihnen trotzdem.«

»Gib der Welt dein Bestes, und sie schlagen dir die Zähne aus, gib der Welt trotzdem dein Bestes.«

Optimismus

Albert Schweitzer:

> »Ethik ist ins Grenzenlose erweiterte Verantwortung gegenüber allem, was lebt... Wir müssen aus dem Schlafe erwachen und unsere Verantwortung sehen.«

> »Jahre runzeln die Haut, aber den Enthusiasmus aufgeben runzelt die Stirn... Jugend ist kein Lebensabschnitt, sondern ein Geisteszustand, ein Schwung des Willens, Regsamkeit der Phantasie, Stärke der Gefühle, Sieg des Mutes über die Feigheit, Triumph der Abenteuerlust.«

Mutter Theresa:

> »Das Leben ist eine Chance, nutze sie. Das Leben ist Schönheit, bewundere sie.
> Das Leben ist Seligkeit, genieße sie.
> Das Leben ist ein Traum, mach daraus Wirklichkeit.
> Das Leben ist eine Herausforderung, stell dich ihr.
> Das Leben ist eine Pflicht, erfülle sie.
> Das Leben ist ein Spiel, spiele es.
> Das Leben ist kostbar, geh sorgfältig damit um.
> Das Leben ist ein Reichtum, bewahre ihn.
> Das Leben ist Liebe, erfreue dich an ihr.
> Das Leben ist ein Rätsel, durchdringe es.
> Das Leben ist ein Versprechen, halt es.
> Das Leben ist eine Hymne, singe sie.
> Das Leben ist ein Kampf, kämpfe ihn.
> Das Leben ist eine Tragödie, ringe mit ihr.
> Das Leben ist ein Abenteuer, wage es.
> Das Leben ist Glück, verdiene es.
> Das Leben ist Leben, verteidige es.«

Gewonnene Weisheit

Aus diesen Zitaten beider Personen sprechen gewissermaßen 177 Jahre erworbener, erprobter, bestärkter Erfahrungen und viele Anregungen für all diejenigen, die einmal innehalten wollen und überlegen, wie und wodurch sie ihr Leben bereichern können. Das Engagement »für eine gute Sache« ist wichtig, wurde aber gerade in Europa im letzten Jahrhundert immer wieder missbraucht. Es lebt erst und bewirkt erst etwas positiv, wenn wir uns auch für Menschen engagieren, und das mit einer möglichst großen Portion Selbstlosigkeit. Im Grunde sind es erst die Verbindungen mit Menschen und die respektvolle Unterstützung anderer, die dem Leben seinen Wert geben und die Menschen zu Persönlichkeiten machen – gleich, welcher Bildungsgruppe sie angehören und welcher Herkunft sie sind.

»*Sich mit anderen freuen, das ist ein Geheimnis des Glücks*«, sagt Georges Bernanos und meint vor allem die Anregung, die Unterstützung, die anderen weiterhelfen kann.

Adolf Kolping resümiert über sein engagiertes Leben: »*Wer Menschen gewinnen will, muss sein Herz zum Pfand einsetzen*«.

Und Max Frisch sagt schließlich: *»Heimat ist unerlässlich, aber sie ist nicht an Ländereien gebunden. Heimat ist der Mensch, dessen Wesen wir vernehmen und erreichen.«*

Das sind zugleich wichtige Mahnungen in einem *»gefährlichen Zeitalter«*, wie Albert Schweitzer hervorhob: *»Der Mensch beherrscht die Natur, bevor er gelernt hat, sich selbst zu beherrschen... Das Verhängnis unserer Kultur ist, dass sie sich materiell viel stärker entwickelt als geistig (und sozial)... Der moderne Mensch wird in einem Tätigkeitstaumel gehalten, damit er nicht zum Nachdenken über den Sinn seines Lebens und der Welt kommt.«*

EU-Memorandum

Im Oktober 2000 wurde in Brüssel von allen EU-Mitgliedsstaaten das »Memorandum über lebenslanges Lernen« verabschiedet. In diesem Memorandum wurde die Forderung vertreten, dass der erfolgreiche Übergang zur wissensbasierten Wirtschaft und Gesellschaft mit einer Orientierung zum lebenslangen Lernen einher geht. Und es wurde hervorgehoben: »Europäer von heute leben in einem komplexen sozialen und politischen Umfeld.

Mehr als jemals zuvor möchte der Einzelne sein Leben selbst planen, wird erwartet, dass er einen aktiven Beitrag zur Gesellschaft leistet, und er muss lernen, positiv mit kultureller, ethnischer und sprachlicher Vielfalt umzugehen. **Bildung im weitesten Sinne ist der Schlüssel, um zu lernen und zu begreifen**, wie diesen Herausforderungen zu begegnen ist. Und hierbei werden zwei Seiten der Bildung und des lebenslangen Lernens betont: Lebenslanges Lernen unter Nutzung der verschiedensten Wege und Formen zum einen und das Lernen, sich für andere mit Gemeinnutz zu engagieren. Die Menschen müssen – so die Forderung – zur noch aktiveren Mitwirkung an allen Bereichen des modernen öffentlichen Lebens, vor allem am sozialen und politischen Leben auf allen Ebenen des Gemeinwesens **ermutigt** und **befähigt** werden.«

Weiter heißt es in dem Memorandum: »Diese beiden Aspekte des heutigen sozialen und wirtschaftlichen Wandels sind verzahnt. Sie bilden die Grundlage für zwe**i gleichermaßen wichtige Ziele lebenslangen Lernens:**

Förderung der aktiven Staatsbürgerschaft und Förderung der Beschäftigungsfähigkeit. Bei der aktiven Staatsbürgerschaft geht es darum, ob und wie die Menschen in allen Bereichen des sozialen und wirtschaftlichen Lebens teilhaben, es geht um die damit verbundenen Chancen und Risiken, und um die Frage, inwieweit sie das Gefühl entwickeln, zu der Gesellschaft, in der sie leben, dazuzugehören und ein Mitspracherecht zu haben. Sowohl Beschäftigungsfähigkeit als auch aktive Staatsbürgerschaft setzen voraus, dass man über ausreichende Kenntnisse und Fähigkeiten verfügt, die auf dem neuesten Stand sind und die es ermöglichen, am wirtschaftlichen und sozialen Leben teilzuhaben und einen Beitrag zu leisten.«

Aktive Staatsbürgerschaft als Lernform und als Plattform breiten sozialen Engagements, bei dem wiederum wichtige sozial-kommunikative sowie personale Kompetenzen herausgebildet werden, also aktiv gelernt wird, wendet sich an alle. Und somit wird das soziale Engagement in der gesamten Vielfalt angesprochen: Hilfe unter Nachbarn, Engagement in Vereinen, in der Schule, im Rotary- oder Lions-Club, in der Kirche, in Parteien, bei Amnesty International, in Bürgerinitiativen und vielen anderen Möglichkeiten. Wer diese wichtige Kompetenz erweitern, verstärken will, hat schier unendlich viele Zugänge.

Selbstcheck

Prüfen Sie bei sich selbst, was und wie viel (an Zeit, an Energie) Sie für andere Menschen einsetzen und legen Sie sich einmal Rechenschaft darüber ab, was Sie bisher erreicht haben. Suchen Sie auch die kleinen, eher unscheinbaren Ergebnisse, die Mut zu weiterem Engagement machen können. Machen Sie sich dazu Notizen:

_____

_____

Empfehlungen

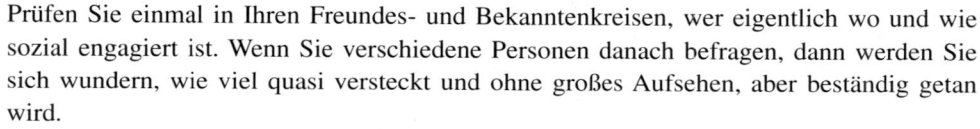

Prüfen Sie einmal in Ihren Freundes- und Bekanntenkreisen, wer eigentlich wo und wie sozial engagiert ist. Wenn Sie verschiedene Personen danach befragen, dann werden Sie sich wundern, wie viel quasi versteckt und ohne großes Aufsehen, aber beständig getan wird.

Sehen Sie sich auch bei Ihren ArbeitskollegInnen um und erfassen Sie auch da die unterschiedlichen Engagements. Legen Sie sich eine Liste der unterschiedlichsten Formen des erfassten sozialen Engagements in Unternehmen, in der Familie und weit darüber hinaus an. Fragen Sie sich dann, was Ihnen zusagen könnte und notieren Sie solche Formen – erst einmal ohne Rangreihung:

_____

_____

Prüfen Sie dann, was mit dem Engagement in der einen oder anderen Richtung alles verbunden wäre. Nehmen Sie dazu wieder Kontakt zu Menschen auf, die genau in dieser Richtung aktiv sind. Entscheiden Sie sich dann für ein bis zwei Engagements und führen Sie diese mindestens ein halbes Jahr bewusst durch. Schreiben Sie sich zwischendurch auf, was Ihnen dabei gefällt und was Sie noch besser oder anders machen können. Prüfen Sie nach dem halben Jahr, was Sie gelernt und erfahren haben. Das ist ganz wichtig, da Ihr soziales Engagement und die Aufnahme neuer Aufgaben dann ein wichtiger Lernprozess im Bereich der sozial-kommunikativen, personalen und Umsetzungskompetenzen waren.

_____

_____

Nehmen Sie also soziale Aufgaben als Auslöser und Bestärker selbst-organisierter Lernprozesse für sich selbst wahr. Wir lernen heute – auch wenn wir das so nicht ständig sehen – zu 80–90 % selbstorganisiert. Und hier haben Sie nun die Möglichkeit, das Lerngebiet und die Lernform selbst zu bestimmen und schon zu Beginn Einfluss auf Ihr Lernergebnis zu nehmen. Und zugleich geschieht das auf einem hohen Persönlichkeits- und staatsbürgerlichen Niveau.

Dieses Modulare Informations- und Trainingsprogramm ist bewusst auf einer höheren Verallgemeinerungsebene angelegt, geht es beim sozialen Engagement doch in erster Linie um die ganz persönliche Weltanschauung und den Mut und die Genugtuung für andere Menschen und deren Umstände etwas zu tun. Ist Letzteres gegeben, finden sich viele Realisierungsmöglichkeiten. Empfehlung: Über »Soziales Engagement« hinaus sollten Sie sich mit den Modularen Informations- und Trainingsprogrammen »Hilfsbereitschaft«, »Initiative«, »Normativ-ethische Einstellung« und »Optimismus« beschäftigen.

> Sei Du selbst die Veränderung, die Du Dir wünschst für diese Welt. (Mahatma Gandhi)

Persönliche Maßnahmen

Was nehme ich mir für die nächsten 6 Wochen im Sinne einer Erprobung und Stärkung meines »Sozialen Engagements« vor? (Stichworte):

_____

_____

Was werde ich zuerst und vorrangig tun? (Stichworte):

_____

_____

Wie kontrolliere ich die Resultate? (Stichworte):

_____

_____

Wo werde ich mich weiter zum Thema »Soziales Engagement« informieren? (Stichworte):

_____

_____

Als weiterführende Informationsquellen empfehlen wir

Memorandum zum Lebenslangen Lernen.
SEK (2000) 1832. Brüssel, 30.10.2000. Arbeitsdokument der Kommissionsdienststellen

Böhm, U.: Soziales Lernen und Soziales Engagement. Schneider Verlag, Hohengehren 2006
Schweitzer, A.: Die Ehrfurcht vor dem Leben. Grundtexte aus fünf Jahrzehnten. C.H. Beck Verlag, München 2003
Schweitzer, A.: Aus meinem Leben und Denken. Fischer-Verlag, Frankfurt a.M. 2004

Schlagfertigkeit A/S

▶▶ Grundsätzliche Überlegungen

Schlagfertigkeit kennzeichnet die Fähigkeit, im richtigen Moment das Richtige zu sagen, möglichst spontan und treffend auf etwas zu reagieren. Wichtige Seiten und Schnittstellen der Schlagfertigkeit sind: Humor, soziales Gespür/Sensibilität, Dialogfähigkeit und Sprachgewandtheit.

» ... im richtigen Moment das Richtige zu sagen ...«

Schlagfertigkeit hilft Ihnen, die eigene Souveränität zu bewahren. Sie kann für Sie einerseits Schutz- und Hilfsfunktionen erfüllen und andererseits ein sichtbares Zeichen des individuellen Humors sein. In diesem Zusammenhang ist auch auf das MIT »Humor« hinzuweisen.

Schlagfertigkeit braucht stets einen konkreten Anlass und ist situations- sowie personenabhängig. Und: Schlagfertigkeit darf nicht dazu führen, jemanden bloß zu stellen und die persönliche Würde anzugreifen. Ein Portion (Selbst-)Ironie kann nicht schaden, Zynismus jedoch ist unlauter.

Der Begriff ist dem Fechtkampf entlehnt und meint: geschicktes und möglichst elegantes *zur Wehr setzen* – und nicht angreifen. So gesehen gleicht Schlagfertigkeit einer Waffe mit Verletzungsgefahr, die nur zur Selbstverteidigung eingesetzt werden sollte. Und die Schärfe der Reaktion sollte sich an der Schärfe des Angriffs ausrichten.

Schlagfertigkeit kann, muss aber nicht witzig sein. Sie soll in erster Linie helfen, souverän aus einer misslichen Situation herauszukommen.

Wer Schlagfertigkeit auf die rein rhetorische Ebene verkürzt, wirkt nicht selten unglaubwürdig. Auch die Körperhaltung ist wichtig. La Rochefoucauld sagte einmal in diesem Zusammenhang: »Es ist schwieriger, vorhandene Gefühle zu verbergen, als nicht vorhandene vorzutäuschen.« Und: Mitunter reicht im Sinne der schlagfertigen Verhaltens eine nonverbale

Reaktion, zum Beispiel erstauntes Lächeln, ein bemitleidenswerter Ausdruck. Hierauf geht Nöllke (2008) in dem Trainingsbuch »Schlagfertigkeit« nachvollziehbar ein.

Leben bedeutet, Probleme zu haben. Das ist natürlich. Probleme zu lösen aber heißt, geistig zu wachsen. Und geistiges Wachstum bzw. Geisteskraft ist Bewegung – und nicht Ruhe. Mit der geistigen Fitness und Beweglichkeit ist es ähnlich wie mit der körperlichen. Fehlende geistige Kondition führt zu Steifheit, Reaktionsschwäche, Ideenarmut, festgefahrenen Ansichten, schwerfälligem Reagieren.

Wie die körperliche Leistungsfähigkeit durch (Selbst-)Training erhöht werden kann, gilt das auch für die Schlagfertigkeit. Im Beruf kann sich das viel zitierte »Brett vor dem Kopf« bzw. die »Sprachlosigkeit« zum falschen Augenblick fatal auswirken. Man fühlt sich blamiert, wenn man feststellt, dass andere eine Situation schneller und sprachlich sofort und originell gemeistert haben, während einem selbst nichts einfiel.

Empfehlungen

Selbsttraining zur Verbesserung der geistigen Fitness

Ein empfehlenswertes – weil vergnügliches – Selbstraining zur Verbesserung der *geistigen Fitness* als Voraussetzung für die sprachliche Schlagfertigkeit stammt von T. Wujec (»Schneller schalten als andere«). Allerdings ist das dazu entsprechende Buch schon 1991 in Deutschland erschienen und nur noch antiquarisch oder über Fernausleihen erhältlich. Wujec beschreibt darin sehr gut nachvollziehbar 12 Trainingsstationen:
- Geistige Lockerungsübungen;
- geistige Bewegung;
- geistige Gymnastik;
- geistige Turnübungen I;
- geistige Turnübungen II;
- geistige Stärke;
- geistiges Spiel;
- Salto rückwärts;
- geistige Flexibilität;
- geistige Balanceakte;
- Improvisieren;
- Spitzenleistung.

Nach einem solchen Selbsttraining kann die Beschäftigung mit Sprichwörter- und Anekdotenlexika den eigenen Ideen- und Wortschatz enorm bereichern und ihn zur Tankstelle für den situativen Gebrauch machen.

Im Rahmen des Selbsttrainings sowie bei der Auswahl von Seminarangeboten sollen vor allem drei Aktionsmodule beachtet werden: Lernen Sie, mit einer unangenehmen Situation fertig zu werden. Versuchen Sie, zwischen verschiedenen unangenehmen Situationen zu differenzieren, denn Ihre Reaktion sollte auf die jeweilige Situation angepasst erfolgen.

Versuchen Sie, bei Ihren Reaktionen eine »eigene Note« zu bewahren. Zwingen Sie sich nichtzu einer künstlichen Übernahme »wesensfremder« Techniken.

Folgende Situationen können im Wesentlichen unterschieden werden:
- Jemand ist wütend, und Sie bekommen seinen Wutausbruch zu spüren. Sie müssen daran gar nicht schuld sein.
- Jemand verletzt Sie durch eine Ungeschicklichkeit oder Taktlosigkeit.
- Jemand reagiert unangemessen, überzogen auf Ihr Verhalten: belehrend, arrogant, gereizt, amüsiert…
- Jemand geht Ihnen »einfach nur auf die Nerven«.
- Sie selbst haben sich blamiert und müssen jetzt einfach nur »da herauskommen«.
- Sie geraten in eine peinliche Situation, die Sie souverän meistern müssen.
- Jemand will Sie persönlich verletzen durch dumme Sprüche, Provokationen…

Erlernen Sie unterschiedliche Techniken der Schlagfertigkeit und setzen Sie sie ein.

Erweitern Sie Ihre Phantasie und sprachliche Ausdrucksfähigkeit und lernen Sie schnell zu reagieren.

Auch beim Training der Schlagfertigkeit gilt: Die Übungen müssen in kleinen Schritten erfolgen; der Trainingserfolg erfordert viele Übungen. Und: die Übungen sollten einfach und einprägsam sein. Hierfür ist das bereits erwähnte Trainingsbuch von Nöllke (2008) bestens geeignet. Seine neun Lektionen und Trainingseinheiten umfassen:

1. Körpersprache: Alles eine Frage der Haltung
2. Die Blockaden verstehen und durchbrechen
3. Einfache Techniken
4. Wie Sie unangemessener Kritik begegnen
5. Was tun bei Wut?
6. Schläge unter die Gürtellinie parieren
7. Wie Sie die anderen zum Lachen bringen
8. Schlagfertig vor Publikum
9. Schulen Sie Ihr Sprachvermögen.

Persönliche Maßnahmen

Was nehme ich mir für die nächsten 6 Wochen im Sinne einer Verstärkung meiner »Schlagfertigkeit« vor? (Stichworte):

_____

_____

Was werde ich zuerst und vorrangig tun? (Stichworte):

_____

_____

Wie kontrolliere ich die Resultate? (Stichworte):

_____

_____

Wo werde ich mich weiter zum Thema »Schlagfertigkeit« informieren? (Stichworte):

_____

_____

Als weiterführende Informationsquellen empfehlen wir

Bredemeier, K.: Provokative Rhetorik? Schlagfertigkeit! Orell Füssli Verlag, Zürich 1996
Erdmüller, W.: Argumentieren. Trainingsbuch für Beruf und Alltag. WRS Verlag, Planegg 2000
Nöllke, M.: Schlagfertigkeit – die besten 100 Tipps. Haufe Verlag, München 2008
Packer, M.: Harenberg Anekdotenlexikon. 3868 pointierte Kurzgeschichten über mehr als 1150 Persönlichkeiten aus Politik, Kultur und Gesellschaft. Harenberg Lexikon Verlag, Dortmund 2000
Simon, H.: Geistreiches für Manager. Campus Verlag, Frankfurt/New York 2000
Janson, S.: Endlich schlagfertig: MyJob. Erfolgreich argumentieren und überzeugen. Data Becker, Düsseldorf 2007
Wujec, T.: Schneller schalten als andere... Vom spielerischen Denken zur geistigen Überlegenheit. Bertelsmann Club, Gütersloh 1991

Impulsgeben A/S

▶▶ **Grundsätzliche Überlegungen**

> Das Ideal für Impulsgeben ist die Verbindung von Etwas-Bewirken-Wollen, Sachlichkeit und Inspiration.

Etwas anstoßen, bewirken wollen

»Impulse geben« schließt also die aktive Einflussnahme auf Dritte (Personen, Gruppen, bekannte oder anonyme Kunden, Leser…) ein. Diese kann offensiv-direkt oder indirekt erfolgen, sie kann durch Vorbild oder Demonstration erfolgen oder durch Variation der Arbeitsbedingungen. In der Regel erfolgt eine solche Einflussnahme entweder durch die eigene hohe Identifikation mit Gegenstand und Aufgabe und den Wunsch, andere zu aktivem Handeln »anstecken« zu wollen, Ihnen quasi den Treibstoff durch Anregungen, Informationen, Unterstützung bereitzustellen. Oder man sieht, dass das eigene sehr hohe Leistungsziel (in Beruf, Familie, Freizeit) so hochgesteckt ist, dass man es allein nicht erreichen kann und ein Motivieren und Gewinnen anderer sinnvoll ist. Oder aber man nimmt Einfluss, setzt Impulse auf Grund eigenen hohen sozialen Machtstrebens. Dann dient das »Impulse-Geben« vorwiegend der eigenen Machtsicherung. In den ersten zwei Beispielen fällt die Einflussnahme mit dem »Etwas-Bewegen-Wollen« für jemanden und mit jemandem zusammen und kennzeichnet das, womit sich dieses Modulare Informations- und Trainingsprogramm im Kern beschäftigen will.

Sachlichkeit

Sachlichkeit bedeutet einerseits die Konzentration auf das Wesentliche, Eigentliche und eine dafür verständliche, hinführende Mitteilung. Gerade Letzteres fällt vielen Menschen schwer. Und das wird spätestens dann ersichtlich, wenn Vertreter verschiedener Fachdisziplinen zusammensitzen und über vermeintlich gleiche Sachverhalte mit unterschiedlichem Fachverständnis und in der Regel sehr »fachchinesisch« sprechen. Je fachspezifischer die Erläuterungen kommen, desto schwieriger wird es, das Wesentliche zu erkennen. Deshalb gilt für jeden, der wirksame Impulse geben und etwas bewirken will als erstes, sich auf einfache Weise auszudrücken.

Occams Rasiermesser

Diese Einsicht ist nicht neu. So berichtete die Süddeutsche Zeitung unter dem Titel »Engel zum Anfassen« über den englischen Franziskaner Wilhelm von Occam, nach dem auch in München-Schwabing eine Straße benannt ist, der von 1328 bis zu seinem Tod im Jahre 1349 theologischer Berater des deutschen Kaisers Ludwig IV. (des »Bayern«) war. Occam handelte nach der strengen Maxime:

> »Wenn man einen Sachverhalt auf komplizierte und auf einfache Weise ausdrücken kann, dann ist die einfache Weise mit großer Sicherheit die Richtige«.

Man nannte damals diese von ihm unnachgiebig gelebte Maxime »Occams Rasiermesser«: der Verzicht auf sprachliches Imponiergehabe, auf Erhabenheitsfloskeln, unnötige Fremdsprachelei und Redundanzen… 450 Jahre später bewies der evangelische Theologe und Philosoph Friedrich Schleiermacher (1768–1834), dass die einfachere Darstellung die bessere ist und dass man ohne geistiges Imponiergehabe und verbalen »Erhabenheitskitsch« auskommen kann. Er erfand das folgende Rätsel: *Was ist das, das relative Nichtsein am unmittelbaren An-sich-, Um-sich- und Für-sich-Sein der passiven Kausalität des Absoluten?* Seine schlichte Antwort lautete: *Ein Loch im Hemd der Mutter Gottes.*

In der Zuspitzung ist das Wesentliche erkennbar – so auch in dieser Anekdote. Legen Sie sich Occams Rasiermesser zu und nutzen Sie es täglich!

Inspiration

> Die Dinge anders zu sehen, ist oft die einfachste Lösung. (Dieter Urban)

Personen, die andere inspirieren können, bringen anscheinend komplizierte Sachverhalte nicht nur auf eine einfache, nachvollziehbare Weise gegenüber Dritten zum Ausdruck.

Sie arbeiten auch mit Symbolen und vereinfachten emotionalen Appellen, die das Bewusstsein und das Verständnis für gegenseitig angestrebte Ziele steigern. (Bass und Avoli, 1990, nach: Neuberger, O.: Führen und führen lassen. Verlag Lucius & Lucius, Stuttgart 2002)

Das Inspirieren Dritter hat also einen engen Zusammenhang zur Begeisterungsfähigkeit, zur Fähigkeit, andere auch bei relativ einfachen Dingen in eine positive Stimmungslage zu versetzen und anzuspornen, sich mit den entsprechenden Gegenständen und Fragen intensiv auseinander zu setzen.

> Nichts Großes ist je ohne Begeisterung geschaffen worden. (Ralph W. Ermson)

Schließlich inspiriert man Dritte auch durch das ermutigende Hinführen zum »Querdenken". Die Aufforderung, für eine Weile in Konjunktiven zu denken, erleichtert das Umdenken gegenüber einengenden Beschränkungen, Pauschalierungen und liebgewonnenen Gewohnheiten.

Gemeint sind solche Fragen wie: »Was wäre, würde sein, könnte, müsste, dürfte, geschähe oder geschähe nicht, …, wenn?« (Urban, D.: Chancen für Querdenker. Orell Füssli Verlag, Zürich 1996).

> Um klar zu sehen, genügt ein Wechsel der Blickrichtung. (Antoine de Saint-Exupéry)

✔ Selbstcheck

Wie stark geben Sie im Arbeitsalltag Impulse?

Beantworten Sie die folgenden Fragen. Gehen Sie Frage für Frage durch und lassen Sie keine aus:

Was nehme ich mir für die nächsten 6 Wochen im Sinne einer Verstärkung meiner »Schlagfertigkeit« vor? (Stichworte):

Wann habe ich zuletzt …

… einzelne KollegInnen bei interessanten Vorhaben bestärkt, unterstützt?

_____

… Vorschläge zu Verbesserungen bzw. zur Umsetzung von Verbesserungen… schriftlich eingereicht?

_____

… Vorschläge zu Verbesserungen bzw. zur Umsetzung von Verbesserungen… mündlich zur Diskussion gestellt und begründet?

_____

Impulsgeben (A/S)

... Artikel aus Zeitungen/Zeitschriften bzw. Beiträge aus dem Internet aus eigener Initiative an andere weitergeleitet, um diese anzuregen?

... Artikel aus Zeitungen/Zeitschriften bzw. Beiträge aus dem Internet aus eigener Initiative am "Schwarzen Brett" ausgehängt, um damit Diskussionen bzw. Verbesserungsvorschläge anzuregen?

... eine zeitweilige Arbeitsgruppe bzw. task force bzw. ein Projektteam zur Bearbeitung besonders wichtiger betrieblicher Vorhaben angeregt?

... als Mentor oder Coach für Kolleginnen fachliche bzw. motivationale Impulse gegeben, um sie in ihren Leistungen zu unterstützen?

... versucht, unter den jungen Mitarbeiterinnen Talente zu entdecken und sie in ihrer Entwicklung zu ermutigen?

... bei privaten Problemen meine Hilfe angeboten?

... jemanden für gute Vorschläge oder Leistungen gelobt, ein spontanes Feedback gegeben?

... mich auf eine Diskussion, ein Gespräch sehr intensiv mit der Zielstellung vorbereitet, den bzw. die anderen für eine Aufgabe zu begeistern?

... mir dafür Zeit genommen, Dritte für kreative Beiträge zu öffnen?

… versucht, Führungskräfte davon zu überzeugen, dass die von Ihnen angedachten Veränderungen auch wirklich Verbesserungen bringen?

_____

… versucht, Interessenkonflikte offenzulegen und für produktive Konfliktlösungen einzutreten?

_____

… von mir heraus den Kontakt zu Leuten gesucht, die mich anregen können?

_____

… mich mit Sachen beschäftigt, die nicht unmittelbar mit meiner Arbeit zusammenhängen, mich aber auf interessante Überlegungen brachten?

_____

☞ Empfehlungen

Sollten Ihnen andere Seiten des Impulsgebens einfallen, dann können Sie diese in die letzten zwei Leerzeilen eintragen und ebenfalls bewerten. Haben Sie sich die Vielzahl möglicher Impulse, die von Ihnen im Arbeitsumfeld ausgehen können, angesehen und die Fragen beantwortet?

Wenn nein, dann nehmen Sie sich noch einmal 15 Minuten Zeit, um sie im Einzelnen durchzugehen.

Wenn ja (und wenn Sie sich in dieser Teilkompetenz weiter trainieren wollen), dann nehmen Sie sich jede Woche ein bis zwei Formen des Impulsgebens vor und praktizieren Sie diese. Dazu können Sie die nachfolgende Liste kopieren und wöchentlich neu ausfüllen – am besten am Sonntagabend in Vorbereitung der neuen Woche. Legen Sie sich wöchentlich Rechenschaft darüber ab,
- wie Sie Ihr Vorhaben realisiert haben;
- ob es etwas bewirkt hat bzw. etwas auslösen wird (mit welcher Wahrscheinlichkeit?);
- wie die Reaktion Dritter war;
- ob Sie sich Feedback eingeholt oder – nicht initiiert – erhalten haben;
- was Sie das nächste Mal besser/anders machen müssen.

Gehen Sie mindestens ein Vierteljahr wöchentlich so vor und werten Sie nach Möglichkeit mit einer Ihnen vertrauten Person Ihre Erfahrungen aus.

Vorhabenliste

Impuls - Vorhaben	Was gegenüber wem?	für diese Woche (... KW)
Bestärken/Mutmachen		
Vorschläge schriftlich		
Vorschläge mündlich		
Artikel ... weitergeben		
Schwarzes Brett		
Projektgruppe		
Mentoring/Coaching		
Talente		
Hilfe		
Loben		
Intensive Vorbereitung		
Zeit für Kreativität		
Überzeugen		
Konflikte lösen		
Kontaktsuche		
Beschäftigung		
...		

> Verbessern heißt verändern. Perfekt sein heißt demnach, sich oft verändert zu haben. (Winston Churchill)

Empfehlungen

Arbeitsumfeld

Konstruktive, kreativitätsfördernde Impulse sind immer dort gern gesehen, wo eine Kultur der Offenheit und des gegenseitigen Vertrauens herrscht und viel delegiert wird. Impulsgeben ist also auch stets verbunden mit dem eigenen Eintreten für eine entsprechende Kultur; ansonsten verpuffen gut gemeinte Anregungen irgendwo im Windkanal des Unternehmens. Impulsgeben ist so gesehen gelebtes Empowerment und veränderungsfördernde oder -sichernde Kommunikation.

Unter dem Titel »Dem schwedischen Modell gehört die Zukunft« gab der britische Management-Vordenker Julian Birkinshaw der »Welt am Sonntag« ein Exclusiv-Interview.

Die wichtigsten Passagen dieses Interviews seien an dieser Stelle wiedergegeben, da es wichtige Erkenntnisse und Argumente für all diejenigen enthält die sich für ein anregungsförderndes und -aufgreifendes Arbeitsumfeld engagieren wollen.

Julian Birkinshaw hebt hervor:

- *Das Wirtschaftsmodell schwedischer Firmen geht konsequenter vom Intelligenz- und Kreativitätspotenzial der Mitarbeiter aus als das die meisten deutschen wie auch britischen Unternehmen tun. Dort wird Empowerment gelebt.*
- *Management per strikter Anordnung macht nur in wenigen Fällen Sinn. Aus dieser Einsicht heraus wird ein Führungsstil bevorzugt, der auf die Eigeninitiative der Mitarbeiter setzt, die Kreativität hebt, das Commitment steigert und dazu führt, dass die meisten Mitarbeiter Probleme der Firma als ihre eigenen ansehen und bemüht sind, diese unbürokratisch und direkt zu lösen (als Bezugsunternehmen gelten z. B. IKEA, Tetrapak, Elektrolux).*

> Man muss aus seinem Unternehmen den aufregendsten Ort der Welt machen.
> (Jack Welch)

- *Die Führungskraft versteht sich im Gegensatz zu den USA und Deutschland nicht als Coach im Sinne einer knallharten »In-the-face-leadership«, sondern vor allem als Makler des permanenten Wandels. Er gibt die Richtung vor, formuliert eine Vision, zieht Grenzen und schafft eine sinnvolle Support- Struktur. Die Führungskraft mischt sich nicht überall ein und nimmt nicht direkt (dirigistisch) Einfluss auf die tägliche Arbeit der Mitarbeiter. Gerade in Change-Prozessen hat selten einer alle guten Ideen und müssen die vielfältigen Anregungen und Impulse der Mitarbeiter untereinander willkommen sein.*
- *Gegenseitiges Um-Rat-Bitten darf nicht schamvoll erlebt werden, sondern als Reifegrad der internen Kommunikation und Kultur. Mitarbeiter erhalten auch in wirtschaftlich schwierigen Phasen die Möglichkeit, Neuerungen auszuprobieren – auch wenn das Geld kostet.*

Julian Birkinshaw sieht durchaus analoge Entwicklungen in einigen deutschen Unternehmen, aber auch eine »Rückzieher-Kultur«: Viele Firmen starten Experimente, machen aber sofort wieder einen Rückzieher, wenn die Gewinne nicht sofort da sind. Dennoch wird nach seiner Meinung in den nächsten Jahren das schwedische Modell nicht gebremst werden.

Veränderungen fangen in der Regel im Kleinen, in der konkreten Organisationseinheit an, beim einzelnen Mitarbeiter und bei der Führungskraft. In diesem Rahmen heißt Impulse zu geben, Denk- und Verhaltensanstöße für ein besseres Handeln in der Arbeitsgruppe, in der Abteilung, im Unternehmen, im Verkauf, im Service usw. zu setzen und das Handeln selbst durch wiederholte Ermunterungen zu begleiten. Im Impulsgeben sind die sachliche und die soziale Seite der Einflussnahme untrennbar miteinander verbunden. Personen mit einer ausgeprägten Fähigkeit, Impulse zu geben bringen den eigenen Wissens- und Werthintergrund auch unaufgefordert in Anstöße ein. Auf das Wesentliche konzentriert kann man auch sagen: Es sind Personen, die in der Regel nicht zusehen, wenn andere schweigen.

Perlow/Williams (2003) beschäftigen sich mit dem Gegenteil. Sie gehen der Frage nach, wie destruktiv Schweigen in einem Unternehmen ist. Ihre Forschungen in Unternehmen aller Größenordnungen und Branchen lieferten das gleiche Bild: Die Mehrzahl der Mitarbeiter geht Konflikten aus dem Weg, um ihr Verhältnis zu Kollegen nicht zu belasten. Das kann auch bei »vermuteten« Konflikten im Zusammenhang mit Kritik am Bestehenden und mit Veränderungsvorschlägen auftreten (»Wenn ich hier Kritik äußere, dann wird man bestimmt…«).

Diese Konflikte brauchen in der Realität gar nicht aufzutreten, aber die Befürchtungen können ein Eigenleben erhalten und eigentlich richtige Handlungen schon im Vorfeld blockieren. So befinden sich viele Mitarbeiter in einer Art Teufelskreis. Die Angst vor Ärgernisse und Konflikten wird auch immer frisch gespeist und verstärkt von tatsächlich beobachteten konfliktären Auseinandersetzungen, und es spielt dann auch keine Rolle mehr, ob nur einer von fünfzehn Konflikten negativ endet.

> Mancher ertrinkt lieber, als dass er um Hilfe ruft. (Wilhelm Busch)

Unaufgeklärte und ungelöste Konflikte lassen sich jedoch nicht einfach unter den Teppich kehren; sie tauchen immer wieder auf und erschweren die Zusammenarbeit und schotten ab. Wenn jedoch im Arbeitsumfeld das Schweigen geduldet oder gefördert wird, werden gleichermaßen neue Ideen, gegenseitiges Vertrauen und organisationales Lernen verhindert und bleiben neue Ansätze ungeprüft. Das Schweigen ist sehr stark verbreitet und wird im Arbeitsalltag umfassend gefördert. Die Menschen zahlen jedoch für das Schweigen einen hohen (psychischen) Preis: in Form von Demütigungen, Wut, Ablehnung, innerer Kündigung.

Und andererseits: Widersprechen die Mitarbeiter und die Führungskräfte einander zu wenig, können sie keine visionären Strategien entwickeln und keinen produktiven Konsens miteinander erreichen.

> Das beste Mittel gegen Verdrossenheit ist es, sich selbst zu aktivieren. (Richard von Weizsäcker)

Statt dessen sollte abweichendes Denken unterstützt und auf Schuldzuweisungen verzichtet werden. Konflikte können so in eine produktive Richtung kanalisiert werden. Hierbei werden vor allem Personen benötigt, die den Mut haben, das Schweigen zu brechen und Impulse für Veränderungen zu geben.

Perlow/Williams (2003) schreiben dazu:

»Es gibt keine verbindlichen Regeln dafür, was wann am besten diskutiert werden sollte. Sie müssen sich auf Ihr Urteil verlassen.
Aber Sie sollten Ihre Einstellung ändern. Die Frage darf nicht lauten: Wann ist der seltene Moment für eine Aussprache gekommen? Sondern: Wann ist einer der seltenen Momente gekommen, in dem es besser ist, den Mund zu halten?

✎ Persönliche Maßnahmen

Was nehme ich mir für die nächsten 6 Wochen im Sinne einer Stärkung oder einer besseren Kontrolle meiner Kompetenz zum »Impulsgeben« vor? (Stichworte):

_____

_____

Was werde ich zuerst und vorrangig tun? (Stichworte):

_____

_____

Wie kontrolliere ich die Resultate? (Stichworte):

_____

_____

Wo werde ich mich weiter zum Thema »Impulsgeben« informieren? (Stichworte):

_____

_____

ⓘ Als weiterführende Informationsquellen empfehlen wir

Perlow, L.; Williams, S.: Tötet Schweigen Ihr Unternehmen? Harvard Business Manager. August 2003

Steiner, V.: Energiekompetenz. Produktiver denken – Wirkungsvoller arbeiten – Entspannter leben. Droemer/Knaur, München 2007

Urban, D.: Chancen für Querdenker. Orell Füssli Verlag, Zürich 1996

Modulare Informations- und Trainingsprogramme
- Initiative;
- Experimentierfreude;
- Offenheit für Veränderungen;
- Soziales Engagement.

Entscheidungsfähigkeit A/P

Grundsätzliche Überlegungen

> Erfolg ist das Ergebnis richtiger Entscheidungen. Richtige Entscheidungen sind das Ergebnis von Erfahrungen. Erfahrung ist das Ergebnis falscher Entscheidungen.
> (nach A. Robbins)

Sicher lernen wir viel auf Grund von Erfolgserlebnissen. Wenn wir uns jedoch bemühen, auch dankbar aus unseren Fehlern zu lernen und diese nicht vor uns selbst zu verniedlichen oder zu verdrängen, dann werden wir erfolgreich sein: in der Familie, im Beruf.

Nicht das Schicksal und nicht in allererster Linie die Lebensumstände sind es, die unser Leben bestimmen, sondern unsere Entscheidungen.

Auch wenn Sie in Ihrem Unternehmen offiziell keine Führungsaufgaben wahrnehmen, so stehen Sie mit Sicherheit doch täglich vor dem Zwang von Entscheidungen mit unterschiedlicher Bedeutung und Reichweite.

Und viele Mitarbeiter bekleiden außerhalb neben der Arbeit Ehrenämter mit zum Teil großer Entscheidungsbefugnis, die denen von Führungskräften nahe kommt.

Es kann angenommen werden, dass Sie täglich etwa 30–40 Minuten mit dem Vorbereiten, Abwägen und Treffen von Entscheidungen verbringen; das entspricht drei bis vier Wochen im Jahr! Vielleicht laufen diese Prozesse bei Ihnen nicht unter dem Oberbegriff Entscheidungsverhalten; vielleicht gebrauchen Sie Umschreibungen wie »nachdenken«, »Informationssuche«, »wägen, abwägen«, »sich den Kopf zerbrechen«…

Der Faktor Zeit

Im Allgemeinen brauchen wir Zeit, um wichtige Entscheidungen zu treffen. Nicht selten nehmen wir uns jedoch einfach zu viel Zeit, da Entscheidungen in der Regel vage sind und mit Intuitionen verbunden sind. Die gewünschte Sicherheit versuchen wir uns durch vermehrte Informationssuche und Abwägen zu holen. Wichtig ist in allen Fällen, dass schließlich richtig entschieden wird.

✔ Selbstcheck

Prüfen Sie sich selbst

Überlegen Sie einmal, ob Sie unter gewissen Blockaden in Ihrem Entscheidungsverhalten leiden, die für Sie unnötig erschwerend wirken.

Aktion A
Nachfolgend sind 15 typische Verhaltensblockaden – in Fragen gekleidet – aufgeführt. Kreuzen Sie all diejenigen an, von denen Sie meinen, dass Sie Ihr Entscheidungsverhalten erschweren und Sie diese bejaen können. Seien Sie dabei lieber etwas kritischer zu sich selbst als zu tolerant.
- Lassen Sie oft andere an Ihrer Stelle entscheiden?
- Schieben Sie Entscheidungen zu lange vor sich her?
- Haben Sie schon Chancen verpasst, weil Sie sich nicht entscheiden konnten?
- Neigen Sie dazu, sich viel mehr Zeit als andere zu nehmen, wenn die Entscheidung schwierig wird?
- Bringen Sie zu viel Energie für Entscheidungen auf, die das im Grunde nicht rechtfertigen?
- Möchten Sie zuerst möglichst lückenlos über alle Fakten informiert sein, obwohl Sie wissen, dass Sie irgendwann Entscheidungen auf der Grundlage der vorhandenen treffen müssen?
- Fürchten Sie sich vor »unpopulären« Entscheidungen und versuchen Sie daher, möglichst viele Personen im Vorfeld der Entscheidung zu befragen und einzubeziehen?
- Warten Sie eher ab als zu entscheiden – etwa nach dem Motto »Die Zeit wird's schon richten« oder »Vielleicht löst sich das Problem von allein«?
- Geben Sie vorschnell auf, wenn Sie sehen, dass mehrere Probleme zugleich gelöst werden müssen?
- Neigen Sie zu Perfektionismus und leiden Sie beim Entscheiden überwiegend an Zeit- und Informationsnot?
- Ziehen Sie sich Fragen und Probleme auf den Tisch, die eigentlich woanders hingehören?
- Leiden Sie unter dem Hang zur Verzettelung und ungenügender Prioritätensetzung und -durchsetzung?
- Fehlt es Ihnen an Selbstvertrauen?
- Grübeln Sie auch dann noch, wenn die Entscheidung schon längst gefällt ist?
- Verfangen Sie sich beim Vorbereiten von Entscheidungen zu sehr in Details?

Auswertung und Vertiefung

Wenn Sie mehr als fünf Blockaden angekreuzt haben, dann sollten Sie sich intensiv mit den verschiedenen Hilfen zur Entscheidungsfindung beschäftigen.

Die in den Fragen deutlich werdenden Blockaden treten oft in Verbindung miteinander auf, und es ist schwierig, sie nicht aufkommen zu lassen. Um ihre Entstehungsgeschichte zu erkunden, müssen Sie zum Teil weit in ihre Kindheit zurückgehen – und dazu müssen Sie sich Zeit nehmen und nach Möglichkeit mit einem Ihnen sehr vertrauten Menschen sprechen, der Sie quasi als neutraler Beobachter und Frager bei der Suche begleitet. Wenn man die Ursachen kennt, kann man auch an den Abbau von Blockaden gehen.

Fertigen Sie jetzt ein erstes Analyseprotokoll an und nehmen Sie vorerst eine bis zwei der von Ihnen angekreuzten Blockaden in das Protokoll auf.

Aktion B

1. Analyseprotokoll

_____

_____

Kapazitative Grenzen

Keiner vermag zu sagen, wie viele Informationen allein im beruflichen Alltag täglich auf uns treffen. Wir ahnen nur, dass die Menge zunimmt und wir mehr oder weniger gezielt die für uns relevanten Informationen selektieren müssen. Es soll für die menschliche Aufnahme und Verarbeitung von Informationseinheiten die magische Zahl »7« als Obergrenze geben. Die formale Informations-Verarbeitungskompetenz wie auch unser begrenztes (Kurzzeit-)Gedächtnis zeigen die natürlichen Grenzen unserer Informationsverarbeitung.

Unsere Emotionen und Deutungen auf der Grundlage unserer begrenzten Aufnahmekapazität können darüber hinaus zu gravierenden Wahrnehmungsverzerrungen und Urteilsfehlern führen, die zudem nicht völlig unvermeidlich sind.

Verzerrungstendenzen

Bei Entscheidungen sollten wir uns dieser Zusammenhänge bewusst sein und auch die Vielzahl von Informations-Verzerrungstendenzen kennen – und ihnen soweit wie möglich vorbauen (nach Kanfer 1996).

- Unsere natürlichen Grenzen führen zu einer Selektivität der Wahrnehmung, und wir weichen eher auf die sequentielle Verarbeitung kleinerer Informationseinheiten aus.
- Es werden vorrangig solche Informationen aufgenommen bzw. erinnert, die relativ leicht zugänglich sind bzw. waren. Das sind in der Regel erlebnisnahe und an besondere Erfolge oder Misserfolge gekoppelte Informationen.
- Wir kategorisieren viele Informationen nach ihrer Ähnlichkeit mit anderen Merkmalen und verallgemeinern dann.
- Wir nutzen wenig die verfügbaren Grundraten-Informationen bei Entscheidungen. Je höher die Grundrate ist, desto leichter ist es, korrekte Schlussfolgerungen zu ziehen.

- Wir haben häufig Probleme beim Erkennen kausaler Zusammenhänge zwischen den Ereignissen, ganz zu schweigen beim ganzheitlichen Betrachten komplexer Zusammenhänge und ihrer möglichen Folgen.
- Wir bevorzugen Informationen, die unsere bisherigen Überzeugungen bestätigen bzw. wir spielen die Bedeutsamkeit von Beobachtungen und Ereignissen herunter.
- Vorher existierende Theorien und Erwartungen erhalten bei Entscheidungen zuviel Gewicht.
- Häufig kann man ein mangelhaftes bis fehlendes Bewusstsein bzgl. Wahrnehmungs- und Urteilsfehlern beobachten, die auf unzulässige Verallgemeinerungen von einzelnen Ereignissen bzw. zu kleinen Stichproben zurückzuführen sind.

☞ Empfehlungen

Folgende praktische Maßnahmen, die sich z.B. auch in der Verhaltenstherapie bewährt haben, helfen, uns vor Urteilsverzerrungen zu schützen und fehlerhafte Entscheidungen zu reduzieren:

1. Kontinuierliche Re-Evaluation (Bewertung) des eigenen Entscheidungsverhaltens: Habe ich das Problem von mehreren Seiten betrachtet? Welche Informationen fehlen noch? Gibt es Alternativerklärungen?
2. Minimierung von Zeitdruck: Gibt es Möglichkeiten, den Entscheidungs- und Zeitdruck zu vermeiden? Ist die Entscheidung in so kurzer Zeit unabdingbar?
3. Minimierung des emotionalen Drucks, der – wenn sehr hoch – die Fähigkeit zu effektiver Informationsverarbeitung und zu rationalen Entscheidungen rapide sinken lässt.
4. Zielorientierte Selbstreflexion (Selbstbeobachtung/-einschätzung) und Reduktion potenzieller Entscheidungsfehler: Hinsichtlich welcher Fehler bin ich besonders anfällig? Welche eigenen Standards und Annahmen bevorzuge ich im Entscheidungsprozess? Stütze ich mich bei der Informationsbeschaffung und -bewertung einseitig auf bestimmte Personen?
5. Sensibilisierung hinsichtlich potenzieller Fehlerquellen: Halte ich mir stets vor Augen, dass ich bestimmten Fehlerrisiken bei Entscheidungen auflaufen kann? Beschäftige ich mich mit Fragen des Aufdeckens und Umgehens von Fehlerquellen?
6. Immunisierung gegen Verzerrungen: Kenne ich die typischen »Beurteilungsfehler und -fallen«? Welche eigenen Erfahrungen bzgl. des Auftretens von Beurteilungsfehlern habe ich selbst? Nehme ich Fehler als Chance für eine eigene Weiterentwicklung an oder verdränge ich sie?
7. De-Automatisieren von Schlussfolgerungen:
Überprüfe ich von Zeit zu Zeit auch die bei mir selbst ablaufenden Informationsprozesse und die Effizienz der sonst automatisch ablaufenden Entscheidungsgewohnheiten? Verlasse ich mich letztlich zu sehr auf automatische Routineprozesse?
8. Formulieren von Alternativhypothesen: Neige ich zu einer voreiligen Festlegung auf bestimmte »Lieblingshypothesen« oder zu zu groben Annahmen? Frage ich mich auch, welche alternativen Annahmen und Erklärungen möglich wären?

9. Entscheidungen können auch als Replazierungsprozess aufgefasst werden, in den eine inadäquate Alternative durch eine andere und bessere ersetzt wird. Kanfer et al. führen hierzu weiter aus:
   »*Inakkurate Hypothesen werden jedoch nur dann aufgegeben, wenn überhaupt eine Alternativhypothese verfügbar ist. Dabei kann bereits der feste Vorsatz, nach weiteren Hypothesen zu suchen, dazu beitragen, dass solche tatsächlich gefunden werden. Besonders bei kausalen Schlussfolgerungen empfiehlt es sich, routinemäßig nach mehr als nur einer (plausiblen) Ursache-Wirkung-Beziehung zu suchen. Hierbei ist wesentlich, bei allen in s Auge gefassten Möglichkeiten zu überlegen, anhand welcher konkreter Daten sich die jeweiligen Annahmen bestätigen oder falsifizieren lassen*«. (nach Einhorn/Hogarth 1982, in Kanfer 1996).
10. Spezielle Suche nach falsifizierenden Gegenargumenten: Nutze ich die absichtliche Suche nach Gegenargumenten, um beide Seiten der Entscheidung zu betrachten? Welche Erfahrungen könnten gegen unsere verifizierenden Daten sprechen?
11. Gezielte Suche nach fehlenden Informationen: Welche Informationen benötige ich noch für oder gegen meine Annahmen? MUSS ich ggf. die vorhandenen Informationen noch einmal gründlich auswerten und ggf. ergänzen?
12. Schriftliche/mediengestützte Entscheidungsdokumentation: Benutze ich z. B. Entscheidungs-Protokollbögen oder andere Hilfsmittel? Nutze ich PC-Programme für Entscheidungsprozesse?
13. Einsatz schriftlicher/grafischer Entscheidungshilfen zur genaueren Evaluation von Informationen: Stelle ich dar/visualisiere ich z. B. Pro und Kontra, Stärken und Schwächen, Vor- und Nachteile von Alternativen?
14. Kontinuierlicher kollegialer Austausch zwecks kritischer Auseinandersetzung mit der eigenen Arbeit: Der Erfahrungsaustausch bietet die Möglichkeit zu erfahren, wie andere an den Entscheidungsprozess herangehen, wo die eigenen starren Gewohnheiten und »blinden Flecke« sind und gibt Anregungen zur Selbstoptimierung und zum Selbsttraining.
15. Adäquater Umgang mit Statistik in Theorie und Praxis, persönliche Öffnung und Weiterbildung zu Fragen der mathematischen Statistik und ihrer Nutzung für den Entscheidungsprozess.

Nehmen Sie die dargestellten Optimierungsstrategien als Anregung zum Nachdenken, zur Ergänzung und Verbindung untereinander auf. Indem Sie sich nicht nur einmal mit ihnen beschäftigen, werden Sie sensibler gegenüber der zum großen Teil auch subjektiv verursachten Informationsverzerrung und bauen zukünftigen flachen oder fehlerhaften Entscheidungen vor. Wichtig ist aber, dass Sie persönlich relevante Vorschläge auswählen, auswerten und in den verschiedenen Arbeitssituationen einsetzen: bei der Bearbeitung zukünftiger Aufgaben und Projekte, bei der Weiterbildung... Bleiben Sie sich der eigenen Fehlbarkeit stets bewusst, erarbeiten Sie effektive Strategien der Fehlererkennung und -reduktion und überführen Sie diese in Ihre Alltagsroutine.

Aktion C

Schreiben Sie in das nachfolgende Protokoll 1–3 für Sie besonders wichtige Optimierungsstrategien und überlegen Sie, was Sie hierbei zukünftig besser, anders machen wollen und wie Sie sich dazu gezielt auch Erfahrungen Dritter einholen können.

Optimierungsstrategie 1	Wie anders	Dazu notwendig
Optimierungsstrategie 2	Wie anders	Dazu notwendig
Optimierungsstrategie 3	Wie anders	Dazu notwendig

Balance Sheet

Mit relativ einfachen Hilfsmitteln können wichtige Fakten und Zusammenhänge sichtbar gemacht und verglichen werden. So bieten sich z. B. Entscheidungsbögen mit alternativen Zielen oder Aktivitäten und im Vergleich mehrerer Dimensionen miteinander an. Für jede Dimension kann eine positive und eine negative Spalte erstellt werden. Die sodann eingetragenen positiven und negativen Aspekte können mit Wertigkeiten zwischen 1–4 belegt werden. Schließlich werden Vor- und Nachteile (Gewinne und Verluste, Kosten…) sichtbar. Fragen wie die nach der Dauerhaftigkeit von Lösungen, nach der Erfolgswahrscheinlichkeit, der relativen Informationsmenge u. v. a. m. können damit verbunden werden.

Entscheidungsfähigkeit (A/P)

Beispiel Diese Entscheidungsvariante wird …	Ja	Nein
… zu größeren Einnahmen führen.		
… die Produktivität verbessern.		
… die Qualität verbessern.		
… dem Ansehen der Firma dienen.		
… Arbeitsplätze sichern.		
… der Kompetenzentwicklung dienen.		
… Kosten verringern.		
… die Arbeitsmotivation erhöhen.		
… …		

Zusätzliche Fragen:

Was gewinne ich mit dieser Entscheidung?

_____

_____

Welche Risiken gehe ich damit ein?

_____

_____

Was kann ich verlieren (materiell, sozial…)?

_____

_____

Wird diese Entscheidung den »cash flow« unseres Unternehmens beeinflussen?

_____

_____

Welche Alternativen zu dieser Entscheidung gibt es (Entscheidungsvarianten darstellen und danach wie oben bewerten)?

_____
_____

Die Verbesserung der Entscheidungsfähigkeit ist in erster Hinsicht eine rationale Angelegenheit. Sie ist nicht einfach, aber mit Willen und Konsequenz zu schaffen. Denken Sie in diesem Zusammenhang stets daran:

> Der Adel des Menschen liegt nicht in seiner Vollkommenheit, sondern in seiner Fähigkeit, sich zu vervollkommnen.

Persönliche Maßnahmen

Was nehme ich mir für die nächsten 6 Wochen im Sinne einer Verbesserung meiner »Entscheidungsfähigkeit« vor? (Stichworte):

_____
_____

Was werde ich zuerst und vorrangig tun? (Stichworte):

_____
_____

Wie kontrolliere ich die Resultate? (Stichworte):

_____
_____

Wo werde ich mich weiter zum Thema »Entscheidungsfähigkeit« informieren? (Stichworte):

_____
_____

Als weiterführende Informationsquellen empfehlen wir

Albert, J.: Besser entscheiden. Eichborn AG, Frankfurt a.M. 2006
Godefroy, C.H.; Clark, J.: T.M.S. Das Zeitmanagement-System. Rentrop Verlag, Bonn 1991
Kanfer, F.H. et al.: Selbstmanagement-Therapie. Springer Verlag Berlin/Heidelberg 1996
Öttl, C.; Härter, G.: Ja, nein, vielleicht? Entscheidungen leichter treffen. Bw Verlag, Nürnberg 2005
Robbins, A.: Das Prinzip des geistigen Erfolges. Ullstein Tb, Berlin 2004
Zwygart, U.: Wie entscheiden Sie? Haupt Verlag, München 2007

www.selbstmarketing.de/tipps/artikel/entscheidungstipps/uebungen/ueb1.htm – 53k –

Gestaltungswille   A/P

▶▶ Grundsätzliche Überlegungen

Gestaltungswille ist die Voraussetzung dafür, um mit Problemen, Hindernissen und persönlichen Belastungen fertig zu werden. Gestaltungswille als der persönliche Antrieb, etwas auszuformen oder neu zu entwickeln, setzt das Vorhandensein oder Entwickeln von Gestaltungsähigkeiten und Gestaltungszielen voraus.

↪ Kennzeichen

Im unternehmerischen Alltag kann der Gestaltungswille vor allem an folgenden persönlichen Verhaltensweisen »festgemacht« werden:
- Hat die persönliche Fähigkeit, aktiv und beim Überwinden von Widerständen und unter Belastungen neue Produkte, Beziehungen, Verhältnisse zu gestalten;
- erträgt Unbestimmtheiten und Widersprüche, die sich bei der Realisierung ergeben;
- hält auch unter komplizierten Bedingungen an Vorhaben fest;
- kann zwischen Wesentlichem und weniger Wesentlichem unterscheiden und richtet die Aktivität an Ersterem aus;
- fühlt sich durch erhöhte Anforderungen herausgefordert und aktiviert;
- sieht in der zielbeharrlichen Umsetzung der eigenen Projekte einen wichtigen Aspekt der eigenen Selbstverwirklichung;
- kann sich in Bezug auf die Umsetzung von Vorhaben selbst motivieren.

In kompetenzbiografischen Interviews mit Personen, die erwiesenermaßen einen hohen Gestaltungswillen haben, kamen gehäuft Aussagen vor (Erpenbeck, J., Heyse, V.: Die Kompetenzbiographie. Strategien der Kompetenzentwicklung durch selbstorganisiertes Lernen und multimediale Kommunikation. Waxmann Verlag, Münster/New York u. a. 2007) wie

> »… Man muss Forderungssituationen suchen und annehmen. Das sind Situationen wo man die eigenen Grenzen wirklich mitkriegt, gefordert wird oder scheitert. Das sind doch die Situationen, wo man zugleich lernt. Die eigene Betroffenheit ist das Einzige, was zählt. Natürlich sind auch Background-Situationen wichtig.
>
> … Wenn man die feste Absicht hat, etwas neu- oder weiterzuentwickeln, zu verändern, dann muss man auch den Mut haben, zu entscheiden und hinter den Entscheidungen zu stehen.
>
> … Gestaltungswille fängt beim tatkräftigen Zupacken an und ist der größte Feind der sog. »inneren Schweinehunde« und des ständigen Vor-Sich-Herschiebens von Aufgaben.
>
> … Wichtig ist für mich die Funktion des Willens, die Übereinstimmung von Willen und Bekommen – das, was eigentlich ein durchstrukturiertes Wollen erreicht, nicht das Denken allein. Wobei das Denken natürlich eine Rolle spielt, weil man im Prinzip eine Befindlichkeit in sich, aber auch in der Umwelt entdeckt, die dann zumindest wesentlich erleichtert, (auch) Botschaften auszustrahlen.
>
> … Ein wesentliches Feld von Lernen ist es, sich selbst zu überwinden, Neues auszuprobieren. Mehr als schief gehen kann es ja nicht; es geht auch so genügend schief…Das unbedingte Wollen muss am Anfang jeder Veränderung oder Neuerung stehen, und das kann kein anderer abnehmen.
>
> … Wenn man unbedingt etwas will, dann erreicht man es auch schneller, und man lernt dabei auch viel schneller, als wenn man sagt, warum soll ich mich damit auch noch beschäftigen…Ich wusste ganz genau, wenn ich diese Chance nicht nutze und das nicht beherrsche, dann hätte ich meine Arbeit nicht so erfolgreich machen können.
>
> … Einen abstrakten Willen gibt es nicht. Er ist immer im Zusammenhang mit Selbstdisziplin, Konsequenz, eigener Überzeugung von Zielen und dem Sinn und Wert dieser sowie einer großen Beharrlichkeit im Sinne des »Dranbleibens an einer Sache« verbunden.«

Als Kapitän Ihres Motorschiffes können Sie weder den Wellen noch dem Wind Ihren Willen aufzwingen. Aber Sie können durch das geschickte Handhaben Ihres Motors und des Ruders an Ihr Ziel kommen. Und das bestimmen Sie schließlich selbst. Alles Große – und der eigene Antrieb/Wille ist ein Teil der Größe einer Persönlichkeit – fängt im anscheinend Kleinen an.

Empfehlungen

Das Dritte Zitat verweist auf eine Stärke, deren Fehlen bei sehr vielen Menschen eine grundlegende Schwäche ist: **Unschlüssigkeit, Hang zur »Aufschieberitis«, »Manãna-Einstellung«.**

Überprüfen Sie sich selbst einmal hinsichtlich dieser Seite und aktivieren Sie Ihre Ressourcen. Dann haben Sie schon einen sehr großen Schritt zur Stärkung Ihres Gestaltungswillens getan!

Der Wille kann analog unseren Muskeln über- oder unterfordernd beansprucht werden.

> Wer sich zu viel auf einmal vornimmt, der bekommt einen Muskelkater.
> Wer jedoch immer nur den Weg des geringsten Widerstands geht, dessen Muskeln bzw. dessen Willenskraft verkümmern.

Suchen Sie also bei sich selbst erst einmal bewusst Herausforderungen und steigern Sie die Anzahl und Stärke dieser nach und nach. Fangen Sie bei Ihrem Selbstmanagement an.

Stollreiter geht in seinem empfehlenswerten Buch »Aufschieberitis dauerhaft kurieren« (2006) ausführlich auf unterschiedliche Manãna-Typen ein und gibt 77 Hinweise zur Überwindung dieser Schwäche und Willensblockade. Hier seien einige als Anregungen zur intensiven Weiterbeschäftigung wiedergegeben.

Das Auf- und Verschieben von Aufgaben und Aktionen kann aus unterschiedlichen Gründen heraus geschehen, z. B.:
- Man verzettelt sich, setzt sich keine Prioritäten und kontrolliert auch nicht kritisch die Einhaltungen von Terminen und Verpflichtungen.
- Man kann nicht »Nein« sagen, lässt sich gutmütig immer neue Aufgaben von anderen aufbürden und kommt kaum noch zu den eigenen Aufgaben.
- Man kann einfach nicht richtig planen bzw. plant so lange, dass man zu gar nichts mehr richtig kommt. Man »kommt nicht aus dem Knick«.
- Man meint, alles allein realisieren zu müssen und führt stets ein Großteil unerledigt gebliebener Aufgaben mit sich herum.

✔ Selbstcheck

Fangen Sie am besten mit einer Gewohnheitsanalyse an und denken Sie über die folgenden Fragen nach:
1. Welche Aufgaben haben Sie in den letzten drei Tagen aufgeschoben? Erinnern Sie sich an Aufgaben, die Sie regelmäßig aufschieben? Waren darunter auch aufgeschobene Aufgaben der letzten drei Tage? Erstellen Sie eine Beobachtungsliste und schreiben Sie darauf die aufgeschobenen Aufgaben in Stichworten. Aktualisieren Sie jeden Dienstag- und jeden Sonnabend-Abend diese Liste.

    Aufgabe

    _____

    _____

2. Schätzen Sie für jede Aufgabe ein, wie viel Zeit die Erledigung in Anspruch nehmen würde, wenn Sie sie sehr konzentriert und »störungsfrei« bearbeiten.

3. Schätzen Sie ferner die Priorität jeder dieser Aufgaben ein und vergeben Sie die »1« für »sehr wichtig« sowie dann abgeschwächt die Zahlen »2« und »3«.
4. Fragen Sie sich, welche Lösungsstrategie sich zur Bewältigung am besten eignet.
5. Schätzen Sie ein, wie groß Ihre Erfolgszuversicht angesichts der konkreten Aufgabe und Ihrer Strategie ist.
6. Entscheiden Sie sich dann für diejenigen Aufgaben, bei denen das Zusammenspiel aus Priorität, Strategie und Zuversicht am höchsten ist und legen Sie einen Endtermin fest. Nehmen Sie diese Aufgabe(n) in Ihre konkrete Planung auf. Informieren Sie am besten eine dritte Person über Ihren Bearbeitungsbeschluss und den Endtermin und begeben Sie sich damit bewusst unter einen sozialen Handlungsdruck.
7. Verschaffen Sie sich Feedback von anderen Personen zu Ihrer Arbeitsweise.
8. Notieren Sie nun mindestens zwei Ideen, wie Sie ab jetzt Ihre Aufschiebetendenzen wirkungsvoll untergraben werden und entschiedener vorgehen werden:

Empfehlungen

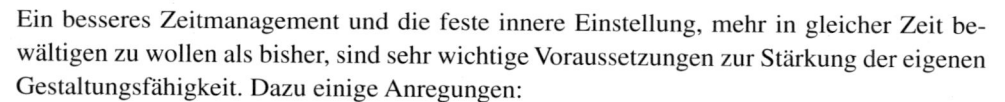

Ein besseres Zeitmanagement und die feste innere Einstellung, mehr in gleicher Zeit bewältigen zu wollen als bisher, sind sehr wichtige Voraussetzungen zur Stärkung der eigenen Gestaltungsfähigkeit. Dazu einige Anregungen:

1. Setzen Sie sich klare und enge Zeitlimits.
   Planen in Sie in Realzeiten.
   Setzen Sie Prioritäten und planen Sie zur Erledigung der wichtigsten Aufgaben Bearbeitungszeiten ein, die Sie dann auch strikt einhalten – auch wenn Sie im konkreten Fall zu der Meinung kommen, dass das Ergebnis »noch besser« sein könnte.
   Konzentrieren Sie sich auf das Wesentliche im Wissen, dass Sie sicher nicht alles perfekt machen werden bzw. müssen. Um sich nicht in Details zu verlieren, sollten Sie sich möglichst enge Zeitlimits setzen. Der Zeitdruck erleichtert es Ihnen, klare Prioritäten zu setzen und danach zu arbeiten.

2. Konzentrieren Sie sich zuerst auf die schwierigeren, unangenehmen, aber umso notwendigeren, Aufgaben.
   Bringen Sie diese zuerst hinter sich.
   Setzen Sie dabei auf Ihre unbedingte Selbstdisziplin.

3. Setzen Sie sich frühzeitig Endtermine für eine Aufgabe und gehen Sie dann stets von diesem Termin aus. Viele Menschen arbeiten nicht mit solchen Vor- bzw. Leitterminen und sind dann erstaunt, wenn Sie 12 Stunden vor der Abgabe eines Projektes stehen und nur noch durch einen enormen Kräfteaufwand die Realisierung ermöglichen können.

4. Halten Sie Termine und wichtige Inhalte, Einfälle, Fragen… zu wichtigen Aufgaben gesondert schriftlich fest und führen Sie sog. »To do«-Listen. Dadurch vergessen Sie

nichts Wichtiges und müssen auch nicht Ihre laufende Tätigkeit unterbrechen, wenn Ihnen etwas Wichtiges einfällt.

5. Differenzieren Sie genauer nach dem persönlichen Nutzen einer Sache und richten Sie sich nicht von vornherein nach den Wünschen und Meinungen Dritter. Üben Sie das Nein-Sagen, um unnötige Ablenkungen zu mindern.

6. Setzen Sie sich beim Aufstellen neuer Ziele bisherige vergleichbare Ziele.
Werden Sie sich über die Notwendigkeit eines solchen bewussten Austausches klar.
Denken Sie zugleich darüber nach, was Sie besser an andere delegieren können bzw. welche Unterstützung Sie von wem anfordern sollten.
Stollreiter M. (Anpacken statt aufschieben. managerSeminare, Heft 68, Juli/August 2003. www.managerseminare.de) bringt dazu ein prägnantes Beispiel und spielt auf eine mögliche schriftliche Formulierungen – z. B. in einer E-mail – an: »*Um Ihr Anliegen bestmöglich bearbeiten zu können, benötige ich noch zusätzliche Informationen. Bitte schicken Sie mir ein paar Zeilen mit den wichtigsten Daten.*«
Die Praxis zeigt, dass sich vieles plötzlich ganz von selbst erledigt. Denn sobald Sie den Kollegen zur Mithilfe oder zum Nachdenken auffordern, klären sich für ihn einzelne Aspekte seiner Angelegenheit – oder aber er schweigt aus Bequemlichkeit bzw. weil er sich schämt, mit den Zusatzinfos offen zu legen, dass er durchaus **selbst** in der Lage wäre, seinen Job zu erledigen.

Mit Unerwartetem umgehen

Gestaltungswille und die Fähigkeit, gesicherte hohe Leistungen zu erbringen hängen aufs Engste miteinander zusammen. »Gesicherte« Leistungen – das wirft auch die Frage auf, ob wir uns durch unvorhergesehene Ereignisse irritieren lassen oder im Gegenteil angespornt, den Ereignissen auf den Grund zu gehen und umgehend die entsprechenden Schlüsse zur Beseitigung aufgetretener Störgrößen zu ziehen bzw. neue Strategien zur Berücksichtigung hinzugetretener Bedingungen zu wählen.

Menschen neigen dazu, bei Fehlern und großen Problemen eher nach Bestätigung zu suchen und Gegenbeweisen aus dem Wege zu gehen. Es werden eher große Datenmengen ausgeblendet, viele Informationen übersehen oder verdrängt und etwas Unbekanntes zur Normalität erklärt.

Statt dessen ist gerade in Unternehmen, in Tätigkeiten, die durch eine hohe Dynamik und Komplexität charakterisiert sind, die Frage nach der **Achtsamkeit** immer erforderlicher.

Weick/Sutcliffe (2007) zeigen in ihrem Buch »Das Unerwartete managen«, wie die Fähigkeit gefördert werden kann, Fehler zu entdecken und zu korrigieren, bevor sie zur Krise eskalieren.

Es geht dabei auch und vor allem um die Frage, wie bewusst und willentlich die Gestaltungs- und Handlungsfähigkeit auch in Situationen gesichert werden kann, in denen unvorhergesehene Ereignisse auftreten.

Sie sprechen in diesem Zusammenhang von der »achtsamen Aktualisierung der Wahrnehmung«, die durch individuelle wie auch organisationale Einstellungen erleichtert wird, bei denen man sich auf Fehler, Vereinfachungen, betriebliche Abläufe, flexible Verhaltensweisen, schnelle und direkte Kommunikation und Fachkenntnisse stützt.

Sie heben in diesem Zusammenhang hervor:
- »Die achtsame Aktualisierung der Wahrnehmung funktioniert, weil man bei dieser Haltung die Zuverlässigkeit als ein ›dynamisches Nicht-Ereignis‹ auffasst und zu laufenden wechselseitigen Anpassungen anregt, die eine sichere, zuverlässige Leistung garantieren.
- Wechselseitige Anpassung beruht auf einer Infrastruktur, die sich durch respektvolle Interaktion, Aufmerksamkeit, Kommunikation und Kompetenz auszeichnet.
- Die meisten Organisationen halten diese Infrastruktur für selbstverständlich und öffnen dadurch ihrem Niedergang Tür und Tor. Wenn diese Infrastruktur verfällt, lässt die Wachsamkeit nach, und es kommt zu immer größeren und destruktiveren Überraschungen, deren Korrektur immer umfassendere administrative Eingriffe erforderlich macht.
- Die Lehre, die wir daraus ziehen können, ist, dass sich der unsichtbare Einfluss der Erwartungen durch achtsames Handeln sichtbar machen lässt. Wenn man die Erwartungen einmal sichtbar gemacht hat, kann man die Energie, mit der sie uns in eine bestimmte Richtung gelenkt haben, in eine bessere Bewältigung des Unerwarteten umlenken.«

Selbstcheck ✔

Wie anfällig sind Sie für eine achtlose Haltung?

Wie zutreffend beschreibt jede der folgenden zwölf Aussagen Ihr eigenes Verhalten? Tragen Sie neben jede der Aussagen die Zahl ein, die Ihr Verhalten am deutlichsten wiedergibt:

1 = überhaupt nicht, 2 = bis zu einem gewissen Grad, 3 = sehr.

1. Im Laufe einer normalen Woche gibt es in meiner Arbeit nur selten nicht voraussehbare Ereignisse bzw. Ausnahmesituationen.	☐
2. Die Situationen, Anforderungen, Fragen, denen ich bei meiner Arbeit begegne, sind Tag für Tag die gleichen.	☐
3. Ich habe in meinem Unternehmen Mühe, alle Informationen zu bekommen, die ich für meine Arbeit brauche.	☐
4. Ich versuche, meine Arbeit stets auf eine bestimmte Art und ohne Abweichungen durchzuführen.	☐
5. Ich arbeite vorwiegend unter starkem Druck (Zeit, Kosten, fehlende Unterstützung, Menge von Aufgaben...).	☐
6. Meine Belastungen führen häufig dazu, dass ich Aufgaben aufschiebe oder dass ich "Abkürzungen", Vereinfachungen einschlage.	☐
7. Meine Arbeitsumwelt bietet Anreize zum Vertuschen von Fehlern.	☐
8. Ich gestehe mir zu wenig Entscheidungs- und Handlungsspielraum zu, um sofort etwas zu unternehmen, wenn unerwartete Probleme auftreten.	☐
9. Mir mangelt es wohl an den erforderlichen Fertigkeiten und Sachkenntnissen, um schnell zu reagieren, wenn unerwartete Probleme auftauchen.	☐
10. Ich habe persönliche Schwierigkeiten, andere um Hilfe zu bitten.	☐

11. Ich habe Probleme, mir selbst gegenüber oder anderen gegenüber Fehler zuzugeben. ☐
12. Ich nehme mir wenig Zeit, um die Annahmen hinter gerade behandelten Annahmen und Fragen in Zweifel zu ziehen. ☐

Summe ☐

Auswertung

Addieren Sie die Punkte.

> Wenn Sie **mehr als 24 Punkte** haben, dann ist Ihre Potenzial für **Achtlosigkeit** sehr hoch und damit auch die Gefahr, Ihre konkreten Gestaltungsabsichten unterminieren zu lassen und Ihren Gestaltungswillen unachtsam zu begrenzen. Überlegen Sie deshalb aktiv, wie Sie Ihre Fähigkeit zur Achtsamkeit kurzfristig verbessern können.
>
> Zwischen **14 bis 24 Punkten** ist Ihr Potenzial für **Achtsamkeit** mäßig ausgebildet.
>
> Ergebnisse **unter 14 Punkten** bescheinigen Ihnen ein großes Maß an **Achtsamkeit**.

Die Frage, wie wir unseren Gestaltungswillen und die Handlungsfähigkeit auch in Extremsituationen aufrecht erhalten und was wir aus solchen Situationen lernen, wird in Zukunft immer wichtiger, wenn Veränderungen und auch Extremsituationen unvorhergesehen zunehmen.

Insofern sollten Sie sich über den soeben durchgeführten Selbstcheck hinaus mit dieser Thematik noch intensiver beschäftigen. Wichtig ist es, auf die eigene Arbeitsumwelt Einfluss zu nehmen und sie sensibler für solche Fragen zu öffnen.

Persönliche Maßnahmen

Was nehme ich mir für die nächsten 6 Wochen im Sinne einer Stärkung meines »Gestaltungswillens« vor? (Stichworte):

_____

_____

Was werde ich zuerst und vorrangig tun? (Stichworte):

_____

_____

Wie kontrolliere ich die Resultate? (Stichworte):

_____

_____

Wo werde ich mich weiter zum Thema »Gestaltungswille« informieren? (Stichworte):

_____

_____

_____

Als weiterführende Informationsquellen empfehlen wir   ⓘ

Böschemeyer, U.: Worauf es ankommt. Werte als Wegweiser. Pieper serie, München/Zürich 2008
Stollreiter, M.: Aufschieberitis dauerhaft kurieren. Wie Sie sich selbst führen und Zeit gewinnen. Redline Verlag, Frankfurt a.M. 2006
Weick, K.E.; Sutcliffe, K.M.: Das Unerwartete managen. Verlag Klett-Cotta, Stuttgart 2007

Belastbarkeit A/P

▶▶ Grundsätzliche Überlegungen

Belastbarkeit kennzeichnet vor allem die Fähigkeit eines Menschen, auch unter sehr schwierigen Bedingungen und persönlichen Anspannungen Fehlreaktionen weitgehend zu vermeiden sowie ziel- und ergebnisorientiert zu handeln. Das setzt umfassende Erfahrungen im Umgang mit Stress und sozialen Konflikten voraus.

Belastungsgrenzen

Im Folgenden sollen einige wichtige Erkenntnisse aus der Stressforschung mitgeteilt und Anregungen zur Erhöhung der eigenen Belastbarkeit gegeben werden.

Beginnen wir mit der Frage nach den Belastungsgrenzen. Bei der Suche nach den Belastungsgrenzen auf körperlicher und geistiger Ebene kann von der Theorie der Höchstbelastung ausgegangen werden. Diese Theorie fand im Sport ein wirkungsvolles Anwendungsgebiet; sie kann jedoch in ihren Grundaussagen auch auf die Gebiete der Arbeit und des aktiven Freizeitverhaltens übertragen werden. Zunächst jedoch einige Beispiele aus dem Bereich der körperlichen Anstrengung.

Die Theorie der Höchstbelastung geht davon aus, dass ein wichtiges Prinzip der Steigerung der körperlichen und geistigen Leistungsfähigkeit darin besteht, an der Grenze der individuellen Möglichkeiten zu arbeiten und durch planmäßige, beständige Erhöhung der Leistungsfähigkeit die Grenze selbst zu verändern. Während langsam, aber ständig die Belastung erhöht wird, werden die Reaktionen des Organismus ununterbrochen analysiert und dadurch die Grenze ermittelt.

Beispiel 1: »Leben ohne zu leiden«
Der Gedanke vom »Leben ohne zu leiden« stammt von einem Chirurgen, der sich wissenschaftlich sowie praktisch – vorwiegend im Selbstversuch – mit der Frage der Belastbarkeit

auseinandergesetzt hat. Er begründete die Devise »Leben ohne zu leiden« mit dem Hinweis auf die außerordentlich große Festigkeitsreserve der Konstruktion des Menschen. Der Koeffizient dieser Reserve beträgt im Durchschnitt 10. So können sich z. B. die Leistungsfähigkeit des Herzens, der Gasaustausch der Lungen oder die Leistung der Muskeln verzehnfachen. Und anscheinend kann im Prinzip jeder Mensch diese Reserven – wenn auch nicht im vollen Umfang – erschließen. Er muss nur begreifen, dass die physische Vollkommenheit seines Organismus auch seine intellektuellen Fähigkeiten stark erhöht. Ein allgemein zugängliches Mittel zur Erschließung der Reserven ist der Sport, die Körperkultur, aber nicht die uns im Allgemeinen bekannte, sondern die Körperkultur aus der Sicht der Höchstbelastung. Der Gedanke vom »Leben ohne zu Leiden« im Zusammenhang mit der Theorie der Höchstbelastung geht nun davon aus, dass beträchtliche Belastungen und hohes Übungstempo erforderlich sind. Als Richtwert für das Tempo kann man 1000 Bewegungen in 25 bis 40 Minuten ansetzen – Bewegungen bis zum Schweißausbruch, bis zur Atemlosigkeit.

Empfehlungen

Übungen

Eine Sicherheitsgarantie bei Höchstbelastungen geben die Konsultation eines Arztes sowie die allmähliche Steigerung der Belastung. Aus der Sicht der Theorie der Höchstbelastung kann z. B. – nach allmählicher Steigerung – folgender Übungskomplex für die Morgengymnastik sein, die dann auch täglich eingehalten werden sollte:

1. Kniebeugen — 90x
2. Rumpfbeugen nach rechts und nach links — 90x
3. Liegestütz — 40x
4. Rumpfbeugen nach vorn — 90x
5. Anheben der seitlich ausgestreckten Armen nach oben — 90x
6. Rumpfkreisen — 40x
7. Rückwärts- und Vorwärtsbeugen des Oberkörpers (auf dem Stuhl sitzend suchen die Beine Halt) — 90x
8. auf der Stelle hüpfen, auf jedem Bein — 90x
9. Übung der Arme in Schlaghalte — 90x
10. »Kerze« – bis 90 zählen
11. Anheben beider Beine unter leichter Aufrichtung des Beckens (in Rückenlage) — 90x
12. Bauch einziehen — 40x.

Der gesunde Mensch braucht sechs Monate, um das Maximum zu erreichen. Natürlich ist diese Aufgabe alles andere als einfach. Aber um gesund und belastbar zu sein, muss man zeitweilig leiden; der so leistungsstärkere Organismus wird die »Leiden« vielfach vergelten.

Beispiel 2: Astronaut G. Beregowoi
In einem Aufsatz über die Vorbereitung auf seinen Weltraumeinsatz schreibt Beregowoi:

»Als ich in das Ausbildungszentrum kam, war ich bereits 43 Jahre alt und verfügte über eine 28-jährige Fliegererfahrung. Es mag scheinen, dass dieses Zahlenverhältnis im Grunde genommen bereits alle Befürchtungen beseitigen muss, was die im Organismus gespeicherte Abhärtung und Widerstandsfähigkeit betrifft. Doch in Wahrheit war es ganz und gar nicht so... Bis dahin hatte sich meine sportliche Aktivität auf Volleyball im Urlaub und auf kurze Geländeläufe beschränkt. Jetzt aber musste ich mich sowohl mit Hanteln als auch mit Gymnastik und Langlauf beschäftigen, ich musste Purzelbäume schlagen, vom Turm ins Wasser springen, Skiwanderungen machen, Gewichte stemmen und bis zum Umfallen auf dem Tennisplatz spielen... Und das alles ohne jegliche Übung in der Vergangenheit und darüber hinaus bei einem Eigengewicht von 90 kg, von denen, wie sich heraus stellte, reichlich 10 kg überflüssig waren.«

Beregowoi konnte innerhalb von sechs Monaten harten Trainings 8 kg Fett verlieren, das in allen Lebenslagen überflüssig war. Er konnte seine Blutdruckwerte auf für 20–25-jährige Menschen typische Werte senken, sein Puls wurde ebenfalls bedeutend ruhiger, und die ehemalige Pulsfrequenz von 80 Schlägen pro Minute konnte er auf 70 stabilisieren. Diese Beispiele sollen verdeutlichen, dass die Menschen unter bestimmten Voraussetzungen Kräfte mobilisieren können, die weit über das gewohnte, durchschnittliche Leistungsvermögen und vor allem über die durchschnittliche Bereitschaft zur Steigerung ihres Leistungsvermögens und ihrer Belastbarkeit hinausgehen. Auch wenn es außerhalb jeglicher Diskussion steht, jeden Menschen etwa zum Leistungssportler entwickeln zu wollen, so ist es doch sicher nicht unreal, wenigstens einen Bruchteil des in jedem Menschen brachliegenden Leistungspotenzials zu aktivieren. Und das Leistungspotenzial kann mit dem Koeffizienten 10 belegt werden.

Eine aktive körperliche Betätigung ist für die Anregung und Entwicklung psychischer Prozesse sehr wichtig, da enge Beziehungen zwischen Gehirnfunktion und Funktion des menschlichen Bewegungsapparates existieren. Zu recht wird von der Einheit von Körperlichem und Geistigem ausgegangen, und diese Einheit ist auf die Struktur und Funktion des Nervensystems zurückzuführen. In der Skelettmuskulatur befinden sich spezifische Nervenzellen, die bei der Muskelbetätigung stimulierende Impulse zur Hirnrinde senden. Jeder von uns weiß z. B. aus eigener Erfahrung, dass die Gedanken im Gehen »flüssiger« sind.

☞ Empfehlungen

Phasen der angestrengten geistigen Arbeit sollten deshalb unbedingt und planmäßig Phasen der Erholung – möglichst mit körperlichem Ausgleich – folgen und das nicht nur im engeren Sinne der Erholung, des »Abschaltens«, sondern auch als willentlich herbeigeführte Stimulierung der nachfolgenden geistigen und manuellen Tätigkeiten sowie der Kompensation einseitig geistiger Beanspruchungen. Eine hohe Aufmerksamkeit (z. B. bei Kontroll- und Überwachungstätigkeiten) oder geistige Höchstleistungen sind auf Dauer nur unter Wahrung des untrennbaren Zusammenwirkens psychischer und physischer Faktoren möglich.

Viele wissen es, wenige machen es

In Interviews mit Personen unterschiedlicher Schulbildung und unterschiedlichen Alters zeigte sich, dass rd. 85 % um diese Zusammenhänge wussten, dass jedoch nur rd. 18 % planmäßig solche Phasen der Erholung nutzten – zumindest unter der Betrachtung eines wöchentlichen Zeitraumes. Gleiche Interviews mit Wissenschaftlern ergab einen »Einsichtsanteil« von gar 90 % und einen »Umsetzungsanteil« von nur 9 %.

Und eine weitere Erkenntnis aus der Belastungsforschung besagt: Äußere Belastungen führen in den seltensten Fällen zur Leistungsminderung und Gesundheitsschädigung, wenn sie bewusst und planmäßig verarbeitet werden und ihnen regelmäßig Entspannungsphasen folgen. Dauerbelastungs- und Dauerspannungszustände als Hemmnisse für eine erfolgreiche Tätigkeit entstehen andererseits in der Regel durch – **eingebildete** oder reale – soziale Konflikte (Störungen zwischenmenschlicher Beziehungen im Arbeits- oder familiären Bereich, unproduktiver Arbeitsstil – verbunden mit ständigem Termindruck und extensiver Arbeitszeit, Anhäufung von Charakterschwächen, Kontaktarmut, Bewegungsmangel…), die im Allgemeinen durch eine entsprechende bewusste Arbeits- und Lebensweise *beherrscht und gelöst werden können*. Diese wichtige Feststellung soll an einigen elementaren Erkenntnissen aus der Stressforschung, die in engem Zusammehang mit der Theorie der Höchstbelastung steht, unterstrichen werden.

Erkenntnisse der Stressforschung

Der Begriff »Stress« wird im Alltagsbewusstsein trotz langjähriger Aufklärung immer noch mit einer vorwiegend negativen Bedeutung belegt.

Was ist nun aber Stress? Der Begriff »Stress« stammt aus dem Englischen und bedeutet ursprünglich Anpassung, Verzerrung, Verbiegung u. Ä. auf dem Gebiet der Materialprüfung bei Metallen und Glas. In die Biomedizin, Psychologie und andere Disziplinen wurde er vom kanadisch-ungarischen Mediziner Hans Selye übernommen, um damit etwas Ähnliches an Vorgängen im Organismus zu umschreiben: die Belastungen, Ärgernisse und Anstrengungen, denen ein Lebewesen täglich durch Lärm, Hetze, Frustration, Schmerzen u. a. ausgesetzt ist. Kurz, ebenfalls Anspannungen, Verzerrungen, bei denen man körperlich und geistig unter Druck steht. Damit kommt der Begriffsbelegung historisch anscheinend etwas Negatives zu. Doch hier liegt zugleich die Herausforderung: nämlich mit dem Stress fertig zu werden, mit oder trotz Stress gut leben zu können, produktiv und erfüllt zu sein, die eigene Belastbarkeit bewusst zu erhöhen.

Eine andere Seite ist die Erkenntnis, dass Stress nicht für jeden Menschen gleich Stress ist, und dass bestimmte Stressarten und -qualitäten sogar die körperliche und geistige Leistungsfähigkeit steigern. Schon Selye wies daraufhin, dass Stress an und für sich die »Würze des Lebens« sei.

Der Ausgangspunkt der Stressauffassung ist die Betonung, dass Stress eine unspezifische Reaktion des Organismus auf Einflüsse der Umwelt sei. »Unspezifische Reaktion« meint: spontane, unbewusste Reaktion auf der Grundlage des seit Millionen von Jahren herausgebildeten und bewährten genetischen Programms. Und »Einflüsse der Umwelt« sind: mehr oder weniger andauernde Umwelteinflüsse, die für den Menschen Informationscharakter und mehr oder weniger starke emotionale Bedeutung haben. Sie rufen im Organismus entsprechende

Reaktionsbereitschaften mit erhöhter emotionaler Spannung und vermehrter Energiebereitstellung hervor. Kommt es zu einer erfolgreichen Bewältigung der Umwelteinflüsse, dann geht der Organismus wieder auf ein normales Aktivitätsniveau zurück. Kommt es zu keiner Lösung und werden immer weitere Energiebereitstellungen nötig und verstärken sich die emotionalen Spannungen, dann kann es zu Erkrankungen, dauerhaften körperlichen und/oder geistigen Beeinträchtigungen und Schäden kommen.

Das folgende Bild zeigt in einer vereinfachten Form die beiden Seiten des Stress, den »positiven Stress« (Eustress) und den »negativen Stress« (Disstress).

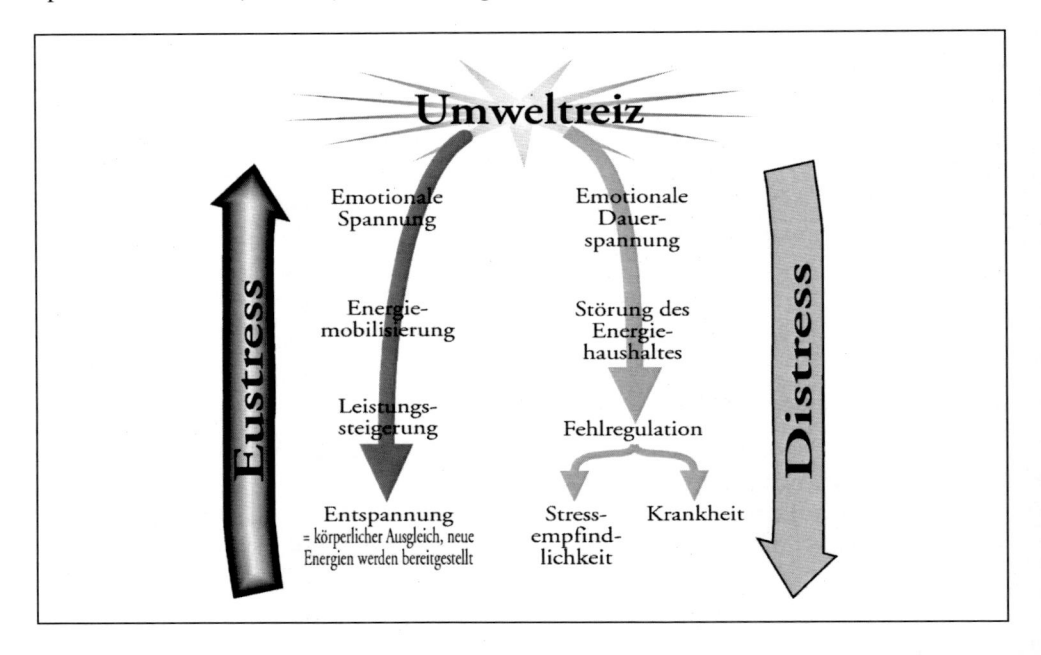

```
                        Umweltreiz

Eustress                                              Disstress

        Emotionale              Emotionale
        Spannung                Dauer-
                                spannung

        Energie-                Störung des
        mobilisierung           Energie-
                                haushaltes

        Leistungs-              Fehlregulation
        steigerung

        Entspannung             Stress-        Krankheit
        = körperlicher Ausgleich, neue   empfind-
        Energien werden bereitgestellt   lichkeit
```

Beim Disstress ist also die leistungsmindernde und gesundheitsschädigende Wirkung der Dauerbelastung und Daueranspannung ausschlaggebend. Die Stressreaktionen sind physiologisch betrachtet immer gleich (und sehr gut nachzulesen bei Vester, 2003):

»Die Wahrnehmung des Stressreizes aktiviert über bestimmte Gehirnbahnen das vegetative Nervensystem, vor allem die Hirnanhangdrüse, die Hypophyse. Der Sympatikus schießt seine Impulse in das Mark der Nebenniere, die dann (die Katecholamine) Adrenalin und Noradrenalin in den Blutstrom ausschüttet. Die Hypophyse produziert selbst ein Hormon (ACTH), das etwas später über die Blutbahn ebenfalls zur Nebenniere kommt und dort nicht im Mark, sondern in der Rinde zur Ausschüttung von corticoiden Hormonen führt, z. B. Hydrocortison. In kurzer Zeit befinden sich diese Hormone überall im Körper, wo nun die unterschiedlichsten Wirkungen erzeugt werden: der Herzschlag wird beschleunigt, der Puls verstärkt sich, die Muskeln werden besser durchblutet, Fettreserven und Zucker werden mobilisiert, die Geschwindigkeit der Muskelreaktionen wird erhöht, die Blutgerinnung steigt an (ein Hinweis auf die erhöhte Gefährdung durch Infarkte bei Stress).

Gleichzeitig werden alle für den Moment der Gefahr nicht benötigten Vorgänge gedrosselt: Eingeweide und Haut werden schlechter versorgt, die Verdauung wird vernachlässigt, der Aufbau hochwertiger Stoffe (wie Proteine) wird verhindert, die Sexualfunktionen werden gehemmt und die Schalter des Gehirns blockiert, damit nicht unnötige Überlegungen angestellt werden.

Die große Gefahr der Zivilisation besteht vor allem darin: Da wir selbst bei stärksten Stressreizen heute oft in relativer Bewegungsarmut verharren, können wir diese körperlichen Veränderungen der Stressreaktion nicht genügend und nicht organisch richtig abreagieren. Der Stress entartet und wird zum krank machenden Stress. Dadurch, dass wir die organisch sinnvoll bereit gestellten Energien nicht gezielt und nutzbringend verbrauchen, sondern ihnen willkürlichen Lauf lassen, wird der ursprünglich sinnvolle biologische Mechanismus zu einem Instrument der Selbstschädigung des Organismus.«

Fassen wir zusammen

Jede Tätigkeit erfordert ein bestimmtes Maß an Spannung als Voraussetzung für eine erfolgreiche Bewältigung der Anforderungen. Die Spannung ist u. a. abhängig von der zugesprochenen Aufgabenbedeutung und der persönlichen Lebenseinstellung. Je mehr sich der Mensch nun dem »kritischen Punkt« der Tätigkeit nähert, desto größer wird die Spannung, die zum Teil bis zur Leistungsgrenze reichen kann. Nach erfolgreicher Aufgabenbewältigung fühlt sich der Mensch in der Regel erleichtert, und eine Entspannung tritt ein. Während dieser Entspannung normalisieren sich beim gesunden Menschen die Körperfunktionswerte wieder, und Energie wird erneut »bereit gestellt«.

Es ist möglich, dass sich der Mensch an bestimmte Stressreize gewöhnen kann und sogar durch ein systematisches Training mit ständig steigender Belastung die körperliche und geistige Leistungsgrenze erheblich verschieben kann. Diesem Prinzip liegt – wie wir gesehen haben – der Theorie der Höchstbelastungen zu Grunde.

Wir sollten also das sog. Stressproblem nicht überschätzen, sondern im Gegenteil Stresssituationen viel mehr und bewusster als begrüßenswerte Gelegenheit zur Erweiterung unserer eigenen Belastbarkeit ansehen. Wer aktiv sein und Herausforderungen annehmen will, »provoziert sich Stressoren« zur Erhöhung der Leistungsfähigkeit und Belastbarkeit.

Stressoren sind nur krank machend, wenn man unvorbereitet mit ihnen konfrontiert wird, insbesondere bei mangelhafter Auseinandersetzung mit der eigenen sozialen Umwelt.

Das Wissen um die Doppelwirkung von Stressoren ist die beste Voraussetzung für die erfolgreiche Bewältigung oder Vermeidung dieser. Unser Organismus unterscheidet nicht zwischen physischen und psychischen Stressreizen (Stressoren). Wenn sich in den zwischenmenschlichen Beziehungen Störungen auftürmen, kann das genauso zu Dauerspannungen führen wie starke körperliche Beeinträchtigungen (Druck, Hitze…). Ein großer Teil sozialer Disstressoren sind von Natur aus neutral, also eigentlich gar keine echten Disstressoren. Trotzdem reagiert der Mensch auf »scheinbare« Stressoren, deren fälschlich zugeordnete Bedeutung durch mehr Kenntnisse und aufmerksamere Analyse erkannt werden könnte.

In der Regel wird darüber kaum nachgedacht, sondern vorwiegend über eigene Abwehrstrategien. In diesem Zusammenhang sei an den griechischen Gelehrten Epiktet erinnert, der im 1. Jahrhundert v. Chr. sagte: »Nicht die Dinge selbst beunruhigen uns, sondern die Meinungen, die wir über die Dinge haben«.

Bei dieser Feststellung wird der unmittelbare Zusammenhang zwischen eigener Motivation, eigenen Einstellungen und Stress- und Konfliktverhalten deutlich: Es hängt in hohem Maße von den Zielen und Bewertungen des Einzelnen ab, was als Störgrößen und Disstressoren empfunden wird. Anforderungen, denen man sich bewusst stellt, schwierige Aufgaben, die als Anreiz für Hoch- oder Höchstleistungen angenommen werden, enthalten subjektiv weniger Disstressoren.

Und: Je komplexer, komplizierter eine Aufgabe ist, desto notwendiger ist der Aufbau von Motivationen für Details, um zeitweilige Stagnationen und Überforderungen nicht zu Disstressoren umzudeuten und zu generalisieren.

✔ Selbstcheck

Belastungscheck

Sie können jetzt Ihre eigene Situation an den folgenden Aussagen überprüfen. Bitte kreuzen Sie in jeder Zeile das am meisten zutreffende Antwortkästchen an. Arbeiten Sie dabei sehr zügig.

Symptome	Die Aussage stimmt für mich		
	meistens	öfters	(fast) nie
Ich werde häufig gestört (Telefon, Besucher, Lärm, Chef…)			
Ich rauche täglich mehr als 10 Zigaretten			
Ich treibe keinerlei Sport			
Ich gehe keinen Hobbys nach			
Ich habe eher zu wenig Schlaf als eigentlich notwendig			
Ich trinke regelmäßig (täglich) Alkohol			
Nach beruflichem Ärger habe ich Bauchschmerzen			
Nach Abwesenheit habe ich den Tisch voller Unterlagen			
Ich mache häufig Überstunden			
Meine Arbeit liebe ich nicht wirklich			
Ich habe mehr als 10 kg Übergewicht			
Ich ärgere mich, wenn ich warten muss			

Symptome	Die Aussage stimmt für mich		
	meistens	öfters	(fast) nie
Ich habe einen sehr vollen Terminkalender			
Mir fällt es schwer, auch einmal überhaupt nichts zu tun			
Ich nehme Arbeit mit nach Hause			
Ich mache nie eine richtige Pause			
Ich habe das Gefühl, meine Arbeit wächst mir über den Kopf			
Meine KollegInnen sind zu wenig qualifiziert			
Ich werde von verschiedenen Seiten gleichzeitig gefordert			
Bei Problemen wache ich nachts auf und kann nicht mehr einschlafen			
Wenn ich etwas richtig erledigt haben will, muss ich es selbst machen			
Anzahl der Kreuze			

Zählen Sie jetzt die Antworten »oft/meistens« aus. Wenn Sie mehr als 7x diese Antwortkategorie angekreuzt haben, dann könnten Sie gegenwärtig überlastet und gesundheitlich gefährdet sein. Gehen Sie die einzelnen Aussagen (nach Möglichkeit mit einer vertrauten Person) durch und überlegen Sie sich, was Sie zukünftig anders machen können. Überdenken Sie die eigenen Ideale und Werte, das Berufs- und Privatleben.

Wenn Sie unter dieser Punktzahl liegen und nur wenige Kreuze in dieser Kategorie haben, können Sie dennoch überlegen, was Sie in dem betreffenden Fall ebenfalls anders machen können.

Positive Einstellungen

Zur Stressbewältigung und bewussten Erhöhung der persönlichen Belastbarkeit sind solche Orientierungen und Einstellungen äußerst wichtig wie:
- Ich weiß, was mir wichtig ist und was ich an mich herankommen lasse.
- Ich kenne recht gut meine Kompetenzen, Stärken und Schwächen.
- Ich kann mit Stress umgehen.
- Wenn ich Hilfe benötige, dann bitte ich andere darum.
- Ich kenne Menschen, mit denen ich über Probleme sprechen kann.
- Ich versuche (wöchentlich), mir Rechenschaft über mein Tun zu geben und herauszufinden, was nicht gut lief.
- Ich habe immer das Gefühl, Wahlmöglichkeiten zu haben und mich nicht ausgeliefert zu fühlen.

- Ich versuche bei Problemen, diese systematisch anzugehen und zu lösen und verdränge sie nicht bzw. verstecke mich nicht.
- Belastende Aufgaben versuche ich aufzuteilen und delegiere bewusst Teilaufgaben.
- Für mich ist der körperliche und geistige Ausgleich sehr wichtig, und dazu tue ich auch etwas.

☞ Empfehlungen

Allgemeine Strategien zur Belastbarkeitserhöhung, die besonders empfohlen seien, sind vor allem:
1. Sport, körperlicher Ausgleich – nach Möglichkeit mit steigender Schwierigkeit und Intensität (Höchstbelastung);
2. Entspannungsübungen (Konzentrative Entspannung, Autogenes Training oder viele andere Methoden – siehe Literaturhinweise);
3. Gesunde und maßvolle Ernährung;
4. Prioritäten und klare Unterscheidung zwischen bedeutenden und weniger bedeutenden Aktivitäten; ggf. Aktivitäten streichen;
5. Humor im Sinne des Relativierens und des »sich selbst auch einmal auf die Schippe nehmens«;
6. Klare Zielsetzungen (Was will ich bis wann erreicht haben und was muss ich im Detail dafür tun?) und Kontrolle der Zielerreichung;
7. Organisation des Arbeits- und Freizeitumfeldes, um diese Strategien durchzusetzen; ggf. konsequente Änderung des Arbeits- und Lebensumfeldes und der eigenen Gewohnheiten;
8. Regelmäßiger Urlaub (ggf. auch Kurzurlaub) – tatsächlich und mental;
9. Auch sollte nie der Gedanke unterdrückt werden, bei nicht ausreichender eigener Bewältigung starker Belastungen in eine offizielle Beratung oder Therapie zu gehen.

✎ Persönliche Maßnahmen

Was nehme ich mir für die nächsten 6 Wochen im Sinne einer Erhöhung meiner »Belastbarkeit« vor? (Stichworte):

_____

_____

Was werde ich zuerst und vorrangig tun? (Stichworte):

_____

_____

Wie kontrolliere ich die Resultate? (Stichworte):

_____

_____

Wo werde ich mich weiter zum Thema »Belastbarkeit« informieren? (Stichworte):

_____

_____

Als weiterführende Informationsquellen empfehlen wir

Muße und Stress – Positive Lebenseinstellung. VideoVision Jünger
Bossong, C. et.al.: Selbstmanagement (besonders Entspannungstechniken). BZ Buch und Zeit 2001
Längle, A.: Sinnvoll leben. Residenz Verlag, st. Pölten/Salzburg 2007
Perry, M.: Selbstvertrauen. Edition XXL GmbH, Fränkisch-Crumbach 2007
Poppelreuter, S.; Mierke, K.: Psychische Probleme am Arbeitsplatz. Erich Schmidt Verlag, Berlin 2005
Ulene, A.: Wege aus dem Stress. ActiVideo. Lange Media Verlag Düsseldorf (60 min. Video)
Vester, F.: Phänomen Stress. Rowohlt Verlag, Hamburg 1996 (14. Aufl.) oder Dtv 2003

Innovationsfreudigkeit   A/P

▶▶ Grundsätzliche Überlegungen

Gegenwärtige Probleme

Für deutsche Unternehmen ist es seit den 1990er Jahren schwieriger geworden. Im Wettbewerb mit kostengünstiger produzierenden internationalen Unternehmen, die auch die Ergebnisse technisch-technologischer und organisatorischer Entwicklungen in Form unterschiedlichster Innovationen schneller und kompetenter nutzen, haben viele deutsche Unternehmen zunehmende Schwierigkeiten. Alte Märkte gehen verloren; der Aufbau asiatischer Geschäftsfelder erfordert langfristige Planung, Mittelbindung, interkulturelles Hinzulernen. Die bisherigen Produkte und Dienstleistungen veralten und werden von anderen schneller und kostengünstiger hergestellt. Die Innovationskraft wird durch den marktwirtschaftlich orientierten Strukturwandel in Ländern mit ehemaliger Planwirtschaft zu innovationsfähigen, marktwirtschaftlichen Wissensgesellschaften neu herausgefordert. Die verschiedenen Aspekte des Veränderungsdruckes ließen sich erweitern. Deutlich ist aber in allen diesen Fällen: Die Innovation ist die Grundlage der Wettbewerbsfähigkeit.

Die Zukunft des Wirtschaftsstandortes Deutschland im 21. Jahrhundert hängt entscheidend davon ab, inwieweit es gelingt, von der Defensive in die Offensive zu kommen und mit Sach- und Dienstleistungsinnovationen neue Märkte zu erschließen sowie durch Prozessinnovationen Wettbewerbsvorteile zu erzielen, die Standort bedingte Nachteile kompensieren.

Das setzt aber die Kompetenz voraus, neue Felder erschließen und »beackern« zu können.

Mit Lean-Management, Quality Circle, Gruppenarbeit, kontinuierlichen Verbesserungsprozessen und sehr viel motivatorischem ›Budenzauber‹ versuchen derzeit viele Unternehmen, die vorhandenen Potenziale zu aktivieren. Bisher unausgeschöpfte Kompetenzreserven der Mitarbeiter werden nach japanischem Vorbild erschlossen. Die Abschöpfungsaktivitäten zeigen überraschende Anfangserfolge. Diese helfen zwar in Krisen, doch innovatorische

Sprünge kann man damit nicht machen. Nach der Ausschöpfung der Reserven werden in der Kompetenzentwicklung erhebliche Mängel offensichtlich. Gefragt sind innovationsanregende Aufgabenstellungen und Arbeitsbedingungen und die breite Förderung innovatorischer Aktivitäten im Unternehmen. Insbesondere kommt es auf die Vermittlung und den Austausch impliziten Wissens, also die vielfältigen, umfassenden Erfahrungen an.

Die Teilkompetenz Innovationsfreudigkeit schließt die individuelle positive Bewertung von Neuem, die Suche nach neuen und – im Vergleich zu den bisherigen – noch effizienteren Lösungen sowie die Umsetzung dieser ein. Die Neuerungen können auf den verschiedensten Gebieten sichtbar werden und organisatorische und soziale einschließen.

Voraussetzung der Innovationsfreudigkeit ist immer eine aktive Auseinandersetzung mit den bisherigen Bedingungen und Lösungen, der Mut zu ungewöhnlichen Wegen, die persönliche Genugtuung beim Überwinden von Hindernissen (einschließlich eingefahrener Denkgewohnheiten) und eine ausgeprägte Zielbeharrlichkeit und Sachbesessenheit. Insofern weist Innovationsfreudigkeit einen engen Zusammenhang zur Teilkompetenz »Schöpferische Fähigkeit« auf – allerdings mit dem Unterschied, dass bei Innovationsfreudigkeit der besondere Akzent auf der offensiven Auseinandersetzung mit dem betrieblichen Umfeld und der aktiven Umsetzung neuer Methoden, Erfahrungen und Ergebnisse liegt. Dabei muss eine Person mit hoher Innovationsfreudigkeit nicht selbst der gedankliche Urheber des Neuen sein, sondern derjenige, der die Notwendigkeit bzw. Sinnhaftigkeit des Neuen frühzeitig erkannt hat, sich persönlich außerordentlich mit diesem identifiziert und mit eigenen kreativen Mitteln und Tatkraft um- bzw. durchsetzt. Wesentlich ist in diesem Zusammenhang, wichtige Meinungsbildner und Multiplikatoren für die Umsetzung des Neuen im Unternehmen bzw. auch darüber hinaus zu kennen und entsprechende soziale Beziehungen zu Ihnen aufzubauen und diese zu pflegen.

Innovationsfreudigkeit ist also heutzutage auch eng mit der Teilkompetenz »Beziehungsmanagement« verbunden.

Kennzeichen

Welche Anforderungen werden heute in besonders innovativen Branchen und Unternehmen an die Mitarbeiter gestellt und zukünftig auch in anderen Bereichen zunehmen?
- ☐ Besitzt ein gutes Urteilsvermögen und fördert alle moralisch vertretbaren Veränderungen, die das Unternehmen stärken.
- ☐ Schätzt unterschiedliche und auch gegensätzliche Einschätzungen und Standpunkte unter dem Aspekt der Entwicklung neuer Ideen und Lösungen.
- ☐ Ist Neuem gegenüber aufgeschlossen und lernbegierig.
- ☐ Ist experimentierfreudig und probiert selbst auch neue Mittel und Methoden, Verfahren aus.
- ☐ Nutzt Synergien im Team, um neue, Erfolg versprechende Ideen konkret umzusetzen. Sucht aktiv Verbündete für die Unterstützung und Umsetzung in konkrete Aktionen.
- ☐ Ist kritisch gegenüber Bestehendem, nimmt Risiken in der konstruktiven Auseinandersetzung mit diesem in Kauf und gibt Vorteile weiter.

Die sehr treffende Anekdote zum Innovationsprinzip »Suche das Selbstverständliche und ziehe es in Zweifel« bringt Nöllke (2001): Der Direktor des Artifical Intelligence Lab des bekannten Massachusetts Institute of Technology (MIT), Rodney Brooks, ist weltweit einer der führenden Experten bei der Entwicklung intelligenter Roboter, und seine Erfindungen gelten als bahnbrechend. Brooks beschreibt sein Vorgehen folgendermaßen: »*Während meiner Jahre als Forscher am MIT und als Fakultätsmitglied der Universität Stanford hatte ich meine eigene Problemlösungstechnik entwickelt. Ich sah mir an, wie alle anderen ein bestimmtes Problem angingen, suchte nach der Kernannahme, in der alle so sehr übereinstimmten, dass sie nicht einmal darüber sprachen. Dann stellte ich mir vor, dass diese Kernannahme falsch wäre, und schaute, wo dieser Gedankengang hinführt. Häufig erwies sich dies als sehr nützlich*«.

Innovatoren

Erfolgreiche Innovatoren arbeiten mit Verstand und Intuition und
- können Trends und Entwicklungen früher als die Mehrzahl Anderer wahrnehmen;
- können subtile Signale erfassen und daraus Aufgabenstellungen ableiten;
- erspüren unterschwellige Konfliktherde;
- sind mutig und fähig, in unklaren Situationen instinktsicher zu entscheiden;
- können Menschen hinsichtlich ihrer Aufgeschlossenheit gegenüber Neuem schnell erkennen;
- sind begeisterungsfähig und können andere begeistern;
- können bildhaft sowie in Gesamt-Zusammenhängen denken.

Analyse von Innovationen

Nagel (1998) fordert, dass künftig Innovationsstrategien noch konsequenter an Zukunftsfaktoren, Megatrends ausgerichtet werden sollten. Immer weniger kann die Zukunft aus Trends der Vergangenheit und der Gegenwart abgeleitet werden bzw. als Folge bisheriger Entwicklungen. Hierbei können Innovationen auf vier Ebenen erfolgen:
1. die Marktinnovation (Strategie),
2. die Produkt-Dienstleistungsinnovation,
3. die Prozessinnovation (Organisation/Logistik),
4. die Humaninnovationen (Interkulturelle Interaktion, Kommunikation).

✔ Selbstcheck

Im ersten Herangehen im Rahmen von **Innovationsanalysen** sollten Sie solche Fragen stellen und beantworten wie:
1. Kenne ich die Entwicklung meiner Branche insbesondere in den letzten zehn Jahren gut sowie die wichtiger Randgebiete? Welche neuen Marktinnovationen zeichnen sich ab, und wie komme ich sicher an solche Informationen heran?
2. Bringen uns Prozessverbesserungen im Wettbewerb voran? Gibt es (über Benchmarking) Erfahrungen anderer Unternehmen auf diesem Gebiet als Vergleichsmaßstab für eigene Innovationen und deren Umsetzung?

3. Welche Dienstleistungsinnovationen zeichnen sich ab? Wo müssen wir selbst etwas entwickeln, wo können wir Dienstleistungsinnovationen Dritter nutzen bzw. in unsere Produkte und Dienstleistungen einbauen?
4. Wie können unsere (beabsichtigten) Innovationen möglichst schnell realisiert werden, um eine Tempoführerschaft zu erreichen?
5. Wie lassen sich die Austrittsbarrieren für Kunden im Sinne eines Gewinner-Gewinner-Spiels noch weiter erhöhen und die Kundenbeziehungen vertiefen?
6. Können wir Wettbewerbsvorteile durch eine verstärkte ökologische Ausrichtung erreichen?
7. Welche Trends sind heutzutage maßgeblich und welche Variationen und Kombinationen lassen sich für innovative Entwicklungen nutzen?

Trends

In diesem Zusammenhang sind die Arbeiten und Seminare des Instituts für Zukunfts-Management in Eltville besonders interessant: www.micic.de/future_management_group.htlm. Das Institut geht von 70 erkennbaren Trends aus. Die einzelnen Trends sind in der Anlage dieses Modularen Informations- und Trainingsprogramms wiedergegeben.

Schätzen Sie sich mittels der nachfolgenden Liste einmal selbst ein, indem Sie bei jedem der 12 Punkte diejenige Aussage ankreuzen, die Sie am ehesten charakterisiert. Es gibt dabei keine »richtigen« oder »falschen« und keine »guten« oder »schlechten« Aussagen! Hinter den Aussagen stehen lediglich unterschiedliche Mitarbeitertypen, auf die wir Sie später in der Auswertung hinweisen werden. Diese Gegenüberstellung stammt von Kirton (1994, nach MAO, 2/1996).

☐	Ich zeichne mich durch Präzision, Zuverlässigkeit, Effizienz, Methoden, Disziplin, Rationalität, Konformität aus.	☐	Ich werde oft eher als undiszipliniert betrachtet und als jemand, der sich Aufgaben vom unerwarteten Ende aus nähert.
☐	Ich beschäftige mich gern mit Restproblemen, die von der gegenwärtigen Problemsicht aufgeworfen werden.	☐	Man könnte mir nachsagen, dass ich nach Problemen und alternativen Lösungswegen suche und dabei oft quer zu gegenwärtigen Einschätzungen liege.
☐	Ich strebe bereits erprobte und verstandene Problemlösungen an.	☐	Ich hinterfrage die die Probleme begleitenden Annahmen und "spiele" gedanklich gern mit Problemen.
☐	Probleme reduziere ich in der Regel durch Verbesserung und Effizienzsteigerung mit einem Maximum an Kontinuität und Stabilität.	☐	Ich wirke eher als Katalysator auf eingesessene Gruppen, zeige wenig Respekt gegenüber konsensuellen Ansichten, werde von anderen eher als eckig und als Widersprüche erzeugend gesehen.
☐	Ich werde in der Regel als tüchtig, sicher und verlässlich betrachtet.	☐	Andere betrachten mich sicher als nicht so tüchtig, zu konform, verlässig und als weniger praktisch und akurat und sind durch meine Meinungen nicht selten ganz schön geschockt.

☐	Ich werde innerhalb vorgegebener Strukturen durchaus als eine Autorität betrachtet.	☐	Ich tendiere eher dazu, die Kontrolle und Orientierung in unstrukturierten Situationen zu übernehmen.
☐	Ich stelle Regeln/Normen nur selten und eher vorsichtig in Frage, wenn diese von der Mehrheit anerkannt werden.	☐	Regeln stelle ich häufig in Frage; ich habe keinen sonderlichen Respekt vor überkommenen Regeln.
☐	Ich bin durch sozialen Druck und Autorität verletzbar und neige zu stärkerem Selbstzweifel. Auf Kritik reagiere ich eher mit einer nach außen getragenen Konformität.	☐	Bei der Erzeugung neuer Ideen bin ich wenig von Selbstzweifeln geplagt und brauche keinen Konsens, um angesichts von Opposition meiner gewiss zu sein.
☐	Ich fühle mich besonders verantwortlich für das Funktionieren des Unternehmens, muss aber gelegentlich aus meinem System »ausgegraben« werden.	☐	Ich bin in unserem Unternehmen ideal in unvorhergesehenen Krisensituationen oder noch besser bei der Vermeidung derselben aktiv, brauche aber durchaus eine gewisse Kontrolle und Feedback.
☐	Ich trage viel zur gegenseitigen Partnerschaft im Unternehmen bei, zu Stabilität, Ordnung und Kontinuität.	☐	Ich liefere neue Aufgabenorientierungen, breche – wenn notwendig – auch mit der Vergangenheit und überbrachten Theorien.
☐	Anderen Personen stehe ich recht sensibel gegenüber und unterstütze aktiv die Kooperation mit anderen und den Gruppenzusammenhalt.	☐	Anderen Menschen gegenüber erscheine ich wohl des Öfteren als unsensibel und bezüglich des Gruppenzusammenhanges als bedrohend.
☐	Ich liefere eine sichere Basis für die risikoreicheren Operationen der Innvatoren/Erneuerer.	☐	Ich liefere eher die Dynamik, um periodisch einen radikalen Wechsel durchzusetzen, ohne den Unternehmen zum Verknöchern neigen.

Zur Auswertung: Auf der linken Seite sind typische Einstellungen und Verhaltensweisen von Personen, die sich gut an vorhandene Bedingungen und Standpunkte anpassen und Bestehendes fortführen können. Auf der rechten Seite sind Merkmale für Erneuerer oder Innovatoren.

Wenn Sie 8 oder mehr Kreuze auf einer der beiden Seite haben, dann können Sie sich der entsprechenden Gruppe von Mitarbeitern zuordnen und sollten überlegen, was Sie von der anderen Seite im Sinne eines Selbsttrainings konkret übernehmen und wie Sie Ihre Zusammenarbeit mit der jeweils entgegengesetzten Gruppe von Mitarbeitern verbessern können.

Grundsätzlich sind beide Gruppen von Mitarbeitern für ein Unternehmen äußerst wichtig. Da in der Wirtschaft nichts konstanter ist als der Wechsel, wird der Typ der Innovatoren oder Neuerer immer wichtiger und zum entscheidenden Wettbewerbsvorteil gegenüber Mitarbeitern, die den Typ der Fortführer oder Anpasser favorisieren.

Mentale Innovationsbarrieren

Im Kern können 12 mentale Barrieren unterschieden werden, die Innovationen behindern:
- Die verzweifelte Suche nach der »einen richtigen Antwort«;
- die Vermeidung von allem, was »nicht logisch« ist;
- die Scheu oder gar Angst vor allem, was »außerhalb des eigenen Arbeitsgebietes liegt«;
- das Gebot, »immer den Regeln zu folgen«;
- die zu frühe Frage nach der »praktischen Realisierbarkeit«;
- die Angst davor, mit der Idee »allein gelassen« zu sein;
- das Bestreben, »kein Narr zu sein«;
- der Glaube, es sei »frivol, zu spielen«;
- die Meinung »Ich selbst bin nicht innovativ«;
- der angebliche Zwang, »nicht irren zu dürfen«;
- die Furcht vor der Schadenfreude oder vor Sanktionen, wenn die Ideen nicht aufgehen;
- das Vermeiden von »Unklarheit und Mehrdeutigkeit.«

Schätzen Sie selbstkritisch ein, welche dieser mentalen Barrieren bei Ihnen selbst vorhanden sind. Überlegen Sie, wie sie diese abbauen können, denn alle diese Aussagen sind zugleich Aufforderungen, sie abzulegen.

Empfehlungen

Wenn Sie über die vorliegenden Anregungen und ihre praktische Verwertung hinaus an weiteren Trainingsinhalten interessiert sind, dann empfehlen wir Ihnen vor allem solche unternehmensinternen oder aber externen Trainingsangebote, die Kreativitätstechniken vermitteln. Sie erkennen sie an solchen differenzierten Aspekten wie
- Assoziations-Techniken (Brainstorming, Methode 6–3–5, Kollektives Notizbuch, destruktiv-konstruktives Brainstorming, Lexikalische Verknüpfungen…);
- Analogie- und Konfrontations-Techniken (Klassische Synektik, Visuelle Synektik, Bildkarteien, Lexikon-Methode, Reizwortanalyse…);
- Variations- und Mapping-Techniken (Morphologischer Kasten, Osborn-Checkliste, Mind-Mapping, Optische Rhetorik, Clustering, Eigenschaftsliste…).

Persönliche Maßnahmen

Was nehme ich mir für die nächsten 3 Wochen im Sinne einer Erhöhung meiner »Innovationsfreudigkeit« vor? (Stichworte):

_____

_____

Was werde ich zuerst und vorrangig tun? (Stichworte):

_____

_____

Wie kontrolliere ich die Resultate? (Stichworte):

_____

_____

Wo werde ich mich weiter zum Thema »Innovationsfreudigkeit« informieren? (Stichworte):

_____

_____

ⓘ Als weiterführende Informationsquellen empfehlen wir

Nagel, K.: Top im Mittelstand, mi verlag moderne Industrie, Landsberg/Lech 2001
Micic, P.: Der Zukunftsmanager. Haufe Verlag, Freiburg/Berlin u. a. 2003

Anhang

Trends (nach Micic)

Zukunftsfaktoren \ Branche	Elektrotechnik	Herstellung von Möbeln	Holzgewerbe ohne Möbel	Maschinenbau	Kunststoffindustrie	Papier, Verlage, Druck	Metallerzeugung und -bearbeitung	Ernährung	Fahrzeugbau	Chemische Industrie	Bekleidung	Textil	Dienstleistungen	Datenverarbeitung	Handel	Baugewerbe	Grundstückswesen, Vermietung	Öffentliche Verwaltung	Verkehr, Nachrichtenübermittlung	Kredit-, Versicherungsgewerbe	Gastgewerbe	Land- und Forstwirtschaft, Fischerei	Energie, Wasserversorgung
Alterung																							
Beschleunigung																							
Bevölkerungsschrumpfung in den entwickelten Ländern																							
Convenienceorientierung																							
Entrepreneurisierung																							
Erlebnisorientierung																							
Neue Familien																							
Feminisierung																							
Flexibilisierung																							
Fragmentierung der Gesellschaft																							
Kleinere Haushalte																							
Individualisierung																							
Interkulturisierung																							
Zunehmende Komplexität																							
Kriminalität und Terrorismus																							
Religiöse und ethnische Konflikte																							
Salutogenese																							
Spiritualisierung																							
Europäisierung																							
Finanzprobleme der Staaten																							
Liberalisierung und Deregulierung																							
Ökonomisierung des Staates																							
Wachsende Akkumulatorenleistung																							
Avatare und virtuelle Assistenten																							
Bionisierung																							
Biometrie																							
Wachsende Bandbreiten																							
Computerisierung und Informatisierung																							
Wachsende Computerleistung																							
Energie-Innovationen																							
E-Business und E-Government																							
E-Learning																							
Flach-Bildschirme																							
Gentechnologie und Life Science																							
Internetisierung/ Digitalisierung																							
MEMS und Mikrotechnologie																							

Aktivitäts- und Handlungskompetenz (A)

Branche \ Zukunftsfaktoren	Verarbeitendes Gewerbe																				
	Elektrotechnik	Herstellung von Möbeln	Holzgewerbe ohne Möbel	Maschinenbau	Kunststoffindustrie	Papier, Verlage, Druck	Metallerzeugung und -bearbeitung	Ernährung	Fahrzeugbau	Chemische Industrie	Bekleidung	Textil	Dienstleistungen	Datenverarbeitung	Handel	Baugewerbe	Grundstückswesen, Vermietung	Öffentliche Verwaltung	Verkehr, Nachrichtenübermittlung	Kredit-, Versicherungsgewerbe	Gastgewerbe	Land- und Forstwirtschaft, Fischerei	Energie, Wasserversorgung
Nanotechnologie																							
Mobilisierung																							
Prozessautomatisierung																							
Robotik																							
Telematik																							
Virtualisierung und Dematerialisierung																							
Videofon																							
Werkstoff-Innovationen																							
Wissenssysteme/ Qualifizierung																							
Arbeitskräfte-Knappheit bei Hochqualifizierten																							
Arme und reiche Länder																							
Globales Wirtschaftswachstum																							
Digitales Geld																							
Emanzipation der Kunden																							
Steigender Energiebedarf der Erde																							
Fragmentierung und Spezialisierung der Märkte																							
Globalisierung und Internationalisierung																							
Interdisziplinarisierung																							
Mass Customization																							
Meereswirtschaft																							
Nachhaltige Wirtschaft und Unternehmensnachfolge																							
Netzwerkwirtschaft/ Kooperation																							
Produktivitätssteigerung																							
Polarisierung der Märkte																							
Regionalisierung (Vermarktung)																							
Sättigung klassischer Märkte																							
Tertiarisierung der Wertschöpfung																							
Vermögenswachstum/ Wagniskapital																							
Weltraum als Geschäftsfeld																							
Wissenswirtschaft																							
Bevölkerungswachstum und Urbanisierung in der 3. Welt																							
Drohende Wasserknappheit																							
Schrumpfende Biodiversität																							

Kapitel III
Sozial-kommunikative
Kompetenz

S

Konfliktlösungsfähigkeit	Integrationsfähigkeit	Akquisitionsstärke	Problemlösungsfähigkeit
S/P		**S/A**	
Teamfähigkeit	Dialogfähigkeit Kundenorientierung	Experimentierfreude	Beratungsfähigkeit
Kommunikationsfähigkeit	Kooperationsfähigkeit	Sprachgewandtheit	Verständnisbereitschaft
S		**S/F**	
Beziehungsmanagement	Anpassungsfähigkeit	Pflichtgefühl	Gewissenhaftigkeit

S Sozial-kommunikative Kompetenz

Kommunikationsfähigkeit S

Grundsätzliche Überlegungen

Kommunikationsfähigkeit ist ein zentraler Bestandteil der sozial-kommunikativen Kompetenz. Diese Fähigkeit schließt die bisherigen Erfahrungen und Einstellungen zur Kommunikation ein, ebenso das Zuhören (-Können), die Informationsverarbeitung, die Kommunikation in Gruppen sowie die Verständlichkeit mündlicher und schriftlicher Informationen.

Viele Menschen sprechen täglich viel, jedoch ohne sich über die Wirkung der Kommunikation (= Resultat) Rechenschaft abzulegen und – mit eingeschränktem Zuhören-Können. Zur Verbesserung der Kommunikationsfähigkeit gibt es vielfältige Trainingsangebote, und diese werde noch zunehmen. Je mehr wir im betrieblichen (wie auch im privaten) Alltag auf Veränderungen, zunehmende Komplexität und Dynamik stoßen, desto notwendiger wird die Kommunikation mit anderen (Spezialisten). Kommunikation über das Erlebte, über gegenseitige Erfahrungen, über unterschiedliche Problembearbeitungserfahrungen u. a. wird quasi zum Ordner im Chaos, zur Sicherheit in einer als immer unbeständiger erlebten Umwelt.

Im Rahmen der Anregungen zum selbstorganisierten Lernen werden nachfolgend einige Übungen vorgestellt, die zu differenzierten Einsichten in die eigene Kommunikationsbereitschaft und -fähigkeit führen und das Selbsttraining unterstützen.

Empfehlungen

Wenn Sie Ihre Kommunikationsfähigkeit trainieren wollen, dann planen Sie am besten einen mehrstufigen Lern- und Übungsprozess ein und bitten Sie eine vertraute Person darum, dass Sie in bestimmten zeitlichen Abständen Feedback über Veränderungen gibt – so diese eingetreten sind. Solche Stufen könnten z. B. sein:

1. Grundlagen: Zuhören lernen, Körpersprache und Gebärden entschlüsseln, Fragen stellen, effizient Notizen machen ...;
2. Informationen austauschen: Verständlichkeit und deren Faktoren (Einfachheit, Gliederung, Prägnanz, zusätzliche Stimulanz) üben, Kontakte herstellen, Informationen weiterleiten, Informationstechnologien nutzen, Telefon richtig einsetzen ...;
3. Profi-Kommunikation zu verschiedenen betrieblichen Anlässen: erfolgreiches Briefing, Führen von Einzelgesprächen, Konferenzen leiten, Verkaufs- und Verhandlungskommunikation, Berichte erstellen ...;
4. Außenwirkung: PR, Corporate Identity, interne Kommunikation, Ankommen persönlicher Botschaften bei Dritten ...

Wenn Sie an Seminaren teilnehmen wollen, dann bringen Sie vorher in Erfahrung, welche dieser Stufen im Seminarmittelpunkt stehen wird. Fangen Sie stets beim Einfachen an (in der Regel Punkt 1).

✔ Selbstcheck

Analyse der Bereitschaften und Fähigkeiten im Umgang und in der Kommunikation mit anderen

Aufgabenstellung: Sie finden insgesamt 25 verschiedene Standpunkte/Meinungen von Menschen zur Kommunikation. Versuchen Sie herauszufinden, mit welchen Meinungen Sie sich am meisten oder nicht identifizieren können. Hinter den einzelnen Meinungen stehen spezifische Erfahrungen, Bereitschaften, Fähigkeiten im Umgang und in der Kommunikation mit anderen. Die Meinungen können somit nicht als »richtig« oder »falsch« gewertet werden, sondern geben unterschiedliche Sicht- und Handlungsweisen wider.

Legen Sie bei jeder der 25 **Meinungen** Ihre Einschätzung durch Ankreuzen des entsprechenden Wertes –5 +5 nieder. Je mehr Pluswerte bei Ihnen beispielsweise vorkommen, desto mehr stimmen Sie den vorgegebenen Meinungen zu und umgekehrt, je mehr Minuswerte Sie vergeben, desto weniger stimmen Sie mit diesen Meinungen überein. Nehmen Sie durch Ankreuzen Ihre Einschätzung vor.

Standpunkte/Meinungen
1. In Gruppen fühle ich mich unsicher und gehemmt, meine Gedanken verständlich darzustellen, und ziehe Schweigen vor.
2. Mir ist schon mehrfach gesagt worden, dass ich nicht gut zuhören kann. Ich bemerke auch selbst, dass ich während eines Gespräches den anderen Gesprächspartnern nicht selten ins Wort falle oder einfach »abschalte«.
3. Ich bin überzeugt, dass die Menschen im allgemeinen genau das sagen, was sie auch tatsächlich meinen. Man muss also nicht ständig damit rechnen, dass die Äußerungen, die jemand tut, irgendwie verschlüsselt sein könnten.
4. Wenn ich mich mit jemandem in einem Gespräch befinde und mich in der Situation unwohl fühle, versuche ich meist, das Gespräch möglichst rasch zu beenden, aber ohne dass der andere meinen Unmut wahrnimmt.

Frage Nr.:	Ablehnung						Zustimmung				
1	-5	-4	-3	-2	-1	0	+1	+2	+3	+4	+5
2	-5	-4	-3	-2	-1	0	+1	+2	+3	+4	+5
3	-5	-4	-3	-2	-1	0	+1	+2	+3	+4	+5
4	-5	-4	-3	-2	-1	0	+1	+2	+3	+4	+5
5	-5	-4	-3	-2	-1	0	+1	+2	+3	+4	+5
6	-5	-4	-3	-2	-1	0	+1	+2	+3	+4	+5
7	-5	-4	-3	-2	-1	0	+1	+2	+3	+4	+5
8	-5	-4	-3	-2	-1	0	+1	+2	+3	+4	+5
9	-5	-4	-3	-2	-1	0	+1	+2	+3	+4	+5
10	-5	-4	-3	-2	-1	0	+1	+2	+3	+4	+5
11	-5	-4	-3	-2	-1	0	+1	+2	+3	+4	+5
12	-5	-4	-3	-2	-1	0	+1	+2	+3	+4	+5
13	-5	-4	-3	-2	-1	0	+1	+2	+3	+4	+5
14	-5	-4	-3	-2	-1	0	+1	+2	+3	+4	+5
15	-5	-4	-3	-2	-1	0	+1	+2	+3	+4	+5
16	-5	-4	-3	-2	-1	0	+1	+2	+3	+4	+5
17	-5	-4	-3	-2	-1	0	+1	+2	+3	+4	+5
18	-5	-4	-3	-2	-1	0	+1	+2	+3	+4	+5
19	-5	-4	-3	-2	-1	0	+1	+2	+3	+4	+5
20	-5	-4	-3	-2	-1	0	+1	+2	+3	+4	+5
21	-5	-4	-3	-2	-1	0	+1	+2	+3	+4	+5
22	-5	-4	-3	-2	-1	0	+1	+2	+3	+4	+5
23	-5	-4	-3	-2	-1	0	+1	+2	+3	+4	+5
24	-5	-4	-3	-2	-1	0	+1	+2	+3	+4	+5
25	-5	-4	-3	-2	-1	0	+1	+2	+3	+4	+5

5. Ich finde es ausgesprochen nutzlos, dass die Gesprächspartner sich am Ende eines Dialogs darüber Auskunft geben, wie sie die gemeinsame Unterhaltung erlebt haben. Schließlich merkt doch jeder der Beteiligten schon während des Gesprächs, wie dieses verläuft.
6. Wenn ich mich mit einem Partner/Arbeitskollegen unterhalte, spüre ich oft schon nach kurzer Zeit, dass ich unkonzentriert werde und das Gespräch am liebsten abbrechen möchte.
7. Ich bin der festen Überzeugung, dass jemand, der sich mit einer Sache wirklich beschäftigt, auch in der Lage sein muss, anderen Menschen diese Sache in einem Gespräch problemlos näher zu bringen.
8. Häufig ist es angemessen, bestimmte Leute überhaupt nicht zu beachten, um nicht mit ihnen anzuecken. Ich gehe somit etlichen Gesprächen bewusst aus dem Weg.
9. Wenn man jemanden in einem Gespräch kritisiert, sollte man nie nur auf das eingehen, was den konkreten Anlass für den Unmut darstellt. Erst wenn man dem Gesprächspartner klarmacht, in welchem größeren Zusammenhang der jetzige Vorwurf steht, kann der nämlich wirklich verstehen, was man meint.
10. Wenn ich einmal besonders große Sorgen habe, weiß ich nur selten einen Menschen, dem ich so vertraue, dass ich mit ihm offen über meine Probleme sprechen würde.

11. Wenn andere Menschen in einem Gespräch mit mir ihre Gefühle äußern, dann empfinde ich das als ziemlich unangenehm und wünsche mir immer, dass das Gespräch schnell wieder sachlich wird.
12. Ich halte es für wichtig, einem anderen Menschen in einem Gespräch nicht alles zu sagen, was ich über ihn denke. Dies gilt besonders dann, wenn ich ihn kritisieren muss.
13. Ich meide oberflächliche Gespräche – also jegliche Gespräche, bei denen kein konkretes Ergebnis zu sehen ist.
14. Für ein gutes Gesprächsklima ist es wichtig, dass ich stets einen festen Standpunkt einnehme. Der Gesprächspartner darf auf keinen Fall den Eindruck gewinnen, dass ich mich mit seinen Überlegungen und Ansichten auch nur ansatzweise identifiziere, wenn ich diese für unsinnig halte.
15. Ich erlebe es immer als eine besondere Art von Langeweile, wenn ich bei verschiedenen Gelegenheiten durch die Umstände dazu genötigt werde, mit mir unbekannten Leuten über irgendwelche Belanglosigkeiten zu reden.
16. Wenn ich mich mit jemandem im Gespräch befinde, ist es mir ziemlich unangenehm, wenn der Betreffende dabei ständig Blickkontakt zu mir aufnimmt. Ich habe dann immer das Bedürfnis, das Gespräch zu beenden und meinen Platz zu verlassen.
17. Wenn ich mit einem guten Freund oder einem Partner einen Konflikt auszutragen habe, ist es meistens der andere, der den ersten Schritt macht, über die Angelegenheit zu sprechen und nach einer Klärung der Situation zu suchen.
18. Ich habe oft den Eindruck, dass ich andere Menschen viel weniger verstehe, als dies nötig wäre, um mit ihnen einen ernsthaften Kontakt aufzubauen. Aus dieser Erfahrung heraus fällt es mir im Allgemeinen schwer, mich überhaupt mit Menschen, die ich nicht besonders kenne, über etwas zu unterhalten.
19. Nach meiner Erfahrung ist es im Allgemeinen viel wichtiger, was man sagt, als wie man es sagt.
20. Wenn jemand in einem Gespräch meinen Argumenten keinen Glauben schenkt, werde ich versuchen, seinen geistigen Widerstand dadurch aufzulösen, dass ich ihm weitere Gesichtspunkte nenne, die meinen Standpunkt untermauern.
21. Wenn mich ein guter Freund oder mein(e) Partner(in) im Gespräch angreift oder sich über mein Verhalten beschwert, dauert es in der Regel nicht sehr lange, bis ich explodiere. Ich neige dann dazu, dem anderen alle möglichen Fehler vorzuwerfen, die er/sie mir gegenüber in der Vergangenheit begangen hat.
22. Streitigkeiten zwischen Menschen kommen meist dadurch zustande, dass die Beteiligten ihre Gefühle nicht unter Kontrolle halten können. Deshalb ist es für ein gutes Gespräch von Bedeutung, dass die Kommunikationspartner immer sehr sachlich bleiben.
23. Wenn ich zu einem Menschen keine ausgeglichene Beziehung habe, werde ich trotzdem in der Lage sein, mich mit ihm in sachlicher Hinsicht gut zu verständigen, wenn ich dies nur will und der Gesprächspartner mich dabei unterstützt.
24. Wenn ich an einem Freund/Partner/Kollegen etwas auszusetzen habe, halte ich das oft zurück. Irgendwann aber platzt mir doch der Kragen, und dann bekommt der Betreffende auf einmal all das zu hören, was ich ihm schon lange habe sagen wollen.
25. In Diskussionen fällt es mir sehr schwer, meine Meinung zu sagen und durchzusetzen.

Wenn Sie alle Punktwerte innerhalb des Diagrammes verbunden haben, werten Sie dieses wie folgt aus:
- Beachten Sie, dass die Kommunikationsbereitschaft sowie die positiven Kommunikationserfahrungen umso geringer sind, je weiter Sie sich über die »0« hinaus auf der rechten Seite des Diagramms befinden.
- Addieren Sie im linken Diagramm alle ihre Kreuze zwischen +1 bis +5. Mehr als 8 Kreuze zeigen, dass Ihre Kommunikationsbereitschaft zurzeit eher eingeschränkt ist.

Empfehlungen

Ihre Wertorientierung?

Wenn Sie zukünftig Ihre sozial-kommunikative Kompetenz verbessern wollen, dann sollten Sie beginnen, Ihre Einstellungen bei den größten Abweichungen nach rechts zu überprüfen.

Vergleichen Sie zu zweit

- Suchen Sie sich eine Vertrauensperson und bitten Sie diese, ebenfalls diesen Fragebogen auszufüllen; gewinnen Sie sie dafür. Vergleichen Sie dann zu zweit Ihre Diagramme. Nehmen Sie sich dafür ca. 1 Stunde Zeit.
- Suchen Sie Ähnlichkeiten in Ihren Auffassungen und fragen Sie Ihren Diskussionspartner nach den dahinter stehenden Meinungen und Erfahrungen.
- Diskutieren Sie größere Unterschiede analog.
- Überlegen Sie, was Sie ändern müssten bzw. tun müssten, um von der rechten zur linken Seite des Diagramms zu kommen, also Ihre Kommunikationsbereitschaft deutlich zu erhöhen.
- Lassen Sie sich von Ihrem Diskussionspartner beraten und notieren Sie die Vorschläge zur Verbesserung Ihrer Kommunikationsfähigkeit ohne diese vorschnell zu bewerten, abzulehnen oder anzugreifen. Das ist zugleich eine Übung zum aktiven Zuhören.

Selbstcheck

Differenzialanalyse der eigenen Kommunikation

Mit dem nachfolgenden Kommunikations-Fragebogen erschließen Sie die Möglichkeit, sich mit dem eigenen Kommunikationsverhalten differenziert auseinander zu setzen.

Wenn Sie den Aktions-/Fragebogen 1–3 weiteren Vertrauten geben und in Einzelgesprächen Ihre Meinungen austauschen, dann haben Sie einen weiteren Trainingsgewinn. Sie können das Kommunikationsverhalten dann vertieft untersuchen und untereinander Erfahrungen und Ansichten austauschen und ein größeres Verständnis dafür gewinnen, weshalb Sie oder die Gesprächspartner in bestimmten Situationen auf eine bestimmte Art und Weise reagieren.

> **Aktions-/Fragebogen zur Kommunikation**
>
> 1. Was verstehe **ich** unter Kommunikation?
> 2. Wann empfinde **ich** Kommunikation als negativ?
> 3. Wie reagiere **ich** auf negativ empfundene Kommunikation?
> 4. Wann empfinde **ich** Kommunikation als positiv?
> 5. Wie reagiere **ich** auf positiv empfundene Kommunikation?
> 6. **Ich** kommuniziere gern mit Menschen, die …
> 7. **Ich** kommuniziere ungern mit Menschen, die …
> 8. **Meine** größte Stärke in der Kommunikation ist: …
> 9. Zu welchem Kunden/Kollegen habe **ich** bisher den geringsten persönlichen Kontakt?
> 10. Welche Ursachen für diesen schwachen Kontakt sehe **ich** bei mir?
> 11. Wie kann **ich** diesen Zustand ändern?
> 12. Welcher Mensch ist für **mich** der »ideale« Kommunikationspartner?
> 13. Was zeichnet den »idealen« Kommunikationspartner aus, was **ich** nicht habe?
> 14. Wie will **ich** zukünftig noch besser kommunizieren?
>
> Nehmen Sie sich für diese späteren Gespräche genügend Zeit (ca. 1 Stunde!).

Kennzeichen

Gelungene Kommunikation zeichnet sich insbesondere durch folgende Kennzeichen aus:
- Verwendung von Ich-Botschaften statt sich hinter »Man-Aussagen« und »Du-/Sie-Vorwürfen« zu verstecken;
- beschreibende Äußerungen statt Wertungen und Be-/Verurteilungen vorzunehmen;
- Ausdrücken von Gefühlen und persönlicher Umgangston statt rein sachlich zu bleiben und sich hinter unpersönlichen Ausdrücken zu verschanzen;
- direkte, offene Äußerungen, bei denen Probleme sofort und explizit ausgedrückt werden, statt seine Meinung und seinen Ärger hinter »doppelbödiger« Kommunikation zu verbergen;
- Meinungsvielfalt statt Opportunismus;
- Feedback und aktives Zuhören statt Killerfragen und Kommunikationsblockaden;

Empfehlungen

Beachten Sie die Kriterien für eine gelungene Kommunikation, indem Sie besonderen Wert auf folgende eigene Verhaltensweisen legen. Konzentrieren Sie sich bei unterschiedlichen Kommunikationsanlässen in der nächsten Zeit auf jeweils 3–5 solcher Verhaltensweisen und wechseln Sie danach zu weiteren (vgl. auch Neges/Neges 2007):
- Helfen Sie anderen, sich klar und verständlich auszudrücken
- Nehmen Sie sich Zeit zum Zuhören, seien Sie geduldig (und schauen Sie nicht ständig ungeduldig auf die Uhr)
- Unterbrechen Sie nach Möglichkeit nicht
- Räumen Sie Bedenkzeiten, Pausen ein
- Seien Sie über kritische Bemerkungen und Widersprüche nicht gekränkt

- Hören Sie positive Möglichkeiten und Gemeinsamkeiten heraus und setzen Sie daran an
- Sprechen Sie Konflikte offen an und eigene Forderungen und Interessen offen an
- Drücken Sie sich selbst klar und verständlich aus
- Seien Sie selbst offen und ehrlich und »tricksen« Sie nicht
- Geben Sie Fehler zu und drücken Sie sich nicht vor Verantwortung
- Zeigen Sie aktiv Kontakt- und Gesprächsoffenheit
- Seien Sie an einem Interessenausgleich und an Gemeinsamkeiten interessiert
- Zeigen Sie Mut zum Widerspruch und widersetzen Sie sich auch sden Einschätzungen anderer (auch Mehrheiten), wenn Sie Ihren Standpunkt sachlich begründen können
- Fordern Sie Ideen- und Meinungsvielfalt
- Treten Sie auch bewusst unter Nutzung Ihrer Gestik und Mimik auf
- Suchen Sie Blickkontakt mit den Gesprächspartnern und sprechen Sie andere direkt an
- Bleiben Sie bei authentischen »Ich-Botschaften« und verstecken Sie sich nicht hinter (angeblichen) Meinungen (anonymer) Dritter
- Sprechen Sie Fragen und Probleme direkt an und verstecken Sie auch nicht Ihre Gefühle, wenn Sie sich über etwas ärgern (Behalten Sie sich aber unter Kontrolle: keine Wutausbrüche oder persönlichge Angriffe).

Persönliche Maßnahmen

Was nehme ich mir für die nächsten 6 Wochen im Sinne einer Verstärkung meiner »Kommunikationsfähigkeit« vor? (Stichworte):

_____

_____

Was werde ich zuerst und vorrangig tun? (Stichworte):

_____

_____

Wie kontrolliere ich die Resultate? (Stichworte):

_____

_____

Wo werde ich mich weiter zum Thema »Kommunikationsfähigkeit« informieren? (Stichworte):

_____

_____

ⓘ Als weiterführende Informationsquellen empfehlen wir

Benien, K.: Schwierige Gespräche führen. Rowohlt Taschenbuch Verlag, Reinbek bei Hamburg 2007
Bührer, D.: Toolbox Business-Kommunikation. GABAL Verlag, Offenbach 2007
Heller, R.; Hindle, T.: Erfolgreiches Management. Dorling Kindersley Verlag, Stuttgart/München 2002
Langmaack, B.: Soziale Kompetenz. Verhalten steuert den Erfolg. Beltz Verlag, Weinheim/Basel 2004
Neges, G.; Neges, R.: Führungskraft und Persönlichkeit. Linde international, Wien 2007
Presscott, E.: Das große Lehrbuch erfolgreicher Kommunikation und Redetechnik. Oesch Verlag, Zürich 2002
Radtke, Ph.; Stocker, S.; Bellabarba, A.: Kommunikationstechniken (KÖM 7). Hanser Verlag, München 2002
Sarnoff, D.: Auftreten ohne Lampenfieber. Reden, Interviews, Fernsehauftritte, Konferenzen, Präsentationen. W. Heyne Verlag, München 1995

Kooperationsfähigkeit S

Grundsätzliche Überlegungen

Wenn es sich um komplizierte Zusammenhänge, um schwierige Entscheidungen oder um sehr komplexe Planungsaufgaben handelt, bedarf es der Kooperation mit anderen Personen oder der Arbeit in (zeitweiligen) Gruppen.

Die Zusammenarbeit (Kooperation) mit anderen Personen führt in der Regel zu einer Arbeitserleichterung durch Arbeits- und Erfahrungsteilung sowie zu einer individuellen Entlastung und Kompetenzerweiterung. Zugleich kommt es zu einer Produktivitätssteigerung auf Grund der Leistungsüberlegenheit mehrerer Personen gegenüber Einzelleistungen.

Obwohl in Deutschland – wie auch in anderen hoch industrialisierten und wissensorientierten Ländern – der Individualismus in der Gesellschaft einen besonders hohen Wert hat, ist der Individualist und Einzelkämpfer in den Unternehmen immer weniger gefragt. Die Neuerungen in der Wirtschaft sind heutzutage das Ergebnis von Teamarbeit und bestehen oft aus geringfügigen, schrittweisen Verbesserungen, an denen viele mitgewirkt haben.

Gefragt ist mehr und mehr das persönliche Geschick beim Aufbau und Inganghalten von Arbeits- und Projektgruppen, das Teamspiel, die Anerkennung zwischenmenschlicher Bindung und die Pflege von produktiven Beziehungsgeflechten und Netzwerken mit beidseitigen Vorteilen. Gefragt ist der engagierte, aktiv beteiligte Partner, der der Kooperation mit anderen bei gleicher Zielsetzung offen gegenüber ist und gute Kooperationsfähigkeiten erworben hat.

Die Kooperationsfähigkeit spielt bei der Auswahl neuer Mitarbeiter für die unterschiedlichsten Aufgaben und Einsätze eine große Rolle und wird im Assessment-Center mit besonderer Gewichtung geprüft und bewertet.

☞ Empfehlungen

Wenn Sie Ihre Kooperationsfähigkeit trainieren wollen, dann planen Sie am besten einen mehrstufigen Lern- und Übungsprozess ein und bitten Sie eine vertraute Person darum, dass Sie in bestimmten zeitlichen Abständen Feedback über Veränderungen gibt – so diese eingetreten sind. Aktionen hierzu könnten z. B. sein:

1. Werten Sie Ihre Selbstchecks mit anderen vertrauten Personen aus. Bringen Sie in Erfahrung, wie andere über die Kooperation denken, welche (anderen?) Kooperationserfahrungen sie haben.
2. Gehen Sie ab jetzt noch bewusster in Kooperationsanlässe und laufende Prozesse hinein. Versuchen Sie, im Sinne der weiter unten aufgeführten Kennzeichen einer gelungenen Kooperation« aktiv und konstruktiv Einfluss zu nehmen. Suchen Sie den Erfahrungsaustausch mit Ihren Kolleginnen.
3. Interessieren Sie sich für Kurzseminare, die Ihnen weitere Anregungen und Bestätigungen geben können: Seminare zur Teamarbeit, zum Projektmanagement, zur Kooperation ...
4. Sehen Sie sich in der Literatur um.

Wenn Sie Seminare planen, bringen Sie vorher in Erfahrung, welche Aktionsmöglichkeiten zur Entwicklung der Kooperationsfähigkeiten geboten sind.

✔ Selbstcheck

Analyse der Bereitschaften und Fähigkeiten im Umgang und in der Kooperation mit anderen

Sie finden auf der nächsten Seite insgesamt 25 verschiedene Standpunkte/Meinungen von Menschen zur Kooperation. Versuchen Sie herauszufinden, mit welchen Meinungen Sie sich am meisten oder nicht identifizieren können.

Hinter den einzelnen Meinungen stehen spezifische Erfahrungen, Bereitschaften, Fähigkeiten im Umgang und in der Kooperation mit anderen. Die Meinungen können somit nicht als »richtig« oder »falsch« gewertet werden, sondern geben unterschiedliche Sicht- und Handlungsweisen wieder.

Legen Sie bei jeder der 25 **Meinungen** Ihre Einschätzung durch Ankreuzen des entsprechenden Wertes –5 +5 nieder. Je mehr Pluswerte bei Ihnen beispielsweise vorkommen, desto mehr stimmen Sie den vorgegebenen Meinungen zu und umgekehrt, je mehr Minuswerte Sie vergeben, desto weniger stimmen Sie mit diesen Meinungen überein.

Nehmen Sie durch Ankreuzen Ihre Einschätzung vor:

Kooperationsfähigkeit (S)

Frage Nr.:	Ablehnung						Zustimmung				
1	-5	-4	-3	-2	-1	0	+1	+2	+3	+4	+5
2	-5	-4	-3	-2	-1	0	+1	+2	+3	+4	+5
3	-5	-4	-3	-2	-1	0	+1	+2	+3	+4	+5
4	-5	-4	-3	-2	-1	0	+1	+2	+3	+4	+5
5	-5	-4	-3	-2	-1	0	+1	+2	+3	+4	+5
6	-5	-4	-3	-2	-1	0	+1	+2	+3	+4	+5
7	-5	-4	-3	-2	-1	0	+1	+2	+3	+4	+5
8	-5	-4	-3	-2	-1	0	+1	+2	+3	+4	+5
9	-5	-4	-3	-2	-1	0	+1	+2	+3	+4	+5
10	-5	-4	-3	-2	-1	0	+1	+2	+3	+4	+5
11	-5	-4	-3	-2	-1	0	+1	+2	+3	+4	+5
12	-5	-4	-3	-2	-1	0	+1	+2	+3	+4	+5
13	-5	-4	-3	-2	-1	0	+1	+2	+3	+4	+5
14	-5	-4	-3	-2	-1	0	+1	+2	+3	+4	+5
15	-5	-4	-3	-2	-1	0	+1	+2	+3	+4	+5
16	-5	-4	-3	-2	-1	0	+1	+2	+3	+4	+5
17	-5	-4	-3	-2	-1	0	+1	+2	+3	+4	+5
18	-5	-4	-3	-2	-1	0	+1	+2	+3	+4	+5
19	-5	-4	-3	-2	-1	0	+1	+2	+3	+4	+5
20	-5	-4	-3	-2	-1	0	+1	+2	+3	+4	+5
21	-5	-4	-3	-2	-1	0	+1	+2	+3	+4	+5
22	-5	-4	-3	-2	-1	0	+1	+2	+3	+4	+5
23	-5	-4	-3	-2	-1	0	+1	+2	+3	+4	+5
24	-5	-4	-3	-2	-1	0	+1	+2	+3	+4	+5
25	-5	-4	-3	-2	-1	0	+1	+2	+3	+4	+5

Standpunkte/Meinungen

1. Ich arbeite im Allgemeinen viel lieber allein als zusammen mit anderen – auch wenn ich die anderen relativ gut kenne.
2. Je größer eine Gruppe oder je heterogener sie zusammengesetzt ist, desto mehr »unterschiedliche Sprachen« und Missverständnisse gibt es zwangsläufig. Man wird nie auf einen gemeinsamen Nenner kommen können.
3. Mir ist schon häufiger gesagt worden, dass ich beim Arbeiten in einer Gruppe nicht richtig zuhöre, wenn es darum geht, was im Einzelnen gemacht oder gelassen werden soll.
4. Wenn ich mit anderen Menschen, die mir bisher unbekannt sind, in einer Gruppe zusammenarbeite, erlebe ich diese Situation meistens als relativ unangenehm für mich.
5. Meiner Meinung nach spielt sich in jeder Gruppe irgendeiner zum großen Chef auf. Die anderen müssen sich wohl oder übel unterordnen, und das geht mir gegen den Strich.
6. Im Laufe von Gruppenaktivitäten treten viele emotionale Probleme auf, die einem das Zusammenarbeiten dann meistens erschweren, da sich diese Probleme einfach nicht lösen lassen.
7. Wenn mich jemand während eines Gruppenprozesses kritisiert, reagiere ich darauf immer ziemlich sauer und habe dann große Lust, die gemeinsame Arbeit abzubrechen.

8. Ich finde, bevor man mit anderen zusammenarbeitet, muss man sich sicher sein, dass man sich wirklich voll und ganz auf sie verlassen kann.
9. Im Rahmen von Gruppenaktivitäten wird im Allgemeinen viel zu viel Zeit auf die Planung und Organisation der Arbeit verschwendet. Das behindert doch nur den eigentlichen Arbeitsprozess.
10. Für eine effektive Zusammenarbeit mit anderen Menschen ist es wichtig, dass ich stets einen festen Standpunkt einnehme. Die anderen dürfen auf keinen Fall den Eindruck gewinnen, dass ich in irgendeiner Weise unsicher bin. Schließlich wissen die anderen Gruppenmitglieder nur so, woran sie mit mir sind.
11. Ich finde es ausgesprochen nutzlos, wenn am Ende der Zusammenarbeit darüber geredet wird, wie die gemeinsamen Bemühungen erlebt werden. Schließlich merkt doch jeder der Beteiligten schon während des Arbeitsprozesses, wie dieser verläuft.
12. Wenn ich mit anderen Menschen kooperieren will, ändere ich dabei mein alltägliches Verhalten auf keinen Fall. Entweder akzeptieren die anderen mein Verhalten oder sie gehen eben.
13. Wenn andere Menschen mir gegenüber ihre Gefühle äußern, während wir zusammen an etwas arbeiten, empfinde ich das als ziemlich unangenehm und wünsche mir dann immer, dass das Gespräch bald wieder sachlich wird.
14. Ich kann nur mit solchen Menschen zusammenarbeiten, die im Grundsatz die gleichen Auffassungen vom Leben haben wie ich.
15. Wenn ich im Rahmen kooperativer Arbeit in die Lage komme, mir von anderen etwas erklären lassen zu müssen, ist mir das immer sehr peinlich.
16. Wenn in einer Gruppe unterschiedliche Auffassungen in der Sache aufeinander prallen, gibt es meist keine wirkliche Chance, einen gemeinsamen Nenner zu finden. Die Meinungen bleiben einfach im Raum stehen, und schließlich entscheidet einer über die Köpfe der anderen hinweg, was zu machen ist.
17. Ich merke bei Gruppenarbeiten oft, dass ich von der Sache viel weniger verstehe als die übrigen Gruppenmitglieder. Das macht mich meist ziemlich unsicher.
18. Gruppenarbeit ist für mich nur dann interessant, wenn ich die Gruppenleitung übernehmen kann. Schließlich kann ich nur auf diese Weise effektiv verhindern, dass von den Beteiligten zu viel Zeit für nutzlose Debatten verschwendet wird.
19. Für mich ist es besonders unangenehm, dass man in der Gruppenarbeit immer wieder genötigt ist, seine eigenen Überzeugungen gegen andere Auffassungen durchzusetzen. Dieses Problem hat man einfach nicht, wenn man für sich allein arbeitet.
20. Für das Gelingen von Zusammenarbeit ist es von ausschlaggebender Bedeutung, dass ein Vorgesetzter/Lehrer/Ausbilder die Leitung der gemeinsamen Arbeit übernimmt. In keinem Fall darf einem Gruppenmitglied diese Funktion übertragen werden.
21. Die zwangsweise Kooperation mit anderen führt in der Regel dazu, dass am Ende einer arbeitet und die übrigen Gruppenmitglieder die Hände in den Schoß legen und sich darüber freuen, jemanden gefunden zu haben, der die Arbeit macht.
22. Wenn ich zu einem Menschen keine ausgeglichene Beziehung habe, kann ich mich mit ihm in sachlicher Hinsicht nicht gut verständigen. Deshalb lohnt sich Teamarbeit für mich auch nur mit solchen Menschen, mit denen ich mich gut verstehe.

23. Wenn man in einer Gruppe arbeitet, dauert es im Allgemeinen viel länger, das angestrebte Ziel zu erreichen, als wenn man allein arbeitet. Daher ziehe ich es vor, Arbeit möglichst ohne die Unterstützung anderer zu erledigen.
24. Die meisten Menschen haben im Grunde nie gelernt, sich wirklich kooperativ zu verhalten. Deshalb ist es fast immer völlig unproduktiv, mit anderen Menschen über längere Zeit zusammenzuarbeiten.
25. Wenn ich mich mit anderen in einer Gruppe über Themen unterhalte, von denen ich wenig verstehe, dann ist das meist sehr unangenehm und anstrengend für mich. Ich befürchte, unangenehm aufzufallen.

Wenn Sie alle Punktwerte innerhalb des Diagrammes verbunden haben, werten Sie dieses wie folgt aus:
- Beachten Sie, dass die Kooperationsbereitschaft sowie die positiven Kooperationserfahrungen umso geringer sind, je weiter Sie sich über die »0« hinaus auf der rechten Seite des Diagramms befanden.
- Addieren Sie im linken Diagramm alle ihre Kreuze zwischen +1 bis +5. Mehr als 8 Kreuze zeigen, dass Ihre Kooperationsbereitschaft zurzeit eher eingeschränkt ist.

Empfehlungen

Ihre Wertorientierung?

Wenn Sie zukünftig Ihre sozial-kommunikative Kompetenz und im Besonderen die Kooperationsfähigkeit verbessern wollen, dann sollten Sie beginnen, Ihre Einstellungen bei den größten Abweichungen nach rechts zu überprüfen.

Vergleichen Sie zu zweit

- Suchen Sie sich eine Vertrauensperson und bitten Sie diese, ebenfalls diesen Fragebogen ausfüllen; gewinnen Sie sie dafür. Vergleichen Sie dann zu zweit Ihre Diagramme. Nehmen Sie sich dafür ca. 1 Stunde Zeit.
- Suchen Sie Ähnlichkeiten in Ihren Auffassungen und fragen Sie Ihren Diskussionspartner nach den dahinter stehenden Meinungen und Erfahrungen.
- Diskutieren Sie größere Unterschiede analog.
- Überlegen Sie, was Sie ändern müssten bzw. tun müssten, um von der rechten zur linken Seite des Diagramms zu kommen, also Ihre Kooperationsbereitschaft deutlich zu erhöhen.
- Lassen Sie sich von Ihrem Diskussionspartner beraten und notieren Sie die Vorschläge zur Verbesserung Ihrer Kooperationsfähigkeit ohne diese vorschnell zu bewerten, abzulehnen oder anzugreifen. Das ist zugleich eine Übung zum aktiven Zuhören.

✔ **Selbstcheck**

Differenzialanalyse der eigenen Kooperation

Mit dem nachfolgenden Kooperations-Fragebogen erschließen Sie die Möglichkeit, sich mit dem eigenen Kooperationsverhalten differenziert auseinander zu setzen.

Wenn Sie den Aktions-/Fragebogen 1–3 weiteren Vertrauten geben und in Einzelgesprächen Ihre Meinungen austauschen, dann haben Sie einen weiteren Trainingsgewinn. Sie können das Kooperationsverhalten dann vertieft untersuchen und untereinander Erfahrungen und Ansichten austauschen und ein größeres Verständnis dafür gewinnen, weshalb Sie oder die Gesprächspartner in bestimmten Situationen auf eine bestimmte Art und Weise reagieren.

Aktions-/Fragebogen zur Kooperation

1. Was verstehe **ich** unter Kooperation?
2. Wann empfinde **ich** Kooperation als negativ?
3. Wie reagiere **ich** auf negativ empfundene Kooperation?
4. Wann empfinde **ich** Kooperation als positiv?
5. Wie reagiere **ich** auf positiv empfundene Kooperation?
6. **Ich** kooperiere gern mit Menschen, die …
7. **Ich** kooperiere ungern mit Menschen, die …
8. **Meine** größte Stärke in der Kooperation ist: …
9. Bei welchen Kollegen fällt es **mir** besonders schwer zu kooperieren?
10. Welche Ursachen für diesen schwachen Kontakt sehe **ich** bei mir?
11. Wie kann **ich** diesen Zustand ändern?
12. Welcher Mensch ist für **mich** der »ideale« Kooperationspartner?
13. Was zeichnet den »idealen« Kooperationspartner aus, was **ich** nicht habe?
14. Wie will **ich** zukünftig noch besser kommunizieren?

Nehmen Sie sich für diese späteren Gespräche genügend Zeit (ca. 1 Stunde!).

Kennzeichen gelungener Kooperation

Gelungene Kooperation zeichnet sich insbesondere durch folgende Kennzeichen aus:
- Es wird großer Wert auf einen »helfenden, unparteiischen Begleiter« (Moderator) gelegt, der Dialoge »zusammenhält«.
- Dialog und Diskussionen (eher als Darlegung und Verteidigung unterschiedlicher Ansichten) werden in ein ausgewogenes Verhältnis gebracht.
- Ideen anderer werden proaktiv aufgegriffen und weitergeführt; es setzt sich keiner auf Kosten anderer einseitig durch.
- Gesprächspartner sehen sich als gleichberechtigt an.
- Verzicht auf Konkurrenzdenken und Machtinteressen während der Kooperation.
- Wichtige Informationen werden nicht zurückgehalten.
- Der Umgang mit anderen ist vertrauensvoll und offen.
- Anderen wird zugehört und genügend Zeit für Gespräche eingeplant bzw. eingeräumt.

Persönliche Maßnahmen

Was nehme ich mir für die nächsten 6 Wochen im Sinne einer Verstärkung meiner »Kooperationsfähigkeit« vor? (Stichworte):

_____

_____

Was werde ich zuerst und vorrangig tun? (Stichworte):

_____

_____

Wie kontrolliere ich die Resultate? (Stichworte):

_____

_____

Wo werde ich mich weiter zum Thema »Kooperationsfähigkeit« informieren? (Stichworte):

_____

_____

Als weiterführende Informationsquellen empfehlen wir

Heller, R.; Hindle, T.: Erfolgreiches Management. Dorling Kindersley Verlag, Stuttgart/München 2002

Kress, N.M.; Studnitz, A.V.: Teamführung: Gemeinsam zum Ziel. Rowohlt Taschenbuch Verlag, Reinbek b. Hamburg 2000

Neges, G.; Neges, R.: Führungskraft und Team. Linde international, Wien 2007

Senge; P.M. u.a.: Das Fieldbook zur Fünften Disziplin. Klett-Cotta Verlag, Stuttgart 2004 (für anspruchsvolle Erweiterungen Ihres Wissens)

Weitere Literatur zur »Kooperationsfähigkeit« finden Sie vorwiegend unter den Stichworten »Kooperation(sfähigkeit)«, »Teamwork«, »Moderation«.

Anpassungsfähigkeit S

▶▶ Grundsätzliche Überlegungen

Anpassungsfähigkeit bezeichnet ganz allgemein genommen das Vermögen eines Menschen, seine Verhaltensweisen situativ oder dauerhaft zu ändern, um den Verhältnissen zu entsprechen.

Das menschliche Leben erfordert eine Vielzahl verschiedenster körperlicher, geistiger und sozialer Anpassungen: Anpassungen an neue berufliche Anforderungen, an neue Situationen, an Temperaturunterschiede, an andere Kulturen, an traumatische Ereignisse (z. B. Unfall oder Tod eines nahen Angehörigen).

Daco (Daco, P.: Psychologie für jedermann. mgv-Paperbacks, Landsberg/Lech 2002) verweist auch auf die »andere Seite«, auf die sog. Fehlanpassungen: Die meisten psychischen Komplexe des Menschen sind auf Fehlanpassungen zurückzuführen – und diese sind in den frühen Lebensjahren besonders häufig. Kinder haben es schwer, sich den Eltern anzupassen, wenn diese unterschiedliche Erziehungsstile verfolgen. Sie müssen sich dem Schulalltag anpassen, sich der Geburt von Geschwistern und den Veränderungen in der Zuwendung der Eltern anpassen. Fehlanpassungen im Erwachsenenalter in den Bereichen Sexualität, eigene Werte und Religion, Militärdienst, berufliche Stellung, Ehe, Pflege der Eltern im Alter ... können ebenfalls zu Fehlanpassungen und über sie beispielsweise zu Neurosen und größeren Konflikten mit sich selbst und mit anderen Personen führen.

Halten wir fest: Die Fähigkeit, sich neuen Verhältnissen anzupassen, ist für einen Menschen äußerst wichtig, und die Anforderungen an diese nehmen in all den beruflichen Bereichen zu, die besonders von inhaltlichen und organisatorischen Veränderungen betroffen sind.

Aber das ist nur eine – wenn auch sehr wichtige – Seite. Die zweite Seite der Anpassungsfähigkeit betont die Fähigkeit, selbst aktiv und formend Einfluss zu nehmen auf die Umgebung, auf andere Menschen, auf die Anforderungen – also die Umwelt –, auf die eigenen Ziele und Interessen.

Intelligenzforscher vertreten seit Jahrzehnten den Standpunkt, die Intelligenz eines Menschen bestehe letztlich in seiner Fähigkeit, sich selbst der Umwelt anzupassen und gleichzeitig die Umwelt sich anzupassen. Aus der Sicht der Kompetenzforschung und -entwicklung wiederum ist das nicht der Kern der Intelligenz, sondern die Kompetenz eines Menschen. Kompetenz ist die Selbstorganisationsfähigkeit, die Veränderungsvoraussetzung des Menschen. Bei dem einen ist sie mehr auf fachlichem Gebiet, bei dem anderen mehr im sozial-kommunikativen Bereich, beim Dritten mehr durch besonders ausgeprägte Werte und Persönlichkeitseigenschaften und beim Vierten durch ein sehr hohes Maß an Aktivität, an Willen und Tatkraft.

Wenn also von Anpassungsfähigkeit gesprochen wird, dann können durchaus sehr unterschiedliche Aspekte gemeint sein. Und erschwerend kommt hinzu, dass Anpassung im Rahmen politischer und moralischer Diskussionen oft einseitig bewertet und mit einem negativen Akzent versehen wird. Und in Lexika und Zitatensammlungen überwiegen leider immer noch eben solche einseitigen Darstellungen und Negativ-Kennzeichnungen der Anpassungsfähigkeit. Letzteres soll aber bei den nachfolgenden Überlegungen vermieden werden.

Unterschiedliche Seiten der Anpassung

Einige Anekdoten, Geschichten und Tatsachen mögen unterschiedliche Seiten der Anpassung erhellen: (Harenberg Anekdotenlexikon. Harenberg Lexikon Verlag. Dortmund 2000. Nöllke, M.: Anekdoten, Geschichten, Methaphern. Haufe Mediengruppe, Freiburg/Berlin u.a. 2002. Kruse, P.: Veränderungsmanagement und Selbstorganisation. Tonbandaufzeichnung eines Vortrages, 1997).

1. Bewusste (diplomatische) Anpassung

   Als Bismarck im Sommer 1851 zum preußischen Gesandten am Bundestag in Frankfurt am Main ernannt worden war, galt einer seiner ersten Besuche dem alten Fürsten Klemens Wenzel Metternich auf dem Schloss Johannisberg im Rheingau. Der österreichische Staatsmann, der als verhasster Vertreter der Reaktion nach der Revolution von 1848 hatte zurücktreten müssen, redete viel und gern und dabei immer sehr geistvoll. Und er konnte es partout nicht leiden, wenn jemand ihn unterbrach. Das war Bismarck bekannt, und er verhielt sich danach. Kurz nach seinem Besuch sprach ihn der österreichische Gesandte Graf Thun an: »Sagen Sie, wie haben Sie das nur gemacht, der Fürst ist ja ganz begeistert von Ihnen.« »Nun«, lächelte Bismarck, »ich habe dem Fürsten drei Tage lang mit dem Ausdruck betonter Intelligenz zugehört und mir jedes Wort verkniffen.«

Diese willentlich gesteuerte Anpassung im Rahmen einer neuen, schwierigen diplomatischen Aufgabe hat dem damals 36-jährigen Bismarck nicht nur neue Erfahrungen im Umgang mit Prominenten der damaligen Zeit gebracht, sondern auch die Anerkennung seiner diplomatischen Fähigkeiten und zukünftige Vorteile.

2. Einflussnahme auf die Umgebung

   Bleiben wir noch einen Moment bei Bismarck. Dieser wohnte als preußischer Gesandter am Bundestag in Frankfurt im Haus einer Familie, die die Preußen im Allgemeinen und Bismarck im Besonderen ihre Abneigung spüren ließ. Um nicht jedes Mal, wenn er seinen Diener brauchte, vom Schreibtisch aufstehen zu müssen, bat er um eine Glocke. Diese wurde ihm vom Hausmeister mit der Begründung verweigert, die Wohnung sei ohne Glocke gemietet worden und eine Neuanschaffung somit Sache des Mieters. Am Tag darauf ertönte aus Bismarcks Zimmer ein Schuss. Aufgeregt kam der Hauswirt angelaufen und sah Bismarck am Schreibtisch arbeiten, neben sich die rauchende Pistole. »Um Himmels willen, was ist geschehen?« »Nichts«, erwiderte Bismarck seelenruhig, »Ich habe nur meinen Diener gerufen, und ich denke, dass Sie sich mit der Zeit an das Geräusch gewöhnen werden.« Am nächsten Morgen hatte er seine Glocke.

Anpassung der Umwelt setzt in der Regel eine überlegt-überlegene Zuspitzung der Widersprüche voraus, eine konsequent-offensive Haltung.

3. Schrittweise Anpassung bis zum Ende

Wirft man einen Frosch in einen Topf mit kochendem Wasser, so springt er augenblicklich heraus. Steckt man jedoch den Frosch in lauwarmes Wasser und erhitzt den Topf auf kleinster Flamme, dann wird sich der Frosch nach und nach an die höhere Temperatur gewöhnen. Wenn dann die Temperatur noch weiter nach oben reguliert wird, dann wird der Frosch nach einer Weile der erneuten Anpassung auch mit diesen Wärmegraden zurechtkommen. Und er wird sich von Stufe zu Stufe immer weiter anpassen und schließlich eine Hitze aushalten, die andere Frösche außerhalb des Topfes sofort umbringen würde. Der Frosch bleibt auch dann noch im Topf, wenn bereits Blasen aufsteigen und das Wasser zu kochen beginnt. Er versucht immer weiter, sich den unwirtlichen Bedingungen anzupassen – bis zu seinem Tode.

In dieser durch Greenpeace bekannt gewordenen modernen Fabel wird deutlich, dass »man« sich schrittweise an eigentlich inakzeptable Verhältnisse anpasst, wenn diese in ihrer verderblichen Konsequenz nicht erkannt oder gar verschleiert werden. Bei einem plötzlichen Auftreten wäre sicher anders gehandelt worden. Diese »schleichende Anpassung an das Unzumutbare« kann im betrieblichen Alltag im Rahmen von eingefahrenen Gleisen und Betriebsblindheit, bei Gleichgültigkeit gegenüber eigentlich voraussehbaren Folgen und bei Personen mit einem hohen Potenzial an »innerer Kündigung« auftreten. Noch bedenklicher ist sie im Alltag diktatorischer Systeme.

4. Effiziente natürliche Anpassung

Amöben verhalten sich als Einzeller unter normalen Lebensbedingungen sehr individuell und unorganisiert. Die typischen Verhaltensweisen sind: Fressen und Teilen. Bei einer Verknappung der Lebensmittel jedoch verhalten sie sich plötzlich hoch organisiert: Sie strömen zuerst auf verschiedene Zentren zu, vereinen sich und kommen dann alle auf einen Ort zu, an dem sie gemeinsam anfangen, einen Schimmelpilz zu bauen. Und nur dadurch können sie überleben. Der Schimmelpilz kann auch unter unwirtlichen Bedingungen bestehen und vermehrt sich nicht durch Teilung, sondern durch Sporenbildung. Dadurch übersteht er lange Zeiten von Nahrungsknappheit. Bei einer Verbesserung der Lebensbedingungen gehen die Amöben auf ihre frühere Form wieder zurück.

Das ist ein grandioses Beispiel für Selbstorganisationsprozesse auf der Grundlage einer kritischen Instabilität der alten Ordnung, für enorme Anpassungsleistungen in der Natur.

Die Selbstorganisationstheorie bietet heute vielerlei Erkenntnisse und Ableitungen für hochkomplexe Anpassungsleistungen. Auf einige soll in den folgenden Ausführungen eingegangen werden.

Unternehmen, Institutionen stecken heute und in Zukunft in einem Umfang in sich überlagernden Veränderungsprozessen, die noch vor 100 Jahren schier unvorstellbar waren. Krankenhäuser, Bildungsanbieter, ja die großen Kirchen geraten in massive Veränderungsprozesse und werden allein damit nicht mehr fertig.

Und über die regionale, überregionale, internationale Vernetzung entsteht eine hochgradige Vernetzungsdynamik, die die Vorstellungskraft des einzelnen Menschen schon sprengt. Damit nimmt gleichzeitig die Suche nach Orientierung, Stabilität, persönliche Sicherheit zu. Das ist zugleich die Pforte, durch die viele Propheten »neuer Managementphilosophien« schlüpfen und Moden en masse verkaufen: Vernetztes Denken, Ganzheitliches Denken, Total Quality Management, Business Reengineering …

Einige nehmen an, dass solche Moden Sicherheit im Wandel geben können. Zugespitzt gesagt hat nur derjenige eine gute Anpassungs- und Bewältigungsaussicht, der die richtige innere Einstellung zu Veränderungen hat, offen ist gegenüber Neuem und sich selbst in die Veränderung einbringen will.

Modell für Veränderungen

Wichtig ist also ein individuelles Modell für Veränderungen. Nur dieses eigene Modell gibt schließlich die notwendige Sicherheit und Überlegenheit gegenüber dem Nichtvorhersehbaren. Und in diesem Modell müssen die eigene Unsicherheit, die Risiken, die man eingehen muss und die Instabilität des Umfeldes ein Teil des Veränderungsprozesses sein und nichts Negatives an sich. Die eigene Unsicherheit ist dann keine persönliche Schwäche, sondern ein wesentlicher Teil des Veränderungs- und Anpassungsprozesses.

Kennzeichen

In solchen Veränderungssituationen sind in hohem Maße solche Fähigkeiten des Einzelnen gefragt wie
- Fähigkeit, mit Unsicherheiten umzugehen, sich auf unsichere Prozesse einzulassen, kurz: eine hohe Ambiguitätstoleranz;
- Situative Aufmerksamkeit und die Bereitschaft, sich auf schrittweises Vorgehen bzw. Vortasten einzulassen und aufmerksam die Teilerfolge zu registrieren und zu kommunizieren;
- Hohe Authentizität des Verhaltens und persönliche Glaubwürdigkeit. Das setzt auch stets die Einsicht voraus, dass man in Veränderungsprozessen Risiken eingehen muss und selbst ein Teil des Risikos für Dritte ist.
- Gruppenidentität und Teamfähigkeit. Gerade in Übergangszeiten sind Synergien im Zusammenwirken mit anderen notwendig, ist das gegenseitige Kommunizieren und Stabilisieren in der Gruppe wichtig.

- Intuition, insbesondere die Fähigkeit, aus der Summe des Erfahrungswissens heraus zu handeln.
- Suggestion: sensibel zu sein für Veränderungen und sich einzulassen auf die externe Dynamik, wechselnde Bedingungen der Situation.

Kruse (2004) hebt den Teil der Selbstorganisation, der einen engen Bezug zur Anpassungsfähigkeit hat, hervor und folgert:

> Besonders wichtig ist das Bewältigen von instabilen, komplexen Situationen, das sich Einlassen auf Unsicherheit und Veränderung.

Solange wir uns mit stabilitätsorientierten Situationen beschäftigen, ist das Ziel in Systemen eigentlich immer Optimierung. Da geht es darum, dass das System immer besser wird. Sobald wir aber übergehen in die Instabilität, ist das Ziel nicht mehr die Optimierung, sondern die Anpassung. Und das sind zwei **unterschiedliche Systemziele**. Wenn ein System sich optimiert, wird es immer handlungsfähiger; wenn es sich anpassen muss, macht es auch gesetzmäßig Fehler. Und der Fehler ist dann ein wesentlicher Teil des Anpassungsprozesses. Das unterstreicht auch die schon vollzogene Feststellung, dass eigene Unsicherheiten und Fehler nicht als subjektive Mängel, als Folge fehlender Konzentration o. Ä. zu werten sind, sondern als natürlicher Teil des Übergangsprozesses.

Soziale Prozesse im Unternehmen

Begleiterscheinungen von Selbstorganisationsprozessen sind ferner die »kritische Instabilität«, »das kritische Langsamwerden« und die Hysterese. Diese konnten in einem Beispiel des Überganges von Amöben zum Schimmelpilz genauso beobachtet werden wie in **sozialen Prozessen in einem Unternehmen:**

In Selbstorganisationsprozessen wird kurz vor dem Übergang einer Ordnung in eine andere die alte Ordnung »kritisch instabil«. Und das System regeneriert sich langsamer, wenn man es stört. Bei jedem Reorganisationsprozess begegnen wir immer vorher einer kritischen Instabilität.

In sozialen Systemen wird die Trägheit des Systems im Übergang zu einer anderen Ordnung als besonders schwierig und belastend empfunden und nicht selten fälschlicherweise als Widerstand interpretiert und dem gemäß von Beratern »behandelt«.

Und zugespitzt lässt sich ableiten: Kurz bevor das System von einer Ordnung in die andere übergeht, fängt die alte Ordnung an, instabil zu werden, und Menschen machen auf einmal Fehler, die sie lange zurück meinten gemacht zu haben. Fehler sind aus dieser Sicht betrachtet also nichts grundsätzlich zu vermeidendes, sondern Bestandteil der Neuorganisation, Bestandteil der Anpassung.

Es braucht eine sich selbst im System aufschaukelnde Instabilität, damit das System kreativ und intelligent wird, um eine Ordnung zu schaffen.

Es muss immer unterschieden werden zwischen Bereichen der Stabilität und Bereichen der Instabilität. Stabile System sind nur schwer zu irritieren; sie werden immer wieder sich selbst stabilisieren. Kennen wir jedoch ein System im instabilen Bereich, dann reichen schon kleine Ursachen, um große Wirkungen zu erzielen. Leider sind viele Personen, die Veränderungen managen sollen, mit solchen Erkenntnissen aus der Selbstorganisationstheorie nicht vertraut und fühlen sich in Unkenntnis mehr oder weniger der Situation ausgesetzt. Bei jeder Veränderung geht es zugespitzt gesagt immer um einen Übergang von Stabilität über eine kritische Instabilität zu einer neuen Stabilität und immer um drei Schritte: **Destabilisieren, Entscheiden, Stabilisieren.**

Empfehlungen

Für eine gesunde Anpassung Ihrerseits an Veränderungen und Veränderungen zur Förderung von Veränderungen empfiehlt sich Folgendes (vgl. Kruse, 1996/2004):
1. Nehmen Sie Ihr Schicksal in die Hand, bevor es ein anderer tut. Warten Sie also nicht ab, bis ein Veränderungsimpuls von außen kommt.
2. Orientieren Sie sich an den augenblicklichen Begebenheiten, der Situation, den Widersprüchen – und zwar so wie sie sind und nicht wie sie waren oder in Zukunft sein sollen.
3. Seien Sie rückhaltslos aufrichtig und offen mit Informationen.
4. Versuchen Sie nicht zu steuern, sondern entwickeln und mobilisieren Sie gezielt Ihre eigenen Kompetenzen. Orientieren Sie sich also zuerst an Ihren eigenen Fähigkeiten als an der Steuerung von Prozessen.
5. Verändern Sie sich, wenn es Ihnen gut geht und nicht erst (und gehetzt), wenn Sie die Umstände dazu zwingen.
6. Gehen Sie nur dann in eine Wettbewerbshaltung, wenn es für das gesamte Unternehmen gut ist.

Lernintelligenz als Anpassungsfähigkeit

Löhner (Löhner, M.: Führung neu denken. Campus Verlag 2005) betont das Lernen als Kern der Anpassungsfähigkeit und postuliert:

> »Die Lerngeschwindigkeit des Systems muss größer sein als die Veränderung der Umwelt ...«

Mit »System« kann auch der einzelne Mensch oder ein Team gemeint sein.
Genau gesehen versteht Löhner unter »Lernintelligenz« eigentlich die Lernbereitschaft und -fähigkeit des Menschen und seine Kompetenzen im umfassenden Sinne. So hebt er insbesondere hervor, dass
- wir heutzutage quasi verpflichtet sind, mit zunehmender Erkenntnis die Option der Vorläufigkeit jeder Erkenntnis zu akzeptieren und Veränderungen in unseren Interpretationsmustern vorzunehmen. Als Bezugsgröße steht uns ja die Welt, in der wir leben, das Unternehmen, der Bereich, in dem wir arbeiten, zur Verfügung;
- unsere Kompetenzen die Verkürzung der in vielem unverständlichen (Um-)Welt durch eine Erweiterung der Erfahrungen, unserer Annahmestrukturen, der Anschlussfähigkeit unserer Erkenntnisse ermöglichen;

- ohne aktive Wege der intellektuellen, sozialen, emotionalen, personalen aber auch der physischen Anpassung kein Lernerfolg eintreten kann.

☞ Empfehlungen

> Trainieren Sie Ihre Anpassungsfähigkeit – wöchentlich, monatlich, jährlich

Training Ihrer intellektuellen Anpassung

- Lesen Sie jährlich 15–20 Bücher (davon die Hälfte Neuerscheinungen!). Orientieren Sie sich auch an den ausreichend auf dem Markt vorhandenen Orientierungen zur Allgemeinbildung (z. B. Schwanitz, D.: Bildung. Alles was man wissen muss. Eichborn Lexikon, Frankfurt am Main 2002).
- Lesen Sie wöchentlich zumindest eine Wochenzeitung und eine oder mehrere Fachzeitschriften. Sie können sich dazu feste Zeiten, die durch Dritte nicht gestört werden, reservieren, z. B. den Sonnabendmorgen zwischen 08.00 Uhr und 10.00 Uhr.
- Überprüfen Sie ständig die eigenen Erkenntnisse und Erfahrungen auf kommunikative Anschlussfähigkeit und Erweiterungsmöglichkeiten.
- Unterziehen Sie sich freiwillig Tests, Prüfungen, einem Feedback, um daraufhin gezielt und angestrengt zu lernen und wiederum Impulse für das weitere Lernen zu erhalten.
- Beobachten Sie andere Personen neugierig, insbesondere unter dem Aspekt, wie diese lernen (vgl. auch Modulares Informations- und Trainingsprogramm »Belastbarkeit« und »Lernbereitschaft«). Ggf. Beschäftigung mit Autobiografien.

Training Ihrer sozialen Anpassung

Soziale Anpassung kann trainiert werden, indem Sie z. B.
- täglich Distanzüberwindung bei Antipathien trainieren. Denken Sie morgens beim Frühstück an eine Person, die Ihnen nicht sehr angenehm ist und planen Sie von sich aus eine neutral-freundliche Begegnung;
- ständig mindestens einen Menschen persönlich fördern (das kann ein neuer Mitarbeiter, ein Azubi, ein ausländischer Mitarbeiter, eine Person in einem Verein u. a. sein);
- versuchen, jeden Monat einen neuen Menschen kennen zu lernen (angefangen bei interessierten Gesprächsaufnahmen im Zug, an der Bushaltestelle, in einem Cafe, in der Kantine u. a.);
- Geselligkeit suchen: alle zwei Wochen eine zwanglose Zusammenkunft mit Freunden und Bekannten, Kurzbesuche, Vereinsleben u. Ä.
- Leute interessiert beobachten, wie sie sich in unterschiedlichen Situationen verhalten und was Sie von diesen Leuten lernen können (solche Beobachtungen können Sie nicht nur an öffentlichen Orten, in Verkehrsmitteln, bei Konzerten usw. durchführen, sondern auch während langer Dienstbesprechungen, Tagungen u. a.).

Training Ihrer emotionalen Anpassung

Emotionale Anpassung können Sie wiederum trainieren, indem Sie z. B.
- regelmäßig Zeit planen, um mit Ihrem Partner/Ihrer Partnerin über persönliche Fragen zu sprechen und versuchen, sich gegenseitig zu verstehen;
- bewusst auch Urlaube einplanen unterhalb des über das Jahr gewohnten Komforts;
- regelmäßig ihre »passive Aktivität« durch Meditation trainieren;
- in irgendeiner Weise an Gruppensport und anderen Gruppenbeschäftigungen teilnehmen.

Training ihrer personalen Anpassung

Ihre personale Anpassung verstärken Sie z. B. durch
- wöchentliche Reflexion über Erfolge und Misserfolge und deren Ursachen;
- jährlichen Entwurf Ihres Lebenskonzeptes, durch Herausarbeiten Ihrer Lebensziele und Ideale;
- monatliche Überprüfung sittlicher Handlungswerte;
- periodische Rechenschaft über den Stand Ihrer Selbstverwirklichung und über mögliche Erschwernisse, die Letzterer entgegenstehen.

Training Ihrer physischen Anpassung

Die physische Anpassung verstärken Sie wiederum durch
- eine gesunde Ernährung;
- viel körperlichen Ausgleich und Bewegung;
- eine Woche Fasten pro Jahr;
- gezielte Belastbarkeits- und Selbstmanagement-Trainings (vgl. Modulares Informations- und Trainingsprogramm »Belastbarkeit« und »Selbstmanagement«).

Meine persönlichen Vorhaben

Streichen Sie als Erstes alle die Aspekte an, die für die Entwicklung Ihrer Anpassungsfähigkeit besonders geeignet erscheinen.

Danach schreiben Sie die Vorhaben und Anregungen, die Sie probieren wollen, auf die nachfolgenden Zeilen. Formulieren Sie sie als kontrollfähige Maßnahmen.

Ergänzen Sie diese Liste durch weitere Maßnahmen, die Ihnen bei der Beschäftigung mit diesem Modularen Informations- und Trainingsprogramm durch den Kopf gingen. Gehen Sie dabei stets davon aus, dass Anpassung grundsätzlich positiv zu sehen ist.

Nehmen Sie bewusst Einfluss auf Ihre Anpassungsfähigkeit und somit Ihre Möglichkeiten der Lebensbejahung und Selbstentfaltung. Testen Sie immer wieder alle Ihre Möglichkeiten aus und verschieben Sie den Beginn nicht auf eine spätere, anscheinend entspanntere Zeit. Und: Lassen Sie sich von schwierigen Anforderungen und zeitweiligen Misserfolgen nicht beirren!

Darüber hinaus gibt es einige Orientierungen, die Sie befolgen sollten:
- Setzen Sie sich entschlossen klare und zeitlich befristete Ziele. Kontrollieren Sie selbstkritisch das Erreichen von Zwischen- und Teilzielen.
- Gehen Sie Ihre großen und kleinen Ziele sofort an und schieben Sie sie nicht vor sich her.
- Werden Sie sich klar, was Sie persönlich wollen. Richten Sie sich beim Realisieren nach Ihren Vorstellungen und weniger nach denen anderer, vor allem, wenn es um Ihr Handeln bei erkannten Veränderungen geht.
- Seien Sie mutig und übernehmen Sie freiwillig die Verantwortung für die Lösung schwieriger Aufgaben. Warten Sie nicht ab, bis andere diese gelöst haben, und schieben Sie solche Aufgaben nicht anderen »unter der Decke« zu.
- Verarbeiten Sie Abwertungen, Kritiken, Neid und Missgunst anderer konstruktiv. Relativieren Sie sie einerseits im Wissen um die eigenen Probleme anderer. Reagieren Sie aber auf wohlwollende und gerechtfertigte Kritik, indem Sie Ihr Verhalten überdenken und wenn notwendig auch ändern.
- Holen Sie sich von ein bis zwei vertrauten Personen regelmäßig ein Feedback ein und nehmen Sie Anregungen ernst. Hier kann für Sie eine unschätzbare Quelle von Hinweisen der Bestätigung oder notwendiger Veränderungen sein. Pflegen Sie deshalb solche »Feedback-Quellen«.
- Beschäftigen Sie sich mit Entwicklungstrends auf den verschiedenen Gebieten. Dazu gibt es heutzutage viele Quellen, angefangen bei beziehbaren Trendreports, solchen Zeitschriften wie »PM«, diversen Rundfunk- und Fernsehbeiträgen.
- Halten Sie Ihr Interesse an der fachlichen und sozialen Weiterbildung wach bzw. verstärken Sie es willentlich. Informieren Sie sich über entsprechende Möglichkeiten und nutzen Sie auch privat evtl. Wochenend- oder Abendangebote. Scheuen Sie sich nicht, dafür auch private Mittel einzusetzen; etwa 80 % der Weiterbildung erfolgt ohnehin selbstorganisiert.
- Suchen Sie den Kontakt zu Personen in Ihrem Unternehmen, die sich beruflich mit Veränderungen und deren Folgen und Anforderungen für Ihr Unternehmen beschäftigen. Das können Mitarbeiter aus der Entwicklung, aus der Strategieabteilung, aus der Betriebsorganisation oder auch aus dem Marketing sein. Regen Sie bei Ihrer direkten Führungskraft an, in einer Dienstbesprechung auch einmal Personen einzuladen, die über betriebliche Veränderungen und deren voraussichtliche Folgen für den Einzelnen etwas aussagen können (interne oder externe Personen).

Es gibt also verschiedenen Orientierungen, die persönlich weiterhelfen, die Anpassung an Neues zu erleichtern und selbstverständlich werden zu lassen. Menschen, die sich solchen Fragen verschließen, werden es in der konkreten Handlungssituation schwerer haben und vieles als große Belastung und Disstress erleben, was für Sie eher eine erwartete oder gewollte Herausforderung und letztlich leistungsfördernder Eustress sein wird.

Persönliche Maßnahmen

Was nehme ich mir für die nächsten 6 Wochen im Sinne einer Stärkung meiner »Anpassungsfähigkeit« vor? (Stichworte):

_____

_____

Was werde ich zuerst und vorrangig tun? (Stichworte):

_____

_____

Wie kontrolliere ich die Resultate? (Stichworte):

_____

_____

Wo werde ich mich weiter zum Thema »Anpassungsfähigkeit« informieren? (Stichworte):

_____

_____

Als weiterführende Informationsquellen empfehlen wir

Corssen, J.: Der Selbstentwickler. Beustverlag, München 2004; CD: 2006

Kruse, R.: Erkenntnisse von Chaos- und Selbstorganisationstheorie für die Gestaltung betrieblicher Veränderungsprozesse. In: Schwiering, D. (Hrsg.): Mittelständische Unternehmensführung. Schäffer-Poeschel Verlag, Stuttgart 1996

Kruse, P.: next practice. Erfolgreiches Management von Instabilität. Gabal management, Offenbach 2004

Probst, G.J.B.: Organisation, verlag moderne Industrie, Landsberg am Lech 1993

Püttjer, C.; Schnierda, U.: Zeigen Sie, was Sie können. Mehr Erfolg durch geschicktes Selbstmarketing. Campus Verlag, Frankfurt/New York 2003

Beziehungsmanagement S

▶▶ **Grundsätzliche Überlegungen**

Die Bedeutung des Wissens als Wettbewerbsvorteil und bisher zeit- und stellenweise unterschätzter Produktivitätsfaktor nimmt zu. Künftig stehen bei der Entwicklung flexibler, agiler Organisationen das Gestalten von Prozessen, die Auswahl von Personen, Maßnahmen des »Teambuilding«, »Networking« und »Relationmanagement« viel stärker im Vordergrund als Organisationsstrukturen und formale Regeln. Der Umgang mit offenen Situationen, zunehmender Komplexität und Dynamik, Maßschneiderei von Leistungen, Einbeziehung des Kunden als »Prosumenten« (Produzent plus Konsument) verlangt die Verbindung von Wissens- und Beziehungsentwicklung, die Erweiterung individuellen Wissens und individueller Kompetenzen: fachlich, methodisch, organisatorisch, sozial. Es geht also um eine Höherwertung von Wissen und kompetenz- und handlungsvermitteltem Gestalten.

Personen, Personalentscheidungen, langfristige Kundenbeziehungen werden wieder wichtiger. Und in diesem Zusammenhang erhalten die Bereitschaft und die Fähigkeit, soziale Beziehungen aufzubauen, zu pflegen und auch unter konfliktären Bedingungen zu erweitern eine besondere Bedeutung im betrieblichen Alltag. Das gilt vor allem für solche Aufgaben und Positionen wie Vertrieb, Personalführung, Öffentlichkeitsarbeit, Geschäftsführung.

Externes Beziehungsmanagement

»Beziehungsmanagement« bezieht sich auf die unternehmensexternen wie -internen Seiten. Erstere folgt der Einsicht, dass der Markt als Netzwerk geschäftlicher Beziehungen zu sehen ist und dass es billiger und leichter ist, einen alten Kunden zu halten, als einen neuen zu gewinnen. Der Stammkunde steht im Mittelpunkt. Die wichtigsten Aspekte des Beziehungsmanagements sind:
- Der partnerschaftliche Austausch, von dem die beteiligten Gruppen/Personen (z. B. Käufer und Verkäufer) profitieren; eine win-win-Beziehung;

- der »kooperierende Wettbewerb«;
- der Netzwerkgedanke: Auf dem Markt bilden sich Netzwerke von »wertgebundenen Beziehungen«, die andere beteiligte Gruppen wie Kommunen, (Fach-)Verbände, Journalisten, Berater u. a. einschließen;
- der gemeinsame Nutzen: Beziehungen hängen weit mehr davon ab, inwieweit sie helfen können und als wie bedeutsam sie betrachtet werden und weniger davon, was in sie investiert wird;
- die Langfristigkeit: Langfristige Beziehungen vermindern in der Regel Risiken, Transaktionskosten und bringen Zusatznutzen in Form von auf Vertrauen gründenden Referenzen, gegenseitigen innovativen Anregungen u. a.

Internes Beziehungsmanagement

Beziehungen (zwischenmenschlich, zwischen Organisationseinheiten) sind das Fundament für das Funktionieren von Organisationen:
- Bisher getrennt arbeitende Organisationseinheiten müssen im Rahmen erweiterter Teamselling-Effekte im Außendienst zusammenarbeiten.
- Virtuelle Teams entstehen, Heimarbeitsplätze nehmen zu; Menschen arbeiten zusammen, ohne sich zu begegnen.
- Das Niveau der internen betrieblichen Beziehungen (Kommunikation, Zusammenarbeit) korrespondiert immer mehr mit dem wirtschaftlichen Erfolg. Qualitätsprüfungen beziehen vermehrt auch diese »weichen Faktoren« ein.
- Die Beziehungsfähigkeit zunehmend breiter Mitarbeitergruppen, insbesondere aber der Führungskräfte und Projektmanager, prägt die Kultur eines Unternehmens.

Zwei Extremfälle

Zugespitzt betrachtet gibt es zwei Extremfälle von Beziehungsgestaltungen: das Gegeneinander oder das Miteinander:

Gegeneinander	Miteinander
• Gegner;	• KollegInnen;
• Die eigenen Argumente, die Größe des Kuchens stehen fest;	• Zusammenarbeit erhöht beider Nutzen;
• Misstrauen, Täuschung, Argwohn;	• Ehrlichkeit, Fairness, Offenheit;
• Taktieren und Überlisten;	• Gemeinsame Strategie;
• Um jeden Preis gewinnen;	• Eine langfristige Beziehung aufbauen;
• Begrenzter Kommunikationsbereich;	• Die ganze Beziehung im Blick haben;
• »Gegenüberliegende Tischseiten«.	• Dieselbe Tischseite.

Einige Beispiele für diese unterschiedlichen Kommunikations- und Kooperationsgestaltungen (nach Glas):
- Während einige westliche Automobilhersteller immer noch erbarmungslos Druck auf ihre Zulieferer machen, die Preise zu reduzieren, arbeiten japanische Hersteller bereits mit Zulieferern zusammen, um Kosten zu reduzieren und Marktanteile zu gewinnen, wovon beide Seiten profitieren können.

- Während der eine Lebensmittelproduzent sich in den Preisverhandlungen mit wichtigen Kunden unnachgiebig zeigt, baut ein Konkurrent die Zusammenarbeit aus und bietet individuelle Lieferpläne, gemeinsame Werbeaktionen, wunschgerechte Verpackungsgrößen usw. an.
- Während der eine Projektmanager frustriert ist darüber, dass er wichtige Ressourcen nicht bekommt, wütend aus dem Büro eines unkooperativen Abteilungsleiters platzt und verkündet, er werden »die Sache noch bei der Unternehmensleitung zur Sprache bringen«, setzt sich ein anderer mit dem schwierigen Manager zusammen und versucht zu verstehen, warum dieser das Projekt behindert, um eine für beide Seiten zufriedenstellende Lösung zu finden.

Kennzeichen

Aktives Beziehungsmanagement schließt ein:
- Überzeugtheit von der Bedeutung von Beziehungen;
- Kommunikations- und Kooperationsfähigkeiten;
- Strukturen und Rituale der Begegnungen;
- Unkomplizierte Wege des Austausches sowie Freiräume für Begegnungen;
- Information und Transparenz.

Beziehungsmanagement ist – vereinfacht gesagt – die umfassende Fähigkeit, den Umgang mit anderen Menschen erfolgreich zu gestalten. Und diese Fähigkeit kann erlernt, erweitert, vertieft werden.

Verschiedentlich wird Beziehungsmanagement auch mit dem Begriff der sozialen Intelligenz bzw. der Beziehungsintelligenz zusammengebracht. Wie auch immer, zum psychologischen Kern des gemeinsamen Beziehungsmanagements gehören
- soziale Kontakte zu knüpfen;
- andere Menschen zu Verhaltensweisen zu veranlassen;
- loyal und glaubwürdig zu sein;
- soziale Beziehungen längerfristig zu gestalten;
- Bekannte zu »Freunden« zu machen;
- gemeinsame Vorteile zu realisieren.

Selbstcheck

Wollen Sie Ihr Beziehungsmanagement verbessern und daraus Nutzen sowohl für die Arbeit als auch für Ihr Privatleben ziehen, so beginnen Sie bei sich selbst: Analysieren Sie Ihre Stärken und Neigungen als Voraussetzung für eine noch bewusstere Steuerung und Kontrolle Ihres Beziehungsmanagements.

Gehen Sie realistisch davon aus, dass jede Beziehung ein Mix aus guten und weniger guten Eigenschaften und Gewohnheiten ist. Die erkannten Stärken lassen sich ausbauen, mit unseren eigenen kombinieren, weiterentwickeln. Und die Schwächen unserer Partner sollen als Chancen wahrgenommen und akzeptiert werden: Chancen für Entwicklungen (und sei es unsere eigene), produktive Spannung für eine insbesondere, nicht oberflächliche Beziehung.

> Wir sehen die Welt durch unsere Augen, daher sieht jeder etwas anderes.

In dem nachfolgend wiedergegebenen Selbstcheck werden neun verschiedene Beziehungsaspekte beleuchtet. Gehen Sie hierbei schrittweise vor und stellen Sie sich dabei einen konkreten Partner vor, dem Sie nach Möglichkeit in einem späteren Schritt ebenfalls um eine Einschätzung bitten.

1. Beginnen Sie beim ersten Aspekt; er ist gekennzeichnet durch die Ziffer 1.. Beantworten Sie die entsprechende Frage durch die (kritische) Wahl eines Prozentwertes, der Ihrer gefühlsmäßigen Einschätzung am Nächsten kommt. Auf dem persönlichen »Beziehungsradar« tragen Sie per Kreuz oder Punkt diesen Wert auf der jeweiligen Radarlinie ein.
2. Wenn Sie alle neun Fragen beantwortet und die Prozentwerte in das Beziehungsradar eingetragen haben, verbinden Sie bitte diese Werte. Sie erhalten dann Ihr sehr persönliches Beziehungsbild.
3. Nehmen Sie das 2. (Leer-)Profil und kopieren Sie es so oft, wie Sie es einsetzen wollen. Sie können die Bögen verschiedenen Partnern (Familie, Kolleginnen, Freundin …) mit der Bitte geben, den Bogen in der gleichen Weise auszufüllen und ein eigenes Beziehungsprofil herzustellen. Dabei soll der Partner seine Beziehung zu Ihnen einschätzen.
4. Sie können dann gemeinsam mit dem/den Partner(n) Vergleiche zwischen dem jeweils eigenen und fremden Profil herstellen, um Gemeinsamkeiten und Unterschiede festzustellen. Gerade aus den unterschiedlichen Erwartungen und Bewertungen kommen in der Regel sehr wichtige Hinweise und Impulse zur Entwicklung des eigenen Beziehungsmanagements.

Beziehungsradar

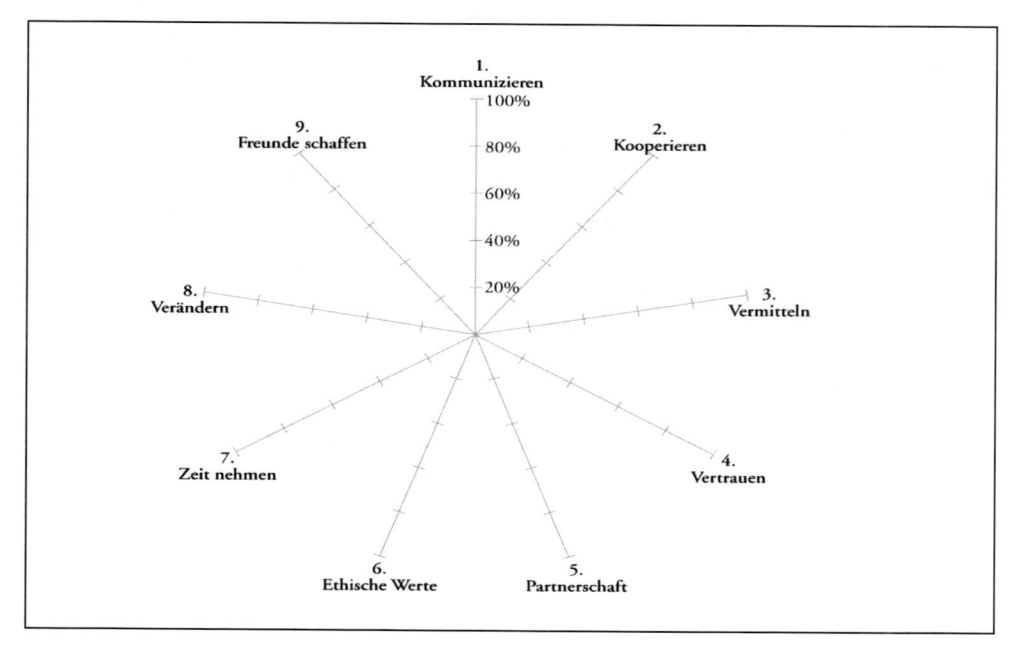

Selbst-Einschätzung

1. Kommunizieren: Bestreben, mit unterschiedlichen Menschen produktiv zu kommunizieren. Wie gut kann ich mit anderen sprechen? Kann ich gut zuhören? Fällt es mir eher leicht oder schwer, andersartige Sichtweisen und Meinungen zu akzeptieren? Dominiere ich in Diskussionen oder kann ich mich anpassen? Wie oft nehme ich mir Zeit für gute Gespräche (außerhalb von Dienstbesprechungen)?

> Bewertungsfrage: Wie zufrieden bin ich mit unserer Kommunikation?

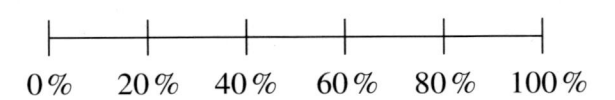

```
├────┼────┼────┼────┼────┤
0%   20%  40%  60%  80%  100%
```

2. Kooperieren: Bestreben, mit unterschiedlichen Menschen produktiv zusammenzuarbeiten. Wie komme ich mit dem Partner klar? Klappt unsere Zusammenarbeit auch bei schlechtem Wetter? Kann ich gut auf die Eigenarten eingehen und die Stärken zur Geltung bringen?

> Bewertungsfrage: Wie zufrieden bin ich mit unserer Zusammenarbeit?

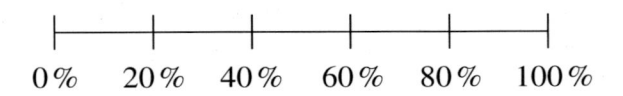

```
├────┼────┼────┼────┼────┤
0%   20%  40%  60%  80%  100%
```

3. Vermitteln: Fähigkeit, zwischen unterschiedlichen Personen, Gruppen, Organisationen … zu vermitteln. Wenn ich Unstimmigkeiten zwischen uns oder gegenüber Dritten spüre, versuche ich dann zu vermitteln? Wie gelingt mir die Vermittlung? Oder ziehe ich mich eher zurück?

> Bewertungsfrage: Wie zufrieden bin ich mit meiner Fähigkeit, in schwierigen Situationen zu vermitteln?

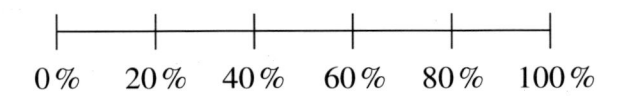

```
├────┼────┼────┼────┼────┤
0%   20%  40%  60%  80%  100%
```

4. Vertrauen: Bereitschaft und Fähigkeit zu gegenseitigem Vertrauen. Wie weit geht mein Vertrauen gegenüber dem Partner? Kenne ich meine dementsprechenden Kriterien? Wieviel bin ich bereit und in der Lage, in gegenseitiges Vertrauen zu investieren? Erhöhe ich die eigene Vertrauenswürdigkeit durch zielbewusstes, authentisches Auftreten?

> Bewertungsfrage: Wie zufrieden bin ich mit dem gegenseitigen Vertrauensverhältnis?

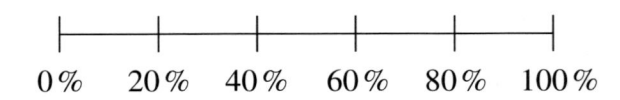

```
├────┼────┼────┼────┼────┤
0%   20%  40%  60%  80%  100%
```

5. Partnerschaft: Fähigkeit zu zeitweiligen tragenden Partnerschaften zum Nutzen aller Beteiligten (mit Wettbewerbern, Unentschlossenen, Skeptikern). Wie gut kann ich Partner sein, wie geduldig gegenüber der Andersartigkeit meines Partners bin ich? Inwieweit kann ich akzeptieren, dass Partnerschaft »beidseitiges Geben und Nehmen« bedeutet?

> Bewertungsfrage: Wie zufrieden bin ich mit dem gegenwärtigen Niveau?

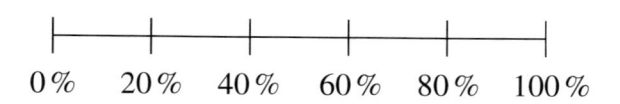

```
  |----+----+----+----+----|
  0%  20%  40%  60%  80% 100%
```

6. Ethische Werte: Individuelle Bedeutsamkeit einzelner ethischer Werte bzgl. der Beziehung zum Partner. Welche ethischen Werte (z. B. Loyalität, Zuverlässigkeit …) sind mir besonders wichtig? Wie realisiere ich sie in unserer Beziehung? Und welche, warum, weniger oder nicht?

> Bewertungsfrage: Wie zufrieden bin ich mit dem gegenwärtigen Niveau?

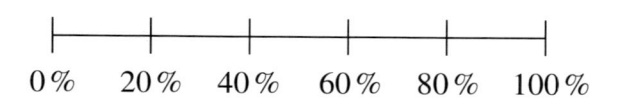

```
  |----+----+----+----+----|
  0%  20%  40%  60%  80% 100%
```

7. Zeit nehmen: Bestreben, sich bewusst Zeit für die Pflege der Beziehung zu nehmen/zu agieren und nicht nur zu reagieren. Wieviel Zeit nehmen wir uns für gemeinsame Gespräche und Interessen? Sind wir ausreichend oft und viel zusammen? Machen wir unnötige Einschränkungen?

> Bewertungsfrage: Wie zufrieden bin ich mit der genutzten Zeit mit meinem Partner?

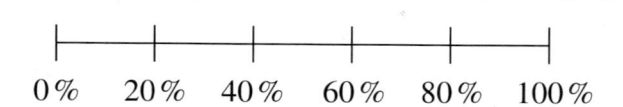

```
  |----+----+----+----+----|
  0%  20%  40%  60%  80% 100%
```

8. Verändern: Fähigkeit, Vorurteile, Ängste und eingefahrene Verhaltensmuster zu erkennen und zu mindern. Wie gehe ich mit Vorurteilen und Ängsten meines Partners um? Wie gebe ich mir und meinem Partner Sicherheit?

> Bewertungsfrage: Wie zufrieden bin ich mit unserem Umgang mit Ängsten, Vorurteilen, Gewohnheiten …?

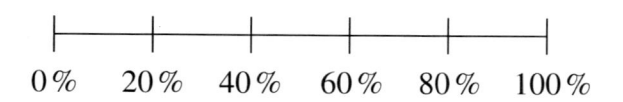

```
  |----+----+----+----+----|
  0%  20%  40%  60%  80% 100%
```

9. Freunde schaffen: Eigene Maßstäbe für die Differenzierung zwischen »Fremden« und »Bekannten« und aktive Einflussnahme auf Partnerschaften. Wen zähle ich zu unseren Freunden und wen zu den engeren Bekannten und warum? Was bringen diese Freunde und engeren Bekannten an Bereicherung und auch an Belastungen in unsere Beziehung ein? Integriere ich?

> Bewertungsfrage: Wie zufrieden bin ich mit unseren Freunden und engeren Bekannten und deren Einfluss auf unsere Beziehung?

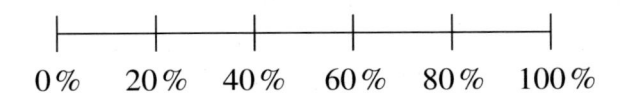

```
|-------|-------|-------|-------|-------|
0%    20%    40%    60%    80%   100%
```

Haben Sie alle neun Prozentwerte in Ihr Beziehungsradar eingetragen? Ein fertiges Beziehungsradar von Ihnen könnte z. B. so aussehen: Mein Beziehungsradar (in Bezug auf …)

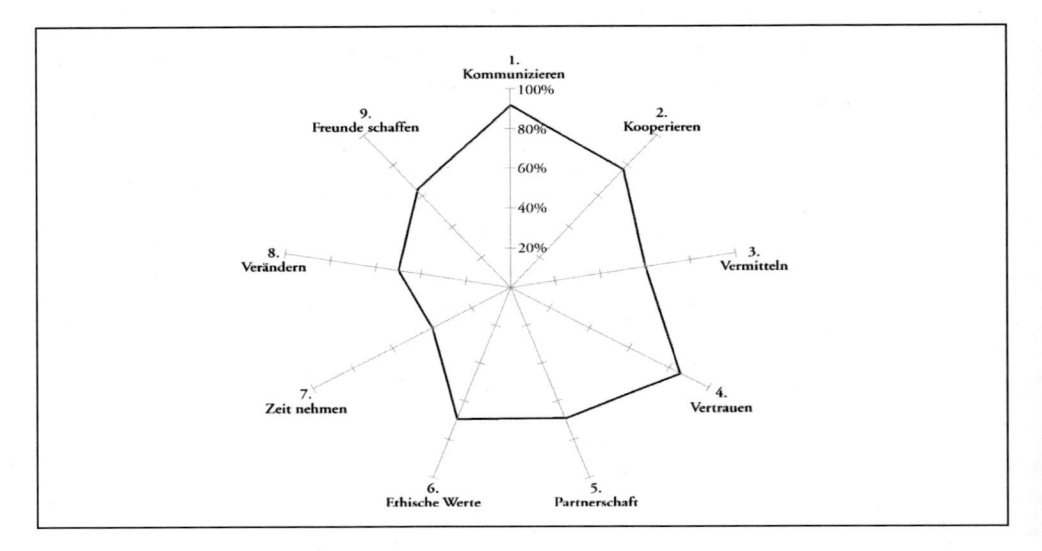

In diesem Fall ist die hohe Zufriedenheit mit dem Grad und Niveau der Kommunikation und des Vertrauens auffallend.

Auf dieser sehr guten Grundlage der Beziehung sollte umso kritischer darüber nachgedacht werden, was (bei sich selbst beginnend!) insbesondere im Hinblick auf
- Vermitteln;
- Zeit nehmen;
- Verändern;
- Partnerschaft/Freunde schaffen;

verbessert, verändert, vertieft werden könnte.

Empfehlungen

Interessant wird es, wenn Sie Ihre Einschätzung mit der eines Partners vergleichen und somit unterschiedliche Erwartungen erkennen. Auch hier ein Beispiel: Unser Beziehungsradar (Partner: …)

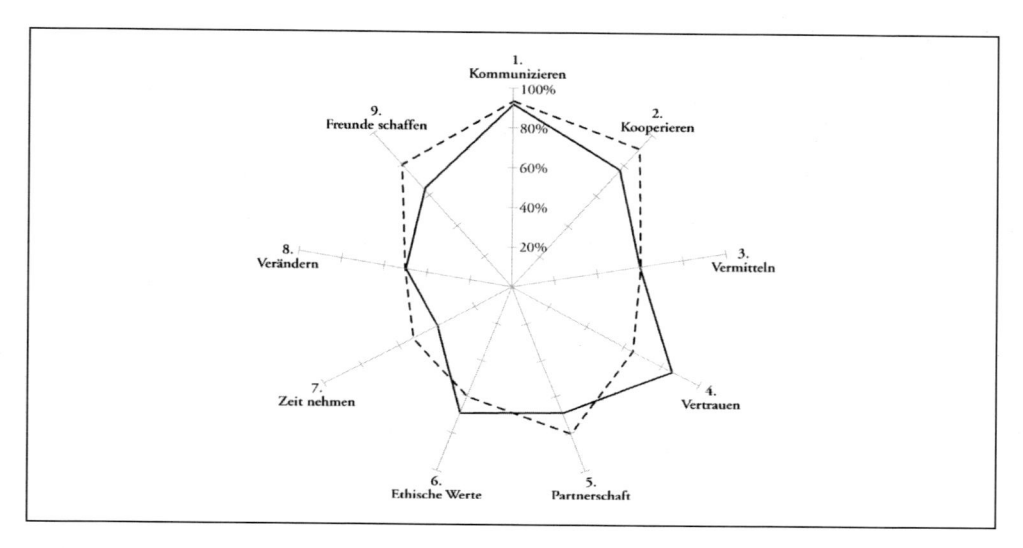

Auffallend ist in diesem Beziehungsradar z. B., dass der Partner/die Partnerin seine/ihre Zufriedenheit bezüglich des Vertrauens zwischen Ihnen nur mit 68 % charakterisiert und auch bei »ethischen Werten« weniger zufrieden ist als Sie.

Es liegt nun an Ihnen beiden, die Gründe dafür herauszufinden.

Da Sie mit dem Beziehungsradar die Offensive übernommen haben, können Sie aktiv auf den anderen zugehen und mit ihm/ihr darüber nachdenken, wie künftig die Beziehung verbessert werden kann.

Wenn Sie das mit verschiedenen Partnern so machen (Einschätzungen, auswertende Gespräche mit Schlussfolgerungen) und die Schlussfolgerungen konsequent umsetzen, dann trainieren Sie sehr wirkungsvoll Ihr Beziehungsmanagement und wachsen über sich hinaus.

Als »Leitplanken« für Ihr Selbsttraining »Beziehungsmanagement« können folgende Empfehlungen gelten:

- Schreiben Sie in Stichworten und mit Datum die wichtigsten Erkenntnisse aus dem Selbstcheck und den Gesprächen sowie die wichtigsten Schlussfolgerungen für Ihr zukünftiges Verhalten auf und schauen Sie mehrfach in der Woche darauf. Ansonsten gehen Ihre guten Vorsätze verloren; das Gras des Vergessens wächst sehr schnell. Stellen Sie sich kleine Ziele und und orientieren Sie auf kontrollierbare Maßnahmen!
- Respektieren Sie Unterschiede, schätzen Sie Unterschiede in Einstellungen und Auffassungen, in Idealen und in Arbeitsweisen. Bekämpfen Sie eigene Vorurteile und bauen Sie sich eine »kritische Toleranz« als Grundhaltung auf.
- Interessieren Sie sich für die Grundbedürfnisse und Handlungsmotive anderer und agieren Sie gemäß dieser.

- Suchen und akzeptieren Sie Feedback und erweitern Sie Ihre eigene Fähigkeit, Feedback richtig zu geben.
- Nutzen Sie dazu nach Möglichkeit auch Seminare, die sich mit Beziehungsmanagement befassen. Solche laufen häufig unter den Stichworten »Netzworking«, »Soziale (oder auch: emotionale) Intelligenz«, »Zwischenmenschliche Kommunikation«, »Transaktionsanalyse«.

Persönliche Maßnahmen

Was nehme ich mir für die nächsten 6 Wochen im Sinne einer Verstärkung meines »Beziehungsmanagements« vor? (Stichworte):

_____

_____

Was werde ich zuerst und vorrangig tun? (Stichworte):

_____

_____

Wie kontrolliere ich die Resultate? (Stichworte):

_____

_____

Wo werde ich mich weiter zum Thema »Beziehungsmanagement« informieren? (Stichworte):

_____

_____

Als weiterführende Informationsquellen empfehlen wir

Goleman, D.: Emotionale Intelligenz, Hanser Verlag. München/Wien 1999
Hirschi, F.; Troxler, W.: BeziehungsKiste. Der Test. Pendo Verlag, Zürich 2001 (Es ist ein erweiterter Selbstcheck. Er lässt sich auch als Familienspiel einsetzen)
Malischewski, T.; Thiel, F.: Beziehungsmanagement: Relating – die Kunst, gute Beziehungen aufzubauen. Gabal Verlag, Offenbach 2005
Scheler, U.: Management der Emotionen. Emotionale Intelligenz mit 22 Übungen. Gabal Verlag, Offenbach 1999
Wapniewski, A.: Herausforderungen bei der Implementierung eines wertorientierten Kundenbeziehungsmanagements. Verlag Dr. Kovač, Hamburg 2006

Anhang

Beziehungsradar

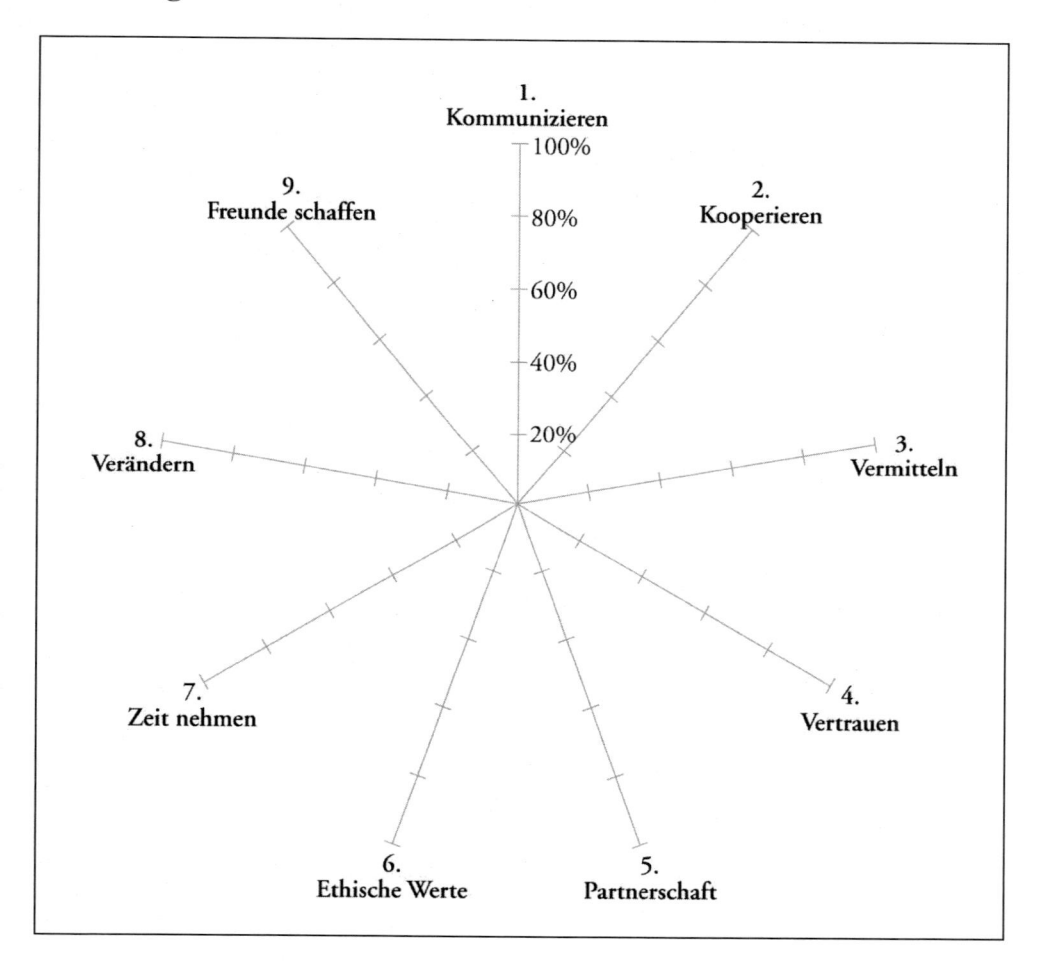

1. Kommunizieren
2. Kooperieren
3. Vermitteln
4. Vertrauen
5. Partnerschaft
6. Ethische Werte
7. Zeit nehmen
8. Verändern
9. Freunde schaffen

Konfliktlösungsfähigkeit S/P

▶▶ Grundsätzliche Überlegungen

Konflikte sind eine unvermeidbare und dauerhafte Erscheinung im Zusammenleben von Menschen und Gruppen. Wenn Konflikte mehr und anders sind als irgendwelche Probleme, die man rational lösen kann, und wenn sie immer dann auftreten, wenn existierende Widersprüche nicht mehr mit den »üblichen Bordmitteln« gelöst werden können, dann haben sie erst einmal grundsätzlich einen schöpferischen Charakter. Sie führen, so sie gelöst werden, seitens aller Konfliktpartner zu neuen bzw. veränderten Maßstäben und Einstellungen und ermöglichen dadurch ein weiteres Zusammenarbeiten und -leben. Somit wirken sie auch wieder integrierend.

Konflikte können nicht »ausgemerzt« werden, aber geregelt. Sie sind produktive Spannungen, Herausforderungen, deren Bewältigung zu einem Kompetenzzuwachs führt. Während der Dauer eines Konfliktes aber fühlen sich die Beteiligten subjektiv bedroht, begrenzt, eingeschränkt, ausgeliefert und die letztlich produktive Seite des Konfliktes kann nicht nachempfunden werden.

Allgemein können innere Konflikte (intrapersonelle), zwischenmenschliche (interpersonelle) und Konflikte zwischen Gruppen (z. B. innerhalb einer Organisation) unterschieden werden.

Jeder Konflikt in einer Organisation hat zwei Seiten:

Funktionale Seite	Dysfunktionale Seite
Konflikte sind für das Fortbestehen sozialer Systeme unentbehrlich, da sie • zu neuen Sichtweisen und Einsichten führen;	Konflikte können, wenn sie durch die Beteiligten nicht geregelt werden, den Bestand einer Organisation gefährden und zu Ängsten, Rückzugshaltungen, Krankheit … führen. Damit verbundene

- die Verarbeitung hochkomplexer und in sich widersprüchlicher Informationen und Situationen ermöglichen;
- die Wandlungsfähigkeit und Anpassungsfähigkeit einer Organisation sichern;
- Aggressionen ableiten und somit den Zerfall einer Organisation verhindern;
- den einzelnen Personen und Gruppen eine relative funktionsnotwendige Autonomie sichern.

Folgen können sein:
- Absinken der Arbeitsmotivation und -haltung;
- übermäßiger Verbrauch von Energien und Zeit zur Austragung der Konflikte;
- erhöhter Krankenstand;
- innere Kündigung bzw. tatsächliches Ausscheiden von Mitarbeitern;
- Imageverluste;
- immenser Gruppendruck, »Dogmatisierung«;
- Gefährdung der Geheimhaltung von Interna,;
- zunehmende Illoyalität.

Wenn Sie Ihre Konfliktlösungsfähigkeit verbessern/weiter stärken wollen, dann sollten Sie etwas mehr über die Konfliktursachen und -mechanismen wissen, bevor Sie die Übungsempfehlungen lesen.

Häufige Konfliktursachen

- Unzureichende Kommunikation;
- Wettbewerb und knappe Ressourcen;
- zu große Ziel- oder Interessenunterschiede;
- gegenseitige Abhängigkeit;
- Machtkämpfe, kaum offene Kritik;
- Misstrauen abweichender Meinungen;
- unzureichende Aufgabenabgrenzung, Doppelarbeiten, Auseinandersetzungen über Verantwortung und Zuständigkeiten;
- Gefühl, ungerecht behandelt zu werden;
- unvereinbare Persönlichkeiten und Einstellungen;
- Wettbewerb und knappe Ressourcen;
- Verdeckung abweichender Meinungen.

Kennzeichen

Wichtigste Merkmale eines zwischenmenschlichen Konfliktes

- Einstellungsmerkmale
  - Vertrauen nimmt ab, Misstrauen nimmt zu;
  - Interesse an anderen, Bereitschaft zur Hilfe nehmen ab;
  - verdeckte und offene Feindseligkeiten nehmen zu;
  - Bereitschaft zur Ausnutzung und Bloßstellung nehmen zu;
  - Bereitschaft, dem anderen zu schaden, nimmt zu.

- Wahrnehmungsmerkmale
  - Unterschiede, Differenzen in den Wertvorstellungen, Interessen, Meinungen nehmen zu;
  - Trennendes wird gegenüber dem Gemeinsamen deutlicher beton;

- Verhalten und Absichten anderer werden verkannt, negativ gedeutet, als Feindseligkeit betrachtet;
- Versöhnlichkeit wird als Arglist und Täuschung wahrgenommen.

• Kommunikationsmerkmale
- nicht offen und aufrichtig;
- Informationen werden absichtlich nicht oder nur bruchstückhaft weitergegeben;
- Geheimniskrämerei und Unaufrichtigkeit nehmen zu;
- Drohungen und Druck treten an die Stelle offener Diskussionen.

• Aufgabenbearbeitung
- Kooperationen und möglichen Abhängigkeiten wird aus dem Weg gegangen;
- in der Aufgabe wird wenig Gemeinsames gesehen, das eine Zusammenarbeit rechtfertigte;
- Wissen wird zurückgehalten, um den anderen keine Vorteile zu gewähren;
- es werden Gründe für einen Abbruch der Zusammenarbeit gesucht.

Phasen der Eskalation von Konflikten

Konflikte entstehen und entwickeln sich. In ihren ersten Phasen sind sie noch beherrschbar. Sie können aber zur nicht mehr steuerbaren Katastrophe werden. Das gilt für Konflikte zwischen Staaten genauso wie für den zwischenmenschlichen Bereich.

Politische Konflikte

1. Die konfliktären Parteien sind sich der zunehmenden Spannung bewusst; sie versuchen immer forcierter, die eigene Machtposition zu sichern bzw. weiter auszubauen.
2. Es kommt zu Beeinträchtigungen der zwischenstaatlichen Beziehungen. Die Parteien sind stark vergangenheitsorientiert und gehen ausschließlich von der Sicherung ihrer eigenen Interessen und der Absicherung des Erworbenen aus.
3. Die Staaten setzen zunehmend Druckmittel ein: verdeckte und offene Repressalien, Abbruch der diplomatischen Beziehungen, Ausweisung von Bürgern des anderen Staates …

4. – dto. –

Zwischenmenschliche Konflikte

Engagierte Diskussionen und Debatten mit unterschiedlichen Standpunkten, die sich verhärten. Kommunikation wird schwieriger.

Gegensätzlichkeiten nehmen zu, Unterschiede werden betont, Abgrenzungen nehmen zu. Ärger, Enttäuschung und Ungeduld nehmen zu. Noch kann aber von einer – wenn auch schwierigen – Einigung ausgegangen werden.

Die Positionen verhärten sich zunehmend, die Argumente werden unversöhnlicher und härter. Es kommt zum Schlagabtausch und verbalen Entgleisungen. Harte Forderungen, Ultimate werden gestellt. Verbündete werden gesucht. Man geht davon aus, dass der Konflikt von den gegenwärtigen Konfliktpartnern nicht mehr allein gelöst werden kann.

Der letzte Glaube an eine gemeinsame Konfliktlösung schwindet zunehmend. Breites Misstrauen und Abgrenzungen machen sich breit. Gegenseitiges Drohpotenzial wird aufgebaut, Sanktionen werden angekündigt und auch Dritten mitgeteilt. Die Auseinanderset-

4. – dto. – (Forts.)

5. Zur Durchsetzung der eigenen Rechtsauffassungen und Interessen wird zu militärischen Interventionen gegriffen.

zungen eskalieren und führen zu einem nicht mehr erträglichen Ausmaß.
Der Konflikt geht in einen offenen Kampf über. Das aufgebaute Drohpotenzial kommt zur Anwendung, Rückzugswege sind nicht vorgesehen. Der Konflikt wird mit aller Rücksichtslosigkeit und »bis zum bitteren Ende« ausgetragen.

Bis zur Phase 2 ist der Konflikt noch von den Konfliktpartnern bzw. -parteien allein lösbar. In den Phasen 3 und 4 ist ein unparteiischer Konfliktmanager (Schlichter, Mediator, …) nötig; die Konfliktseiten lösen ihn nicht mehr allein. Phase 5 bedeutet »offenen Krieg«.

Im Alltag neigen wir häufig zum Einsatz von so genannten Pseudolösungsstrategien. Wir versuchen, uns über diese doch noch einseitigen Vorteile gegenüber der anderen Seite zu sichern bzw. vom Konflikt abzulenken. Pseudolösungsstrategien lösen keine Konflikte, sondern forcieren sie sogar letztlich.

Konflikt-Pseudolösungsstrategien

Ignorieren: In etwa nach dem Motto: »Was ich nicht weiß, macht mich nicht heiß«.

Bagatellisieren: »Das ist alles nicht so heiß, wie es gegessen wird«. »Das kennen wir schon«.

Rationalisieren: »Das lässt sich alles logisch klären – wenn die Emotionen nur ›außen vor‹ gelassen werden«.

Instrumentalisieren: »Wenn ich hier den Konflikt zuspitze, erreiche ich an anderer Stelle vielleicht, dass …« (eigener Vorteil). Oder (Vorteilsuche Dritter:) »Wenn sich zwei streiten, freut sich der Dritte«.

Verdrängen: »Gar nicht daran denken«. »Tun, als ob es das alles gar nicht gäbe«. »Das geht dich alles gar nichts an«.

Regredieren: Rückfall in kindliche Verhaltensmuster: Weinen, Schreien, Fortlaufen usw.

Resignieren: »Es ist aussichtslos und ich habe keine Möglichkeit, mich zu behaupten«.

Tolerieren: Übergroßes Maß an Verständnis, Verzicht auf eigene Standpunkte im Konflikt.

Unfaire Maßnahmen

Neben der Vermeidung dieser Konfliktlösungsversuche, die letztlich ja nicht zu einer wirklichen Lösung für beide Seiten führt, sollten auch unbedingt solche unfairen Maßnahmen, die im betrieblichen Alltag immer wieder zu sehen sind, vermieden werden:
- Mit fadenscheinigen Begründungen und Vertröstungen beschwichtigen, dem anderen etwas vormachen;
- bewusst die Unwahrheit sagen;
- andere Menschen ausnutzen;

- dem Anderen massiv schaden;
- Konflikt anheizen und den anderen dann auflaufen lassen;
- Konflikte ins Persönliche ziehen;
- Demütigungen, Gesichtsverlust herbeiführen;
- »Aburteilung« eines Beteiligten, Zweifel an der Eignung Anderer – ohne Beweise.
- …

✔ Selbstcheck

Testen Sie Ihre Art der Konflikthandhabung mit einer einfachen Liste mit 2x zehn Strategien.

Positionieren Sie Ihre Kreuze auf der folgenden Seite (»stimmt im Allgemeinen«, »charakterisiert mein Verhalten«) **spontan** und **ehrlich** und lassen Sie sich nicht von solchen Fragen leiten wie »Was wäre wohl sozial erwünscht«? »Was würden andere hier ankreuzen?«

Kopieren Sie die Aussagen und lassen Sie sich nach Möglichkeit von zwei bis drei anderen Personen einschätzen. Die Bewertungen Dritter bestätigt Sie oder aber zeigt Ihnen sog. »blinde Flecken« und somit eigene verzerrte Wahrnehmungen.

☐ Ich übe Druck aus	**oder**	☐ Ich versuche zu überzeugen
☐ Ich greife den anderen persönlich an	**oder**	☐ Ich stelle das Problem in den Mittelpunkt
☐ Ich bin auf bestimmte Standpunkte festgelegt	**oder**	☐ Ich bin auch an anderen Sichtweisen interessiert
☐ Ich versuche, den Willen des anderen zu brechen	**oder**	☐ versuche, den anderen mit Sachargumenten zu überzeugen
☐ Ich versuche selbst zu gewinnen – allein	**oder**	☐ Ich suche nach gemeinsamen Lösungswegen
☐ Ich lege mich sehr früh oder mit meiner Meinung fest	**oder**	☐ Ich bleibe für überzeugende Argumente weiterhin offen
☐ Ich bevorzuge ein klares Entweder-Oder	**oder**	☐ Ich gehe eher von einem Mehr oder Weniger aus und sehe breitere Möglichkeiten
☐ Ich versuche, dem anderen den Rückzug zu erschweren	**oder**	☐ Ich komme dem anderen entgegen, so dass er ohne Gesichtsverlust seine Position verändern kann
☐ Ich versuche, dem anderen kühl zu begegnen	**oder**	☐ Ich stelle eine entspannte Gesprächsatmosphäre her
☐ Ich werde schnell ungeduldig bei langatmigen Erklärungsversuchen	**oder**	☐ Ich zwinge mich in Konfliktgesprächen sehr intensiv zuzuhören

Konfliktlösungsfähigkeit (S/P) 299

Im Idealfall, also bei stark kooperativer Konflikthandhabungs-Strategie und -erfahrung hätten Sie alle Kreuze auf der rechten Seite. Schauen Sie sich Ihre Abweichungen vom Idealfall genau an und überlegen Sie, was Sie ggf. anders machen wollen. Bei mehr als drei Abweichungen sollten Sie diese Überlegungen ernsthaft betreiben. Versuchen Sie, den ersten Schritt zu machen und helfen Sie, Vertrauen zu gewinnen.

Konfliktbewältigung

Im Alltagsverständnis werden im Allgemeinen folgende Konflikt-Lösungen voneinander unterschieden:
1. Kompromiss;
2. Sieg der einen und Niederlage der anderen Seite;
3. Vermittlungsresultat eines Dritten;
4. **kooperative/gemeinsame Konfliktbewältigung**.

Streng genommen ist nur die **gemeinsame Konfliktbewältigung** die einzig effiziente, weil dauerhafte. Wirkliche Konfliktlösungen haben stets eine Veränderung der Bezugssysteme, Maßstäbe auf beide Seiten zur Folge; und diese kommen nicht durch förmliche Absprachen oder logisches Problemlösen zustande, sondern durch einen komplizierten und auch emotional belastenden Prozess der Auseinandersetzung bei gleichzeitiger Suche nach (allgemeinen) **Gemeinsamkeiten**.

Menschen, die im gleichen Unternehmen arbeiten und sich mit diesem identifizieren und einen persönlichen Sinn im Verbleib sehen, gehen von einer Grundmenge gemeinsamer Werte aus und müssten eher zu einer gemeinsamen Konfliktlösung kommen als Menschen, die diesen oder einen analogen gemeinsamen Werte- und Kooperationsrahmen nicht haben. Erschwerend wirkt jedoch im betrieblichen Alltag, dass die Betroffenen häufig unsicher im Finden des »Wie« der Konfliktbewältigung sind und auch ihre soziale Umgebung (Mitarbeiter, Führungskräfte …) Konflikte eher verdrängt als deren Lösung aktiv zu unterstützen.

Drei Vorteile gemeinsamer Konfliktbewältigung
1. Eine Konfliktpartei (Person, Gruppe …) wird nur dann eine Lösung akzeptieren, wenn sie ihr auch Vorteile bringt. Das gilt umso mehr, je stärker sie in den Konflikt verwickelt ist.
2. Gemeinsame Lösungen werden später weniger angezweifelt oder unterlaufen als einseitig initiierte.
3. Gemeinsame Lösungen sind vertrauensbildend und verstärken die Zusammenarbeit auf nun gemeinsamen Zielen.

Empfehlungen

Verbesserung der sozialen Kompetenz

- Gehen Sie ruhig davon aus, dass bis zu 80 % der Konflikte, die wir mit uns herumtragen, mehr oder weniger eingebildet bzw. unrealistisch aufgebauscht sind. Haben Sie den Mut nachzufragen, im Sinne einer Klärung fragend auf andere zuzugehen.

- Machen Sie sich nicht einseitig von der Arbeit abhängig, sondern leisten Sie sich einen gleichwertigen »zweiten Kompetenzbereich« mit sozialen Kontakten, die Sie pflegen.
- Suchen Sie die Erfahrungen anderer im Umgang mit Konflikten; fragen Sie sie, wie sie sich an Ihrer Stelle verhalten hätten oder würden.
- Suchen Sie ein Konfliktlösungstraining auf und lesen Sie praxisorientierte Literatur hierzu (siehe abschließende Empfehlungen).
- Versuchen Sie, die nachfolgenden Hinweise zu einer kooperativen Konfliktbewältigung ernsthaft bei anstehenden Konfliktgesprächen zu berücksichtigen und geben Sie sich danach Rechenschaft über das Gelingen.

Hinweise zu einer kooperativen Konfliktbewältigung

- Beginnen Sie in Konfliktgesprächen mit leichten Punkten, die eine schnelle Einigung zulassen: **Suche nach Gemeinsamkeiten**. Je früher ein erster Fortschritt, eine erste Gemeinsamkeit eintritt, desto günstiger sind die nachfolgenden Verhandlungsschritte. Nie mit den schwierigsten Fragen beginnen!
- Legen Sie gemeinsam einen Rahmen fest. Benennen Sie ein bis höchstens drei Ziele, die Sie beide erreichen wollen, fest und gehen Sie erst danach ins Detail. Suchen Sie nicht vorschnell nach einer Lösung. Es ist genauso ein Fehler zu glauben, dass man sofort nach Lösungen suchen muss, wie die Annahme, dass alle strittigen Fragen bis ins letzte Detail ausdiskutiert werden müssten. Zwar sollte man das gesamte Spektrum andiskutieren, aber eine Einigung nicht bei allen Fragen vorhaben. Vielmehr ergeben sich während des Gesprächsverlaufes Lösungsansätze, die weiterführen, wenn die einzelnen Seiten zu Zugeständnissen bereit sind.
- Legen Sie die Gesprächsfolge fest. Einigen Sie sich am besten zu Gesprächsanfang darauf, dass keine Details des Endergebnisses endgültig vereinbart sind, solange noch wichtige Fragen offen sind. Damit können früher diskutierte Aspekte mit später diskutierten verglichen und verbunden werden.
- Gewährleisten Sie eine entspannte Atmosphäre. Lockern Sie die Gesprächsrahmenbedingungen auf: entsprechender Raum, Kaffee ..., Blickkontakt, zu Beginn entkrampfte Gesprächseröffnung. Im weiteren Verlauf soll zwar Sachlichkeit dominieren, aber keineswegs zu Trockenheit führen. Emotionale Unterstreichung der Wichtigkeit der Konfliktlösung ist durchaus wichtig, darf aber nicht zu Beleidigungen und unkontrollierten Wutausbrüchen führen. Reagieren Sie nicht gereizt auf Gereiztheiten.
- Rollentausch praktizieren. Man kann wechselseitig die Standpunkte und Forderungen versuchen zu formulieren und kann dabei das Verständnis für die Gegenseite erhöhen. Andererseits erfährt man ggf. bei einer verständnisvollen Wiedergabe der eigenen Standpunkte durch die Gegenseite eine Aufwertung und Richtigkeit dieser. Letzteres sollte jedoch nicht »herbeimanipuliert« werden.
- Tragen Sie Konflikte nicht in die Öffentlichkeit.

Gesprächsablauf organisieren

Beschäftigen Sie sich bewusster mit dem Aufbau und Ablauf von Gesprächen. Bewerben Sie sich nach Möglichkeit um die Moderation einer Dienstbesprechung oder eines Erfahrungsaustausches. Versuchen Sie, die Gespräche nach folgendem Ablauf zu organisieren:

1. Gespräch vorbereiten (Zeitpunkt, Ort, Service, Gesprächspartner, Thema, Gesprächsziele);
2. Gesprächskontakt herstellen (Begrüßung, Einleitung des Gesprächs, Platz, Getränke anbieten);
3. Gesprächsthema festlegen (Thema formulieren und mit den Partnern abstimmen);
4. Thema strukturieren (Thema in inhaltlich zusammen hängende Teilfragen/-themen aufgliedern);
5. Ist-Zustand klären und zur Ausgangssituation des Gespräches machen (Welche Fakten, Informationen sind allen bekannt? Welche sind die gemeinsamen oder unterschiedlichen Interessenlagen?);
6. Bestehende Meinungsunterschiede und Schwierigkeiten feststellen und präzisieren (Welche gibt es – wenn überhaupt? Mögliche Ursachen dafür und denkbare Konsequenzen);
7. Änderungsmöglichkeiten erarbeiten (Maßnahmen diskutieren, die die Meinungsverschiedenheiten und Schwierigkeiten vermindern oder beseitigen helfen);
8. Argumente vergleichen (Argumente abwägen: positive gegen negative und gleichermaßen die Konsequenzen. Was erweist sich als beste Lösung?). Nehmen Sie erst dann Stellung, wenn Sie das Problem erfasst und verstanden haben.
9. Gesprächsergebnisse herausarbeiten und protokollieren (lassen) (Lösungen festhalten und Kurzbegründung; konkrete Umsetzungsmaßnahme mit Ross und Reiter sowie Realisierungskontrolle festhalten; offene Punkte, deren Gründe und Zeitpunkt der Wiederbehandlung benennen);
10. Schlusskontakt (Freude über Ergebnis äußern, freundliche Verabschiedung; ggf. den nächsten Gesprächstermin bekannt geben).

Überdenken Sie nach Ihrem ersten dergestalt vorbereiteten und durchgeführten Gespräch den Verlauf. Waren Sie zufrieden? Was ist Ihnen besonders gut geglückt? Was könnten Sie das nächste Mal verbessern?

Holen Sie sich auch die Rückmeldung eines der Anwesenden persönlich ein. Üben Sie weitere Male sehr bewusst die Durchführung von analogen Gesprächen/Besprechungen. Das trainiert auf eine »stille Art« Ihre soziale Kompetenz, die Ihnen auch in Konfliktsituationen nützlich sein wird.

Killerphrasen vermeiden

Vermeiden Sie bewusst sog. Killerphrasen, die in Konflikten häufig anzutreffen sind und diese noch verstärken. Beobachten bzw. »belauschen« Sie Ihre Umgebung in den nächsten 6 Wochen sehr bewusst hinsichtlich der Verwendung solcher blockierenden Aussagen und entsprechender Verhaltensweisen (engl. to kill: töten). Sie trainieren damit Ihre soziale Wahrnehmung und erkennen schon früh destruktives, konfliktäres Verhalten. Killer-Techniken werden nicht selten von Führungskräften und Politikern z. B. in Form des »Aussitzens« praktiziert; man reagiert, indem man nicht reagiert und wartet solange, bis der andere entnervt aufgibt. Die Autoren Zuschlag/Thielke (siehe unsere Literaturempfehlungen) führen nicht nur umfassend die im Alltag typischen Killerphrasen auf, sondern auch die vielfältigen Möglichkeiten ihrer Begegnung.

Für Ihre Beobachtungen sollten folgende Gruppen von Killerphrasen unterschieden (und von Ihnen später nicht gebraucht) werden:
- Ausweichen einer sachlichen Auseinandersetzung mit dem Problem (Dafür habe ich jetzt keine Zeit ... Das ist mir zu einfach ... Das geht uns nichts an ...);
- Ungerechtfertigter Angriff (Trauen Sie mir das etwa nicht zu? ... Sie halten mich wohl für blöd ... Wollen Sie etwa behaupten, ich hätte nichts unternommen? ...);
- Zuständigkeit bezweifeln (Das können Sie doch gar nicht beurteilen ... Wieso mischen Sie sich hier ein? ...);
- Kompetenz bestreiten, Unkenntnis unterstellen (Da kennen Sie einfach die Hintergründe nicht ... Das war wohl viel zu voreilig);
- Überraschendes Einbringen (angeblich) neuer Tatsachen (Es ist seit gestern eine völlig neue Situation eingetreten ... Das kann nur Ihr Chef entscheiden ...);
- Bekannte oder angebliche Autoritäten (zu Unrecht) zitieren; sich auf Vorschriften berufen ... (Nach Professor X ist das, was Sie vorhaben, sehr bedenklich ... Das ist gegen die Vorschriften ... Das haben wir noch nie gemacht ...);
- Dem Gesprächspartner Unausgeglichenheit und Unernst unterstellen (Sie müssen sich doch nicht immer gleich so aufregen ... Das kann doch nicht Ihr Ernst sein? ...);
- Fälschliches Einvernehmen unterstellen (Darüber sind wir uns doch einig ... Da waren wir noch nie weit auseinander ...);
- Lächerlichmachen, Diffamieren (Das ist doch Schwachsinn, Sie sollten erst einmal denken, bevor Sie reden ... Sie reden der Konkurrenz das Wort ... Das ist völlig realitätsfern);
- Belehrung (Das können Sie mir glauben ... Als jemand mit langjährigen Berufserfahrungen sage ich Ihnen ...);
- Isolierung des Gesprächspartners (Das will keiner von uns ... Das haben wir früher schon erfolglos versucht ...);
- Ausweichen und Gegenangriff (Erst müssen wir mal über die Kritiken sprechen, die mir gehäuft über Sie zu Ohren gekommen sind ... Sie wagen es noch, mir mit solchen Forderungen zu kommen ...).

Das ist ein Ausschnitt aus der Vielfalt von Killerphrasen, mit denen unser Alltag bestückt ist!

Persönliche Maßnahmen

Was nehme ich mir für die nächsten 6 Wochen im Sinne einer Verstärkung meiner »Konfliktlösungsfähigkeit« vor? (Stichworte):

_____

_____

Was werde ich zuerst und vorrangig tun? (Stichworte):

_____

_____

Wie kontrolliere ich die Resultate? (Stichworte)?

_____

_____

Wo werde ich mich weiter zum Thema »Konfliktlösungsfähigkeit« informieren? (Stichworte):

_____

_____

Als weiterführende Informationsquellen empfehlen wir

Fehlau, E.G.: Konflikte im Beruf. Haufe Verlagsgruppe, Planegg/München 2006
Klein, S.: Wenn die anderen das Problem sind. Gabal Verlag, Offenbach 2007
Rosenstiel, L. v. et al. (Hrsg.): Führung von Mitarbeitern. 3. Aufl., Schäffer-Poeschel Verlag, Stuttgart 2003

Integrationsfähigkeit   S/P

▶▶ ## Grundsätzliche Überlegungen

Konflikte im Unternehmen

Durchschnittlich 12 % der Arbeitszeit verbringen Mitarbeiter in Unternehmen damit, Konflikte auszutragen. Zu diesem Ergebnis kommt das Hernstein Management Institut in Wien. Das Institut stützte sich bei seiner Befragung auf 451 Führungskräfte in Österreich und Deutschland.

Die Konflikträchtigkeit scheint mit der Größe des Unternehmens zu korrelieren. Besonders konfliktanfällig erwiesen sich laut Befragung Unternehmen mit mehr als 500 Beschäftigten. Während in kleineren Betrieben mit bis zu 250 Mitarbeitern durchschnittlich lediglich 9 % der Arbeitszeit zur Konfliktbewältigung verloren gingen, liege dieser Wert bei Unternehmen mit mehr als 500 Beschäftigten bei rund 14 %.

Die Ursachen für die Konflikte gehen in Österreich auffallend häufig auf persönliche Differenzen zurück; ca. 47 % der Konflikte beruhen auf zwischenmenschlichen Gründen. 53 % haben ihre Ursache in arbeitsbezogenen Differenzen. Die Streitigkeiten unter deutschen Mitarbeitern sollen demgegenüber in der Regel und vorwiegend aus den Arbeitsinhalten entstehen.

Sucht man nach Lösungen, dann sind diese sowohl auf der Ebene der Führungskräfte, aber auch auf der Ebene der MitarbeiterInnen selbst zu finden. Es braucht stets Personen, die eine höhere Integrationsfähigkeit und das Wissen um die Methoden und Techniken der Integration und Vermittlung besitzen. Darum geht es auch in diesem Modularen Informations- und Trainingsprogramm.

Definition

Integrationsfähigkeit kennzeichnet das personale Vermögen, unterschiedliche soziale Bestrebungen, Interessen und Aktionen zu einem gemeinsamen Handeln zu bündeln und für die Arbeit, das Unternehmen, die Organisation ... wirksam werden zu lassen. »Integration« wird damit nicht als ein zu erreichendes Ziel aufgefasst, sondern als das Prozessgeschehen selbst. Dabei sind integrative Prozesse diejenigen, bei denen »Einigungen« zwischen gegensätzlichen Einstellungen und Sichtweisen, interagierenden Personen und Personengruppen zustande kommen.

Psychisch geht es bei der Integrationsfähigkeit um das Wahrnehmen und den Ausgleich widerstreitender psychischer Anteile sowie um Probleme der Akzeptanz – einschließlich kultureller und sozialer Unterschiede.

Integration meint immer auch das Bedürfnis nach Einpassung in das soziale System und die prinzipielle Anerkennung der bestehenden Interaktionsformen.

Kriterien im Unternehmen

- Erkennt Ursachen von Konflikten und strebt Lösungen an
- Vermag es kraft der eigenen Persönlichkeit, unterschiedliche soziale Bestrebungen, Interessen und Handlungen zielorientiert zu bündeln. »Kanalisiert« unterschiedliche Interessen ohne Aufgabe des eigenen Konzepts
- Kann sich in die widersprüchlichen psychischen Bedingungen und Sichtweisen der zu Integrierenden einfühlen
- Bringt die zu Integrierenden – vor allem durch eigene Vorbildwirkung – zum gemeinsamen Handeln
- Beherrscht die Methoden, psychische und Handlungs-Konflikte rechtzeitig zu erkennen und zu neutralisieren
- Schafft die institutionellen Rahmenbedingungen der Integration mit oder nutzt sie zumindest
- Die Notwendigkeit und Nützlichkeit von Integration ist fest im persönlichen Werte- und Normsystem verankert.

Diese Kriterien beschreiben die Integrationsfähigkeit von verschiedenen Seiten. Eine Übertreibung hingegen wäre beispielsweise, wenn die betreffende Person auch dort noch zu vermitteln und zu integrieren versucht, wo eher Polarisationen und Zuspitzungen der Gegensätze notwendig wären.

Eine Übertreibung im Sinne des Überganges von einer Stärke in eine Schwäche ist auch ein kompromisslerisches Verhalten, das Nachgeben »um des lieben Friedens wegen«.

☞ **Empfehlungen**

Stadien des Vorgehens

Personen mit einer hohen Integrationsfähigkeit erfüllen vielfältige Anforderungen und gehen – häufig intuitiv – bei Vermittlungen konfliktärer Personen oder Gruppen und beim Integrieren Benachteiligter oder neuer Mitarbeiter nach einem bestimmten »inneren Fahrplan« vor. Solche Anforderungen und zugleich auch Stadien des Vorgehens sind (in Anlehnung an Wendt, W.R. (Hrsg.): Unterstützung fallweise – Case Management in der Sozialarbeit. Freiburg 1995):

1 *Verpflichten:*
- Vertrauensbildung
- Rollen klären
- Erwartungen diskutieren und fixieren

2 *Einschätzen:*
- Bedürfnisse/Ressourcen-Ballance
- Hindernisse in der Nutzung von personalen Ressourcen
- Stärken der zu vermittelnden oder zu integrierenden Personen

3 *Planen:*
- Gemeinsame Ziele lokalisieren
- Ziele spezifizieren
- Plan des weiteren Vorgehens entwickeln
- Etwas Gemeinsames planen und öffentlich vertreten

4 *Erschließen der Ressourcen:*
- Personen und Ressourcen verknüpfen
- Verhandeln, überzeugen und ggf. fürsprechen
- Interne Ressourcen entwickeln

5 *Koordinieren:*
- Übereinstimmung herstellen bei gemeinsamen Zielen und bei gemeinsam vertretenen Tabus im Verhalten untereinander
- Betroffene Personen und Helfer, Vermittler unterstützen
- Hilfeanstrengungen organisieren (selbst und Anregung bei Dritten)

Zur Stärkung Ihrer Integrationsfähigkeit sollten Sie sich unbedingt auch mit den Modulare Informations- und Trainingsprogrammen
- Kommunikationsfähigkeit,
- Konfliktlösungsfähigkeit,

- Problemlösungsfähigkeit,
- Glaubwürdigkeit

intensiv beschäftigen.

Nachfolgend soll auf zwei wichtige Aspekte der Integrationsfähigkeit hingewiesen werden:
- auf grundsätzliche Aspekte einer psychologisch effizienten Gesprächsführung mit einzelnen Mitarbeitern oder gar mit einer Gruppe als Voraussetzung für aktive Integrationsbemühungen und -überzeugungen und
- die mutige Deeskalation von Konflikten. Die Befolgung dieser Orientierungen hilft Ihnen, problematische Integrationsanforderungen mutiger und besser zu lösen.

Kommunikations- und Interaktionsstile

Analog zu erfolgreichen Vorgehensweisen in der Selbstmanagement-Psychotherapie (Kanfer, F.H. et al.: Selbstmanagement-Therapie. Springer-Verlag, Berlin/Heidelberg u. a. 1996) empfehlen sich folgende Kommunikations- und Interaktionsstile für den integrativ wirkenden Mitarbeiter:

Naive Rolle
Es wird zunächst die Rolle einer naiven Person eingenommen. Dadurch bewahrt man sich vor vorschnellen Interpretationen und Bewertungen, zumal man ja sowieso wenig von dem Gegenüber und den Unsicherheiten und Befürchtungen weiß. Es wird mit diesem Interaktionsstil etwas erfragt (»Ich kann mir vorstellen, dass Sie durchaus Probleme der Integration haben.

Sie wissen das natürlich am genauesten von uns beiden. Was meinen Sie, könnten Sie und was die anderen der Gruppe tun, damit Sie schneller in die Gruppe hineinwachsen? Was kann ich aus Ihrer Sicht dazu beitragen? …«).

Konkretisierung
Der Gesprächsführer bittet den Partner kontinuierlich um Konkretisierung und Präzisierung seiner Aussagen. (»Ich würde gern noch besser verstehen, was Sie meinen. Können Sie mir ein Beispiel dazu geben?« »Was haben Sie genau dabei gedacht und wie haben Sie sich dann verhalten?«)

Herausforderndes Klären
Der Gesprächspartner wird zur weiteren Klärung seiner Ausführungen herausgefordert, zu einer intensiven Auseinandersetzung mit seiner eigenen Sicht der Dinge. (»Sie meinen, dass Sie schon immer Schwierigkeiten hatten, auf unbekannte Personen und Situationen zuzugehen und sich lieber abwartend zurückziehen?«)

Provokative Gesprächsführung
Hierbei geht es um eine humorvolle Art der Zuspitzung von Widersprüchen. Die Strategie der humorvoll-provokativen Konfrontation setzt ein großes Einfühlungsvermögen, Kooperation und ein grundsätzlich akzeptierendes Bild von der Persönlichkeit des Gegenüber voraus (ein

vorzügliches Einführungs- und Selbsttrainingsprogramm dazu ist das Buch von Wippich/ Derra-Wippich 1996).

Spezifische Informationen
Hierbei beharren Sie sanft aber beharrlich auf spezifischen Informationen (»Vielen von uns erscheint es leichter, wenn Sie an ein bestimmtes Beispiel denken. Versuchen Sie doch einmal genau zu beschreiben, was Sie da getan haben ...«).

Änderungsorientierung
Hierbei werden Möglichkeiten einer Veränderung angesprochen. Es werden im Gespräch an den offenen Fragen oder Problemen einer Person die Charakteristika gemeinsam herausgearbeitet, die im Prinzip veränderbar wären.

Akzeptanz bei gleichzeitiger Betonung von Alternativen
Die Bedenken und Befürchtungen des Gesprächspartners werden ernst genommen und vorschnelle Aktionen oder Änderungsvorschläge vermieden. Auf der Grundlage eines solchen (empathischen) Verständnisses für die Fragen, Probleme, Ängste des Anderen können vorsichtig Alternativen angeregt werden. Letztere sollten erst einmal vage und im Konjunktiv in die Diskussion gebracht werden.

Kontrollierte Informationsverarbeitung
Hierbei soll der Übergang von einer automatisierten zu einer kontrollierten Informationsverarbeitung des Gegenüber unterstützt werden.
    Dazu haben Sie verschiedene Möglichkeiten, z. B.:
- Fragen in einer Form stellen, die der Gesprächspartner so noch nicht gehört hat (»Wenn Sie – unterstellen wir einmal – Mitglied der Geschäftsleitung unseres Unternehmen wären, wie würden Sie dann ...?«);
- Vergleiche anregen (»Wenn Sie sich an die Zeit vor Ihrem Eintritt in diese Abteilung und die Zeit danach erinnern: Was hat sich für Sie im Einzelnen verändert?«);
- Immer wieder auf den Gesprächskern zurück führen, Abschweifungen unterbrechen;
- Zwischenbewertungen vornehmen lassen (»Was bedeutet das für Sie?« ... »Was könnten Sie dafür tun?«);
- Zusammenfassen lassen, Verallgemeinerungen ableiten lassen;
- Phantasie anregen (»Was wäre wenn ...«);
- Analogien anregen;
- Sich in andere Personen oder Gruppen hinein versetzen lassen (Rollenwechsel, Wechsel der Wertmaßstäbe);
- Kognitive »Schocks« präsentieren (»Wenn wir einmal – natürlich nur in unserer Fantasie – den schlimmsten Fall annähmen, was ...?«).

Strategie	Interventionsbeispiele	Ziel der Strategie
Reflektieren (Spiegeln)	»Sie meinen also ...« »Sie denken ...« »Das ist also Ihr Ziel ...«	Akzeptieren, verstehen, adäquaten Kommunikationsverlauf sichern
Konkretisieren, Präzisieren	»Können Sie noch etwas genauer darstellen, was Sie damit meinen?« »Wie ist das gewesen?« »Wo und wann?«	Vom globalen Schildern zum situationsgebundenen konkreten Schildern
Konfrontieren (scheinbares)	»Gestern sagten Sie aber etwas anderes«. »Ist das nicht ein Widerspruch?«	Klären von Widersprüchen
Alternativen suchen	»Ist das die einzige Möglichkeit?« »Wie machen das andere in solch einer Situation?«	Starre Denk- und Verhaltensmuster in Frage stellen
Wahrscheinlichkeit bewerten	»Wie sicher ist für Sie, dass ...?«	Erwartungsanteil klären
Eigene Kontrollmöglichkeiten über bestimmte Ereignisse beurteilen	»Was können Sie dazu beitragen, dass das erfolgreich wird?« »Können Sie verhindern, ...?«	Eigene Kontrolle anregen bzw. Einsicht von der Nutzlosigkeit
Ordnen nach Zusammenhängen	»Womit hat das etwas zu tun?« »Welche Folgen für ... hat das?«	Klare Orientierungen, Kausalität
Regeln ableiten und erkennen	»Immer dann, wenn ... machen Sie ...«	Personenspezifische Regeln
Geltungsbereich von personenspezifischen Regeln abstecken	»Passiert das auch in solchen Situationen wie ...?« »Ist das immer für Sie wichtig, oder ...?«	Folgen des Handelns oder Nicht-Handelns klären
Konsequenzen bedenken	»Und was folgt daraus?« »Was geschieht, wenn Sie nicht ...?«	Regeln bzgl. ihrer spezifischen Relevanz prüfen
Höhenflüge bremsen	»Ist das nur ein nicht erfüllbarer Wunsch von Ihnen, oder ...?«	Realitätsbezug von Wünschen prüfen
Vergleich Soll-Ist	»Wie weit entfernt sind Sie von ...?«	Beurteilung von Diskrepanzen
Hindernisse erkennen	»Weshalb geht das nicht?«	Blockaden bei der Zielerreichung erkennen. Differenzierung zwischen subjektiven/objektiven Hindernissen

Strategie	Interventionsbeispiele	Ziel der Strategie
Kompetenzen und Ressourcen klären	»Schaffen Sie das?« »Was benötigen Sie dazu?«	Beurteilung der Verhaltensmöglichkeiten und Hilfsmittel
Relevanz beurteilen	»Machen Sie das besonders gern?«	Persönliche Prioritäten erkennen
In-Frage-stellen	»Sind Sie davon wirklich überzeugt?«	Prüfen und korrigieren von Übertreibungen oder Fehleinschätzungen
Motivation zur Zielerreichung erkennen	»Was würden Sie auf sich nehmen …?« »Wie weit würden Sie dabei gehen?«	Klärung der Motivation und Ernsthaftigkeit
Zeitperspektive klären	»Wie lang soll es dauern, bis …?«	Klärung der vorgesehenen Zeitdauer und der Einzelschritte bis zur Zielerreichung.

Deeskalation

Kommen wir zu der zweiten (kommunikativen) Voraussetzung für erfolgreiche Integrationsversuche, zu den individuell möglichen Deeskalationsbeiträgen in emotional aufgeheizten Konflikten (vgl. dazu Hugo-Becker/Becker 2004). Die Verallgemeinerungen sind auf die unterschiedlichsten Gesprächssituationen übertragbar, vom schwierigen Kundengespräch über Streitsituationen bei Mitarbeitern bis hin zu Auseinandersetzungen zwischen Mitarbeitern und ihrer Führungskraft.
- Auf emotional vorgetragene Argumente mit umso größerer eigener Kontrolle und Zwang zur Sachlichkeit antworten; auf keinen Fall emotional »anstecken« lassen.
- Auf Gemeinsamkeiten orientieren (»Gemeinsame Lösung dieser Frage …«) und dem Gegenüber die Befürchtungen gegenüber einem vermeintlichen Gegner nehmen.
- Wiederholung der Argumente des Gesprächspartners so, wie sie bei Ihnen angekommen sind. Dieser fühlt sich ernst genommen, sieht Ihr Bemühung um Verstehen und kann Fehlwahrnehmungen korrigieren.
- Keine persönliche Unterstellung von bösen Absichten und negativen Handlungsweisen bei aggressiv auftretenden Personen. Sonst wird Misstrauen und Häme erzeugt. Bleiben Sie in solchen Situationen sachlich und prüfen Sie Ihren Verdacht außerhalb des Gespräches sachlich.

Spüren Sie Unzufriedenheit auf einer oder beiden Seiten, dann gehen Sie den Gründen nach, aber schieben Sie nicht Ihrem Gegenüber die Schuld in die Schuhe.
Schießen Sie bei einzelnen Ausrutschern Ihres Gegenübers nicht zurück, sondern bringen Sie zum Ausdruck, dass das Gespräch sachlich verlaufen soll – also Tatsachen gestützt – und Sie ja eine gemeinsame Lösung anstreben. Geben Sie dem anderen die Chance, einen gemachten Fehler wieder gut zu machen und tadeln Sie ihn nicht als Person für den Fehler.

- Versuchen Sie nicht in die Negativ-Rolle zu schlüpfen, die ihnen vielleicht in dem Gespräch untergeschoben wird, sondern bleiben Sie freundlich, sachlich, kooperativ – also anders als von Ihnen erwartet wird.
- Wenn Sie trotz bester Absicht und bei Verfolgung dieser Tipps dennoch nicht weiterkommen, sollte das Gespräch auf einen neuen, aber nicht allzu weit entfernten Termin verschoben werden.

Sicher hat Integrationsfähigkeit etwas mit vorhandenen oder eingeschränkten sozialkommunikativen und personalen Kompetenzen zu tun, sie kann aber durch die bewusste Auseinandersetzung – also rational – weiterentwickelt und praktisch bestätigt werden.

In der Literaturempfehlung sind aus unserer Sicht besonders interessante, praxisorientierte Bücher hervorgehoben. Das Erscheinungsjahr sagt nichts über den Gehalt aus. In unserem Falle sind es nach wie vor hochaktuelle Quellen.

Persönliche Maßnahmen

Was nehme ich mir für die nächsten 6 Wochen im Sinne einer Erhöhung meiner »Integrationsfähigkeit« vor? (Stichworte):

_____

_____

Was werde ich zuerst und vorrangig tun? (Stichworte):

_____

_____

Wie kontrolliere ich die Resultate? (Stichworte):

_____

_____

Wo werde ich mich weiter zum Thema »Integrationsfähigkeit« informieren? (Stichworte):

_____

_____

ⓘ Als weiterführende Informationsquellen empfehlen wir

Hugo-Becker, A.; Becker, H.: Psychologisches Konfliktmanagement. Beck-Wirtschaftsberater im dtv. Deutscher Taschenbuch Verlag, München 2004
Jiranek, H.; Edmüller, A.: Konfliktmanagement. Konflikte vorbeugen, sie erkennen und lösen. Haufe Verlag, Planegg/München 2007
Wendt, W. R.: Unterstützung fallweise. Lambertus Verlag, Freiburg 1995
Wippich, J.; Derra-Wippich, I.: Lachen lernen. Einführung in die Provokative Therapie Frank Farrellys. Junfermann Verlag, Paderborn 1996
Zuschlag, B.; Thielke, W.: Konfliktsituationen im Alltag. Verlag für Angewandte Psychologie, Göttingen/Stuttgart 1992

Dialogfähigkeit/Kundenorientierung S/P

> Der Wurm muss dem Fisch schmecken, und nicht dem Angler!

Zwei Angler sitzen lange Zeit schweigend unweit voneinander. Nachdem der eine schon etliche Fische gefangen hatte, der andere aber noch keinen einzigen, fragte dieser den erfolgreichen Angler:

»Warum fangen Sie so viele Fische und ich gar keinen, obwohl die äußeren Bedingungen für uns anscheinend gleich sind? Wir sind zur gleichen Zeit hergekommen, ich sogar noch ein wenig früher, wir haben die gleichen Angelruten, sitzen an der gleichen Stelle und verhalten uns ruhig.« Der andere Angler erwiderte: »Sie haben recht, vieles haben wir gemeinsam, aber bei der entscheidenden Frage unterscheiden wir uns: Ich angle mit einem Wurm und Sie mit Wurst.« Dabei zeigt er auf ein volles Glas mit Mehlwürmern, die sich heftig bewegten.

Der Wurst-Angler zeigte sich entsetzt und angeekelt, während der andere wieder einen Fisch aus dem Wasser zog und kurz bemerkte: »Der Wurm muss dem Fisch schmecken, und nicht dem Angler.« Nun erhob sich der Wurst-Angler, packte alle seine Utensilien zusammen und verließ den Ort mit den Worten: »Ich mag solch eine Praxis nicht, Lebendiges und auch noch Würmer den Fischen anzubieten. Ich versuche meine Strategie nachher noch einmal, wenn Sie weggegangen sind. Ich werde dann erfolgreich sein und die Fische noch daran gewöhnen, meine hervorragende Wurst zu fressen. Man muss nur die Geduld aufbringen.«

Letztlich ist es »Wurst«, was dem Leistungsanbieter gefällt und wovon er persönlich überzeugt ist – solange es nicht den Kunden überzeugt und zum Kaufen bringt. »Der Wurm muss dem Fisch schmecken, und nicht (allein) dem Angler.« Dieses ist eine alte Marketingweisheit, die auf ein Sprichwort aus dem alten China zurückgeht.

Kundenorientierung fängt da an, wo und wann versucht wird, die Ausschlag gebenden Kundenbedürfnisse zu erfassen und eigene Produkte und Dienstleistungen diesen unterzuordnen.

Nöllke (2002) berichtet: »In den USA wurde 1969 der weltweit erste Heimcomputer angeboten. Es handelte sich um einen Honeywell H-316 Küchencomputer, der für 10.600 Dollar per Katalog bestellt werden konnte. Eine ungeheure Summe, für die man ein Luxusauto bekommen hätte. Dafür konnte der Computer auf folgende Aufgaben programmiert werden: einen Speiseplan erstellen, Golfresultate speichern, Aktienkäufe und Teilnehmer von Wohltätigkeitsbällen auflisten ...« Ob das Produkt auch nur einen Käufer fand, ist nicht bekannt. *»Der Wurm muss ...«*

Der große deutsche Erfinder und innovative Unternehmer Artur Fischer wird viel von Erfindern angerufen, die von ihrer erfinderischen Idee »grenzenlos überzeugt« sind und sich von Artur Fischer bzgl. einer schnellen Umsetzung beraten lassen möchten. Dafür hat er einen stets wiederholten Rat. Der Erfinder möge von seinem zukünftigen Produkt ein einfaches Modell mit herkömmlichen Werkstoffen (z. B. Holz) anfertigen und damit zu den für ihn wichtigen Branchen bezogenen Händlern gehen, diesen die Funktionsweise, den zukünftigen Preis sowie den Nutzen für Händler und Käufer erklären und sie danach fragen, welche Stückzahl sie in der Probe- bzw. Einführungsphase ernsthaft bestellen würden. Wenn die Befragten die Erfindung nur lobten, aber kein Interesse am Erwerb des Produktes haben, dann sollte in aller rationalen Bescheidenheit an der erfinderischen Idee selbst gezweifelt werden. Die Händler (oder andere wichtige Multiplikatoren, deren Existenz unmittelbar an den Kunden gebunden ist) sind das Zünglein an der Waage; sie wissen was der Fisch frisst.

Hierzu passt ein drittes Beispiel von Nöllke (2002), der in aller Kürze die Erfolgsgeschichte von William Wrigley nachzeichnet: Wrigley gründete im Jahre 1891 mit nur 32 Dollar Startkapital ein Vertriebsunternehmen: Er lieferte Seifen und Backpulver an Großhändler. Schon damals entwickelte er eine neue Form der Verkaufsförderung, die heute gang und gebe ist, indem er jeder Packung Gratisproben beilegte.

Als Wrigley erkannte, dass sein Backpulver den Gesamtumsatz bestimmte, gab er den Seifenvertrieb auf und konzentrierte sich auf den Backpulververtrieb. Wieder legte er jeder Packung Gratisproben bei – dieses Mal in Form von jeweils zwei Packungen Kaugummi. Und nun musste er erkennen, dass der Kaugummi besonders gut ankam und er orientierte sich ein weiteres Mal um und gab das ursprüngliche Produkt auf. Im Jahre 1893 brachte er dann Juicy Fruit und Wrigley's Spearmint auf den Markt. Und innerhalb von nur 18 Jahren wurde Wrigley zur erfolgreichsten amerikanischen (und weltweiten) Kaugummimarke. Schließlich brachte er eine weiter und bis heute gültige Neuerung auf den Markt, indem die Kaugummis nicht mehr lose in Schachteln, sondern hygienisch einzeln in einer Schutzhülle verpackt angeboten werden.

Wrigley beobachtete hautnah »die Fische«, gab schnell das eigene Selbstverständnis zugunsten kundennaher Produkte auf und erschloss sich neue Möglichkeiten.

Grundsätzliche Überlegungen

Zwei Seiten der Dialogfähigkeit/Kundenorientierung

»Kundenorientierung« basiert einerseits vor allem auf Kontaktfähigkeit, auf der Freude an neuen sowie an der Beständigkeit alter Kontakte und auf der Akzeptanz von Geschäftspartner-Beziehungen als wichtige Wertorientierung. Damit sind auch vielfältige Formen und Maßnahmen der Kundenbindung verbunden.

»Kundenorientierung« schließt andererseits die eigene Dialogbereitschaft und -fähigkeit gegenüber den Kunden ein, die auf einer »Hilfe-Orientierung und« »Gewinner-Gewinner-Einstellung« beruht.

Geschäftspartnerbeziehungen als Wertorientierung des Unternehmens und aller Mitarbeiter

Kundenorientierung und Dialogfähigkeit, Vertrauen und Kundenbindung: Dieses semantische Quartett ist die Grundlage langfristiger und produktiver Austauschbeziehungen. Verstärkt seit den 80er Jahren des letzten Jahrhunderts ist ein Übergang von der allgemeinen Marktorientierung der Unternehmen in die eher individuelle Kundenbeziehung zu beobachten. Damit sind neue Teilkompetenzen sowie schon immer gültige, nun jedoch bedeutend mehr und in neuer Qualität, gefordert: Beziehungsmanagement, Kommunikationsfähigkeit, Integrationsfähigkeit, Teamfähigkeit u. a.

Nagel (1998) beschrieb schon relativ früh, was heute Allgemeinverständnis in den Unternehmen ist (auf jeden Fall sein muss) mit den fünf »Entwicklungsphasen in der Kundenorientierung«.

Entwicklungsphasen in der Kundenorientierung

Phasen / Kriterien	Bearbeitung	Beratung	Betreuung	Beziehung	Bindung
Kundenbeziehung	Kunde ist anonym	Kunde erfährt standardisierte Unterstützung	Kunde erhält individuelle Unterstützung	Kunde wird zum Partner	Langfristige Partnerschaft
Abwicklung	Kunde wird abgearbeitet	Kunde erfährt standardisierte Beratung	Kunde erhält individuelle Beratung	Persönliche Beziehungen entstehen	Gewinner-Gewinner-Spiel
Kundennutzen	Nicht zu erkennen	Durchschnittliche Leistung	Mehrwert wird erkennbar	Nutzen ist konkret gegeben	Bestmöglicher Nutzen
Mitarbeiterqualifikation	Niedrig	Durchschnittlich	Überdurchschnittliches Beratungsprofil	Hohe fachliche und persönliche Qualifikation	Höchste fachliche und persönliche Qualifikation
Austrittsbarrieren	Nicht vorhanden	Sehr niedrige Austrittsschwelle	Ausstieg wird überlegt	Relativ hohe Austrittsschwelle	Sehr hohe Austrittsschwelle

1. Wo kann mein Unternehmen/Bereich/Organisationseinheit eingeordnet werden?
2. Wie ist mein persönliches Verhalten gegenüber Kunden (in meiner schriftlichen oder face-to-face-Beziehung)?

☞ Empfehlungen

Kopieren Sie für die folgende Übung die »Entwicklungsphasen« zweimal.

Nehmen Sie sich 15 Minuten Zeit und überlegen Sie anhand der Phasen **und** Kriterien, wo Ihr Unternehmen bzw. Bereich bzw. Ihre Organisationseinheit eingeordnet werden kann. Es ist ganz natürlich, wenn Sie beim Ankreuzen der entsprechenden Felder sich in mehreren Phasen wiederfinden. Versuchen Sie, Ihre Kreuze mit kurzen Begründungen/Fakten zu belegen und erste Schlussfolgerungen für eine (weitere) Erhöhung der Kundenorientierung zu ziehen. Schreiben Sie sie kurz nieder.

Machen Sie das Gleiche noch einmal, dieses Mal jedoch unter der Frage: »Wie ist mein persönliches Verhalten gegenüber den Kunden (in meiner schriftlichen oder face-to-face-Beziehung)?« Neige ich stärker zur linken oder eher zur rechten Phasendarstellung? Was könnte ich im Sinne einer weiterverbesserten Kundenorientierung anders oder besser machen?

Entscheidend ist die Bindung

Einmal gewonnene und zufriedene Kunden gilt es an das Unternehmen zu binden und entsprechende Kundenbindungsmaßnahmen zu ergreifen – und das nicht nur ein- oder zweimal im Rahmen von Sonderaktionen.

> Ein zufriedener Kunde kommt wieder, ein begeisterter bringt seine Freunde mit.
> (Deming)

Bellabarba et al. (2002) heben in diesem Zusammenhang hervor:

> »Die wenigsten Kunden sind bereit und in der Lage, ihre zukunftsbezogenen Wünsche und Produktanforderungen zu definieren. Dabei ist es von entscheidender Bedeutung für den Geschäftserfolg, eben diese Erwartungen, noch bevor sie artikuliert werden, zu erfüllen. Es reicht heute nicht mehr aus, ausschließlich auf die konkret ausgesprochenen Anforderungen zu reagieren. Erst durch begeisternde Zusatzleistungen (Exciters) lassen sich Kunden langfristig an das Unternehmen binden und der Geschäftserfolg sichern. Die Messung der Kundenzufriedenheit besteht weniger aus einer wohlwollenden Bestätigung der eigenen Leistung, sondern vielmehr aus einer ernsthaften Auseinandersetzung mit den Anforderungen und Intentionen des Kunden zur nachhaltigen Verbesserung der Prozesse.«

Natürlich kann nicht von allen Unternehmen erwartet werden, dass sie sich in den Phasen »Beziehung« oder »Bindung« (siehe Nagel) befinden. Da müssen die Produkte und Dienstleistungen, der Entwicklungsstand des Unternehmens und viele andere Faktoren berücksichtigt werden. Andererseits »tönen« nicht wenige Unternehmen von diesen Phasen und wollen durch die Werbung ein solches Niveau der Kundenorientierung als bereits erreicht suggerieren, befinden sich aber tatsächlich in den täglichen Abläufen in den Phasen »Bearbeitung« und (formal freundliche) »Beratung«.

Wenn die von Nagel und Bellabarba et al. hervorgehobenen Anforderungen einer hohen Kundenorientierung an alle Mitarbeiter gestellt werden, dann müssen natürlich auch die unternehmensinternen Kommunikations- und Service-Verhältnisse stimmen – und das nicht nur in der Beziehung »Führungskräfte – Mitarbeiter«, sondern ebenso zwischen den Mitarbeitern als gegenseitig interne Kunden **und** Kooperationspartner für die Kunden. Wenn hier Probleme bestehen, dann wird alles andere aufgesetzt und kommt auch so bei den besonders wichtigen und wahrnehmungssensiblen Kunden an.

Kundenorientierung wird erst dann und dort zum bewusst und differenziert einsetzbaren Erfolgsfaktor, wenn und wo diese Zusammenhänge erkannt und von allen im Handeln berücksichtigt werden und durch (Selbst-)Motivation, Training und Coaching gefördert und auch für die Kunden erlebbar gemacht werden. Bekräftigend sind auch Kundenbefragungen und ein ständiges Qualitätsmanagement.

Kundenbindungsinstrumente

Die nachfolgend aufgeführten Instrumente (nach M. Peter: Beziehungsmanagement. In: Stegmaier, 1997) sind bei Weitem nicht neu, erscheinen jedoch in einem neuen Kontext. Für Sie wird die Fülle der einsetzbaren Instrumente erstaunlich sein.

Instrumente	**Details**
Nachkauf – Betreuung	Mailing, Telefon
Gebrauchsanweisung	Druck, Audio, Video
Kundendienst	Lieferung, Montage, Reparatur, Telefon
Wartungsdienst	
Verwaltung (Buchhaltung …)	Vereinfachung Zahlungsverkehr
An-/Verwendungsberatung	persönlich, Telefon, Mail, Audio, Video
Pack-/Liefer-/Werbeartikel-Service	
Antragsübernahme	
Technische Hilfen (diverse)	
Nachschlagewerke, Datenprools	
Homepage, Internet-Verbindung	
Richtlinien, Programme	
Seminare (Händler, Anwender)	Unterlagen, live, Audio, Video, online
Kundenseminare (für Händler …)	
Hotline-Service	Anwender-, Pannen-, Ersatzteilberatung
Abverkaufhilfen	
Messeunterstützung	

Instrumente	Details
Adressvermietung	
Tel.-/Fax-/Mail-Aktionen	mit/ohne Give-away
Nachkaufbetreuung	An-/Verwendungshinweise Betriebsmittel,
Zusatzangebote	Wartungshinweise
Treueangebote an Kunden	
Rücknahmeservice	Entsorgungsservice
Vorzugsangebote an Kunden	
Persönliche Ansprache	
Treueaktionen	Geburtstage, Umzug, Familienereignisse
Events	mit/ohne Geschenk
Sponsoring	
Tag der offenen Tür für Kunden	z. B. Kunstausstellungen
Treffen GL und Kunden	
Prominententreff mit Kunden	
Kundenreisen	z. B. so genannte Kaminabende
Kundengremien	Messen, Tagungen Verbraucherbeirat, Quality-Circle ...
Kundenwettbewerbe	Incentive Tours für Verbesserungsvorschläge, Weiterempfehlungen ...
Kundenkontaktbriefe	periodisch, Audio, Videokassetten, CD
Kundenzeitschrift, Beratungsbriefe	
Wartezeitenmanagement	
Wegweiser durch Sortiment	
Beschwerdenmanagement	
Sonstiges	

☞ Empfehlungen

1. Kreuzen Sie alle diejenigen Instrumente an, die in Ihrem Unternehmen bereits zur Anwendung kommen.
2. Sehen Sie sich danach die anderen Instrumente an und schreiben Sie die Instrumente auf ein Blatt Papier, die Sie als »außerordentlich wichtig, aber zur Zeit nicht oder nicht ausreichend genutzt« betrachten. Überlegen Sie dabei auch, **wie** und durch wen diese zur Anwendung kommen sollten.
3. Schreiben Sie ferner auf, wie der erfolgreiche Einsatz dieser Instrumente schließlich kontrolliert werden sollte.
4. Schreiben Sie nun einen Brief an Ihre Führungskraft, in dem Sie kurz und bündig Ihre Vorschläge – einschließlich der Realisierungs- und Controllingmaßnahmen – unterbreiten. Erst durch das konsequente Dafür-Eintreten verbessern Sie die Kundenorientierung und festigen Ihren persönlichen (Trainings-)Erfolg. Schriftliche Vorschläge haben zudem den Vorteil, dass sie registriert und schriftlich beantwortet werden müssen.

Schlüsselmaßnahmen

Folgende Maßnahmen und deren konsequente Umsetzung sind Hinweise dafür, wie ernst ein Unternehmen die Kundenorientierung nimmt und intern absichert. Die Übersicht ist nicht vollständig und kann durch Sie selbst erweitert werden. Prüfen Sie auch hier, was in Ihrem Unternehmen/Ihrer Organisationseinheit alles »läuft« und was Sie selbst anregen können.

- Anzahl und Häufigkeit der Kundenkontakte pro Monat – in Abhängigkeit von der Bedeutung der Kunden;
- Beschwerde-/Reklamationsmanagement;
- Corporate Identity/Verhaltensmaxime;
- Checklisten zu Selbstanalysen;
- Schulung und Training;
- PR/Informationspolitik nach außen **und** innen;
- Auswertung von Aktion und Reaktion im Kundengespräch;
- Transparenz der Verwaltung und des Wertschöpfungsprozesses nach außen;
- Vertriebsstrategien mit Rückbesinnung auf den Kunden als Zielmarkt und als Partner
- Speichern der Zusagen gegenüber dem Kunden, der Anfragen des Kunden und der Vereinbarungen in zentralen Datenbanken; Organisationseinheit übergreifender Servicegedanke;
- Analyse der zusätzlichen Unterstützungspotenziale für den Kunden **sowie** zusätzlicher Umsatzpotenziale;
- Maßnahmen zur emotionalen Bindung des Kunden.

Dialogfähigkeit

Durch eine gute Dialogfähigkeit können beim Kunden, bei den unmittelbaren Kollegen sowie bei anderen Unternehmensangehörigen Sympathie, Vertrauen und Anerkennung gewonnen werden.

An dieser Stelle sei auf einen besonderen Aspekt des Dialoges, der zweiseitigen und gleichberechtigten Kommunikation, hingewiesen: auf das aktive Zuhören. Hierzu können einige wichtige Empfehlungen aufgeführt werden:

Aktives Zuhören

- Üben Sie eine freundliche Haltung für ein Gespräch mit Jemandem ein. Beachten Sie dabei, dass neben der verbalen Kommunikation auch die nicht verbale Haltung (Gesichtsausdruck, Gestik, Intonation der Stimme und anderes) wichtig ist und gleichermaßen geübt und kontrolliert werden sollten.
- Stellen Sie höflich präzise Fragen, um dem Gegenüber auch richtige, präzise Antworten zu ermöglichen.
- Hören Sie Ihrem Gesprächspartner aufmerksam zu und erwecken Sie damit das notwendige Vertrauen für die nachfolgende dialogische Kommunikation.
- Denken Sie über die Worte nach und nicht über die Person, von der sie kommen. Das Gehörte sollte in erster Linie als glaubwürdig gelten – solange keine anderen Fakten bekannt werden.

- Interpretieren Sie nicht vorschnell die Aussagen des anderen. Missverständnisse entstehen durch Wunschhören (»man hört das, was man eigentlich hören möchte«) und durch eigene Vorurteile. Nehmen Sie Aussagen wörtlich, und prüfen Sie, ob Sie richtig verstanden haben und umgekehrt richtig verstanden wurden. Dazu können Sie Aussagen wiederholen oder präzisieren oder neu formulieren.
- Bleiben Sie aufgeschlossen für das, was Ihr Gesprächspartner Ihnen sagt. Behalten Sie die Geduld bei ggf. größeren Verständnisproblemen.
- Schreiben Sie Zusagen und die wichtigsten gemeinsamen Standpunkte auf, um Missverständnissen und Vergesslichkeit vorzubeugen. Vermeiden Sie ungestützte Behauptungen und Schlussfolgerungen.
- Schreiben Sie nach Möglichkeit vor einer Besprechung eine Liste dieser wichtigsten Fragen und Konsensmöglichkeiten und hören Sie genau auf die Antworten.
- Bewahren Sie Ruhe, wenn Gesprächspausen auftreten. Im Gegenteil: Nutzen Sie auch das Schweigen bewusst als **ein** Mittel, um unsichere Gesprächspartner zu ermutigen.
- Sprechen Sie natürlich, um eine offene gute Gesprächsatmosphäre zu schaffen.
- Achten Sie auf verschiedene Formen von Feedback, damit Sie den Erfolg Ihrer dialogischen Kommunikation prüfen können.
- Interessieren Sie sich für die Weiterbildungsangebote in Ihrem Unternehmen, die sich mit praktischen Fragen der zwischenmenschlichen Kommunikation befassen und greifen Sie auf die anderen Modularen Informations- und Trainingsprogramme zurück.

Persönliche Maßnahmen

Was nehme ich mir für die nächsten 6 Wochen im Sinne einer Erhöhung meiner »Dialogfähigkeit/Kundenorientierung« vor? (Stichworte):

_____

_____

Was werde ich zuerst und vorrangig tun? (Stichworte):

_____

_____

Wie kontrolliere ich die Resultate? (Stichworte):

_____

_____

Wo werde ich mich weiter zum Thema »Dialogfähigkeit/Kundenorientierung« informieren? (Stichworte):

_____

_____

Als weiterführende Informationsquellen empfehlen wir

Bellabarba, A. et al.: Management von Kundenbeziehungen. Reihe Pocket Power. Carl Hanser Verlag, München/Wien 2002

Bruhn, M.: Kundenorientierung. Baustein für ein exzellentes Customer Reletionship Management (CMR). DTV Beck, München 2007

Kenzelmann, P.: Pocket Business: Kundenbindung: Kunden begeistern und nachhaltig binden. Cornelsen Verlag Scriptor, Berlin 2008

Nagel, K.: TOP im Handwerk. mi verlag moderne industrie, Landsberg/Lech 1998

Nöllke, M.: Anekdoten, Geschichten, Metaphern für Führungskräfte. Haufe Mediengruppe, Freiburg/Berlin u. a. 2002

Stegmaier, P.: Erfolgreiche Kundenbindung (Praxismaterialien). WEKA Fachverlag, Kissing 1997

Teamfähigkeit   S/P

Bildelement mit Kompetenzwürfeln: Konfliktlösungsfähigkeit, Integrationsfähigkeit, Akquisitionsstärke, Problemlösungsfähigkeit (S/P, S/A); Teamfähigkeit, Dialogfähigkeit Kundenorientierung, Experimentierfreude, Beratungsfähigkeit; Kommunikationsfähigkeit, Kooperationsfähigkeit, Sprachgewandtheit, Verständnisbereitschaft (S, S/F); Beziehungsmanagement, Anpassungsfähigkeit, Pflichtgefühl, Gewissenhaftigkeit. S Sozial-kommunikative Kompetenz

▶▶ Grundsätzliche Überlegungen

Teamfähigkeit basiert auf ausgeprägten sozial-kommunikativen sowie personalen Kompetenzen und ist die persönliche Bereitschaft und Fähigkeit, in Gruppen zu arbeiten, Meinungen und Gedanken anderer zu akzeptieren und kooperativ weiterzuentwickeln. Teamfähigkeit schließt zunehmend die Fähigkeit ein, aus einzelnen Personen (zeitweilig) eine Gemeinschaft zu gestalten, die Neuem gegenüber aufgeschlossen ist, sich aktiv für Veränderungen einsetzt und eigene Werte und Normen der Zusammenarbeit und gegenseitigen Unterstützung herausarbeitet.

Ziele

Viele Unternehmen setzen zunehmend auf Teamarbeit mit dem Effekt, dass hierbei flach strukturierte Arbeitsverfahren an die Stelle herkömmlicher Hierarchien treten. Durch gute Teamarbeit können gleichzeitig die Wettbewerbsfähigkeit des jeweiligen Unternehmens sowie die Arbeitszufriedenheit der Mitarbeiter erhöht werden. Teams sollten sich weitgehend selbst steuernde Gruppen mit einer überschaubaren Anzahl von Mitarbeitern sein.

⮕ Kennzeichen

Alle erfolgreichen Teams weisen die gleichen grundlegenden Merkmale auf:
- starke und wirkungsvolle Führung;
- präzise Zielvorgaben;
- fundierte Entscheidungen;
- die Fähigkeit, schnell zu handeln.

Dazu kommen
- freier Kommunikationsfluss;
- Beherrschung der erforderlichen Fertigkeiten und Methoden zur Vollendung des laufenden Projekts;
- klare Zwischenziele und die
- ausgewogene Zusammenstellung von Menschen, die miteinander für den gemeinsamen Erfolg der Gruppe arbeiten.

Aufgabenfelder

Die vier häufigsten Aufgaben, die Teambildung nahelegen, sind:
- **Projekt:** ein neues Projekt entwickeln;
- **Geschäft:** eine bestimmte Kundengruppe betreuen;
- **Veränderung:** eine Arbeitsweise neu gestalten;
- **Funktional:** Teilautonome Arbeitsteams.

Organisationsveränderung

Je mehr sich eine Organisation verändern/neuen Bedingungen anpassen muss, desto stärker muss sie sich auf Verhaltensstatt auf strukturelle Lösungen konzentrieren, und desto stärker werden Teilkompetenzen wie Teamfähigkeit beachtet und gefördert.

Betriebliche Alltagsprobleme/Hindernisse für effektive Teamarbeit

- Zwischen Team- und eher formaler Gruppenarbeit wird nicht differenziert – fehlende realistische Orientierungen und Maßstäbe;
- starkes Bedürfnis Einzelner nach Selbstdarstellung;
- Ungeübtheit in Gruppenarbeit;
- mangelndes Vertrauen untereinander, eher »Misstrauenskultur«;
- Konkurrenzverhalten;
- Mangel an kooperativer Einstellung;
- Autoritätsdenken, vorauseilender Gehorsam;
- mangelnde Bereitschaft, sich zu informieren;
- Machtkämpfe, Konflikte;
- einseitiges Profilieren zu Lasten Anderer;
- starke Betonung messbarer Einzelleistungen;
- mangelnde Methodenkompetenz (z. B. mangelhafte Kommunikations- und Arbeitstechniken).

Womit/woran können Sie die Teameffektivität messen?

Hierzu sind folgende Basisfragen zu stellen:
1. Welche sind die Produkte/Dienstleistungen unseres Teams?
2. Welchen Kundenanforderungen müssen sie genügen?
3. In welcher Menge müssen wir sie bereitstellen?
4. Welche Tätigkeiten sind erforderlich, um diese Leistungen zu erbringen?

5. Welche Hilfsmittel, Techniken und Methoden benötigen wir?
6. Wie müssen wir uns demgemäß organisieren, wie müssen wir unsere Organisation dazu strukturieren?
7. Wer trägt die Verantwortung, wie sind die Teilverantwortungen festzulegen?
8. Welche Kompetenzanforderungen ergeben sich daraus für uns?
9. Auf welche vorhandenen Kompetenzen und Qualifikationen können wir zurückgreifen?
10. Welche Kompetenzen müssen wir stärken, erweitern, kombinieren, und welche Qualifikationen müssen wir erwerben?
11. Wie gehen wir miteinander im Rahmen eines effektiven Arbeitsprozesses um, und welche »Spielregeln« wollen wir vereinbaren?

Offenheit für Veränderungen

Teamfähigkeit steht in enger Verbindung zu der eigenen Offenheit gegenüber Veränderungen, zum persönlichen Menschenbild, zum Interesse an Kommunikation und Zusammenarbeit für eine gute Sache sowie zur eigenen Anpassungsfähigkeit an neue sachliche und personelle Anforderungen.

Um die eigene Teamfähigkeit zu erhöhen, bedarf es einiger grundsätzlicher Einsichten bei sich selbst. Nachfolgend sind solche in Form von Tipps zusammengefasst.

☞ Empfehlungen

Einsichten

1. Zeigen Sie Geduld und Mitgefühl gegenüber den Teammitgliedern.
2. Nehmen Sie immer das Beste von den Teammitgliedern an; nur wenige Probleme werden absichtlich durch Unaufrichtigkeit, Aggression oder Unbedachtheit verursacht.
3. Suchen Sie nach einer Lösung des Problems, statt jemandem die Schuld zu geben. Halten Sie störende Teammitglieder für unschuldig, bis die Sache klar ist.
4. Konzentrieren Sie sich auf das Verhalten, nicht auf die vermeintlichen Einstellungen.
5. Setzen Sie sich für regelmäßige, straffe, effektive Teambesprechungen ein.
6. Konzentrieren Sie sich auf den Bearbeitungsprozess und das erstrebte Resultat, nicht auf die Restriktionen und Hürden.
7. Beziehen Sie die richtigen Personen beim Diskutieren und Lösen von Problemen ein. Nicht jedes Problem muss vom ganzen Team gelöst werden.
8. Reiben Sie sich nicht an unlösbaren Problemen auf, sondern ignorieren Sie sie am besten.
9. Entwickeln Sie die Fähigkeiten und Disziplin für effektive Problemlösungen.
10. Werden Sie sich Ihrer unterschiedlichen Rollen im Team, Ihrer Ziele, Grenzen und Ressourcen bewusst und sprechen Sie darüber im Team.
11. Konzentrieren Sie sich auf die Ergebnisse und gestalten Sie danach Ihr Zeitmanagement.

12. Denken Sie stets daran, dass Teams ein Mittel sind, um etwas zu erreichen, und kein Selbstzweck.
13. Berücksichtigen Sie die Angst vor Veränderungen bei einzelnen Teammitgliedern.
14. Lob an einzelne Mitglieder baut die Moral im ganzen Team auf.
15. Fördern Sie durch eigenes Zutun den freien Informationsfluss zwischen den Teammitgliedern.

Kennzeichen gelungener Kommunikation

Neben den Basisfragen können Sie vielfältige Hilfsmittel in Form von Fragebogen und Checklisten einsetzen (siehe angegebene Literatur).

Beispielhaft sind 2 sehr einfach aufgebaute und unkompliziert einsetzbare Instrumente aufgeführt:

Fragebogen zur Teamentwicklung
(McGregor, D.: Der Mensch im Unternehmen. Hamburg 1986)

1. Ausmaß gegenseitigen Vertrauens

| Großes gegenseitiges Misstrauen | ◊ ◊ ◊ ◊ ◊ ◊ | Großes gegenseitiges Vertrauen |

2. Art der Kommunikation

| Vorsichtig, verdeckt | ◊ ◊ ◊ ◊ ◊ ◊ | Frei und offen |

3. Ausmaß der gegenseitigen Unterstützung

| Jeder für sich | ◊ ◊ ◊ ◊ ◊ ◊ | Hilfsbereitschaft auf allen Seiten |

4. Klarheit der Teamziele

| Unklar, unverstanden | ◊ ◊ ◊ ◊ ◊ ◊ | Klar, verständlich |

5. Reaktion auf Konflikte innerhalb des Teams

| Konflikte werden ignoriert, unterdrückt | ◊ ◊ ◊ ◊ ◊ ◊ | Konflikte werden offen und frei besprochen |

6. Art der Kontrolle

| Kontrolle von außen | ◊ ◊ ◊ ◊ ◊ ◊ | Selbstkontrolle |

7. Arbeitsatmosphäre

| Unfrei, Konformitätszwang | ◊ ◊ ◊ ◊ ◊ ◊ | frei, kollegial, Rücksicht auf Individualität |

Kräftefeld-Analyse
(Becker, H.; Langosch, J.: Produktivität und Menschlichkeit. Stuttgart 1995)

1. **Problem beschreiben**
   Uns stört, dass …

2. **Ziel definieren**
   Wie können wir erreichen, dass …

3. **Einflusskräfte und Bedingungen auflisten**
   Was hemmt ...   Was fördert
   1. .... 1. ....
   2. .... 2. ....
   3. .... 3. ....
   ....

4. **Einflusskräfte gewichten und analysieren**
   Der am meisten ....   Der am meisten
   hemmende Faktor ....   fördernde Faktor
   ist .... ist ....

5. **Vorschläge zur Veränderung**
   um die hemmenden Faktoren   um die fördernden Faktoren
   zu beseitigen oder abzuschwächen   zu verstärken und zu unterstützen

6. **Aktionsplan erstellen**
   Konkrete Maßnahmen vereinbaren:
   Wer tut was wann und mit wem... um die gewünschten Veränderungen zu bewirken?

Möglichkeiten des Trainings

Im deutschsprachigen Raum gibt es vielfältige Angebote zum Training der Teamfähigkeit. Erkundigen Sie sich zuerst im eigenen Unternehmen nach In-house-Angeboten oder lassen Sie sich von dem für Personalentwicklung Zuständigen bzgl. externer Trainings beraten.

Gute Teamtrainings tragen zu folgenden Stärkenentwicklungen bei:
Legen Sie an ein solches Training hohe Maßstäbe mit folgenden Zielen:
1. Verbesserung des Verständnisses für die Rolle eines jeden Teammitgliedes innerhalb der Arbeitsgruppe;
2. Verbesserung des Verständnisses für die Beschaffenheit (Charakter) des Teams und seine Rolle innerhalb der Gesamtabläufe der Organisation;
3. Verbesserung der Kommunikation zwischen den Teammitgliedern über alle Punkte, welche die Effektivität des Teams angehen;
4. Stärkung der gegenseitigen Unterstützung (Support) unter den Teammitgliedern;
5. Klares Verständnis für die ablaufenden Gruppenprozesse, d.h. für jene gruppendynamischen Ereignisse, die in jeder Gruppe vorkommen, in der Leute eng zusammenarbeiten;
6. Finden von effektiveren Wegen für das Team, die in ihm bestehenden Probleme auf der Sach- wie auf der Beziehungsebene zu bewältigen;
7. Entwickeln der Fähigkeit, Konflikte positiv (statt destruktiv) zu nutzen;
8. Verstärkung der Zusammenarbeit zwischen den Teammitgliedern und eine Verringerung jenes Wettbewerbs, der auf Kosten der jeweiligen Gruppe bzw. der Organisation geht;
9. Verbesserung der Fähigkeit des Teams, mit anderen Arbeitsgruppen innerhalb der Organisation zusammenzuarbeiten;
10. Stärkung des Bewusstseins des gegenseitigen Aufeinander-Angewiesen-Seins innerhalb des Teams.

Persönliche Maßnahmen

Was nehme ich mir für die nächsten 6 Wochen im Sinne einer Verstärkung meiner »Teamfähigkeit« vor? (Stichworte):

_____

_____

Was werde ich zuerst und vorrangig tun? (Stichworte):

_____

_____

Wie kontrolliere ich die Resultate? (Stichworte):

_____

_____

Wo werde ich mich weiter zum Thema »Teamfähigkeit« informieren? (Stichworte):

_____

_____

Als weiterführende Informationsquellen empfehlen wir

Härter, G.; Öttl, C.: Unschlagbar durch gutes Teamwork. Bw Bildung und Wissen Verlag, Nürnberg 2003

Kinlaw, D.C.: Spitzenteams. Spitzenleistungen durch effizientes Teamwork. Gabler-Verlag, Wiesbaden 1993

Neges, G.; Neges, R.: Führungskraft und Team. Linde international, Wien 2007

Kunz, H.U.: Spitzenleistung im Team. J.H. Sauer-Verlag, Heidelberg 1994

Niermeyer, R.: Teams führen. R. Haufe Verlag, Planegg/München 2008

Stöger, G.: Besser im Team. Beltz Taschenbuch 616, Weinheim/Basel 2006

Akquisitionsstärke S/A

▶▶ Grundsätzliche Überlegungen

Akquisitionsstärke ist die Grundlage für eine kompromisslose Kunden- und Qualitätsorientierung. Sie hat in der Dienstleistungsgesellschaft einen immer nachhaltigeren Einfluss auf den Unternehmenserfolg.

Die Teilkompetenz »Akquisitionsstärke« steht in einem engen Zusammenhang mit weiteren Teilkompetenzen, insbesondere mit »Beziehungsmanagement«, »Tatkraft«, »Ergebnisorientiertem Handeln«.

Im Mittelpunkt der Akquisitionsstärke stehen die aktive und initiativreiche Gewinnung von Kunden, der Aufbau längerfristiger Kundenbeziehungen und eine hohe Kundenzufriedenheit.

⟳ Kennzeichen

Erfolgreiche Akquisiteure

Für eine erfolgreiche Akquisition muss natürlich ein gut vermittelbares Produkt bzw. eine passable Dienstleistung vorhanden sein. Darüber hinaus entscheiden jedoch vor allem persönliche Kompetenzen.

Erfolgreiche Akquisiteure (vgl. Ratzkowski 2007)
- haben eigene Visionen und Ziele. Sie entwickeln Maßnahmen zu deren Umsetzung und verfolgen diese konsequent;
- identifizieren sich stark mit ihrer Tätigkeit, dem Unternehmen und den von ihnen vertretenen Produkten und Dienstleistungen;
- bewahren auch unter Stress Ruhe und Zielbeharrlichkeit;

- wollen sich weiterentwickeln, sind offen gegenüber neuen Erfahrungen;
- probieren gern neue Wege aus und sind (sozial) kreativ;
- sind authentisch, indem sie klare Positionen beziehen und vertreten, einen eigenen Stil entwickelt haben und ein ausgeprägtes Selbstvertrauen besitzen;
- begegnen anderen mit Wertschätzung und lassen diese eine persönliche Akzeptanz und Unterstützung spüren;
- sind aktiv und verfolgen ihre Ziele beharrlich. Sie denken und handeln unternehmerisch und scheuen sich nicht vor klaren Entscheidungen;
- sind erfolgsorientiert und setzen sich für den Erfolg aller Beteiligten ein;
- sind nicht an einzelnen kurzfristigen Erfolgen interessiert, sondern investieren unaufgefordert bei interessanten Partnern in den Aufbau langfristiger Kundenbeziehungen.

Selbstcheck

Wenn Sie diese Merkmale erfolgreicher Akquisiteure einzeln lesen und ihre derzeitige Akquisitionssituation betrachten, wo stehen Sie dann? Schätzen Sie sich entsprechend der Merkmale ein und notieren Sie ggf. einige Ableitungen für Ihr zukünftiges Verhalten, denen Sie in den nächsten Wochen intensiver nachgehen wollen (in Stichworten):

_____

_____

Die Erwartungen Dritter an die Rolle und Tätigkeit eines akquisitorisch tätigen Mitarbeiters sind sehr vielfältig und zum Teil auch unrealistisch überdehnt. Dennoch, wenn Sie erfolgreich sein wollen, dann müssen Sie sich selbst über diese Tätigkeit und die mit ihr zusammenhängenden Erwartungen im Klaren sein.

Deshalb beantworten Sie bitte folgende Fragen und stellen Sie zugleich eventuelle Informationslücken, Zweifel oder noch fehlende Überlegungen und Antworten bei sich selbst fest:

Was müssen Sie als Akquisiteur tun? Welche Anforderungen, Pflichten und Normen müssen Sie erfüllen?

_____

_____

Was dürfen Sie tun? Wo sehen Sie selbst ihre Gestaltungsräume? Wie viel inhaltlichen Gestaltungsraum wollen Sie für sich nutzen?

_____

_____

Was möchten Sie tun? Welche Erwartungen (insbesondere Entwicklungserwartungen im Rahmen Ihrer Rolle als Akquisiteur) haben Sie an sich selbst?

_____

_____

Was können Sie tun? Wie schätzen Sie Ihre Kompetenzen und Stärken ein, um die von Ihnen beschriebenen Erwartungen zu erfüllen?

_____

_____

Was sollten Sie tun? Wie überzeugen Sie andere von Ihren Kompetenzen und Stärken? Wie fordern Sie die notwendige Unterstützung und Ermöglichung Ihres Gestaltungsspielraumes ein?

_____

_____

Ohne dass Sie sich ausreichend klar sind über Ihre Rolle und ohne dass die anderen Klarheit über Ihre Tätigkeit haben und auch die damit verbundenen Belastungen und Risiken mittragen, können Sie nicht langfristig erfolgreich sein und sich mit dieser an und für sich sehr interessanten Tätigkeit ausreichend identifizieren.

Insofern ist es sehr wichtig, dass Sie auf die anderen (eigene Führungskraft, Kollegen, Innendienst-Mitarbeiter, Vertriebscontroller, Marketingmitarbeiter u. a.) zugehen und die Erwartungen der anderen gegenüber Ihrer Tätigkeit und Person in Erfahrung bringen. Sie werden zum Teil widersprüchliche, sehr klare, zum Teil verschwommene, zum Teil verdeckte und an anderer Stelle auch überzogene Erwartungen heraushören. Wichtig ist es, über die evtl. vorhandenen schriftlich fixierten Anforderungen hinauszugehen und die persönlichen Erwartungen der Befragten zu erfassen. Fragen Sie auch konkret nach dem persönlich erhofften Nutzen der Zusammenarbeit mit Ihnen aus der Sicht der jeweiligen Befragten. Nur so erhalten Sie ein realistisches Bild von den unterschiedlichen Erwartungen und können somit auch rechtzeitig zu einer kooperativen Klärung von Missverständnissen oder unrealistischen Erwartungen aus Unkenntnis beitragen.

Als Akquisiteur (voll, zeitweise, anteilig – wie auch immer) sind Sie eigentlich mit Anforderungen einer Führungskraft konfrontiert und gelten in den Augen der Kunden als Vertreter des Unternehmens ebenfalls als solche: Sie müssen entscheiden, informieren, umfassend kommunizieren, moderieren, vermitteln, repräsentieren ... So sind Sie auch viel mehr für Ihr Tun und Ihren Erfolg selbst verantwortlich als Ihnen mitunter lieb ist.

Das heißt auch, selbst die Klärung der Erwartungen der anderen an Ihre Rolle und Tätigkeit in die Hand zu nehmen und durch die entsprechenden Gespräche einerseits Klärung für sich selbst und andere zu ermöglichen und andererseits gute Kooperationen und eine unbürokratische gegenseitige Kommunikation im Arbeitsprozess vorzubereiten. Schützen Sie sich frühzeitig vor zu hohen Erwartungen und Missverständnissen!

Die eigene Akquisitionsstärke hängt also zu einem wesentlichen Teil von den anderen ab. Insofern ist es wichtig, dass Sie ein gutes Beziehungsmanagement beherrschen.

Wenn Sie von anderen Akzeptanz und Unterstützung erwarten, dann müssen Sie sich natürlich auch fragen, inwieweit Sie für den anderen wichtig und eine nützliche Beziehung sind. Inwieweit können Sie für den/die anderen noch attraktiver werden, und was müssten Sie dafür anders oder besser machen?

Um offene und verdeckte, realistische und unrealistische Erwartungen zu erfassen, empfehlen sich einige der nachfolgenden Fragen. Sie können sich passende heraussuchen bzw. die Fragen für sich präzisieren und ergänzen.

Fragen zur Klärung von Erwartungen

- Welche Erwartungen haben Sie aus Ihrer Tätigkeit heraus an meine Arbeit und an mich?
- In welcher Zeit erwarten Sie was von mir?
- Wie abhängig fühlen Sie sich von dem, was ich leiste?
- Woran werden Sie erkennen, ob meine Arbeit erfolgreich war oder nicht?
- Welche Konsequenzen für Sie persönlich wird es geben, wenn meine Arbeit nicht erfolgreich sein wird?
- Woran werden Sie den Erfolg meiner akquisitorischen Tätigkeit bemessen, und zwar den kurz-, aber auch den mittelfristigen und langfristigen Erfolg?
- Nach welchen Kriterien werden bzw. würden Sie entscheiden, ob meine Arbeit fortgesetzt wird oder nicht?
- Welches Frühwarnsystem können wir einrichten, um etwaige Abweichungen frühzeitig zu erkennen und (gemeinsam) zu korrigieren?
- Was kann ich in unserer Zusammenarbeit konkret tun, damit Ihre Arbeit erleichtert wird?
- Was könnten Sie zur Vereinfachung unserer Zusammenarbeit tun?
- Was wollen wir uns für die zukünftige Kommunikation und Zusammenarbeit gemeinsam vornehmen?

Empfehlungen

Erwartungsrahmen

In Vorbereitung dieser Gespräche ist es wichtig, sich der Vielfalt möglicher Erwartungen an die akquisitorische Tätigkeit bewusst zu sein. Damit kann man die erfragten individuellen Erwartungen besser bewerten; zugleich kennzeichnet diese Vielfalt den besonderen Reiz und die Tragweite dieser Tätigkeit.

Es gibt im Wesentlichen drei Gruppen von Erwartungen an die akquisitorische Tätigkeit und die Ausführenden.

1. Rollenanforderungen und -pflichten:
   - Arbeitszeit, Mobilität;
   - (vielfältige) Aktivitäten;
   - Zielvorgaben;
   - Dokumentation der Kundenkontakte und Ergebnisse;
   - Zusammenarbeit mit anderen;
   - Auftritt nach innen und außen;
   - Teilnahme an (Weiterbildungs-, Informations-)Veranstaltungen;
   - Teamselling-Beiträge (Kooperation außen und innen);
   - Gebiets- und Kundenschutz;
   - Beschwerdemanagement;
   - Service- und Qualitätsmanagement;
   - Bezahlungssystem.

2. Erwartungen an den Träger der Rolle (noch personenneutral):
   - Verkaufszahlen;
   - Erträge oder Umsatz;
   - Cross-Selling;
   - Neukunden und Wiedergewinnung früherer Kunden;
   - Beitrag zur positiven Unternehmensdarstellung;
   - Verbreitung der Unternehmensphilosophie und Mitarbeit an der weiteren Entwicklung;
   - Steigerung des Bekanntheitsgrades des Unternehmens;
   - Aufbau von Kooperationen und Netzwerken;
   - Stärkung der Kundenloyalität;
   - Beiträge zur Verbesserung von Beziehungen, Produkten, Prozessen, Leistungen (innen/außen);
   - Konstruktiver Umgang mit Reklamationen und Kritik seitens der Kunden und Kooperationspartner;
   - Vermittlung weiterer Leistungen der Organisation und aktive Information nach innen.

3. Erwartungen an die Person
   - Sicheres, gewinnendes Auftreten;
   - Aktive Kommunikation, auf die anderen zugehen;
   - Anerkennen der Leistungen der »internen Dienstleister« und Teilhabe dieser am eigenen akquisitorischen Erfolg;
   - Individuelle Belastbarkeit, Frustrationstoleranz;
   - Durchsetzung realistischer Standpunkte – horizontal und vertikal.

Mit Ihren Gesprächen verschaffen Sie sich einerseits Klarheit über die unterschiedlichen Erwartungen Ihrer Führungskraft und der wichtigsten internen Kooperationspartner und die Klärung der wichtigsten Tätigkeitsinhalte, andererseits tragen Sie aktiv zur Klärung der Aufgaben anderer, ihrer Schnittstellen zu Ihrer Tätigkeit und zum Erkennen Ihrer sachlichen und persönlichen Abhängigkeiten sowie Ihrer (möglichen) Gestaltungsräume bei.

Mein Aktionsplan

Zur Identifikation mit den Anforderungen an Sie als Akquisiteur und zur effizienten Erfüllung empfiehlt Ratzkowski (2007) eine Reihe von Fragen zu beantworten, die nachfolgend geringfügig verändert und erweitert wiedergegeben werden:

Wie denken Sie über die akquisitorische Tätigkeit?

_____

_____

Gefällt sie Ihnen so, wie sie ist?

_____

_____

Was gefällt Ihnen gut?

_____

_____

Was fehlt Ihnen bzw. sollte anders sein?

_____

_____

Was sind die Vor- und Nachteile dieser Aufgabe?

_____

_____

Wie sehr stehen Sie persönlich hinter dem, was sie dort machen müssen?

_____

_____

Was versprechen Sie sich von dieser Tätigkeit?

_____

_____

Steht Ihre Familie hinter Ihrer Tätigkeit und respektiert Ihre besonderen (zeitlichen) Belastungen?

_____

_____

Was tun Sie zusätzlich, um noch besser zu werden?

_____

_____

Wie viel Energie gibt Ihnen diese Tätigkeit, und wie viel nimmt Sie Ihnen (im Sinne Ihrer eigenen Energiebilanz)?

_____

_____

Überlegen Sie nun, wie Ihr eigenes Akquisitionsszenario aussehen soll.
Wozu neigen Sie eher?:

Offensiv – Sie suchen aktiv den persönlichen Kontakt zu anderen (externen und internen Kunden und Kooperationspartnern).

Defensiv – Sie setzen Signale und Anregungen durch Werbung, Mailing, Internet, Preisausschreiben …, überlassen aber die Initiative den potenziellen Kunden.

Mal-zu-Mal – Sie werden sporadisch aktiv.

Bypassing – Sie nehmen Kontakt über Umwege auf, z. B. über Werbung, Aktionen …

Kontinuierliche und systematische Akquisition unter Nutzung der verschiedensten Möglichkeiten und Zugänge.

Spezialisierte bzw. Nischenakquisition: Suche nach bestimmten Zielgruppen/Branchen, Bezugspersonen …

Flächendeckende Akquisition unter Einbeziehung aller in Ihrem Marktverantwortungsgebiet tätigen Mitarbeiter, Key accounts, Multiplikatoren.

Haben Sie sich mit Ihren Bevorzugungen wiedergefunden? Was wollen Sie zukünftig noch anders, besser tun? Beobachten Sie andere Mitarbeiter mit deutlichen akquisitorischen Anforderungen? Wie, wodurch und mit welchen Erfolgen oder Misserfolgen unterscheiden diese sich wahrscheinlich von Ihnen?

_____

_____

Der Schwerpunkt dieses Modularen Trainings- und Informationsprogrammes liegt im eigenen Selbstverständnis gegenüber der akquisitorischen Rollen- und Tätigkeitsanforderungen sowie bei der offensiven Klärung der Erwartungen Dritter und der selbstverantwortlichen Einflussnahme auf die Kommunikations- und Kooperationsvoraussetzungen in der Organisation. Gute Akquisitions-/Verkaufs- und Verhandlungstrainings gehen intensiver auf folgende persönliche Akquisitionsvoraussetzungen ein wie:
- Angstabbau und Stärkung des Mutes zur Akquisition;
- Einwandbehandlung;
- Fragetechniken (»Wer fragt, der führt«);
- Aufbau und Erhalt der Beziehungen zum Kunden;
- Umgang mit Passivität;
- Persönlicher professioneller Auftritt;
- Umgang mit Stress.

Kundenorientierung

Wie Sie der Hinführung zum Thema »Akquisitionsstärke« in diesem Modularen Informations- und Trainingsprogramm entnehmen konnten, fängt Ihre Stärke im Wesentlichen bei Ihnen selbst an: bei Ihrem Verständnis von den Rollenanforderungen an Ihre akquisitorische Tätigkeit und bei der aktiven Kommunikation, bei Ihrem Beziehungsmanagement zu verschiedenen Dritten, die von Ihrer Tätigkeit abhängen und von denen Sie auch wiederum zu einem beträchtlichen Teil abhängen. Und natürlich bei Ihrer Einstellung gegenüber Ihren Kunden. Gerade hier sollten Sie sich gegenüber Ihren Wettbewerbern unterscheiden.

Rudolf und Schweizer (2003) weisen in einem Artikel mit der treffenden Überschrift »Kunden wieder zu Käufern machen« daraufhin, dass gegenwärtig vielfach an dem Kunden vorbei akquiriert wird und die Kunden mit unterschiedlichen Reduktionsstrategien versuchen, auszuweichen.

Die Flut kaum unterscheidbarer Produkte überfordert den Durchschnittskunden. Und dieser reagiert zunehmend mit den Strategien »selektieren«, »aufschieben« oder »ignorieren«. Umso mehr gilt, den Kunden wieder zum Kauf zu animieren, auf ein klar durchdachtes Angebot zu setzen und die Kauf- bzw. Vertragswilligkeit so einfach wie möglich zu stimulieren.

Empfehlungen

Es sind vor allem fünf Kriterien zu beachten:
1. Bequeme Vertragsrealisierungs- bzw. Kaufumgebung;
2. relevante Entscheidungskriterien;
3. kompetente Beratung;
4. nachvollziehbare Preisgestaltung;
5. Emotionen und Bilder zwecks dauerhafter Verankerung von Akquisitions- und Werbebotschaften im Gedächtnis des Kunden.

Vertrauensvolle Kundenbeziehungen lassen sich nicht von heute auf morgen aufbauen. Dazu sind Zeit, Geduld und eine ausgeprägte Menschenkenntnis erforderlich.

Persönliche Maßnahmen

Was nehme ich mir für die nächsten 6 Wochen im Sinne einer Verbesserung meiner »Akquisitionsstärke« vor? (Stichworte):

___

___

Was werde ich zuerst und vorrangig tun? (Stichworte):

___

___

Wie kontrolliere ich die Resultate? (Stichworte):

___

___

Wo werde ich mich weiter zum Thema »Akquisitionsstärke« informieren? (Stichworte):

___

___

Als weiterführende Informationsquellen empfehlen wir

Ratzkowski, J.: Keine Angst vor der Akquise! Mehr Erfolg in Vertrieb und Verkauf. Carl Hanser Verlag, München, Wien 2007

Rudolph, T.; Schweizer, M.: Kunden wieder zu Käufern machen. In: Harvard Business Manager, Februar 2003

Interessante, handlungsorientierte Beiträge finden Sie auch in der monatliche erscheinenden Zeitschrift »acquisa« aus dem Haufe Verlag Freiburg

Problemlösungsfähigkeit S/A

Grundsätzliche Überlegungen

Problemlösungsfähigkeit kann zum einen die individuellen Leistungsvoraussetzungen (insbesondere die kognitiven Fähigkeiten und den Mut, sich komplizierten Situationen und Problemen zu stellen) umfassen sowie zum anderen die soziale Aktivität, Prozesse von Problemlösungen anzustoßen und zu organisieren.

Kennzeichen

Wichtige Kriterien in innovativen Unternehmen sind:
- Kann problematische Situationen, Prozesse und Ziele in ihren Strukturen und voraussichtlichen Wirkungen identifizieren;
- bringt die erkannten Probleme in die unternehmensinternen Diskussionen (mündlich/schriftlich) ein und versucht, Verbündete für deren Lösung zu finden;
- initiiert Problemlösungsprozesse mit einzelnen Mitarbeitern und Gruppen und übernimmt dabei wichtige Organisations- und Moderationsfunktionen;
- kann die zur Lösung notwendigen Kommunikations- und Kooperations-Strukturen schaffen.

Selbstcheck

Wie wappnen Sie sich hinsichtlich Ihrer Problemlösungsfähigkeit?
Prüfen Sie anhand der nachfolgend aufgeführten Aussagen Ihren Ausgangspunkt durch Ankreuzen der entsprechenden Antwortkategorie zwischen – und ++, die Ihr Verhalten am meisten widerspiegelnde Seite. Es sind dies vor allem Aussagen zu Ihrer persönlichen

Informationsaufnahme und -verarbeitung als Voraussetzung umfassender Problemlösungen (nach Brommer).

A	--	-	0	+	++	B
Lernen ist nach der Ausbildung nicht mehr notwendig						Berufliches Wissen ist oft nach kurzer Zeit veraltet
Lernen betrifft nur Schüler und nicht so sehr Erwachsene						Unsere Kenntnisse müssen laufend und relativ unabhängig vom Alter ständig aktualisiert werden
Im Alter ist man nur noch bedingt lernfähig						Wer sein Gedächtnis trainiert, ist immer lernfähig
Lernen ist schwer und immer mit Stress verbunden						Es gibt Techniken, das Lernen zu erleichtern
Ich weiß nicht, zu welchem Lerntyp ich gehöre						Meinen Lerntyp habe ich bereits herausgefunden
Für mich gibt es keine günstige Lernmethode						Ich strukturiere den Stoff sinnvoll und einprägsam
Neue Lerninhalte sind in der Praxis kaum anwendbar						Bei der Wissensaufnahme übe ich schon die Umsetzung
Probleme löse ich in der Regel mit meinen bisherigen Verfahren						Neue Probleme verlangen nach neuen Verfahren
Für jedes Problem gibt es nur eine richtige Lösung						Ich suche die beste Lösungs-alternative von mehreren aus
Was früher galt, ist häufig auch heute noch gültig						Das Verlassen alter Denkweisen bringt neue Lösungsansätze
Ich bin nicht kreativ veranlagt						Jeder Mensch hat ein Kreativitätspotenzial
Kreativität und Innovationen wird heute ein viel zu hoher Stellenwert beigemessen						Es ist wichtig, dass wir unsere Kreativität erkennen und auch nutzen
Kreativitätstechniken sind nur eine kurze Modeerscheinung						Mit Kreativitätstechniken können bessere Lösungen gefunden werden
Ich vertraue bei der Lösungsfindung nur auf eigene Erfahrungen						Ich nutze auch das Potenzial anderer zur Problemlösung
Meine Entscheidung treffe ich in der Regel ad hoc aus der augenblicklichen Situation heraus						Entscheidungsprozesse lassen sich mit Entscheidungstechniken verbessern
Entscheidungen muss ich immer unter hohem Zeitdruck fällen.						Für anstehende Entscheidungen hole ich alle relevanten Informationen ein

Je mehr Sie sich im Plusbereich befinden, desto ausgeprägter ist anscheinend Ihre Problemlösungsfähigkeit und umgekehrt: Die Aussagen, die Sie mit – oder + gekennzeichnet haben, deuten Ihnen Verhaltensfelder an, über die Sie sich noch mehr im Klaren werden sollten, und wo Sie durch Einstellungs- und Verhaltensänderungen Reserven haben.

Schritte einer Problemlösung

In der Literatur findet man Übersichten mit 5 bis 9 Schritten einer systematischen Problemlösung. Im Folgenden orientieren wir auf die Übersicht von Neges/Neges (2001/2007) mit 8 Schritten.

Problemlösungsfähigkeit (S/A)

Stufen der Entscheidungsfindung:

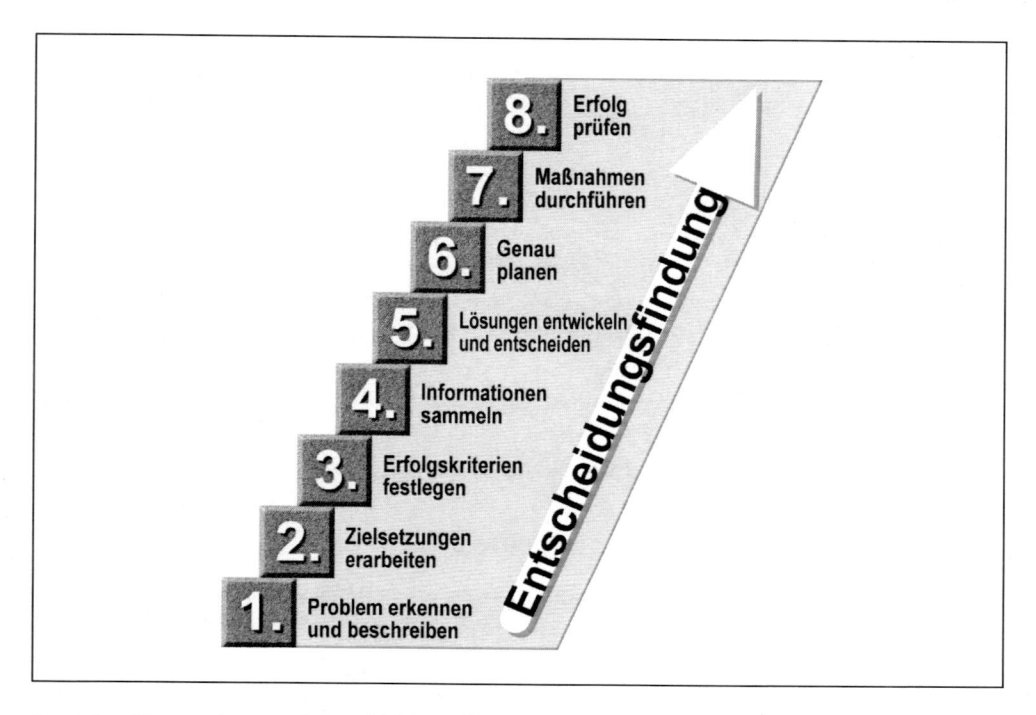

1. Problem erkennen und beschreiben
2. Zielsetzungen erarbeiten
3. Erfolgskriterien festlegen
4. Informationen sammeln
5. Lösungen entwickeln und entscheiden
6. Genau planen
7. Maßnahmen durchführen
8. Erfolg prüfen

In vielen Unternehmen wird viel Zeit und Energie dafür verwendet, zu beweisen, dass etwas nicht geht, oder Ideen werden noch vor Ihrer breiteren Diskussion abgewürgt, anstatt nach dem WIE einer Lösung zu suchen und Probleme als Chancen für Veränderungen oder neue Lösungen zu sehen.

Empfehlungen

Das Problem erkennen und beschreiben

Wenn ein vorgegebenes Ziel, eine bestimmte Kennziffer, eine Norm o. Ä. nicht oder nur unzureichend erreicht werden, dann sprechen wir von einem (sachlichen) Problem. Bei der näheren Analyse und Beschreibung des Problems sind das »Ist« und das »Ist-Nicht« zu berücksichtigen (siehe Modulares Informations- und Trainigsprogramm »Innovationsfreudigkeit«, vor allem die dort verwendeten Analysetabellen!), insbesondere über die Fragen: Was, Wo, Wann, Wieviel?

Durch die Beantwortung dieser Fragen werden die Symptome und die Ursachen des Problems klarer beschrieben. Die Beschreibung des Ist-Nicht hebt den an das Problem unmittelbar angrenzenden Bereich, der ebenfalls eine Abweichung hätte sein können, es aber nicht ist, hervor. Damit sind mindestens zwei Vorteile verbunden: Der betroffene Bereich kann deutlicher abgegrenzt werden. Wenn die denkbaren Ursachen des Problems auch für den Ist-Nicht-Bereich zutreffen, dann können sie ausgeschaltet werden.

Zielsetzung erarbeiten

Mit den Zielen wird der Soll-Zustand definiert. Das sollte gemeinsam mit anderen an der Problemlösung Beteiligten geschehen.

Erfolgskriterien festlegen

Hierbei geht es um die Festlegung von Kriterien zur Abschätzung oder Messung der Zielerreichung. Grundsätzlich sollte schon zu Beginn darüber nachgedacht werden, woran der Erfolg einer Problemlösung erkannt werden soll. Das, was man nicht direkt messen kann, sollte aber wenigstens geschätzt werden können. Wo die Kriterien gestützte spätere Erfolgskontrolle unterbleibt, sind oft Kompromisse gegenüber der späteren Qualität der Ergebnisse und Oberflächlichkeiten bei der Problembearbeitung schon vorprogrammiert. Dieser Schritt gilt heute für alle Arten von Problemen und deren Bearbeitung.

Informationen sammeln und verdichten

Wenn Sie das Problem ausreichend erkannt und beschrieben haben sowie die Ziele und die Erfolgskriterien feststehen und mit den Beteiligten abgestimmt wurden, dann sind umfassende Informationen zu den Problemursachen und zu Lösungsmöglichkeiten (insbesondere unter Beachtung vorliegender oder speziell einzuholender Benchmarks) zu sammeln.

Nach der Beschreibung der Ist- und der Ist-Nicht-Zustände müssen die Besonderheiten zwischen beiden beschrieben werden. Die Besonderheiten, Unterschiede sind der Wegweiser für die Problemursachen.

Erst wenn bewiesen werden kann, dass eine oder mehrere Ursachen für das Problem verantwortlich sind und diese klar eingegrenzt werden konnten, kann dazu übergegangen werden, erste Lösungsansätze zu suchen – und nicht vorher.

Dabei werden möglicherweise übertragbare Lösungen aus der eigenen Erfahrung, aus dem Vergleich mit analogen Problemen in anderen Bereichen des eigenen Unternehmens oder anderer Unternehmen gesucht, Expertenmeinungen eingeholt u. a. Wenn völlig neue Lösungen angesagt sind, dann sollten verschiedene Kreativitätstechniken genutzt und nach Möglichkeit Projektgruppen installiert werden.

Lösungen entwickeln und entscheiden

Neges/Neges (2001) unterscheidet drei verschiedene Lösungsarten:
- **Vorläufige Lösungen**, die dazu beitragen, die negativen Auswirkungen eines Problems zu verzögern oder abzuschwächen, ohne die eigentlichen Ursachen zu beseitigen. Solche Lösungen haben z. B. ihre Berechtigung, wenn nur eingeschränkte Ressourcen bereitstehen und Zeit gewonnen oder überbrückt werden soll.
- **Anpassende Lösungen:** Es kann z. B. kein Einfluss auf die Beseitigung der Ursachen genommen werden, und es können lediglich die Auswirkungen gemildert und andere Ziele verfolgt werden.
- **Abstellende Lösungen:** Diese sind die eigentlichen Problemlösungen, da sie die Ursachen des Problems beseitigen und den Soll-Zustand herstellen.

Ferner kann zwischen verschiedenen Niveaustufen von Lösungen unterschieden werden:
- Optimierungen bisheriger Lösungen;
- Kompromisslösungen;
- Prinziplösungen;
- Widerspruchslösungen.

Im Zusammenhang mit Diskussionen zu innovativen Entwicklungen in Unternehmen, zur Arbeit mit Erfindungen und anderen Fragen der kreativen Arbeit ertönt sehr häufig und unüberlegt der Ruf nach Widerspruchslösungen, Grundsatzlösungen u. Ä., und die sog. Kompromisslösungen werden in der Regel eher abwertend betrachtet. Erstere sind sicher wichtig und wertvoll für ein Unternehmen, sie dürfen aber nicht überbewertet werden. Es ist stets aus einer Metasicht zu prüfen, ob das Lösen erkannter Widersprüche vom eigentlichen Unternehmens-, regionalen oder gesamtgesellschaftlichen Interesse her gesehen schon notwendig und möglich ist und ob das Erarbeiten einer Lösung sowie ihre Realisierung technisch-ökonomisch-sozial vertretbar ist oder ob das Anstreben beispielsweise einer Kompromisslösung insgesamt günstiger ist.

Zweifelsohne muss am Wirtschaftsstandort Deutschland zukünftig die Anzahl internationaler Spitzenleistungen und Erfindungen wesentlich erhöht werden. Dabei darf jedoch nicht übersehen werden, dass sich der größere Anteil der Tätigkeiten beispielsweise von Entwicklungsprozessen der technischen Vorbereitung in einem Unternehmen »naturgemäß« auf das Erarbeiten von Wiederverwendungslösungen (projektierende Arbeitsweise) und Kompromisslösungen beziehen **muss**. Deshalb sind diese nicht zu vernachlässigen.

Schon in den Schritten 2 und 3 muss die Ausrichtung und Qualität der späteren Lösungen vorbereitet und vorentschieden werden. Es ist ein großer Unterschied bzgl. der zeitlichen, personellen und finanziellen Ressourcen, ob eine vorläufige, eher optimierende Lösung oder gar eine Widerspruchslösung avisiert wird. Das zeigt auch, wie wichtig diese frühen Phasen für die spätere Lösungsqualität sind und wie wichtig es ist, ihnen genügend Zeit bereit zu halten. In der Praxis wird immer wieder der Fehler begangen, sehr schnell zu Lösungen kommen zu wollen und gründliche Analysen und Zielbestimmungen eher zu unterschätzen.

Empfehlungen

Wenn erste Lösungsmöglichkeiten erarbeitet wurden, gilt es, diese nach folgenden Kriterien einer ersten Bewertung zu unterziehen:
- Erfüllen die vorliegenden Lösungsvarianten die unerlässlichen Ziele und Erfolgskriterien?
- Verstoßen die Lösungsvarianten gegen zwingende Nebenbedingungen (Gesetze, Richtlinien, Vorschriften, sonstige Normen …)?
- Welche Lösungsvariante sollte aus welchen zwingenden Gründen bei der Entscheidung zwischen mehreren Lösungsvarianten bevorzugt werden?

Wer soll mit wem in welcher Zeit wie diese Lösungsvariante weiter bearbeiten? Wie wird der Prozess der Bearbeitung durch wen unterstützt und kontrolliert? Wie ist der Lösungsvollzug erkennbar und wie allen Beteiligten mitteilbar und zugänglich?

Die übrig gebliebenen Lösungsvarianten sollten nicht ad acta gelegt werden, sondern gleichermaßen auf ihre Gültigkeit und Qualität hin eingeschätzt werden. Wer weiß, ob man nicht später noch auf die eine oder andere Lösung (ggf. in einem anderen Zusammenhang oder in einer modifizierten Form) zurückkommen kann oder – wenn es sich um technisch-technologische Lösungen handelt, diese gegenüber Dritten kommerziell verwerten kann.

Für eine solche »Rest«-Bewertung schlagen Neges/Neges vor:
- Qualitative Bewertung durch Auflisten von Vor- und Nachteilen der einzelnen alternativen Lösungsvarianten.
- Kostenvergleiche, Gewinn- und Rentabilitätsvergleiche zur Bewertung quantitativer Lösungskriterien.
- Simulation der potenziellen Lösungen, ggf. Anfertigung von Mustern und Modellen zur Diskussion mit Entscheidern, Nutzern, Kunden. Ferner: Komplexe Fragestellungen können vorausberechnet werden, z. B. Aufwände versus Ergebnisse in den nächsten Jahren.
- Punktbewertungsverfahren zur Nutzung bei Lösungen und Maßnahmen, bei denen neben den finanziellen Kosten und Leistungen auch qualitative Vor- und Nachteile zu beachten sind.
- Nutzwertanalyse zur Bewertung der Lösungsvarianten hinsichtlich ihrer Wirksamkeit, der zeitlichen Umsetzung sowie der Kosten. Hierbei können der primäre sowie sekundäre Nutzen gleichermaßen in die Betrachtung einbezogen werden.

Genaues Planen

Wenn aus verschiedenen Lösungsvarianten eine ausgewählt und ihre Ausarbeitung und Umsetzung entschieden wurde, dann ist in einem Aktionsplan differenziert festzulegen, was zur Realisierung zu tun ist. dazu bieten sich wiederum die sog. »W-Fragen« an.
- Was muss im Einzelnen getan werden?
- Wann muss es getan werden?
- Wie muss es getan werden?
- Wo muss es getan werden?
- Was muss getan und abgesichert werden, dass es getan wird?
- Wer wird wie den Fortschritt kontrollieren?

Diese Fragen werden also in verschiedenen Schritten der Problembearbeitung und -lösung mit unterschiedlicher Reichweite gestellt.

Maßnahmen durchführen

Hier gilt es, streng nach einem differenzierten Maßnahme- oder Aktionsplan vorzugehen. Ein praktikables Planungsschema ist der Aktionsplan nach Borg (2003).

Überprüfen und Bestätigen

Dieser letzte Schritt ist der der Messung oder Abschätzung (qualitative Analyse und Bewertung) des Lösungserfolges sowie der Problembearbeitung im Prozess. Letzteres ist als gemeinsamer Lernerfolg äußerst wichtig und führt zu einer (psychologisch) wichtigen Bestätigung der gemeinsamen Bemühungen und/oder zu wichtigen Erkenntnissen, was bei zukünftigen Problembearbeitungsprozessen besser gemacht werden könnte. Zugleich gilt es, in diesem Schritt die Lösung zu dokumentieren und die anderen bewerteten Lösungsvarianten an gegebener Stelle zu speichern.

Persönliche Maßnahmen

Was nehme ich mir für die nächsten 6 Wochen im Sinne einer Erhöhung meiner »Problemlösungsfähigkeit« vor? (Stichworte):

_____

_____

Was werde ich zuerst und vorrangig tun? (Stichworte):

_____

_____

Wie kontrolliere ich die Resultate? (Stichworte):

_____

_____

Wo werde ich mich weiter zum Thema »Problemlösungsfähigkeit« informieren? (Stichworte):

_____

_____

Als weiterführende Informationsquellen empfehlen wir

Borg, I.: Mitarbeiterbefragungen. Verlag für Angewandte Psychologie, Göttingen 2003
Neges, G.; Neges, R.: Kompaktwissen Management. Ueberreuter Verlag, Wien/Frankfurt 2001
Neges, G.; Neges, R.: Führungskraft und Team. Linde international, Wien 2007
Oberbauer, M.: Power-Walking für Gehirn. Herbig Verlag, München 2005

Beratungsfähigkeit S/A

▶▶ **Grundsätzliche Überlegungen**

Es ist nicht ganz ungefährlich, Empfehlungen zur Entwicklung der Beraterfähigkeit zu formulieren. Gute Schuhverkäufer sind Kunden-Berater, Finanzdienstleister bieten sich als Berater an, Unternehmensberater ohnehin. Und immer mehr wird von unternehmensinternen Organisations- (OE) und Personalentwicklungs-Beratern gesprochen. Die Führungskraft schließlich soll erster Berater und sogar Coach ihrer Mitarbeiter sein.

Berater – mehr als nur eine Modeerscheinung

Bei zunehmender Komplexität, Unbestimmtheit, anscheinend »plötzlicher« Veränderung, Inflation von unterschiedlichen Werten.. .nehmen individuelle Orientierungsschwierigkeiten, (Versagens-)Ängste, die Suche nach Sicherheit und Erklärung gebenden Erfahrungen generell zu. Es werden »Erfahrenere«, Spezialisten im Umgang mit schwierigen Problemen, Anforderungen und Konflikten in den verschiedensten betrieblichen und außerbetrieblichen Sphären gesucht, die Ihre Erfahrungen und Vorgehensweisen plausibel und lösungsorientiert weitergeben können.

Einerseits versucht man, komplexen Problemen immer mehr mit zeitweiligen Projektgruppen (unterschiedlicher Fachspezialisten mit entsprechenden unterschiedlichen Blickwinkeln und Erfahrungen) zu begegnen.

Und diese Entwicklung steht in vielen Unternehmen und Unternehmensbereichen quasi erst am Anfang.

Andererseits wächst der Bedarf an internen und externen Beratern (als Experten/Gutachter, als Problemlöser/Realisator, als Prozesspromoter, als Moderator/Coach) auch in Zukunft weiter an. Gemeint sind nicht die laufenden und sprechenden Expertensysteme, sondern Personen und Systeme, die die erwarteten Fachkompetenzen im Zusammenspiel mit breit entwickelten überfachlichen Kompetenzen realisieren.

Der in Deutschland sehr bekannte Pater und Wirtschaftsberater Rupert Lay erinnert in diesem Zusammenhang sogar an »Weisheit – als Erfordernis für Berater«. Praktische Weisheit spräche aus der »Fülle des Herzens« und sei vor allem der Mut, »sich aus dem Teufelskreis zu befreien, in dem sich die Befangenen in reinem Wirtschaftsdenken mit fast schon kurioser Ausnahmslosigkeit verfangen haben ...« (Achenbach, in: Höselbach u. a. 2000).

Bei kritischer Betrachtung der in der Literatur vorrangig diskutierten zukünftigen Anforderungen an mittel- und hochqualifizierte Mitarbeiter in Unternehmen unterscheiden sich kaum von denen an Unternehmensberater: Flexibilität, analytisches Denken, strukturiertes Vorgehen, Zuverlässigkeit, Zielstrebigkeit, Tatkraft, Teamfähigkeit, Dienstleistungsinteresse und -bereitschaft, Kontaktfähigkeit ...

Kennzeichen

Kennzeichen guter Berater

Gute fachlich-methodische Kompetenzen sind Voraussetzungen für eine wirkungsvolle, erfolgreiche Beratung. Sie reichen aber in den meisten Fällen nicht mehr aus, da die zu lösenden Probleme, zu denen Berater gesucht werden, in der Regel umfassender Natur und stets in Verbindung von sachlichen und sozialen oder gar individuellen Einfluss- und Wirkungsfaktoren zu sehen sind. Und: So, wie es nicht den für alle Zeiten und Situationen optimalen Führungsstil gibt, so gibt es auch nicht den optimalen Beraterstil. In unterschiedlichen Situationen sind unterschiedliche Beraterszenarien, Beraterrollen und damit verbundene Kompetenzen gefordert (siehe nachfolgende zwei Abbildungen):

Wechselwirkung Berater/Beratung

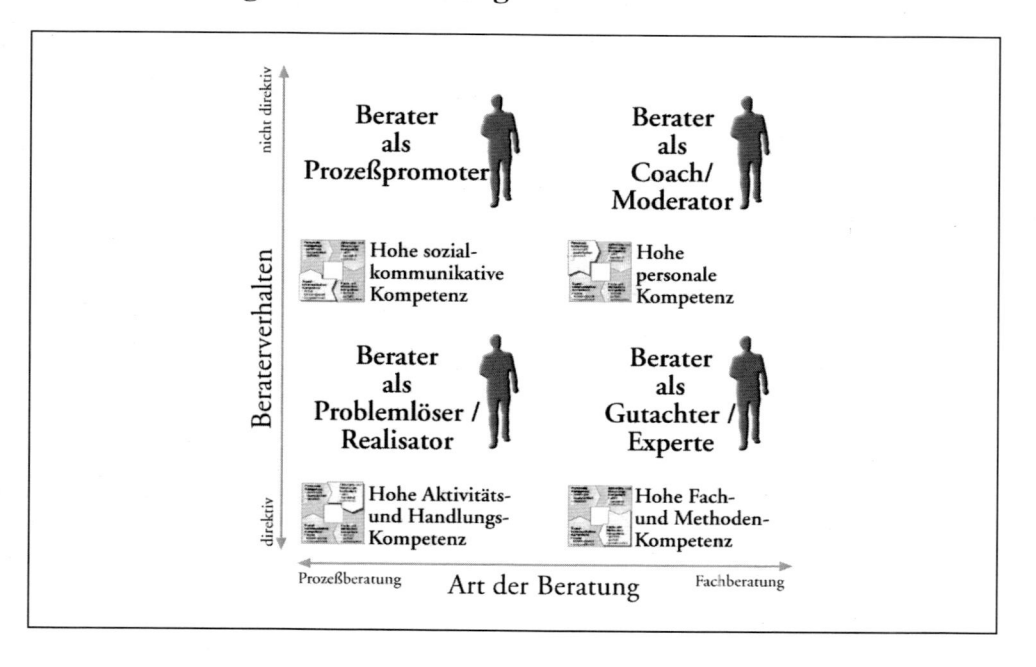

Wechselwirkung Lernbereitschaft/Problemdruck

	Problemdruck gering	Problemdruck hoch
Lernbereitschaft hoch	Berater als Coach/Moderator — Hohe personale Kompetenz	Berater als Prozeßpromoter — Hohe sozial-kommunikative Kompetenz
Lernbereitschaft gering	Berater als Gutachter/Experte — Hohe Fach- und Methoden-Kompetenz	Berater als Problemlöser/Realisator — Hohe Aktivitäts- und Handlungs-Kompetenz

Besonders wichtige Merkmale eines umsichtigen, menschlich überzeugenden und verantwortungsvollen Beraters sind nach Belz (1994) vor allem:
- **Fairness und Sicherheit:** Das für die Beratung unabdingbare Vertrauen wird vor allem durch Fairness und gegenseitige Loyalität gefördert, die sich wiederum herausbildet, wenn jede Seite ihre Verpflichtung erfüllt und sich an die Spielregeln einer oft nur unausgesprochenen, psychologisch vorhandenen Vereinbarung hält.
- **Kontinuität und Verlässlichkeit:** Vertrauen entsteht langsam und beruht auf einer konstanten Leistung und Kommunikation. Neues muss sich für den Partner, Kunden, Mitarbeiter folgerichtig aus dem Bestehenden entwickeln. Überraschungen sind für das Vertrauen eher störend.
- **Verständlichkeit und persönliche Beziehung:** Vertrauen wird durch Transparenz der Leistungen und persönliche Glaubwürdigkeit, die wiederum mit der persönlichen Berechenbarkeit eng verbunden ist, gefördert. Die Beraterleistungen müssen verständlich sein und die Wertschöpfung durch eine persönliche, menschlich produktive Beziehung zum Kunden gekennzeichnet sein. Verständlichkeit wiederum umfasst die Nachvollziehbarkeit mündlicher und schriftlicher Kommunikation, gestützt auf Einfachheit, Gliederung, Überschaubarkeit, Originalität und die Fähigkeit zu visualisieren (z. B. »in Bildern sprechen« zu können).
- **Stimmigkeit:** Vertrauen entsteht durch stimmige, widerspruchsfreie Leistung und Begegnung mit dem Kunden, Partner, Mitarbeiter. Stimmigkeit beurteilt ein Kunde … vor allem dort, wo er keine oder keine unmittelbare Gegenleistung erwartet, also z. B. bei informellen Anfragen, bei Auskünften über unverbindliche Anfragen, bei eher persönlichen Anliegen …
- **Fassbarkeit und Problemlösung:** Vertrauen entsteht durch die Überzeugung des Kunden … von der fachlichen Kompetenz und Verantwortungsbereitschaft des Beraters, erfahren durch die Lösung eines dringenden Problems.

- **Persönliche Beziehung und persönliche Nutzensstiftung:** Beraterbeziehungen sind immer – ob man es will oder nicht – persönliche Beziehungen. Es sind immer Beziehungen zu einzelnen Personen, die die Beratungen wollen oder nicht und die Umsetzung der Beratungsleistungen unterstützen oder nicht. Insofern ist das aufzubauende Vertrauen vor allem eine Frage der »Beziehungswahrnehmung, -achtung und -pflege« (siehe auch das Trainingsmodul »Beziehungsmanagement«).

Selbstcheck

Anregungen zum Nachdenken

Um diesen anspruchsvollen vertrauensbildenden Anforderungen nachzukommen, muss man sich prüfen und die eigenen Stärken, aber auch vorhandenen Entwicklungsnotwendigkeiten erkennen. Nach Stiefel (1998) könnten hierzu etwa folgende Fragen gestellt werden:

1. Was wissen Sie eigentlich über sich? Wie haben Sie sich in unterschiedlichen Situationen erlebt? Wie sieht Ihr Persönlichkeitsbild aus, mit dem Sie andere veranlassen wollen, sich mit Ihnen einzulassen, Ihnen zu vertrauen?
2. Was sind Ihre theoretischen und konzeptionellen »Schlüssel«, mit denen Sie für den Teil der Arbeitswelt verstehen wollen, in dem Sie sich bewegen?
3. Von welchen Vorstellungen gehen Sie aus, welche Theorie, welches Modell haben Sie, um Veränderungen verantwortungsvoll einzuleiten? Wie und wo haben Sie diese Kenntnisse erworben, und wie werden sie von Ihnen weiter entwickelt? Kennen Sie Personen, an denen Sie sich orientieren können?
4. Welche Rolle spielen für Sie organisierte und selbstorganisierte Lernmaßnahmen und -prozesse für Ihre persönliche Entwicklung? Wie kapitalisieren Sie das Lernpotenzial in Ihrem betrieblichen Alltag, um daraus Anregungen für Ihre Arbeit zu erhalten? Nutzen Sie offensiv und bewusst den Erfahrungsaustausch mit anderen erfahrenen Beratern, Kunden, Partnern …, um zu lernen?
5. Wer oder was vermittelt Ihnen einen konzeptionellen Bezugsrahmen für Ihre Beratertätigkeit? Wer könnte ein Mentor für Sie sein? Welche Stärken, die Sie hervorheben würden, hat diese Person? Was spricht in diesem Bezugsrahmen einerseits Sie und andererseits die Kunden … besonders an?
6. Wie haben Sie sich organisiert (eigenes Zeit- und Arbeitsmanagement), um Lernen und Weiterentwicklung zu einem Teil des Konzepts der Führung Ihrer eigenen Person zu machen?
7. Was sind zentrale Werte und Ideale für Sie als Berater? Was sehen Sie in Ihrer eigenen Lebensführung vor, um nach diesen Werten und Idealen zu leben?
8. Was lehnen Sie als Berater ab und unter welchen Umständen würden Sie die Beraterrolle ab- bzw. niederlegen?

☞ Empfehlungen

Eine US-amerikanische Expertenbefragung aus dem Jahre 1998 stellte zusammenfassend insbesondere folgende Grundsätze für die Entwicklung zu einem Berater heraus (nach Stiefel 1998), die Sie als Trainings- und Verhaltensgrundsätze übernehmen und periodisch überprüfen können:

1. Der Erwerb von Wissen und Erfahrungen über sich selbst und über die eigenen Motive, Wertvorstellungen und Handlungsmaxime ist eine zentrale Voraussetzung und Aufgabe. Man muss die eigenen Kompetenzen kennen, die Verhaltensstärken und -schwächen und über die eigenen Entwicklungsmöglichkeiten nachdenken, wenn man anderen (einzelnen Personen, Gruppen, Organisationen) beratend helfen will.
2. Der Erwerb einer theoretischen Grundlage, mit der man die Praxis verstehen und auf sie einwirken kann, ist eine weitere wichtige Voraussetzung. Von dieser Theorie muss man überzeugt sein und darf sie nicht nur der Mode halber quasi nach außen tragen.
3. Eine ordentliche Berufsausbildung, eine über einen Zeitraum von mehreren Jahren ausgeübte Tätigkeit sowie darauf folgende Führungsaufgaben sind äußerst wichtig, um die unterschiedlichen Klienten und Klientengruppen nicht nur besser verstehen und vertreten zu können, sondern um auch die Umsetzbarkeit und die Konsequenzen der Beratungsleistungen im Vorfeld einschätzen zu können. Außerdem steigt der Grad der Glaubwürdigkeit mit zunehmendem praktischen Erfahrungshintergrund des Beraters.
4. Gleichermaßen sind ein guter Mentor und eine damit verbundene, bewusst gesuchte Lehrzeit empfehlenswert.
5. Es erfordert eine hohe Lernbereitschaft und ein hohes Maß an selbstorganisierter Weiterbildung und alltäglicher Kommunikation und Lektüre, um ein guter Berater zu bleiben und immer auf der Höhe zu bleiben.
6. Ein Berater braucht ein besonders gutes Zeitmanagement, eine besonders effiziente Arbeits-/Lebensplanung – für sich selbst und als Vorbild für andere. Dabei gilt der Grundsatz: »Verfolge deine eigenen Ziele und Ansprüche konsequent und unterdrücke sie nicht«. Und: »Verhalte dich danach, was du als besonders wertvoll in deiner Arbeit und in Deiner Familie verfolgst«.
7. Vergleichbar mit dem Sauerstoff im Blut ist der immer wieder selbst zu initiierende und zu pflegende Austausch mit anderen, das Networking und das Beziehungsmanagement.
8. Statt den häufig zu beobachtenden Fehler neu zu begehen, eine oder zwei besonders erfolgreiche Interventionen und entsprechende Techniken zu kultivieren und wie Allheilmittel einzusetzen, sollte unbedingt eine Interventionsbreite entwickelt werden, die sich an der zu verändernden Situation ausrichtet. Das heißt auch, die unterschiedlichen Kompetenzen situations-, aufgaben- und personenorientiert zu entwickeln und einzusetzen.
9. Wichtig sind ferner die systematische Entwicklung der eigenen Beobachtungsfähigkeit und sozialen Wahrnehmung gegenüber individuellen und Gruppenprozessen über Trainings, Erfahrungsaustausch, Beobachtungstagebuch und die Entwicklung einer kommunikativen Flexibilität. Letztere bezieht sich auf die Anforderung, mit den unterschiedlichsten Personen und deren betrieblichen Rollen umgehen zu können. Diese Voraussetzungen guter Beratung beziehen sich auf die sozial-kommunikativen Kompetenzen und sind lebensgeschichtlich auch zu einem guten Teil Ergebnis langjähriger Erfahrungssammlung von Beratern.

Handlungsalternativen vorsehen

Der Berater muss über ein gut ausgeprägtes Folgebewusstsein verfügen (vgl. MIT »Folgebewusstsein«) als auch über Alternativpläne beim Auftreten von nicht vorhersehbaren Problemen im Beratungs- und Veränderungsprozess.

Trainieren Sie sich in der Vorbereitung auf Alternativen, die Sie später in der Beratung empfehlen können. Die nachfolgende Übersicht zeigt im ersten Teil einige typische Probleme auf und Möglichkeiten ihnen zu begegnen. Im zweiten Teil fehlen solche Angaben über Begegnungs- (bzw. Lösungs-)Möglichkeiten. Schreiben Sie selbst angedachte Möglichkeiten auf und diskutieren Sie sie mit Dritten hinsichtlich ihrer Sinnhaftigkeit und Machbarkeit. Im dritten Teil fehlen sowohl Problemnennungen als auch Lösungsmöglichkeiten. Befragen Sie Berater oder andere erfahrene Spezialisten nach ihnen bekannten typischen Problemen und nach ihren Erfahrungen bzgl. der geschicktesten Strategie und ergänzen Sie etappenweise diese Liste über einen längeren Zeitraum. So erarbeiten Sie Schritt für Schritt ein für Berater äußerst wichtiges Beobachtungs- und Beratungsinstrument.

Teil 1

Unvorhergesehene Probleme	**Alternativen**
Hoher Erwartungsdruck Führungskräfte, Mitarbeiter, Kunden … können die Ergebnisse nicht erwarten und drängeln	Legen Sie Teilprojekte mit kurzfristigen Teilergebnissen und Erfolgen vor und sorgen Sie für eine schnelle und umfassende Kommunikation
Zuarbeit mangelhaft Die schlechte Zuarbeit Dritter gefährdet die Problembearbeitung/das Projekt	Legen Sie in einem Aufgaben- und Terminplan nochmals die Anforderungen und Verpflichtungen fest. Oder setzen Sie ein kleines Team zur Analyse der Probleme ein. Oder übergeben Sie die Aufgabe an einen anderen Dritten. Oder beziehen Sie einen weiteren Spezialisten ein …
Zeitliche Verzögerungen Das Projekt oder das Veränderungsprogramm bleibt deutlich hinter dem Zeitplan zurück	Analysieren Sie mit den »Verzögerern« oder über eine kleine Untersuchungsgruppe die Ursachen. Entwickeln Sie ein Szenarium zum Einholen der zeitlichen Verluste. Oder ändern Sie einmalig den Zeitplan …
Einsparungsresultate enttäuschen Die geplanten Ersparnisse aus den Veränderungen treten nicht ein oder sind viel zu gering	Analysieren Sie die Ursachen. Erarbeiten Sie einen weiteren Aktionsplan für weitere Änderungen mit deutlichen Kosteneinsparungen.
Engagement stagniert Die Begeisterung und das Engagement lassen deutlich nach	Schnelle Untersuchung der Ursachen, insbesondere über Gespräche mit den bisherigen Promotoren und Multiplikatoren des Projektes. Diskussion von Maßnahmen zur Hebung des Engagementes. Oder notfalls Revidieren oder Zurückstellen von Änderungen …

Teil 2

Weiterbildung mangelhaft
Qualitative und quantitative Mängel in der Weiterbildung behindern die Veränderung

Kommunikationsblockaden
Die Führungskräfte der Organisationseinheiten kommunizieren nicht gegenüber den Mitarbeitern die Erfolge, Fortschritte und Probleme und verunsichern dadurch

Verharren
Die Mitarbeiter bejahen offiziell die Veränderungen, bleiben intern aber in ihren alten Denk- und Handlungsgewohnheiten verstrickt

Laterale Kooperation
Die Unterstützung durch andere Organisationseinheiten ist zu gering

zum Selbstergänzen:
_____
_____
_____
_____
_____
_____

Teil 3

_____
_____

Persönliche Maßnahmen

Was nehme ich mir für die nächsten 6 Wochen im Sinne einer Verstärkung meiner »Beraterfähigkeit« vor? (Stichworte):

_____

_____

Was werde ich zuerst und vorrangig tun? (Stichworte):

_____

_____

Wie kontrolliere ich die Resultate? (Stichworte):

_____

_____

Wo werde ich mich weiter zum Thema »Beratungsfähigkeit« informieren? (Stichworte):

Als weiterführende Informationsquellen empfehlen wir

Belz, Chr. et. al.: Management von Geschäftsbeziehungen. Thexis Verlag, St. Gallen 1998
Stiefel, R., Th.: MAO 20. Jg., Heft 3/1998. MAO 23. Jg., Heft 1/2001

Für alle diejenigen, die sich als PE/OE-Berater profilieren wollen, sind die MAO-Materialien, insbesondere die 4x jährlich erscheinenden MAO-Informationsbriefe von Dr. Rolf Th. Stiefel/St. Gallen sehr empfehlenswert.

Für alle mehr an Unternehmensberatung interessierten Leser empfehlenswert:
Höselbarth, F.; Lay, R.; Loópez de Arriortúa, J.l. (Hrsg.): Die Berater Einstieg, Aufstieg, Wechsel. F.A.Z.-Institut für Management-, Markt- und Medieninformation, Frankfurt am Main 2000
Sommerlatte, T. u. a.: Handbuch der Unternehmensberatung. Erich Schmidt Verlag, Berlin 2006
Zupancic, D.; Belz, C.; Bussmann, W.: Best Practice im Key Account Management. Redline Wirtschaftsverlag, Heidelberg 2008

Als Blick »hinter die Kulissen« der Unternehmensberater und zum Vermeiden schlechter Beratergewohnheiten sei verwiesen auf:
Staute, J.: Der Consulting-Report. Vom Versagen der Manager zum Reibach der Berater. Heyne Verlag, München 1998

Für Finanzberater, Verkäufer eher empfehlenswert:
Zukunft Verkauf. 15 Experten verraten ihre Visionen. Max Schimmel Verlag, Würzburg 1999
Ebeling, P.: Beraten und verkaufen. Gabal Verlag, Offenbach 1996
Ebeling, P.: Rhetorik – Der Weg zum Erfolg. Humboldt Verlag, Gütersloh 2005
Tracy, B.: Verkaufsstrategien für Gewinner. Verlag Dr. Th. Gabler, Wiesbaden 2002

Experimentierfreude S/A

▶▶ Grundsätzliche Überlegungen

Experimentierfreude im betrieblichen Alltag kommt immer dann auf oder wird zumindest ermöglicht, wenn die gegenständliche oder soziale Umgebung als veränderbar und zukunftsoffen begriffen werden kann und ein Klima der Aufgeschlossenheit gegenüber Neuem vorherrscht.

Voraussetzung für das Begreifen der Veränderbarkeit sind eine gegenständliche oder soziale Neugier, Gestaltungsfreude und -fähigkeit sowie konstruktive Kritik.

Zusammenhänge

»Experimentierfreude« steht in einem engen Zusammenhang zu anderen Teilkompetenzen:
- Schöpferische Fähigkeit;
- Innovationsfreudigkeit;
- Anpassungsfähigkeit;
- Offenheit für Veränderungen;
- Lernbereitschaft.

Diese Teilkompetenzen werden ausführlich in den gleichnamigen Modularen Informations- und Trainingsprogrammen dargestellt, und sind somit gleichermaßen zu empfehlen, wenn sie sich zum Thema »Experimentierfreude« kundig machen wollen.

Kennzeichen

Personen mit ausgeprägter Experimentierfreude erkennt man vor allem daran:
- Setzt sich selbst gern neuen, offenen, auch konfliktträchtigen Problemsituationen im gegenständlichen oder sozialen Bereich aus;
- meistert gegenständliche Problemsituationen, z. B. beim Materialeinsatz, bei arbeitsmethodischen und bei Organisationsschwierigkeiten, bei Gestaltung der Arbeitsumgebung ... durch Ausprobieren neuer Möglichkeiten der Problemlösung;
- bewältigt soziale Problemsituationen durch Erproben verschiedener Kommunikations- und Kooperationsvarianten;
- benutzt gern »spielerische« Möglichkeiten (Training, Probehandeln) bei der Lösung sozialer Spannungen und Konflikte;
- erprobt neue Gestaltungsmöglichkeiten mit großer Phantasie;
- nimmt auch Widerstände gegenüber Neuem sowie Konflikte in Kauf und überwindet sie aktiv.

Innere Einstellung

Personen mit einer ausgeprägten Experimentierfreude haben die innere Einstellung, dass sie
- etwas Neues probieren und neue Lösungen oder Erkenntnisse erreichen wollen und
- auch Fehler machen dürfen, ja, dass Fehler häufig das Tor zu neuen Erkenntnissen sind.

Veränderungen

Je selbstverständlicher Veränderungen als ein natürlicher Prozess begriffen werden, desto ungehemmter, natürlicher kann auch ausprobiert, experimentiert werden.

Veränderung heißt vor allem (vgl. Maier, C.: Spielraum für Wesentliches. Bildung und Wissen Verlag, Nürnberg 2002) Trennung von Altem, Gewohntem, Vertrautem. Und Veränderungen sind Prozesse, bei denen Bestehendes durch etwas neu Gestaltetes ergänzt oder ersetzt wird. Insofern stellt auch eine veränderte Situation stets eine Herausforderung dar – einerseits für die von der Veränderung Betroffenen und andererseits für den Veränderer oder Anreger von Veränderungen selbst.

Befragungsergebnisse

In Befragungen von sehr innovativen mittelständischen Unternehmern und Unternehmerinnen (Erpenbeck, J.; Heyse, V.: Die Kompetenzbiographie. Strategien der Kompetenzentwicklung. Waxmann Verlag, Münster/New York u. a 2007), die durchweg sehr experimentierfreudig waren, erhielten wir Selbstbeschreibungen wie beispielsweise diese:
- Ich war immer schnell zu inspirieren und zu begeistern, habe gern experimentiert und geknobelt – was ich bis heute noch beruflich und privat mache – und wollte die verschiedensten Berufe erlernen.

- Ich bin durchaus risikofreudig gegenüber neuen Herausforderungen, Bewährungssituationen und offen gegenüber Unbestimmtheiten, undeutlichen Situationen, wenn sie für alle neu sind.
- Ich habe immer Lust, etwas Neues auszuprobieren, natürlich auf der Grundlage guter Fachkompetenz.
- Mich interessiert das erzwungene Neue. Es macht mir Spaß, mich mit Neuem auseinanderzusetzen. Dann sage ich mir: Das hättest Du auch studieren oder auch beruflich machen sollen.
- In meiner Freizeit mache ich gern Gedankenexperimente, indem ich nach verschiedenen Handlungsalternativen suche. Deshalb spiele ich auch sehr gern Schach und beschäftige mich mit Autobiografien. Es macht mich z. B. auch verrückt, wenn jemand zu einer neuen technischen Aufgabenstellung sofort nach einer Lösung sucht, anstatt nach unterschiedlichen Lösungen, nach Lösungsvielfalt zu suchen und dann die beste auszuwählen. Das Experimentieren ist in erster Linie eine Kopf- und Herzensangelegenheit. Wer sich dem Neuen verwehrt und nicht den inneren Drang zu Neuem und die Freude an diesem hat, wird auch kaum in seinem Leben etwas bewegen.
- Ich habe schon immer eine innere Neugier. Ich habe mich immer für alles interessiert, vor allem natürlich für Sachen, die verboten waren. Aber immer für Dinge, wofür sich andere entweder nicht interessiert hatten oder die schwer zugänglich waren.
- Die wahnsinnigsten und nachhaltigsten Lernprozesse waren immer dann, wenn ich in kurzer Zeit völlig Neues schaffen wollte. Ich saß dann Tag und Nacht dran und probierte alles aus. Der Zeitdruck disziplinierte zugleich ...
- Wenn es darum geht, ein neues Produkt zu entwickeln, muss man versuchen, von der komplizierten Ebene immer zur einfacheren zu kommen. Da haben wir in unserem Unternehmen viele Beispiele. Dieser Zwang, dieses Hinschieben zum einfachen Denken, bringt letztlich auch einfache Produkte, die der Mensch auch annimmt, weil sie einfach sind.
  Dahinter steckt natürlich viel Arbeit, viel Probieren. Es ist ja viel einfacher, komplizierte Produkte zu entwerfen, die aber in der einen oder anderen Weise am Kunden vorbeigehen. Der Markt ist leider voll von diesen.
- Ich pflege eher einen spielerischen Umgang mit neuen Anforderungen und probiere etliches erst einmal aus, bevor ich mich dann festlege.

Einer der Befragten war Artur Fischer (Prof. Dr. hc. mult., Ehrensenator ...), Deutschlands größter Erfinder – häufig unter der Kurzbezeichnung »Dübel-Fischer« (Erfinder des Spreizdübels) bei Alt und Jung bekannt. Er ist ein Ausbund an Experimentierfreude – selbst bis ins eigene hohe Alter hinein. Zwei seiner Grundprinzipien sind in diesem Zusammenhang besonders interessant: das der Orientierung auf »Einfachheit und Nützlichkeit der Produkte« und das der »Unerbittlichkeit gegenüber vorschnellen Verneinungen«. Letzteres drückte er in einem Interview so aus:

> »Ich wehre mich stets gegen eine solche Aussage wie: ›Das geht nicht‹. Ich sage dann immer: ›Sagen Sie doch, das geht so nicht‹. Und dann können wir zusammen darüber nachdenken, wie es anders gehen könnte. Die absolute Verneinung ist der Tod alles Neuen.«

Artur Fischer spricht hier etwas an, was häufig mit dem Begriff der »Killerphrasen« zusammenfällt: Im betrieblichen Alltag gibt es ein Dickicht an verbalen Verbotsschildern und weitere Erörterungen abwürgenden Argumenten. Es reichen zwischen zwei bis sieben Wörter, um Diskussionen zu beenden.

Ideenkiller

- »Geht nicht.«
- »Das haben wir schon immer so gemacht.«
- »Warum sollen gerade wir damit beginnen?«
- »Das haben wir noch nie so gemacht.«
- »Das funktioniert nicht.«
- »Verirren Sie sich nur nicht.«
- »Das können Sie doch gar nicht!«
- »Dafür gibt es keine Mittel.«
- »Damit kommen Sie doch nicht durch.«
- »Wenn das so einfach wäre …«
- »Damit holen Sie sich nur Feinde!«

Solche Killerphrasen gibt es unendlich viele. Diejenigen jedoch, die etwas verändern wollen, müssen aufmerksam und konsequent dagegen angehen und sich nicht einschüchtern lassen.

Das beginnt bei der semantischen Auflösung dieser Phrasen, wie es Artur Fischer mit dem scheinbaren Wortspiel deutlich demonstrierte. Einen Überblick über Killerphrasen und ihre Auflösung finden Sie auch in unserem MIT Konfliktlösungsfähigkeit in diesem Band.

Das Fatale ist, dass Menschen, die Neues durch Killerphrasen im Keime ersticken, scheinbar mit ihrer ablehnenden Haltung im weiteren Verlauf Recht behalten: 80–90 % neuer Ideen setzen sich nicht durch – in der Regel nicht, weil sie schlecht sind, sondern weil sie nicht richtig vertreten werden oder keine Promoter finden, weil die Mittel nicht vorhanden sind, weil sie ihrer Zeit zu weit voraus sind usw. .

Der »Killer« hat also – äußerlich betrachtet – bei 8 bis 9 von 10 abgelehnten Vorschlägen und Ideen später Recht, und was macht da schon die eine Fehleinschätzung … Ein Unternehmen, das den Wettbewerb erfolgreich bestehen will, braucht aber einen Überschuss an neuen Ideen und Initiativen.

Kindliche Neugier

Experimentierfreude, Freude am Suchen und Ausprobieren setzt ein hohes Maß an Offenheit gegenüber Neuem und Neugier voraus. Kinder sind in der Regel neugierig, haben weniger Berührungsängste gegenüber Neuem und lernen viel über trial and error. Viele Erwachsene verlieren diese Art von Naivität im Umgang mit der Umwelt und anderen Menschen und zwängen sich in enge Normen und Zielkorridore und letztlich geistige Versagungen.

Und noch ein weiteres Merkmal der kindlichen Experimentierfreude, die vielen Erwachsenen leider verloren geht, ist die Verbindung von Sehen, Riechen, Hören, Fühlen, Denken und Gestalten, das heißt, das Nutzen aller Sinne beim Erfahrung sammeln.

Das ist eine wichtige Voraussetzung für die ganzheitliche Persönlichkeitsbildung. Die Auseinandersetzung mit bestehenden und neuen technischen Objekten, Fakten, Prozessen und Zusammenhängen schafft die Möglichkeit zur Selbsterfahrung und unterstützt das Erkennen der eigenen Bedürfnisse, Stärken und Schwächen. Viele Aufgaben, die mit Experimentierfreude und Risikobereitschaft angepackt werden, erfordern auch ein hohes Maß an Selbstdisziplin (ja Selbstvergessenheit mitunter), Beharrlichkeit, Folgebewusstsein und erfordern Kommunikation mit anderen, Teamarbeit und soziale Verantwortung.

Wenn Sie die Teilkompetenz Experimentierfreude bei sich oder bei anderen Personen unterstützen und erweitern wollen, dann könnte die eine oder andere der folgenden Anregungen für Sie interessant sein:

Empfehlungen

1. Nehmen Sie sich in regelmäßigen Abständen Zeit, um im Internet interessanten Fragen nachzugehen. Nehmen Sie sich gleichermaßen Zeit, um in Buchhandlungen herumzustöbern und nach interessanten Sammelbänden zu suchen, in denen auf **ungewöhnliche Art und Weise Zusammenhänge** erklärt, neue Fragen aufgeworfen und die unterschiedlichsten Wissensgebiete vereinigt sind. Solche besonders empfehlenswerten Bücher sind z. B.:
   - Paturi, F.R.: Chronik der Technik, Chronik Verlag, Dortmund 1988
   - Paturi, F.R.: Chronik des 20. Jahrhunderts. Chronik Verlag, Dortmund 1999
   - Faszination Natur und Technik. Unsere Welt entdecken, erklären und verstehen. Ein ADAC-Buch. München 1996
   - Mein großes Frage- und Antwortbuch. Loewe Verlag, Bindlach 2003

   Die »Chronik der Technik« dokumentiert in einer sehr anschaulichen und verständlichen Darstellung die Entwicklung auf allen technischen Gebieten von den frühesten Anfängen bis 1987 und ist überhaupt nicht für den technisch versierten Leser geschrieben. Dieses Buch fördert das Staunen, zeigt Zeugnisse aus allen Kulturen, fördert das Erkennen von Zusammenhängen und führt zu neuen, noch nicht beantworteten Fragen.

   Fündig wird man in Buchhandlungen in der Kinder- und Jugendabteilung. Es gibt inzwischen sehr viele und gute Bücher für die sog. Knobler.

   Aus der Menge sei das Buch »Mein großes Frage- und Antwortbuch« herausgenommen. Es informiert über eine Vielzahl von Wissensgebieten und geht stark bebildert auf solche Fragen ein wie: Wie entstehen Vulkane unter Wasser? Wie weit können wir heute sehen? Was sind Hotspots? Wie kann man ein Pferd verstehen? Wie löschte man früher Brände? Welche Spiele kennen die Wale und wie gut wissen wir über Wale Bescheid? Wie fliegen Segelflugzeuge? ... – insgesamt 115 Fragen und ausführliche Antworten.

   Das sind also Möglichkeiten, sich inspirieren zu lassen, neue Zusammenhänge zu erkennen und neues Wissen zu erproben.

2. Trainieren Sie sich darin, scheinbar gelöste Fragen und Probleme »durch eine andere Brille« zu betrachten. Nehmen Sie bewusst den Standpunkt anderer Personen ein und suchen Sie von diesem aus nach weiteren möglichen Lösungen. Der Standpunkt einer anderen Berufsgruppe ist damit genauso gemeint wie der des anderen Geschlechts oder anderer Altersgruppen.

3. Formulieren Sie Fragestellungen um und suchen Sie entsprechend unterschiedlicher Fragen nach neuen Ideen oder Lösungen.
4. Versuchen Sie, die bestehenden Lösungen zu variieren und verschiedene Lösungsansätze miteinander zu kombinieren.
5. Analysieren Sie Analogien. Analysieren Sie, welche unterschiedlichen Problembearbeitungen und Lösungen für analoge Fragen in anderen Branchen existieren und ob es Übertragungsmöglichkeiten zu ihren Fragestellungen geben könnte.
6. Prüfen Sie immer wieder, inwieweit Sie unterschiedliche Perspektiven nicht als Gegensätze, sondern als interessante Ergänzungen aufgreifen und nutzen können.

Inspirierende Fragen

Mit den folgenden Fragen (vgl. Czichos 2002) können Sie Ihre Experimentierfreude und Kreativität anregen. Empfehlenswert ist es, wenn Sie die Fragen auf einem kleinen Blatt stets bei sich tragen und in konkreten Problembearbeitungssituationen sich die Fragen genau anschauen. Oder: Wenn Sie in Diskussionen das Gefühl hatten, dass die dargelegten Lösungen oder Lösungswege »bestimmt noch anders sein« könnten, dann prüfen Sie Ihre innere Erfahrungsstimme mittels dieser Fragen.

Ändern

Wie lassen sich
- Bedeutung
- Wirkung
- Aussehen, Farbe
- Gestalt
- Klang, Lautstärke
- Bewegung, Gangart, Antrieb
- Material, Technologie

ändern, umdrehen, umkehren, anders anordnen?

Kombinieren

Wie lässt sich etwas
- kombinieren
- mischen
- verteilen
- sortieren
- vereinen?

Vermindern

Was lässt sich
- ausschalten
- aufteilen
- weglassen
- kondensieren

- konzentrieren
- bewusst mildern
- abschwächen
- schlanker machen
- leichter machen
- verkleinern?

Vermehren

Was lässt sich
- verstärken
- vergrößern
- vermehren
- verlängern
- besonders hervorheben
- übertreiben
- vertiefen?

Entlehnen und Anpassen

Was lässt sich
- aus der Natur entlehnen
- aus der Vergangenheit ableiten
- nachmachen
- noch alles mit der Lösung machen?

✏ Persönliche Maßnahmen

Was nehme ich mir für die nächsten 6 Wochen im Sinne einer Stärkung meiner »Experimentierfreude« vor? (Stichworte):

_____

_____

Was werde ich zuerst und vorrangig tun? (Stichworte):

_____

_____

Wie kontrolliere ich die Resultate? (Stichworte):

_____

_____

Wo werde ich mich weiter zum Thema »Experimentierfreude« informieren? (Stichworte):

Als weiterführende Informationsquellen empfehlen wir

Czichos, R.: Change-Management. Ernst Reinhardt Verlag, München/Basel 2002
DeBono, E.: DeBonos neue Denkschule. Moderne Verlagsges. MVG, München 2005
Faszination Natur und Technik. Unsere Welt entdecken, erklären und verstehen. Ein ADAC-Buch, München 2001
Forster, J.; Corby, L.: Einfalle für alle Fälle: Erfinden, Kreieren, Ausdenken – und andere Möglichkeiten, Ideen in die Welt zu setzen. Wirtschaftsverlag Carl Ueberreuter, Frankfurt/Wien 1999
Mein großes Frage- und Antwortbuch. Loewe Verlag, Bindlach 2003
Paturi, F.R.: Chronik der Technik. Chronik Verlag, Dortmund 1988
Paturi, F.R.: Chronik des 20. Jahrhunderts. Chronik Verlag, Dortmund 1999
Zuschlag, B.; Thielke, W.: Konfliktsituationen im Alltag. Ein Leitfaden für den Umgang mit Konflikten in Beruf und Familie. Verlag für Angewandte Psychologie, Göttingen/Stuttgart 1998

Sprachgewandtheit S/F

▶▶ Grundsätzliche Überlegungen

Sprachgewandtheit ist vor allem der sozial-kommunikativen sowie der fachlich-methodischen Kompetenz zuzuordnen. Einerseits sind kommunikative Anpassungsfähigkeit und sprachliche Flüssigkeit und andererseits das (methodische) Beherrschen verschiedener Techniken gefragt. Sprachgewandtheit kann zu einem hohen Grade gelernt werden. Hierzu gibt es auch diverse Seminar- bzw. Trainingsangebote. Teiltrainings in organisierter oder in selbstorganisierter Lernform können sein:

- Training der mündlichen und schriftlichen Verständlichkeit;
- Rhetoriktraining;
- Training nonverbaler Kommunikation (Gestik, Mimik, Pantomimik ...);
- Training der Schlagfertigkeit und Auflösung verkrampfter Situationen;
- Präsentationstraining;
- Training von Fragetechniken.

Blockaden der Sprachgewandtheit können sein

- Umständliche, unverständliche Darlegungen;
- Schüchternheit, Minderwertigkeitskomplexe;
- Tendenz, sich unter dem Wert zu verkaufen;
- Angst vor Zurückweisungen;
- Angst vor Fettnäpfchen und Blamage;
- Vorurteile;
- Selbst aufgebauter Druck, fremden Erwartungen gerecht werden zu müssen;
- Unrealistische Erwartung, von allen akzeptiert zu werden;
- Sprech-/Atemstörungen.

Empfehlungen

Anregungen zum Selbsttraining/Aktionsliste:
1. Legen Sie keine überzogenen Maßstäbe an Ihre Sprachgewandtheit; wichtig ist, dass Sie auf andere Personen überzeugend eingehen können und verständlich, nachvollziehbar auch schwierige Fragen behandeln können.
2. Üben Sie, »auf den Punkt zu kommen« und ein Thema, eine Geschichte … unterschiedlichen Personen plausibel zu machen (z. B. Ihrem Kind, Ihrem Chef, dem Pförtner, einer Lehrerin …).
3. Wehren Sie sich gegen eigenen Perfektionismus; nicht alles muss immer 100%ig bewiesen werden. Oft genügt das überzeugende Darstellen einiger wesentlicher Aspekte.
4. Bleiben Sie sich selbst treu, verbiegen Sie sich nicht, um einer (übertriebenen) Rolle gerecht zu werden. Sprachgewandtheit ist nicht mit extravertiertem Verhalten gleich zu setzen.
5. Werten Sie Ihre Leistungen, Einstellungen, Bewertungen nicht ab.
6. Nehmen Sie Lob und Anerkennung an und freuen Sie sich auch in der Öffentlichkeit über ein solches Feedback. Das hat viel mit Selbstbewusstsein zu tun, und das erkennen andere schnell.
7. Hören Sie auf, sich immerfort Gedanken zu machen, was andere von Ihnen denken. Sie wissen es sowieso nicht.
8. Relativieren Sie Vorurteile gegenüber Menschen, die Ihnen nicht sofort sympathisch sind. Menschen »mit Kanten und Ecken« sind häufig liebenswerter und verlässlicher als die Aalglatten.
9. Fehler und auch Missgeschicke (z. B. Pannen in einer Diskussion mit vielen Leuten) sind menschlich und können durchaus Sympathie auslösen. Deshalb stehen Sie ruhig zu Fehlern und Pannen – und lernen aus diesen.
10. Testen Sie Ihre Fähigkeit zum Small Talk; suchen Sie bewusst den Kontakt zu anderen – und wenn es nur Gespräche von wenigen Minuten sind. Überwinden Sie die innere Unruhe und Ungeduld, die nach einigen Minuten aufkommen kann – häufig verbunden mit dem Gedanken: »Ich hätte eigentlich viel Wichtigeres zu tun, als hier so allgemein zu sprechen.«
11. Die meisten Menschen sind uns wohl gesonnen und warten nicht darauf, uns zu beschämen. Das sollte man sich in Diskussionen mit anderen immer wieder klar machen, denn das baut auch Ängste ab.
12. Suchen Sie bewusst Gespräche mit Personen, denen gegenüber Sie Vorurteile hegen, mit denen Sie aber zusammenarbeiten müssen. Suchen Sie auch das Gespräch mit Freunden. Dadurch lernen Sie Meinungen und Standpunkte kennen und häufig Ihre Vorurteile zu korrigieren.
13. Achten Sie nicht nur darauf, was Sie sagen, sondern auch darauf, wie Sie es sagen (einschließlich mimischer, pantomimischer Wirkung).
14. Lernen Sie aktiv Fragetechniken und den Einsatz von Humor (vgl. Literaturangaben zum Selbststudium).

✎ Persönliche Maßnahmen

Was nehme ich mir für die nächsten 6 Wochen im Sinne einer Verstärkung meiner »Sprachgewandtheit« vor? (Stichworte):

_____

_____

Was werde ich zuerst und vorrangig tun? (Stichworte):

_____

_____

Wie kontrolliere ich die Resultate? (Stichworte):

_____

_____

Wo werde ich mich weiter zum Thema »Sprachgewandtheit« informieren? (Stichworte):

_____

_____

ⓘ Als weiterführende Informationsquellen empfehlen wir

Molchow, S.: Körpersprache. Mosaik Verlag, München 2001 (DVD: 2000)
Nöllke, M.: Schlagfertigkeit. Das Trainingsbuch. Haufe Verlag, Planegg/München 2008
Portner, J.: 3 Minuten für perfekten Small Talk. Gabal Verlag, Offenbach 2007 (MP3-Hörbuch)
Sarnoff, D.: Auftreten ohne Lampenfieber. W. Heyne Verlag, München 1995
Senger, H.v.: Die Kunst der List. Strategeme durchschauen und anwenden. Verlag C. H. Beck, München 2007

Verständnisbereitschaft S/F

Grundsätzliche Überlegungen

»Verständigung«, »Verständnis«, »Verständnisbereitschaft« sind Begriffe, die in den letzten 70 Jahren zu Leitbegriffen in der internationalen Politik wie auch im unternehmerischen Alltag, aber auch im familiären Bereich geworden sind.

Kaum ein Begriff wird so oft anmahnend gebraucht, überdehnt und missverstanden. Oft hört man in Gesprächen die fragwürdige Erwartung gegenüber einem anderen Menschen, dass dieser sich quasi einseitig und ohne analoge Erwartungen der betreffenden Person widmen, volles Verständnis und volle Duldung von Problemen und Schwächen aufbringen soll. Verständnisbereit und verständnisvoll sollen in erster Linie immer die anderen sein … In einer älteren Auffassung sprach man auch von Einvernehmen, wenn es darum ging, »jemanden ins Verständnis zu ziehen«.

Verständnisbereitschaft – wofür?

Wir können im personalen und interpersonellen Bereich unterscheiden:
- Bei einem Zuhörer die Bereitschaft vorauszusetzen, neue Fakten und Zusammenhänge verstehen zu wollen und Verständnis für das Dargelegte aufzubringen.
- Die Bereitschaft, sich in jemanden hineinzuversetzen, jemanden (Person) oder etwas (Sache) zu verstehen.
- Die Bereitschaft, eine innere Beziehung zu entwickeln, für jemanden oder etwas Einfühlungsvermögen zu entwickeln und die eigenen Bedürfnisse und Fragen zeitweilig zurückzustellen.
- Verständnisbereitschaft als ein sachlich-fachliches Verstehen und ein sozial-kommunikatives Begreifen in Einem.

Betrachten wir den betrieblichen Alltag, dann bezeichnet Verständnisbereitschaft insbesondere *die persönliche Voraussetzung, fremde Wissensbestände, Werte und Verhaltensweisen weitgehend unvoreingenommen analysieren und verstehen sowie die dabei gewonnenen Erfahrungen sozial kommunizieren zu können.*

Kennzeichen

- Besitzt Ausdauer, Sensibilität und Offenheit, um fremde Wissens- und Wertbestände sowie sachliche und soziale Zusammenhänge des Arbeits- und Unternehmensumfeldes zu verstehen;
- kommuniziert die eigenen Erfahrungen und Einsichten nachvollziehbar und einsichtig;
- kann anderen gut zuhören;
- stellt eigene Wünsche und Rechte im Dienst gemeinsamer Aufgaben zurück;
- hat Verständnis für ethische, kulturelle und religiöse Werthintergründe;
- schafft ein angstfreies, förderndes Diskussionsklima, um gegenseitiges Verstehen zu fördern;
- benutzt Wohlwollen, Lob und Humor als Mittel gegenseitigen Verständnisses;
- setzt sich besonders bei problemträchtigen Unternehmensmaßnahmen für das Verständnis aller betroffenen Mitarbeiter ein.

Im betrieblichen Alltag wird Verständnisbereitschaft heute in vielerlei Hinsicht erwartet gegenüber
- Mitarbeitern;
- Kunden;
- Entwicklungsproblemen des Unternehmens;
- notwendigen Veränderungen, interkulturellen Aufgaben

– also in sozialen und sachlichen Bereichen.

Selbstcheck

Schnellcheck zur persönlichen Verständnisbereitschaft

	3–	2–	1–	0	1+	2+	3+	
Ich beurteile andere vorwiegend nach meinen Maßstäben								Ich akzeptiere andere weitestgehend vorurteilsfrei und wertneutral
Ich schweife beim Zuhören häufig gedanklich ab								Ich höre aufmerksam und ungeteilt zu

Verständnisbereitschaft (S/F)

	3–	2–	1–	0	1+	2+	3+	
Wenn ich mir ein Bild von einem Menschen gemacht habe, dann korrigiere ich es selten								Ich bin bereit, mein Bild von anderen auch zu ändern
Ich nehme Probleme meiner Gesprächspartner selten ernst, da sie oft überzogen sind								Wenn meine Gesprächspartner Probleme haben, nehme ich sie immer ernst
Ich drücke mich umständlich aus								Ich drücke mich allgemein verständlich aus
Für andere bin ich nicht durchschaubar								Für andere bin ich berechenbar, transparent
Mir genügen einige Hinweise Dritter zur Beurteilung anderer Menschen								Ein Urteil über andere Menschen bilde ich mir nur anhand eines Maximums an Informationen
Für mich haben meine Interessen erste Priorität								Bei Gesprächen denke ich auch an den Nutzen anderer
Fehlverhalten, das ich bei mir selber toleriere, vergebe ich anderen nicht								Ich lege bei anderen dieselben Maßstäbe an wie bei meinem Verhalten
Bestimmte Merkmale genügen mir, um automatisch den Charakter anderer zu bestimmen								Mir genügen nicht einzelne Merkmale, um andere zu beurteilen
Ich unterdrücke meine Gefühle und offenbare mich nicht								Ich spreche meine Gefühle wie Freude und Ärger immer an
Meinen ersten Eindruck korrigiere ich eigentlich nicht								Ich verlasse mich nicht nur auf den ersten Eindruck
Andere Menschen interessieren mich herzlich wenig								Mich sprechen unterschiedliche Schicksale an und wecken mein Interesse

	3–	2–	1–	0	1+	2+	3+	
Ich fühle mich wohl, wenn ich Kontinuität und Übersicht habe								Ich bin an Veränderungen und neuen Erfahrungen interessiert
Wenn ich etwas nicht verstehe, dann beschäftige ich mich damit auch nicht weiter								Ich versuche, hinter eine Sache zu kommen und gebe dabei nicht auf

(nach Brommer)

Anzahl der
– Antworten und
+ Antworten

Auswertung

Zählen Sie alle Antworten im »–«Bereich und notieren Sie die Anzahl. Danach zählen Sie bitte alle Antworten mit »+«. Vergleichen Sie nun beide Summen. Eine hohe Verständnisbereitschaft aus mitteleuropäischer Sicht ist dann nahe liegend, wenn Sie **12 Punkte oder mehr im** »+«-Bereich haben.

Sehen Sie sich dann alle diejenigen Fragen an, bei denen Sie eine »–«-Antwort gegeben haben und fragen Sie nach Möglichkeit andere Personen nach Ihren Erfahrungen.

Was müssten Sie anders oder verstärkt tun, um Ihre Verständnisbereitschaft zu erhöhen? Machen Sie sich dazu Notizen in Stichworten:

_____

_____

Die gewonnenen Erfahrungen können Sie später in den persönlichen Maßnahmeplan aufnehmen, den Sie am Ende dieses Modularen Informations- und Trainingsprogramms vorfinden.

Gehen Sie nun die nachfolgenden Fragen einmal durch und notieren Sie Ihre Antworten in Stichworten. Lassen Sie andere Familienangehörige oder Freunde ebenfalls deren Meinungen kurz niederschreiben und nutzen Sie ein nachfolgendes Gespräch, um in einen Erfahrungsaustausch mit diesen zu treten. Sie können dadurch andere Ansichten und Lebensstrategien erfahren bzw. in ihren eigenen bestätigt werden.

Wir nutzen in der Regel nicht oder viel zu wenig im Alltag diese Art der kostenlosen Rückmeldung und des Erfahrungsgewinns.

Nehmen Sie sich für solche späteren Gespräche genügend Zeit (ca. 1 Stunde!).

Selbstcheck ✔

Arbeiten Sie nun die folgenden 12 Fragen durch. Sie erschließen sich die Möglichkeit, sich mit Fragen der eigenen Verständnisbereitschaft über das alltäglich übliche Maß hinaus zu beschäftigen.

1. Was verstehe **ich** unter »Verständnisbereitschaft«?

   _____

2. Was verstehe **ich** unter »zu wenig« Verständnisbereitschaft?

   _____

3. Was verstehe **ich** unter »zu großer« Verständnisbereitschaft?

   _____

4. Wie reagiere **ich** auf Personen mit »angemessener« Verständnisbereitschaft?

   _____

5. Was (Welche Bedingungen) fordert besonders **meine** Verständnisbereitschaft heraus?

   _____

6. Wie reagiere **ich** darauf?

   _____

7. Was sind **meine** besonderen Stärken im Zusammenhang mit »Verständnisbereitschaft«?

   _____

8. Was beeinträchtigt **meine** Verständnisbereitschaft?

   _____

9. Wie reagiere **ich** dann?

   _____

10. Welcher Mensch hat für **mich** eine »erstrebenswerte« Verständnisbereitschaft?

    _____

11. Was zeichnet diese Menschen aus, was **ich** nicht habe?

    _____

12. Wann, wie, wodurch will **ich** zukünftig meine Verständnisbereitschaft erhöhen?

    _____

☞ Empfehlungen

Zugänge zur Erhöhung der Verständnisbereitschaft und -fähigkeit gibt es diverse und somit auch Möglichkeiten des Trainierens, Kontrollierens und Bestätigens – z. B. durch:
- Erkennen und Beseitigen von Ursachen von zwischenmenschlichen Konflikten (und entsprechender unternehmensinterner und externer Seminar- und Trainingsangebote);
- Erkennen und Verstehen eigener Verhaltensweisen und Wirkungen, Stärken und Schwächen;
- Erkennen und Verstehen der eigenen Kommunikation und Kooperation;
- Erkennen von Veränderungsbedarf (individuell, organisational) und Ausprobieren von Veränderungsmöglichkeiten;
- Einflussnahme auf die und Optimierung der Zusammenarbeit in Teams;
- Bereitschaft, sich mit internationalen, interkulturellen Fragen auseinander zu setzen und andere Kulturen verstehen zu wollen.

Durch zwei Beispiele sollen Ihnen Anregungen vermittelt werden, die eigene Verständnisbereitschaft zu prüfen und zu erweitern:
- sich einfühlen können;
- **zuhören können.**

Einfühlungsvermögen (oder »Empathie«) ist die Bereitschaft und Fähigkeit, sich in die Einstellung anderer Menschen einzufühlen. Einfühlen hat wiederum etwas mit »Fühlen« und »Gefühl« zu tun, was aber nicht bedeuten soll, dass die eigenen Gefühle auf andere Menschen übertragen werden sollen.

Zu einem guten Einfühlungsvermögen gehören sowohl Gefühl als auch Verstand: Man erfasst die Situation des anderen, die Bedingungen, unter denen er lebt und stellt sich vor, wie dem anderen gerade zumute ist. Wichtig ist, dass man dabei auf Distanz bleibt und dass man sich nicht in der Situation des anderen verliert.

Verständnis, Unverständnis

Weisbach/Dachs (2000) bringen es auf einen einfachen Nenner.
Verständnis wird Ihnen vermittelt, wenn der/die andere
- Ihnen zuhört und Sie ausreden lässt;
- Sie dabei ansieht;
- Ihnen zubilligt, auch über unausgereifte Ideen zu sprechen;
- Ihnen zugesteht, dass Ihnen die Worte fehlen;
- Sie auch in Ruhe lassen kann;
- eine schwache Stelle von Ihnen nicht ausnutzt, um Sie lächerlich zu machen.

Unverstanden fühlen Sie sich, wenn
- der andere Ihnen ins Wort fällt;
- der andere sich – während Sie sprechen – gleichzeitig mit etwas Anderem beschäftigt;
- der andere dauernd von sich redet;

- der andere Ihnen ungebetene Ratschläge erteilt;
- Sie zur Rechenschaft genötigt werden;
- Sie sich nicht ernst genommen fühlen;
- Sie in Ihrem ehrlichen Bemühen nicht wahrgenommen werden.

Überlegen Sie einmal, ob Ihnen mehrheitlich Verständnis entgegengebracht wird *oder* ob Sie sich eher unverstanden fühlen. Schreiben Sie auf ein Blatt, woran Sie das von Ihnen Angenommene erkennen. Schreiben Sie ferner auf, was Sie von anderen erwarten, damit Sie sich verstanden fühlen können. Denken Sie dabei an Menschen, die Ihnen besonders nahe stehen (engere Familie, Verwandte, Freunde. Wählen Sie drei Personen aus und formulieren Sie Beispiele (»Ich wünsche mir von …, dass sie …«).

Zuhören üben

Wir hören oft nur das, was wir hören wollen und was unsere schon vorhandene Meinung bestärkt, und wir sehen auch nur das, was wir sehen wollen.

In sozialpsychologischen Untersuchungen konnte nachgewiesen werden, dass die Fähigkeit zum Zuhören nicht nur die wichtigste Voraussetzung für eine gute Kommunikation ist, sondern bei vielen Menschen anscheinend nur relativ gering ausgeprägt ist.

Der größte Fehler, den wir immer wieder im Alltag begehen ist, dass wir uns scheinbar dem anderen widmen und **formal** zuhören; im gleichen Moment denken wir aber »an dem anderen vorbei« und an etwas Anderes, oder wir sind schnell bei einer vorgefassten Meinung, ohne uns von der Richtigkeit oder Falschheit zu überzeugen.

Der weltbekannte Psychotherapeut Carl R. Rogers bringt das auf den Punkt:

> »Die Hauptsperre für wechselseitige, zwischenmenschliche Kommunikation ist unsere eigene, natürliche Tendenz, die Aussagen des anderen Menschen oder der anderen Gruppe zu beurteilen, zu bewerten, zu billigen oder zu missbilligen.«

Die willentliche Verbesserung der eigenen Verständnisbereitschaft fängt somit beim konzentrierten Üben des Zuhörens an!

Realisieren Sie folgende Kriterien (vgl. Godefroy/Clark, TMS) eines guten Zuhörens. Wenn Sie das eine oder andere nicht verstehen, dann wenden Sie sich am besten an eine Person, bei der Sie entsprechende Trainingserfahrungen vermuten bzw. an einen Personalentwickler in Ihrem Unternehmen mit der Bitte um Erläuterungen und zusätzliche Informationen.

Kriterien
1. Seien Sie aufmerksam, wenn andere Sie ansprechen. Zeigen Sie Ihre Aufmerksamkeit auch durch Blickkontakt, Beobachtung des Gesamtverhaltens Ihres Gegenübers (auch

non-verbales Verhalten) und durch Nachfragen, wenn Sie einiges anscheinend nicht richtig nachvollziehen oder Verstehen konnten.
2. Nehmen Sie sich Zeit, um andere Menschen einmal unauffällig zu beobachten. Suchen Sie Orte auf, an denen Sie viele Menschen sehen können (Bahnhof, Wartehäuschen, Einkaufspassage, Restaurant …). Denken Sie über Ihre Beobachtungen nach (Was ist mir besonders aufgefallen? Was hat mir besonders gefallen, was weniger oder gar nicht? Habe ich etwas gesehen, das ich so nicht vermutet hätte?).
3. Geben Sie Ihrem Gesprächspartner auch non-verbales »Feedback«, wenn er sich an Sie wendet (Kopfnicken, Lächeln, entgegenkommende Körperhaltung/Arme nicht verschränken u. a.).
4. Machen Sie sich Notizen, wenn Ihnen jemand sehr wichtige Informationen gibt.
5. Lassen Sie anderen ausreichend Zeit, ihren Standpunkt zu erläutern, ehe Sie Ihren eigenen darlegen.
6. Bleiben Sie stets bei der Sache und unterbinden Sie eigene Abschweifungen.
7. Seien Sie erst einmal grundsätzlich offen für den Blickwinkel, aus dem Ihr Gesprächspartner die Dinge sieht.
8. Seien Sie verständlich und bemühen Sie sich, dem Kommunikationsniveau des anderen zu nähern. Bemühen Sie sich um Formulierungen, die Ihr Gesprächspartner verstehen kann. Das gilt generell – sei es, Sie wollen einem Biologieprofessor betriebswirtschaftliche Grundkenntnisse beibringen oder Sie wollen einem Marketing-Mitarbeiter technische Details erläutern.
9. Bringen Sie ein grundsätzliches Interesse dafür auf, was andere zu sagen oder vorzuschlagen haben.
10. Zeigen Sie auf jeden Fall Geduld, wenn jemand offensichtlich Schwierigkeiten damit hat, sich in Worten auszudrücken.

Lerntagebuch
Sie können sehr intensiv über Selbsttraining das eigene Zuhören trainieren – vorausgesetzt, Sie machen das mindestens drei Wochen lang und notieren sich jeden Abend, wie Sie diese Kriterien am zurückliegenden Tag beachtet und ihnen gemäß gehandelt haben. Überlegen Sie gleichermaßen selbstkritisch, was Ihnen nicht so gut gelungen ist und wie Sie es das nächste Mal besser machen können.

Montag

_____

_____

Dienstag

_____

_____

Mittwoch

Donnerstag

Freitag

Samstag

Sonntag

Kopieren Sie die 10 Kriterien verkleinert und bewahren Sie sie so auf, dass Sie jeden Vormittag schon auf sie sehen und überlegen können, wie Sie sie umsetzen.

Persönliche Maßnahmen

Was nehme ich mir für die nächsten 6 Wochen im Sinne einer Stärkung meiner »Verständnisbereitschaft« vor? (Stichworte):

Was werde ich zuerst und vorrangig tun? (Stichworte):

Wie kontrolliere ich die Resultate? (Stichworte):

_____

_____

Wo werde ich mich weiter zum Thema »Verständnisbereitschaft« informieren? (Stichworte):

_____

_____

ⓘ Als weiterführende Informationsquellen empfehlen wir

Donnert, R.: Soziale Kompetenz. Der Praxisratgeber für ein kooperatives Arbeitsklima. Lexika Verlag, Würzburg 2003
Weisbach, C.; Dachs, U.: Mehr Erfolg durch Emotionale Intelligenz. Gräfe und Unzer Verlag, München 2000
Soziale Kompetenz – CD-Trainingskonzept – Software (CD-ROM) 2007 (über: http:/www.alphamusik.de/jump?art=9783936075601)

Gewissenhaftigkeit S/F

Grundsätzliche Überlegungen

Die Teilkompetenz Gewissenhaftigkeit hat sowohl starke sozial-kommunikative als auch fachlich-methodische Komponenten. Es gilt, Ziele, Werte und Normen anzuerkennen, sie – berechenbar und zuverlässig für andere – einzuhalten und umzusetzen und Aufgaben systematisch und ordentlich zu lösen.

Gewissenhaftigkeit ist in allen Berufen und Tätigkeiten gefordert – in unterschiedlicher Ausprägung und Form. Insofern verwundert es auch nicht, dass z. B. die frühere baden-württembergische Kultusministerin Schavan in einem Interview mit der WELT in Bezug auf Lehre und als Resultat auf die Ergebnisse der PISA-Studie für die Schulen feststellte: »Bei der Neukonzeption und Reduzierung der Lehrpläne haben wir nach einem klaren Grundsatz gehandelt: Spezialisierung soll abgebaut werden, Allgemeinbildung und Gewissenhaftigkeit dagegen im Vordergrund stehen. Künftig werden die Schüler zwar weniger Masse lernen, dafür ist aber mehr Zeit zur Vertiefung des Stoffs vorgesehen ...« Allgemeinbildung und Gewissenhaftigkeit auch als Basis für ein lebenslanges Lernen.

Ein hohes Maß an Gewissenhaftigkeit wird vom Chirurgen genauso verlangt wie von einem Busfahrer, vom Bankangestellten wie von der Kindergärtnerin, vom Rennfahrer wie von der Köchin, vom Personalleiter wie vom Pförtner ... Die Mehrzahl der entsetzlichen Fährunglücke im vorigen Jahrhundert hätten verhindert werden können, wenn die Schiffsbesatzungen – und allen voran der Kapitän und die Offiziere – pflichtbewusst und gewissenhaft ihre »Aufgaben nach Plan« gelöst hätten.

Viele Milliardenverluste wären den Privatkunden von Versicherungen und Banken erspart geblieben, wenn eine gewissenhaftere und sachkundigere Beratung, einschließlich eine zuverlässige Warnung vor allzu großen Risiken, erfolgt wäre (vgl. www.lostliners.de/schiffe/e-h/free_enterprise/).

Thomas Emmerling geht in einem Beitrag »Gewissenhaftigkeit. Vom Geschäft mit Sicherheit und Vertrauen« (www.vdvf.de/seiten/artikel22.htm) auf die schwierige Frage der (gewissenhaften) Abwägung zwischen Umsatzorientierung und differenzierter Kundenorientierung im Assekuranz-Dienstleistungsbereiche ein. Insofern sei an dieser Stelle ein Ausschnitt seiner Überlegungen wiedergegeben:

»Das Geschäft mit der Sicherheit und dem Vertrauen ist immer auch das Geschäft mit der Gewissenhaftigkeit der Menschen, die auf Seiten der Assekuranz arbeiten. Schwarze Schafe wird es immer geben? Solange man sich in den Führungsetagen nicht mit dem Gewissen der Menschen beschäftigt, werden alle Motivationsversuche im Vorfeld scheitern. Menschen übernehmen dann Verantwortung (und das ist mehr als Pflichterfüllung), wenn sie darin einen Sinn erkennen, und dazu gehört das Gewissen: Soll ich das tun? Soll ich den Auftrag abschließen, selbst wenn ich andere in etwas hineinziehe? Soll ich auf den Punkt hinweisen, auch wenn wir noch gar nicht darüber gesprochen haben? Das Vertrauen des Kunden, das den Abschluss begründet, basiert auf der Gewissenhaftigkeit in der Qualität der Beratung, Schadensbearbeitung, Nachbearbeitung und Betreuung. Diese Frage nach dem »Sollen« beantwortet das menschliche Gewissen. Vielleicht hat eine Außendienstmitarbeiterin schon so oft in Seminaren etwas über Fragetechniken gehört, aber weiß immer noch nicht, dass die Tochter des Kunden in diesem Jahr Abitur macht und dann in den Beruf geht. Soll ich mich wirklich für den anderen interessieren? Was bringt es mir? Das ist die Frage des Gewissens, denn letztlich habe ich mich für meinen Arbeitgeber/Auftraggeber irgendwann entschieden und damit für die Spielregeln, nach denen ich arbeite.

Das Gewissen im ursprünglichen Sinne ist eine Ansammlung an Wissen. Da gibt es zwei Arten: Das sog. Urwissen, Naturwissen. Hierzu gehören die Werte, die in allen zivilisierten Hochkulturen vorkommen, z. B. die goldene Regel »was Du nicht willst, dass man dir tut, das füge keinem anderen zu« oder »Achtung vor dem Leben«. Diese Werte können Grundlage der ethischen Reflexion sein (»tu ich das Richtige?«).

Und da setzt die zweite Art des Wissens an: Passt das Urwissen zu der konkreten Alltagssituation? Diese Alltagssituationen nennt die Ethik »Handlungsfeld«. So kann in dem Fall des Verkäufers Claus Clever der Grundwert seiner Arbeitsweise sein »Geld machen, Produktion machen, egal wie, noch mehr Produktion machen«. Dieser Wert kann im Unternehmen so vorgelebt werden und vom Einzelnen als »richtig« erlebt und damit gelebt werden. Dann ist es richtig, Umsatz zu machen, auf Kosten der ahnungslosen Kundin X. Claus Clever kann also nicht trennen, Umsatz machen ja, aber nicht hier, sondern nur, unreflektiert, Umsatz machen gerade hier.

Das mag vielleicht noch angehen, aber spätestens bei der juristischen Betrachtung aus Sicht der Versicherungsnehmerin taucht das Problem auf, dass man Werte nicht teilen kann: Du bist für Kunden ständig erreichbar, der Chef nicht. Du bist stets freundlich, der Abteilungsleiter nicht. Da werden alle Appelle an Erreichbarkeit, und Freundlichkeit zur Farce oder allenfalls zur PR-Kampagne, auf deren Vorbeiziehen jeder tatenlos wartet, denn letztlich wird ja »cooles« Abwarten vorgelebt.

Soll man bei allen Organisationsentwicklungsmaßnahmen nicht ohnehin »von oben« anfangen die Treppe zu kehren? Ja, und zwar bei den Werten die oben gelebt werden. Die Gewissenhaftigkeit von Mitarbeitern kann sich nur entwickeln, wenn jede und jeder merken, das sind Werte, die bei uns wichtig sind. Daran orientieren wir uns und zwar permanent. Sogar der Vorstand bearbeitet wahrnehmbar für andere Reklamationen. Sogar der Vorstand ist pünktlich und schnell in der Beantwortung von Anfragen, zumindest übt er sich darin.«

Gewissenhaftigkeit (S/F)

Selbstcheck ✔

Wenn Sie nun etwas mehr über die Ausprägung Ihrer Teilkompetenz »Gewissenhaftigkeit« erfahren wollen, dann können Sie den nachfolgenden Selbstcheck durchführen.

Voraussetzung ist allein, dass Sie bei der Beantwortung nicht danach trachten, im Sinne einer »sozialen Erwünschtheit« zu antworten, sondern ehrlich, kritisch einschätzen, wie stark die einzelnen Aussagen auf Sie zutreffen oder nicht.
Bitte nutzen Sie die nachfolgende fünfstufige Antwortskala:
5: Stimmt vollkommen, charakterisiert mich genau;
4: stimmt im Großen und Ganzen;
3: stimmt manchmal;
2: stimmt eher nicht;
1: stimmt überhaupt nicht, trifft ganz und gar nicht zu.
Sie sehen, je näher der Punktwert ist, den Sie ankreuzen, desto eher trifft dieser für Sie zu.

Feststellung	1	2	3	4	5
1. Meine Unterlagen sind stets ordentlich	1	2	3	4	5
2. Bei allem, was ich in ie Hand nehme, strebe ich nach dem besten Ergebnis	1	2	3	4	5
3. Pünktlichkeit und Zuverlässigkeit sind für mich wichtige Eigenschaften	1	2	3	4	5
4. Ich gehe strikt nach klaren Zielen vor	1	2	3	4	5
5. Für andere bin ich bei meinen Zusagen voll verlässlich	1	2	3	4	5
6. Für die Realisierung meiner Ziele arbeite ich sehr diszipliniert und hart	1	2	3	4	5
7. An alles Wichtige, das ich unternehme stelle ich sehr hohe Ansprüche	1	2	3	4	5
8. Ich habe ein gutes Zeitmanagement und komme bei meinen Aufgaben planmäßig zu einem Ergebnis	1	2	3	4	5
9. Ich fühle mich o.k., wenn ich alles im Griff habe	1	2	3	4	5
10. An schwierige Aufgaben gehe ich mit Logik und Verstand heran	1	2	3	4	5
11. Bei meinen Aufgaben gehe ich sehr systematisch voran	1	2	3	4	5
12. Eine gute Organisation ist für mich das halbe Ergebnis	1	2	3	4	5

13. Gründlichkeit und Gewissenhaftigkeit haben bei mir einen hohen Stellenwert ☐1 ☐2 ☐3 ☐4 ☐5

14. Ich versuche stets, auf alle Unwägbarkeiten und Probleme vorbereitet zu sein ☐1 ☐2 ☐3 ☐4 ☐5

15. Andere Menschen bescheinigen mir, dass ich tüchtig und ehrgeizig bin ☐1 ☐2 ☐3 ☐4 ☐5

16. Ich fühle mich nicht wohl, wenn nicht alles seine Ordnung hat ☐1 ☐2 ☐3 ☐4 ☐5

17. Meine Anstrengungen für ein gutes Ergebnis nehmen sogar noch zu, wenn ich auf Schwierigkeiten und Probleme stoße ☐1 ☐2 ☐3 ☐4 ☐5

18. Ich führe genau Buch/Kalender und halte meine Termine und Verpflichtungen auch ein ☐1 ☐2 ☐3 ☐4 ☐5

Summe ☐

Zählen Sie jetzt Ihre Punktwerte zusammen.
- Wenn Sie unter 40 Punkten ausgezählt haben, dann haben Sie sich eine eher »geringe« Gewissenhaftigkeit bescheinigt.
- Bei Werten zwischen 40 und 60 Punkten gehen Sie von einer »durchschnittlichen« Ausprägung aus.
- Über 60 und bis 80 Punkte sprechen für eine »hohe« Ausprägung.
- Über 80 Punkte haben Personen mit einer »sehr hohen« bis »übermäßig hohen« Ausprägung.

Am besten ist es, wenn Sie sich von einer weiteren Person einschätzen ließen. Dann könnten Sie sehen, inwieweit das Selbstbild und das Fremdbild übereinstimmen. Insbesondere wenn Ihre persönlichen Ergebnisse unter 40 Punkten oder über 80 Punkten liegen, ist es interessant zu sehen, wie andere Sie einschätzen. Sind die Ergebnisse übereinstimmend, dann sollten Sie sich angespornt fühlen, etwas für die Erhöhung oder – im anderen Fall – für den Abbau von Übertreibungen zu tun.

⮕ Kennzeichen

Drei Gruppen von Gewissenhaftigkeit

1. Generell kann gesagt werden, dass Menschen mit durchschnittlichen bis hohen Gewissenhaftigkeits-Werten ordentlich, penibel und zuverlässig sind. Sie arbeiten hart, sind diszipliniert und pünktlich, ehrgeizig und systematisch.

2. Menschen mit sehr starker Ausprägung zeigen häufig ein übertrieben hohes Anspruchsniveau, zwanghafte Ordentlichkeit und Ordnungsliebe. Sie neigen eher zur Arbeitssucht (workoholics) und zu unrealistischen Forderungen an die Genauigkeit eigener oder fremder Arbeiten. Sie führen die unterschiedlichsten Arbeiten übermäßig besonnen und gründlich aus und kommen häufig in Konflikt mit ihrem eigenen Zeitmanagement und in der Interaktion mit anderen.
3. Personen mit niedrigen Punktwerten verfolgen ihre Ziele mit geringem Engagement und beschreiben sich eher als nachlässig, fehlerhaft und unbeständig.

In verschiedenen Berufen und Tätigkeiten sind die Anforderungen an die Gewissenhaftigkeit unterschiedlich hoch, und was für den einen schon eine »übermäßige« Ausprägung ist, ist für den anderen bei gleicher Punktzahl, der z. B. in der Kreditabteilung einer Bank arbeitet, gerade richtig für diese Tätigkeit.

Was können Sie unternehmen, um eine Verstärkung oder aber eine bewusste Dämpfung (des vorhandenen Übermaßes) zu erreichen?

Zuerst einmal können Sie sich an dem Adjektiv-Vergleich orientieren: Was sind typische Eigenschaften besonders gewissenhafter Menschen (linke Seite des Adjektiv-Paares) und was sind eher Mängel, Übertreibungen, Eingrenzungen der Gewissenhaftigkeit (rechte Paarseite)?

bedachtsam	–	unbedacht
tatkräftig	–	untätig
verantwortungsbewusst	–	verantwortungslos
ernsthaft	–	leichtsinnig
vorsichtig	–	risikobereit, abenteuerlustig
anspruchsvoll	–	unkritisch
rational	–	intuitiv
gedankenvoll	–	gedankenlos
analytisch	–	oberflächlich
sachlich	–	phantasievoll
pünktlich	–	unpünktlich
engagiert	–	gleichgültig
sorgfältig	–	pingelig (kleinlich)
ausdauernd	–	unbeharrlich
strebsam	–	ehrgeizlos
genau	–	übergenau
geschäftstüchtig	–	verspielt
strebsam	–	ziellos
fleißig	–	faul

☞ Empfehlungen

Reduzierung des Übermaßes

Eine zu stark ausgebildete Gewissenhaftigkeit, die z. B. im Perfektionismus und dem Wunsch, in jedem Falle hart arbeiten zu müssen, um die Ziele zu erreichen, zum Ausdruck kommt, wurde in den meisten Fällen frühzeitig in der Biographie angelegt und sind im Erwachsenenalter nur schwer korrigierbar. Und zweifellos sind Gründlichkeit, Genauigkeit und Pflichtbewusstsein in vielen beruflichen wie auch privaten Situationen sehr wichtige Eigenschaften, die auch überdurchschnittlich oft in Abdankungen und Nachrufen würdigend hervorgehoben werden.

Einengend werden diese Verhaltensweisen jedoch dann, wenn sie als nicht veränderbar aufgefasst und ohne situativen Bezug überzogen werden. In ihrer Absolutheit sind sie nie erfüllbar. Man verstärkt sie so noch mehr, ist enttäuscht, forciert, ist neuerlich enttäuscht usw. Man kommt aus diesem Teufelskreis nur heraus, wenn man den Mut hat, einmal das Gegenteil zu machen, den Hang zum Perfektionismus bewusst durchbricht und lernt, über die Angst vor dem Misslingen zu lachen, letztlich die Angst vor der Angst besiegt. Ich stelle mir vor, dass auf meine bisherigen Erfolge auch einmal ein Misserfolg kommt – ohne dass mir das die Füße wegzieht. Ich versuche, eine Stunde einmal nichts zu machen, außer in der Stadt einfach zu bummeln o. a.

Mit dem Abbau Ihrer »Über«-Stärke erlauben Sie sich, ein wenig mehr Sie selbst zu sein. Fangen Sie mit dem Nachdenken über Zusammenhänge, über das Zustandekommen der Übertreibungen an.

Machen Sie sich dazu Notizen, eine Art Untersuchungsprotokoll. Stellen Sie sich einige grundsätzliche Fragen zu Ihrem Verhalten (vgl. auch: Kälin, K.; Müri, P.: Sich und andere führen. Ott Verlag, Thun 1990).

- Wer hat in meiner Entwicklung als Bezugsperson auf die so starke Entwicklung bestimmter Seiten meiner Gewissenhaftigkeit besonderen Einfluss genommen? Kann ich mich – nun erwachsen genug – von der zu starken Klammer lösen?

　

　

- Wie weit sind die Verhaltensweisen heute noch für mich maßgeblich?

　

　

- Wie weit verzerren diese überstarken Eigenschaften und Verhaltensweisen meine Wahrnehmung der gegenwärtigen Anforderungen und Situation?

- Was würde wirklich passieren, wenn ich mich von bestimmten Übertreibungen befreie?

  _____

  _____

- Welche Vor- und Nachteile bringt mir mein übertriebenes Verhalten in der gegenwärtigen Situation im Unternehmen wie auch im privaten Bereich?

  _____

  _____

- Wie müsste ich mich verhalten, wenn ich einerseits die Übertreibungen abbaue, aber andererseits meine Stärken, die mit einer ausgeprägten Gewissenhaftigkeit verbunden sind, wahren möchte?

  _____

  _____

Lassen Sie sich von Ihnen vertrauten Personen helfen, indem Sie auch mit ihnen über Ihre Überlegungen und Korrektur-Vorhaben sprechen.

Vorsatzformeln

Wenn Sie sich einigermaßen klar geworden sind, was Sie wie anders machen wollen, dann helfen Ihnen wahrscheinlich auch die folgenden Vorsatzformeln, die Sie sich zu Eigen machen können:

> Ich habe das Recht, ich selbst zu sein. Die Sucht nach Perfektion führt zur Lähmung. Ich habe das Recht, Fehler zu machen. Ich verkrafte auch Misserfolge. Irren ist menschlich – und ich bin ein Mensch. Ich habe das Recht, auch einmal nicht stark zu sein. Ich habe das Recht, mir mehr Zeit zu nehmen und auch einmal eine »Aus-Zeit« zu nehmen. Ich habe Zeit, um das zu verwirklichen, was mir am Herzen liegt.

Bilden Sie sich also Vorsätze, die Sie – aber nicht zu viel auf einmal – jeden Tag besehen und immer wieder aufs Neue berücksichtigen. Am besten ist es, diese auf einen kleinen Zettel zu schreiben, den Sie in Ihrer Geldbörse aufbewahren oder an einer Stelle, die Sie täglich ein- oder mehrmals aufsuchen. Erfolgreich ist auch der Spiegelrahmen im Bad, der zumindest am Morgen und am Abend bei der täglichen Toilette ins Auge springt.

Erweiterung

Gehören Sie jedoch zu der Gruppe derer, denen eine Erweiterung wichtiger Seiten der Gewissenhaftigkeit empfohlen sei, dann überlegen Sie als erstes anhand des Adjektiv-Vergleiches, was bei Ihnen besonders verstärkt werden sollte.

Schreiben Sie im Schritt zwei in Stichworten alles bei den entsprechenden Adjektiven auf, was Ihnen einfällt. Klammern Sie zuerst nichts aus, und mag es noch so unglaublich oder schwierig in der Umsetzung klingen. Machen Sie also ein Einzel-Brainstorming ohne vorgezogene Bewertung.

bedachtsam _____

_____

tatkräftig _____

_____

verantwortungsbewusst _____

_____

ernsthaft _____

_____

vorsichtig _____

_____

anspruchsvoll _____

_____

rational _____

_____

gedankenvoll _____

_____

analytisch _____

_____

Gewissenhaftigkeit (S/F)

sachlich _____

_____

pünktlich _____

_____

engagiert _____

_____

sorgfältig _____

_____

ausdauernd _____

_____

strebsam _____

_____

genau _____

_____

geschäftstüchtig _____

_____

fleißig _____

_____

Wenn Sie bei mehr als zwei Adjektiven Ihre Überlegungen niedergeschrieben haben, dann bilden Sie in einem dritten Schritt eine Rangreihe und versehen das Adjektiv mit »1.«, das Ihnen für sich selbst am Wichtigsten erscheint. Dann vergeben Sie »2.« und so weiter.

Ist dieses geschehen, dann konzentrieren Sie sich nur auf die Adjektive mit Ihren Niederschriften, die Sie auf die Rangplätze 1. und 2. gesetzt haben. Wählen Sie in dem vierten Schritt all das aus, was Ihnen zum Beginnen und Ausprobieren am wichtigsten erscheint. Sprechen Sie nach Möglichkeit auch mit einer anderen Person über Ihre Vorhaben und lassen Sie sie möglicherweise noch präzisieren oder ergänzen.

Schreiben Sie nun im fünften Schritt Ihre Vorhaben – versehen mit kontrollierbaren Maßnahmen – in den nachfolgenden »Vertrag mit sich selbst«. Schreiben Sie schließlich im Schritt sechs kurz auf, woran dritte Personen nach 12 Monaten erkennen können, was Sie wie stark geändert haben. An welchen Eigenschaften und Verhaltensweisen kann man das sehen? Das ist ein schwieriger Schritt. Wenn Sie diese Frage nicht stellen, dann laufen Sie Gefahr, auf einer sehr abstrakten Ebene zu planen bzw. ohne die erforderliche »Erfolgskontrolle«.

Gehen Sie nun gewissenhaft an die Planung Ihrer Umsetzungsmaßnahmen.
Viel Erfolg!

Persönliche Maßnahmen

Was nehme ich mir für die nächsten 6 Wochen im Sinne einer Stärkung oder einer besseren Kontrolle meiner »Gewissenhaftigkeit« vor? (Stichworte):

_____

_____

Was werde ich zuerst und vorrangig tun? (Stichworte):

_____

_____

Wie kontrolliere ich die Resultate? (Stichworte):

_____

_____

Wo werde ich mich weiter zum Thema »Gewissenhaftigkeit« informieren? (Stichworte):

_____

_____

Als weiterführende Informationsquellen empfehlen wir

Saum-Aldehoff, T.: Big Five: Sich selbst und andere erkennen. Patmos Verlag, Düsseldorf 2007 (siehe dort unter: Gewissenhaftigkeit)

Pflichtgefühl S/F

Grundsätzliche Überlegungen

Pflicht wird in Lexika als Gebot, einer Norm entsprechend zu handeln, umschrieben. Und:

> Pflichtbewusst handeln heißt, einem Sollen gemäß zu wollen und zu handeln.
> (Bertelsmann Universal Lexikon 2008)

Das **Pflichtgefühl** hängt eng zusammen mit Gewissenhaftigkeit, Umsicht und Gründlichkeit und bezieht sich immer auf die Verantwortung gegenüber sich selbst und Anderen. Es ist gewissermaßen eine emotional und an eigenen Werten gerechtfertigte Verantwortung.

Pflichtgefühl ist die vor allem gegenüber anderen Menschen, Gruppen, Organisationen … orientierte Fähigkeit von Personen, gesellschaftliche bzw. unternehmensspezifische Normen und Wertesysteme mit einem großen Verbindlichkeitsgrad für das eigene Verhalten zu kennen, zu akzeptieren und in das eigene sowie das gemeinsame Handeln einzubringen.

Kennzeichen

- Kennt und anerkennt die grundlegenden sozialen Norm- und Wertvorstellungen, die sich auf das eigene Arbeitshandeln beziehen
- Kennt und anerkennt die von anderen (Mitarbeitern, Teams, Unternehmen, Kunden …) herangetragenen Norm- und Wertvorstellungen, die in dem jeweiligen Bereich handlungsleitend sind oder sein sollen
- Macht das eigene Pflichtgefühl zur Richtschnur in gegenständlichen oder sozialen Problem- und Konfliktsituationen

- Ist bereit und in der Lage, seinen Pflichten in konkret abrechenbaren Aufgaben und Projekten nachzukommen
- Zeichnet sich bei der Pflichterfüllung durch Gründlichkeit, Sorgfalt, Umsicht und Gewissenhaftigkeit aus.

Das Pflichtgefühl gehört nach Klages (Klages, H.: Werte und Wandel. Frankfurt/Main 1992) zu den Primärtugenden und -werten, die in den letzten Jahrzehnten zu Gunsten der sogen. Sekundärtugenden und -werte (z. B. Selbstverwirklichung, Autonomie, Genuss, Emanzipation, Gleichberechtigung, Freizeit …) in Deutschland an Bedeutung abnahmen. Gegenwärtig werden die Primärtugenden in vielen Bereichen unserer Gesellschaft wieder angemahnt. Es ist jedoch sehr schwer, diese auf dem sogenannten »kurzen Weg« zu vermitteln, zu trainieren.

Andererseits sagt Löhner (Löhner, M.: Unternehmen heißt lernen. Econ Verlag, Düsseldorf/Wien u. a. 1991):

> »Pflicht muss gelernt werden, sonst kann man sich nicht an sich selbst binden.«

Wilhelm von Humboldt schreibt bereits in seinen Briefen an eine Freundin (1. Abt., 9. Br., Tegel den 10. Juli 1822):

> »Es ist eine eigene Sache im Leben, dass, wenn man gar nicht an Glück oder Unglück denkt, sondern nur anstrenge, sich nicht schonende Pflichterfüllung, das Glück sich von selbst, auch bei entbehrender und mühevoller Lebensweise, einstellt«

(vgl. Peltzer, K.: Das treffende Zitat. Gondrom Verlag, Bindlach 1974).

Bismarck wiederum sprach am 28. November 1881 im Reichstag in Abwandlung des Kant'schen kategorischen Imperativs »vom kategorischen Imperativ des Pflichtgefühls«.

✔ Selbstcheck

Wie stehe ich zu »Pflicht« und »Pflichtgefühl«?

Beantworten Sie bitte die nachfolgenden Fragen durch Ankreuzen mit »Ja« oder »Nein«.	Ja	Nein
1. Ich mache in der Regel das, was mir gefällt und gehe einem strengen »Muss« nach Möglichkeit aus dem Weg	☐	☐
2. Ich möchte eigentlich niemandem verpflichtet sein	☐	☐
3. Wenn ich eine Sache angenommen habe oder einem anderen Menschen Unterstützung zugesagt habe, dann gibt es kein Zurück	☐	☐
4. Ich kann den Ausspruch »Ich habe es aus reiner Pflicht und ohne Hintergedanken getan« voll verstehen und akzeptieren; er entspricht meiner Auffassung von Pflichtgefühl	☐	☐
5. Ein Pflichtgefühl hat man entweder seit seiner Kindheit oder gar nicht; später kann man es nicht mehr aufbauen	☐	☐
6. Wenn jemand Unterstützung von mir erwartet, dann kann ich sie ihm nicht versagen	☐	☐

7. Bevor ich schwierige und unangenehme Aufgaben in Angriff nehme, wende ich mich in der Regel erst den angenehmen zu	☐	☐
8. Ich bevorzuge Aufgaben, die überschaubar sind, kurzfristig erledigt werden können und mich somit nicht länger binden	☐	☐
9. Pflicht und Verpflichtung sind nicht mehr zeitgemäße Begriffe und stehen im Widerspruch zur Meinungs- und Handlungsfreiheit eines jeden in unserer Gesellschaft	☐	☐

Vergleichen Sie die Ergebnisse Ihres Selbstchecks. Sie können Ihnen Hinweise darüber geben, wie Sie zu der Teilkompetenz »Pflichtgefühl« stehen.

Wenn Sie die Aussagen 1, 7 und 8 mit »Ja« beantwortet haben, dann laufen Sie Gefahr, dass Sie im Trivialen, bei einfachen Aufgaben stehen bleiben und den schwierigeren Aufgaben sowie wichtigen Pflichten aus dem Wege gehen. Ihr Aufgaben- und Zeitmanagement ist anscheinend nicht auf umfassendere Pflichterfüllung ausgerichtet.

Wenn Sie die Aussagen 2, 5 und 9 bejahten, dann haben Sie eine sehr eigensinnige Auffassung von Pflicht und Pflichtgefühl, die zu sehr starken Vereinfachungen bzw. Vorurteilen führt.

Wenn Sie die Aussagen 3, 4 und 6 mit »Ja« beantworteten, dann haben Sie eine »gesunde« Pflichtauffassung und proaktive Einstellung.

In Vorbereitung dieses Modularen Informations- und Trainingsprogramms wurde von einigen Gesprächspartnern bezweifelt, dass ein Erwachsener überhaupt noch sein Pflichtgefühl beeinflussen und sogar willentlich erhöhen kann, wenn er nicht schon als Kind dazu erzogen wurde. Dieser Zweifel scheint auf den ersten Blick hin angebracht. Beim näheren Beschauen allerdings erweist er sich als unrealistisch:

> Gefühle – und insbesondere die sogenannten »höheren Gefühle«, zu denen auch das Pflichtgefühl zählt – sind emotional verankerte Werte und grundsätzliche Lebenserfahrungen. Sie bilden die Synthese zwischen Rationalem und Emotionalem. Insofern können sich auch Gefühle neu bilden und verändern.

Der bekannte Arzt, Philosoph und Organist Albert Schweitzer (1875–1965) sagte einmal:

»Die größte Entscheidung Deines Lebens liegt darin, dass Du Dein Leben ändern kannst, indem Du Deine Geisteshaltung änderst«.

Und diese Erkenntnis deutet auf die große Kraft des Willens, auf die Chancen eines jeden hin, sich durch aktive Auseinandersetzung mit sich und seiner Umwelt im Prinzip immer wieder neu auszurichten, sich immer wieder neue Ziele geben zu können bzw. neue Ideale zu verfolgen.

Die nachfolgenden Aussagen Befragter zeigen die vielfältigen Möglichkeiten gerade Erwachsener, sich willentlich mit Erwartungen und Pflichten auseinander zu setzen und ein stärkeres Pflichtgefühl ausprägen zu können.

Person A

»Als Studentin und auch danach war mein Pflichtgefühl eigentlich nicht besonders stark ausgeprägt.

Ich machte eigentlich vor allem das, was mir Spaß bereitete. Auch die Arbeit nahm ich nicht so ernst und engagierte mich mehr in verschiedenen Hobbys und in ehrenamtlicher Tätigkeit. Erst als wir unsere Familie gründeten und das erste Kind kam, musste ich mir über mein Zeitmanagement klar werden und ging mehr und mehr planvoll und zielstrebig mit meiner Zeit um. Da entwickelte ich mein heutiges – mitunter viel zu großes – Pflichtgefühl.«

Person B

»Mein Motto ist seit meiner schweren Krankheit ›Übernimm die Verantwortung für Dein Leben und versuche das Unmögliche, um das Mögliche zu erreichen‹. Und ich kämpfe mit Erfolg nun schon seit 23 Jahren gegen die Krankheit an und habe ein beruflich und privat reiches Leben. Wenn ich damals nicht gelernt hätte, für mich persönlich die Verantwortung zu übernehmen und mir täglich und wöchentlich klare Pflichten aufzuerlegen und diese dann auch peinlich genau zu erfüllen, dann wäre ich heute der Besiegte oder hätte mit meinem Leben schon längst abgeschlossen.«

Person C

»Mark Twain sagte einmal sinngemäß: ›Eine schlechte Angewohnheit kann man nicht einfach aus dem Fenster schmeißen. Man muss sie die Treppe hinunterboxen. Und das Stufe für Stufe‹. Das habe ich damals begriffen, als ich meine Meisterausbildung beendet hatte und von einem Tag zum anderen in einem in unserer Region bekannten Unternehmen Verantwortung übernehmen musste. Ich glaube, da hat sich mein heutiges Pflichtgefühl herausgebildet. Ich habe damals schmerzhaft viele Gewohnheiten aufgeben und meinen Job neu begreifen müssen. Gewusst hatte ich davor schon lange, was auf mich zukommt. Aber man wandelt sich wohl erst, wenn man in einem Konflikt mit sich selbst gestellt wird oder konkret vor die Notwendigkeit gestellt wird, das zu machen, was man zwar weiß, aber bisher versuchte zu umgehen«.

Person D

»Ich bin sehr frei erzogen worden. Aber eines war immer typisch für Mutter und Vater. Wenn jemand um Hilfe bat, dann waren sie stets zur Stelle. Und das hat sicher auch auf mich abgefärbt. Vielleicht war das so eine Art soziales Pflichtgefühl. – In meiner beruflichen Laufbahn war ich anfangs sicher ein durchschnittlicher Mitarbeiter. Mich interessierte Vieles und ich ging dem auch ausgiebig nach und machte während der Arbeit vorwiegend nur das, was unbedingt nötig war. Eines Tages rief mich mein damaliger Chef zu sich und bat mich, Platz zu nehmen. Er erzählte mir, dass er in den nächsten drei Wochen für die Geschäftsleitung eine Konzeption erarbeiten und dazu auch alle Filialen aufsuchen musste. Damit bliebe aber eine andere und für die Abteilung sehr wichtige Aufgabe, die ihm persönlich sehr am Herzen läge, liegen – es sei denn, ich würde ihm helfen. Er schilderte mir die Aufgabe im Einzelnen und schloss dann sinngemäß, dass er mir nicht böse sein könnte, wenn ich diese Aufgabe nicht übernehmen wolle, es aber andererseits eine große

Hilfe und seelische Erleichterung für ihn sei, wenn ich ihn hierbei unterstützen würde. Kurz: Ich übernahm damals die Aufgabe und stürzte in einen starken Leistungskonflikt und darüber hinaus in einen tiefen inneren Zwiespalt, was meine Arbeitsweise betraf. Ich löste die Aufgabe letztendlich recht gut und bekam nicht nur von meinem Chef Anerkennung, sondern auch von den Kollegen.

Ich glaube, das war damals der Auslöser dafür, dass sich ein anderes Pflichtgefühl herausgebildet hat und ich erwachsener wurde. Andererseits, wenn mich mein Chef nicht so persönlich gebeten hätte, dann hätte ich wahrscheinlich geblockt und diese Aufgabe verweigert oder im Dienst nach Vorschrift bearbeitet. Ich weiß heute noch nicht, ob das eine geplante erzieherische Absicht von ihm war oder so spontan und persönlich, wie ich es damals empfunden hatte. Aus heutiger Sicht ist das ja auch egal.«

Resümee

Schon aus diesen vier Beispielen können wir erkennen:

- Wie bei jedem tieferen Neu- oder Um-Lernen brauchen wir anscheinend eine mehr oder weniger große Betroffenheit, Herausforderungen, Anlässe zum Lernen.
- Es gibt stets eine innere Auseinandersetzung. Man kann sich in dieser Situation dem Schicksal ergeben oder Entscheidungen aus dem Wege gehen.
  Der Aufbau des Pflichtgefühles erfolgt aber in der tätigen Auseinandersetzung und in der bewussten Annahme von Belastungen sowie in der Änderung der eigenen Geisteshaltung (siehe Albert Schweitzer).
- Später gibt es keine Klage über das Erfahrene und das gefestigte Pflichtgefühl. Es wird anscheinend als eigener Entwicklungserfolg und als Grundlage für weitere Lebensbewältigungs-Erfolge gewertet.
  Pflichtgefühl als wichtige Voraussetzung also für die erfolgreiche Nutzung von Chancen, die man sich selbst gibt. Und Pflichtgefühl als Verantwortung für sich selbst und gegenüber Dritten.

Aus diesem Vergleich mit den Erfahrungen anderer Menschen können Sie für sich selbst sicher Einiges entnehmen.

Selbstcheck ✔

Überlegen Sie einmal, ob es in Ihrem bisherigen Leben ähnliche Situationen gab, in denen Pflichten auf Sie zukamen, an denen Sie letztlich gewachsen sind. Wenn ja, wann ereignete sich dieses und wie war die damalige Situation? Und: Wozu führte sie schließlich bei Ihnen selbst? Schreiben Sie Ihre Erinnerung in Stichworten auf:

_____

_____

Wirken die damaligen Anforderungssituationen heute noch in irgendeiner Weise bei Ihnen nach?

_____

_____

Gab es in den letzten zwei Jahren Begegnungen mit Menschen, die von Ihnen eine Hilfe erwarteten?

_____

_____

Überlegen Sie einmal in Ruhe. Wenn Ihnen solche Situationen einfallen, dann denken Sie darüber nach,
- wie Sie auf diese Person(en) eingegangen sind.
- Haben Sie die Person(en) unterstützt und wie?
- Welche Reaktionen im Sinne Ihres Pflichtgefühles gab es bei Ihnen?

Wenn nein,
- warum nicht?
- Haben Sie das Hilfeersuchen auf Dritte hin abgelenkt?
- Haben Sie das Erbitten »überhört« oder zurückgewiesen?

_____

_____

Wenn eine der letzteren Reaktionen zutraf, dann denken Sie über die damaligen Gründe nach.

_____

_____

Ferner:
- Was hätte es von Ihnen verlangt, diese Person(en) zu unterstützen.
- Was oder wem wollten Sie aus dem Wege gehen?

_____

_____

Das sind eine ganze Reihe von Fragen, die Sie nacheinander für sich (in Stichpunkten) beantworten sollten. Sie führen Sie schließlich zu einem Vergleich Ihrer vergangenen Reaktionen mit den Erfahrungen der Personen A bis D und den weiter oben getroffenen Verallgemeinerungen. Kommen Sie bei dem Vergleich zu neuen Erkenntnissen im Zusammenhang mit der Thematik »Pflichtgefühl«?

___

___

Apropos »Hilfe«

Das bewusste Motiv, anderen helfen zu wollen, kann zu großen persönlichen Leistungen und früher ungeahnten Lebenserfolgen führen. Das sehen wir einerseits an solchen herausragenden Personen wie an Albert Schweitzer oder an Mutter Theresa (in uns allen können beide stecken). Andererseits zeigen Untersuchungen bei bedeutenden Erfindern, dass ihre wirklich bahnbrechenden Erfindungen in der Regel erst dann zustande kamen, als sie das starke Motiv der Hilfe für Dritte in sich spürten, also zu den rationalen Motiven sehr konkrete Motive der Unterstützung und (Lebens-)Erleichterung hinzutraten.

Der bekannte deutsche Erfinder und Unternehmer Hans Sauer (1923–1996) sagte dazu:

»Als ich das Problem meines Kooperationspartners und den Wunsch, ihm persönlich zu helfen so sehr verinnerlicht hatte, dass es zu meinem eigenen Problem wurde, wusste ich, dass ich zu einer technischen Prinziplösung vordringen musste, die schließlich vielen anderen auch nützlich sein wird. Mich hat dann das technische Problem nicht mehr losgelassen, und ich habe hart dafür gearbeitet. Und umgekehrt, wenn ich einmal dieses Helfer-Motiv nicht verspürte, wusste ich, dass ich relativ oberflächlich in der Lösung bleiben werde.
Das entscheidende Kriterium des erfinderischen Denkens ist die Wahrheit: Die Ethik, die einem Gedanken im Augenblick seines Entstehens zu Grunde liegt, prägt die Qualität und Wirkung des Erdachten. Die Erkenntnis hängt von der inneren Haltung während des Entstehungsprozesses ab.«

> Pflichtgefühl und die Motivation des Helfens, Pflichtgefühl und persönliche Werte sowie soziale Normen hängen sehr eng miteinander zusammen.

Persönliche Maßnahmen

Was nehme ich mir für die nächsten 6 Wochen im Sinne einer Ausformung und Verstärkung meines »Pflichtgefühls« vor? (Stichworte):

___

___

Was werde ich zuerst und vorrangig tun? (Stichworte):

___

___

Wie kontrolliere ich die Resultate? (Stichworte):

_____

_____

Wo werde ich mich weiter zum Thema »Pflichtgefühl« informieren? (Stichworte):

_____

_____

ⓘ Als weiterführende Informationsquellen empfehlen wir

Bertelsmann Universal Lexikon: Bertelsmann Lexikon Verlag, Gütersloh 2008

Kapitel IV
Fach- und Methodenkompetenz

F

Wissensorientierung / Analytische Fähigkeiten **F/P** Sachlichkeit / Beurteilungsvermögen	Konzeptionsstärke / Organisationsfähigkeit **F/A** Fleiß / Systematisch-methodisches Vorgehen
Projektmanagement / Folgebewusstsein **F/S** Lehrfähigkeit / Fachliche Anerkennung	Fachwissen / Marktkenntnisse **F** Planungsverhalten / Fachübergreifende Kenntnisse

F Fach- und Methodenkompetenz

Fachwissen

F

Wissens-orientierung	Analytische Fähigkeiten	Konzeptions-stärke	Organisations-fähigkeit
F/P		**F/A**	
Sachlichkeit	Beurteilungs-vermögen	Fleiß	Systematisch-methodisches Vorgehen
Projekt-management	Folge-bewusstsein	Fachwissen	Markt-kenntnisse
F/S		**F**	
Lehr-fähigkeit	Fachliche Anerkennung	Planungs-verhalten	Fach-übergreifende Kenntnisse

F Fach- und Methodenkompetenz

Grundsätzliche Überlegungen

Fachwissen repräsentiert den klassischen Bereich der Berufsausbildung und stützt sich in erster Linie auf das Wissen, das in der Schule, in der Ausbildung sowie bei betrieblichen und persönlichen Weiterbildungsmaßnahmen vermittelt wird. Als Fachwissen kann all das bezeichnet werden, was zur ordentlichen Bewältigung der Anforderungen einer abgesprochenen bzw. zugewiesenen betrieblichen Tätigkeit notwendig ist. Es ist das Fachwissen im engeren Sinne sowie zunehmend auch Generalistenwissen unter Einbeziehung von entsprechenden Hilfsmitteln (z. B. EDV) und der zielgerichtete Umgang damit.

Fachwissen »weitet« sich

Die »Weitung« des Begriffes Fachwissen sowie der hohe Stellenwert von Generalistenwissen werden auch in einer Studie von Antoni/Sommerlatte deutlich. Sie gingen der Frage nach dem für deutsche Unternehmen und Behörden notwendigen Wissen nach. Natürlich wird »Wissen« in der betrieblichen Praxis mit sehr unterschiedlichen Inhalten und Bedeutungen belegt. Im Mittelpunkt steht jedoch die Frage, welches Wissen für die Erreichung der Ziele des Unternehmens notwendig ist. Die Wissensfrage und angelehnte Bewertungen des Fachwissens der Mitarbeiter werden also vorwiegend zweckbetont gestellt bzw. vorgenommen, und über die Zeitachse betrachtet verändern sich die Wissensanforderungen, jedoch nicht ihre deutliche Zweckgebundenheit.

Antoni/Sommerlatte ermittelten in ihrer Studie »Wie deutsche Firmen ihr Wissen profitabel machen« u. a.:

Unterschiedliche Wissensinhalte	Bedeutung in %
Methodenwissen	78 %
Produktwissen	51 %
Kundenwissen	41 %
Marktwissen	29 %
Wissen über Wettbewerber	27 %

Das Wissen darüber, »wie etwas gemacht werden muss« und »was dabei best practices sind« (Methodenwissen) besitzt demnach die zentrale Bedeutung! Und tatsächlich liegt enorm viel an Fachwissen brach, weil die zweite Seite der Medaille nicht beherrscht wird, nämlich das Wie der Umsetzung.

Gleichzeitig werden in vielen Tätigkeiten neben dem klassischen Fachwissen auch zunehmend Kunden-, Markt- und Wettbewerber-Wissen wichtig und Teile des angewandten Fachwissens in einem Unternehmen.

Führen Sie sogar (zeitlich) Führungsaufgaben durch, dann kommt eine weitere Ebene von »Fachwissen« in dieser Funktion hinzu, nämlich die genaue Kenntnis der Aufgaben einer Führungskraft auf Ihrer Führungsebene und die Kenntnis sowie Beherrschung der Führungsinstrumente. Somit verbinden sich spezifische und mehr generalistische Wissensanforderungen miteinander. Aus betrieblicher Sicht wird eher von Fachwissen im Rahmen in sich relativ klar fokussierter, einseitig kompetenter Tätigkeiten gesprochen. Der Trend führt aber immer mehr zu doppelt oder vielseitig kompetenten Tätigkeiten und entsprechenden fachlichen und überfachlichen Anforderungen.

Wissens- und Kompetenz-Erweiterung

In einer Untersuchung in 550 deutschen IT-, Multimedia- und Biotechnologie-Unternehmen konnte dieser Zusammenhang deutlich nachgewiesen werden (Heyse/Erpenbeck/Michel 2002). Hier sei ausschnittsweise ein Teilergebnis aus der Befragung der IT-Unternehmen wiedergegeben:

Eine wichtige Frage lautete: Welche Zusammenhänge bestehen zwischen den Anforderungen, die in der IT-/Software-Branche an eine Fachkraft gestellt werden, und der spezifischen Berufs- oder Tätigkeitsgruppe, der diese Fachkraft angehört? Um eine erste empirisch fundierte Antwort auf diese Frage zu geben, wurden die befragten Personalverantwortlichen gebeten, für jede der ausgewählten »typischen« und in IT-Unternehmen besonders wichtigen Tätigkeitsgruppen die Bedeutung von vier, vom Interviewer zuvor kurz erläuterten Kompetenzrichtungen zu bewerten. Wie wichtig sind für eine Fachkraft in der IT-/Software-Branche die einzelnen Kompetenzen?

- **Fachlich-methodische Kompetenzen**, z. B. Fachwissen, Konzeptionsstärke, Marktkenntnisse …;
- **PersönlichkeitsbezogeneKompetenzen**, z. B. Glaubwürdigkeit, Eigen-verantwortung, Kreativität …;
- **Aktivitätsbezogene Kompetenzen**, z. B. Tatkraft, Initiative, Mobilität …;
- **Sozial-kommunikative Kompetenzen**, z. B. Kommunikationsfähigkeit, Kooperationsfähigkeit, Teamfähigkeit … .

Die Wichtigkeit jeder der vier Kompetenzrichtungen für die eingeschätzten acht IT-Tätigkeitsgruppen wurde sehr unterschiedlich eingeschätzt. Die folgende Tabelle zeigt, wie wichtig die vier Kompetenzen für die einzelnen Tätigkeitsgruppen sind. Die Bewertung »sehr wichtig« wurde fett hervorgehoben.

	Persönlichkeitsbezogen	Aktivitätsbezogen	Fachlich-methodisch	Sozial-kommunikativ
Systemprogrammierung	55 %	40 %	62 %	36 %
Marketing/Vertrieb	**78**	63	36	**78**
IT-Beratung	**77**	45	62	60
Datenbankentwicklung	43	25	73	32
Netzwerkadministration	53	44	53	37
Systemadministration	36	40	**84**	28
Software-/Anwendungsentwicklung	21	35	**79**	22
Systemanalytik	53	42	**74**	53

Bei sechs von sieben Tätigkeitsprofilen sehen die Personalverantwortlichen jeweils eine Kompetenz mit einem Wert über 70 % dominieren und als unverzichtbare Voraussetzung für eine qualifizierte Berufsausübung. Aber es kann darüber hinaus auch zwischen Anforderungen nach relativ »einseitiger Kompetenznotwendigkeit«, »doppelt kompetenten« und »vielfältig kompetenten« Tätigkeitsvoraussetzungen unterschieden werden:

Kompetenzanforderungen

Tätigkeitsgruppe	Kompetenzanforderungen
Systemadministration	»Einseitig kompetent«: Fachlich-methodische Kompetenz sehr stark; der Rest nachgeordnet
Software-Anwendungsentwicklung	»Einseitig kompetent«: Fachlich-methodische Kompetenz; der Rest nachgeordnet
Datenbankentwicklung	»Einseitig kompetent«: Fachlich-methodische Kompetenzen stark; der Rest nachgeordnet
Systemprogrammierung	»Doppelt kompetent«: Fachlich-methodische Kompetenz und persönlichkeitsorientierte Kompetenz stark
Netzwerkadministration	»Doppelt kompetent«: Fachlich-methodische und persönlichkeitsorientierte Kompetenzen gleich stark
IT-Beratung	»Vielseitig kompetent«: Persönlichkeitsorientierte, fachlich-methodische und sozial-kommunikative Kompetenzen mittelstark

Systemanalytik	»Vielseitig kompetent«: Fachlich-methodische Kompetenz stark, sozialkommunikative und persönlichkeitsorientierte Kompetenzen mittelstark
Marketing/Vertrieb	»Vielseitig kompetent«: Sozial-kommunikative und persönlichkeitsorientierte Kompetenzen sehr stark, aktivitätsorientierte Kompetenzen mittelstark

Insbesondere bei den Tätigkeitsgruppen »IT-Beratung« und »Marketing/Vertrieb« dominieren mehr generalistische Wissensanforderungen und überfachliche Kompetenzerwartungen.

Fazit: Die Kompetenzanforderungen an Fachkräfte in der IT-/Software-Branche weisen von Tätigkeitsgruppe zu Tätigkeitsgruppe deutliche Unterschiede in Bezug auf das erforderliche Fachwissen und darüber hinaus führende Wissens- und Kompetenzanforderungen auf.

Sehr vielseitig sind die Anforderungen an die IT-Fachkräfte, die besonders kundennah operieren. Ohne ausgeprägte sozialkommunikative und persönlichkeitsbezogene Kompetenzen helfen ihnen auch die besten Fachkenntnisse nicht weiter. Und »kundennah« hat heute viele Facetten: von der Zusammenarbeit bei gemeinsamen Entwicklungsprojekten über die Problem- und Prozessberatung bis hin zu Marketing und Vertrieb.

Kennzeichen

Fachwissen

Die fließenden Übergänge vom klassischen Fachwissen zu generalistischen Wissensanteilen zeigen auch die nachfolgenden Beurteilungskriterien, die im praktischen Alltag in Unternehmen gewählt werden, wenn es gilt, Forderungen an das »tätigkeits- und funktionsbezogene Fachwissen« zu stellen bzw. dieses zu beurteilen, z. B.:

- Besitzt fachliches und methodisches Detailwissen, betriebswirtschaftliche Kenntnisse sowie Vertriebs- und Verkaufserfahrungen;
- verfügt über breite Produktkenntnisse und über Kenntnisse der Wettbewerber-Produkte;
- ist in der Lage, sachgerecht zu organisieren, d. h. adäquate Arbeits- und Organisationsmethoden zu entwickeln und einzuführen;
- hat eine übergreifende Allgemeinbildung, insbesondere bezüglich wirtschaftlich-politischer Zusammenhänge;
- erweitert und vervollkommnet das fachlich-methodische Wissen stetig durch Weiterbildung, durch Lernen im Prozess der Arbeit und auf informellem Wege.

Selbstcheck

Um die Anforderungen an Ihre Tätigkeit, die Folgerungen in Bezug auf die notwendigen Fachkenntnisse sowie generalistischen Kenntnisse und Fertigkeiten zu analysieren und schließlich den derzeitigen Wissensstand bestätigen bzw. Wissenserwerbsanforderungen gezielt ableiten zu können, sollten Sie wie folgt vorgehen:

1. Schritt

Prüfen Sie, welche betrieblichen Ziele mit Ihrer Tätigkeitsgruppe verfolgt werden (erst einmal unabhängig von Ihrer Person). Schreiben Sie drei bis fünf Ziele in Stichworten auf, die Sie am besten mit einem Mitarbeiter mit gleicher Tätigkeit sowie mit Ihrer Führungskraft durchsprechen können.

_____

_____

Sollten Tätigkeitsbeschreibungen im Unternehmen existieren, dann bitten Sie um Einsichtnahme (Abteilung Personal).

_____

_____

2. Schritt

Schreiben Sie dann die einzelnen Fachaufgaben auf, die mit Ihrer Tätigkeit zusammenhängen bzw. diese heute und wahrscheinlich auch in den kommenden 18–24 Monaten charakterisieren.

Gehen Sie von den ganz konkreten Funktions- und Tätigkeitsinhalten aus. Unterscheiden Sie a) Aufgaben, für deren Realisierung Sie allein verantwortlich sind, b) Aufgaben, an denen Sie teilverantwortlich mitwirken und c) Aufgaben, die Zuarbeiten und Voraussetzungen für Lösungen Dritter sind. Für die Beschreibung der Teil-Tätigkeiten und Aufgaben können Sie die im Anhang aufgeführte Wörterliste hinzuziehen, da es in der Regel schwer fällt, die Feinheiten verbal zu beschreiben und zu unterscheiden.

Versuchen Sie die Aufgaben gut zu differenzieren, aber dennoch so zusammenzufassen, dass Sie nicht über 10 kommen.

_____

_____

3. Schritt

Schätzen danach ein, welche Aufgaben Sie a) gegenwärtig »sehr gut« oder »gut« erfüllen und b) welche Aufgaben Sie bei einer zusätzlichen Qualifizierung (einschließlich bei einer besseren Anleitung, Übung) noch sicherer realisieren könnten.
Vermerken Sie hinter jeder der in Stichworten aufgeschriebenen Aufgabe Ihre Wertung (a) oder (b). Die Wertungen mit (b) führen Sie zu Ableitungen zur notwendigen Vertiefung Ihres Fachwissens.

_____

_____

4. Schritt

Sehen Sie sich die im Anhang aufgeführten »Funktionsspezifischen Kenntnisse und Erfahrungen« an und kreuzen Sie all diejenigen Fach- und Sachgebiete in der ersten Antwortrubrik (»Funktionsspezifische Merkmale ankreuzen«) an, die für Ihre Tätigkeit und Aufgaben wichtig sind.

Gehen Sie die zwei Seiten Zeile für Zeile durch. Sollten wichtige Gebiete mit entsprechenden wichtigen Wissensanteilen fehlen, so tragen Sie diese an Stelle nicht notwendiger oder in der letzten Freizeile ein. Danach bestimmen Sie bei den von Ihnen angekreuzten Zeilen die Intensität der Anforderung (von »Grundkenntnisse« erforderlich bis »sehr gute« Kenntnisse notwendig) durch ein Kreuz in dem zutreffenden Feld.

Bevor Sie den nächsten Schritt gehen, empfiehlt es sich, mit einem Mitarbeiter gleicher Tätigkeit bzw. mit Ihrer Führungskraft über Ihre Anforderungsanalyse zu sprechen und ggf. Ihr Ergebnis zu präzisieren.

5. Schritt

Nun schätzen Sie die Ausprägung Ihres Wissens und Ihrer praktischen Erfahrungen in der nächsten Rubrik ein – natürlich in Bezug auf die zuvor herausgearbeiteten Fach- und Sachgebiete.

Im Ergebnis sehen Sie, wenn Sie alles offen und kritisch eingeschätzt haben, an welchen Stellen die Ausprägung mit den Anforderungen übereinstimmt, wo Sie mehr Wissen und Erfahrungen mitbringen als unbedingt erforderlich ist und wo Sie noch Lern- und Wachstumsnotwendigkeiten und -chancen sehen.

6. Schritt

Schreiben Sie nun bei all den Anforderungen, bei denen Sie noch weitere Fachkenntnisse und Erfahrungen sammeln sollten, realistische Ziele und konkrete Maßnahmen auf.

7. Schritt

Gehen Sie mit dieser Analyse, Eigenbewertung und Sammlung denkbarer und realistischer Maßnahmevorschläge zu Ihrer Führungskraft und bitten Sie um ein Entwicklungsgespräch.

Nehmen Sie das Formular »Förderungsmaßnahmen« (Anhang) mit und überlegen Sie mit Ihrer Führungskraft gemeinsam, welche Art der Qualifizierung und des Wissens- und Kompetenzerwerbs wie und wann beschlossen werden können.

So können Sie an Ihren konkreten Tätigkeits- und Aufgabenanforderungen Ihr Fachwissen und die notwendigen fachübergreifenden Kenntnisse und Erfahrungen prüfen und passgenaue Maßnahmen zur Weiterentwicklung bzw. Vertiefung des Fachwissens ableiten.

Persönliche Maßnahmen

Was nehme ich mir für die nächsten 6 Wochen im Sinne einer Erhöhung meines »Fachwissens« vor? (Stichworte):

_____

_____

Was werde ich zuerst und vorrangig tun? (Stichworte):

_____

_____

Wie kontrolliere ich die Resultate? (Stichworte):

_____

_____

Wo werde ich mich weiter zum Thema »Fachwissens« informieren? (Stichworte):

_____

_____

Als weiterführende Informationsquellen empfehlen wir

Heyse, V.; Erpenbeck, J.; Michel, L.: Kompetenzprofiling. Weiterbildungsbedarf und Lernformen in Zukunftsbranchen. Waxmann Verlag, Münster/New York u. a. 2002
Meyerhoff, J.; Brühl, C.: Fachwissen lebendig vermitteln. Rosenberger Fachverlag, Leonberg 2004
Nagel, K.; Stadier, J.: Unternehmensanalyse: Schnell und punktgenau. mi verlag moderne Industrie, Landsberg/Lech 2001

Modulare Informations- und Trainingsprogramme
- Fachübergreifende Kenntnisse
- Marktkenntnisse
- Planungsverhalten

Anhang

Funktionsspezifische Kenntnisse und Erfahrungen	Funktionsspezifische Merkmale ankreuzen	Anforderung			Qualifikation			Maß-nahmen		Ziele Eigene Maßnahmen
		Grundkenntnisse	gut	sehr gut	Grundkenntnisse	gut	sehr gut	erwünscht	erforderlich	
Finanzierung										
Forschung und Entwicklung										
Konstruktion										
Kundendienst										
Kostenkontrolle										
Kostenrechnung										
I. u. K. - Techniken										
Lohn- und Gehaltsverrechnung										
Marktforschung										
Operating										
Organisation										
Personalentwicklung										
Personalverwaltung										
Produktion										
Produktmanagement										
Programmierung										
Qualitätswesen										
Recht										
Logistik										

Fachwissen (F)

Funktionsspezifische Kenntnisse und Erfahrungen	Funktionsspezifische Merkmale ankreuzen	Anforderung			Qualifikation			Maß- nahmen		Ziele Eigene Maßnahmen
		Grundkenntnisse	gut	sehr gut	Grundkenntnisse	gut	sehr gut	erwünscht	erforderlich	
Service / Reparatur										
Spedition / Zoll										
Verkaufsadministration										
Verkaufsaußendienst										
Versicherung										
Umweltschutztechnologie										
Werksplanung										
eCommerce										
Allgemeine Verwaltung										
Arbeitstechnik										
Arbeitsvorbereitung										
Betriebswirtschaft										
Einkauf										
Energieversorgung										
Ersatzteilwesen										
Export										
Fertigungssteuerung										
Finanzbuchhaltung										

Innerbetriebliche Weiterbildungsveranstaltungen

Titel der Veranstaltung	Termin	Dauer in Tagen

Überbetriebliche Weiterbildungsveranstaltungen

Titel der Veranstaltung	Termin	Dauer in Tagen

Training on the Job

Unternehmenseinheit	Name des Arbeitsplatzes	von	bis	Dauer in Tagen

Selbststudium

Art des Lernbehelfes	von	bis	Dauer in Tagen

Unterschrift des Mitarbeiters	Unterschrift der Führungskraft	Datum

Marktkenntnisse F

Grundsätzliche Überlegungen

Der wichtigste Erfolgsfaktor eines Unternehmens ist die Marktorientierung, insbesondere die Kundennähe und die anerkannte Marktpräsenz. Nur wenn ein Unternehmen Produkte und Dienstleistungen anbietet, die den bestehenden Kunden dienen, ihre eigene Bedürfnislage zu verbessern und die potenzielle Kunden tatsächlich wünschen, kann es überleben und sich weiterentwickeln.

Das setzt einerseits die ständige und differenzierte Auseinandersetzung mit den Entwicklungen auf dem Markt, also mit der Veränderung von Kundenwünschen und den Wettbewerberprodukten und -dienstleistungen voraus. Andererseits muss das Unternehmen den bestehenden sowie den potenziellen Kunden überzeugend vermitteln, dass man ein Produkt anbietet, das den Angeboten der Mitbewerber – wenn nicht unbedingt im Preis, dann doch mit einem Mehrwert im Bereich der Serviceleistungen, der Qualität, dem Image oder anderem – überlegen ist.

Die Marktkenntnisse und die Kundenwunsch-Entsprechung sind also Schlüssel für den Überlebenserfolg des Unternehmens. In diesem Zusammenhang kommen der Identifikation der Mitarbeiter mit dem Unternehmen und dem persönlichen Einsatz für den Markterfolg des Unternehmens auf der Basis breiterer Marktkenntnisse eine enorme Bedeutung zu.

Wenn gewünscht wird, dass Mitarbeiter und Führungskräfte unternehmerisch denken und handeln, dann ist die Marktorientierung mit allen ihren Aspekten der zentrale Punkt.

Nachfolgende Checklisten, Tipps und weiterführende Literaturanregungen helfen Ihnen, Ihr Interesse für Marktanalysen zu erhöhen und die methodischen Voraussetzungen für den Auf- und Ausbau Ihrer Marktkenntnisse zu erweitern.

✔ **Selbstcheck**

Um sich einen ersten Gesamtüberblick zu schaffen, können Sie mit der Beantwortung folgender Fragen beginnen und überall dort, wo Sie zur Zeit keine ausreichenden Kenntnisse und Informationen besitzen, Ihre Führungskraft oder Mitarbeiter anderer Fachabteilungen dazu befragen:

1. Betreibt Ihr Unternehmen Marktforschung?
   - Ja, regelmäßige Marktforschung sowie Kundenbefragungen durch ein externes Institut ☐
   - Ja, wir haben eine eigene Marktforschungsstelle/-abteilung und führen auch regelmäßig Kundenbefragungen durch und werten die Daten statistisch aus ☐
   - Wir erfassen die Reklamationen und Vertriebserfahrungen ☐
   - Die Vertriebsmitarbeiter und der Kundendienst sammeln Reklamationen ☐
   - Kaum ☐
2. Wie beurteilen Sie die Treue der Kunden zu Ihrem Unternehmen?
   - Höher als bei den Wettbewerbern ☐
   - Relativ hoch und beständig ☐
   - Durchschnittlich ☐
   - Recht niedrig, viele Kunden wechseln ☐
   - Gering und wahrscheinlich schlechter als bei unseren Wettbewerbern ☐
3. Heben sich Produkte oder Dienstleistungen Ihres Unternehmens deutlich von denen anderer Anbieter ab?
   - Ja, sehr deutliche Differenzierung und Vorteile ☐
   - Ja, deutliche Abhebung zu unseren Gunsten ☐
   - Mittlere Differenzierung ☐
   - Nur zum Teil und auf wenigen Gebieten ☐
   - Nein, wir sind weitgehend so ähnlich wie die anderen Wettbewerber ☐
4. Wie bekannt sind Sie im Vergleich zu anderen; haben Sie ein klares Image?
   - Deutlich besser ☐
   - Etwas besser ☐
   - Etwa vergleichbar ☐
   - Etwas schlechter ☐
   - Deutlich schlechter ☐
5. Wie liegt Ihr Preis im Vergleich zu Ihren wichtigsten Wettbewerbern?
   - Deutlich besser ☐
   - Etwas besser ☐
   - Etwa vergleichbar ☐
   - Etwas schlechter ☐
   - Deutlich schlechter ☐
6. Wo liegen Sie bezüglich der Qualität Ihrer Produkte bzw. Dienstleistungen im Vergleich zu den maßgeblichen Wettbewerbern?
   - Deutlich besser ☐
   - Etwas besser ☐
   - Etwa vergleichbar ☐
   - Etwas schlechter ☐
   - Deutlich schlechter ☐

7. Wie schätzen Sie die Service- und Kundendienstschnelligkeit und -qualität im Vergleich zu den wichtigsten Wettbewerbern ein?
   - Deutlich besser ☐
   - Etwas besser ☐
   - Etwa vergleichbar ☐
   - Etwas schlechter ☐
   - Deutlich schlechter ☐
8. Wie beurteilen Sie die Liefergeschwindigkeit im Vergleich zu den wichtigsten Wettbewerbern?
   - Deutlich besser ☐
   - Etwas besser ☐
   - Etwa vergleichbar ☐
   - Etwas schlechter ☐
   - Deutlich schlechter ☐
9. Wie schätzen Sie die Lieferzuverlässigkeit im Vergleich zu anderen ein?
   - Deutlich besser ☐
   - Etwas besser ☐
   - Etwa vergleichbar ☐
   - Etwas schlechter ☐
   - Deutlich schlechter ☐
10. Wie beurteilen Sie die Kundenberatung im Vergleich zu den wichtigsten Wettbewerbern?
    - Deutlich besser ☐
    - Etwas besser ☐
    - Etwa vergleichbar ☐
    - Etwas schlechter ☐
    - Deutlich schlechter ☐
11. Wie schätzen Sie die Kundenberatung Ihres Unternehmens im Vergleich zu den maßgeblichen Wettbewerbern ein?
    - Deutlich besser ☐
    - Etwas besser ☐
    - Etwa vergleichbar ☐
    - Etwas schlechter ☐
    - Deutlich schlechter ☐

Empfehlungen

Wenn Sie persönlich Ihre Marktkenntnisse erweitern wollen, dann ist es einerseits wichtig zu wissen, was alles dazu gehört. Und andererseits müssen Sie recht genau wissen, wofür Sie das Wissen aufnehmen wollen und wie Sie es umsetzen können. Denn abgelegtes und nicht genutztes Wissen hat keinen Wert und lenkt Sie im Lernen von anderen und vielleicht für Sie wichtigeren Lerninhalten ab. Stellen Sie sich also, bevor wir zu weiteren methodischen Angeboten und Tipps übergehen, einige Fragen:

Über welche Marktkenntnisse und in welcher Differenziertheit muss ich verfügen, um in meiner Tätigkeit heute und in Zukunft meine Ziele und Pläne durchsetzen zu können?

_____

_____

Welche Ziele verfolgt die Wettbewerbsbeobachtung und welche Bedeutung wird seitens unserer Leitung der Zielerreichung zugesprochen?

_____

_____

Was wollen wir gegenüber den Wettbewerbern tatsächlich erreichen und welche Anforderungen an meine Markt-/Wettbewerberkenntnisse ergeben sich daraus?

_____

_____

Welchen Preis sind wir bereit, für Veränderungen gegenüber den Wettbewerbern zu zahlen (im Sinne von materiellen, ideellen, persönlichen und zeitlichen Engagements), um eine Präferenzstellung bei den Kunden zu erreichen? Was verlangt das von mir und meinem Kenntnis basierten Engagement?

_____

_____

Markt- und Wettbewerbsanalyse (IST)

Will man Vergleiche und Prognosen der Gesamtentwicklung des eigenen Unternehmens sowie der wichtigsten Wettbewerber vornehmen, so sollten folgende Kriterien in den Vergleich einbezogen werden und so weit wie möglich mit konkreten Zahlen belegt werden und bei den Wettbewerbern mit einer zusätzlichen qualitativen Wertung versehen werden (vgl. das nach wie vor aktuelle Buch von Peter, M.: Situations- und Wettbewerbsanalysen. In: Stegmaier, P.: Erfolgreiche Kundenbindung. WEKA Fachverlag für Geschäftsführung und Management, Kissing 1997):

    +: sind besser als wir. /
    −: sind schwächer als wir.
    Ø: liegen auf unserem Niveau.

Marktkenntnisse (F)

	Eigenes Unternehmen	Wettbewerber A	Wettbewerber B	Wettbewerber C
Umsatz (Mio. €)				
Absatz (Stück)				
Marktanteil				
Marktwachstum				
Preis				
Preisentwicklung (nächsten 3 Jahre)				
Deckungsbeitrag				
Marktführerschaft				
Art des Wettbewerbs				
Produktsituation				
Imagesituation (Markennamen)				
Werbung				
Verkauf				
Vertriebswege				
Kundendienst				
Beschwerdesituation				
Programmbereich				
Fertigungsbereich				
Marketingbereich				
Personalbereich				
Forschung und Entwicklung				
Finanzbereich				
Organisationsbereich				
Planungsbereich				
Kostenstruktur				
Distributionsstruktur				
Branchentrend				
Wettbewerbsfaktoren der Branche				
Intelligenzkapital Mitarbeiter/Teams)				

☞ **Empfehlungen**

Darüber hinaus sollten auch Umfeldfaktoren, insbesondere Branchenfaktoren berücksichtigt werden, die sowohl für das eigene Unternehmen als auch für die Wettbewerber wirksam sind. Auch hier ist einzuschätzen, wie das eigene Unternehmen sowie die Wettbewerber damit (besser) fertig werden:
- gegenwärtige Branchengröße;
- internationale Brancheneinflüsse;
- Branchenpotenzial;
- Wachstum der Branche;
- Branchenstruktur.

Auch wenn in der Regel nicht alle notwendigen Informationen zur Verfügung stehen und nicht sogleich beschaffbar sind, so sollten ernsthafte Analysen in der beschriebenen Breite vorgenommen werden.

Dazu können vielfältige Marktanalyse-Angebote externer Einrichtungen zu durchaus verträglichen Preisen genutzt werden. Das gilt insbesondere für mittelständische Unternehmen.

Aber auch unvollständige Analysen können schnell zu wichtigen Schlussfolgerungen zur Erhöhung der eigenen Leistungsfähigkeit führen.

Dennoch ist die bisherige Analyse erst der Anfang notwendigerweise tiefergehender Analysen und entsprechender Handlungsableitungen.

Gemeint sind Stärken- und Schwächenanalysen als Teil der Markt- und Wettbewerberanalysen. Hierbei ist es stets nicht einfach, die Balance zwischen Kontinuitätssicherung nach innen und gegenüber den Kunden und den notwendigen Veränderungen und Veränderungen von Prozessen, Produkten, Dienstleistungen zu wahren.

Als am schwierigsten hat sich hierbei die **eigene Schwachstellenanalyse** erwiesen, die sachlich-bestimmt die Schwachstellenbeschreibung und Ursachenermittlung sowie Maßnahmen gegen die Schwachstellen umfassen soll.

Ehrlichkeit und Offenheit sind hierbei Voraussetzungen für Veränderungen, jedoch keine Harne oder gar Selbstzerfleischung.

Peter (in Stegmaier, 1997) gibt dazu sehr konkrete Interpretations- und Handlungshilfen am **Beispiel Handel** etwa in folgender Art:

Schwachstellen	Beschreibung	Maßnahmen gegen Schwachstellen
Betriebliches Informationswesen	• Verspätete Vorlage von Jahresabschlüssen • Verzicht auf monatliche Erfolgsnachweise • Mangelnde Warengruppen- und Profitcenter-Orientierung • Überbetonung der Buchhaltung/ Schwächung der Statistik • Zu sehr retrospektiver Charakter des Informationswesens	Erstellung vorläufiger unbewerteter Abschlüsse Inventur-Erstellung Einrichtung von realer EDV-orientierter kurzfristiger Erfolgs- oder Deckungsbeitragsrechnungen Nutzung leistungsfähiger Datenklassen Einrichtung eines vollständigen Planungswesens

Schwachstellen	Beschreibung	Maßnahmen gegen Schwachstellen
Betriebliches Informationswesen (Forts.)	• Kein Branchen- oder Wettbewerbsvergleich	Erstellung von Abweichungsanalysen und Soll-Ist-Vergleichen Teilnahme an Betriebsvergleichen/ Erfahrungsaustausch-Gruppen Ausschreibung von Gemeinschaftsstudien und interne Auswertungen Regelmäßige, konkrete Besprechungen, ggf. erweitert durch Email-Schnellinformationen
Externe Information	• Mangelnde Marktübersicht und -kenntnisse • Mangelnde Konkurrenzübersicht • Wenig Kenntnisse über Kundentypen und Zielgruppen • Mangelnde Budgetierung für Marktforschung • Keine Feedbacks durch die Mitarbeiter und deren Marktbeobachtungen • Keine Einbindung von Kunden in die Produktentwicklung	Alle drei Jahre umfassende Markt- und Standortanalysen durchführen Monatliche Markt- und Wettbewerberbeobachtung nach Plan/ Formular Image- sowie Kundenzufriedenheitsanalysen Einkaufs- und Interessenverbandsaktivitäten fördern.
Sortiment	• Zu häufig rein materialherkunftsorientierte Kombination • Überbetonung der reinen Handelsleistung und dadurch mangelnde Aufgeschlossenheit gegenüber vorkalkulierten Dienstleistungssortimenten • Häufiges Fehlen der »Problemlösungsidee« aus einer Hand • In vielen Branchen traditionsgebundenes Beharrungsvermögen	Orientierung des Sortiments an Bedarfsbündeln erforderlich, sowohl hinsichtlich der Ware wie dazu gehörender Dienstleistungen Problemlösung aus einer Hand Bereitschaft zur Kooperation mit Fremdbetrieben zur Vervollständigung des Dienstleistungsangebotes Mehr Flexibilität im Sortiment, Anpassung an zeitliche Strömungen Aufstellen von Unternehmensvisionen
Einkauf	• Im Einkauf zu sehr bezugsquellenorientiert • Fehlende Kooperationsbereitschaft im »Kleinen« • Zu starke Konzentration durch mengenmäßige Fehleinkäufe • Keine Machtposition gegenüber Lieferanten	Mehr kundenorientierte Sortimentsbildung Bildung von »Gruppen« aus mehreren Unternehmen beim Einkauf mit den diesbezüglichen Verhandlungsvorteilen Mehr Delegation/Bildung von Verantwortungsbereichen Strikte Einkaufsplanung und verbesserte Kontrolle, EDV, Kundenorientierung Mehr kooperative Warenbezüge und Stärkung der Einkaufsverbände

Schwachstellen	Beschreibung	Maßnahmen gegen Schwachstellen
Kalkulation/ Preispolitik	• Mangelnde Kalkulationsgrundlagen • Keine Kenntnis von Preisuntergrenzen • Zu viel branchengewohnte Einheitskalkulation • Zu teures Image • Zu geringe Flexibilität in der Preisgestaltung • Fehlende Preistransparenz	Verbesserung des Rechnungs- und Statistikwesens durch EDV auf Ertragsorientierung Mindest-/Durchschnittskalkulationsplanung Mehr differenzierte Kalkulation, Planung dieser Kalkulationsform Mögliches Downtrading Aktive Preispolitik durch rollierende Angebote Aktionsfläche/Niedrigpreis-Sortimente (je nach Zweck und regelmäßige systematische Konkurrenzbeobachtung)
Werbung- und Verkaufsförderung	• Kein einheitlicher Werbestil • Langweilige, hausbackene Werbung • Fehlende Abstimmung der werblichen Aktivitäten • Wenig Zielgruppenorientierung • Falsche Vorstellungen über (Schnelligkeit der) Werbewirkung und Werbekontrolle • Zu geringe Werbeetats	Einführung attraktiver Werbekonstanten mit durchgehender gleich bleibender Verwendung Zumindest einmalige Ausgabe für Werbe-Profi zur professionellen Erarbeitung eines eigenen Stils (auch bei kleinen Betrieben) Bessere laufende Betreuung Marktforschung (intern, externe Analysen nutzen) Verbandsaktivitäten Kooperationen Nutzung von Werbehilfen der Industrie, aber dosiert unter Einbeziehung des eigenen Stils
Personal	• Häufig kein fachhandelsgerechtes Personal • Ständig wechselndes Personal • Mangelhaftes Erscheinungsbild • Schlechte Einsatzbestimmung • Zu geringe Einsatz-flexibilität • Geringer Leistungswille • Fehlende überfachliche Kompetenzen • Falsche Anreiz-Systeme	Kooperation bei Personalschulungen Aktivierung von Personal durch Anzeigen Testkäufe durch Externe/Beurteilung durch Berater bei der Einstellung Erarbeitung eines Unternehmensleitbildes Personaleinsatzplanung mit variablen Einsätzen Rotierender Einsatz auch in fremden Abteilungen Leistungsanreiz durch stark leistungsbezogene Gehaltssysteme (Prämie/Erfolgsbeteiligung)

Schwachstellen	Beschreibung	Maßnahmen gegen Schwachstellen
Personal (Forts.)		Orientierung des variablen Gehaltsbestandteils an Zusatzleistungen (Mehrumsatz, Anhebung der Kalkulation) bzw. deren Kombination
Vertrieb	• Standortprobleme • Fehlende Betriebstypenprofilierung • Fehlende Erweiterungsmöglichkeiten • Fehlendes Filialkonzept • Zu frühe Filialisierung • Fehlende Filialleiter • Vermischung von Niedrigpreis- und Fachhandelsstrategie • Versäumte Filialisierung • Zu schnelle Aufgabe oder Einführung des Niedrigpreisbereiches	Standortbeobachtung Herausarbeitung einer klaren Betriebstypenstrategie Auslagerung der Nebenbetriebe Sortiments- und Ladenaufteilung oder Filialisierung mit kleineren Geschäftseinheiten als Stammhaus mit Sortimentbeschränkung Erst Herausarbeitung von Filialtypen mit Varianten, dann Standortsuche »Entweder-oder«-Strategie Kapitalbeteiligung des Filialleiters

Empfehlungen

Analysieren Sie

einmal die Schwachstellen Ihres Unternehmens bzw. Ihres Bereiches bzw. Ihrer Abteilung unter dem Gesichtspunkt der Erhöhung der Erfolgsfaktoren im Wettbewerb.

Nutzen Sie

die von uns dargestellte Vorlage unter Vernachlässigung der in diesem Beispiel zu handelsbezogenen Kriterien (die Sie durch typische Kriterien Ihrer Branche ersetzen sollten). In dieser Auseinandersetzung mit dem IST-Stand und der Suche nach passenden Maßnahmen gegen die Schwachstellen erweitern Sie Ihre unternehmerischen, marktbezogenen Kenntnisse in einer recht kurzen Zeit am konkreten Objekt und mit hohem Kenntnisgewinn.

Nutzen Sie

bei der Suche nach Schwachstellen und deren Ursachen auch Gespräche mit anderen Mitarbeitern – natürlich nur im Sinne des Sammelns und keinesfalls mit einem zu frühen Werten der erfassten Daten. Letztere sollen ja erst Ihre Datenverdichtung und Analyse vorbereiten.

> Nur wenn das eigene Unternehmen bereit ist, veränderungsoffen über die Beseitigung der eigenen Schwachstellen nachzudenken, hat es die Chance, besser als die Wettbewerber zu sein oder zu werden.

Insofern ist die Auseinandersetzung mit den eigenen Schwachstellen ein wichtiges Glied in der Marktanalyse und der Verbesserung der Marktkenntnisse, zumal die Feststellung eigener Schwachstellen ja nicht im luftleeren Raum passiert, sondern immer direkt oder indirekt Vergleiche mit anderen (zumindest Mutmaßungen) einbezieht.

Weitere Checklisten zur Einschätzung von Marktbewegungen und Stärken/Schwächen/Image/Potenzial der Mitbewerber können beispielsweise dem Kapitel 7 des nun schon mehrfach genannten und für den Praktiker sehr empfehlenswerten Sammelwerkes von Stegmaier (1997) entnommen werden.

Eine andere nennenswerte Sammlung von nachvollziehbaren detaillierten Schritten zur Marktanalyse ist die von Nagel/Stadler (2001). Diese Autoren unterscheiden 10 Methoden im Rahmen von Marktanalysen, bieten konkrete Checklisten, Anwendungsbeispiele und Bearbeiterzeitschätzungen an:

1. Wettbewerbsanalyse (ca. eine Stunde. Reale Dauer jedoch abhängig vom Detaillierungsgrad);
2. Kundenanalyse (Grobe Analyse nach Anleitung in ca. 20 Minuten);
3. Kunden-/Mitbewerberanalyse (Finden der wichtigsten Entscheidungskriterien in ca. 20 Minuten);
4. Trendanalyse (Pro Trend ca. eine Stunde);
5. Nutzung von Datenbanken (Hängt vom Zugriff/Volumen der Rechner ab);
6. Produkt-Portfolio (Grobe Einordnung schon nach ca. 20 Minuten möglich; detaillierte Standortbestimmungen dauern einige Stunden);
7. Service-Portfolio (ca. eine Stunde);
8. Strategische Orientierung (Von einer Grundsatzentscheidung abhängig; Letztere kann relativ schnell getroffen werden);
9. Nutzensystem (ca. eine bis drei Stunden);
10. Innovationsanalyse (Hängt von der Vorarbeit anderer Analysen, z. B. Trendanalyse, ab und von der Intensität der Innovationsanalyse).

Persönliche Maßnahmen

Was nehme ich mir für die nächsten 6 Wochen im Sinne einer Erhöhung meiner »Marktkenntnisse« vor? (Stichworte):

_____

_____

Was werde ich zuerst und vorrangig tun? (Stichworte):

_____

_____

Wie kontrolliere ich die Resultate? (Stichworte):

_____

_____

Wo werde ich mich weiter zum Thema »Marktkenntnisse« informieren? (Stichworte):

_____

_____

Als weiterführende Informationsquellen empfehlen wir

Kaler, U. u.a.: Die 100 wichtigsten Konjunkturindikatoren weltweit. Cometis Verlag, Wiesbaden 2006
Nagel, K.; Stadler, J.: Unternehmensanalyse: Schnell und punktgenau. mi verlag moderne Industrie, Landsberg/Lech 2001
Ossola-Haring, C. et al.: Die 499 besten Checklisten für Ihr Unternehmen, mi verlag moderne Industrie, Landsberg/Lech 2004; 144 Checklisten: dto. 2004
Stegmaier, R: Erfolgreiche Kundenbindung. WEKA Fachverlag für Geschäftsführung und Management, Kissing 1997
Wehleit, K.; Bublitz, A.: Kundenwert durch Kundenbindung in der Praxis. Business Village, Göttingen 2004

Fachübergreifende Kenntnisse F/S

▶▶ Grundsätzliche Überlegungen

Fachübergreifende Kenntnisse beziehen sich auf all jene fachlich-methodischen Kenntnisse, die das Wissen um die gegenwärtigen Produkte und Dienstleistungen des Unternehmens und die aktuell genutzten Wege von Absatzvorbereitung, Absatzdurchführung und Absatzverpflichtung (Kundenbeziehung) überragen. Das sind einerseits Kenntnisse des Produkt- und Dienstleistungs-Hintergrundes (auch die des Wettbewerbers sowie zukünftiger Entwicklungen) und andererseits Kenntnisse ökonomischer und politischer Zusammenhänge. Je nach Tätigkeit und Verantwortung können auch weitere Wissensanteile, zum Beispiel juristische, soziologische, pädagogische, ästhetische o. a. dazugehören.

Hierbei ist natürlich nicht an Personen gedacht, die sich vor allem und viel zu viel um Fragen außerhalb ihrer eigenen Tätigkeit kümmern oder solche, die zu einer abgehobenen Generalistenrolle neigen. Vielmehr sollen die Schnittstellen und fließenden Übergänge des Fachwissens zu notwendigen übergreifenden Kenntnissen betont werden sowie das persönliche Bemühen um Erfassen von Systemzusammenhängen und komplexen Anforderungsstrukturen. Alte Berufsbilder lösen sich heute zunehmend auf. Tätigkeiten, die früher einem Ingenieur zugeschrieben wurden, vollziehen heute Techniker. Die Ingenieurtätigkeit wiederum umfasst heute auch Aufgaben, die früher einem Betriebswirt zugeschrieben wurden usw.

⮕ Kennzeichen

Identifikationsmerkmale der »Fachübergreifenden Kenntnisse« im betrieblichen Alltag sind z. B.:
- Ist bereit und in der Lage, über den »Tellerrand« des eigenen Arbeitsbereiches, des eigenen Unternehmens, der eigenen Fachkenntnisse (im engeren Sinne) hinauszuschauen;

- hat eine breite fachliche und überfachliche Allgemeinbildung;
- sucht mit Hilfe von organisierter und selbstorganisierter Weiterbildung nach formellen Möglichkeiten, die eigenen Kenntnisse zu erweitern;
- nutzt Erfahrungsgewinne als informelle Möglichkeiten, die eigenen Kenntnisse zu erweitern;
- ist an zukünftigen Entwicklungen im Fachgebiet und angrenzenden Gebieten interessiert und leitet daraus frühzeitig Folgerungen für die eigene Kenntniserweiterung ab.

Selbstcheck

Wenn Sie feststellen wollen, welche fachspezifischen und fachübergreifenden Kenntnisse im Rahmen Ihrer Tätigkeit und den mit ihr unmittelbar zusammenhängenden Aufgaben heute und in naher Zukunft unbedingt notwendig sind, dann gehen Sie entsprechend den einzelnen Analyseschritten im Modularen Informations- und Trainingsprogramm »Fachwissen« vor. Dort finden Sie die dazu notwendigen Unterlagen.

Gehen Sie aber einen Schritt weiter und überlegen Sie, was sich wahrscheinlich hinsichtlich Ihrer Tätigkeit und Aufgaben mittelfristig ändern wird und mit welchen anderen Tätigkeitsgruppen Sie heute eigentlich noch intensiver zusammenarbeiten müssten bzw. wie eine effiziente Anreicherung und Erweiterung Ihrer derzeitigen Tätigkeit aussehen könnte. Sprechen Sie im Rahmen Ihrer (informellen) Analyse mit Personen, die solche Zusammenhänge anscheinend gut erkennen und zum Ausdruck bringen können. Holen Sie sich ruhig verschiedene Meinungen dazu ein und sprechen Sie über Ihr Resümee mit Ihrer Führungskraft. Überlegen Sie dann (gemeinsam),
1. welche überfachlichen Kenntnisse dazu gehörten;
2. welche Ihnen dazu heute noch fehlen und
3. wie Sie diese Kenntnisse am zweckmäßigsten erwerben können.

Notieren Sie zum Schluss Ihre Analyseergebnisse:

Zu 1.:
_____
_____

Zu 2.:
_____
_____

Zu 3.:
_____
_____

Berücksichtigen Sie bei 3. die verschiedenen Möglichkeiten des »Kenntnisgewinns auf kürzestem Wege« wie
- Konsultationen/Erfahrungsaustausch mit Personen, die auf diesem Gebiet besondere Kenntnisse und Erfahrungen haben;
- Recherchen (Betriebseigene Bibliothek und Informationsdienst, Marketingabteilung, Spezialisten; Branchendienste, überregionale Rechercheanbieter, Internet, Zeitschriften, Hochschulen, Tagungen, Messen);
- Weiterbildung (betriebsinterne, externe; delegiert, persönliche in der Freizeit).

☞ Empfehlungen

Suchraumerweiterung

Um ermessen zu können, was mit dem eigenen Beruf, so wie er sich im betrieblichen Alltag charakterisieren lässt, und dem Tätigkeitsprofil alles an überfachlichen Kenntnissen und Erfahrungen gefordert wird, lohnt es sich, daraufhin Ihnen zugängliche Systeme zur Erfassung beruflicher Leistungsanforderungen anzusehen und nach Analogien und Entsprechungen zu Ihrer eigenen Tätigkeit herzustellen. Sie werden nach ersten Vergleichen sehen, dass Ihre Tätigkeit schillernder und anspruchsvoller ist oder sein kann als Sie sie im »normalen« Alltag erleben. Zugleich können Sie kritisch prüfen, ob Sie bei den vielen Randgebietsanforderungen schon über die ausreichenden Kenntnisse und Kompetenzen verfügen.

Für Ihren Vergleich finden Sie nachfolgend **(und in sehr groben Ausschnitten)** ein System zur Erfassung der beruflichen Leistungsanforderungen für Ingenieure, das von Euro Record im Rahmen des Programms »Leonardo da Vinci« der Europäischen Union erarbeitet und am 10. März 1999 verabschiedet wurde. Es kann nach wie vor als Muster und Analogien-Anreger auch für viele andere Berufe und Tätigkeiten dienen.

Kompetenzinstrument

Dieses System wird als Kompetenzinstrument für Ingenieure bezeichnet und geht im Wesentlichen von sechs Kenntnis- und Erfahrungsbereichen aus:
1. Reflektion, Selbst-Bewusstsein;
2. Ethik, Grundsätze und Werte;
3. Allgemeine berufliche Kenntnisse und Erfahrungen;
4. Ingenieurwissen und -erfahrungen: Allgemein;
5. Spezifisches Wissen und Erfahrungen;
6. Technisches Wissen.

Ergänzt werden diese Wissens- und Erfahrungsanforderungen
- durch berufliche Rolle, im weiteren Sinne allen Berufen gemeinsam;
- Anpassung an vorherrschende gesellschaftliche Strukturen und Kulturen.

Nachfolgend sind zum Vergleich ausschnittsweise die Bereiche 1–6 wiedergegeben:

1. Reflexion, Selbstbewusstsein

- Die Eigenschaften unterschiedlicher Arten des Wissens, des Verstehens, des Know-how, von Werten, Fähigkeiten und Kompetenzen verstehen, und wie diese Elemente zu einander stehen und sich gegenseitig verstärken;
- über die eigenen Handlungen und das eigene Wissen reflektieren und sie evaluieren; von der eigenen Berufspraxis lernen, von Erfolgen ebenso wie von Misserfolgen.

2. Ethik, Grundsätze, Werte

> Allgemein akzeptierten ethischen Werten folgen, die dem gesellschaftlichen und beruflichen Kontext entsprechen

- In Werturteile ethische Überlegungen, Werte und die Rolle des Berufs in der Gesellschaft einbeziehen;
- alles tun um die Ehre, Integrität und Würde des Berufs hochzuhalten, Engagement zeigen bei der Weiterentwicklung des Berufs, zum Wohle der Gesellschaft;
- Arbeiten verrichten ausschließlich in Bereichen, in denen man Kompetenz nachweisen kann; in Bereichen, in denen Kompetenz erst aufgebaut wird, oder wo Forschung erforderlich ist, sollten diese Sachverhalte explizit gemacht werden und um entsprechende Unterstützung gebeten werden;
- beruflichen Respekt und Achtung nur auf Verdienste aufbauen, unfairen Wettbewerb vermeiden;
- Zeugnis ablegen, Meinungen ausdrücken, Aussagen machen in objektiver und wahrheitsgetreuer Weise und auf der Grundlage entsprechenden Wissens, vor allem wenn diese Aussagen in einem beruflichen Umfeld gemacht werden.

> Sorgfalt walten lassen bei Dienstleistungen für Kunden und die Gemeinschaft

- Verantwortungsbewusstsein zeigen für das Wohlergehen, die Gesundheit und die Sicherheit der Gemeinschaft als übergeordnetes Ziel über der Verantwortlichkeit dem Beruf gegenüber, oder Einzelinteressen (wie die der Kunden) oder gegenüber den Berufskollegen;
- sicherstellen, dass die Interessen, Wünsche und Ansichten der Kunden verstanden, berücksichtigt und ihnen entsprochen wird, dass die Kunden stets informiert werden und mit ihnen Rücksprache gehalten wird;
- Vertraulichkeit respektieren, mit vertraulicher Information und privilegierten beruflichen Kontakten verantwortungsbewusst umgehen, im Einklang mit den höchsten Standards der persönlichen Integrität.

> Umweltstandards entwickeln und fördern

- Bei Entscheidungen und Beurteilungen stets die Auswirkungen auf die Umwelt berücksichtigen;

- alle Maßnahmen im Bereich der technischen Prozesse fördern, die die Umwelt verbessern, erhalten oder wiederherstellen;
- Mögliche Auswirkungen technischer Arbeit auf das kulturelle Erbe berücksichtigen.

Berufliche Verantwortung übernehmen für die eigenen Handlungen

- Verantwortung für die Qualität und Konsequenzen der eigenen Arbeit und der Arbeit der Anderen übernehmen;
- mögliche berufliche Risiken und Folgeprobleme in Betracht ziehen und Verantwortung für sie übernehmen;
- Maßnahmen zur Vermeidung von Katastrophen, sowie zur Linderung des Leids nach Katastrophen und zum Wiederaufbau ergreifen.

3. Allgemeine berufliche Kompetenzen

Die eigene Erfahrungen bewahren und weiter ausbauen

- Die eigene kontinuierliche, berufliche Weiterbildung im Hinblick auf berufliche Ziele und/oder strategische Unternehmensziele verfolgen und gestalten;
- sich eine breite Allgemeinbildung aneignen, um die Auswirkungen von technischen Lösungen in größeren Zusammenhängen beurteilen zu können, und umfassendes Wissen über historische und aktuelle Themen erwerben;
- die Grenzen der eigenen Kompetenzen und Fähigkeiten kennen und wissen, wann, wo und wie zusätzliche Information, Hilfe, oder Expertise zu erwerben ist;
- von anderen Menschen und von einer Vielfalt an Quellen und Medien lernen.

Neues berufliches Wissen durch Forschung und Praxis entwickeln

- Vorhandenes Wissen, Know-how und vorhandene Qualifikationen und Kompetenzen überprüfen und bewerten;
- selbstständige Forschung betreiben, in Bereichen in denen notwendiges Wissen und Expertise fehlen: für die Lösung konkreter und aktueller Probleme, auf höchstem Qualitätsniveau, für die eigene berufliche Weiterentwicklung, und für die Weiterentwicklung des Berufs.

Andere Personen fördern und unterstützen

- Die Kompetenzen und Fähigkeiten der anderer Personen kennen und wissen, wann sie eingesetzt werden sollten;
- andere Personen führen und ihnen konstruktives Feedback geben;
- Mitarbeiter aktiv unterstützen und sie dazu aufmuntern, ihr Wissen und ihre Erfahrungen zu verbessern und zu erweitern.

Grundsätze des Selbstmanagements anwenden

- Sich auf die Entwicklung von Fähigkeiten der Teamarbeit, des Selbstbewusstseins und Wahrnehmung von anderen konzentrieren;
- Beurteilungs- und Handlungsprozesse unterbrechen, um Reflexion und Verstehen der eigenen Situation zu ermöglichen und die Selbstkontrolle zu bewahren;
- Überprüfung der beruflichen Leistungen ihrer Auswirkungen, unter Anwendung der Methode der kritischen Würdigung.

Als Mitglied einer Gruppe arbeiten und eine Gruppe führen

- Die Mitarbeit anderer beim Verfolgen gemeinsamer Ziele und gegenseitiger Interessen sicherstellen;
- in multidisziplinären, interdisziplinären und multikulturellen Umfeldern sich aktiv einbringen;
- soziale Situationen beurteilen und verstehen und das eigene Handeln entsprechend gestalten.

In der beruflichen Rolle kommunizieren und repräsentieren

- In der beruflichen Rolle kommunizieren und repräsentieren;
- effektiv kommunizieren, mit Relevanz, Sensibilität für Situationen und verschiedenen Gruppen von Zuhörern, in konziser und fokussierter Form, unter der Anwendung adäquater Begriffe, Konventionen und Symbole in der gesprochenen und geschriebenen Sprache, in multimedialen Kontexten, in der öffentlichen und berufsbezogenen Sprache;
- genau zuhören und Rückmeldungen in Gesprächen geben.

Personen, Ressourcen, Projekte und geschäftliche Angelegenheiten managen

- Aufgaben, Menschen oder Ressourcen planen, organisieren, leiten, steuern und kontrollieren;
- Arbeitsziele und -prioritäten festlegen und umsetzen;
- Arbeitsmethoden festlegen.

4. Ingenieurkompetenzen und -fähigkeiten

Praktische technische Fähigkeiten

- Technische Probleme in konkreten Situationen lösen;
- Einsatz kreativen Denkens bei der Lösung technischer Probleme durch Kombination unterschiedlicher Erfahrungen;

- Einsatz beruflichen Beurteilungsvermögens bei technischen Entscheidungen;
- Einsatz von Kreativität und Innovation bei der Arbeit;
- Technische Probleme erkennen und lösen;
- Wissen anderer Disziplinen einsetzen und anwenden, interdisziplinäre Kooperation fördern;
- Akzeptanz des Qualitätsmanagements bei Mitarbeitern und Kollegen fördern;
- Zu entsprechenden Qualitätsstandards beitragen.

Planung, Design und Dokumentation technischer Prozesse

- Planung, Design und Dokumentation technischer Prozesse;
- Anforderungen an das technische Design identifizieren und definieren;
- ursprüngliche Spezifikationen angesichts von Kundenwünschen und technischen Gegebenheiten anpassen;
- funktionale Anforderungen an das technische Design analysieren;
- technische Normen und Spezifikationen des Designs anwenden und funktionale Spezifikationen erstellen.

5. Ingenieurkompetenzen für spezifische Aufgaben

Forschung, Entwicklung und Vertrieb von Produkten

- Forschung, Entwicklung, und Vertrieb von Produkten;
- Forschung durchrühren;
- Anforderungen an die Forschung identifizieren;
- Die Fachliteratur durchforsten;
- Grundlagenforschung oder Angewandte Forschung durchführen;
- Neues Wissen anstreben;
- Forschungsresultate identifizieren und weitergeben;
- Entwicklungskonzepte formulieren;
- Neue Anforderungen für weitere Entwicklungen identifizieren;
- Erfolgversprechende Konzepte prüfen.

Werkstoffe und Komponenten

- Anforderungen und Anwendungen definieren für spezifische Werkstoffe und Komponenten;
- grundlegende Eigenschaften identifizieren von spezialisierten Werkstoffen und Komponenten, neben passenden Alternativen;
- geeignete Anwendungen für spezialisierte Werkstoffe und Komponenten beurteilen;
- interdisziplinäre Kontakte herstellen um fachlichen Rat zu bekommen.

Herstellungs- und Produktionsprozesse

- Herstellungs- und Produktionsprozesse planen;
- Anlagen- und Systemstrukturen und Arbeitsprozesse analysieren, sowie die Flexibilität und Effizienz erhöhen;
- Methoden der Managementplanung einsetzen;
- Prozessoperationen überwachen und modifizieren, um die Qualität der Endprodukte zu erhöhen.

Projektimplementierung

- Bau- und Installierungsarbeiten durchführen;
- Spezifikationen und Zeitpläne für Bau- und Installierungsarbeiten erstellen;
- Phasen von Bau- und Installierungsarbeiten ausarbeiten.

Management von Kapitalwerten

- Aufgaben der Beschaffung von Kapitalwerten wahrnehmen;
- Anforderungen an neue Kapitalwerte identifizieren;
- Spezifikationen neuer Kapitalwerte erstellen;
- Wartungsaufgaben durchführen oder überwachen;
- Wartungsstrategie und Durchführungsparameter festlegen.

Bildung und Ausbildung im Ingenieurwesen

- Strategien der Bildung und Ausbildung für Ingenieure entwickeln;
- Bildungs- und Ausbildungsbedarf feststellen;
- Bildungsstrategien für Ingenieure für die tertiäre Bildungsebene oder Ausbildungsstrategien für Ausbildungsinstitutionen entwickeln.

Empfehlungen

Verwenden sie das **vollständige** »System zur Erfassung der beruflichen Leistungsanforderungen für Ingenieure«, das im Internet frei zugänglich ist, für ihre Überlegungen hinsichtlich notwendiger Fachübergreifender Kenntnisse und Anforderungen und leiten sie Aufgaben zur Informationsbeschaffung, zum Erfahrungsaustausch und zur Weiterbildung ab.

Sie konnten aus der auszugsweisen Darstellung der Anforderungen an Ingenieure sehen, dass heute vielfältige Kompetenzanforderungen – insbesondere in den Bereichen 1-3 – in den Vordergrund gerückt sind, die noch vor 30 Jahren weniger mit dem klassischen Ingenieurverständnis assoziiert wurden. Das trifft auch für viele andere Berufe zu.

Wenn Sie sich für fachübergreifende Kenntnisse und Erfahrungen im Rahmen Ihres betrieblichen Alltags interessieren und mehr über anwendungsreifes Wissen aus Betriebswirtschaft, IT, Wirtschaftspsychologie, Rechtsprechung, internationalem Management u. a. informieren wollen, dann informieren Sie sich im Internet zu den **MBA**-Hochschulangeboten und lassen Sie sich Unterlagen dazu schicken.

Die Breite der vermittelten unterschiedlichen Fachkenntnisse wird zum Beispiel aus dem aktuellen Angebot der Fachhochschule des Mittelstands deutlich:

»Die Studieninhalte des MBA-Studiums »Unternehmensführung in der mittelständischen Wirtschaft« gliedern sich in fünf Module: General Management, Management mittelständischer Unternehmen, Internationales Management, Führung und Kommunikation sowie Auslandsexkursionen/ Praktikerkolloquien. Einen Überblick über die Studieninhalte MBA Unternehmensführung in der mittelständischen Wirtschaft gibt die nachfolgende Übersicht.

Die Module der FHM – Studieninhalte MBA Unternehmensführung in der mittelständischen Wirtschaft:

Modul 1: General Management
- *Strategisches Management*
- *Marketing*
- *Human Resource Management*
- *Financial Management*
- *Information Management*
- *Business Law*
- *Research Methods*

Modul 2: Management mittelständischer Unternehmen
- *Management mittelständischer Unternehmen*
- *Trends im Mittelstand*
- *Wissens- und Kundenbeziehungsmanagement*
- *Vertriebsmanagement*
- *Existenzgründung*

Modul 3: Internationales Management
- *Internationales Management*
- *Communicative Business Activities*
- *Internationale Projektarbeit*

Modul 4: Führung und Kommunikation
- *Project Management*
- *Die eigene Persönlichkeit trainieren*
- *Führung und Kommunikation*

Modul 5: Auslandsexkursionen/Praktikerkolloquien

Modul 1: General Management

In diesem aus sieben Veranstaltungen bestehenden Modul werden die Aufgaben und Instrumente des Strategischen Managements dargestellt. Zudem werden wichtige betriebswirtschaftliche Funktionen erläutert und deren Bedeutung für das Management aufgezeigt. Diese Kenntnisse sind für eine erfolgreiche Unternehmensführung unverzichtbar. Aber auch der effiziente Einsatz der Informationstechnologie sowie der empirischen Sozial- und Marktforschung stellen für das Management hilfreiche Instrumente dar. Wie sonst kann beurteilt werden, ob eine millionenschwere Werbekampagne tatsächlich erfolgreich war? Hinzu kommt die Vermittlung von wichtigen wirtschaftrechtlichen Themen. Kenntnisse über die neueren nationalen und internationalen Entwicklungen im Vertrags- und Arbeitsrecht sind für jeden erfolgreichen Manager unabdingbar und runden das Modul ab.

Modul 2: Management mittelständischer Unternehmen

In diesem Modul wird vermittelt, welchen besonderen Anforderungen mittelständische Unternehmen unterliegen und wie managementseitig darauf zu reagieren ist. Wie erreiche ich Größe in der Kleinheit? Wie richte ich meinen Vertrieb aus? Wie stelle ich ein höchstmögliches Maß an Kundenorientierung sicher? Der Erfolg mittelständischer Unternehmen wird künftig maßgeblich von ihrer Innovationsfähigkeit abhängen. Es ist also zu überlegen, wie die vorhandene Ressource Wissen organisiert und gesteuert werden kann. Behandelt wird außerdem, wie ein tragfähiges Geschäftskonzept, fußend auf marktfähigen Produkten und Dienstleistungen entwickelt werden kann.

Modul 3: Internationales Management

Der Mittelstand muss sich den Herausforderungen der Globalisierung stellen, agieren ist dabei besser als reagieren. Dafür braucht der Mittelstand tragfähige Strategien, die in diesem Modul zusammen mit den Teilnehmern entwickelt werden. Aber eine Strategie alleine reicht nicht aus: Sie muss von der Unternehmensführung auch umgesetzt werden können. Hierfür sind ein tiefgehendes kulturelles Verständnis und verhandlungssichere Sprachkenntnisse notwendig. Die TeilnehmerInnen müssen sich sicher auf dem internationalen »Parkett« bewegen können und unterschiedliche kulturelle Gegebenheiten in sein Handeln und Denken einbeziehen. Um einen hohen Anwendungsbezug sicherzustellen, haben die Teilnehmer in der letzten von drei Veranstaltungen das Gelernte im Rahmen eines Projektes in ihrer eigenen betrieblichen Umwelt umzusetzen.

Modul 4: Führung und Kommunikation

Eine erfolgreiche Fach- oder Führungskraft zu werden, heißt auch an der eigenen Persönlichkeit zu arbeiten. Dafür werden in der Veranstaltung »Führung und Kommunikation« Aufgaben und Werkzeuge der Führung vorgestellt. In der Veranstaltung »Projektmanagement« erfahren die Teilnehmer, wie komplexe Projekte gesteuert werden und wie vermeintlich »gestrandete« Projekte wieder revitalisiert werden können. Abgeschlossen wird das Modul mit einem Projekt, in dem die TeilnehmerInnen im eigenen Unternehmen an der eigenen Persönlichkeit arbeiten sollen. Der Dozent fungiert hier als persönlicher Coach und zeigt auf, wie etwa Konflikte aktiv gelöst oder Teams gesteuert werden können.

Modul 5: Auslandsexkursionen und Praktikerkolloquien
Dieses Querschnittsmodul besteht aus zwei Auslandsexkursionen und fünf Praktikerkolloquien. Ziel dieses Moduls ist es, das Gelernte anzuwenden und zu reflektieren.

Zu Beginn des Studiums wird eine Auslandsexkursion nach Stettin (Polen) durchgeführt. Am Ende des Studiums wird dann eine Exkursion nach China oder in die USA angeboten. Hier entscheidet der jeweilige MBA-Jahrgang aufgrund persönlicher Hintergründe, welches Land für Sie interessanter ist!

In den insgesamt fünf Praktikerkolloquien treten die Studierenden jeweils direkt mit Wissenschaftlern, Unternehmern, Führungskräften, Repräsentanten sowie in- und ausländische Persönlichkeiten aus Politik und Verwaltung in Kontakt.«

Persönliche Maßnahmen

Was nehme ich mir für die nächsten 6 Wochen im Sinne einer Erfassung und gezielten Erhöhung meiner »Fachübergreifenden Kenntnisse« vor? (Stichworte):

_____

_____

Was werde ich zuerst und vorrangig tun? (Stichworte):

_____

_____

Wie kontrolliere ich die Resultate? (Stichworte):

_____

_____

Wo werde ich mich weiter zum Thema »Fachübergreifende Kenntnisse« informieren? (Stichworte):

_____

_____

Planungsverhalten F

Grundsätzliche Überlegungen

Planungsverhalten schließt die Analyse, die Vorausschau und das Denken in größeren Zusammenhängen sowie fachlich methodisches Wissen und Anwendungserfahrungen ein.

In der Praxis ist es wichtig, dass die Planungsüberlegungen auf einer fundierten Kenntnis der Ausgangssituation aufbauen, die weiträumigen Konsequenzen mit bedacht werden und Pläne den äußeren und internen Veränderungen mühelos angepasst werden können.

Planung bedeutet
- zunächst die Auswahl der Fragen und Probleme, die zuerst zu lösen sind, und
- weiter die Einteilung des Vorhabens in Schritte und in einen eigenen Rückkopplungsprozess. Letzterer soll aufzeigen, inwieweit die Zwischenziele erreicht wurden und welche Konsequenzen für eine revidierte Detailplanung daraus zu ziehen sind.

Planung und Analyse

In einem Unternehmen gibt es eine Vielzahl betrieblicher Funktionen, die sinnvoll durch systematische Analyse- und Planungsverfahren verbessert werden können. Aber gerade in mittelständischen Unternehmen werden häufig notwendige Planungs- und Analyseverfahren nicht eingesetzt. Das führt vor allem in Krisenzeiten zu schwerwiegenden Konsequenzen.

Übersicht

Nachfolgend sehen Sie einen Ausschnitt von 10 Planungsanlässen und -verfahren aus ca. 30 in größeren Unternehmen üblichen (keine Rangreihe!):
- Schriftliche strategische Planung;
- Marketing- und Akquisitionsplanung;
- Produktionsablaufplanung;
- Bestellmengenplanung;

- Finanz- und Finanzierungsplanung;
- Gewinn- und Rentabilitätsplanung;
- Personalbestandplanung;
- Personalentwicklungsplanung;
- Investitionsplanung;
- Sortiments- bzw. Produktions- bzw. Dienstleistungs-Programmplanung.

(mehr bei Ossola-Haring 2004)

☞ Empfehlungen

Beherrschung

Die Beherrschung der einzelnen Planungsverfahren ist die eine Seite und kann durch Intensivkurse einen intensiven Erfahrungsaustausch mit guten Planungspraktikern verstärkt werden. Das Gleiche gilt für die Beherrschung der Planungswerkzeuge.

> Machen Sie sich mit allen Planungsverfahren vertraut, die Sie anwenden wollen.

Erkundigen Sie sich auch nach Planungsinstrumenten, die bei Änderungsprozessen schon deshalb unentbehrlich sind, weil sie hoch komplizierte Sachverhalte veranschaulichen und ebenso die nahe liegenden Konsequenzen. Das fängt bei Ursachen-Wirkungen-Diagrammen an und führt über prozessorientierte Prüfungsbögen bis hin zu differenzierten und aufeinander abgestimmten Zeitplänen.

Beachten Sie:
- Ursache und Wirkung müssen eindeutig feststehen;
- Planungen wie auch Arbeitsabläufe können immer verbessert werden;
- gute Pläne können nicht auf schlechte und unter ständigem Zeitdruck durchgeführte Analysen aufbauen;
- alle planungsrelevanten Sachverhalte müssen analysiert und erfasst werden (wobei hier nicht die Menge, sondern die tatsächlich wichtigsten Umstände gemeint sind);

Zeitplanung

In der Praxis sind enorme Schwächen nicht so sehr beim Einsatz z. B. Computer gestützter Planungsmethoden zu sehen, als vielmehr bei der individuellen Zeit- und Ablaufplanung – ob bei der Führungskraft oder bei den Mitarbeitern (vgl. auch Selbsttrainingsprogramm »Selbstmanagement« in dieser Sammlung). Deshalb soll nachfolgend vor allem auf dieses Problem und auf Ihre mögliche Lösung eingegangen werden. Wenn Sie bei Ihrer eigenen Zeitplanung dauerhafte Erfolge realisieren, dann fällt Ihnen die Aneignung von Planungsmethoden und -instrumenten weniger schwer; Sie suchen gezielt und setzen dann nur das ein, was wirklich gebraucht und sinnvoll ist.

Praktische Methoden

Wir wollen nun einige wichtige Seiten der (Zeit-)Planung mit Blick auf die einsetzbaren Methoden beleuchten:

Selbstcheck ✓

Zur **Prioritätensetzung** eignet sich die nachfolgende A-B-C-D-Analyse, die Hilfe leistet, die richtigen Prioritäten zu setzen.
   Machen Sie sich ein Formular nach folgendem Muster:

Nr.	Aufgaben	A	B	C	delegieren an	wann

Listen Sie die Prioritäten für Ihre Aufgabe wie folgt:
A sehr wichtige Aufgabe, die Sie zur Erfüllung Ihrer Funktion selbst ausführen müssen – nicht delegierbar;
B durchschnittlich wichtige Aufgaben – delegierbar;
C weniger wichtige Aufgaben mit dem geringsten Wert für die Erfüllung Ihrer Funktion (Routinearbeiten, Papierkram, Akten, Verwaltungsarbeiten usw.) – delegierbar, aber nicht sehr herausfordernd und motivierend.

Suchen Sie danach aus den B-Prioritäten diejenigen Aufgaben heraus, die Sie delegieren können und wollen – das sind Ihre **D**-Aufgaben.

> Eine Erfahrung ist wichtig: Man kann viel mehr delegieren, als man zunächst glaubt.

Ein weiteres Strukturierungsverfahren zur Planung ist die Unterscheidung in die zwei Dimensionen wichtig und dringlich, das folgendes Planungsraster mit den entsprechenden Handlungsempfehlungen gibt:

	Wieder-vorlage	**oberste Priorität**
wichtig	**Papierkorb**	**delegieren**

dringlich

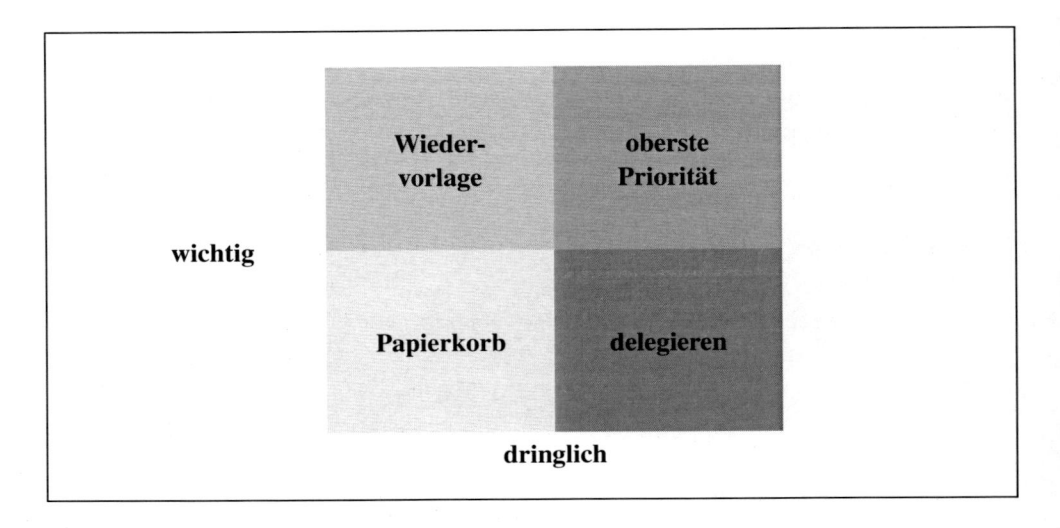

So bekannt und sinnvoll diese Instrumente auch sind, oft werden sie im Alltagsgeschäft vergessen. Stressgefühle lassen uns eine vorgelagerte Planung als Zeitverschwendung ansehen, die uns daran hindert, möglichst schnell loszulegen und daraus das Gefühl zu schöpfen, wir würden möglichst umgehend alles in den Griff bekommen. Doch gerade in den Zeiten, in denen die Arbeit über uns einzustürzen droht, ist es erforderlich, das Ganze planerisch aus einer Helikoptersicht zu sehen.

Also nehmen Sie sich vor, sowohl für Ihre kurzfristigen als auch langfristigen Planungen, diese Instrumente (möglichst schriftlich) einzusetzen.

Die **Zerlegung eines Vorganges**, den man in Angriff nehmen möchte, in Einzelschritte ist die nächste Maßnahme zur Verbesserung des eigenen Planungsverhaltens.

Widmen Sie sich also einem Vorhaben, das Sie demnächst in Angriff nehmen wollen, und gliedern Sie dieses in einzelne Schritte und beschreiben Sie, woran Sie erkennen können, ob die Schritte erfolgreich abgeschlossen sind.

Unvorhergesehenes kommt unvorhergesehen oft. Kann man Zugesagtes nicht einhalten, wird dies häufig mit unvorhergesehenen Schwierigkeiten begründet. Eine solche Begründung ist nur in wenigen Fällen gerechtfertigt, da vieles von dem, was mit dem Etikett »Unvorhergesehenes« versehen wird, tatsächlich vorhersehbar ist, was wiederum Voraussetzung dafür ist, rechtzeitig Gegenmaßnahmen zu planen und wenn erforderlich, diese einzuleiten.

All diese Techniken müssen allerdings eingebettet sein in einen sorgfältigen Umgang mit der Zeit. Dies ist der zentrale Aspekt des **Selbstmanagements** oder noch besser ausgedrückt: des **Führens der eigenen Person**.

Dazu gehört als erstes die **Bewältigung externer Störfaktoren**, wie z. B.
- Telefonstörungen;
- unerwartete bzw. unangemeldete Besucher;
- ängstliche Rückversicherung von Mitarbeitern;
- kurzfristige Änderungen von Vorgesetztenwünschen;
- Besprechungen.

Untersuchungen

Zum Zeitgebrauch von Managern bleibt nur ein geringer zeitlicher Umfang für die ungestörte individuelle Arbeit am Schreibtisch. In einem näher untersuchten exemplarischen Fall ergeben sich für die alleine im Büro verbrachten Zeiten »ungestörte Zeitintervalle« von 8 Minuten, das heißt, im Durchschnitt wurden die Führungskräfte alle 8 Minuten per Telefon oder durch Besucher gestört. Bei einer anderen Führungskraft gab es während der 35 Beobachtungen nur zwölf Zeitblöcke von 23 und mehr Minuten ungestörter Arbeit im eigenen Büro.

Selbstcheck ✓

Identifizieren Sie Ihre externen Störfaktoren mit Hilfe der folgenden Checkliste:
Was ist der Gesamteindruck Ihres Arbeitsalltages?
- Tätigkeiten häufig unterbrochen;
- ständig wechselnde, ungeplante Tätigkeiten;
- »zerrissener« Arbeitstag;
- immer wieder neue »Rüstzeiten« erforderlich;
- systemloses Arbeiten;
- bessere Tageseinteilung wäre erforderlich.

Was läuft nicht so gut?
- Tagesziel oft nicht erreicht;
- keine Freiräume eingeplant;
- keine Berücksichtigung der persönlichen Leistungskurve;
- Störungen durch das Telefon während Besprechungen.

Was dauert zu lange?
- Besprechungen;
- Verfassen von Protokollen;
- Postbearbeitung;
- Telefonate;
- Suche von Unterlagen;
- der Arbeitstag (Überstunden).

Was kommt zu kurz?
- Planung;
- Vorbereitung;
- Vorbereitung von Gesprächen und Besprechungen;
- wichtige Dinge;
- Fachliteratur;
- Weiterbildung;
- das Gespräch mit den Mitarbeitern;
- die Weitergabe von Informationen an Mitarbeiter;
- Kontrolle;
- Ruhepausen.

➲ **Kennzeichen**

Es sind jedoch nicht nur die externen Störfaktoren, die unsere planmäßige Arbeit und damit auch unsere Zuverlässigkeit einschränken.

In erster Linie sind es wohl die eigenen »Störungen«. Sind diese behoben, wird der Umgang mit den externen Störungen wohl leichter.

Zu den eigenen Störungen gehören
- ein konzeptionsloser Arbeitsstil, gekennzeichnet durch fehlende Ziele und Prioritäten, die ersetzt werden durch einen blinden Aktionismus;
- mangelnde Schreibtischorganisation, gekennzeichnet durch das ewige Suchen von Unterlagen und Vergessen von Vorgängen;
- fehlende Motivation, erkennbar durch das Aufschieben unangenehmer Arbeiten;
- Probleme mit der Leistungskurve;
- Leistungslöcher und Konzentrationsschwächen;
- mangelnde Delegation, nach dem Muster: »Wenn ich es nicht mache, wird es sowieso nichts.« Oder: Weitergabe ungenauer Aufgabenstellungen an die Mitarbeiter im Sinne: »Machen Sie es einfach mal.«;
- Inkonsequenz;
- Zeitknappheit wird durch das eigene Mitteilungsbedürfnis konterkariert. Flucht in Sozialkontakte, trotz Zeitdruck plötzlich viel Zeit für einen angenehmen Anrufer;
- persönliche Eigenheiten;
- Perfektionismus;
- übertriebene Hilfsbereitschaft.

Selbstverständlich können aus Störungen auch Gewinne entstehen, so zum Beispiel durch einen Auftrag von einem unerwarteten Besucher. Bei der Verbesserung des Selbstmanagements geht es nur darum, einen Teil der Fremdsteuerung abzubauen und vermeidbare Störungen zu verringern.

Zu einem solchen **Störungsmanagement** gehört es,
- sich ungestörte Zeitblöcke zu verschaffen;
- Aktivitäten (wie zum Beispiel Telefonkontakte) zu bündeln;
- das eigene Gesprächsverhalten zu überprüfen hinsichtlich Redundanz und Abschweifungen;
- die Teilnahme an Besprechungen zu überprüfen unter der Fragestellung: Muss ich an allem teilnehmen? Können die Sitzungen gestrafft werden? Genügt es, wenn ich nur zu den für mich wichtigen Tagesordnungspunkten hinzugerufen werde?;
- Aufgaben zu delegieren.

Ein Störungsmanagement darf nicht als rigides Abschotten von der Außenwelt missverstanden werden. Es zielt vielmehr auf eine vernünftige Balance zwischen den erforderlichen Sozialkontakten und den Phasen einer ungestörten und damit konzentrierten »Stillarbeit«.

Empfehlungen

Dazu ein Vorschlag:
Führen Sie eine Woche lang ein Störprotokoll, in dem Sie Ihre geplanten Tätigkeiten und die aufgetretenen Störungen aufschreiben. Eine Überprüfung, welche dieser Störungen weder Ihnen noch Ihrer Arbeit etwas gebracht haben und welche nachträglich als Gewinn zu bezeichnen sind, wird Wege zu einem effektiven Störungsmanagement aufzeigen.

Ja-Sage-Dilemma

Hier handelt es sich um ein Phänomen, das eine große Schnittmenge zwischen fremd und eigen verursachten Störungen hat und zudem ein besonders großes Gefährdungspotenzial in sich trägt. In hierarchischer Ausprägung wird es auch als »Nikolaus-Syndrom« bezeichnet. In Situationen, in denen der Nikolaus vor dem Kinde mit der Rute in der Hand steht, wird dieses spontan alles versprechen, um der unangenehmen Situation entfliehen zu können. Ähnlich verhalten sich Mitarbeiter ihren Vorgesetzten gegenüber, wenn diese sie fragen, ob sie noch den einen oder anderen Auftrag (zusätzlich) übernehmen könnten. Auch oder gerade wenn der angesprochene Mitarbeiter daran zweifelt, ob er überhaupt von der Menge oder auch vom Anspruch her dies schaffen kann, wird er es versuchen, aus der unangenehmen Situation möglichst schnell herauszukommen. Und dies gelingt weit eher mit einem »Ja« als mit einem »Nein«.

Im letzten Falle wird er wohl bleiben und sich einer unbequemen Nachfrage unterziehen müssen, warum dies denn nun nicht möglich sei. Die Flucht, die einem das »Ja« ermöglicht, kann allerdings nur kurzfristig als Lösung erscheinen. Langfristig wird sie zu einer Belastung entweder für den Betroffenen selbst oder für die Beziehung zwischen Vorgesetztem und Mitarbeiter.

Selbst erschrocken über den Leichtsinn, sich noch etwas aufgehalst zu haben, was eigentlich nicht zu schaffen ist, hat man nun zwischen den beiden Möglichkeiten zu balancieren, selbst an die Schmerzgrenze zu gehen oder den Auftraggeber zu enttäuschen, indem man eine unzureichende Leistung abgibt oder die selbst gemachte Zusage zurückzieht. Ein »Ja« zurückzuziehen hat einen Effekt, der aus Vorgesetztensicht leicht auf eine qualitativ gewichtigere Ebene gehoben werden kann, in der die Sachebene durch die Beziehungsebene ergänzt wenn nicht sogar überlagert wird. Der Vorgesetzte ist enttäuscht, fühlt sich im Stich gelassen, steht nun seinem Vorgesetzten gegenüber selbst unter erheblichem Druck und der Mitarbeiter bekommt den ersten Stempel aufgedrückt: »Unzuverlässig!«. Dass es auf dem Markt Management-Seminare mit dem Titel »Nein-Sagen lernen« gibt, ist ein Beweis für die verbreitete Existenz dieser Problematik.

Selbstcheck

Zeichnen Sie einmal auf, wo und zu welchen Anlässen Sie im letzten Jahr »Ja« gesagt haben, obwohl es besser gewesen wäre, dies nicht zu tun. Was waren die Gründe dafür? Wie ist das Ganze, das heißt, auf wessen Kosten, ausgegangen?

☞ Empfehlungen

Sagen Sie nicht sofort »Ja« oder »Nein«, sondern bitten Sie um eine Bedenkpause. In dieser Pause ist es Ihnen möglich, eine differenzierte Planung anzustellen, inwieweit der zusätzliche Auftrag tatsächlich zu realisieren ist. Insofern ist eine fundierte Arbeitsplanung Basis dafür, auch mit dieser Problematik umgehen zu können. Gelingt es Ihnen, Ihre gegenwärtigen Arbeitsvorhaben und die zur Erledigung erforderliche Planung transparent zu machen, liegt es in der Hand des Vorgesetzten, für Änderungen in der Priorität Ihrer Aufgaben die Verantwortung zu übernehmen.

✎ Persönliche Maßnahmen

Was nehme ich mir für die nächsten 6 Wochen i. S. einer Verbesserung meines »Planungsverhaltens« vor? (Stichworte)

_____

_____

Was werde ich zuerst und vorrangig tun? (Stichworte):

_____

_____

Wie kontrolliere ich die Resultate? (Stichworte)?

_____

_____

Wo werde ich mich weiter zum Thema »Planungsverhalten« informieren? (Stichworte):

_____

_____

ⓘ Als weiterführende Informationsquellen empfehlen wir

Dietze, K.: Mit PEP an die Arbeit. Das Personal Efficiency Program für den beruflichen Erfolg. Verlag Camus, Frankfurt a.M./New York 2005

Heller, R.: Erfolgreiches Management. Das Praxishandbuch (Stichwörter »Planung«, »Zeitplanung«). Dorling Kindersley Verlag, Stuttgart/München 2000

Kaplan, R. S.; Norton, D. P.: Management mit System. Welche Methoden wirklich sinnvoll sind. Harvard Business manager 5/2008

Ossola-Haring, C. (Hrsg.): Die 499 besten Checklisten für Ihr Unternehmen. (Stichwort »Planung«), mi verlag moderne Industrie, Landsberg/Lech 2004

Projektmanagement F/S

Grundsätzliche Überlegungen

Die Bedeutung von multi- oder interdisziplinär zusammengesetzten Projekten nimmt zu.
Projektgruppenarbeit und Projektstrukturen sind von der prinzipiellen Ausrichtung her nichts Neues. In traditionellen Unternehmen war z. B. die »Task Force« in aller Munde. In einer Zeit zunehmender Komplexität und Dynamik nimmt die Bedeutung von multi- oder interdisziplinär zusammengesetzten Projektgruppen zu. Entscheidend ist jedoch, in welchem Maße das Projektteam autonom verantwortlich und wie die Qualität des Projektmanagements ist. Immer öfter kommt es zu einer zeitweiligen Zusammenarbeit von Dienstleistern, Kunden und sogar Wettbewerbern des Dienstleisters (z. B. in der IT-Branche).

Eine wesentliche Konfliktursache bei der Einführung von Projektteams entsteht in der Praxis häufig aus der unterschiedlichen Interessenlage zwischen den einzelnen Teammitgliedern, zwischen den Projekt- und Fachbereichen sowie aus der geringen praktischen Erfahrung der eingesetzten Projektmanager.

Projektarbeit wird zum normalen Arbeitsprinzip. Der Alltag von Führungskräften und Fachspezialisten wird mehr und mehr durch die gleichzeitige Mitarbeiter in verschiedenen zeitweiligen Projektteams bestimmt. Schätzungen gehen davon aus, dass diese Personengruppen in mittleren und großen Unternehmen zukünftig 50–70 % ihrer Zeit ausmachen.

⇨ Kennzeichen

Was sind Projekte?

Projekte verfolgen ein innovatives Ziel, und ihnen liegen in der Regel umfassende, komplizierte Problemstellungen zu Grunde. Sie können nur multidisziplinär bearbeitet und realisiert werden. Entsprechend der DIN-Norm 69901 ist ein Projekt ein Vorhaben, »das im Wesentlichen durch die Einmaligkeit der Bedingungen in ihrer Gesamtheit gekennzeichnet ist, wie z. B. Zielvorgabe, zeitliche, finanzielle, personelle und andere Begrenzungen, Abgrenzung gegenüber anderen Vorhaben, Projekt spezifische Organisation«.

Charakterstile von Projekten
- Hohe Komplexität;
- Teamarbeit ist erforderlich;
- kaum Routinetätigkeit;
- Ungenauigkeit des Projektausgangs, Unklarheit der Lösung;
- Projekte sind kostenintensiv;
- häufig zeitlich, terminlich knapp angelegt;
- Lösung setzt systematische Projektmethoden voraus.

Gründe des Scheiterns von Projekten
- Misserfolgsvermeidung als organisationale Grundhaltung;
- unvermeidbare Missverständnisse zwischen unterschiedlichen Fachspezialisten;
- Schwierigkeiten im Umgang Gleichberechtigter (Führungskräfte, Mitarbeiter);
- Identifikationsprobleme gegenüber dem fachübergreifenden, zeitweiligem Team;
- Unerfahrenheit bzgl. der Steuerung komplexer Prozesse;
- unsystematisches Vorgehen, Unbeholfenheit beim Einsatz systematischer Projektmethoden.

Voraussetzungen für eine effiziente Projektarbeit
- Ziele/Termine zur Überprüfung vereinbaren;
- das Schicksal der Teammitglieder liegt in den Händen des Projektleiters;
- Schlüsselpersonen sind Vollzeitpersonen in einem Projektteam;
- Projekt-Mitglieder werden mit Kompetenzen ausgestattet;
- flexible und angemessene Raumgestaltung beachten (generell: Arbeitsbedingungen);
- Externe einbeziehen;
- Akzeptanz des Projektleiters beachten;
- Verantwortlichkeiten und Führungsfähigkeiten gebührend würdigen;
- Karriere machen heißt, erfolgreiche Projektarbeit leisten;
- umfassende Unterstützung und Würdigung durch die Geschäftsführung/Vorstand;
- alle Teammitglieder wurden auf die Projektarbeit vorbereitet und nehmen aktiv Einfluss auf einen effizienten Verlauf.

Empfehlungen

Projektverlauf

Die Planung nach Projektphasen lässt eine differenzierte Führung mit Folgebewusstsein zu und minimiert die Projektrisiken.

Für die Planung und Kontrolle des Projektverlaufes gibt es inzwischen umfangreiche Checklisten – Empfehlenswert z. B. Litke/Kunow (siehe Bücherempfehlungen am Schluss). Letztere nennen 15 besonders wichtige Fragenkomplexe, die alle Projektmitglieder als Kontrollfragen beachten sollten. Zu diesen Fragekomplexen gibt es insgesamt 84 Einzelfragen. Das zeigt die Komplexität und notwendige ganzheitliche Sichtweise bei Projekten an.

15 Fragenkomplexe
1. Welche Ziele sollen erreicht werden?
2. Worauf ist bei der Planung zu achten?
3. Wer ist an der Planung zu beteiligen?
4. Wer soll am Projekt teilnehmen?
5. Wie sollte das Team zusammengesetzt werden?
6. Wer leitet das Projekt? Wer arbeitet wie zu?
7. Wann und wie startet das Projekt?
8. Wie wird die Projektarbeit gesteuert?
9. Wie werden alle am Projekt beteiligten Personen informiert?
10. Wie funktioniert die Teamarbeit?
11. Wie werden die Projektziele überwacht?
12. Werden die Vorgaben eingehalten?
13. Was muss geändert werden?
14. Wurden die gesteckten Ziele erreicht?
15. Wie kann das Projekt systematisch zu Ende geführt werden?

Nicht selten werden Kompromisse bzgl. der Projektkontrolle sowie den praktischen Folgerungen aus einer solchen eingegangen. Das A + O einer guten Projektarbeit ist die laufende Projektkontrolle – auch als Selbstkontrolle des Projektteams.

Selbstcheck

Checkliste Projektkontrolle

Kontrollfragen	Ja	Nein	Folgerungen
1. Sind die Projektziele klar, verständlich und allen Beteiligten vertraut?	☐	☐	
2. Wurden die Ziele verbindlich festgeschrieben und sind sie allen zugänglich?	☐	☐	

Kontrollfragen	Ja	Nein	Folgerungen
3. Wurden Zwischenergebnisse als »Messpunkte« definiert?	☐	☐	
4. Wurden gemeinsam Methoden gefunden und festgelegt (auch im Sinne einer gemeinsamen Sprache unterschiedlicher Fachspezialisten?	☐	☐	
5. Sind die Aufgaben und Schnittstellen der Teammitglieder klar und kontrollierbar beschrieben?	☐	☐	
6. Werden regelmäßig interne und erweiterte Teambesprechungen durchgeführt?	☐	☐	
7. Werden bei Arbeitsbesprechungen Protokolle mit Ist-Einschätzungen, offenen Fragen, neuen Aufgaben und Festlegungen angefertigt?	☐	☐	
8. Werden regelmäßig Arbeitsergebnisse bewertet und bestätigt?	☐	☐	
9. Werden Qualitätskontrollen (intern und mit dem Auftraggeber) durchgeführt?	☐	☐	
10. Werden Evaluationen mit Mess- bzw. Schätzverfahren durchgeführt?	☐	☐	
11. Werden regelmäßig schriftliche Reports zum Stand der Arbeit, Kosten, Zeitaufwand angefertigt und ausgewertet?	☐	☐	
12. Werden Terminlisten oder Balkendiagramme oder andere Formen der Terminplanung regelmäßig überarbeitet?	☐	☐	
13. Werden Kostenpläne eingehalten?	☐	☐	
14. Werden die Gründe für Termin- und Kostenveränderungen differenziert analysiert?	☐	☐	
15. Werden regelmäßig Überschreitungskontrollen vorgenommen?	☐	☐	
16. Werden Unterschreitungen und Einsparungen analysiert und ausgewertet?	☐	☐	
17. Werden die richtigen Personen rechtzeitig mit den notwendigen Informationen versorgt und das Feedback eingeholt?	☐	☐	
18. Wird der eingetretene Nutzen für den Auftraggeber (quantitativ, qualitativ, Folgenutzen) bestimmt?	☐	☐	
19. Gibt es eine »Manöverkritik« zur Projektteam-Arbeit selbst?	☐	☐	
20. Werden Konsequenzen aus der Teamarbeit gezogen (Leistungsanerkennung bis hin zum Personalaustausch)?	☐	☐	

Empfehlungen

Projektarbeit als fachlich-methodische Fachkompetenz kann gelernt und erweitert werden.
Gute Trainings berücksichtigen sowohl die methodisch-systematische Projektbearbeitung als auch die Teamführung und enthalten z. B. folgende Angebote:

Die Teilnehmer lernen an praktischen Beispielen (Fallbeispiele, Übungs-Projektteams mit konkreten Aufgaben, Erfolgs- und Mängelanalysen realer Projektteams) Projektteams zusammenzustellen, fachlich und sozial zu leiten und die Leistung des Teams zu bewerten. Sie übertragen die gewonnenen Erkenntnisse auf die eigene betriebliche Praxis.

Standardinhalte
- Grundsätze und Entwicklungsstufen;
- Stabs-, reines und Matrix-Projektmanagement, Mischformen;
- Anforderungsprofile der Teammitglieder und Auswahlprinzipien und -methoden;
- Projekt-Strukturplan, Prozesssteuerung;
- Prototyping;
- Projektbibliothek und Konfigurationsmanagement;
- Projektphasen;
- Führungsvoraussetzungen;

Empfehlungen

Bevor Sie in eine Projektmanagement-Ausbildung gehen oder aber parallel zu einer solchen können Sie sich durch eine gezielte Wissensanreicherung kleine Selbsttrainingsübungen fit machen. Dorau (2004) nennt 15 Tipps auf dem Weg zum Projektleiter, die hier ausschnittsweise, modifiziert und erweitert wiedergegeben werden:

1. Erstellen Sie eine Liste mit allen von Ihnen bisher gelesenen Büchern und Artikeln zum Thema Projektmanagement. Lassen Sie sich gute Literatur zu diesem Thema empfehlen und recherchieren Sie selbst im Internet. Greifen Sie auf die zum Abschluss dieses MIT empfohlene Literatur zurück.
2. Erkundigen Sie sich nach den in Ihrem Unternehmen laufenden Projekten. Fragen Sie, ob Sie in einem mitarbeiten können. Bitten Sie einen früheren erfolgreichen Projektleiter um ein Gespräch und fragen Sie nach seinen Erfahrungen zur Vorbereitung, Durchführung, Abschluss und Nachbetreuung seines erfolgreichsten Projektes.
3. Nehmen Sie an Seminaren/Kursen/Trainings zum Zeitmanagement, zu Teamentwicklung, Konfliktmanagement teil bzw. suchen Sie TeilnehmerInnen solcher Ausbildungen auf und bitten Sie diese um Einsichtnahme in ihre Unterlagen. Lassen Sie sich sie wichtigsten Erfahrungen aus solchen Kursen nennen.
4. Setzen Sie sich im Familien- oder Freundeskreis mit einer eignen Meinung gegen die bisherige Mehrheit durch (zum Beispiel: »Wir machen heute nicht das Übliche, sondern ...«).

5. Beschäftigen Sie sich mit elementaren Fragen der Betriebswirtschaft, wenn Sie nicht schon eine Ausbildung in dieser Richtung haben. Lassen Sie sich beraten und suchen Sie nach einem Crashkurs mit CD oder DVD (nach der Art der Crash-Kurse des Haufe-Verlages).
6. Lesen Sie etwas über effiziente Präsentationen und bemühen Sie sich auf Ihrer Arbeit um irgendeine Präsentation. Fragen Sie Präsentationserfahrene Personen nach ihren Ratschlägen im Rahmen der Vorbereitung. Notieren Sie sich Fehler in Ihrer Präsentation und bitten Sie Dritte um deren (kritische) Meinungen.
7. Seien Sie gleichermaßen mutig und bewerben Sie sich freiwillig um eine Rede/Einführung/einen Vortrag. Aller Anfang ist schwer, aber jede solcher freiwilligen Übungen hilft Ihnen enorm auf dem Weg zum selbstsicheren Auftreten.
8. Suchen Sie nach einem möglichen Mentor, der Ihre Bewerbung als Projektleiter unterstützen kann. Suchen Sie gleichermaßen nach einem Coach oder zumindest einem Kommunikationspartner mit Projektleitungserfahrungen (auch außerhalb des Unternehmens).
9. Initiieren Sie privat und/oder in Ihrer Abteilung ein kleines Projekt, das sie für sich in regelmäßigen Abständen protokollieren (Was lief gut? Was nicht so gut? Was muss anders gemacht werden? Wie ist der Erfolg des veränderten Herangehens? Zogen alle mit? Wenn nein, warum nicht?). Aus mehreren solcher bewusst durchgeführten Projekte lernen Sie viel.
10. Lesen Sie etwas über erfolgreiche Bewerbungen. Dazu gibt es viel gute Literatur. Nutzen Sie die dort vorgestellten Erfahrungen und Tipps bei der Erstellung der eigenen Unterlagen für eine professionelle Bewerbung als ProjektleiterIn und für das Bewerbergespräch.

Persönliche Maßnahmen

Was nehme ich mir für die nächsten 6 Wochen i. S. einer Verstärkung meiner »Projektmanagement-Kompetenz« vor? (Stichworte)

_____

_____

Was werde ich zuerst und vorrangig tun? (Stichworte):

_____

_____

Wie kontrolliere ich die Resultate? (Stichworte)?

_____

_____

Wo werde ich mich weiter zum Thema »Projektmanagement« informieren? (Stichworte):

_____

_____

Als weiterführende Informationsquellen empfehlen wir ⓘ

Dorau, U.: Karrierefaktor Projektmanager. Haufe Verlag, Freiburg i. Br. 2004
Heintel, P.; Krainz, E.E.: Führungsprobleme im Projektmanagement. In: Rosenstiel, L.v.; Regnet, E.;
    Domsch, M.E.: Führung von Mitarbeitern. Schäffer-Poeschel Verlag, Stuttgart 2003
Lidtke, H.-D.; Kunow, J.: Projektmanagement. Haufe Taschen Guide Freiburg i. Br. 2006
Peipe, S.: Crashkurs Projektmanagement. Haufe Verlag, Freiburg i. Br. 2005

Folgebewusstsein F/S

▶▶ **Grundsätzliche Überlegungen**

Anforderungen an Folgebewusstsein, umfassende Problemsicht nehmen zu. Zugleich wachsen die Schäden durch Fahrlässigkeit und Überforderungen.

Der deutsche Philosoph Hermann Lübbe (* 1926) verwies darauf, dass wir es zur Zeit mit einer »nie dagewesenen Gegenwartsschrumpfung« zu tun haben. Wir müssen mit einer »selbstgemachten und beschleunigten Zukunft« klar kommen, obwohl unsere Gehirne, Erfahrungen usw. nicht darauf vorbereitet seien.

Hinter dieser Einschätzung stehen die Beobachtungen, dass
- Komplexität und Dynamik ungleich schneller und weniger voraussagbar zunehmen als zu früheren Zeiten;
- die notwendige Reaktionszeit kürzer wird und in Widerspruch zu unseren bisherigen Erfahrungen steht;
- verlässliche Größen, an denen wir unser Denken und Handeln ausrichten, sich schneller als bisher verändern.

Umso wichtiger ist die Stärkung des Folge- und Verantwortungsbewusstseins – des individuellen wie des Team-Folgebewusstseins. Dabei stehen zwei Komponenten im Vordergrund:
- das fachliche und methodische Wissen um kausale und statistische Prozessabläufe und Konsequenzen sowie
- das soziale Sich-Verantwortlich-Fühlen für Folgen eigener Maßnahmen und Entscheidungen für Dritte.

(Quelle: Kock, E.: »Eine Verschwörung des Schweigens« s. Ewald Kock Verlag, Hagen 1991)

Beispiele für mangelndes Folgebewusstsein und Fahrlässigkeit

Eine typische Kettenreaktion betrieblicher Nachlässigkeiten primitiver Fehler mit katastrophalen Folgen:

Beispiel 1
Mitteilung (Mittelbayerische Zeitung):

> **Fahrlässigkeit war Ursache für Explosion**
> Paris (dpa) – Die verheerende Explosion in Toulouse, bei der im September 30 Menschen ums Leben kamen und 2500 verletzt wurden, ist durch Fahrlässigkeit ausgelöst worden. Damit bestätigten sich die bisherigen Vermutungen, Chlorprodukte in der unmittelbaren Nähe von 300 Tonnen Ammonium-Nitrat sollen die Kettenreaktion in der Düngemittelfabrik AZF ausgelöst haben, schrieb Le Parisien. Das Unglück vom 21. September, zehn Tage nach den Anschlägen in den USA, hatte Befürchtungen geweckt, es könne sich ebenfalls um eine Terror-Attacke handeln. Entsprechende Gerüchte hielten sich hartnäckig, obwohl die Staatsanwaltschaft sofort Nachlässigkeit und Schlamperei als Ursachen der schweren Industriekatastrophe geltend gemacht hatte.

Ähnliches könnte sich heute – trotz hohen Qualifikationsniveaus, umfassenden Sicherheitsvorkehrungen mit moderner Technik – in vielen Unternehmen zutragen.

Beispiel 2
Beim Kentern der Fähre »Herald of Free Enterprise« vor der Küste Belgiens am 8.3.1987 kamen 192 Menschen ums Leben. Die Untersuchung des Unglückes brachte Vorkommnisse ans Licht, die, jedes für sich genommen, eigentlich banal waren, jedoch auf unheilvolle

Weise zusammenwirkten. Am Anfang der Ereigniskette standen Zeitdruck, Personalmangel und unklare Zuständigkeiten; am Ende standen weggeschlossene und schwer anzulegende Rettungswesten, zu wenig Strickleitern …

Dazwischen aber wirkten neben bekannten technischen Problemen »delegierte Verantwortungslosigkeit« und fehlendes Folgebewusstsein und ermöglichten erst die Katastrophe:
- Der Erste Offizier versäumte, das Schließen der Bugklappen zu überwachen;
- der Bootsmann bemerkte das Offenstehen, sah aber das Schließen nicht als seine Aufgabe an;
- der dafür zuständige zweite Bootsmann schlief nach Erledigung anderer Aufgaben in seiner Kabine;
- der Kapitän ahnte von allem nichts und kontrollierte auch nicht prophylaktisch.

Aktive Wirkungsverlaufsanalyse

Um komplexe (Wirkungs-)Zusammenhänge zu erkennen und jenes Erkennen zu trainieren, bieten sich mehrere Methoden an:
- Netzwerkdarstellung der Wirkungsbeziehungen;
- Feinanalyse;
- Berücksichtigung der personellen, räumlichen und zeitlichen Komponenten.

Komplexe Problemsituationen erfordern ganzheitliches Denken und eine Analyse der Auswirkungen der beschlossenen Strategien:
- Welcher Art ist der Einfluss, der von einem Element auf ein anderes ausgeübt wird?
- Welche Intensität weist die Wirkung auf?
- Wie ist der Zeitverlauf zwischen Ursache und Wirkung?

Wirkungszusammenhänge/Konfliktsituationen für Vertriebsmitarbeiter

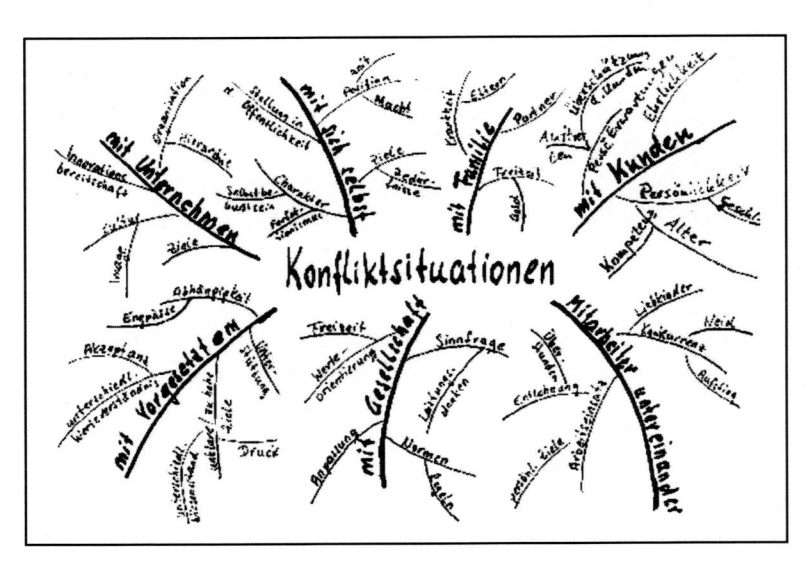

Diese Abbildung zeigt Wirkungszusammenhänge aus der Rollensicht von Vertriebsleuten. Hier sind die verschiedensten möglichen Konfliktauswirkungen unbewertet zusammengetragen; sie können vielfältige Anregungen für die Vertriebsführung und Konfliktprophylaxe geben.

Verbreitet sind bewertete Wirkungslinien: stabilisierende und destabilisierende.

Die Netzwerkdarstellung ermöglicht insbesondere
- die Darstellung der Problemsituation und der Folgen aus der Sicht des Beschreibenden;
- die Berücksichtigung verschiedener Gesichtspunkte und Erfahrungen;
- ein ständiges Überprüfen des Systems und der ihm eigenen Verhaltensvarietät;
- das Auswerten von vielfältigen Informationen;
- das Planen und Simulieren von Handlungen und Anpassungsmaßnahmen;
- das Erfassen komplexer Problemsituationen.

Bei der Feinanalyse handelt es sich um die Analyse der verschiedenen im Netzwerk aufgeführten Einflussgrößen. Auf der Grundlage dieser Feinanalyse kann dann auch die Bedeutung der personellen, räumlichen sowie zeitlichen Komponenten bestimmt werden.

Empfehlungen

Anregungen zum Selbsttraining sowie zur Selbstreflexion können dem nach wie vor lesenswerten Buch von Probst (1992) auf den Seiten 259–332 entnommen werden. Eine Vielzahl von Methoden, Instrumenten und plausiblen Beispielen helfen beim Selbsttraining.

Eine andere Anregung zur Stärkung des persönlichen Folgebewusstseins kann dem 4000 Jahre alten asiatischen Spiel GO, insbesondere der damit verbundenen Philosophie entnommen werden. GO ist ein strategisches Brettspiel. Die entscheidenden strategischen Entscheidungen und Wirkungsnetze werden sehr früh, in der Eröffnungsphase gefällt – in den ersten 15–30 Zügen und je nach den individuellen Eröffnungsannahmen: GO gewinnt in der westlichen Welt immer mehr Anhänger und wird zu Analogien in den verschiedensten Lebensbereichen genutzt.

GO-Orientierungen

1. Begehre nicht (einseitig) zu gewinnen
   Es gibt kein größeres Missgeschick, als sich nicht begnügen zu können (Laotse): Der Versuch eines sehr großen Gewinns wird in der Regel mit dem Preis erhöhter Angreifbarkeit bezahlt, und bei gleich starken Partnern ist das ein sehr riskanter Weg. Statt dessen sollte man so nahe wie möglich an die Grenzlinie der Bilanz von Geben und Nehmen vordringen, ohne sie aber von sich aus zu überschreiten.

2. Überschreitest du die Grenze, dann gib acht
   Bei Themen, von denen man nicht genug weiß, sollte man schweigen bzw. sich bescheiden äußern. Ferner: Suche den praktischen und nicht den größtmöglichen Vorteil. Ferner: Bereite mit größter Sorgfalt und Ruhe folgenschwere Schritte vor, beachte dabei mehr als dein Gegenüber.

3. Geh nicht auf die Jagd, wenn dein Haus brennt
   Eine – auch noch so nichtige – Aktion ist unangemessen, wenn sie zu früh oder zu spät erfolgt. Ferner: Die Situation bzw. die Lage der Dinge ist etwas Höheres als der eigene Wille. Erst wenn man die Situation zur Zeit genau bestimmen kann, kann mit der Realisierung des eigenen Vorhabens begonnen werden.

4. Verwirf das Kleine und nimm das Große
   Lerne, etwas, das man auf einfache Art erhalten könnte, auszuschlagen/zu verwerfen. Dieser Rat zielt auf die Selbstdisziplin und die Unterscheidung zwischen Wesentlichem und Nebensächlichem.

5. Opfere gegebenenfalls, um vorwärts zu kommen
   Zu Gunsten eines höheren Zieles könnte es nötig werden, Teile der eigenen Ressourcen zu opfern (»Man kann nicht erwarten, alles was man hat, auch behalten zu können. Der Wandel der Jahreszeiten nämlich ist der Atem der Natur und der Beweis ihres Lebens«. Insofern ist das »Opfern« ein Teil einer übergeordneten Bewegung und kein Verlust).

6. In großer Gefahr – opfere
   Ideale sollten, wenn sie dem Nutzen für die eigene Person oder Dritter widersprechen oder zur Wirkungslosigkeit verdammt sind, nicht künstlich hochgehalten werden. Ferner: Die richtige Balance von Konsequenz und Flexibilität wird als sehr bedeutend hervorgehoben; letzten Endes wird jedoch der Flexibilität als der höhere der beiden Werte der größte Zuspruch gewährt.

7. Verhalte dich nicht leichtsinnig
   Der Handelnde ist verantwortlich gegenüber den Menschen und den Dingen, über die er Verfügungsgewalt hat.

8. Wenn der Gegner stark ist, sei vorsichtig
   In einer verfahrenen Situation sollte man nichts aus einem falschen Stolz heraus tun. Das sinnlose Anrennen gegen eine Übermacht ist keineswegs heroisch, sondern dem höheren Ziel des Sieges abträglich. Dahinter steht das Prinzip der altchinesischen Kampfweise, die nicht auf die Vermeidung vor Schande, sondern auf das Erringen des Sieges gerichtet ist. Das kommt auch in der Taktik Mao's zum Ausdruck:
   - Der Feind rückt vor – wir weichen ihm.
   - Der Feind steht still – wir stören ihn.
   - Der Feind ist müd' – wir greifen an.
   - Der Feind entflieht – wir schlagen ihn.

9. Geht man, dann in angemessener Weise
   Es wird das Streben nach Harmonie empfohlen, die Unterordnung der eigenen Absichten unter die realen Gegebenheiten. Die situativen Begebenheiten und die eigene Handlung soll in Einklang miteinander stehen; und die eigenen Ambitionen sollten nicht den aktuellen Gegebenheiten zuwiderlaufen.

10. Allein gegen große Übermacht – wähle den Frieden
    Dieser Hinweis ist deutlich genug und muss nicht weiter ausgeführt werden. Er korrespondiert auch stark mit den Punkten 3 und 6.

Persönliche Maßnahmen

Was nehme ich mir für die nächsten 6 Wochen im Sinne einer Verstärkung meines »Folgebewusstseins« vor? (Stichworte):

_____

_____

Was werde ich zuerst und vorrangig tun? (Stichworte):

_____

_____

Wie kontrolliere ich die Resultate? (Stichworte):

_____

_____

Wo werde ich mich weiter zum Thema »Folgebewusstsein« informieren? (Stichworte):

_____

_____

Als weiterführende Informationsquellen empfehlen wir

Kouten, M.: GO. Die Mitte des Himmels. DuMont Buchverlag, Köln 1994
Malik, F.: Führen, Leisten, Leben (Abschn. Entscheiden). Campus Verlag, Frankfurt a.M./New York 2006
Probst, G.J.B.: Organisation – Strukturen, Lenkungsinstrumente, Entwicklungsperspektiven. mi Verlag moderne Industrie, Landsberg/ Lech 1992

Fachliche Anerkennung F/S

▶▶ Grundsätzliche Überlegungen

Fachkenntnisse, die von allen gleichermaßen anerkannt werden, gibt es nicht. Die Wahrnehmung und Anerkennung hängt im Wesentlichen davon ab, wann und wozu sie gebraucht werden. Das illustriert auch eine kleine Anekdote:

> *Auf einem Inspektionsgang kam der damalige Oberbefehlshaber der US-Truppen in Deutschland General Eisenhower mit einem Gefreiten ins Gespräch. »Na, jetzt werden wir es ja bald geschafft haben, und dann geht es wieder nach Hause«, sagte der General. »Was sind Sie denn von Beruf?« »Ich bin Farmer in der Nähe von Ness City«. »Ich muss mich auch bald nach einem friedlichen Job umsehen«, scherzte Eisenhower. »Wie wäre es mit einem Job auf Ihrer Farm?« Der Gefreite musterte den General kritisch, wurde verlegen und sagte schließlich mit belegter Stimme: »Nehmen Sie es mir bitte nicht übel, General, aber im Allgemeinen stelle ich lieber gelernte Leute an.«*

Heutzutage meinen wir mit »Fachlicher Anerkennung« nicht nur die Fachkenntnisse, die mit einer zertifizierten Qualifikation, einer Approbation u. Ä. verbunden sind, sondern neben dem fachlich-sachlichen auch das methodisch-prozessuale Wissen einer Person sowie die Fähigkeit, das Wissen auch praktisch ein- und umzusetzen.

Weitere Kriterien der fachlichen Anerkennung sind oft spezielles oder umfassendes technisches und technologisches Know-how, die Sicherheit im Umgang mit Menschen bei der Weitergabe des Wissens auch in interkulturellen Gesprächs- oder Lernsituationen.

Anerkennungskriterien sind auch die persönliche Reputation, Einladungen zu wichtigen Arbeitskreisen und Einbindung in zeitweiligen Projektgruppen, Task Forces und Workshops. Ferner sind wichtige Kriterien der fachlichen Anerkennung einer Person die Übertragung wichtiger Aufgaben in oder außerhalb des eigenen Unternehmen, die gesuchte Einbindung in soziale Netzwerke, die Erwähnung in Fachgremien, Fachblättern und anderen Fachzusammenhängen.

Kennzeichen

Diese umfassende Auslegung von Fachwissen und fachlicher Anerkennung zeigt sich auch in betrieblichen Beurteilungsmerkmalen wie:
- Verfügt über ein umfassendes fachlich-sachliches und methodisch-prozessuales Wissen sowie über moderne Methoden von Wissensbeschaffung und -management;
- ist fähig, dieses Wissen praktisch umzusetzen;
- ist sicher und offen beim Umgang mit Menschen und der Anerkennung ihrer Kompetenzen;
- kann das Wissen auch überfachlich auf anerkannte Weise kommunizieren;
- wird zu nationalen (und internationalen) Arbeitsgruppen, Workshops, Konsultationen … eingeladen;
- ist ein auf Grund seines/ihres Wissens und der Erfahrungen gesuchter Partner für Aufgaben und Ämter auch außerhalb des Unternehmens.

Diese Kriterien bezeichnen die Voraussetzungen (Kompetenzen), die in der Regel zu einer hohen fachlichen Anerkennung führen. Eine Übertreibung der Kompetenzen wiederum könnte z. B. darin zum Ausdruck kommen, dass der betreffende Mitarbeiter auf vielen fachlichen Hochzeiten zugleich tanzt (Gremien, Arbeitskreisen), übereifrig in der Wissensaufnahme und -weitergabe (zu viel des Guten, zu viele praktisch nicht notwendige Wissensanteile …) ist u. Ä.

Wenn Sie sich mit diesem Modularen Informations- und Trainingsprogramm besonders beschäftigen wollen (oder sollen), dann können diesem Interesse verschiedene Ursachen zu Grunde liegen:
1. Sie wollen sich einfach über verschiedene Aspekte und Arten der fachlichen Anerkennung »nur mal so« informieren.
2. Sie denken, dass Ihre fachliche Kompetenz im Unternehmen nicht ausreichend gesehen und gewürdigt wird und suchen Anregungen für ein besseres »Selbstmarketing« (ein relativ neuer und zunehmend strapazierter Begriff).
3. Sie suchen nach Kriterien, an denen Sie Ihr Fachniveau und die damit zu erwartenden Anerkennungsformen festmachen können.
4. Sie überlegen, wie Sie noch differenzierter mit Ihren Mitarbeiterinnen und Kolleginnen kommunizieren und deren fachlich-methodischen Kompetenzen würdigen können – ohne hier falsch vorzugehen oder zu plump zu wirken.

Das können also sehr unterschiedliche Zugänge sein und es besteht schon ein großer Unterschied zwischen dem Anerkannt-Werden-Wollen und dem Anerkennen-Wollen. Andererseits wird auf Dauer nur derjenige anerkannt werden, der auch anerkennen und teilen kann.

In diesem Modularen Informations- und Selbsttrainingsprogramm kann natürlich nicht auf alle vier Fragenkomplexe eingegangen werden. Der Schwerpunkt wird 2. sein.

Kommen wir zu einer häufig gestellten Frage:

> Ich bin davon überzeugt, dass ich eine durchaus hohe fachlich-methodische Kompetenz habe. Aber das Rennen machen anscheinend immer die anderen. Was kann ich dafür tun, um besser anerkannt zu werden?

Selbstmarketing

Tatsächlich reicht es nicht aus, nur darauf zu warten, dass sich Ihre Kompetenz und Leistungen von allein im Unternehmen herumsprechen. Sie müssen sich selbst auch ins Gespräch bringen, wenn Sie begründet von Ihrer Fachlichkeit im weiter oben beschriebenen Sinne überzeugt sind!

Viele Mitarbeiter – und insbesondere Mitarbeiterinnen – unterschätzen die Möglichkeiten, die ihnen auch im eigenen Unternehmen offen stehen. Häufig beschränken sie sich von vornherein selbst und blicken kaum über die eigene Gruppe oder Abteilung hinaus. Viele Mitarbeiterinnen haben in den letzten Jahren an einem Präsentationstraining teilgenommen und wenden die erlernten Methoden und Instrumente z. B. im Rahmen des Vertriebs mehr oder weniger konsequent an. Die Übertragung der Präsentations-Kenntnisse und -erfahrungen auf das eigene Marketing, das Selbstmarketing, wird jedoch kaum vorgenommen. Anscheinend »schickt es sich nicht«, sich in irgendeiner Weise »in den Vordergrund« zu begeben.

Ein kleines Beispiel des gelungenen Selbstmanagements erzählt eine Fabel von Ju Xiu Sen aus dem alten China. Sie geht davon aus, dass das Verfügbare oft zu gering geschätzt wird, der Prophet im eigenen Lande wenig gilt. Wer sich aber rar macht oder auf eine ungewöhnliche und dennoch nicht übertriebene Weise auf sich aufmerksam macht, der kann die Anerkennung erhöhen:

> *Tien Jao, der in Diensten des Herrschers Ai stand, war mit seiner Position unzufrieden. Er sagte zu seinem Herrn: »Ich werde es halten wie die Schneegans«. »Was willst du damit sagen«? fragte der Herrscher. Tien Jao wies nach draußen. »Seht Ihr den Hahn auf dem Hof. Er trägt einen Kamm, als Zeichen seiner Höflichkeit. Seine Krallen sind stark. Er ist bereit, gegen jeden Feind zu kämpfen. Sein Fressen teilt er mit anderen. Er ist großmütig. Und schließlich vergisst er über Nacht niemals, uns pünktlich zu wecken. Was er anpackt, macht er gut. Er ist ein Muster an Zuverlässigkeit. Und doch wird trotz seiner Vorzüge jeden Tag ein Hahn getötet und für eure Tafel hergerichtet. Warum? Die Schneegans hingegen kommt aus der Ferne und bleibt nicht lange an einem Ort. Wenn sie sich in eurem Garten aufhält, fängt sie eure Fische und Schildkröten und zerstört einen Teil eurer Beete. Und obwohl die Schneegans keinen der Vorzüge des Hahns besitzt, schätzt Ihr sie höher. Denn sie ist so selten euer Gast. Also will auch ich so weit fliegen wie eine Schneegans.«*

✔ Selbstcheck

Schätzen Sie einmal kritisch ein, wie Sie sich im beruflichen Alltag präsentieren, auf reale Leistungen aufmerksam machen. Gehen Sie die vorgegebene Checkliste Zeile für Zeile durch und markieren Sie auf der fünfstufigen Antwortskala »Ihren« gegenwärtigen Wert. Wenn Sie die Checkliste vor dem Ausfüllen kopieren und ein oder zwei vertrauten Mitarbeiterinnen oder Ihrer Führungskraft ebenfalls zur diskreten Beantwortung vorlegen, dann haben Sie eine Vielzahl von Informationen und können den unterschiedlichen Bewertungen und Widersprüchen »auf die Spur gehen«.

Fachliche Anerkennung (F/S)

		trifft voll zu ...... trifft nicht zu
1.	Es fällt mir schwer, von mir aus meine Kenntnisse und Leistungen ins Gespräch zu bringen	1 2 3 4 5
2.	Wenn ich einem mir bis dato unbekannten Kollegen vorgestellt werde, spreche ich eher erst auf Anfragen hin über meine Tätigkeit	1 2 3 4 5
3.	Mir fällt es schwer, anderen zu erklären, was ich eigentlich mache und wo meine Kompetenzen liegen	1 2 3 4 5
4.	Ich hätte Schwierigkeiten, spontan einen begeisternden fünfminütigen Vortrag über meine Aufgaben und deren Bewältigung zu halten	1 2 3 4 5
5.	Ich habe Probleme, über meinen eigenen Erfolg zu sprechen	1 2 3 4 5
6.	Eigentlich mache ich sehr wenig, um meine eigene Leistunge und mein Wissen im Unternehmen bekannt zu machen	1 2 3 4 5
7.	Ich ärgere mich darüber, dass ich im Unternehmen nicht ausreichend gefördert werde	1 2 3 4 5
8.	Mir fällt es schwer, auf Anhieb der Referenzgeber für mein Fachwissen und meine berufliche Leistung zu benennen	1 2 3 4 5
9.	Ich stoße anderen mit meinen Anforderungen und fundierten Ansichten manchmal vor den Kopf	1 2 3 4 5
10.	Ich finde es bedauerlich, dass meine Meinung bei Besprechungen des Öfteren untergeht	1 2 3 4 5
11.	Ich habe oft das Gefühl, dass meine Kompetenzen in Gesprächen nicht deutlich werden	1 2 3 4 5
12.	Meine Führungskraft schmückt sich gern mit meinen Arbeitsergebnissen, ohne meinen Beitrag auch nur zu erwähnen	1 2 3 4 5
13.	Mir fehlt ein Netzwerk beruflicher Beziehungen	1 2 3 4 5
14.	Ich bekomme nur selten mit, was hinter den Kulissen gespielt wird	1 2 3 4 5
15.	Wenn ich meine beruflichen Stärken benennen soll, müsste ich bestimmt länger nachdenken	1 2 3 4 5

	trifft voll zu ...... trifft nicht zu

16. Ich gehe lieber Kompromisse ein, als dass ich Meinungsverschiedenheiten offen ausdiskutiere   1   2   3   4   5

17. Die Zusammenarbeit mit bisher unbekannten Menschen verursacht bei mir ein Gefühl der Unsicherheit   1   2   3   4   5

18. Ich verzichte lieber auf die Leitung einer Arbeits- oder Projektgruppe, als dass ich mich in den Vordergrund dränge   1   2   3   4   5

19. Ich sage anderen nur ungern, was ich an Aufgaben übernehmen möchte   1   2   3   4   5

20. Small Talk halte ich für überflüssig   1   2   3   4   5

21. Es fällt mir schwer, über gelungene Projekte zu sprechen   1   2   3   4   5

22. Ich habe Schwierigkeiten damit, auf meine fachlichen Stärken zu vertrauen   1   2   3   4   5

Schauen Sie sich noch einmal Ihre Antworten auf Vollzähligkeit hin an.

Sie sollten alle vorgefundenen Aussagen bewertet haben. Addieren Sie dann alle Punktwerte, die Sie sich gegeben haben.

Wenn Sie eine Gesamtpunktzahl zwischen 80 und 110 Punkten erreichen, dann haben Sie anscheinend genügend Anerkennung.

Das ist so o. k., und Sie müssen bei dennoch bestehender Unzufriedenheit darüber nachdenken, inwieweit Sie gegebenenfalls zur Zeit unterfordert sind und in einer anderen Tätigkeit oder Funktion **in Ihrem Unternehmen** eine bessere Auslastung Ihrer fachlichen Kenntnisse und Fähigkeiten erreichen könnten, **oder** Sie müssen über die Realistik Ihrer Erwartungen nachdenken und ggf. etwas zurückschrauben. Zu Letzterem eine kleine Anekdote (natürlich in Überspitzung unserer sonst ernsthaften Ableitung): *»Der russische Komponist Igor Strawinski lebte ab 1939 in den USA. Er war auch dort sehr erfolgreich und hatte gerade für eine Broadway-Produktion die »Ballett-Szenen« geschrieben. Kurz nach der Uraufführung telegrafierte ihm sein Impresario: majestro, ihre musik grosser erfolg-stop-koennte sensationeller erfolg werden, wenn kleine instrumentenaenderungen vorgenommen werden …«. Strawinski telegrafierte zurück: »bin mit grossem erfolg bereits zufrieden«* – und änderte nichts.

Wenn Sie zwischen 66 und 79 Punkte haben, dann sehen Sie sich noch einmal alle Antworten mit Bewertungen zwischen 1–3 an und überlegen Sie – am besten auch in einem Gespräch mit Ihnen vertrauten Personen – was Sie machen könnten, um bei einer späteren erneuten Einschätzung mit gutem Gewissen einen Punktwert 4 oder 5 vergeben können. Sie müssen sich also voll auf die Herbeiführung des Gegenteils ausrichten.

Empfehlungen

Wenn Sie zwischen 22 und 65 Punkten haben, dann sollten Sie unbedingt die Bücher von Corssen (2004, 2006) sowie von Püttjer/Schierda (2003, 2007) durcharbeiten und darüber hinaus an Trainings zur Erhöhung der Selbstsicherheit sowie der Präsentationsfähigkeit teilnehmen – immer unter der Voraussetzung eines tatsächlich hohen Niveaus Ihrer fachlich-methodischen Kompetenzen.

Zu Ihrer Orientierung bei der Prüfung Ihrer 1–3-Punkteantworten sehen Sie nachfolgend eine Zuordnung der 22 Fragen zu Merkmalsgruppen:

1. Schüchternheit/Gehemmtheit/subjektive Unsicherheit/zu große Bescheidenheit: Aussagen 1; 2; 5; 6; 17; 18; 19; 21 und 22;
2. Unzureichende Präsentations-/Rhetorik-Erfahrungen, Schwierigkeiten in der sprachlichen Konzentration auf das Wesentliche: Aussagen 3; 4; 10; Hund 15;
3. Mangel an Durchsetzungsfähigkeit: Aussagen 7; 12 und 16;
4. Unzureichendes Beziehungsmanagement und Kommunikation: Aussagen 8; 13 und 14;
5. Überwiegen der Rationalität, zu faktenorientiert, sozial unverbindlich: Aussagen 9 und 20.

Selbstcheck

Eigene Stärkenanalyse

Protokollieren Sie einmal in Ruhe und konzentriert Ihre Stärken – sowohl auf der Hard Skill-Seite als auch auf der Soft Skill-Seite.

Schreiben Sie zu beiden rein sachlich und mit Stichworten die wichtigsten Stärken, die Sie an sich sehen und die andere Ihnen mitteilen:

1. Stärke: _____
Beispiel: _____
Beispiel: _____
Beispiel: _____

2. Stärke: _____
Beispiel: _____
Beispiel: _____
Beispiel: _____

Weitere Stärken und Beispiele:

Beispiel: _____

Beispiel: _____

Beispiel: _____

Schreiben Sie Ihre wichtigsten drei bis fünf auf jeder Skill-Seite auf. Stellen Sie sich dazu solche Fragen wie nachfolgend aufgeführt, um aus unterschiedlichen Perspektiven auf die Stärken zu stoßen und diese belegen zu können.
- Was liegt mir besonders, »geht mir gut von der Hand«?
- Auf welchen Gebieten gelte ich als Experte?
- Wodurch werde ich von KollegInnen geachtet?
- Welche Kenntnisse und Erfahrungen vermittle ich gern Dritten, insbesondere jüngeren KollegInnen?
- Welche Lieblingsgespräche bei Fachthemen habe ich?
- Welche Aufgaben und Tätigkeiten führe ich besonders gern aus?
- Wofür werde ich gelobt?
- Wann werde ich um Rat gebeten?
- Um welche Projekte bemühe ich mich freiwillig?
- Auf welchem Fachgebiet, in welchen Tätigkeiten werde ich mich in drei Jahren als Fachspezialist wiederfinden?
- Welche Stärke habe ich in Bezug auf meine eigene (selbstorganisierte) Weiterbildung?

☞ Empfehlungen

Für eine probeweise schriftliche Selbstdarstellung Ihrer fachlichen Stärken in Vorbereitung eines offensiveren Selbstmarketings können Sie z. B. solche Formulierungen wählen und mit den analysierten Stärken ergänzen:

Meine Tätigkeit verfolgt vor allem folgende 3 wichtigen Ziele für das Unternehmen:

Zu meiner Tätigkeit gehören vor allem folgende (eigenverantwortlichen) Aufgaben mit großer Tragweite:

Ich trage Verantwortung für:

Besondere Erfahrungen besitze ich auf den Gebieten:

Die Leitung des Projektes ... hat mich für weitere Aufgaben im Bereich ... kompetent gemacht:

___

Über den Besuch von Weiterbildungsveranstaltungen habe ich mir Kenntnisse und Erfahrungen in folgender Richtung angeeignet:

___

Ich verfüge vor allem über folgende überfachliche Kompetenzen (Soft Skills), die ich mir außerhalb organisierter Weiterbildung und ohne Zertifikat angeeignet habe:

___

So kommen Sie relativ unkompliziert zu einem persönlichen Kompetenzprofil, das Sie mündlich oder schriftlich in unterschiedlicher Weise verwenden können, sei es um die Aufmerksamkeit für Ihre Leistungen zu erhöhen, sei es im Rahmen von innerbetrieblichen Bewerbungen für andere Tätigkeiten, sei es für Gehaltsgespräche oder aus anderen gerechtfertigten Absichten.

Orte und Formen der Anerkennung

Je nachdem, welche Art Spezialist/Könner Sie sind und welches Fachgebiet Sie vor allem vertreten, gibt es eine Vielzahl von Selbstpräsentationsgelegenheiten, -orten und -formen. Einige seien zu Ihrer Anregung genannt, und Sie können diese noch erweitern und ergänzen:
- Erweiterter, vorher abgestimmter Diskussionsbeitrag zu einem Fachtagespunkt der Dienstbesprechung;
- Von Ihnen angeregter und organisierter offizieller Erfahrungsaustausch zwischen verschiedenen Spezialisten bzw. Arbeitsgruppen zu einem wichtigen Fachthema;
- Vortrag im Rahmen einer Weiterbildungsveranstaltung im Unternehmen (Abteilungsebene oder über die Weiterbildungsakademie ...); Publikation in der Betriebszeitung, Intranet u. Ä.;
- Vortrag in Fachgremien, Verband, regionalem oder überregionalem Arbeitskreis, IHK, VDI o. a.;
- Dto. Artikel in Publikationsorganen der ...; Fachzeitschrift, Fachbuch;
- Auftreten auf (inter-)nationalen Workshops, Tagungen, Kongressen;
- Aktive Teilnahme an Fachmessen;
- Einarbeitung neuer Mitarbeiterinnen; Übernahme von Mentor- und Coachingaufgaben für ausgewählte Mitarbeiterinnen;
- Leitung von bzw. Mitarbeit in zeitweiligen Projektgruppen;
- Ergänzen Sie mit weiteren Ihnen sinnvoll erscheinenden Orten und Formen:

___

Schreiben Sie alle die für Sie besonders interessanten Orte und Formen des Anbietens Ihrer fachlich-methodischen Kompetenz und des »stillen Trainings« Ihres Selbstmarketings.

Verbinden Sie die beiden für Sie interessantesten mit konkreten Maßnahmen (was, wie, bis wann, mit welchen kontrollierbaren Zielen?).

✎ Persönliche Maßnahmen

Was nehme ich mir für die nächsten 6 Wochen im Sinne einer Erhöhung meiner »Fachlichen Anerkennung« vor? (Stichworte):

_____

_____

Was werde ich zuerst und vorrangig tun? (Stichworte):

_____

_____

Wie kontrolliere ich die Resultate? (Stichworte):

_____

_____

Wo werde ich mich weiter zum Thema »Fachliche Anerkennung« und »Selbstmarketing« informieren? (Stichworte):

_____

_____

ⓘ Als weiterführende Informationsquellen empfehlen wir

Corssen, J.: Der Selbst-Entwickler. Das Corssen Seminar. beustverlag, München 2002
Corssen, J.: Der Selbst-Entwickler. Audio-CD. Campfire Audio, Hamburg 2006
Fischer-Epe, M.; Epe, C.: Selbstcoaching. Rowohlt Taschenbuch Verlag, Reinbek b. Hamburg 2007
Püttjer, C.; Schnierda, U.: Zeigen Sie, was Sie können. Mehr Erfolg durch geschicktes Selbstmarketing. Campus Verlag, Frankfurt/New York 2003
Püttjer, C.; Schnierda, U.: Die erfolgreiche Initiativbewerbung für Um- und Aufsteiger. Campus Verlag, Frankfurt a.M./New York 2007

Lehrfähigkeit   F/S

Grundsätzliche Überlegungen

Eine gut ausgeprägte Lehrfähigkeit setzt fachlich-methodisches Wissen auf hohem Niveau genauso voraus wie das eigene fachliche und soziale Lernen. Gleichzeitig hat Lehren viel mit »Überzeugen« und im übertragenen Sinne mit »Verkauf« (von Wissen und Erfahrungen) zu tun. Immer wichtiger wird es, die Gesetzmäßigkeiten des Lernens, die Lernbarrieren und effektiven Lehr- und Lernformen zu kennen und im Lehrprozess zu nutzen.

Trainingsziel

Sie sollen durch »geballtes empirisches Wissen« die zukünftig immer wichtiger werdende Rolle des Lernmoderators erkennen und die vermittelten Erkenntnisse in Ihrer eigenen Lehrtätigkeit berücksichtigen. Auf dieser rationalen Überlegenheit lassen sich in selbst gewählten weiteren Trainingsschritten auf der Grundlage angeregten Selbststudiums und Erfahrungsaustausches Ihre persönlichen Lehrfähigkeiten und -techniken weiter ausformen.

Lernprobleme und Lernbarrieren

Was wissen Sie über die Vielfalt bestehender Lernprobleme und Lernbarrieren – als Voraussetzung für richtige (individuelle) Wissens- und Erfahrungstransfers?

Als Erstes soll kurz dieser Frage nachgegangen werden: Individuelle Lernprobleme lassen sich in **private, personale** und **soziale** Faktoren unterteilen.

Private Faktoren betreffen die Familie, Berufsbelastung, Freizeit, Gesundheit etc. des Lernens.

Personale Faktoren umfassen die individuellen Kompetenzen, Vorbildung, berufliche Qualifikation, Motivation und Interessen und die Selbsteinschätzung.

Soziale Faktoren betreffen die Struktur der Arbeits- bzw. Lerngruppe, die Lernsituation und -organisation (Didaktik, Methodik, Kursdauer) usw.

Neuere Forschungen auf dem Gebiet der Entwicklungspsychologie von Erwachsenen führen zur Ablehnung der so genannten Defizithypothese, der zu Folge der Mensch mit zunehmendem Alter immer mehr von irreversiblen physiologischen und intellektuellen Defiziten gekennzeichnet ist. Trotzdem weisen Erwachsene im Vergleich zu jüngeren Menschen spezifische Lernbarrieren auf.

Kennzeichen

Typische **Lernbarrieren** sind:
- Das Tempo und die Aufnahmebereitschaft für unbekannten, gänzlich neuen Lernstoff sinkt;
- neu erworbene Lerninhalte müssen öfter wiederholt werden;
- Unsicherheit bei der Reproduktion des Gelernten;
- der Lernprozess ist im Allgemeinen störanfälliger als bei jüngeren Leuten;
- komplexes, vielschichtiges Lernmaterial wird schwieriger und langsamer erlernt;
- negative Motivationslage bzw. Einstellung gegenüber der Tatsache, »noch einmal lernen zu müssen«;
- verfestigter Lernstil mit spezifischen Lernschwächen;
- ein geringes bzw. weit zurückliegendes Maß an bisher gemeisterten Lernprozessen wirkt sich negativ auf die allgemeine Lernkompetenz aus.

Defizitäre Handlungs- und Lernprozesse können vor allem auf drei Ursachen zurückgeführt werden:
1. Beschränktheit der individuellen Wissensgrundlage, die nur wenige Alternativen für Lernwege erkennen lässt und meist dazu führt, dass die »erstbeste« Vorgehensweise gewählt wird. Das Lernen ist dadurch nicht realitätsangemessen, und es werden wichtige Bedingungen übersehen;
2. beschränkte Informationsverarbeitungskapazität, verbunden mit einem Entscheidungsnotstand und Kurzschlusshandlungen;
3. zu geringe oder falsche Einschätzung der eigenen Lernkompetenz, die zu niedriger Motivation, vorschnellem Aufgeben von Zielen und Entscheidungsunwilligkeit führt.

Ursachen

Als subjektiv wahrgenommene und von befragten Weiterbildnern nach ihrer Einschätzung bestätigte Ursachen für diese Probleme wurden **zu hohes Unterrichtstempo, zu wenig Wiederholungen** und die **Neuartigkeit des Lernstoffs** genannt. Außerdem waren nahezu alle Teilnehmer nicht mit **allgemeinen Lern- und Arbeitstechniken** vertraut, die sie auf die Ungewohntheit des Lernens in ihrem Lebensalter und schon länger bestehende Schwierigkeiten bei bestimmten Lernanforderungen zurückführten. Die bedeutendsten kognitiven Schwierigkeiten waren Gedächtnis- und sprachliche Reproduktionsprobleme, für motivationale Schwierigkeiten wie Nachlassen des Interesses und der Arbeitsmoral wurden meist äußere Lernbedingungen wie Weiterbildungsorganisation und -gestaltung verantwortlich gemacht.

Die **auffallendsten Lernprobleme bei selbst gesteuerten Lernprozessen** bestehen laut Untersuchungsergebnissen in größeren Defiziten der Selbstwahrnehmung, speziell bei der Lernüberprüfung und Lernerfolgsbewertung. Daraus resultiert Unsicherheit bei der eigenen Leistungsbewertung. Emotionale Reaktionen auf diese Unsicherheit sind bei weitem häufiger als eine sachliche Verbesserung der Defizite. Alle befragten Untersuchungsteilnehmer äußerten ein hohes Bedürfnis nach Techniken und Instrumenten, ihren Lernfortschritt besser objektiv einschätzen zu können. Sie waren nicht geübt darin, ihre Lernleistung selbst einzuschätzen und so ein Gefühl der Selbstsicherheit beim Lernen zu entwickeln.

Die Ursachen für diese Probleme liegen vor allem darin, dass der erfolgreiche Erwerb von Qualifikationen und Kompetenzen im besonderen Maße von der individuellen Bildungsbiografie, d.h. vom vorausgegangenen Bildungsprozess abhängt. Im Laufe der kindlichen und jugendlichen Sozialisation werden vor allem durch elterliche und schulische Erziehung entscheidende Weichen für Persönlichkeitsmerkmale, Motivstrukturen und kognitive Stile gestellt, die direkten Einfluss auf die Lernfähigkeit im späteren Alter besitzen. Diese einmal erworbene Persönlichkeitsstruktur unterliegt im Erwachsenenalter einer konservativen Bewahrungstendenz und Vergangenheitsorientierung: Die Menschen leiten zukünftige Handlungen aus Erfahrungen ihrer Vergangenheit ab und sind nur sehr zögerlich bereit, bisher erworbene und verfestigte Einstellungen kritisch zu prüfen und ggf. in Frage zu stellen. Dieser aus der individuellen Lerngeschichte entstandene »blinde Fleck« schränkt die Wahrnehmung für alternative Wahrnehmungs-, Denk- und Handlungspotentiale ein und führt zu einer Vernachlässigung innovativen Lernens. Neues Wissen wird so nur auf altbewährten Wegen wahrgenommen, verarbeitet und umgesetzt.

Dieses Phänomen äußert sich auf der kognitiven Ebene durch verzerrte Wahrnehmung neuartiger Lerngegenstände, indem neue, nicht zu alten Erkenntnissen passende Informationen bewusst oder unbewusst »übersehen« und Inkonsistenzen des subjektiven Realitätsbildes mit bereits erworbenem Wissen aufgelöst werden. Menschen neigen also dazu, unbekannte Sachverhalte durch »altbewährte Brillen« zu sehen und zu bewerten. Dies wird auf der motivationalen Ebene durch emotionale Verleugnung, Verkennung oder Abwertung neuer, schwer zu fassender Lerngegenstände unterstützt (Schüppel 1996).

Eine weitere Lernbarriere, das Phänomen der »skilled incompetence«, der »antrainierten Unfähigkeit«, weist auch in diese Richtung. Erwachsene haben langjährige Übung darin, Kompetenzdefizite in kritischen Situationen vor sich selbst und vor anderen zu verschleiern, um ihr Gesicht zu wahren. Statt so auftretende Diskrepanzen zwischen Leistung und Anforderung zur Steuerung eines Lernprozesses zu nutzen, werden eher Strategien erlernt und perfektioniert, genau diese Diskrepanzen zu verstecken bzw. nicht wahrhaben zu wollen.

Die Relevanz **sozialer Lernbarrieren** wird durch die Ergebnisse einer Untersuchung untermauert, die in einem großen Konzern durchgeführt wurde. Danach beklagten die meisten Teilnehmer **fehlendes Feedback/Honorierung bzw. Mangel an Freiraum für Verhaltensänderungen**, denen allgemein zu viel Widerstand entgegengesetzt wurde. Außerdem wurden Lernprozesse zu wenig von Führungskräften vorgelebt und die Arbeitsbelastung ließ keine Zeit für Veränderungen.

Auf Grund der hoch entwickelten Individualität von Erwachsenen mit ihren teilweise erheblich differierenden Bildungsbiografien ist eine individuelle Analyse von Lernproblemen notwendig, wird aber so gut wie nie durchgeführt. Weit verbreitete Folgen ungünstiger Sozialisation und Erziehung, die an Werten wie Gehorsam, Einordnungsfähigkeit und Konformität orientiert war, behindern späteres Lernen von aktiven, kreativen und individuellen Verhaltensweisen. Auch die für das Selbstkonzept negative Art der Ursachenzuschreibung von Erfolgen und Misserfolgen und eine an Misserfolgen orientierte Leistungsmotivation sind auf biografische Merkmale zurückzuführen und wirken als Lernbarrieren.

☞ Empfehlungen

Alternativen

Ausgehend von Untersuchungen bei deutlich erfolgsgewohnten, angstfreien und hoch motivierten Lernern sollte Lehrenden generell empfohlen werden:
- Größere Freiheit lassen, den Lernweg zu suchen und den eigenen Weg zu gehen;
- Einflechten von nicht zwingend nötiger, aber doch interessanter Information;
- mehr deduktiver Unterrichtsstil;
- Informationen aus gelesenem Text entnehmen lassen, und für eher unsichere, ängstliche oder weniger motivierte Lerner;
- klare und relativ detaillierte Strukturierung des Unterrichts;
- Beschränkung auf die nötigsten Informationen;
- wiederholendes Einüben;
- induktiver Unterricht zur schrittweisen Erarbeitung des Lernstoffs;
- Erleichterung der Textverarbeitung durch ordnende Fragen;
- häufige Bestätigung.

Lernbarrieren vermeiden

Ein großer Teil der Lernbarrieren, die mehr oder weniger alle Erwachsenen betreffen, lassen sich vermeiden, indem
1. der konkrete Bezug zur Berufspraxis im gesamten Lernprozess deutlich erkennbar ist;
2. die Abstraktionsanforderungen und die damit nötige Umstellung des im Berufsalltag eher praxisorientierten Denkens so gering wie möglich gehalten werden;
3. auftretende Kompetenzdefizite in einer problemorientierten, kooperativen Lernatmosphäre als wertvolle Hinweise zur gezielten Weiterentwicklung begriffen werden;
4. die Lerninhalte direkt an die bisherigen Erfahrungen der Lerner und ihre beruflichen Interessen anknüpfen;
5. die Notwendigkeit zu lebenslangem Lernen als künftige Selbstverständlichkeit in den Berufsalltag einbezogen wird;
6. sowohl die Lerninhalte als auch die Lernziele, -hilfen und alternative Lernwege so transparent und konkret wie möglich dargestellt werden;
7. jeder Lerner die Möglichkeit hat, unbelastet von Rollenerwartungen verschiedene Handlungsalternativen und neue Sichtweisen bzw. Einstellungen auf Realitätsangemessenheit zu prüfen und unmittelbar angemessenes Feedback zu erhalten;

8. die Organisation des Lernprozesses eigenständige, häufige Wiederholungen, Zusammenfassungen und Reproduktionen wichtiger Lerninhalte gestattet;
9. effiziente Lern-, Arbeits- und Motivationstechniken entwickelt und vermittelt werden, die selbst gesteuertes, eigenverantwortliches Lernen ermöglichen.

Kennzeichen

Lernbarrieren im Unternehmen

Der bisherige Versuch ganzheitlicher Betrachtung der Lernvoraussetzungen und -probleme ist deutlich geworden, dass eine eher voraussetzungslose allgemeine Weiterbildung/Lehre nicht allzu viel Erfolgschancen hat; wichtig ist es zu wissen, von wo wer abgeholt und wohin begleitet werden sollte.

Zusätzlich muss das Lernumfeld »stimmig« sein. Immer mehr muss deshalb der in einem Unternehmen Lehrtätigkeit Ausübende auch auf diese Umfeldbedingungen einwirken und damit direkt oder indirekt auch Organisationsentwicklungsimpulse geben.

Auf der Ebene der Unternehmenskultur eröffnet sich z. B. in vielen Unternehmen für das Top-Management das prinzipielle von ihnen häufig nicht gelöste Dilemma einer stabilisierenden, sich selbst verstärkenden und stark ordnenden Wertkultur, die zur erfolgreichen Umsetzung von Strategien notwendig ist, aber auch gleichzeitig strategische Neuorientierungen hemmt.

Darüber hinaus können folgende, in der Praxis häufig anzutreffende **Organisationskulturen**, die Lernprozesse weitgehend einschränken, identifiziert werden:
- Vergangenheitskultur: Festhalten an Traditionen und alten Hackordnungen;
- **Schablonendenken**: Eingeengte, eindimensionale Wahrnehmung (Ideologien, Zielsetzungen, Wertstrukturen), »Schwarz-Weiß-Denken«;
- **Destruktive Streitkultur:** Unterdrückung von Konflikten;
- **Status-quo-Kultur**: Bequemlichkeit und Selbstzufriedenheit;
- **Resignationskultur**: Vorherrschen primär negativen, destruktiven Denkens;
- **Ressortegoismuskultur**: Fehlende Kooperation/Teamgeist, einseitige Betonung von Status- und Besitzdenken;
- **Missachtungskultur**: Ignorieren und Unterdrücken kritischer Daten, Problemerfassung nur außerhalb des eigenen Verantwortungsbereiches.

Lernverhalten – Lehrverhalten

Ergebnisse der andragogischen und schulpädagogischen Lehr-Lernforschung belegen, dass Lernverhalten und Lehrverhalten eng zusammenhängen und sich gegenseitig beeinflussen. Hierbei spielen die subjektiven Erfahrungen, teilweise emotional besetzten Vorurteile, Einstellungen und Vorstellungen der Lerner und Lehrer über das Lernen eine entscheidende Rolle. Durch ihre schulische Bildungsbiografie haben sowohl Lehrer als auch Lerner ein Lernverständnis übernommen, das als »Übermittlungsstrategie« (Lompscher, J.: Entwicklungförderndes Gestalten von Lehrstrategien – Voraussetzungen, Potenzen, Wirkungen. In: pub.ub.uni-potsdam.de/zsr/IIf/IIf_pdf/IIf_03/entwickl.pdf) bezeichnet werden kann.

Nach diesem Lernverständnis ist der Lerner das mehr oder weniger passive Objekt des Lernprozesses und der Lehrende das handelnde Subjekt, das alle für das Lernen notwendigen Handlungen einschließlich der Lern- bzw. Lehrziele plant, durchführt und kontrolliert.

Die Überprüfung der Lernergebnisse geschieht meist durch einfache Reproduktion, der Lerngegenstand und seine Struktur stehen im Vordergrund, Bedürfnisse und Eigenaktivitäten der Lerner werden nicht beachtet oder sind unerwünscht. Die Lage des Lehrenden in Aus- bzw. Weiterbildungssituationen, die durch dieses Lernverständnis geprägt sind, wird durch folgendes Zitat verdeutlicht:

> *»Der autoritäre Lehrer bezahlt ... seinen zweifelhaften Vorteil, sich besser durchsetzen zu können, damit, dass er sich um alles kümmern muss. Er ist nicht nur Wissensvermittler, sondern auch alleiniger Planer, Organisator und Polizist der Klasse und muss ständig auf der Hut sein, dass seine Autorität nicht angetastet wird. Die »guten alten autoritären Zeiten« waren oft nichts anderes als ein regelrechter Kleinkrieg, wo sich Schüler durch Streiche und ähnliche Manipulationen für ihre Bevormundung rächten.«* (Deitering, F.G.: Selbstgesteuertes Lernen, Hogrefe, Göttingen 2001)

Die Folgen dieser lernbiografischen Prägung münden in die weit verbreitete Auffassung von erwachsenen Lernern und Lehrenden, dass Lernprozesse vorrangig durch äußere Einwirkungen initiiert und geregelt werden müssen. Diese Auffassung ist ein wesentlicher Bestandteil der »heimlichen Unterrichtstheorien« von Lehrenden und führt zu der Tendenz von Lernern, ihre eigenständigen Lernbemühungen abzuwerten und nicht als eigentliche Lerntätigkeit zu betrachten. Sie ist unvereinbar mit den Zielen, Interessen und Bedürfnissen erwachsener Lerner, die auf Selbstorganisation und Eigenverantwortung beruhen.

Die Verwirklichung dieser Merkmale beruht auf einem alternativen Lern- und Lehrverständnis und ist eine notwendige Voraussetzung zur Entwicklung personaler und sozialkommunikativer Kompetenz.

Sie betont Werte und Zielvorstellungen wie Selbstvertrauen, Realismus, Initiative und Mitbestimmung der Lernenden, Freiheit von Status- und Hierarchiedenken und das Einbringen eigener Bedürfnisse. Der Lerner und seine Aktivität stehen im Mittelpunkt der Lehr-Lernsituation, er ist das handelnde Subjekt und für die Planung, Ausführung und Kontrolle von Lernprozessen (mit-)verantwortlich.

Die Überprüfung von Lernergebnissen geschieht nicht mehr über Reproduktion, sondern über die praktische **Anwendung in realen Problemsituationen**. Die Rolle des Lehrenden wandelt sich dabei vom allmächtigen, allgegenwärtigen Dozenten des Frontalunterrichts zum Moderator, Berater und Helfer in selbstgesteuerten Lernprozessen.

Wertewandel – die veränderte Rolle des Trainers/Lehrers vom »Dozenten« zum (Lernprozess-)Moderator/Berater

Die Verwirklichung selbst gesteuerter Lernprozesse kann nur erfolgreich sein, wenn die Tätigkeit des Lerners im Zentrum der Bemühungen des Lehrenden steht. Die Förderung von Selbstbestimmung, Selbstständigkeit in der Auseinandersetzung mit der Umwelt, Kritikfähigkeit, Selbstvertrauen, Kommunikationsfähigkeit und undogmatischen, kreativen Denkens verlangt vom Lehrenden eine **Um- bzw. Neudefinition seiner Rolle vom bloßen Wissensvermittler**

zum Lernhelfer, -Organisator, -Berater und -Anreger. Die Persönlichkeitsentwicklung in der Tätigkeit erfordert die Schaffung, Modifizierung und Gestaltung eines Lernumfeldes, in dem die Entwicklung fachlich-methodischer Kompetenzen entfaltet werden können. Personale und sozial-kommunikative Kompetenzen müssen vor allem in Selbstlernprozessen erworben und entwickelt werden.

1. Aufgabe des Lehrenden

Dem Lehrenden kommt die Aufgabe zu, intellektuelle Fähigkeiten, Entwicklungsbedingungen, spezielle Vorkenntnisse, Motive und Interessen des Lerners zu identifizieren, analysieren und kommunizieren, damit sie bei der Gestaltung individueller Lernprozesse berücksichtigt werden können. Den Lerner »dort abzuholen, wo er steht«, verlangt notwendig ein Wissen darüber, wo er denn steht; insofern besitzt der Lehrende eine diagnostische Funktion, die auch bei der Feststellung von Lernschwierigkeiten und deren Ursachen gefragt ist.

Nach bzw. während der Analysephase tritt die beratende Funktion hinzu, dem Lerner Hilfestellungen bei persönlichen und motivationalen Problemen zu geben, ihn bei der eigenständigen Erarbeitung von Lernzielen und -plänen, sinnvollen Kontrollen und der Durchführung des Lernprozesses zu unterstützen und Hilfestellungen zur effizienten Verwendung seiner Stärken zu leisten. Die Orientierung an der Individuallage des Lernenden, eine problemorientierte, inhaltliche Darstellung des Lerngegenstandes mit Bezügen zur alltäglichen, beruflichen Praxis und die Anerkennung des Lernenden als Partner ermöglichen es ihm, Problembewusstsein, kritische Urteilskraft und Selbstbestimmung zu entwickeln.

2. Lernstile und -techniken

Auf Grund unterschiedlicher Lernstile, -techniken und -gewohnheiten ist es notwendig, eine möglichst **breite Palette von Lern- und Arbeitstechniken, Motivations- und Lernhilfen** anzubieten und diese in maßgeschneiderte Lernprogramme zu integrieren, die sich an der persönlichen Weiterentwicklung des Lerners orientieren (prognostische Funktion). Sie werden gemeinsam mit dem Lerner entwickelt und in individuellen Lernverträgen und -arrangements festgehalten (arrangierende Funktion).

3. Soziale Betreuung

Außerdem kommt dem Lehrenden noch eine kontaktvermittelnde Funktion zu, die es dem Lerner ermöglicht, in seiner neuen Lernumgebung und im neuen Lernfeld Kontakte zu knüpfen und somit seine soziale Kompetenz zu erweitern. Die Beratung, die Rückmeldung über den Lernerfolg und die gemeinsame Entwicklung von Lernzielen und -wegen auf der Basis des Problemlösehandelns sind Qualitätsmerkmale einer veränderten sozialen Betreuung des Lerners durch den Lehrenden. Dabei spielt neben der Förderung von Problemlösungsaktivitäten als rotem Faden des Lernprozesses das bewusste Erkennen des Lerners seiner persönlichen Werte und der sich aus ihnen ergebenden Bedürfnisse, Schwächen und Interessen eine zentrale Rolle in der autonomen Lernzielformulierung.

4. Projektarbeit, Aktionen

Projektarbeit gilt heutzutage als ideale Form ganzheitlichen Lernens. Durch die Teilnahme an realitätsnahen Problemlösungsprojekten in Kleingruppen, in denen die Strukturierung des Lernweges weitgehend den Teilnehmern überlassen ist, werden Selbständigkeit und

Eigenverantwortung der Lerner gefördert. Die Konfrontation und Auseinandersetzung mit Wahlmöglichkeiten und Entscheidungsalternativen führt zu einem bewussten Erkennen der eigenen Lerner-Persönlichkeit und -Identität.

5. Projektarbeit, Aktionen
Die Teilnehmer werden durch diese Art der Lernorganisation veranlasst, statt unkritischer, passiver Wissensaufnahme in ihrem Lernprozess eigene Werte zu entdecken und zu überprüfen. Durch das soziale Erlebnis der Projektarbeit in der konstruktiven Auseinandersetzung mit den Kollegen und die Einbeziehung affektiver Lernziele wird der Einzelne gegenüber seinen emotionalen Prozessen aufgeschlossen und entwickelt Sensitivität im Umgang mit anderen.

Aspekte einer an Lernstilen orientierten Kompetenzentwicklung

Im Zuge der gegenwärtigen gesamtgesellschaftlichen und wirtschaftlichen Entwicklungen wird die Nachfrage nach umfassenden beruflich en Handlungskompetenzen immer größer. Die Gesamtheit und Integration fachlicher, methodischer, personaler und sozialer Kompetenzen, kann nicht in frontalen Lernprozessen der traditionellen Weiterbildung, sondern nur in selbstorganisierten mit entsprechenden Lehrmethoden entwickelt werden.

Durch die erhöhte Bedeutung sozialer und personaler Kompetenzen für Prozesse des »Lernen-lernens« gegenüber wertfrei vermittelbarem Sach- und Methodenwissen tritt die Aneignung und Verinnerlichung von Werten in den Vordergrund. Dies kann aber nur durch sozial eingebundene Eigenaktivitäten des Lerners geschehen, indem ihm ermöglicht wird, sein eigenes Wertesystem zu erkennen, zu analysieren und mit der beratenden Hilfe eines Trainers in einer sozialen Lernsituation einer Überprüfung auf Realitätsangemessenheit zu unterziehen. Erst wenn er selbst erkannt hat, dass seine bisherigen, handlungsleitenden Einstellungen seinen persönlichen Fortschritt hemmen, ist er bereit, Bequemlichkeiten und Voreingenommenheiten zu verlassen und sich weiter zu entwickeln. Daher betonen alle Formen selbst gesteuerten Lernens die Analyse und bewusste Erkenntnis der individuellen Voraussetzungen des Lerners, seines persönlichen Lernstils.

Durch die Variation der Lernziele, der Lehrmethode, der Lernhilfen, des Lernmaterials und der Lernzeit können individuelle Fähigkeiten, kognitive Stile, Entwicklungsbedingungen, spezielle Vorkenntnisse, Motive und Interessen der Lerner berücksichtigt werden. Unterschiedliche inhaltliche Anforderungen durch Berufstätigkeit, betriebliche Erfordernisse, persönliche Erfahrungen und Erwartungen sind nicht durch allgemeine Angebote, sondern nur durch Lernarrangements, die auf den Einzelfall abgestimmt sind, zu erfüllen. Es ist davon auszugehen, »... dass zukünftige Ausbildungserfordernisse gar nicht anders mehr bewältigt werden können, insbesondere da sie immer kurzfristiger, aktualisierter und mit größerer Streuung im Detaillierungsgrad auftreten.« (Dulisch, F.: Lernen als Form menschlichen Handelns. Hobein, Bergisch Gladbach 1994).

- **Instruktionen optimieren**
  Eine Optimierung von Instruktionen bezüglich Lernzielen, -methoden, -hilfen, -material und der Lernzeit setzt die Individualisierung des Lernens voraus. Diese Notwendigkeit zur persönlichen Diagnostik wird auf der Ebene des individuellen Lernens in Lehrkonzep-

tionen wie Weltner's integrierten Leitprogrammen, Projekten nach der Leittextmethode, des autonomen Lernens in der Management-Andragogik und in berufspädagogischen Selbstlernzentren berücksichtigt.

- **Individuelle Lernkompetenz**
  Im Konzept der integrierten Leitprogramme kommt der individuellen Lernkompetenz eine zentrale Bedeutung zu. Der Lernende soll dazu befähigt werden, dass er in späteren Lernsituationen seine Lernaktivitäten in zielgerichteter Weise eigenständig zu regeln vermag.
  Die Programme bestehen aus Lernhilfen zur Konkretisierung von Lernzielen und zur Auswahl von Lernaufgaben und bereiten den Lerner auch auf eventuelle Lernschwierigkeiten vor.

- **Lerndefizite selbst erkennen**
  Ebenso erhält der Lerner Hilfen zur Identifizierung seiner Lerndefizite und zur Diagnostik seines persönlichen Lernstandes. Mangelnde Vorkenntnisse werden durch Zusatzinformationen ausgeglichen und Informationsquellen durch Beispiele und Übungsaufgaben ergänzt. Die Lernkompetenz wird dabei explizit durch Hinweise auf geeignete Lernstrategien und -techniken gefördert, die lernpsychologisch begründet werden. Ca. 10–15 Prozent der Leitprogramme bestehen aus diesen Sach- und Verfahrenskenntnissen.

- **Leittextmethode**
  Bei der Leittextmethode wird mit Hilfe schriftlicher Unterweisungsunterlagen das Selbstlernen gesteuert. In intensiver Vor- und Nachbereitung einer zu erlernenden Arbeitstätigkeit wird systematisch das Durchdenken der Arbeit angeleitet. Den sechs Schritten des Lernprozesses, bestehend aus **Informieren, Planen, Entscheiden, Ausführen, Kontrollieren und Bewerten** sind jeweils eigene methodische Hilfen zugeordnet. Im Rahmen eines entsprechenden Projektes eines großen deutschen Konzerns wurden die Auszubildenden dazu angehalten, zielbezogen zu lernen und vor allem die eigenen Defizite in Kenntnissen und Fertigkeiten selbst herauszufinden. Dabei wurde weitgehend im eigenen Lerntempo und -stil gearbeitet.

- **Autonomes Lernen**
  Das Programm des autonomen Lernens der Management-Andragogik beruht auf vier praxisorientierten Prinzipien. Unter Selbstmanagement wird die Herausarbeitung eigener Werte, Bedürfnisse und Ziele des Lerners verstanden. Der Einzelne soll wissen, welche Werte er hat und welche Bedürfnisse sich daraus ergeben.
  Das gibt ihm die Möglichkeit, sowohl als Individuum als auch in einer Gruppe als autonome Persönlichkeit aufzutreten. Zum Lernen des Lernens wird der Lernstil des Lerners analysiert und darauf aufbauend – werden Lernpläne, -projekte und -strategien entwickelt. In einem Lernvertrag wird die angestrebte Lernleistung des Teilnehmers und die Unterstützung durch einen Berater oder Trainer geregelt.
  Die Vielfalt des Lehrmittelangebots erlaubt es jedem Lerner, seine individuellen Stärken zu nutzen und Schwächen zu kompensieren.

- **Selbstlernzentren**
  Berufspädagogische Selbstlernzentren halten ein breites Angebot von Informationsquellen und Lernmaterialien sowie Räume bereit, in denen ein ungestörtes und effektives Selbststudium möglich ist. Auf diese Weise kann den individuellen, zum Teil stark gestreuten Informationswünschen, Interessen und Lernzeiten der Benutzer Rechnung getragen werden. Alle vorgestellten Lehrkonzepte versuchen, über Sach- und Methodenwissen hinaus allgemeine Lernkompetenz zu entwickeln, indem sie sozial und persönlich eigenständige Aktivitäten der Lerner fördern. Personale und soziale Kompetenzen sind von individuellen Bedürfnissen, Einstellungen, Motiven und Werthaltungen geprägt. Sie können unabhängig von Fach- und Methodenwissen, jedoch bedingt mit Trainingsmethoden zur Verbesserung des Selbstkonzeptmanagements bzw. der sozialen Wahrnehmung und Kommunikationsfähigkeit gefördert werden.

- **Personale Kompetenz**
  Entwicklungsmethoden zur personalen Kompetenz, die an den persönlichen Voraussetzungen der Teilnehmer ansetzen, sind beispielsweise Selbsterfahrungsansätze in experimentellen Gruppensituationen oder realen Gruppentrainings, Sinnfindungs- und Identitätsreflektionen mit Gruppenbezug, Methoden zur Erfassung von Selbststrukturveränderungen und alle Arten von Verhaltenstrainings (Führungsverhalten, Konflikt- und Stressmanagement usw.). Soziale Kompetenzen lassen sich in gruppenprozessorientierten Trainings zur Verbesserung von Teamführung und -verhalten, zur Erhöhung der sozialen Kreativität und durch Projektarbeit aller Art fördern.

- **Trainer-Entwicklung**
  Aber nur derjenige, der selbst sozial und personal kompetent ist, kann diese Kompetenzen bei anderen beurteilen und sie ihnen vermitteln. Folglich müssen Lernstile, Einstellungen und Werthaltungen der Trainer ebenso in ihrem Lehrverhalten berücksichtigt werden. Daher empfehlen sich die gleichen Trainings- und Bildungsformen und persönlichkeitsdiagnostischen Methoden auch für die Lehrenden.

> Die veränderte Rolle des Lehrers/Trainers setzt also umfangreiche pädagogisch-psychologische Fach- und Methodenkenntnisse voraus, die durch die selbstständige Entwicklung eigener sozialer und personaler Kompetenzen ergänzt werden müssen.

Persönliche Maßnahmen

Was nehme ich mir für die nächsten 6 Wochen im Sinne eines weiteren Durchdenkens und Stärkens meiner »Lehrfähigkeit« vor? (Stichworte):

___

___

Was werde ich zuerst und vorrangig tun? (Stichworte):

___

___

Wie kontrolliere ich die Resultate? (Stichworte):

___

___

Wo werde ich mich weiter zum Thema »Lehrfähigkeit« informieren? (Stichworte):

___

___

Als weiterführende Informationsquellen empfehlen wir

Czichos, R.: Profis managen sich selbst (zu »Lernstile«, S. 491–501). Ernst Reinhardt Verlag, München/Basel 2001

Heyse, V.; Erpenbeck, J.; Michel, L.R.: Kompetenzprofiling. Weiterbildungsbedarfe und Lernformen in innovativen Branchen. Waxmann Verlag, Münster/New York u. a. 2002

Heyse, V.; Erpenbeck, J.: Kompetenzbiografie. Waxmann Verlag, Münster/New York u. a. 2007

Rosenstiel, L.v.; Regnet, E.; Domsch M. E. (Hrsg.): Führung von Mitarbeitern. Handbuch für erfolgreiches Personalmanagement (zu »Selbstorganisiertes Lernen«, S. 559–583). USW-Schriftenreihe, Band 20. Schäffer-Poeschel Verlag, Stuttgart 2003

Schüppel, J.: Wissensmanagement – Organisatorisches Lernen. Gabler Verlag, Wiesbaden 1996

Wissensorientierung F/P

	F/P		F/A
Wissensorientierung	Analytische Fähigkeiten	Konzeptionsstärke	Organisationsfähigkeit
Sachlichkeit	Beurteilungsvermögen	Fleiß	Systematisch-methodisches Vorgehen
	F/S		F
Projektmanagement	Folgebewusstsein	Fachwissen	Marktkenntnisse
Lehrfähigkeit	Fachliche Anerkennung	Planungsverhalten	Fachübergreifende Kenntnisse

F Fach- und Methodenkompetenz

▶▶ Grundsätzliche Überlegungen

> »Wissen ist Macht.« – »Die Halbwertszeit von Wissen wird immer kürzer.«

Beide Zitate widerspiegeln Wahres und zunehmende Trends. Beide Vereinfachen und Verabsolutieren zugleich und sind damit kritisch zu hinterfragen. Denn sie können auch zu einem Zustand des Sich-Ausgesetzt-Fühlens und zu der Vorstellung des ständigen Hinterherlaufens führen. Darauf wird noch kritisch eingegangen.

Generell jedoch steigt die Bedeutung von Wissen und die Notwendigkeit der kontinuierlichen Suche und Nutzung von Möglichkeiten, das eigene Wissen zu vervollkommnen und zu erweitern – im beruflichen Alltag zur Sicherung der eigenen Beschäftigungsfähigkeit (zunehmend auch mit dem Begriff »Employability« umschrieben) sowie der Wettbewerbsfähigkeit des Unternehmens.

Aber was »ist« Wissen überhaupt? Der Wissensbegriff ist einer der umstrittensten Begriffe in der Psychologie, in den Sozialwissenschaften und in der so genannten Wissensökonomie. Neben vielen anderen Unterscheidungen ist zumindest die zwischen Wissen im engeren Sinne und Wissen im weiteren Sinne zu berücksichtigen. Aus gleicher Blickrichtung wird im sogenannten Münchener Wissensmanagement-Modell das Wissen – je nach Perspektive – sowohl in der Nähe des Informationsbegriffs als auch in der Nähe des Handlungsbegriffs gesehen: folglich bilden im Münchener Modell *Informationswissen* und *Handlungswissen* zwei richtungweisende Ausprägungsformen (oder auch Zustände) von Wissen. Dabei spielen folgende Unterscheidungsmerkmale eine wichtige Rolle:

- »Informationswissen« gibt es einzeln; Handlungswissen findet man nur in sinnvollen Bedeutungsnetzwerken.
- Informationswissen kann so wie es ist weitergegeben werden; Handlungswissen muss als Netz von bedeutungsvollen Verbindungen konstruiert werden.

- Informationswissen kommt auch ohne Kontext aus; Handlungswissen ist immer Teil eines Kontextes.
- Mit Informationswissen kann man Handlungswissen aufbauen; mit Handlungswissen bringt man Wissen zum Handeln.
- Dass man Informationswissen »besitzt«, kann man durch Reproduktion beweisen; dass man Handlungswissen »konstruiert« hat, kann man nur durch seine Anwendung in neuen Kontexten zeigen.

Wissensorientierung, als Frage der Entwicklung von Fachlich-Methodischen Kompetenzen durch und im Rahmen von personalen Kompetenzen, soll beiden Fragen nachgehen: Wie muss eine Persönlichkeit Ihr geistiges und kommunikatives Handeln ausrichten, um Informationswissen zu lernen, zu verstehen, dem eigenen Sach- und Fachwissen einzugliedern und auf seiner Grundlage kreativ neue Ideen und Verfahrensweisen zu entwickeln? Und wie kann eine Persönlichkeit Handlungswissen erwerben, trainieren und vervollkommnen?

Wie unterschiedlich beides zu betrachten ist, wie unterschiedlich folglich auf die Wissensorientierung gerichtete Kompetenztrainings ausfallen müssen, verdeutlicht die so genannte Wasser-Analogie der Münchener Schule:

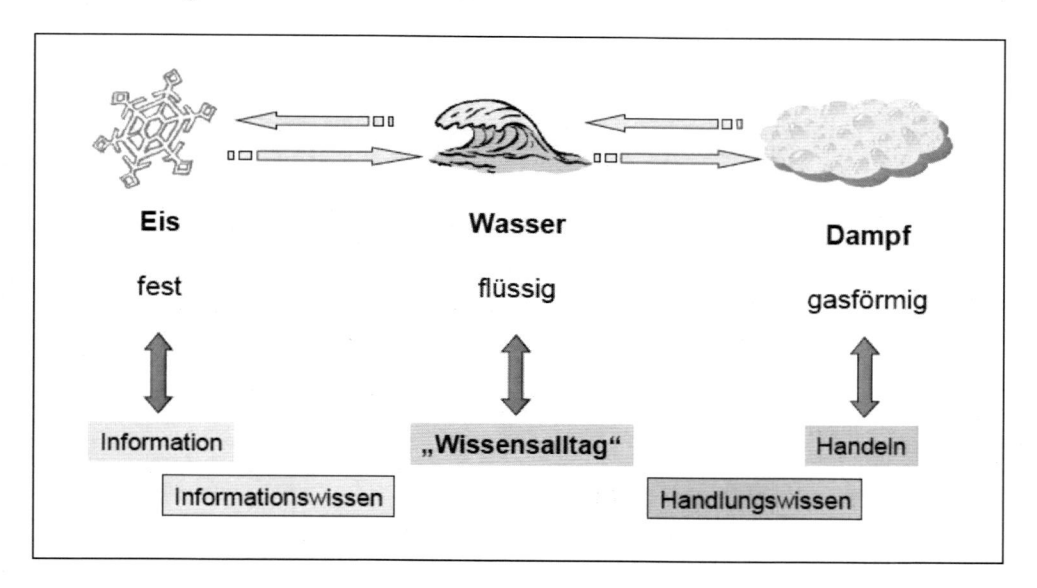

Eis	Wasser	Dampf
fest	flüssig	gasförmig
↕	↕	↕
Information	„Wissensalltag"	Handeln
Informationswissen		Handlungswissen

»Jeder kennt das Element Wasser in drei Zustandsformen, nämlich flüssig als den Zustand, den man gemeinhin mit dem Begriff Wasser verbindet, gefroren als Eis und gasförmig als Wasserdampf; die Übergänge zwischen diesen drei Zustandsformen erfolgen allmählich und nicht abrupt. Physikalisch ist es zwar nicht ganz korrekt, alle drei Zustandsformen unter das Vorstellungskonstrukt »Wasser« zu subsumieren, aber im Alltag kommen wir alle sehr gut damit zurecht. Überträgt man dieses Bild auf den Wissensbegriff, sind die Ähnlichkeiten naheliegend: Wissen ist etwas, das eigentlich ständig in Bewegung ist und sich in dieser Bewegung einmal mehr dem Pol des »gefrorenen« Informationswissens nähert, das gut greifbar und damit auch leicht handhabbar ist, und einmal mehr an den Pol des »gasförmigen« Handlungswissens herankommt, das schwer zugänglich und wenig steuerbar ist. Die Abbildung soll die Wasser-Analogie zum Wissen veranschaulichen.«

Wer mit Informationswissen umgehen will muss das Fahren, das Beladen und Entladen eines Tiefkühllasters mit der Fracht Information lernen. Wer mit Handlungswissen umgehen will muss lernen, vom Dampf des Handlungswissens umgeben, sich und anderen den Saunaaufenthalt so angenehm und ergiebig wie möglich zu machen. Wir gehen auf beides sogleich konkret ein.

Folgende Entwicklungen forcieren die wachsende Bedeutsamkeit der Teilkompetenz Wissensorientierung, insbesondere auf das Informationswissen bezogen, sowie des zunehmend geforderten individuellen sowie unternehmensweiten Wissensmanagements (nach Simon/Gathen 2002):

- Zunehmende Anzahl von Techniken und Medien der Kommunikation und Informationsbereitstellung: Die Vielfalt der Informationen auf der Grundlage von Print- und weiter zunehmenden elektronischen Medien erfordert eine Selektion der relevanten Informationen und ihrer Bedeutsamkeit für die eigenen Aufgabenstellungen und zukünftige Entwicklungen. Und diese Selektion der 2–5 % wirklich relevanten Informationen wird auf Grund der Vielfalt immer schwieriger.
- Größer werdender Serviceanteil in der Wertschöpfung: Im Rahmen der Entwicklung immer mehr zur Wissensgesellschaft wird der Faktor Wissen, sowohl bzgl. der Generierung wie auch vor allem der Nutzung, immer wichtiger. Der Wissensvorsprung und der Vorsprung in der Umsetzung des Wissens werden überlebenswichtig. Das setzt die individuelle Wissensorientierung, Lernbereitschaft und Kommunikationsfähigkeit gleichermaßen wie ein effizientes Wissensmanagement voraus.
- Weiter ansteigende Geschwindigkeit des wissenschaftlichen, technischen und technologischen Fortschritts: Das erfordert ständiges Lernen und Weiterbilden über die verschiedensten Formen und Wege. Wissenslücken werden gefährlich.
- Zunehmend geht es nicht mehr allein um die Erweiterung des vorhandenen Informationswissens, sondern auch um neue Anwendungsgebiete dieses Wissens. Kunden- und Marktwissen werden ebenso wichtig, wie das Wissen darum, wo aktuell die besten Informationen gewonnen werden können.

Aber es ist nicht nur das Informationswissen wichtig. Beide, Informations- und Handlungswissen, sind Bestandteile des so genannten Intellektuellen Kapitals, und dort wiederum des Humankapitals, des Strukturkapitals und des Beziehungskapitals.

Intellektuelle Unternehmenswerte, Formen des Intellektuellen Kapitals werden im 21. Jahrhundert in vielen Bereichen wichtiger als Sachwerte!

Informationswissen allein genügt dabei nicht. Letzten Endes zählt, wie viel Mehrwert das Wissen, die jeweiligen Informationen, der kommunikative Austausch und das wissensbegründete Handeln schaffen. Wissen ist etwas anderes als nur gesammeltes und verwaltetes Sachwissen. Das Wertschöpfungspotenzial eines Unternehmens (Analoges gilt auch für das individuelle Potenzial) hängt vor allem von zwei wichtigen Komponenten ab: einerseits von der Wissensintensität, andererseits von dem Ausmaß der Wissensnutzung.

Im Mittelpunkt der Wissensorientierung sollte also stets die vom Handlungswissen geprägte Wertschöpfung aus dem vorhandenen und erweiterten Wissen sowie die Anpassung an eine sich verändernde Umwelt stehen. Tissen et al. (2000) gibt ein interessantes Beispiel:

> *Der Erfolg eines Unternehmens wächst zweigleisig: Sowohl das Serviceangebot als auch das inhaltliche Wissen sollten erhöht werden. Das niederländische Unternehmen Stork gibt ein anschauliches Beispiel. Es hat sich aus einem technischen in ein Wert schöpfendes Wissensunternehmen verwandelt. Ursprünglich baute Stork Maschinen. Seine Ingenieure verbrachten ihre Tage mit der Konstruktion der bemerkenswertesten Fertigungsanlagen. Technologie war ihnen alles, der Kunde ein notwendiges Übel. Doch gegen Ende der 70er Jahre wendeten sich die Dinge für die Branche insgesamt zum Schlechten. Man wollte sich fortan ausschließlich auf jene Produkte konzentrieren, auf die man spezialisiert war. Gleichzeitig rückte der Kunde in den Fokus.*
> *Der Geschäftsleitung von Stork wurde allmählich immer klarer, dass das Unternehmen aus einer ganzen Palette von Dienstleistungen rund um seine Maschinen – Wartung, Reparatur, Modifizierung usw. – Wert würde schöpfen können. Außerdem unterstützte man fortan die Kunden dabei, ihrerseits die maximale Wertschöpfung aus Stork-Maschinen herauszuholen. Stork wollte möglichst viele Glieder der Wertkette beherrschen. Die dazu notwendigen Kenntnisse wurden entweder innerhalb des Unternehmens entwickelt oder eingekauft. Heute ist Stork nicht nur Hersteller wissensintensiver Maschinen (für Stoffdruckereien, Lebensmittel- und Getränkeindustrie), sondern bietet darüber hinaus wissensintensive Serviceleistungen an.«*

Ein ähnliches Beispiel liefert die Entwicklung des Mannesmann-Konzerns: von Kohle und Pipelines über Maschinenbau und Hydraulik hin zur Diversifikation im Bereich Mobilfunk.

Kennzeichen

Besonderheiten des Faktors Wissen

- **Wissen ist personenbezogen und in seiner Modifizierung und Weiterentwicklung vor allem in den Köpfen von Menschen.** Mitarbeiter, die das Unternehmen verlassen, nehmen oft das Wissen bzw. wichtige Anwendungs- und Kundenerfahrungen mit.
- **Wissen ist ein funktionsübergreifendes Thema** und nicht auf bestimmte Organisationseinheiten beschränkt. Das hat auch Auswirkungen auf die Informationssuche und Zusammenarbeit.
- **Wissen »verbraucht« sich nicht**, sondern vermehrt sich bei Benutzung. Darin unterscheidet es sich grundsätzlich von beispielsweise Rohstoffen und Energie.
- **Wissensaustausch führt zu Win-Win-Situationen.** Tauschen Personen in einem Unternehmen bzw. Marktpartner ihr Wissen aus, dann verfügen beide danach sowohl über ihr Ausgangswissen als auch über das des anderen Kommunikationspartners. Beide verbuchen prinzipiell einen Wissensgewinn – womit allerdings noch nichts über die Verwertung dieses zusätzlichen Wissens gesagt ist.
- **Die Exklusivität des Wissens determiniert den Wert.** Wissensvorsprünge können auf den verschiedensten Gebieten existieren: Technologisches Know-how, Kenntnis der Kun-

denbedürfnisse, wissenschaftlich technische Entwicklungskenntnisse und Erfahrungen und methodisches Know-how. Solange Andere nicht über dieses Wissen verfügen, besitzt dieses Wissen einen hohen Wert. Mit geringer werdender Exklusivität sinkt jedoch der Wert dieses Wissens. Die permanente kritische Auseinandersetzung mit der Aktualität des eigenen Wissens und die kontinuierliche Auffrischung sind wichtige Voraussetzungen für die Sicherung bzw. Erhöhung der Exklusivität.

Intellektuelle Unternehmenswerte werden im 21. Jahrhundert in vielen Bereichen wichtiger als Sachwerte

Wissen allein genügt allerdings nicht. Nicht die Menge zählt letzten Endes, sondern wie viel Mehrwert das Wissen, die jeweiligen Informationen, der kommunikative Austausch schaffen. Wert Wissen ist etwas anderes als nur gesammeltes und verwaltetes Wissen. Und: Das Wertschöpfungspotenzial eines Unternehmens (und Analoges gilt auch für das individuelle Potenzial) hängt vor allem von zwei wichtigen Komponenten ab: einerseits von dem Dienstleistungsniveau und der Wissensintensität, andererseits von dem Ausmaß, in dem vorhandenes Wissen genutzt wird.

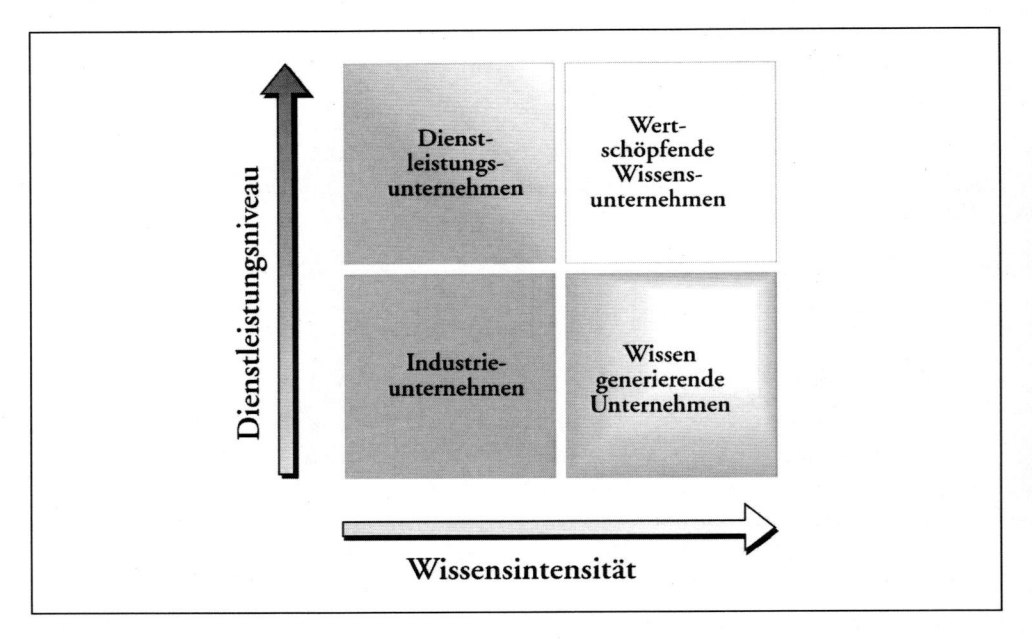

	Dienstleistungsniveau ↑	
	Dienstleistungsunternehmen	Wertschöpfende Wissensunternehmen
	Industrieunternehmen	Wissen generierende Unternehmen
	Wissensintensität →	

Wissen als Gesamtheit von Informations- und Handlungswissen hat typische Eigenschaften, die in drei Sichten zusammengefasst werden sollen: Erstens ist es durch Besonderheiten bei Erwerb und Weitergabe gekennzeichnet, zweitens ist es, gerade durch die »dampfartige« Konsistenz oft hochwirksam aber nicht greifbar und verführt zu dem Stoßseufzer »wenn das Unternehmen wüsste, was es weiß«, drittens führt eben diese Konsistenz zu sehr fragwürdigen Vorstellungen, welches und wie viel Wissen vom Unternehmen genutzt werden könnte.

Besonderheiten des Faktors Wissen

Die Besonderheiten des Faktors Wissen werden im Vergleich zu anderen Gütern oder Produktionsfaktoren sowohl auf der unternehmensweiten als auch auf der individuellen Ebene gleichermaßen deutlich:
- Wissen ist personenbezogen seine Modifizierung und Weiterentwicklung geht vor allem in den Köpfen von Menschen vor sich. Mitarbeiter, die das Unternehmen verlassen, nehmen oft das Wissen, insbesondere das Handlungswissen, bzw. wichtige Anwendungs- und Kundenerfahrungen mit.
- Wissen ist ein funktionsübergreifendes Thema und nicht auf bestimmte Organisationseinheiten beschränkt. Das hat auch Auswirkungen auf die Informationssuche und Zusammenarbeit im Unternehmen.
- Wissen »verbraucht« sich nicht, sondern vermehrt sich bei Benutzung. Darin unterscheidet es sich grundsätzlich von beispielsweise Rohstoffen und Energie.
- Wissensaustausch führt zu Win-Win-Situationen. Tauschen Personen in einem Unternehmen bzw. Marktpartner ihr Wissen aus, dann verfügen beide danach sowohl über ihr Ausgangswissen als auch über das des anderen Kommunikationspartners. Beide verbuchen prinzipiell einen Wissensgewinn – womit allerdings noch nichts über die Verwertung dieses zusätzlichen Wissens gesagt ist.
- Die Exklusivität des Wissens determiniert den Wert. Wissensvorsprünge können auf den verschiedensten Gebieten existieren: Technologisches Know-how, Kenntnis der Kundenbedürfnisse, wissenschaftlich technische Entwicklungskenntnisse und Erfahrungen und methodisches Know-how. Insbesondere das Handlungswissen wird zu einer entscheidenden, nicht imitierbaren Ressource des Unternehmens. Solange andere auch nicht über notwendiges Informationswissen verfügen, besitzt dieses einen hohen Wert. Mit geringer werdender Exklusivität sinkt jedoch der Wert dieses Wissens. Die permanente kritische Auseinandersetzung mit der Aktualität des eigenen Informationswissens und seine kontinuierliche Auffrischung, sowie die stetige Erweiterung des Handlungswissens sind wichtige Voraussetzungen für die Sicherung bzw. Erhöhung von Nichtimitierbarkeit und Exklusivität.

»Wenn das Unternehmen wüsste, was es weiß«

Ein viel gehörter Ausspruch, der aber von falschen Voraussetzungen ausgeht. Er unterstellt, dass das Wissen eigentlich nur aus Informationswissen bestünde, dass es nur eingesammelt und verdichtet werden müsste. Er lässt aber außer Acht, dass
- vieles Wissen ruht und erst abrufbar wird, wenn es um konkrete Problemlösungen geht und dass gerade das »dampfartige« Handlungswissen, insbesondere in informellen Formen gar nicht abrufbar ist;
- auch die freiwillige Abgabe von Informationswissen eine motivierende und anerkennende Atmosphäre voraussetzt. Mitarbeiter mit innerer Kündigung werden ihr Wissen wohl eher versperren;
- handlungsmäßig nicht genutztes und umgesetztes Wissen oft nicht mehr präsent ist;
- in der Regel immer ein letzter (und nicht unwichtiger) Teil des Informationswissens bewusst, des Handlungswissens auch unbewusst als Sicherheit für die einzelne Person von ihr verschlossen wird.

Gerade Letzteres wird in der Regel übersehen, wenn über Wissensorientierung gesprochen wird. Eine Geschichte des persischen Dichters Moscharref od-Din ibn Saadi aus dem 13. Jahrhundert beschreibt dies (Nöllke 2001):

> *Im Orient gab es einen Meisterringer, von dem man sagte, dass er 360 Griffe beherrsche. Dieser Mann hatte einen Schüler, den er sehr mochte und dem er 359 Griffe beibrachte. Das reichte aus, um jeden zu besiegen, der sich ihm im Ring stellte. Er war sehr stolz auf seine Siege und prahlte gegenüber dem Sultan damit, dass er nun auch seinen Meister schlagen könnte. ›Doch aus Respekt gegen ihn würde ich ihn nie herausfordern.‹ Da befahl der Sultan unverzüglich den Kampf in seiner Gegenwart.*
> *Kaum war der Gongschlag zur Eröffnung des Kampfes ertönt, da packte der Meister seinen Schüler mit dem 360. Griff, hob ihn in die Luft und ließ ich auf die Matte krachen. Der Sultan und sein Gefolge klatschten Beifall und wollten von ihm wissen: ›Sag uns, Meister, wie ist es dir gelungen, diesen starken Gegner zu besiegen, der einst dein Schüler war?‹*
> *›Nun, ich habe ihm den letzten Geheimgriff nicht beigebracht. Denn ich habe mich an einen Meister des Bogenschießens erinnert, der einmal gesagt hat: Keiner hat das Bogenschießen bei mir gelernt, der nicht hinterher versucht hätte, aus mir einen Idioten zu machen.«*

Auf die individuelle Wissensorientierung übertragen heißt das, dass von keinem »Meister« erwartet werden kann, dass das ganze Wissen offenbart wird.

Der 20 %-Unsinn

Immer wieder ist ebenfalls zu hören, dass in Unternehmen nur rund 20 % des vorhandenen Wissens aktuell genutzt werde. Tissen (2000) schreibt dazu:

»Es gibt drei Gründe, warum das Unsinn ist:

Erstens ist es normal, dass nur ein kleiner Teil des Wissens genutzt wird. Ein Angestellter, der mit Vorliebe am Wochenende fischen geht, mag sich genauestens mit Forellen auskennen und tausend Tricks kennen, wie man sie angelt, aber was hilft das bei der Produktion von – sagen wir mal – Rollstühlen? Nicht jedes Wissen ist interessant, nur Wert schöpfendes Wissen hat Bedeutung für das Unternehmen.

Zweitens sind sich anscheinend ›Experten einig‹ ... Welche Experten? Diese Leute müssen schrecklich schlau sein, wenn sie das in einem Unternehmen vorhandene Wissen messen können. Vielleicht sind sie herumgegangen und fragten: ›Bob, wie viel Wissen hast du?‹

Drittens: 20 % von was? In welchen Einheiten wird Wissen gemessen? a) Bytes? b) Zahl der potenziellen Problemlösungen? c) Hirnmasse in Kubikzentimeter?«

Wichtiger als Spekulationen über eine mögliche Wissensmenge ist es fürwahr, z. B. nicht mehr das Wissen von Spezialisten sorgsam und getrennt zu sehen, sondern zu bestimmten Problemstellungen auch Spezialisten zusammenzuführen, die früher anscheinend nichts miteinander zu tun hatten.

Heute ist die Frage brennender denn je: Was können wir aus der Fülle unterschiedlichsten Wissens machen, und wie können zum Wohle von Neuem bisher getrennte Wissensbestandteile und Erfahrungsträger in einer Organisation zusammengebracht werden?

Wir können, um die Vielfalt der Wissensformen zwischen dem eher statischen Informations- und dem eher dynamische Handlungswissen ein wenig zu systematisieren auf die Typologie von Tissens (2000) zurückgreifen:

Diagram

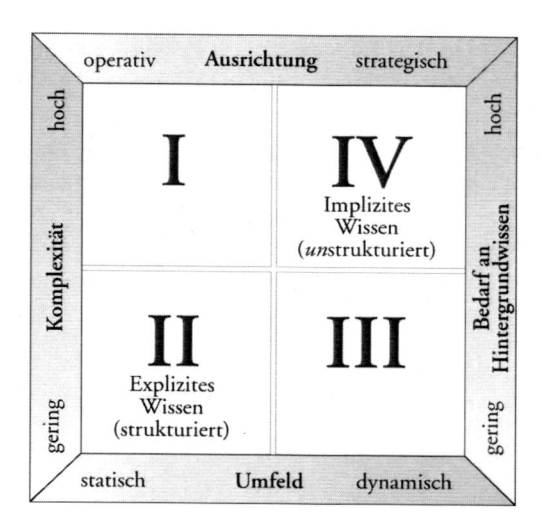

```
            operativ    Ausrichtung    strategisch
         ┌─────────────────┬─────────────────┐
    hoch │                 │                 │ hoch
         │       I         │      IV         │
         │                 │  Implizites     │
         │                 │   Wissen        │
Komplexität                │ (unstrukturiert)│ Bedarf an
         ├─────────────────┼─────────────────┤ Hintergrundwissen
         │                 │                 │
         │      II         │      III        │
         │   Explizites    │                 │
         │    Wissen       │                 │
   gering│  (strukturiert) │                 │ gering
         └─────────────────┴─────────────────┘
            statisch      Umfeld    dynamisch
```

Typ I: strukturiert, operativ fokussiert, in einem statischen Umfeld zu Hause. Man braucht sehr viel Kontextwissen, um zurecht zu kommen.

Typ II: ebenfalls operativ innerhalb statischer Umfeldbedingungen. Weniger anspruchsvoll bzgl. nötiger Umfeldinformationen. Explizites Wissen kann über Jahre hinweg gültig bleiben.

Typ III: nicht besonders kompliziert, wird jedoch insbesondere in turbulenten Situationen benötigt; starke Strategieorientierung.

Typ IV: hoch komplexes, normalerweise strategisch ausgerichtetes Wissen, das ausgiebige Analysen oder umfassende Erklärungen erfordert. Implizites Wissen kann innerhalb kürzester Zeit überholt sein; der am meisten Wert schöpfende Typ ist dieser (Typ IV).

Gerade dank dem impliziten, unstrukturierten, »dampfartigen« Handlungswissen erkennen wir z. B. Marktchancen oder notwendige Problembearbeitungen und begegnen ihnen kreativ. Strukturiertes, explizites Informationswissen ist eher unser Sprungbrett, um Sach- und Dienstleistungen zu erstellen. Aber die Kombination beider Wissensformen ist in vielen Bereichen von hohem Wert, wenn Strategien und operative Verbesserungen realisiert werden sollen.

Die Menschen müssen künftig noch viel mehr dahingehend ausgebildet werden, welche Kompetenzen sie bewusst entwickeln müssen, um ihr Produktionsmittel Wissen richtig zu pflegen und einzusetzen. Deshalb ist die Kompetenz Wissensorientierung so maßgeblich.

Empfehlungen

Halten Sie sich immer die umrissene Vielfalt der Wissensaneignung vor Augen und vertrauen Sie nicht darauf, dass Sie in traditionellen Lehr- Lernprozessen wie in Schule und Universität üblich, schon das Wichtigste lernen werden. Dies aus *fünf Gründen*:

Erstens setzt sich immer mehr die Erkenntnis durch, dass der größte Teil des in unserem Leben wirklich entscheidenden Wissens nicht über die formale Aus- und Weiterbildung angeeignet wurde, sondern zu etwa 80 % selbstorganisiert. Ein großer Teil unseres Wissens ist durch implizites Lernen, durch Lernen aus und von Erfahrungen (Dritter) entstanden, selbstorganisiert und selbstgesteuert angeeignet – oft zufällig in unerwarteten Situationen oder durch zufällige Begegnungen. Solche Kommunikationsformen wie der ungezwungene Erfahrungsaustausch zwischen unterschiedlichen Menschen, die systematische Suche im Internet, die Gespräche auf Messen und in Tagungspausen bieten große Möglichkeiten des Kennenlernens und Vergleichens von Erfahrungen anderer Menschen. Unternehmen, in denen vor allem im Arbeitsprozess gelernt wird, soziale Umfelder wie Freundeskreise, Vereine, Arbeitsgemeinschaften, lokale Netze erweisen sich für die Wissenserweiterung, Erhaltung und Erweiterung der Arbeits- und Wettbewerbsfähigkeit als besonders wichtig. Drei grundlegende Dimensionen der individuellen Wissensaneignung spielen dabei im Zusammenhang die entscheidende Rolle:

- Lernort/Lernposition (Wo entsteht Wissen, wo wird gelernt?);
- Lernprozess (Wie wird Wissen aufgenommen und wie verarbeitet?);
- Lernprodukt (Was wird gelernt?).

Diese Dimensionen spannen einen dreidimensionalen Raum auf, der als Lernkulturraum bezeichnet werden kann.

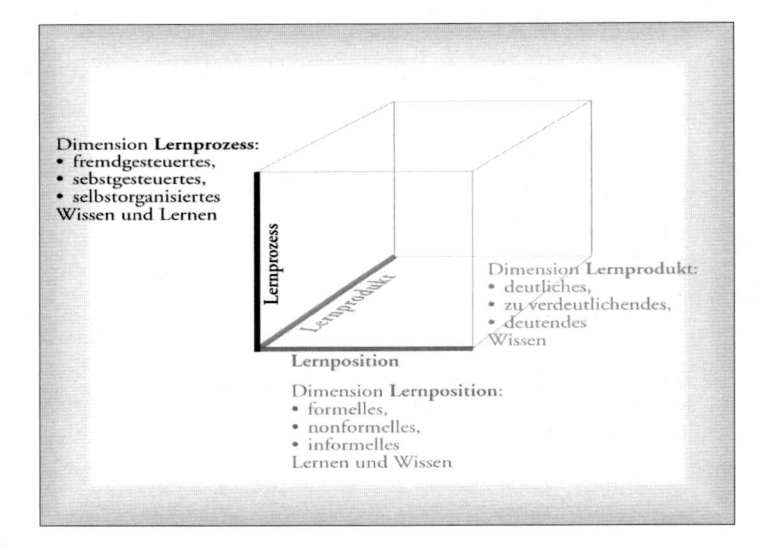

Dimension **Lernprozess**:
- fremdgesteuertes,
- sebstgesteuertes,
- selbstorganisiertes
Wissen und Lernen

Lernprozess

Lernprodukt

Lernposition

Dimension **Lernprodukt**:
- deutliches,
- zu verdeutlichendes,
- deutendes
Wissen

Dimension **Lernposition**:
- formelles,
- nonformelles,
- informelles
Lernen und Wissen

Ihr Lernprozess bewegt sich stets in diesem ganzen Raum, niemals nur in der linken unteren Ecke (formelles Lernen in Schule, Universität, Kurs; fremdgesteuertes Lernen durch Lehrer, Lernprogramme, Curricula; deutliches Informationswissen). Betrachten Sie jede informelle, selbstorganisierte, auch auf nur deutendes Wissen ausgerichtete Vermehrung Ihrer Erfahrungen als Lernen, als Wissenserwerb. Denken Sie darüber nach, wo Sie am meisten Erfahrungen erworben haben und welchen – relativ geringen – Anteil formales Lernen daran hatte.

Zweitens hängt dies beides mit einer sich mehr und mehr durchsetzenden, oft als »konstruktivistisch« bezeichneten Grundüberzeugung zusammen: Sie selbst erzeugen Ihr Wissen, um im Leben und im Beruf handeln zu können, keiner kann es Ihnen in den Kopf trichtern, wenn Sie es nicht dem eigenen Wissen einverleiben mögen. In der modernen Pädagogik spricht man von »Ermöglichungsdidaktik«: Der Lehrer, aber auch das Leben selbst setzen Situationen, die Dir ein Lernen ermöglichen, ja, es von dir erzwingen (Arnold/Siebert 2003). »Erwachsene sind lernfähig, aber unbelehrbar« formulierte Horst Siebert. Machen Sie sich diesen Spruch zu eigen! Wissensorientierung als personal-fachliche Kompetenz heißt: Vertrauen Sie niemals auf Belehrungen, erhöhen Sie stattdessen Ihre Lernfähigkeit, seien Sie offen für neue Lernmöglichkeiten, suchen Sie diese auf. Folgen Sie dem Leitsatz jedes Selbstentwicklers: »Die Situation ist mein Coach!« und entwickeln Sie von da her Ihre Wissensorientierung.

Drittens ist die Teilkompetenz »Wissensorientierung« auf das engste mit der Orientierung auf lebenslanges Lernen verbunden. Betrachten Sie deshalb die Entwicklung Ihrer Wissensorientierung als lebenslangen Prozess und versuchen Sie sich für jede, auch jede künftige Lebensetappe bewusst zu machen, dass sie immer auch Teil dieses lebenslangen Lernen ist. Das wird treffend von einem niederländischen Werbespot für Immobilienmakler illustriert. Er zeigt einen Vater mit seinem Sohn, wie sie miteinander ringen. Die Mutter sieht das und

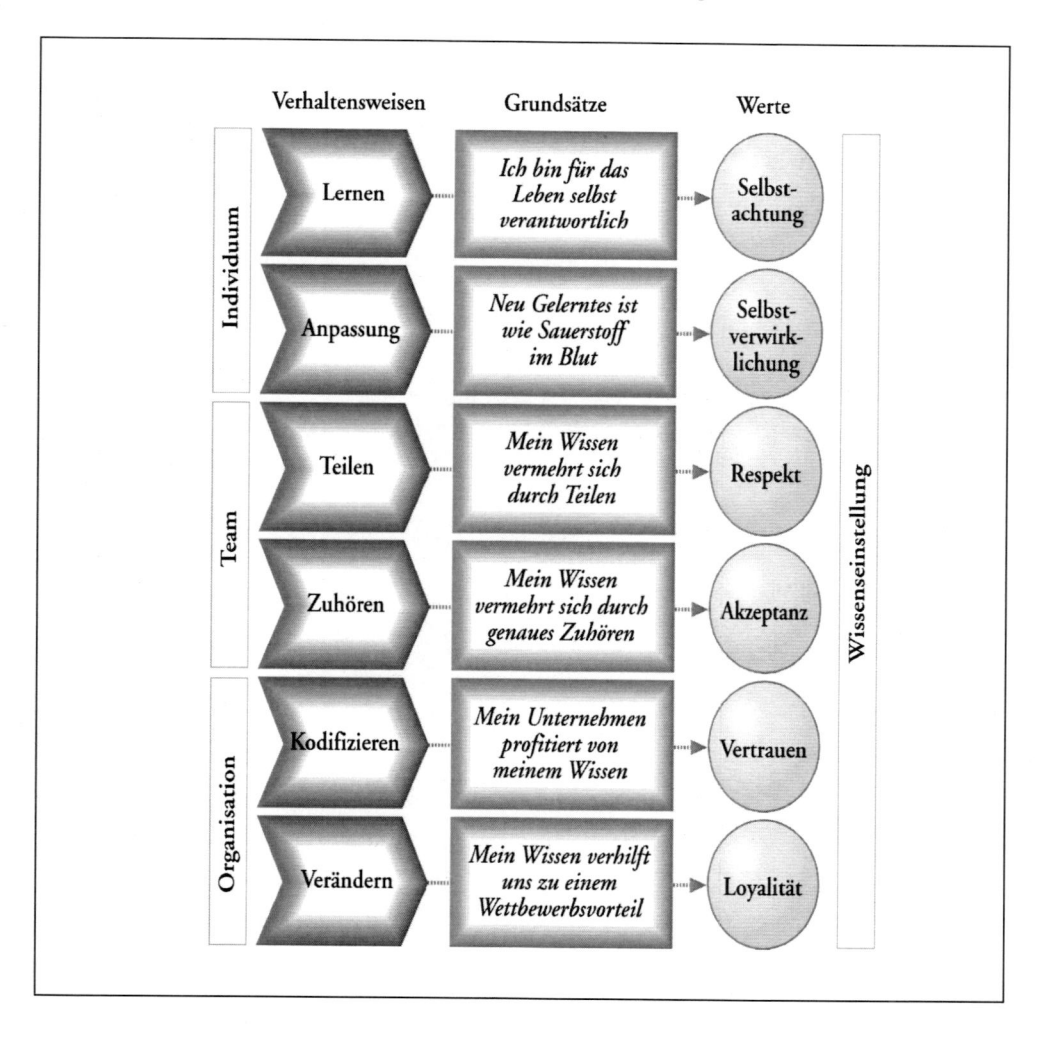

	Verhaltensweisen	Grundsätze	Werte	
Individuum	Lernen	*Ich bin für das Leben selbst verantwortlich*	Selbstachtung	
	Anpassung	*Neu Gelerntes ist wie Sauerstoff im Blut*	Selbstverwirklichung	
Team	Teilen	*Mein Wissen vermehrt sich durch Teilen*	Respekt	**Wissenseinstellung**
	Zuhören	*Mein Wissen vermehrt sich durch genaues Zuhören*	Akzeptanz	
Organisation	Kodifizieren	*Mein Unternehmen profitiert von meinem Wissen*	Vertrauen	
	Verändern	*Mein Wissen verhilft uns zu einem Wettbewerbsvorteil*	Loyalität	

ruft: »Solltest du nicht deine Hausaufgaben machen?« Und der Vater geht nach oben ... (Ergo: Ein qualifizierter Immobilienmakler lernt bis zum Übergang ins Pensionsalter).

Viertens bedenken Sie, dass Kompetenzen immer auf Werten beruhen, die das erworbene Wissen erst zu Handlungswissen werden lassen. SAP-Kenntnisse, beispielsweise, können Sie in Kursen und Lehrveranstaltungen als Informationswissen erwerben. Die Umstellung eines Unternehmens auf SAP – Software erfordert von Ihnen persönlich als Beteiligter oder Beteiligtem viel Selbstverwirklichungswillen, weiterhin Respekt und Akzeptanz gegenüber Ihrem Team, und Loyalität und Achtung Ihrem Unternehmen gegenüber usw. Eine ausgeprägte Wissensorientierung erfordert also eine ebenso starke Wertorientierung, verlangt nach wichtigen persönlichen Werten und Einstellungen, beispielsweise:

Fünftens seien Sie sich bewusst, dass ein komplizierter Prozess selbstorganisierten Lernens Ihre Wissensorientierung entscheidend mitbestimmt. Denn Sie schauen, um sich Ihrer Wissensorientierung bewusst zu werden, selbst nach außen, auf das Bezugsfeld des Lernens, Sie schauen sozusagen nach Innen, um sich die eigenen Voraussetzungen der Wissensorientierung klar zu machen und Sie überlegen, in welchen strategischen Umgangsformen mit Wissen Ihre Wissensorientierung zum Tragen kommt. Das stellt die folgende Abbildung dar:

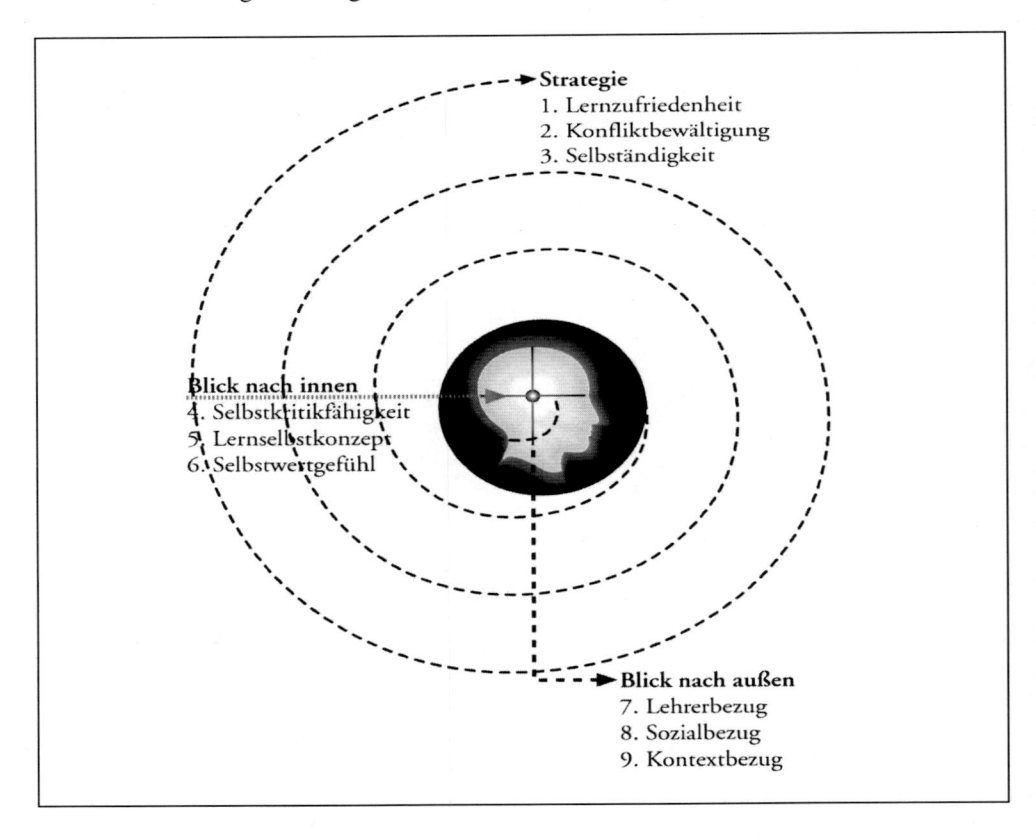

➤ **Strategie**
1. Lernzufriedenheit
2. Konfliktbewältigung
3. Selbständigkeit

Blick nach innen
4. Selbstkritikfähigkeit
5. Lernselbstkonzept
6. Selbstwertgefühl

➤ **Blick nach außen**
7. Lehrerbezug
8. Sozialbezug
9. Kontextbezug

Dieser Hinweise eingedenk versuchen Sie zunächst für sich, die fünf Punkte einzuschätzen, welche die umrissene Vielfalt der Wissensaneignung charakterisieren:

Wissensorientierung (F/P)

	nein	zum Teil	ja
Versuchen Sie ab und zu, in nicht zu großen Zeitabständen (Woche bis Monat) zu überlegen wo (Lernort, formell – informell) sie was (Sachwissen, Erfahrungs- und Wertwissen) in welcher Weise (fremdorganisiert oder selbstorganisiert) gelernt haben? Wenn Sie dies tun, richten Sie Ihre Orientierung auf Wissen im weitesten Sinne, erweitern Ihre Wissensorientierung beträchtlich!			
Sie hoffen nicht mehr auf den Nürnberger Trichter, wenn Sie sich in eine Weiterbildungsveranstaltung oder ein Seminar setzen, sondern machen sich bei jeder »Maßnahme« aufs neue klar, dass Sie selbst ihr Wissen erzeugen, »konstruieren«, das Sie später gebrauchen? Wenn Sie dies tun, geraten ganz neue Formen von Wissen und Handeln in ihr Blickfeld, Sie werden zunehmend auch bei fehlendem oder bruchstückweisen Wissen sich orientieren und handeln können!			
Ist Ihnen klar, dass das Lernen nie ein Ende hat, dass Sie lebenslang und lebensweit immer weiter lernen – nicht unbedingt Sachwissen, aber Erfahrungen und Expertise? Wenn Sie das tun, beginnen Sie, jede neue Problemsituation als Lernsituation, jede Schwierigkeit als Möglichkeit des Weiterlernens zu begreifen und sich nach dem Motto zu orientieren: »Das Leben ist mein Coach«!			
Gehören Sie zu denen, für die Werte keineswegs etwas vom realen Leben abgehobenes sind, die Werte nicht nur für Sonntagsreden verwenden, sondern denen bewusst ist, dass sie Werte auch für die Lösung kritischer Probleme und Aufgaben benutzen können und müssen? Die Emotionen keineswegs für überflüssig und störend bei Entscheidungen halten, sondern für unabdingbar und die sie zielstrebig einsetzen? Wenn Sie das tun, bewegen Sie sich auf dem einzig möglichen Pfad, wichtige Entscheidungen trotz unsicherem oder fehlendem Sachwissen zu treffen!			
Richten Sie Ihre Wissensorientierung nicht nur nach außen, auf Sachverhalte, soziale Beziehungen, Lehr-Lernbeziehungen, sondern haben Sie auch die notwendigen Lern- und Handlungsstrategien selbständig im Blick, und schauen Sie auch ab und zu nach innen, auf sich selbst und Ihre Lernorientierungen? Wenn Sie das tun, vermeiden Sie Einseitigkeiten in Ihrer Wissensorientierung!			

Konnten Sie die Fragen mit »zum Teil« oder »Ja« beantworten, ist ihre Wissensorientierung auf die unterschiedlichen Formen des Wissens, auf Informations- und Handlungswissen gleichermaßen gerichtet; überwiegt das »Nein«, sind Sie eher auf reines Informationswissen orientiert, verwechseln dieses vielleicht sogar mit dem Wissen insgesamt. Das sollten Sie korrigieren.

Versuchen Sie nun, Ihrer Wissensorientierung noch genauer auf den Grund zu gehen. Beantworten Sie die Fragen der folgenden Checkliste. Lesen Sie die nachfolgenden 28 Hinweise Zeile für Zeile durch und überlegen Sie dabei, ob Sie die jeweiligen Hinweise für sich bereits realisiert haben. Nehmen Sie dazu eine der möglichen drei Bewertungen vor. Wenn Sie meinen, Sie könnten an der einen oder anderen Stelle noch aktiver sein oder etwas noch bewusster vertreten, dann notieren Sie das in der rechten Spalte.

Nr.	Hinweis	Mache ich bereits 1: nein 2: zum Teil 3: ja, bewusst	Dazu nehme ich mir vor:
1.	Unterstützung anderer	☐	
2.	Geduldiges Analysieren	☐	
3.	Vertrauen aufbauen (nicht missbrauchen)	☐	
4.	Überzeugen (sich selbst und andere)	☐	
5.	Gesunder Zweifel am Alltäglichen	☐	
6.	Wertschöpfung anderen gegenüber vertreten	☐	
7.	Dinge ernst nehmen (aber nicht übertreiben)	☐	
8.	Hinweisen nachgehen - bis zur verursachenden Quelle	☐	
9.	Zeit investieren in Analysen/Verfolgen einer Sache	☐	
10.	Wissen wer wer und was ist und wer wen kennt	☐	
11.	Offen gegenüber Erfahrungen Dritter; Erfahrungslernen	☐	
12.	Kommunikation - auch mit Wettbewerbern	☐	
13.	Erfahrungsaustausch anregen	☐	
14.	Widerstände ab- und produktive Beziehungen aufbauen	☐	
15.	Lernen durch Beobachtung (Was machen andere anders?)	☐	
16.	Gehör verschaffen und auch wiedersprüchliche Meinungen verstehen	☐	
17.	Aktives Zuhören üben; Geduld aufbringen	☐	
18.	Nutzung von Lob/Belohnung zwecks Förderung des Teilens von Wissen	☐	
23.	Gutes eigenes Selbstmanagement	☐	
24.	Gute Selbstreflexion, selbstkritische Einschätzung des Erreichten	☐	
25.	Ermutigung anderer zum kritischen Hinterfragen gewohnter Denkweisen	☐	
26.	Vermittlung von Sinn, Visionen, Leitbildern	☐	
27.	Fördern von Teamwork und einer hohen Umgangskultur	☐	
28.	Popularisieren von Lernen und Wissensvermittlung	☐	

Nachdem Sie sich einen Überblick verschafft haben, welche Rolle die Wissensorientierung für Ihre Person spielt, können Sie passende Trainingselemente für sich herausfinden.

Wenn Sie der Meinung sind, Ihr Handlungswissen erweise sich im Arbeits- und Lebensalltag als hinreichend, aber Sie wollten die Wissensorientierung auf *Informationswissen* hin verstärken, sind alle Trainings gefragt, die Ihre Lerntechniken verbessern (Geuenich, B.,

Hammelman, I., Havas, H.: Das große Buch der Lerntechniken, München 2008). Dazu können Trainings zur Konzentrationssteigerung, zur Gedächtnisverstärkung, zu Lernstrategien und spezieller zur Prüfungsbewältigung dienen. Wir greifen das so TQL3-Training heraus. Es dient dazu, sich Schulungs- oder Kursinformationen anzueignen, die möglicherweise wichtig sind, an denen aber kein wirkliches, lebendiges Interesse besteht. Die fünf Trainingsstufen T – Q – L – L – L bestehen in Folgendem:

- *Tune-In: Die englische Vokabel wird z. B. genutzt, wenn man ein Radio einschaltet Diese lässt sich einfach übertragen, sodass Sie sagen können: Ich schalte mich jetzt ein, aktiviere meinen Geist und bin bereit für das kommende Thema. Ganz wichtig dabei ist es, eine positive Einstellung gegenüber dem Unterrichtsstoff aufzubauen. Versuchen Sie, irgend etwas Positives an dem Thema zu finden, worauf Sie sich freuen können.*
- *Question: Sie sollten sich schon Im Vorfeld der Unterrichtsstunde Fragen ausdenken, die zum bevorstehenden Thema passen. So geht man nicht nur besser vorbereitet in den Unterricht, sondern es wächst gleichzeitig das eigene Interesse am Lernstoff. Einer aktiven Mitarbeit steht somit nichts mehr im Wege.*
- *Look at the speaker: Schauen Sie Ihren Lehrer/Referenten/Trainer aufmerksam an. Zum einen schweifen die Gedanken dann weniger leicht ab. Zum anderen nimmt man nicht nur die Worte, sondern auch seine Gesten wahr. An der Körpersprache lässt sich meist ablesen, wenn eine wichtige Aussage bevorsteht. Augenkontakt hat den zusätzlichen Vorteil, dass der Vortragende bemerkt, dass man bei der Sache ist, auch wenn man einmal nichts sagt. Das ist v.a . dann wichtig, wenn das Verhalten im Unterricht benotet wird. Und noch ein Vorteil des Blickkontakts: Man hat nicht mehr das Gefühl, einfach nur Teil eines Unterrichts/Seminars zu sein, sondern hat plötzlich die Empfindung, sich mit dem Lehrer im Zwiegespräch zu befinden. Wer sich vor einer Gruppe nicht äußern mag, wird möglicherweise plötzlich wie von selbst mit der Lehrkraft ins Gespräch kommen.*
- *Listen: Selbstverständlich ist es sehr wichtig, immer ganz genau zuzuhören. Durch den Blickkontakt fällt es Ihnen leichter, sich nicht ablenken zu lassen. Sollten Ihre Gedanken dennoch abschweifen und sich vielleicht mit der Frisur des Lehrers beschäftigen, kehren Sie bewusst zum Zuhören zurück. Achten Sie auch darauf, wie etwas gesagt wird. Ein ironischer Unterton kann darauf hindeuten, dass Sie etwas nicht für bare Münze nehmen sollten. Eine große stimmliche Intensität kann dagegen wichtige Lerninhalte betonen.*
- *Look over: Ab und zu ist es wichtig, sich einen Überblick zu verschaffen. Überprüfen Sie, ob Sie den roten Faden des Vortrags noch im Blick haben. Und vergewissern Sie sich, ob Sie die Zusammenhänge noch verstehen. Wenn der Stoff nicht besonders interessant aufbereitet ist und Sie sich zu langweilen beginnen, dann überlegen Sie sich Hintergrundfragen. Steigen Sie nicht aus, sondern versuchen Sie, zur interessanteren Aufbereitung des Stoffs selbst etwas beizutragen. Das kann auch durch Widerspruch passieren – möglicherweise haben Sie eine andere Meinung. Winken Sie dann nicht einfach im Geiste ab, weil Sie finden, es werde Ihnen Unfug erzählt. Arbeiten Sie aktiv mit, indem Sie Gegenargumente präsentieren. Sollten Sie, während Sie sich kurz einen Überblick verschaffen, feststellen, dass Sie etwas nicht verstanden haben, dann fragen Sie unbedingt direkt nach.*

Wenn Sie der Meinung sind, Ihr Informationswissen sei durchaus hinreichend, aber sie wollten Ihr *Handlungswissen* verbessern, sind ganz andere Techniken gefragt. Dort kommt es darauf an, mit Sachwissen, Wertungen, Emotionen, Motivationen, Einstellungen, Erfahrungen usw. ausgerüstet, das Wissen in die eigenen Handlungen einzubringen und sich dabei selbst zu entwickeln.

Jedes Wissensmanagement beruht darauf, dass die Handelnden ihr Wissen einbringen. Schauen wir uns die »Werkzeuge des Wissensmanagements« einmal genauer an, so sehen wir, dass viele auf eine breite Wissensorientierung ausgerichtet sind (Killian/Krismer/Loreck/Sagmeister 2007). Das gilt beispielsweise für die »Denkhüte« von De Bono (weißer Hut: Analytisches Betrachten, schwarzer Hut: Kritisches Denken, roter Hut: Emotionen und Empfindungen, gelber Hut: optimistisches Denken, grüner Hut: kreatives, assoziatives Denken, blauer Hut: moderierendes Denken). Das »Aufsetzen« jedes Hutes zwingt die Wissensorientierung in eine bestimmte, jeweils unterschiedliche Richtung. Die Zusammenschau aller »Hut – Sichten« liefert eine umfassende Wissensorientierung.

Eine noch weitergehende Orientierung auf Handlungswissen erzeugt die »After Action Review«. Sie stellt bei jeder Handlung vier Wissensfragen: Was war geplant? (Maßnahmenwissen, Resultatwissen), Was geschah tatsächlich? (Wissen von den tatsächlichen Abläufen in chronologischer Reihenfolge), Wo sind die Unterschiede und warum? (Abweichungen des Realwissens vom Planwissen), Was können wir lernen? (Stärken, Schwächen, Möglichkeiten, Widerstände). Durch die »Review«, nach dem Ende eines Projekts durchgeführt, werden die Wissensorientierungen der teilnehmenden Personen in Übereinstimmung gebracht und in persönliche Wissensorientierungen umgewandelt.

Bei vielen im Unternehmen alltäglichen Instrumenten ist uns gar nicht mehr bewusst, dass sie dem Wissensmanagement und damit immer auch der persönlichen Wissensorientierung dienen: Etwa bei Best-Practice-Zusammenfassungen, bei Brainstorming-Runden, bei Foren und Konferenzen, bei der Zusammenstellung von Yellow Pages, von Netzwerken begrifflicher Zusammenhänge und mind maps, beim systematischen Storytelling, bei allen Ansätzen des E-Learning mit Web 1.0 und Web 2.0 .

Persönliche Maßnahmen

Was nehme ich mir für die nächsten 6 Wochen im Sinne einer Erhöhung meiner »Wissensorientierung« vor? (Stichworte):

_____

_____

Was werde ich zuerst und vorrangig tun? (Stichworte):

_____

_____

Wie kontrolliere ich die Resultate? (Stichworte):

_____

_____

Wo werde ich mich weiter zum Thema »Wissensorientierung« informieren? (Stichworte):

_____

_____

Als weiterführende Informationsquellen empfehlen wir ⓘ

Geuenich, B.; Hammelman, I.; Havas, H.: Das große Buch der Lerntechniken. Compact Verlag, München 2008
Killian, D.; Krismer, R.; Loreck, S.; Sagmeister, A.: Wissensmanagement. Werkzeuge für den Praktiker. Linde international, Wien 2007
Nöllke, M.: Anekdoten, Geschichten, Metaphern für Führungskräfte. Haufe Mediengruppe, Freiburg/Berlin u. a. 2002
Simon, H.; Gathen, A.: V. Das große Handbuch der Strategie. Campus Verlag, Frankfurt/New York 2002
Tissen, R. et al.: Die Wissensdividende. Financial Times Deutschland, München u. a. 2000

Weitere genutzte Literatur:
Arnold, R.; Siebert, H.: Konstruktivistische Erwachsenenbildung. Schneider Verlag, Hohengehren 2003

Analytische Fähigkeiten F/P

▶▶ **Grundsätzliche Überlegungen**

Analytische Fähigkeiten ermöglichen das Zerlegen und Aufgliedern komplexer Vorgänge in ihre allgemeinen, notwendigen und damit wesentlichen Komponenten. Sie sind Voraussetzungen für neue Erkenntnisse.

Analysen müssen durch die Synthese der Vorgänge verbunden und ergänzt werden. Insofern durchdringen sich Analyse und Synthese. Die Analyse realisiert sich mit Hilfe der Synthese und umgekehrt.

Diese Grundprozesse des individuellen Denkens bzw. des Problemanalyse- und -lösungsprozesses von mehreren Personen oder Gruppen treten in unterschiedlichen Operationen zu Tage:
- Erfassen der Beziehungen von Teilen/Ganzem;
- Erfassen von Dingen bzw. Sachen und Eigenschaften bzw. Bedingungen;
- Differenzieren und Generalisieren;
- Zerlegen und Zusammenführen;
- Ordnen und Priorisieren;
- Abstrahieren;
- Klassifizieren;
- Verallgemeinern.

In einem betrieblichen Umfeld mit zunehmender Dynamik und Komplexität wird es für den einzelnen Mitarbeiter immer schwieriger, Wesentliches von Unwesentlichem, Neben- von Kernwirkungen, zukünftige Folgen von augenblicklich notwendigen Entscheidungen ... zu unterscheiden.

Das Denken in einfachen Ursache-Wirkungsketten ist kaum noch ausreichend. Umso wichtiger werden die Anforderungen an fachübergreifende Kenntnisse, Bereitschaft zur

Zusammenarbeit mit Vertretern anderer Fachdisziplinen und Berufe, an Sachlichkeit und an analytische Fähigkeiten.

Selbstcheck ✓

Wie umfassend sind Ihre analytischen Fähigkeiten trainiert und ausgeprägt? Kreuzen Sie alle diejenigen nachfolgenden Verhaltensmöglichkeiten an, von denen Sie meinen, dass Sie sie »in überdurchschnittlichem Maße« beherrschen:

- ☐ Zusammenhänge und Abhängigkeiten erkennen
- ☐ neue Informationen umfassend aufnehmen und in bestehende Systeme einbinden
- ☐ in Zahlensystemen denken und aus Tabellen, Listen und Grafiken die wesentlichen Fakten und Zusammenhänge erfassen
- ☐ Zahleninformationen gut zerlegen und kombinieren
- ☐ Zahlenwerte und Mengenangaben in Informationen schnell strukturieren und in Rang- und Reihenfolge bringen
- ☐ Fakten und Informationen in ihrer Bedeutung für das Erreichen eines Zieles richtig bewerten
- ☐ komplexe Zusammenhänge und Prozesse erfassen und umstrukturieren
- ☐ komplexe Strategien und theoretische Modelle in konkretes Handeln überführen
- ☐ die Konsequenzen von Maßnahmen auf die Zielerreichung erkennen und bewerten
- ☐ den eigenen Arbeits- bzw. Tätigkeitsbereich nach Prioritäten strukturieren
- ☐ die Auswirkungen von Änderungen und Verbesserungen auf komplexe Systeme umfassend erfassen
- ☐ vernetzte Strukturen erfassen, herstellen, ändern
- ☐ aus der Informationsflut die wichtigsten Informationen »filtern« und zur Nutzung aufarbeiten
- ☐ konzeptionell arbeiten

Es ist kaum möglich, dass alle diese 14 Fähigkeiten bei einer einzelnen Person »in überdurchschnittlichem Maß« ausgeprägt sind. Und: Bei unterschiedlichen Tätigkeiten werden in unterschiedlichem Maße und mit unterschiedlicher Betonung diese Fähigkeiten gefordert.

Wenn Sie sich ehrlich eingeschätzt haben und nur bei der Hälfte der aufgeführten Fähigkeiten oder weniger ein Kreuz stehen haben, dann sollten Sie unbedingt Ihre analytischen Fähigkeiten üben und trainieren. In bestimmten Tätigkeiten sind sogar 10 und mehr dieser Fähigkeiten mit hoher Ausprägung gewünscht.

☞ Empfehlungen

Wenn Sie sich bei Ihren analytischen Fähigkeiten weiter vervollkommnen wollen, dann sehen Sie sich am besten unterschiedliche Denkzeuge an und probieren Sie sie bei der Analyse schwieriger betrieblicher Probleme aus. Fangen Sie am besten bei den sog. Erhebungstechniken an. Letztere dienen vor allem der Beschaffung wichtiger und nützlicher Informationen. Allerdings hängt die Aussagekraft der Informationen auch davon ab, ob das ausgesuchte Instrument dem situativen Zusammenhang und Erfordernis entspricht.

Im Rahmen betrieblicher Veränderung, Reorganisation und Wirkungserkennung nimmt die Bedeutung der Analyse von Wirkungsverläufen, der detaillierten Analyse von Hintergründen zu. Dafür gibt es zahlreiche Erfassungsmethoden. Sehen Sie sich die nachfolgend aufgeführten Aspekte einer Analyse von Wirkungsverläufen an (nach Probst 1992) und beschäftigen Sie sich danach mit den aufgeführten Instrumenten zur Analyse von Wirkungsverläufen. Die Seitenzahlen sind Ihr Kompass für das Auffinden der Einzelinstrumente (Denkzeuge) im weiter unten aufgeführten Buch von Probst (1993).

⊃ Kennzeichen

Eine Analyse von Wirkungsverläufen umfasst vor allem
- die genaue Analyse der Einflussfaktoren: projektspezifische und weitere;
- die Auflistung aller für die Problemsituation und Zielerreichung wichtigen Faktoren;
- deine Netzwerkdarstellung der Wirkungsbeziehungen zwischen den Einflussfaktoren;
- die Wahl einer geeigneten Umgebung, eines angemessenen Zeitraumes, geeigneter Personen und entsprechender Erhebungstechniken und -instrumente, um möglichst aussagekräftige Daten zu erhalten.

Instrumente

Analysieren der Wirkungsverläufe/Auswählen der Instrumente (Seitenzahlen im Buch von Probst 1993):

		Seite
Wirkungsbeziehungen:	• Netzwerk	263
	• Einflussmatrix	265
Feinanalyse:	• Pareto-Prinzip	272
	• Wertanalyse	276
	• Arbeitsganganalyse	116
	• Flussdiagramme/Netzpläne	119
	• Soziogramm	119
	• Umweltanalyse	342
	• Quality Circles	528
	• Organisationsentwicklung	559

Zeit, Orte, Akteure:	• ergonomische Normen	318
	• Gruppenarbeit	313
	• Rolle des Moderators	314
	• Selbstaufschreibung	324
	• Interview	325
	• Fragebogen	326
	• Formulierung von Fragen	327
	• Beobachtung	329
	• Multimomentaufnahme	330
	• Dokumentenauswertung	332

Sie sehen an den Seitenzahlen, dass diese Instrumente kurz und anwendungsorientiert dargestellt sind. Lesen Sie deshalb kurzfristig in diesem Buch nach. Sie werden dort noch vielfältige Anregungen erhalten. Suchen Sie sich dann einige anscheinend einfache Probleme aus Ihrem Arbeitsgebiet und suchen Sie – gestützt auf einzelne dieser kennen gelernten Instrumente – nach Wirkungszusammenhängen. Beachten Sie bei Ihren Analysen aber auch: Bei Analysen komplexer Situationen und Prozesse kann nicht alles berücksichtigt werden. So ist es auch ganz natürlich, dass einmal getroffene Einschätzungen und Entscheidungen auch korrigiert werden können bzw. gar müssen. Das heißt aber auch, dass einmal durchgeführte Analysen nicht für immer gelten, sondern wiederholt bzw. ergänzt werden müssen. Daraus können wichtige Erkenntnisse und ein erheblicher Nutzen erwachsen.

Empfehlungen

Nutzen Sie auch **Checklisten**! Diese enthalten sach- und faktenkonzentrierte Fragen, die Sie zu wichtigen Einschätzungen und Erkenntnissen führen. In nicht wenigen Tätigkeiten gibt es spezifische Checklisten, nach denen systematisch verfahren wird (z. B. bei der Wartung und Kontrolle von Flugzeugen, bei der Vorbeugung von Havarien …). Als ein typisches Beispiel für die umfassende Analyse der Absatz-/Umsatzentwicklung in einem Unternehmen kann die folgende Checkliste von Ossola-Haring (1996) gelten:

Analysiere die Absatz-/Umsatzentwicklung umfassend:
- **ABC-Analyse des Produktprogramms:** Hinweise auf gefährliche Umsatzkonzentration bzw. mögliche Produktbereinigung. Oft wird mit 20 % der Artikel 80 % des Umsatzes erreicht (Pareto-Prinzip).
- **ABC-Analyse der Deckungsbeiträge:** Hinweise auf gefährliche Deckungsbeitragskonzentrationen. Ähnlich wie bei den Umsätzen verhält es sich mit den Deckungsbeiträgen (80 : 20 %-Regel, w.o.).
- **ABC-Analyse der Kunden:** Hinweise auf gefährliche Konzentration bzw. eine notwendige Kundenbereinigung.
- **Auftragsbestandsentwicklung:** Hinweise über die kurzfristige Umsatzentwicklung zur rechtzeitigen Einstellung auf neue Situationen.

- **Umsatz nach Kundengruppen:** Hinweise auf Schwächen in der Kundengruppenstruktur.
- **Marktanteile nach Gebieten:** Ermittlung von regionalen Schwachstellen, um festzustellen, ob Marktaktivitäten mit dem Gebietsvolumen des Marktes übereinstimmen.
- **Marktanteile nach Kundengruppen:** Ermittlung von Schwachstellen bei den Kundengruppen und Feststellung, ob sich wesentliche Umstrukturierungen in den Kundengruppen ergeben haben.
- **Entwicklung der Kundenzahl:** Feststellung von Kundenverlusten bzw. Analyse, ob Kundenkonzentrationen in den Verkaufsgebieten vorhanden sind.
- **Deckungsbeiträge nach Kunden:** Hinweise auf die Rentabilität verschiedener Kundenklassen und Erkennen der betriebswirtschaftlich optimalen Kundengröße.
- **Kundenpotenzialanalyse:** Identifikation von Aufbaukunden. Hinweis, wie gut die Potenzialausschöpfung pro Kunde ist. Ggf. Anregungen für neue Kunden.
- **Kundenstandortanalyse:** Weiße-Flecken-Analyse (Kundendichte, Konzentration auf Ballungsräume …). Hinweise auf Gebietsausschöpfungs-Potenziale.
- **Anteil unrentabler Kunden:** Hinweise auf Kundenbereinigungsprogramme.
- **Entwicklung der Auftragsgröße:** Hinweise auf Kundenbedarfsstruktur und Bestellverhalten.
- **Lieferanteil bestimmter Kunden im Verhältnis zu deren Gesamtbedarf:** Hinweise auf mögliche Wachstumschancen bei Kunden.
- **Entwicklung der Umsatzverteilung Alt- und Neukunden:** Hinweise auf Marktentwicklungen.

Diese Beispiel-Checkliste ist noch erweiterbar, z. B. durch Aufnahme weiterer Analyseeinheiten wie Rabattanalyse, Kundenfluktuations-Analyse, Werbemaßnahmenanalyse, Marktanteilsgewinne der Wettbewerber u. a.

Nutzen Sie für das Training Ihrer analytischen Fähigkeiten auch solche Listen. Sie können sie beim Einsatz in Ihrem Tätigkeitsgebiet auf Ihre konkreten Belange eingrenzen oder auch erweitern. Wichtig ist, dass Sie sich im Vorab Ihrer Analysen über die Vielfalt zu beachtender Aspekte, Kennzahlen, Zusammenhänge informieren und auf vorhandene Denkzeuge und Erfahrungen zurückgreifen.

Persönliche Maßnahmen

Was nehme ich mir für die nächsten 6 Wochen im Sinne einer Verstärkung meiner »analytischen Fähigkeiten« vor? (Stichworte)

Was werde ich zuerst und vorrangig tun? (Stichworte):

_____

_____

Wie kontrolliere ich die Resultate? (Stichworte)?

_____

_____

Wo werde ich mich weiter zum Thema »Analytische Fähigkeiten« informieren? (Stichworte):

_____

_____

Als weiterführende Informationsquellen empfehlen wir

Ossola-Haring, C. (Hrsg.): Die 499 besten Checklisten für Ihr Unternehmen. Redline Wirtschaft bei mi, Landsberg am Lech 2004
Probst, G.J.B.: Organisation: Strukturen, empfehlen wir folgenden Lenkungsinstrumente und Entwicklungsperspektiven. Bücher verlag moderne industrie (mi), Landsberg am Lech 1993

Beurteilungsvermögen F/P

▶▶ Grundsätzliche Überlegungen

Diese Teilkompetenz umfasst vor allem die Fähigkeit, Situationen, Widersprüche, Schwierigkeiten und Konflikte einerseits auf die ihnen zugrunde liegenden Sachverhalte zurückzuführen und Lösungswege zu erkennen. Sie umfasst andererseits die Fähigkeit zur differenzierten personalen und sozialen Wahrnehmung.

Vier Aspekte

Das Beurteilungsvermögen ist im Wesentlichen durch vier Aspekte gekennzeichnet:
1. Individueller Erfahrungshintergrund im Umgang mit unterschiedlichen sachlichen und sozialen Anforderungen und Situationen;
2. Fachlich-methodische Basis, methodische Fähigkeiten des Erkennens von Problemen und deren Ursachen und Strukturen;
3. Belastbarkeit; Fähigkeit, auch in schwierigen Situationen »cool« zu bleiben;
4. Fähigkeit zur (Selbst-)Kritik, Lernen aus Fehlern.

⤴ Kennzeichen

Im Alltag eines Unternehmens spielen vor allem folgende fünf Kennzeichen für das Beurteilungsvermögen von Mitarbeitern ein große Rolle:
1. Verfügt über ein breites fachlich-methodisches Wissen, um Sachverhalte und Problemsituationen einzuschätzen.
2. Besitzt einen gefestigten Erfahrungs- und Wertehintergrund, um auch bei unsicherem oder fehlendem Detailwissen Auffassungen zu entwickeln, die Dritte überzeugen.
3. Ist in der Lage, seine Auffassungen anderen verständlich zu machen.

4. Lässt sich durch die Praxis »belehren« und steigert damit kontinuierlich die eigene Urteilsfähigkeit.
5. Ist in der Lage, neue Problemsituationen zu erkennen, auf ihren »Problemkern« hin zu analysieren und folgerichtige Lösungsvarianten anzuregen.

Menschen mit einem guten Beurteilungsvermögen konzentrieren sich auf das Wesentliche. Sie suchen nach den wichtigsten zugrunde liegenden Tatsachen einer Problemsituation und spielen die Folgen möglicher Entscheidungen durch. Sie machen sich Gedanken über die Tragweite ihres Handelns.

Sie verfügen über umfassende methodische Erfahrungen und lernen selbstkritisch aus Fehlern.

Sechs Schritte

Ein gutes Beurteilungsvermögen ist die Grundlage effizienter Entscheidungen. Peter Drucker (2002) hat sich umfassend mit solchen Fragen befasst. Die folgenden Überlegungen und Empfehlungen greifen die Gedanken von Drucker auf.

Im Wesentlichen genügen sechs Schritte zu einer gründlichen Beurteilung:
1. Schritt: Probleme erkennen und klassifizieren.
2. Schritt: Probleme definieren, Problemkerne und Ursachen erkennen.
3. Schritt: Lösungen des Problems eingrenzen.
4. Schritt: Richtige Entscheidung treffen bzw. Schlussfolgerungen ziehen.
5. Schritt: Umsetzung der Problemlösung gedanklich einbeziehen.
6. Schritt: Feedback zur Problemlösung oder Entscheidung einholen und ggf. die bisherige Einschätzung korrigieren und Schlussfolgerungen präzisieren.

Empfehlungen

Welche Verhaltensempfehlungen lassen sich mit diesen Schritten verbinden? Nachfolgend erhalten Sie für die ersten drei »Kernschritte« Empfehlungen für Ihr eigenes Verhalten. Die Schritte 4–6 fallen in den Bereich »Entscheidungsverhalten und Umsetzung«.

1. Schritt

Bei der Klassifizierung eines Problems sollten Sie sich fragen: Ist es ein allgemeines Problem? Oder ist es ein spezifisches Problem? Oder ist es gar die erste Ausprägung eines neuen Problemfeldes, für dessen Lösung die Regeln erst noch bestimmt werden müssen?

Ferner: Ist dies ein »Symptom fundamentaler Unterordnung« (Drucker) oder ein vereinzeltes Phänomen? Das Zugrundeliegende verlangt stets nach einem Ordnungsprinzip. Andererseits kann jedoch dem tatsächlich außer gewöhnlichen Ereignis nur direkt und auf den Einzelfall bezogen begegnet werden. In diesem Zusammenhang sollten Sie einerseits zwischen wirklich allgemeinen Ereignissen unterscheiden, dessen individuelles Auftreten nur ein Symptom ist. Die meisten Ereignisse in einem Unternehmen, die von uns als Probleme bewertet werden, sind diesen Ursprungs. Andererseits kann es aber auch spezifische Ereignisse geben, bei denen man in ihrer Verkennung geneigt ist, nach alten Regeln reagieren, die aber als außergewöhnliche Ereignisse auch außergewöhnliche Lösungen verlangen.

Wenn Sie sich nicht sicher sind, in welche dieser beiden Richtungen ein Ereignis/Problem einzuordnen ist, dann gehen Sie auf Personen zu, denen Sie ein gutes Beurteilungsvermögen unterstellen und holen Sie die Einschätzungen dieser Personen ein, um sich ein differenzierteres Bild zu machen.

Listen Sie zuerst einmal die verschiedenen Aspekte des von Ihnen erkannten Problems auf – ohne dass Sie sie sofort bewerten bzw. gleich nach einer Lösung suchen. Danach präzisieren Sie jeden aufgelisteten Aspekt, untergliedern ihn, wenn notwendig, und legen dann fest, welche der verschiedenen Seiten des Problems mit welcher Dringlichkeit und Priorität untersucht und gelöst werden soll. Dazu können Sie folgende Analyseliste benutzen bzw. abändern:

Liste 1: Problemanalyse

Lfd. Nr.	Nennung des Problems und der einzelnen Aspekte (mit Unterpunkten)	Möglicher-Verlauf-**Tendenz**	Mögliche Kosten **Bedeutung**	Vorhandene Zeit **Dringlichkeit**	Priorität A/B/C

2. Schritt

Wenn Sie das Problem als »allgemein« oder »einzigartig« erkannt und erste Prioritäten zur Bearbeitung gesetzt haben, dann können die Definition des Problems und die Ursachenanalyse relativ leicht, aber wiederum nicht unsystematisch vorgenommen werden.

Wir gehen dabei mit den sog. »W«-Fragen vor:
- Was ist hier relevant, worum geht es?
- Wer, was ist betroffen?
- Wie müssen wir diese Situation angehen?

> Beachten Sie aber unbedingt, dass die Gefahr bei diesem Schritt nicht in einer falschen Definition des Problems liegt, sondern bei einer zu einleuchtenden, naheliegenden, jedoch unvollständigen Definition.
> Deshalb müssen Sie sich gerade bei diesem Schritt genügend Zeit nehmen, um die Definition und Ursachenbeschreibung mit allen zur Verfügung stehenden Fakten und

> Mitteln mehrfach zu hinterfragen und sich lieber konsequent von einer Definition verabschieden, wenn diese auch nur einem Aspekt nicht gerecht wird bzw. noch offene Fragen hinterlässt.

Kehren Sie lieber wieder an den Ausgangspunkt Ihrer Überlegungen zurück und werfen Sie Ihre Definition über Bord, überdenken Sie das Problem von Neuem, wenn Sie auf Ungereimtheiten und offene Fragen treffen oder die Abfolge des Geschehens im Detail von Ihren Erwartungen abweicht. – So geht man in der Kriminalogie vor, und das sind auch im Kern die vor 2000 Jahren von Hippokrates aufgestellten Regeln für eine gute Beurteilungsfähigkeit und Diagnose des Arztes.

Für diesen zweiten Schritt empfiehlt sich, die Abweichungen/Unterschiede zwischen IST (Problembereich) und SOLL (»Sollte eigentlich, ist aber nicht«) zu bestimmen, also klare Abweichungsbeschreibungen vorzunehmen und damit das Problem und dessen Ursachen klar einzugrenzen. Hierzu können Sie wiederum Analyselisten als methodische Leitfäden verwenden.

Liste 2: Systematische Analyse der Problembesonderheiten

Spezifizierung des Problems

IST	IST-Nicht
Was Welcher spezielle Gegenstand hat (oder gleichartige Gegenstände haben) einen Fehler? Welcher Widerspruch ist mit dem Ereignis verbunden? Was genau ist der Fehler, der Widerspruch …?	Welcher ähnliche Gegenstand hätte auch betroffen sein können, ist es aber nicht? Welche anderen Fehler hätten normalerweise auch beobachtet werden können, sind aber nicht beobachtet worden?
Wo Wo ist der fehlerhafte Gegenstand, das Problem beobachtet worden (Ort)? Wo ist der Fehler am Gegenstand?	Wo sonst hätte der fehlerhafte Gegenstand auch beobachtet werden können, ist dort aber nicht beobachtet worden? An welcher Stelle am Gegenstand hätte der Fehler auch sein können, ist es jedoch nicht?
Wann Wann wurde der fehlerhafte Gegenstand/Defekt/das Ereignis zuerst entdeckt (Datum/Uhrzeit)? Wann wurde der fehlerhafte Gegenstand/das Ereignis seitdem wieder beobachtet? Gibt es Verlaufsmuster?	Wann hätte der fehlerhafte Gegenstand zuerst beobachtet werden können, wurde es jedoch nicht? Zu welchen anderen Zeitpunkten hätte der fehlerhafte Gegenstand auch beobachtet werden können, wurde es jedoch nicht?

IST	IST-Nicht
Ausmaß Wie viele Gegenstände haben den Fehler?	Wie viele Gegenstände hätten den Fehler haben können, haben ihn aber nicht?
Wie groß ist der einzelne Fehler/ das Teilproblem …?	Wie groß hätte der Fehler auch sein können, ist es aber nicht?
Wie viele Fehler hat jeder Gegenstand?	Wie viele Fehler hätten an jedem Gegenstand auftreten können, tun es aber nicht?
Wie sieht der Trend aus?	Welche andere Entwicklung hätte man erwarten können, ist aber nicht beobachtet worden?

Liste 3: Systematische Analyse der Ursachen

Ermittlung möglicher Ursachen Finden Sie mögliche Ursachen aufgrund Ihrer Erfahrung und Ihres Wissens.	Was könnte auf Grund Ihrer Erfahrung diese Abweichungen verursacht haben?
Finden Sie mögliche Ursachen aufgrund von Besonderheiten und Veränderungen.	Was ist besonders, einmalig oder ungewöhnlich am IST im Vergleich zum entsprechenden IST-NICHT? Was in, an oder um diese Besonderheit/diesen Unterschied verändert (erneuert, modifiziert, blockiert …)? Wann trat diese Veränderung auf? Wie könnte jede Veränderung diese Abweichung verursacht haben? Wie könnte jede Veränderung in Verbindung mit einer Besonderheit diese Abweichung verursacht haben? Wie könnte eine Veränderung in Verbindung mit einer weiteren Veränderung diese Abweichung verursacht haben?
Bewertung möglicher Ursachen Testen Sie mögliche Ursachen anhand der IST- und IST-NICHT-Informationen, um die wahrscheinlichste Ursache zu bestimmen.	Falls »X« die eigentliche Ursache ist, wie erklärt die Ursache sowohl die IST- als auch die IST-NICHT-Information?
	Welche Annahmen müssen gemacht werden, damit die Ursache die Spezifikation erklärt? Welche der gegen die Spezifikation getesteten Ursachen erklären die IST- und die IST-NICHT-Daten am besten?
Eigentliche Ursache beweisen Verifizieren Sie die beim Test gemachten Annahmen. Führen Sie Beobachtungen durch. Ergreifen Sie Abstellmaßnahmen und prüfen Sie das Ergebnis.	Wie können die beim Testen gemachten Annahmen verifiziert werden?
	Wie kann diese Ursache bei der Arbeit beobachtet oder reproduziert werden?
	Wenn Korrekturmaßnahmen getroffen werden, wie können die Ergebnisse überprüft werden?

Beachten Sie, dass jede einzelne Besonderheit und Veränderung eine mögliche Hypothese ist und dass zum Ende der Analyse klar gewonnene Lösungsschritte/Abstellmaßnahmen Beweise dieser Hypothesen sind.

Weltweit werden beispielsweise in der Forschung und Entwicklung schätzungsweise 50 % der Mittel dadurch vergeudet, dass vorschnell nach Lösungen gesucht wird, bevor die Probleme ausreichend analysiert und ihre Ursachen erkannt wurden. Die Phase der Problemanalyse nimmt i.d.R. den geringsten Zeitanteil ein. Zu einem späteren Zeitpunkt der Problembearbeitung wird häufig erkannt, dass ganz andere und bessere Lösungsvarianten hätten gefunden werden können, wenn in der Anfangsphase mehr Konsequenz und Zeit in der Problemanalyse gegolten hätte. Dann aber ist es zu spät, die Mittel sind zum größten Teil verbraucht, der gewählte Lösungsweg verfestigt.

Analoges ist aufgrund eingeschränkten Beurteilungsvermögens von Personen und Teams auf vielen anderen Gebieten beobachtbar. Dabei ist das Beurteilungsvermögen trainierbar und immens erweiterbar!

3. Schritt

Drucker betont diesen Schritt als wichtigen zur Eingrenzung dessen, was mit der Problemlösung und Entscheidung erreicht werden soll. Hier wird nach den Zielen gefragt. Wie sehen diese aus und welche Minimalanforderungen müssen erfüllt werden? Unter welchen Umständen soll das Problem gelöst werden und unter welchen Umständen muss die Entscheidung getroffen werden?

Entscheidungen, die von den richtigen Voraussetzungen, jedoch von falschen Interpretationen ausgehen, können durchaus umgesetzt werden und sind noch tragbar. Aber Entscheidungen auf der Grundlage falscher Voraussetzungen sind äußerst gefährlich. Auch ist eine konsequente Prüfung der Voraussetzungen unabdingbar für eine evtl. Verwerfung von Entscheidungen.

Wichtig ist auch bei diesem Schritt, dass bei der Formulierung der Ziele über den Weg zur Zielerreichung nachgedacht wird. Das klingt banal. Damit ist aber unbedingt verbunden, über das Auftreten potenzieller Probleme bei der Problemlösung nachzudenken und in diesem Zusammenhang auch über entsprechende (potenzielle) Maßnahmen zum Ausschließen dieser potenziellen Probleme.

Hierzu sind wiederum fünf gedankliche Teilschritte empfehlenswert:
1. Ermittlung der kritischen Stellen bei der Problembewältigung;
2. Mögliche Abweichungen (potenzielle Probleme);
3. Denkbare Ursachen;
4. Maßnahmen;
5. Frühwarn- und Meldesystem.

☞ Empfehlungen

Wenn Sie Ihr Beurteilungsvermögen zur effizienten Sachproblemerkennung und -bearbeitung verbessern möchten, kann einerseits die weiter unten empfohlene Literatur weiterhelfen. Andererseits sind spezielle externe Intensivtrainings – soweit sie nicht in Ihrem Unternehmen als interne Leistung angeboten werden zu empfehlen, z. B.:
- Problemlösetraining nach Kepner-Tregoe: kt-germany@kepner-tregoe.com.

✎ Persönliche Maßnahmen

Was nehme ich mir für die nächsten 6 Wochen im Sinne einer Erhöhung meines »Beurteilungsvermögens« vor? (Stichworte):

_____

_____

Was werde ich zuerst und vorrangig tun? (Stichworte):

_____

_____

Wie kontrolliere ich die Resultate? (Stichworte):

_____

_____

Wo werde ich mich weiter zum Thema »Beurteilungsvermögen« informieren? (Stichworte):

_____

_____

ⓘ Als weiterführende Informationsquellen empfehlen wir

Bloch, A.: Gesammelte Gründe, warum alles schief gehen kann. Goldmann Verlag, München 1985
Drucker, P. F.: Die Kunst des Managements. Econ Verlag, München 2002
Murphy's Gesetze: www.symmank.de/murphyursprung.htm

Sachlichkeit F/P

Der amerikanische General und Politiker George Washington (1732–1799) hielt nichts von großen Phrasen und pathetischen Gebärden. Als die Schlacht bei Monmouth (28. Juni 1778) geschlagen wurde, sah er, wie Oberst Hamilton vom Pferd sprang, seinen Degen zog und mit lauter Stimme Washington zurief: »Jetzt ist es Zeit, für Amerika zu sterben!« Washington ging zu ihm, legte ihm die Hand auf die Schulter und sagte trocken: »Oberst, kümmern Sie sich um Ihr Pferd!«

Eine andere Anekdote berichtet vom 16. amerikanischen Präsidenten Abraham Lincoln (1809–1865), der einmal seine Freunde in einer frohen Runde fragte: »Sagt einmal, wie viel Beine hat ein Pferd, wenn man auch seinen Schweif Bein nennt?« Die Freunde erwiderten lachend und einstimmig: »Fünf«. »Nicht doch, Ihr irrt Euch« erwiderte Lincoln. »Auch wenn man seinen Schweif Bein nennt, so wird noch immer kein Bein daraus.«

Grundsätzliche Überlegungen

Die Anekdoten sagen etwas Ähnliches aus: Beide Personen blieben auf ihre Weise sehr sachlich, weil sie sich nicht wie die anderen täuschen oder zu Emotionen, die vom Wesentlichen scheinbar ablenkten, hinreißen ließen. Und: Auch wenn man förmlich etwas umbenennt, so ändert sich doch nicht das Wesen.

> **»Sachlichkeit«** heißt vor allem
> - volle Konzentration auf den in Frage stehenden Sachzusammenhang und
> - weitgehendes Heraushalten von Gefühlen, Spekulationen und Vorurteilen.

Sachlich sind Menschen, die ihre Urteile und Handlungen aus sachlich und methodisch begründeten Überlegungen herleiten und sich um größte Objektivität bemühen. Das gilt auch und vor allem in Stress- und Konfliktsituationen, die durch emotional-motivational geprägte Vorurteile echte Sachurteile erschweren.

Personen mit hoher Sachlichkeit vermeiden emotionale Auseinandersetzungen und bemühen sich vor allen Dingen um eine analytisch-rationale Klärung von Widersprüchen und Problemen. Sie sind sich sicher beim Finden und Aufarbeiten von Daten und Fakten, beim Ableiten von logischen und methodisch sicheren Schlussfolgerungen und bei der Optimierung rationalen Verhaltens.

Kennzeichen

Im betrieblichen Alltag zeigt sich eine hohe Sachlichkeit in folgenden individuellen Verhaltensweisen:
- Betrachtet Dinge, Eigenschaften, Beziehungen und Prozesse in ihren eigenen, nicht sachfremden Zusammenhängen;
- bemüht sich um größtmögliche Objektivität;
- vermeidet Unsachlichkeit und emotional grundierte Angriffe;
- hat besondere Stärken in der Aufarbeitung von Daten, im Auffinden logischer und methodischer Schlussfolgerungen und in der Optimierung rationalen Handelns.

Kompetenztypen

Betrachten wir die vier Grundkompetenzen und entsprechend Menschen, die ihre größten Kompetenzausprägungen mehr in der einen oder anderen Grundkompetenz haben, dann ist sehr schnell feststellbar:
1. Personen mit einer hohen Fach- und Methodenkompetenz und Personen mit einer hohen Aktivitäts- und Handlungskompetenz zeichnen sich eher durch eine hohe Sachlichkeit, Faktenorientierung, Ziel- und Ergebnisorientierung, durch (Ziel-)Beharrlichkeit, analytische Fähigkeiten und Konzeptionsstärke aus. Dafür fehlt diesen Menschen häufiger das Gespür für andere, eine für andere spürbare Emotionalität, etwas sozial Verbindliches. Sie vernachlässigen eher die persönlich-menschliche Komponente und glauben, Wissen allein ist Macht.
2. Menschen mit einer hohen sozial-kommunikativen Kompetenz hingegen neigen dazu, den Konsens über alles zu stellen und sachlichen Auseinandersetzungen aus dem Wege zu gehen. Sie sind eher intuitive Genies als nüchtern-analytisch und systematisch arbeitende Personen.

Insbesondere Personen der letzten Gruppe sei geraten, sich mit weiteren Aspekten näher auseinander zu setzen, die die Sachlichkeit fördern. Hierbei ist vor allem an folgende Modulare Informations- und Trainingsprogramme gedacht: »Analytische Fähigkeiten«, »Beurteilungsvermögen«, »Ergebnisorientiertes Verhalten«, »Konzeptionsstärke« und »Konsequenz«.

Da diese Personen häufiger Probleme haben, Konflikte sachlich/ neutral zu managen, sei hier insbesondere auf die sachliche Objektivierung und Moderation von individuellen und Gruppenkonflikten eingegangen.

Wer keine Fehler macht, beschränkt sein Lernen

Diese Aussage bedeutet nicht, dass unser Lernen nur über Fehler erfolgt. Sie rückt vielmehr Fehler in das rechte Licht.

Die Mehrzahl der Menschen reagiert erschrocken und beschämt, wenn ihnen Fehler unterlaufen. Es werden dann viel Energie und Phantasie eingesetzt, um die Fehler zu kaschieren, zu verharmlosen oder zu verdrängen. Dahinter steht die Erfahrung, dass Fehler in der Regel als »schlecht« empfunden und negativ bewertet werden und nicht selten mit negativen Sanktionen der einen oder anderen Art verbunden sind. Hinzu kommt die erlebte Unternehmenskultur, die, wenn vor allem Misserfolgsvermeidung angesagt ist und Misstrauen auf verschiedenen Ebenen vorherrscht (statt Erfolgsorientierung, Vertrauen und Lernen durch einmalige Fehler), Fehler als Möglichkeiten des Lernens und Veränderns ausschließt.

Wenn man die Bewertung aus einer fehlerhaften Handlung herausnimmt und unterstellt, dass der Fehler nicht willentlich erfolgte, dann ist er in der Regel das Ergebnis einer Handlung, die auf Grund unzureichender Erfahrungen, lückenhaften Wissens, oder dem Fehlen eigener Kontrollmechanismen nicht perfekt ausgeführt werden konnte. Ein Fehler ist also sachlich gesehen auch eine Möglichkeit, sich darüber klar zu werden, wie er korrigiert und künftig vermieden werden kann. Das Korrigieren fängt bei der Dokumentation an, schließt die Klarstellung bzw. Entschuldigung gegenüber Dritten ein und führt bis zu Maßnahmen der Wiedergutmachung.

Die aktive und sachliche Auseinandersetzung bedeutet für den Verursacher zugleich handlungsfähiger und lebenstüchtiger zu werden. Die Fähigkeit, die Konsequenzen des eigenen Handelns voraussehen und beeinflussen zu können, erfordert einen persönlichen Lernprozess und die sachliche Auseinandersetzung mit den erlebten Fehlern und eigenen Stärken und Schwächen.

Sachlichkeit und größtmögliche Objektivität, das Einholen umfassender Informationen und die Suche nach dem Wesentlichen ist unbedingte Voraussetzung vor allem in aufgeheizten Konflikten.

Personen mit hoher Sachlichkeit behalten eine realistische Situationswahrnehmung, verniedlichen oder verleugnen nicht Widersprüche und Konflikte und weichen ihnen nicht aus. Mediatoren, Konfliktmanager, Richter – das sind Personen, von denen unbedingte Neutralität, Sachlichkeit, Objektivität erwartet wird. In der Regel fällt sehr schnell auf, ob die Personen ihrer Rolle gerecht werden oder nicht. Für sie müssen Konflikte und Auseinandersetzungen zwischen verschiedenen Parteien handhabbar bleiben, und sie müssen letztlich anstreben, dass sich konfliktäre Parteien über den Ausgleich von Interessen später wieder unbefangen begegnen können.

☞ **Empfehlungen**

Hinweise zum sachlichen Verhalten bei Eskalation

Hugo-Becker/Becker (2000) nennen 11 Handlungsmöglichkeiten, um bei emotional aufgeheizten Konflikten sachlich zu bleiben und zu einer Deeskalation beizutragen:

1. Auf emotional vorgetragene Argumente nur kurz und sachlich antworten. Wenn der Konfliktpartner gekommen ist, um Dampf abzulassen, ist es zwecklos, ihn von etwas Anderem überzeugen zu wollen.
   Der Konfliktpartner will sich in dieser Situation Luft machen, und die Kommunikation findet auf unterschiedlichen Ebenen statt; Missverständnisse sind vorprogrammiert. Geht es hingegen dem Konfliktpartner darum, Klärung oder Hilfe zu bekommen, macht es Sinn, die Angelegenheit zu prüfen und sachlich zu erläutern.
2. Die Herausstellung von Gemeinsamkeiten ist wichtig im Sinne einer problemlösungsbezogenen sachlichen Kommunikationsbrücke. Dem Konfliktpartner kann schon durch solche Bemerkungen die Angst genommen werden, ein Gegner zu sein, wie. »Ich möchte doch gern gemeinsam mit Ihnen eine Lösung zu finden.«
3. Die Argumente des Konfliktpartners sollten so wiederholt werden, wie sie bei einem selbst angekommen sind. Bei unklaren, mehrdeutigen Aussagen sollte nochmals nachgefragt werden. Der Gesprächspartner weiß dann, dass man selbst gut zugehört hat und fühlt sich ernst genommen.
4. Bei Unzufriedenheit auf einer oder beiden Seiten muss den Gründen nachgegangen werden. Dadurch kann vermieden werden, dass jeweils die Gegenseite für alles Missliche verantwortlich gemacht wird.
5. Allzu leicht werden einem aggressiv auftretenden Menschen von vornherein schädigende Motive unterstellt. Das provoziert Misstrauen und Unzufriedenheit. Sollte es passiert sein, dass dem Konfliktpartner negative Denkweisen und Verhalten unterstellt wurden, muss unbedingt der sachliche Gehalt der Meinung überprüft werden.
6. Wurde eine oder wurden beide Seiten gekränkt, dann ist es besser, dem Konfliktpartner zu sagen, wie das Gesagte bei einem selbst angekommen ist, statt mit drastischen Argumenten und persönlichen Angriffen die Kränkung zurückzugeben.
7. Wir stellten fest, dass Fehler menschlich und normal sind. Deshalb sollten sie so sachlich wie möglich behandelt werden. Nach einer Kränkung oder einem Fehlverhalten gehört zwar Mut zu einer Entschuldigung. Letztere kann aber viel zu einer Deeskalation beitragen.
8. Sie können – bei sachlicher Überlegenheit gegenüber der Konfliktsituation – durch ein unerwartetes Verhalten die Konfliktverhärtungen aufweichen, z. B. wenn Sie sich freundlich statt aggressiv verhalten. Oder Sie nehmen sich bewusst Zeit, um den anderen seine Sichtweisen darstellen zu lassen und halten sich mit Wertungen und Unterbrechungen völlig zurück. Das ist letztlich der sachliche Abstand, der notwendig ist, um das Wesentliche aus der Argumentation und Haltung des Konfliktpartners entnehmen zu können. Und nicht selten lösen sich verschiedene Konfliktfragen für den Konfliktpartner, wenn er erfährt, dass Sie ihm ihre ungeteilte Aufmerksamkeit schenken und sich in hohem Maße sachlich und objektiv verhalten.

9. Wenn Sie – trotz hoher Sachlichkeit – nicht weiterkommen, sollte das Gespräch vertagt und ggf. ein neutraler Dritter hinzugezogen werden.

Zuhören oder Reden? Dazu eine weitere Anekdote:
Der 30. amerikanische Präsident Calvin Coolidge (1872–1933) empfing jeden Tag eine Menge Leute. Die meisten hatten irgendwelche Beschwerden vorzubringen. Eines Tages sagte der Gouverneur zum Präsidenten, dass er nicht verstehe, wie er es fertig bringe, so viele Leute in wenigen Stunden anzuhören. *»Sie sind immer zur Essenszeit mit Ihren Besuchern fertig«*, sagte der Gouverneur, *»während ich oft bis Mitternacht in meinem Büro bin«*. *»Ja«*, sagte Coolidge, *»das kommt daher, weil Sie reden«*. (aus: Holtbernd, T: Führungsfaktor Humor. Redline Wirtschaft/ Ueberreuter Verlag, Frankfurt/Wien 2003)

Selbstcheck ✓

Prüfen Sie anhand dieser Handlungsmöglichkeiten zur Sicherung Ihrer Objektivität und Sachlichkeit, welche dieser Möglichkeiten Ihnen bisher besonders schwer gefallen ist bzw. an welche Sie bisher nicht gedacht haben und damit auch nicht erproben konnten:

_____

_____

Was könnten Sie zukünftig anders, bewusster machen?
Ich nehme mir vor:

1. _____
2. _____
3. _____

Konflikteskalations-Modell

Gerade an dem Konflikt-Eskalations-Modell, das den Zirkelprozess und die Phasen der Eskalation umschließt, kann gelernt werden, wie man sich in den verschiedenen Phasen der Eskalation als Vermittler sachlich richtig verhalten sollte.

Der deutsche »Klassiker« des Konfliktmanagements, Friedrich Glasl, hat dem Eskalationsmodell in seinen Büchern breiten Raum gewidmet, zumal dieses Modell sowohl im Kleinen (zwischen Personen) wie auch im Großen (zwischen Ländern) gerade heutzutage größte Gültigkeit beweist. In seinem Handbuch (2008) geht er davon aus, dass kleine Reibungen und Spannungen stufenweise zu intensiven Konflikten anwachsen können. Und so »kann es z. B. längere Zeit zu einem Austausch von Gewalthandlungen mittels intellektuell-logischer Auseinandersetzungen kommen, bis durch eine einseitige oder beidseitige Aktion eine wesentliche Steigerung im Gewaltausmaß auftritt. Man erlebt dann als Konfliktpartei, dass man eine bestimmte Stufe verlassen hat und zu viel härteren Waffen greifen muss, um sich (einseitig) durchsetzen zu können. Auch die Gegenpartei denkt so, und damit passen

Aktionen und Reaktionen wieder zueinander. Durch neuerliche besondere Vorfälle kann ein weiterer Durchbruch zu einem noch höheren Gewaltniveau erfolgen. Diese Steigerung der Konfliktintensität erfolgt stufenweise. Jede Stufe ist durch einen ›Wendepunkt‹ markiert, der von den Konfliktparteien als kritische Schwelle erlebt wird.« Diese Gewaltsteigerung kann sich im zwischenmenschlichen Bereich im Unternehmen vor allem im Austausch immer agressiver vorgetragener Argumente über Intrigen bis zum Mobbing zutragen. Glasl geht von 9 Eskalationsstufen aus:

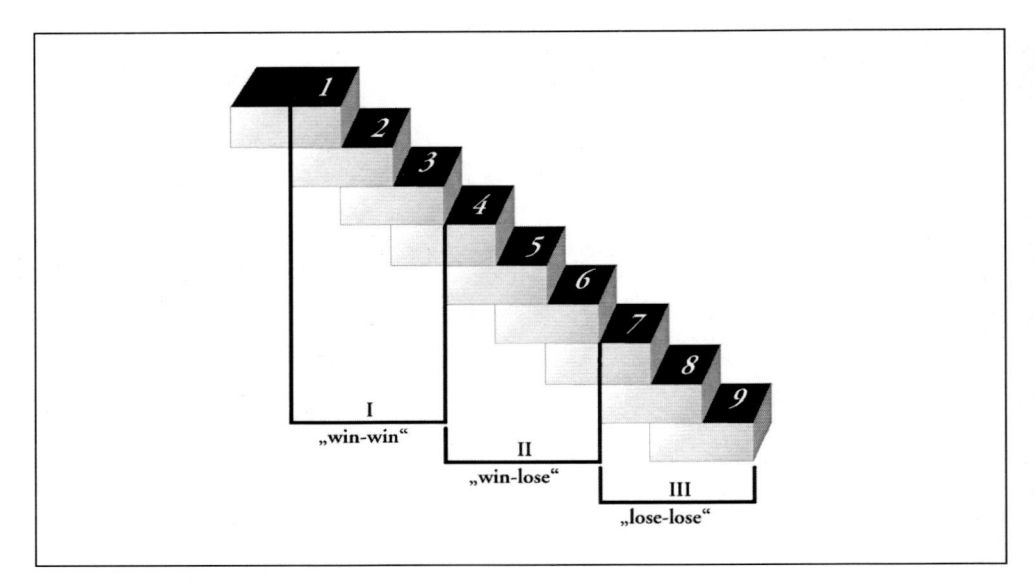

Er beschreibt diese 9 Stufen wie folgt:

1. Verhärtung
- Standpunkte verhärten zuweilen, prallen aufeinander;
- zeitweilige Ausrutscher und Verkrampfung;
- Bewusstsein der bestehenden Spannung erzeugt Krampf;
- Überzeugung: Spannungen durch Gespräch lösbar;
- noch keine starren Parteien oder Lager.

Kooperation > Konkurrenz

2. Debatte
- Polarisation im Denken, Fühlen und Wollen, Schwarz-Weiß-Denken;
- Taktiken: quasi-rational, verbale Gewalt;
- Reden zur Tribüne, über Dritte »scores« gewinnen;
- zeitliche Subgruppen um Standpunkte;
- Diskrepanz »Oberton und Unterton«;
- Überlegenes gegenüber Unterlegenem TA-Modell.

Kooperation ≤ Konkurrenz

3. Taten
- »Reden hilft nichts mehr«;
- Also: Taten!
  Strategie der vollendeten Tatsachen;
- Diskrepanz verbales, non-verbales Verhalten, non-verbales Verhalten dominiert;
- Gefahr: Fehlinterpretation;
- »pessimistische Antizipation«: Misstrauen, Akzeleration;
- Gruppenhalt, Kohäsion, Rollen-Kristallisation;
- Empathie verloren.

Kooperation < Konkurrenz

4. Images, Koalitionen
- Stereotype, Klischees, Image-Kampagnen, Gerüchte: auf Wissen und Können!;
- einander in negative Rollen mövierieren und bekämpfen;
- Werben um Anhänger, symbiotische Koalitionen;
- self-fulfilling prophecy durch Perzeptionsfixierung;
- noch keine starren Parteien oder Lager;
- dementierbares Strafverhalten;
- doppelte Bindung durch paradoxe Aufträge.

5. Gesichtsverlust
- öffentlich und direkt: Gesichtsangriffe!;
- inszenierte »Demaskierungsaktion« Ritual;
- »Enttäuschung«;
- Aha-Erlebnis rückwirkend;
- Engel-Teufel als Bild, Doppelgänger;
- Ausstoßen, Verbannen;
- Isolation, Echo-Höhle, sozialer Autismus;
- Ekel;
- Ideologie, Werte, Prinzipien;
- Rehabilitierung.

6. Drohstrategie
- Drohung und Gegendrohung: Forderung;
- Sanktion;
- Sanktionspotenzial;
- Glaubwürdigkeit: Proportionalität Selbstbindungsaktivitäten, Stolperdrähte;
- »second move«;
- Stress;
- Akzeleration durch Ultimata, Scherenwirkung.

7. Begrenzte Vernichtungsschläge
- Denken in »Dingkategorie«;
- keine menschliche Qualität mehr;
- begrenzte Vernichtungsschläge als passende Antwort;
- Umkehren der Werte ins Gegenteil: relativ kleiner eigener Schaden = Gewinn.

> **8. Zersplitterung**
> - Paralysieren und Desintegrieren des feindlichen Systems;
> - Abschnüren der Exponenten vom Hinterland;
> - vitale System-Faktoren zerstören, dadurch System unsteuerbar, zerfällt gänzlich.

> **9. Gemeinsam in den Abgrund**
> - kein Weg mehr zurück!;
> - totale Konfrontation;
> - Vernichtung zum Preis der Selbstvernichtung, Lust am Selbstmord, wenn auch der Feind zu Grunde geht!

☞ Empfehlungen

Gerade in der Literatur zum betrieblichen Konfliktmanagement, zum Coaching und zur Tätigkeit von Mediatoren werden umfassende Erfahrungen und Techniken zum sachlichen Umgang mit Konflikten und zur effizienten Lösung solcher mitgeteilt. In diesem Zusammenhang empfehlen wir folgende weiterführende Literatur ganz besonders:
- Chrisand/Reinhard (1999): »Methodik der Konfliktlösung«. Beide Autoren stellen die Techniken der Konfliktlösung kurz, prägnant, praktisch nachvollziehbar dar.
- Das Buch von Glasl (2008) gibt den breitesten Überblick zum Konfliktmanagement, ist aber vor allem als Handbuch für Führungskräfte und Berater gedacht.
- Hugo-Becker/Becker (2004): »Psychologisches Konfliktmanagement«. Hier sind die Einzelhinweise zur psychologisch richtigen Gesprächsführung in verschiedenen Spannungs- und Konfliktsituationen besonders gut nachvollziehbar dargestellt.
- Zuschlag/Thielke (1998): »Konfliktsituationen im Alltag«. In diesem Buch finden Sie sehr differenzierte Betrachtungen, Beispiele und konkrete Empfehlungen zum Vermeiden bzw. Neutralisieren von sog. Killerphrasen und Killertechniken.

Sachlichkeit kann nicht suggestiv – beispielsweise über die Vorsatzformel »Mensch – sei sachlich: gegenüber Dir selbst und anderen« – erweitert werden, sondern setzt wiederum Sachliches voraus: das Wissen über strittige Gegenstände und Zusammenhänge, über die Natur und die Erkennungszeichen von Unsachlichkeit und emotional grundierten Angriffen. Und sie setzt die bewusste Aneignung zweckmäßiger Verhaltenstechniken voraus.

✎ Persönliche Maßnahmen

Was nehme ich mir für die nächsten 6 Wochen im Sinne einer Stärkung meiner »Sachlichkeit« vor? (Stichworte):

_____

_____

Was werde ich zuerst und vorrangig tun? (Stichworte):

_____

_____

Wie kontrolliere ich die Resultate? (Stichworte):

_____

_____

Wo werde ich mich weiter zum Thema »Sachlichkeit« informieren? (Stichworte):

_____

_____

Als weiterführende Informationsquellen empfehlen wir

Crisand, E.; Reinhard, R.: Methodik der Konfliktlösung. Sauer-Verlag, Heidelberg 1999
Hugo-Becker, A.; Becker, H.: Psychologisches Konfliktmanagement. Deutscher Taschenbuch Verlag dtv, München 2004
Glasl, F.: Konfliktmanagement. Haupt Verlag, Bern 2008
Glasl, F.: Selbsthilfe in Konflikten: Konzepte, Übungen, Praktische Methoden. Freies Geistesleben & Urachhaus GmbH, Stuttgart 2007
Schwarz, G.: Konfliktmanagement. Verlag Dr. Th. Gabler, Wiesbaden 2005
Zuschlag, B.; Thielke, W.: Konfliktsituationen im Alltag. Verlag für angewandte Psychologie, Göttingen/Stuttgart 1998.

Konzeptionsstärke F/A

▶▶ Grundsätzliche Überlegungen

Konzeptionsstärke bezeichnet die Fähigkeit, neue Produkte, Organisationsformen, Vertriebswege, Rationalisierungsvorhaben u. a. zu entwerfen und entgegen allen Widerständen und Problemen praktisch zu realisieren. Das setzt einerseits ein hohes fachlich-methodisches Wissen voraus, um schlüssige, überzeugende Lösungen anzubieten. Es erfordert zugleich die nötige Willensstärke und Tatkraft, um so die gefundenen Lösungen auch umzusetzen.

Konzept, konzeptionell bezieht sich im Kern auf eine Zusammen- oder Abfassung, auf ein Programm für ein Vorhaben. Damit sind erst einmal unterschiedlichste Arbeiten und Ziele denkbar.

➲ Kennzeichen

Einzelne Kennzeichen für Konzeptionsstärke sind im betrieblichen Alltag insbesondere:
- Erarbeitet auf der Grundlage vorgegebener sowie selbst erkannter Probleme und Aufgabenstellungen Konzepte;
- durchdringt analytisch komplexe und komplizierte Probleme und leitet daraus systematisch Bearbeitungs- und Problemlösungsansätze ab;
- besitzt die nötige fachlich-methodische Basis, um systematisch neues Wissen zu generieren;
- verfügt über die Willensstärke und Tatkraft, um gefundene Lösungen zu realisieren;
- gibt sich nicht mit Teillösungen zufrieden, sondern sucht den systematischen Zusammenhang von Lösungsmöglichkeiten;
- ist beharrlich genug, einmal gefundene Lösungen durchzusetzen und flexibel genug, neue Anregungen und Ideen ins eigene Konzept zu integrieren.

Konzeptarten

Im betrieblichen Alltag gibt es Konzepte unterschiedlicher Art. Das können Vertriebs- und Werbekonzepte, Konzepte für neue Produktentwicklungen, Konzepte für Rationalisierungen, Organisations- und Ablaufkonzepte, aber durchaus auch Gutachten, Kostenvoranschläge bzw. Finanzierungskonzepte, Personalentwicklungskonzepte, Entscheidungsvorlagen für den Vorstand/Geschäftsführung bis hin zu Projektberichten sein.

All diesen unterschiedlichen Konzepten ist gemeinsam, dass sie prägnant sein und ausreichend informieren sollen, eine ziel- und zweckentsprechende Informationsrecherche einschließen, verständlich und maßnahmeorientiert sein sollen. Sie müssen auf das Wesentliche hin ausgerichtet sein.

Kriterien für gute Konzeptionen

Wenn wir die elementaren Kriterien an eine gute (sprich: für Dritte handhabbare) Konzeption an die Masse täglich bearbeiteter Konzepte bzw. Konzeptionen anlegen, dann würden sicher ca. 80 % als »unzureichend« bis »unzumutbar« bezeichnet werden müssen. Diese Kriterien sind:
- klare Zielstellung;
- gute Gliederung/Ordnung;
- prägnante, kurze Darstellungen;
- gute Verdichtung wesentlicher Informationen;
- Beachtung des Empfängerkreises in der Darstellung und dem Verständlichkeitsgrad;
- Auflockerungen (aber immer in Abhängigkeit vom Ziel Und Gegenstand der Konzeption);
- wenige, aber einprägsame Beispiele, kurz: zusätzliche Stimulanz für den Leser;
- klare Schlussfolgerungen und Maßnahmevorschläge – konkret adressiert;
- Vorschläge zur Kontrolle der Maßnahmeergebnisse.

Die beiden letzten Kriterien sind in sehr vielen Konzeptionen eher mager. Sie sind tatsächlich sehr schwierig, da man sich hier festlegen und Verantwortung adressieren muss. Andererseits, das ist eine alte Managementerfahrung, zeigt sich letztlich an der Art der Schlussfolgerungen, Maßnahmevorschläge und Kontrollempfehlungen, ob das Konzept bis zur letzten Konsequenz auch durchdacht und lebensfähig für das Unternehmen ist. Und wenn dann auch noch konkrete Ableitungen mit den Namen der einzubeziehenden Organisationseinheiten und Personen getroffen werden, dann ist das Konzept erst logisch zwingend.

In unseren Untersuchungen zu Instrumenten zur Unterstützung effizienter Arbeitsweisen fanden wir in ganz unterschiedlichen Unternehmen so genannte Problem- oder Ideensammlungs-Karten. Das waren einseitige Formulare oder Karteikarten, auf denen man nach nur wenigen Kriterien oder Fragen komplexe Probleme strukturieren und bearbeitbar gestalten konnte.

☞ Empfehlungen

Diese praktischen »Erfahrungsanker« zum Ausgangspunkt nehmend, empfehlen wir Ihnen, zu Beginn Ihrer Arbeit an einer Konzeption nach folgendem Frageraster und mit stichwortartigen schriftlichen Aussagen vorzugehen:

Arbeitsgrundlage einer Konzeption

Frage 1: Was ist der Gegenstand der Konzeption? Wofür, wozu soll eine Konzeption erarbeitet werden? Wenn Sie diese Frage nicht beantworten können, holen Sie vom Auftraggeber klarere Ziel- und Zweckaussagen ein! Sonst bleibt Ihr Konzept im Allgemeinen stecken und stellt letztlich verlorene Zeit für Sie und die potenziellen Leser dar.

Frage 2: Was sind die wichtigsten Ziele dieser Konzeption? Was soll erreicht werden? Hier sollten Sie einerseits zwischen den betrieblichen Zielen und den evtl. persönlichen Zielen unterscheiden und sofern beide Seiten beabsichtigt sind, zwar getrennt, jedoch im Zusammenhang kurz beschreiben. Sind Ihnen die betrieblichen Ziele unklar, dann müssen Sie auch an dieser Stelle an geeignetem Ort zusätzliche Informationen einholen. Das kann Ihre Führungskraft sein, das können die Auftraggeber oder späteren Nutzer Ihres Konzeptes oder andere Personen im Unternehmen sein.

Frage 3: Wie ist die derzeitige Ausgangslage, Kurzbeschreibung der betrieblichen Ausgangssituation? Soll das Konzept in der Form eines routinemäßigen Zwischenberichtes mit Folgerungen abgefasst werden oder sind bestimmte Probleme der Ausgangspunkt für das Konzept oder …? Stellen Sie die Ausgangssituation kurz und sehr prägnant dar.

Frage 4: Wie ist der derzeitige Informationsstand/Informations-Ausgangslage? Kenne ich die intern vorhandenen Informationen und deren Quellen? Habe ich Zugang zu diesen, oder muss ich den Zugang über Dritte ermöglichen lassen? Habe ich Vergleiche zu anderen Unternehmen oder generellen Problemlösungen?

Frage 5: Welche Lösungen sehe ich gegenwärtig? Bieten sich jetzt schon konzeptionelle Vorschläge an, die möglicherweise durch die nachfolgenden Recherchen und Bewertungen bei der konzeptionellen Arbeit relativiert werden müssen? Wichtig ist es an dieser Stelle, ohne Vorbewertung unterschiedliche Lösungsmöglichkeiten stichwortartig zu notieren – quasi in Form eines kleinen Allein-Brainstorming-Protokolls.

Frage 6: Wieviel Zeit habe ich für die Erarbeitung der Konzeption? **Muss** sie noch heute erstellt werden oder in einer Woche vorgelegt werden oder …?

Frage 7: Wer kann von mir in die Vorarbeitung einbezogen werden? Kann ich bestimmte Teile delegieren, z. B. die interne oder externe Informationsbeschaffung? Wen muss ich im Rahmen der Konzepterarbeitung unbedingt konsultieren, da sonst die spätere Umsetzung gefährdet sein könnte?

> **Merke:** Der wahre Wert Ihrer Konzeption besteht in der überzeugenden Interpretation Ihrer umfassend gewonnenen und verdichteten Informationen.

Generell gilt: Nehmen Sie sich genügend Zeit für die umsichtige Konzeptplanung und -vorbereitung. Das Verhältnis zwischen Vorbereitung und eigentlicher Durchführung einer

Konzeption sollte etwa 80 % zu 20 % betragen. Allerdings wird in der betrieblichen Praxis häufig der Fehler gemacht, dass der Aufwand der Informationsbeschaffung und -verdichtung unterschätzt wird und die Zeit für das Formulieren des Konzeptes überschätzt.

Unsystematische Arbeitsweisen zeigen sich einerseits in solchen Zeitverschätzungen und andererseits in einer unnötigen Wiederholung von Arbeitsgängen wie Recherchieren, Strukturieren, Verdichten, Formulieren ...

Empfehlungen

Einzelne Arbeitsschritte

1. Formulierung von Gegenstand und Zielen
Machen Sie sich zu Anfang kurze schriftliche Notizen. Nur wenn Sie dieses gewissermaßen »auf den Punkt bringen« können, haben Sie die Gewähr für den Erfolg der nächsten Arbeitsschritte.

Welche kurzfristigen, mittel- und ggf. auch langfristigen Ziele verfolgen Sie mit und in der Konzeption? Was ist das wichtigste übergeordnete Ziel? So kann – im Sinne eines übergeordneten Zieles – die Konzeption z. B. als Entscheidungsgrundlage für die Durchführung einer Befragung der Mitarbeiter zum Problemkreis »XXX« sein. Oder als Rationalisierungsgrundlage im Bereich ... für den Zeitraum ... Klug (2004) empfiehlt, sich auf das Wesentliche zu konzentrieren und drei Ziele in den Vordergrund zu stellen:
- Das unmittelbare Ziel: Welches Ziel (und ggf. welche Teilziele) verfolgt Ihr Konzept? Welche Bedingungen und Voraussetzungen müssen Sie dabei beachten?
- Das übergeordnete sachliche Ziel (oder Ziele): Welchem unternehmerischen Zweck dient Ihr Konzept?
- Das persönliche Ziel: Was wollen Sie persönlich mit dem Konzept beruflich erreichen (Letzteres muss nicht öffentlich gemacht werden, kann aber eine wichtige motivationale Grundlage für Ihr nachfolgendes Engagement sein).

So wichtig auch die klare Vorstellung über das persönliche Ziel ist, Letzteres darf aber nicht die anderen Ziele dominieren. Das übergeordnete sachliche Ziel muss immer die Dominanz haben. Nur so können Sie später auch andere von der Richtigkeit des Konzeptes überzeugen und Manipulationen umgehen.

2. Informationen sammeln und verdichten
Wichtig ist es hierbei, die richtigen Informationen in relativ kurzer Zeit zu finden und einseitigeinengende Einschätzungen zu verhindern. Sie werden nie alle anscheinend notwendigen Informationen vorfinden, denn Sie werden immer wieder neuen Fragen beggenenund damit erneut auf die Suche nach weiterführenden Informationen gehen. Insofern gilt hier der alte Grundsatz **»Mut zur Lücke«** ebenso wie ein anderer: **»Unterscheide zwischen anscheinend wichtigen und den eigentlich richtigen Informationen«**. Diese und andere Grundsätze lernen Sie in Zeitmanagement-Seminaren – genauso wie die Beachtung des Pareto-Prinzips und die Realzeitplanung als wichtige Orientierungen für die effiziente Gestaltung der persönlichen Arbeitsweise.

Jede neue Konzeption hat ihre Spezifik und bedarf eines ihr angemessenen Such- und Vorbereitungsweges. Passen Sie deshalb Ihre Vorgehensweisen, insbesondere die Wege und Art der Informationsrecherche, dem Gegenstand und den Zielstellungen der aktuellen Konzeption an. Verfallen Sie also nicht in Routinebetrachtungen unter Nutzung immer gleicher Vorgehensweisen und Informationsquellen.

Nutzen Sie alle notwendigen und aussagekräftigen Informationsquellen (»aussagekräftig« auch unter dem Aspekt der Überzeugung der späteren Konzeptions-Empfänger und Entscheider).

Im Prinzip können Sie folgende Informationen einholen und auswerten:
- im Unternehmen selbst: Berichte, Statistiken, Bilanzen, Benchmarks, frühere Konzepte zum gleichen oder ähnlichen Gegenstand der aktuellen Konzeption, Workshop- und Meeting-Protokolle, Entscheidungsvorlagen, Gutachten, Briefings, thematische Recherchen, evtl. auch Praktikanten- und Diplomarbeiten u. a.
- Unternehmensexterne Informationen: Studien von Verbänden/ Banken, Hochschulen/ Ministerien/IHK/HWK, Mediadaten, Internet, Fachbücher/Fachzeitschriften, Softwareprogramme, Informationen über Strategien, Produkte und Preise wichtiger Wettbewerber, redaktionelle Recherchen von Zeitungen und Zeitschriften …

Vergessen Sie auch nicht, ggf. interne oder auch externe Experten anzusprechen, um deren Erfahrungen zu berücksichtigen. Sehr innovative Personen suchen mehr als andere die Erfahrungen (und nicht einzelne Wissensanteile) Dritter, sie lernen quasi verkürzt und ergebnisorientiert an und durch die Erfahrungen auf einem bestimmten Gebiet erfolgreicher Personen.

Wichtig ist ferner, Teilrecherchen auch auf andere zu übertragen, von denen Sachkenntnis, Gewissenhaftigkeit, Umsicht, Termintreue, Verantwortungsbewusstsein erwartet werden kann.

3. Strukturieren und ordnen Sie die eingeholten Informationen

Wichtig ist es, die unterschiedlichen Informationen äußerlich nach ihrer Herkunft und nach ihrer Bedeutung zu ordnen. Das kann mit unterschiedlichen Aktenordnern, mit unterschiedlich signierten Karteikarten, mit Stichwortsammlungen u. Ä. geschehen.

Bei der Ordnung von Informationen im Zusammenhang mit der Konzeption sollten solche Fragen bevorzugt werden wie:
- Welche Informationen sind die wesentlichen unter dem Gesichtspunkt der Trends, der Wettbewerbsausrichtung, der primären Probleme, der späteren Schlussfolgerungen?
- Welche Informationen haben übergeordneten Charakter?
- Welche Informationen fordern zum Beschreiten völlig neuer Lösungswege auf?
- Wie hängen die verschiedenen Themen und Teilprobleme zusammen? Wie sieht das Gesamtsystem aus?

Für das Ordnen und Strukturieren von Informationen gibt es unterschiedliche Methoden, die sich zigfach bewährt haben und die Sie erlernen können – entweder durch Selbststudium oder in speziellen Trainingskursen auf dem freien Markt. Für Ihr Selbststudium erhalten sie am Schluss dieses MIT einige Buch-Vorschläge. Empfehlenswert sind insbesondere folgende Methoden:

- Mind-Mapping oder Vistem;
- Begriffsspinne;
- KI-Methode (nach dem japanischen Anthropologen Jiro Kawakita; sehr gut dargestellt bei Klug 2004).

4. Gewichten und interpretieren

Auch hierfür gibt es unterschiedliche erlernbare Methoden, z. B. in der folgenden Darstellung nach Klug.

Durch die Nutzung solcher Methoden können Sie nicht nur aus der Vielzahl unterschiedlicher Informationen die Wesentlichen herausfinden und miteinander in Beziehung setzen, Prioritäten setzen sowie schwierige Sachverhalte visualisieren und damit auch für Dritte überschaubar gestalten, sondern auch erste Handlungen aus den vorliegenden Tatsachen ableiten. Schließlich können Sie mit ihnen die notwendigen Hypothesen ableiten und untermauern und kommen dadurch zu eindeutigeren Ergebnissen.

Methode	Anwendung
Morphologischer Kasten	Systematisieren von Informationen
Portfoliomatrix	Qualitatives Abwägen einzelner Informationen
Hypothesenmatrix	Umfangreiche Vernetzungen und Wechselbeziehun-gen zwischen Informationen erkennen, darstellen und gewichten
Entscheidungsmatrix	Zwischen konkurrierenden Alternativen eine eindeutige Entscheidung treffen
Pyramiden-Prinzip	Die Logik und Vollständigkeit eines Argumentations-ganges überprüfen

5. Erstellen der Konzeption

Beachten Sie bei der **Gliederung** des Konzeptes die Bedürfnisse der späteren Leser – und auch eiliger Leser. So, wie Konzeptionen nicht zum Selbstzweck erarbeitet werden sollen, so ist auch stets davon auszugehen, dass sie nur durch das Verstehen und die Identifikation der Leser später von diesen berücksichtigt bzw. umgesetzt werden.

Auch kleine Konzepte sollten eine – wenn auch kürzere – Gliederung enthalten. Und: Oft wird die Bedeutung eines zugkräftigen Titels übersehen. Der **Titel**, wie auch die Überschriften der einzelnen Abschnitte der Konzeption, sollen das Interesse des Lesers wecken, ihn gewissermaßen neugierig auf die von Ihnen zusammengetragenen Fakten und insbesondere auf Ihre Schlussfolgerungen und Vorschläge machen. Letztlich sind Titel und Überschriften ein wesentlicher Teil Ihres internen Werbekonzeptes.

Die **Länge** eines Konzeptes hängt einerseits vom Inhalt und den tatsächlich notwendigen Faktendarstellungen ab. Auf jeden Fall sollten Sie sich jedoch bemühen, dem Konzept eine Zusammenfassung und Entscheidungsgrundlage auf ein bis maximal drei Seiten voranzustellen. Dabei können Sie die unter dem Abschnitt »Arbeitsgrundlage einer Konzeption« gestellten 7 Fragen zum internen Aufbau direkt nutzen.

Häufig werden z. B. Vorstände und Geschäftsführungen regelrecht überschüttet mit vielen langen Vorlagen (und noch längeren Anhängen) und vielen unnützen Informationen. Außenstehende wundern sich dann, dass einzelne Vorlagen nur allgemein behandelt werden bzw. auf die lange Bank geschoben werden und wissen nicht, dass dies an der unprofessionellen Erarbeitung der betreffenden Vorlagen liegt. In diesem Zusammenhang wird von General Eisenhower, dem späteren Präsidenten der USA, berichtet, dass er äußerst unnachgiebig war, wenn ihm Offiziere bei der Front-Lagebesprechung Unterlagen mit mehr als einer Seite vorlegten. Sein Maßstab war: An der Front zählt jede Minute. Wer seine Analyse und die wichtigsten Maßnahmevorschläge nicht gerafft auf einer Seite darstellen kann, steht nicht über den Dingen und kann ggf. falsche, weil unvollständige und nicht auf das Wesentliche gebrachte, Informationen weitergeben. Und das kann wiederum katastrophale Folgen auch für Dritte haben. – Der Zwang zur Kürze hat in diesem Beispiel unterschiedliche Aspekte.

Mit gleicher Konsequenz vertreten eine Reihe uns bekannter Vorstände und Geschäftsführungen das Prinzip »Vorlagen, Konzepte nicht länger als drei Seiten« (einige lassen auch fünf zu, achten aber genauso auf Kürze und Prägnanz). Natürlich kann es dann auch eine ausführlichere Version und Anhänge geben, aber die Entscheidungen müssen auf Grund eines kürzeren Papiers gefällt werden können. Zu einem glaubwürdigen Konzept gehört ferner, zumindest in einem gesonderten Anhang, ein **Literatur- und Quellenverzeichnis**, ein Verzeichnis wichtiger Internetseiten sowie eine Übersicht der genutzten unternehmensinternen Informationsquellen.

Schließlich muss das Konzept mit **einfachen und treffenden** Wörtern, kurzen Sätzen und nach Möglichkeit mit einigen untermauernden Beispielen geschrieben werden.

In diesem Zusammenhang unser Tipp: Geben Sie das erste ausformulierte Manuskript ein bis zwei Personen zum Lesen und **prüfen** Sie exakt, wie verständlich dieses für andere Personen ist.

Legen Sie dieses Modulare Informations- und Trainingsprogramm nicht zu weit weg. Mit Sicherheit werden Sie in nächster Zeit wieder an einem Konzept arbeiten. Nehmen Sie dann unsere Anregungen zum Ausgangspunkt einer noch bewussteren Konzepterarbeitung.

Wenn das Konzept dann »steht«, lesen Sie noch einmal die Empfehlungen durch und üben Sie dann eine »Manöverkritik« gegenüber dem eigenen Konzept:

- Was habe ich gut oder besser gemacht?
- Was müsste ich beim nächsten Mal noch mehr beachten?
- Was kann ich zukünftig besser delegieren?
- Habe ich die Sprache derer berücksichtigt, die ich erreichen möchte bzw. bei denen ich etwas Konkretes erreichen will?

Persönliche Maßnahmen

Was nehme ich mir für die nächsten 6 Wochen im Sinne einer Erhöhung meiner »Konzeptionsstärke« vor? (Stichworte):

___

___

Was werde ich zuerst und vorrangig tun? (Stichworte):

___

___

Wie kontrolliere ich die Resultate? (Stichworte):

___

___

Wo werde ich mich weiter zum Thema »Konzeptionsstärke« informieren? (Stichworte):

___

___

Als weiterführende Informationsquellen empfehlen wir

Buzan, T.; Buzan, B.: Das Mind-Map-Buch. Moderne Verlagsgesellschaft Mvg, Mandsberg am Lech 2005

Klug, S.: Konzepte ausarbeiten. Top-Tools für Pläne und Strategien. BusinessVillage (Online-Verlag), Köln 2004

Über Internet: www.mindmap.ch

Organisationsfähigkeit F/A

▶▶ Grundsätzliche Überlegungen

Organisationsfähigkeit umfasst einerseits das Erkennen des Wesentlichen, wichtiger Zusammenhänge und funktionaler Abhängigkeiten und das eigene Engagement zur Gestaltung bzw. Veränderung erkannter Zusammenhänge. Organisationsfähigkeit wird andererseits in Verbindung mit dem Selbstmanagement, der »Selbst-Organisation« als zunehmend wichtig gefordert. In beiden Fällen weist die Organisationsfähigkeit eine enge Verbindung zu den Teilkompetenzen Planungsfähigkeit/Planungsverhalten und Tatkraft auf.

»Organisationsfähigkeit« und »Planungsverhalten« sind überall dort nicht besonders gefordert, wo schematisch gearbeitet wird und wo genaue Einzelanleitungen gegeben werden oder wo vorwiegend einfachere Routinearbeiten vorherrschen. Als Oberbegriff für »Organisationsfähigkeit plus Planungsfähigkeit« wird in der Praxis »Dispositionsvermögen« verwendet.

✔ Selbstcheck

Sie können mit einer relativ einfachen Aufgabe, für die Sie sich allerdings 20 Minuten Zeit nehmen müssen, feststellen, wie Ihre komplexe Fähigkeit zum planvollen Organisieren der bestmöglichen Varianten von Arbeitsabläufen zur Erreichung eines festgelegten Zieles ausgebildet ist. Das Ziel ist bekannt, nicht aber der beste Weg dahin.

Diese Aufgabe ist nicht neu, sondern begegnete uns in ähnlicher Form bereits (Huth 1969, Raschke 1969, Heyse 1972). Sie kann einzeln oder auch in einer Gruppe durchgeführt werden, z. B. in Ihrer Familie oder im Bekanntenkreis. Letzteres hat den Vorteil, dass die individuell erarbeiteten Ergebnisse später untereinander verglichen und diskutiert werden können. Zur Aufgabe gehören

Organisationsfähigkeit (F/A)

- die nachfolgende Aufgabenstellung;
- ein Lageplan;
- »Antworten zum Lageplan«.

Aufgabenstellung

Nehmen wir an, Sie sind Projektleiter in einer größeren Abteilung. Am heutigen Tage haben Sie eine Reihe von Erledigungen in der Stadt zu verrichten. Da Sie heute noch mehrere Besprechungen vor sich haben, an denen Sie unbedingt teilnehmen müssen, können Sie die Aufträge nur durch einen Kollegen erledigen lassen. Um zu sehen, ob die große Anzahl von Aufträgen für einen Mitarbeiter allein überhaupt zumutbar ist, wollen Sie jetzt überprüfen, ob und in welcher Reihenfolge alles realisiert werden kann. In einer halben Stunde beginnt Ihre erste wichtige Besprechung.

Sie sollen nun in maximal 20 Minuten anhand des vor Ihnen liegenden Stadtplanes überlegen, in welcher Minimalzeit der Mitarbeiter die Aufträge erledigen kann.

Folgendes soll zwischen 14.30 Uhr und 18.00 Uhr realisiert werden:
- Auf der Post einen wichtigen Eilbrief aufgeben;
- um 17.00 Uhr am Marktplatz eine Verabredung einhalten, dafür sollen mindestens 2 Minuten eingerechnet werden;
- bei der Stadtverwaltung eine wichtige Bescheinigung abholen;
- auf dem Bahnhof mit einem Fachkollegen, der im Zug wartet, ein Kurzgespräch führen und einen Bericht entgegen zu nehmen. Der Zug hält von 17.27 Uhr bis 17.29 Uhr. Diese Zeit muss unbedingt eingehalten werden;
- im »Lessing-Haus« einen Raum für einen Diskussionsabend mit rund 60 Gästen sichern;
- von 15.30 Uhr bis 16.00 Uhr in der Abteilung (Kennzeichen (A)) einen wichtigen Anruf aus Kopenhagen entgegen nehmen;
- aus der Personalabteilung eine Unterlage abholen;
- aus der Bibliothek ein Nachschlagewerk entleihen;
- im Reisebüro ein Flugticket bezahlen und mitbringen.

Die Zahlen in den einzelnen Teilzielen auf dem Lageplan zeigen an, wie viel Zeit in Minuten der Mitarbeiter unbedingt dort aufwenden muss.

In den Kästchen »Abteilung«, »Bahnhof« und »Marktplatz« fehlen die Zeitangaben. Hier hat der Mitarbeiter laut der oben genannten Aufträge feste Termine einzuhalten:
- Am Marktplatz soll er sich mindestens 2 Minuten aufhalten, ebenfalls am Bahnhof
- und in der Abteilung muss er 30 Minuten fest einhalten. Er **kann** aber auch länger verweilen.

Die Zahlen in den Verbindungslinien zwischen den verschiedenen Teilzielen zeigen an, wie viel Minuten ein Fußgänger unbedingt braucht, um von einem Teilziel zum anderen zu gelangen.

Ihr Mitarbeiter kann jedoch – sofern Sie es als notwendig erachten – einen Dienstwagen benutzen. Dann benötigt er von jeweils einem Teilziel zum anderen nur ein Drittel der Zeit

(Achtung: beim Ausrechnen wird auf volle Minuten auf- bzw. abgerundet: 20 Minuten = 3 x 7; 10 Minuten = 3 x 3).

Wenn man sich für eine bestimmte Straße entschlossen hat, so muss man diese bis zum nächsten Teilziel verfolgen; man kann von einer Straße nicht abbiegen.

Ihr Mitarbeiter muss alle Aufträge **persönlich** erledigen.

Er darf keinen Auftrag vergessen, muss die Termine einhalten, soll möglichst vor oder zumindest zu der angegebenen Begrenzungszeit (18.00 Uhr) wieder in der Abteilung sein. Er darf – mit Ausnahme des Autos – keine Hilfsmittel wie etwa Taxi, Autobus, Telefon/Handy u. a. benutzen.

Das Auto befindet sich in der Abteilung, hat jedoch einen Zünddefekt und kann nur noch im Schritttempo gefahren werden. Eine Reparatur, die nur im Teilziel »Werkstatt« durchgeführt werden kann, dauert rund 90 Minuten. Die Aufenthaltsdauer in der Werkstatt würde 2 x 5 Minuten (5 Minuten beim Hinbringen und 5 Minuten beim Abholen des Autos betragen). Die Reparaturzeit wiederum beginnt ab Eintreffen in der Werkstatt und ist beendet, wenn die Werkstatt verlassen wird.

Tragen Sie die Stationen/Teilziele in der von Ihnen gewählten Reihenfolge in das Antwortschema ein, ebenfalls die Ankunfts- und Abmarsch- bzw. Abfahrtzeiten. Sollten der Mitarbeiter vor oder nach 18.00 Uhr fertig sein, so schreiben Sie die Zeit unter die vorgedruckte Zeit 18.00 Uhr.

Alle Einrichtungen (auch die eigene Abteilung) schließen um 18.00 Uhr. Abmarsch/Abfahrt von der Abteilung: 14.30 Uhr. Lösungszeit: 20 Minuten.

✔ Selbstcheck

Beginn des Selbstchecks

Es kommt also darauf an, zu prüfen, ob und in welcher Minimalzeit alle Aufträge realisiert werden können. Beginnen Sie **jetzt** mit der Lösung der Aufgabe!

Antworten zum Lageplan

Zeit		Station
Ankunft	Abmarsch	
	14:30 Uhr	**Abteilung**

Organisationsfähigkeit (F/A)

18:00 Uhr		**Abteilung**

Lageplan
Bitte benutzen Sie den vergrößerten Lageplan (siehe Anhang):

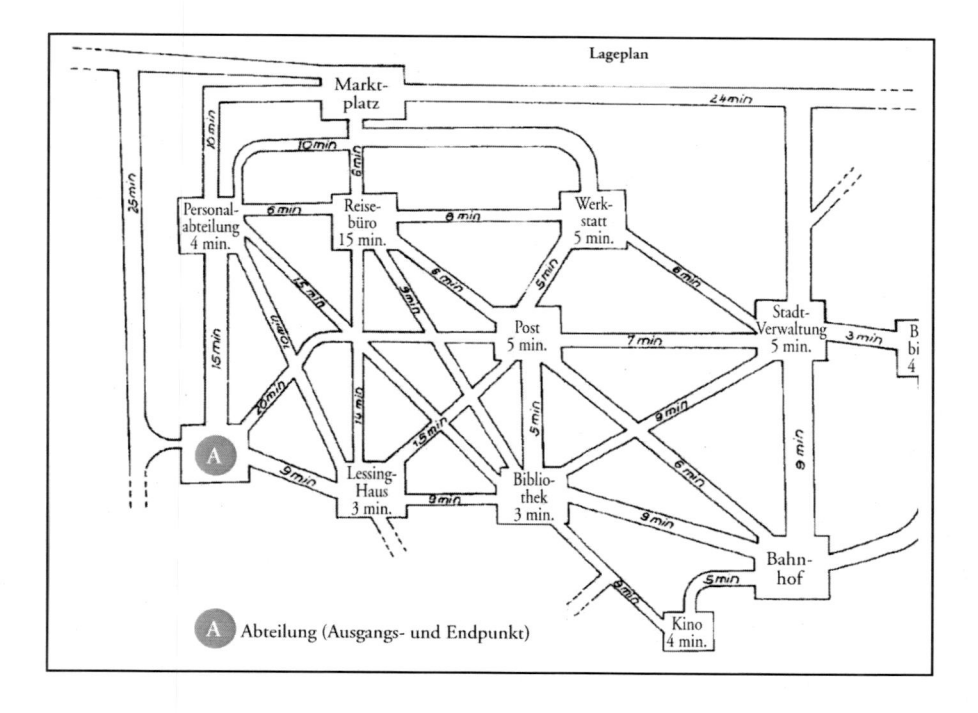

Auflösung des Selbstversuchs

Diesem Selbstversuch liegt eine Multivariantenstrategie zu Grunde. Es gibt eine Vielzahl von möglichen Lösungswegen – wie im alltäglichen Leben. Begrenzt wird die Zahl der Lösungsmöglichkeiten durch drei besonders wichtige Entscheidungspunkte, nämlich die Teilziele, die durch vorgegebene feste Zeiten zu einem genau fixierten Zeitpunkt erreicht sein müssen. Optimale Lösungen können nur durch rechtzeitiges Erkennen dieser »Lösungsklippen« erreicht werden.

Durch das Aufnehmen zusätzlicher Teilziele, die jedoch nicht in die Aufgabe einbezogen werden, wird der Eindruck der Kompliziertheit der Aufgabe erhöht und das Analysieren und Erkennen des Wesentlichen geprüft.

Sie können nun Ihre individuelle Reihenfolge der Teillösungen mit den nachfolgend aufgeführten »optimalen« Lösungen vergleichen und daran erkennen, ob Sie in den vorgegebenen 20 Minuten die Aufgabe ebenfalls »optimal« oder im Bereich einer durchschnittlich guten Lösung oder mit größeren Schwierigkeiten gelöst haben.

Für jede Lösung gibt es mehrere Zahlenpaare (optimale Lösung im Vergleich zur eigenen Lösung). Bei Übereinstimmung mit einer der optimalen Lösungen notieren Sie bitte den entsprechenden Punktwert der Bewertungstabelle; das wiederholt sich für alle 12 Teillösungen.

Gibt Ihre individuelle Teillösung ein Ziel an, das nicht in der entsprechenden Zeile der Bewertungstabelle aufgeführt ist, dann erhalten Sie 0 Punkte. Die Bepunktung wurde bei der Überprüfung dieses Selbstchecks an vielen anderen Personen in Abhängigkeit von der benötigten Gesamtzeit festgelegt (bestmögliche Lösungszeit: 5 Punkte; 18.00 Uhr: 1 Punkt; >18.00 Uhr: 0 Punkte). Die Höchstpunktzahl beträgt 50 Punkte. Und: Es gibt einen Sonderfall: **eine** richtige Lösung ohne Einbeziehung des Autos. Wenn Sie eine Lösung ohne Benutzung des Autos haben, dann vergleichen Sie Ihre Teilschritte sowohl mit der allgemeinen Bewertungstabelle als auch mit der extra aufgeführten Sonderlösung. Sie können sich dann den höchsten Punktwert anrechnen.

Bewertungstabelle:

2	Werkstatt	5 Punkte
	Post	4 Punkte
3	Post/Werkstatt/Abteilung	5 Punkte
4	Abteilung	5 Punkte
	Lessing/Personal/Bibliothek	4 Punkte
	Post/Stadt	3 Punkte
5	Post/Werkstatt/Lessing/Personal	5 Punkte
6	Reisebüro/Werkstatt	5 Punkte
	Bibliothek/Personal/Stadtverwaltung	4 Punkte
7	Personal/Reisebüro	5 Punkte
	Stadt/Markt	4 Punkte
	Werkstatt/Post	3 Punkte
8	Markt	5 Punkte
	Werkstatt/Post/Lessing-Haus	4 Punkte
	Reisebüro	3 Punkte
	Personalabteilung	2 Punkte
9	Stadt/Personal/Lessing/Bibliothek	5 Punkte
	Markt	4 Punkte
	Reisebüro/Bahnhof	3 Punkte

10	Stadt/Bibliothek	5 Punkte
	Reisebüro/Post/Bahnhof	4 Punkte
	Personal	3 Punkte
11	Bahnhof	5 Punkte
	Bibliothek	4 Punkte
	Personal/Stadt	3 Punkte
	Reisebüro	1 Punkt
12	Kultur/Bibliothek	5 Punkte
	Personal/Stadt/Reisebüro	4 Punkte

Sonderfall (ohne Auto):

2	Stadtverwaltung	4 Punkte
3	Abteilung	4 Punkte
4	Haus Lessing	4 Punkte
5	Personalabteilung	4 Punkte
6	Reisebüro	4 Punkte
7	Marktplatz	4 Punkte
8	Post	4 Punkte
9	Bahnhof	4 Punkte
10	Bibliothek	4 Punkte
11	Abteilung	4 Punkte

Optimale Lösungen:

Es gibt bei dieser Aufgabe 25 empirisch ermittelte »optimale Lösungen«:

6 x 17.41 Uhr	2 x 17.49 Uhr	2 x 17.55 Uhr
3 x 17.44 Uhr	2 x 17.50 Uhr	2 x 17.59 Uhr
2 x 17.46 Uhr	3 x 17.52 Uhr	1 x 18.00 Uhr
1 x 17.48 Uhr	1 x 17.53 Uhr.	

Mit diesem Versuch erfuhren Sie etwas über die »rationale« Seite Ihrer Organisationsfähigkeit.

In einem zweiten Schritt soll die Umsetzung geplanter Aktivität, das Organisieren von Lösungen und Veränderungen im Unternehmen (gesamt oder in Ihrer Organisationseinheit) auf dem Prüfstand stehen, Ihr Umsetzungsengagement.

✔ Selbstcheck

Realisieren von Vorhaben

Erinnern Sie sich einmal an eigene Vorhaben, die gescheitert sind oder nur mit größerer Verspätung oder Abstrichen erfüllt wurden. Haben Sie sich damals überschätzt und konnten diese Vorhaben einfach nicht in der angedachten Form realisieren? Oder haben Sie »aus dem Bauch heraus« geplant und organisiert, sind einfach einmal »drauflos gelaufen« – ohne klare Ziele, Maßnahmen und Endtermine?

Versäumnisprotokoll

Erinnern Sie sich einmal an solche missglückten Vorhaben und den persönlichen Gründen dafür und notieren Sie diese in dem nachfolgend vorgegebenen Protokoll:

	Vorhaben	Grund	Zeitpunkt
1.			
2.			
3.			
4.			
5.			

Was würden Sie heute anders im Sinne von »konsequenter«, »kraftvoller«, »gezielter« machen?

Zu 1. _____
    2. _____
    3. _____
    4. _____
    5. _____

☞ Empfehlungen

Gehen Sie die folgenden Fragen in Ruhe und einzeln durch und beantworten Sie sie selbstkritisch.

Markieren Sie die »Archillesfersen« mit einem Kreuz oder Ausrufezeichen, damit Sie sie später noch einmal aufnehmen und nach Lösungen suchen können.

- Haben Sie sich angewöhnt, sich stets einen Endtermin zu setzen – und das auch dann, wenn Ihre Führungskraft dieses nicht tut?
- Informieren Sie jemanden aus Ihrer näheren Umgebung über Ihren Endtermin?

- Setzen Sie sich für jede Ihrer Arbeiten entsprechende Endtermine – verbunden mit klaren und kontrollierbaren Maßnahmen?
- Geben Sie sich Rechenschaft über die Einhaltung dieser Endtermine und Maßnahmen? Führen Sie z. B. Buch über diese Erfolge? Gönnen Sie sich Belohnungen?
- Holen Sie sich vor Ihrer Planung von Vorhaben, die Ihnen wenig vertraut sind, Informationen über vernünftige Bewertungsmaßstäbe ein?
- Berücksichtigen Sie bei Ihren eigenen Zeitvorgaben auch die Fristen und Endtermine anderer?
- Lassen Sie sich unklare und ungenaue Anweisungen erklären, um nicht unnötige Leistungen zu vollbringen?
- Gelingt Ihnen die Ausschaltung des »Wird-schon-gehen-Syndroms«?
- Denken Sie zu Beginn Ihrer Aktionen und Vorhaben auch an die unterschiedlichen möglichen Folgen und wägen Sie verschiedene Ziele und Vorgehensweisen miteinander ab?
- Sprechen Sie mit anderen »Experten« über die von Ihnen erkannten Zusammenhänge und die verschiedenen Möglichkeiten der Gestaltung?
- Setzen Sie sich aktiv für neue Organisationsformen und -beziehungen in Ihrem Unternehmen ein und haben Sie hierbei realistische Mitstreiter?
- Schaffen Sie genug Druck auf sich selbst als auch auf andere, um eine optimale Leistung mit geringst möglichem Zeitaufwand zu erreichen?

Godefroy und Clark (Godefroy, C.H.; Clark, J.: T.M.S. Das Zeitmanagement-System. Rentrop Verlag, Bonn 1991), die diese Fragen mehrheitlich im Zusammenhang mit der ewig gültigen Frage »Wie organisiere ich mich eigentlich selbst?« stellten, empfehlen, im Sinne eines Selbsttrainings die oben aufgeführten Fragen einfach umzustellen und Selbstforderungen daraus zu formulieren:

- Ich setze ab jetzt für jede Arbeit einen Endtermin und gehe konsequent zu einer Realzeit-Planung über.
- Ich mache mir ein Konzept für ein konsequentes Vorgehen unter Beachtung der verschiedenen möglichen Schritte und Folgen.
- Ich arbeite mit klar umsetzbaren und kontrollierbaren Maßnahmen und teile sie anderen mit.
- Ich gönne mir (und anderen) Belohnungen, wenn Aufgaben rechtzeitig und qualitativ hochwertig abgeschlossen werden.
- _____
- _____
- _____
- _____

Nach diesem Vorgehen im Sinne einer Drehung der Fragen zu Antworten gehen Sie alle Fragen mit einem Kreuz oder Ausrufezeichen von Ihnen durch und formulieren Ihre Veränderungsvorstellungen mit Veränderungsmaßnahmen und Terminen.

✏️ Persönliche Maßnahmen

Was nehme ich mir für die nächsten 6 Wochen im Sinne einer Verbesserung meiner »Organisationsfähigkeit« vor? (Stichworte):

_____

_____

Was werde ich zuerst und vorrangig tun? (Stichworte):

_____

_____

Wie kontrolliere ich die Resultate? (Stichworte):

_____

_____

Wo werde ich mich weiter zum Thema »Organisationsfähigkeit« informieren? (Stichworte):

_____

_____

ⓘ Als weiterführende Informationsquellen empfehlen wir

Schmidt, R.; Fohrer, P.: Besser organisieren. Cornelsen Verlag, Berlin 2006

Systematisch-methodisches Vorgehen   F/A

Grundsätzliche Überlegungen

Ein systematisch-methodisches Vorgehen ist im betrieblichen Alltag vor allem für solche Situationen sehr wichtig, in denen es um die Weiterführung und Ausgestaltung bestehender Bedingungen und Arbeitsprozesse oder um die Reorganisation bestehender Organisationsstrukturen geht.

Systematisch-methodisches Vorgehen ist die Verflechtung von intensivem Aufgaben- und Problembearbeiten, planvoller Analyse und systematischer Lösung sowie stetes Weiterentwickeln des fachlichen und methodischen Wissens.

Kennzeichen

Identifikationsmerkmale für Mitarbeiter mit einem deutlich systematisch-methodischen Vorgehen sind insbesondere:
- Passt sich in bestehende feste Arbeits- und Unternehmensstrukturen ein und versucht, diese zu optimieren;
- erbringt die besten Leistungen bei Detaillösungen und Detailverbesserungen;
- erkennt Zusammenhänge, kann abstrahieren und bringt Geduld beim Erkennen von Details und Umgang mit diesen auf;
- löst Aufgaben und Probleme offensiv durch Rückgriff auf den eigenen sowie auf den im Unternehmen vorhandenen Vorrat an fachlichem und methodischem Wissen;
- grenzt Risiken systematisch ein und löst komplexe Probleme in bearbeitbare Teilprobleme und -schritte auf.

> **Achtung:** Bei einer Überziehung dieser in vielen Arbeitsprozessen sehr wichtigen Teilkompetenz neigen die Personen zu einem übermäßigen Abstrahieren und Formalisieren und zum Nivellieren von Inhalten und Beziehungen gegenüber der Systematik und Methodik.

Begriffsbestimmung

Bevor auf einzelne methodische Arbeitsmittel eingegangen wird, werden im Interesse eines einheitlichen Sprachgebrauches folgende Begriffsfestlegungen empfohlen:

Methode: Eine Methode ist ein System von Regeln, das Klassen möglicher Operationssysteme bestimmt, die von gewissen Ausgangsbedingungen zu einem bestimmten Ziel führen.

Regeln: Regeln sind Bestandteile von Methoden. Methodische Regeln sind Anweisungen oder Anleitungen zur Ausführung von Operationen, die unter bestimmten Bedingungen zu bestimmten Zielen führen. Wird das Handeln des Problembearbeiters eindeutig festgelegt und das angestrebte Resultat eindeutig erreicht, so liegen algorithmische Regeln vor. Die methodischen Regeln beruhen dann auf Gesetzmäßigkeiten.

Vorgehen: Systematisch-methodisches Vorgehen einer Person kennzeichnet die Auswahl und die Zielgerichtetheit des Abarbeitens von Operationen der Methoden unter konkret vorliegenden Problemsituationen. Auf Grund unterschiedlicher Verhaltensweisen sind in der Regel verschiedene Wege der Problemlösung möglich.

✔ Selbstcheck

Überlegen Sie einmal, wie Sie an Ihre täglichen betrieblichen Aufgaben herangehen und kreuzen Sie all diejenigen Aussagen an, die für Sie voll zutreffen:

1. Ich plane meine Aufgaben jeden Tag und setze mir im vorhinein Prioritäten.	☐
2. Ich versuche, mein Fachwissen auf dem neuesten Stand zu halten.	☐
3. Mich interessieren Arbeitsmethoden, die meine Arbeit noch effizienter gestalten können.	☐
4. Im Erfahrungsaustausch mit anderen versuche ich herauszubekommen, welche Denk- und Arbeitsmethoden diese kennen und erfolgreich anwenden.	☐
5. Schwierige Aufgaben und Probleme versuche ich systematisch zu erkennen und zu lösen und halte nicht viel von Improvisieren.	☐
6. Ich beschäftige mich auch in meiner Freizeit mit Problemerkennungs- und Problemlösungs-Methoden (z. B. über Bücher oder Internet).	☐
7. Ich sammle bewährte Checklisten und nutze sie bei meiner Arbeit.	☐
8. Auf Grund meiner Erfahrungen habe ich eigene Arbeitsmethoden und Checklisten erarbeitet.	☐

Wenn Sie 6 oder mehr Aussagen als »in hohem Maße zutreffend« ankreuzen konnten, dann sind die nun folgenden Informationen und Übungsempfehlungen eher erfahrungsfestigend und für Sie eine Bestätigung. Wenn Sie jedoch unter 6 Bestätigungen liegen, dann sollten Sie ernsthaft überlegen, wie Sie Ihre Art, Probleme zu erkennen und zu lösen, noch verbessern und damit die Teilkompetenz »Systematisch-methodisches Vorgehen« weiter entwickeln können.

Übungsempfehlungen

Es gibt eine Vielzahl von effizienten Methoden der Problemanalyse und -lösung, die aber leider selten in der Praxis systematisch eingesetzt werden. Eigentlich müssten solche Methoden schon in der Schule vermittelt und die Schüler somit mit Denk- und Werkzeugen auf das mutige Aufnehmen neuer, ungelöster Probleme vorbereitet werden.

Auch in den Universitäten und Fachhochschulen kommt die Vermittlung solcher Methoden zu kurz, und so bleibt es dem Einzelnen überlassen, sich in der Freizeit derartige Methoden anzueignen. Dabei ist es sinnvoll, ein Problem von verschiedenen Seiten her zu betrachten und unterschiedliche Lösungsmöglichkeiten zu erkennen. MWonline (»Managementwissen online«) stellt im Internet eine Sammlung gängiger Methoden zusammen und erweitert sie bei Zusendung eigener Erfahrungen der Rezipienten. Diese Sammlung reizt zur Beschäftigung mit neuen Methoden und ist nachfolgend ausschnittsweise wiedergegeben.

Sehen Sie sich die einzelnen Methoden an und markieren Sie alle diejenigen, die Sie kennen, und erweitern Sie ggf. die Liste um die Methoden, die hier nicht aufgeführt, Ihnen aber bestens bekannt sind. Schicken Sie Letztere an MWonline zur Erweiterung der Sammlung, aus dem sich weiter füllenden »think tank« können Sie weitere Anregungen entnehmen. Sollten Ihnen mehr als die Hälfte der nun folgenden Methoden unbekannt sein, dann beschäftigen Sie sich am besten in der Folgezeit mit ihnen:

Methoden	Kommentar
Annahmen widerlegen	Oft scheitern wir mangels Perspektivenwechsel an einer Fragestellung.
Antizipierende Fehlererkennung	Suche nach möglichen Fehlern im Vorfeld – und nicht erst, »wenn das Kind in den Brunnen gefallen ist«
Checklisten zur Problemidentifikation	Detaillierte Analyse bestehender Probleme
Drei Frageniveaus	Hartnäckigen Problemen wird auf den Grund gegangen (Honda-Erfahrungen)
Bewertungsmatrix	Bewertung von Brainstorming-Lösungen
Entscheidungsmatrix	Bewertung unterschiedlicher Problemlösungen mit gewichteten Kriterien
PLANER-Modell	**Systematische** Problembewältigung und Zeitplanung
Ideales Endresultat	TRIZ-Methode zur Überwindung eingebildeter sowie realer Barrieren

Methoden	Kommentar
Extrem-Technik	Übertreibung einzelner Problemelemente zum Erkennen neuer Lösungen
Extremisierung	Worscase-Analyse zur Ableitung effizienter Umsetzungsmaßnahmen
Intuitionsstimulierung	Entwicklung von Intuitionen über Analogien, Variationen, Kombinationen, Assoziationen
Osborne-Brainstorming	Lösungssuche ohne vorgeschaltete Bewertung
Osborne-Checkliste	Vorlage für ein systematisch-strukturiertes Vorgehen bei der Problemlösung
Morphologischer Kasten	Strukturiertes Ableiten einer Vielzahl von Lösungsideen
Kollegiale Fallberatung	Supervisionsmethode zum kollegialen problemzentrierten Erfahrungsaustausch
Ishikawa-Diagramm	Analyse von Problemen auf ihre Ursachen hin und Visualisierung der Ergebnisse
Warum-Warum-Diagramm	Ähnelt dem Ishikawa-Diagramm
Widerspruchsanalyse	Analyse der Gegensätze und »Defekte« und Behandlung dieser als Ausgangspunkt für Widerspruchslösungen
Problembewusstsein erzeugen	Steigerung der eigenen Problembewusstheit (Awareness)
Progressive Abstraktion	Methodengestütztes beharrliches Nachfragen und Problemeinkreisen
Zusatznutzen	Suche nach Zusatznutzen der gefundenen Lösung(en)
SWOT-Analyse	Problemanalyse, die die Richtung für die Lösung schon einbezieht
GAP-Analyse	Analyse der Differenzen zwischen Soll und Ist (z. B. bei Qualitätsmessungen)

Stellvertretend für andere interessante (und möglicherweise nicht aufgeführte) Methoden soll an Hand der SWOT-Analyse der Aufbau und die breite Einsatzfähigkeit dieser Methode aufgezeigt werden.

SWOT-Analyse

Beispiel:
Die **SWOT**-Analyse (**S**trengths, **W**eaknesses, **O**pportunities, **T**hreats) stellt die eigenen Stärken und Schwächen (einer Person, eines Teams, eines Unternehmens ...) den unterschiedlichen Gelegenheiten und Risiken gegenüber und kombiniert somit eine interne Stärken-Schwächen-Analyse mit einer externen Potenzial-Analyse. Die SWOT-Analyse und die Methode der Balanced Scorecard ergänzen sich gut. Beide liefern wichtige Parameter für die Strategieentwicklung, aber auch für die Lösung konkreter Probleme im Rahmen von Reorganisationsprozessen und Problemlösungen allgemein.

Mit der SWOT-Analyse lassen sich Projekte auf eine systematische Art analysieren und Optimierungsvorschläge erarbeiten. Ursprünglich als Methode zur Strategie- und Zielfindung im Marketing-Planungsprozess entwickelt, wird sie heute in den verschiedensten Bereichen mit breiter Anwendung genutzt – bis hin zur Erfassung der persönlichen Situation im Rahmen von laufenden oder vorgesehenen Veränderungen.

Die Analyse der persönlichen Voraussetzungen und der Arbeitsmarktbedingungen führt so z.B. zu einer persönlichen Strategie und Positionierung im Wettbewerb um einen Arbeitsplatz.

Der SWOT-Analyse liegt folgendes Modell zu Grunde:

	Gegenwart	Zukunft
Positiv	S Strengths Satisfaction	O Opportunities Chancen
Negativ	W Weaknesses Schwächen	T Threats Gefahren

Typische Analyse-Fragen sind insbesondere:

S	Strengths Stärken Satisfaction	Was sind unsere Stärken? Worauf sind wir stolz? Was gab uns Energie? Was lief/läuft gut? Wofür beneiden uns andere?
W	Weaknesses Schwächen Hindernisse Mängel	Was ist für uns schwierig? Wo liegen unsere Hindernisse und welche verhindern den Fortschritt? Woher kommen die Beschwerden? Wo begrenzen wir uns selbst? Wo werden wir von außen begrenzt? Was fehlt uns? ...

O	Opportunities Chancen Potenzielle Stärken	Welche zukünftige Chancen haben wir? Wozu wären wir noch in der Lage? Was können wir erweitern und stärken? Was können wir noch mehr nutzen (intern/extern)? Was ist noch weitgehend ungenutzt? Was sollten wir verbessern? Wie lange haben wir diese Chancen (noch)? Wie können wir aus Schwächen Stärken machen? …
T	Threats Gefahren Potenzielle Schwächen	Was kommt als Schwierigkeit auf uns zu? Was sind mögliche Risiken und kritische Faktoren? Wo lauern Gefahren? Was müssen wir zukünftig unbedingt beachten? Wie weit reichen unsere bisherigen Stärken? …

Durch einen Binnenvergleich ergeben sich weitere (lösungsorientierte) Fragen:

	Stärken	Schwächen
Chancen	Wie können wir die Stärken so einsetzen, dass wir die Chancen (voll) nutzen?	Wie müssen wir an den Mängeln und Schwächen so arbeiten, dass wir die Chancen auch nutzen können?

Gefahren	Wie müssen wir die Stärken einsetzen, um die Gefahren zu meister?	Wie müssen wir an unseren Schwächen arbeiten, um die Gefahren zu meistern?

Es ist sehr wichtig, das Worst-Case-Scenario zu kennen und die eigentlichen Problemkerne zu erkennen. Nur so kommt man zu tragenden Lösungen und zu Überlegungen, wie möglicher Schaden begrenzt, verringert oder gar vermieden werden kann.

☞ Empfehlungen

Um eine umfassende SWOT-Analyse mit den Teilanalysen Stärken-Schwächen und Chancen-Risiko durchführen zu können, bedarf es entsprechender Kriterien.

Stellvertretend für viele andere SWOT-Kriteriensammlungen sei auf jene von Höft (2001, www.fh-brandenburg.de/~hoeft/toolbox/swot.htm) verwiesen, die nachfolgend in Ausschnitten wiedergegeben wird. Damit soll deutlich werden, was alles möglicherweise in Erwägung gezogen werden muss, um ein Problem systematisch einkreisen und Lösungsvorschläge ableiten zu können.

1. Checkliste für eine Stärken-Schwächen-Analyse/Ermittlung einer Geschäftsfeldstärke

Allgemeine Unternehmenscharakteristika
- Umsatz;
- Erfolg (Rentabilität, Umsatzrendite, Gewinn …);
- Marktanteile;
- Cash Flow (Einnahmen-Ausgaben-Überschuss);
- Standorte;
- …

Angebotspotenzial (Produkte und Dienstleistungen)
- Produktqualität (Lebensdauer, Haltbarkeit …Vergleich mit Wettbewerbern);
- Produktleistungsfähigkeit (Performance, Vergleich mit Wettbewerbern);
- Produktdesign (Vergleich mit Wettbewerbern);
- Produktprogramm (Angebotsbreite/-tiefe, Anteil Handelsware/ Eigenfertigung);
- Alter des Produktprogramms (Lebenszyklusphasen der Produkte);
- Dienstleistungsqualität (Vergleich mit Wettbewerbern);
- …

Distribution
- Vertriebsorganisation;
- Vertriebskanäle/-wege;
- Lieferbereitschaft/-fähigkeit;
- Logistik;
- …

Marktkommunikation
- Image, Marke;
- Werbung;
- Präsentation auf Messen;
- Öffentlichkeitsarbeit;
- Online-Kommunikation;
- CI, CD;
- …

Preise und Konditionen
- Preispolitik (Skimming – Penetration);
- Liefer-/Zahlungsbedingungen;
- Umfang von Nebenleistungen;
- …

Funktionspolitisches Potenzial/Dienstleistungen
- Technischer Service;
- Garantien, Wartung;
- Schulung;

- Technische Unterlagen;
- Finanzierungsangebote;
- ...

Integrationspolitisches Potenzial (speziell bei Systemtechnologien)
- Begleitung der Investitionsschritte;
- ...

Personal
- Zusammensetzung (Alter, Geschlecht, Zugehörigkeit, Qualifikation ...);
- Erfahrung, Kompetenzen (fachliche und überfachliche);
- FührungsNachwuchsKräfte;
- Motivation;
- Sozialleistungen;
- Fluktuation;
- ...

Management und Organisation
- Organisationsstruktur;
- Führungsklima/-zusammenarbeit;
- Führungsinstrumente;
- Kompetenzentwicklung;
- ...

F&E-Potenzial
- F&E Know how (Vergleich mit Wettbewerbern), Patente/Lizenzen;
- Höhe der F&E-Investitionen;
- Zugang zu externen F&E-Quellen/Kooperation;
- Anzahl der Neuprodukteinführungen;
- ...

Produktion/Fertigung/Produktionslogistik
- Fertigungsart (Einzel-, Serien-, Massenfertigung);
- Fertigungstechnologie/-technik;
- Fertigungskapazitäten;
- Standorte;
- ...

Beschaffung
- Leistungsfähigkeit der Lieferanten, Anzahl, Ersatzlieferanten;
- Bezugspreise;
- Lieferzeit;
- Grad der Abhängigkeit von Lieferanten;
- Dispositions- und Bestellsystem (EDV);
- ...

Finanzen
- Eigen- und Fremdkapital-Ausstattung;
- Kosten des Fremdkapitals;
- Liquidität;
- Finanzielle Reserven;
- ...

Kostenposition/-struktur
- Löhne und Gehälter;
- Rohstoffe/Vorprodukte;
- Energie;
- Abschreibung (Gebäude, Ausstattung);
- Steuern/Abgaben;
- ...

Informationsmanagement
- Stand der Bürokommunikation;
- Führungs- und Informationssysteme;
- Marktforschung;
- Fertigungssteuerung;
- Leistungsfähigkeit von Rechnungswesen und Controlling;
- ...

Ein einfaches und in der Praxis bewährtes Instrument sind die Stärken-Schwächen-Profile: In einem Diagramm werden ausgewählte Kriterien dargestellt und bewertet (z. B. mittels einer 9-stufigen Bewertungsskala: 1 = sehr schwach ... 9 = sehr stark) und ggf. grafisch in einer Kurve oder in einem Profil umgesetzt. Eine solche Visualisierung erhellt oft mehr Zusammenhänge und lässt auch spätere (Entwicklungs-)Vergleiche zu.

2. Checkliste für eine Chancen-Risiko-Analyse/Beurteilung der Marktattraktivität

Markt und Wettbewerb (Branche)

Marktstrukturen
- Ein- und Austrittsbarrieren;
- Struktur und Stärke des Wettbewerbs;
- Struktur und Stärke der Abnehmer;
- Struktur und Stärke der wichtigsten Kooperationspartner;
- ...

Marktpotenzial/-volumen
- Marktwachstum;
- Marktsättigung;
- Zahl der potenziellen Abnehmer;
- ...

Kundenstruktur/Kundenerwartungen
- Kundenstruktur (Größe, Branche …);
- Kundenanforderungen/Key Buying Factors;
- …

Wettbewerb/Konkurrenz
- Zahl der Wettbewerber;
- Größe und Marktanteile der Wettbewerber;
- Branchenregeln;
- Strategien/Aktivitäten der Wettbewerber;
- …

Umfeld und allgemeine Rahmenbedingungen

Gesetzliche/staatliche Rahmenbedingungen
- Steuerrecht;
- Umweltrecht;
- Wettbewerbsrecht;
- Subventionen/Förderpolitik;
- Vergabepraxis (öffentliche Aufträge);
- Import-/Exportbeschränkungen;
- …

Gesellschaftliche Rahmenbedingungen
- Wertvorstellungen/Einstellungen (Zielgruppen, Promoter …);
- Freizeitvehalten;
- …

Ökologische Rahmenbedingungen
- Luft- und Wasserreinhaltung;
- Abfallentsorgung;
- Rationelle Energienutzung;
- Recycling;
- …

Technisch-technologische Entwicklungen
- Neue Produkttechnologien/-techniken;
- Neue Werkzeuge;
- Komplementärtechnologien/-produkte;
- Technologiefolgen;
- …

Sonstige (ökonomische) Rahmen- und Umweltbedingungen
- Wirtschaftslage;
- Inflation;
- Arbeitsmarkt;
- Verfügbarkeit von Rohstoffen, Energie;
- …

Analog zur Darstellung der Stärken und Schwächen können auch die Chancen und Gefahren in einem Profil dargestellt und verglichen werden. Natürlich werden nicht alle diese (ausschnittsweise aufgeführten) Kriterien zugleich für eine SWOT-Analyse benötigt. Sie müssen vielmehr von Mal zu Mal gesichtet und die wichtigsten von ihnen ausgewählt werden. Bei umfassenden Problemstellungen und dem Wunsch nach möglichst ganzheitlicher Betrachtung und Lösung ist die Kriterienauswahl natürlich anspruchsvoller und muss die verschiedensten Kriteriengruppen einbeziehen.

Und es gibt seit Jahren auch anspruchsvolle, jedoch einfach zu handhabende Software für die unterschiedlichsten SWOT-Analyseanlässe im Angebot.

Für die Durchführung einer SWOT-Analyse sind vor allem folgende Bedingungen ausschlaggebend:
- Unbedingte (Fakten-)Ehrlichkeit;
- Konsequenz und Beharrlichkeit bei der Durchführung der Analyse;
- Kommunikation: Einholen wichtiger Daten und Meinungen und Verdichtung dieser Mitteilung der Analyseergebnisse an alle, die aktiv damit arbeiten und die entscheiden müssen, denn die Analyse soll ja nicht zum Selbstzweck durchgeführt werden.

Diese Anregungen und Empfehlungen sollen Sie für die bewusstere Nutzung von Methoden der Problemanalyse und -lösung sowohl im persönlichen als auch im betrieblichen Bereich sensibilisieren. Durch ein systematisch-methodisches Vorgehen können Sie Ihre Aufgabenstellungen und Situation besser einschätzen und schneller sowie sicherer handeln, wenn sich die Umstände und Bedingungen verändern.

Wie schon erwähnt, wird die SWOT-Analyse nur als **ein** Beispiel für viele andere Methoden hier dargestellt. Es gibt eine Vielzahl von Check- und Ablauflisten (methodische Regellisten) unterschiedlichen Niveaus, die Ihnen mehr Routine, Sicherheit und Effizienz geben. In verschiedenen Abschnitten dieses Buches finden Sie solche vor.

Überlegen Sie nun, ob Sie sich bezüglich dieser Teilkompetenz weiter kundig machen wollen und wenn ja, wie und wo.

Persönliche Maßnahmen

Was nehme ich mir für die nächsten 6 Wochen im Sinne einer Verstärkung meines »Systematisch-methodischen Vorgehens« vor? (Stichworte):

_____

_____

Was werde ich zuerst und vorrangig tun? (Stichworte):

_____

_____

Wie kontrolliere ich die Resultate? (Stichworte):

_____

_____

Wo werde ich mich weiter zum Thema »Systematisch-methodisches Vorgehen« informieren? (Stichworte):

_____

_____

ⓘ Als weiterführende Informationsquellen empfehlen wir

Campus Management, Band 1. Campus Verlag, Frankfurt/New York 2003
Gomez, P.; Probst, G.J.B.: Die Praxis des ganzheitlichen Problemlösens. Haupt Verlag, Bern 2007
Hagemann, G.: Methodenhandbuch Unternehmensentwicklung (Mit vielen Arbeitsblättern und Checklisten). Gabler Verlag, Wiesbaden 2003
Nagel, K.; Stalder, J.: Unternehmensanalyse: schnell und punktgenau (Mit Checklisten und Praxisbeispielen). mi verlag moderne industrie, Landsberg/Lech 2001

Über Internet: www.MWonline.de

Fleiß   F/A

Grundsätzliche Überlegungen

Unter Fleiß verstehen wir das strebsame und unermüdliche tätig sein für etwas oder für jemanden, die ernsthafte, konzentrierte und beharrliche (Ziel verfolgende) Beschäftigung. Fleiß schließt auch Regelmäßigkeit sowie das Erledigen von Aufgaben, die wenig Anregendes enthalten, mit ein.

Im Folgenden verbinden wir Fleiß stets mit Zielen, die erkannt und verfolgt werden. »Zielloser« Fleiß hingegen ist das Vor-Sich-Hinwuseln, das sich intensive Beschäftigen der Beschäftigung halber, der Lauf des Hamsters im Laufrad.

Man kann schnell zum »workoholic« werden, wenn
- die Aufgaben und Anforderungen nicht mehr überblickt werden;
- keine klaren inhaltlichen und zeitlichen Ziele gesteckt werden;
- Vieles (auch Unwesentliches) auf einmal gemacht werden soll;
- Prioritäten ständig verändert oder erst gar nicht gesetzt werden;
- nicht delegiert wird.

Kann einem »workoholic« Engagement und Fleiß abgesprochen werden? Formal gesehen sicher nicht. Aber Fleiß – wofür und um welchen Preis? Übermäßige Gewissenhaftigkeit und übermäßige Getriebenheit haben in der Regel negative Folgen.

Sind Sekundärtugenden noch gefragt?

Fleiß, Ehrgeiz, Ordnungsliebe u. a. zählen zu den sogenannten Sekundärtugenden in unserer Gesellschaft. In den vergangenen Jahrzehnten ist in den Medien kaum etwas so widersprüchlich und unkritisch diskutiert worden wie die Sinnhaftigkeit und das Vorhandensein oder das vermeintliche Verschwinden der Sekundärtugenden. Kulturpessimisten suggerieren immer wieder eine Zeit größtmöglicher Beliebigkeit: Jeder suche sein eigenes Glück und allgemein

Verbindliches nehme rasant ab. Diese Vorstellung wird mit Begriffen wie »Anything goes«, »Postmoderne«, »Lustmaximierung« u. a. verbunden.

Fragen wir jedoch nicht nach kurzfristig angelegten Trends, sondern betrachten einmal den Zeitraum der letzten 50 Jahre in (West-)Deutschland, dann wird rasch deutlich, dass sich zeitweilig in den Einstellungen der Menschen die klassischen Tugenden aufzulösen schienen, aber tatsächlich immer eine hohe Bedeutung hatten und haben. Das Wertebewusstsein der Menschen hängt maßgeblich einerseits natürlich von der Erziehung ab, andererseits aber von der soziokulturellen Stabilisierung und ökonomischen Prosperität der Gesellschaft.

Das ist in einer Reihe seriöser Studien bestätigt worden. Zwischen 1955 und 1965 fand z. B. eine Renaissance klassischer, bürgerlicher Werte ihren Höhepunkt. Danach gewannen die individuellen Werte Selbständigkeit, freier Wille, Selbstentfaltung an Bedeutung. Und gegenwärtig besinnt man sich wieder der klassischen Tugenden – ohne die Orientierung auf Selbstentwicklung und Selbstverantwortung aufzugeben.

Meinungsmehrheit in Deutschland
Mitte der neunziger Jahre des vorigen Jahrhunderts hielt die Mehrheit der befragten Deutschen weiterhin an den Sekundärtugenden fest. Bei einem Vergleich von 9 Werten kamen »Fleiß und Ehrgeiz« bei den Westdeutschen auf den 3. Platz und bei den Ostdeutschen gar auf den 1. Platz. Auf den Plätzen 1–3 lagen für alle befragten Deutschen »Gesetz und Ordnung«, »Sicherheit« und »Fleiß und Ehrgeiz«.

Auch in Zukunft werden solche Werte und Tugenden für den beruflichen Erfolg maßgeblich sein, aber auch für Erfolge in ehrenamtlichen und vielen Freizeittätigkeiten.

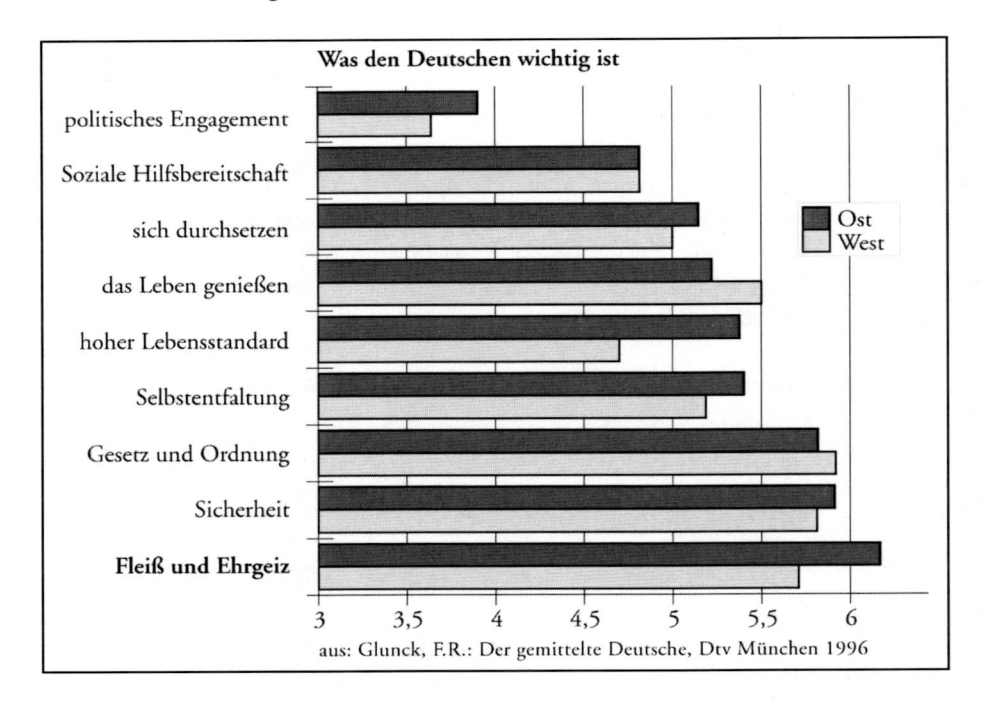

Was den Deutschen wichtig ist

(Balkendiagramm mit Werten Ost/West für: politisches Engagement, Soziale Hilfsbereitschaft, sich durchsetzen, das Leben genießen, hoher Lebensstandard, Selbstentfaltung, Gesetz und Ordnung, Sicherheit, Fleiß und Ehrgeiz)

aus: Glunck, F.R.: Der gemittelte Deutsche, Dtv München 1996

Transpiration und Inspiration

Einstein soll einmal gesagt haben: »Kreative Leistungen bestehen zu 98 % aus Transpiration und zu 2 % aus Inspiration. Transpiration/Schweiß steht hier für Fleiß und (Ziel-)Beharrlichkeit.« Und das gilt nicht nur für die Wissenschaft, für technische Innovationen oder für die Kunst, wie man meinen könnte, sondern für jegliche Tätigkeiten mit hohem Resultatsanspruch und insbesondere mit neuartigem Ergebnis. Die Arbeit wiederum kann im Unternehmen liegen, im familiären Bereich oder im Ehrenamt. Sie kann mehr sachlich oder mehr sozial ausgerichtet sein. Und sogar die »genialen Lösungen«, die einem scheinbar mühelos und eher zufällig zugeflogen sind, erfordern eine sorgfältige Ausarbeitung und Prüfung, bevor sie verallgemeinert und umgesetzt werden können.

> Je strenger die Maßstäbe an unsere eigene Arbeit sind, desto mehr Zeit und Energie müssen wir für sie aufwenden.

Wenn jemand für eine Sache begeistert ist und sich mit den Zielen identifiziert, dann wird sich diese Person in hohem Maße und beharrlich
zur Zielerreichung einsetzen. Wird die Tätigkeit hingegen vorwiegend als Mittel zur Erreichung anderer – nicht so anspruchsvoller – Ziele angesehen, dann sind Identifikation und Beharrlichkeit in der Regel geringer ausgeprägt. Die Beharrlichkeit vieler stark engagierter Personen kommt auch darin zum Ausdruck, dass diese häufig dort weiterarbeiten, wo andere zuvor aufgegeben haben.

Zwischen Fleiß, Beharrlichkeit und Ehrgeiz sowie Diszipliniertheit und Genauigkeit gibt es einen hohen Zusammenhang. Mit Diszipliniertheit ist vor allem die »geistige Diszipliniertheit«, die Konzentration auf das Wesentliche, die hohe geistige Aufmerksamkeit gemeint und als unmittelbare Folge die planvolle, systematische Arbeitsweise, das zielorientierte Handeln, das eine frühzeitige individuelle Zeitplanung und -kontrolle einschließt.

Beispiele

Einige Beispiele für Fleiß und Erfolg, die sich auf alle Tätigkeitsgebiete übertragen lassen, kommen auf das Verhältnis von Transpiration und Inspiration zurück bzw. auf die viel gehörten Kommentare »Jeder Preis braucht seinen Fleiß« oder »Von Nichts kommt nichts« oder »Es ist noch kein Meister vom Himmel gefallen« oder »Willig Herz macht leichte Füße« …

1. Ein Fotograf mit mehreren internationalen Preisen schüttete zu Beginn seines Vortrages zum Thema »Fotografie und Kreativität« zwei prallgefüllte Koffer mit eigenen Fotos auf den Podiumstisch. Er zeigte auf einige Fotos vor sich und begann seine Ausführungen mit den Worten: *»Diese sieben international bekannten Bilder sind umgeben von zehntausend Bildern, die ebenfalls von mir stammen und nicht international prämiert wurden.«*
2. Ein im deutschsprachigen Raum sehr bekannter, rhetorisch anscheinend begnadeter Politiker gab in einem Gespräch mit Gymnasiasten zu, dass er für seine Reden und Interviews hart arbeite. Tage vor seiner Rede oder vor einem wichtigen Interview fahre er in einen nahen Wald und übe allein und laut seine Reden und Kommentare ein – wieder und immer wieder.

3. Ein bekannter – zum Zeitpunkt des Interviews 71-jähriger Physikprofessor antwortete auf die Frage, was er noch alles plane mit den Worten:
»Ich habe noch vor, vier Bücher zu schreiben zu Themen, die mir sehr am Herzen liegen. Es handelt sich gewissermaßen um die Abrundung meines Lebenswerkes. Dazu muss ich noch viel lesen, sortieren, ja auch einige Experimente wiederholen. Ich habe errechnet, dass ich dazu etwa acht Jahre benötige. In meinem Alter aber nehmen körperliche Spannkraft und Konzentrationsfähigkeit merklich ab. Deshalb muss ich den natürlichen Grenzen zuvorkommen und alles in vier Jahren schaffen. Dazu jedoch muss ich noch einmal meinen Alltag verändern. Ich gehe jetzt nach einer noch konsequenteren Zeit- und Arbeitsplanung vor. Ich habe ferner ganz mit dem Rauchen aufgehört, lebe auch sonst gesünder. Ich treibe täglich Sport – was mir früher eher zuwider war – und gehe vor Mitternacht ins Bett ...«
Tatsächlich wurde er mit seinen vier Büchern nach ein wenig mehr als vier Jahren fertig und widmete sich danach bis zu seinem Tod intensiv der Familie und einigen Hobbys.
4. Nicole Paganini galt als der größte Geigenvirtuose des 19. Jahrhunderts. Bei seinen Konzerten wurde er als »Teufelsgeiger« und als »Zauberer« auf dem Instrument gefeiert. Paganini machte jedoch immer wieder darauf aufmerksam, dass er dafür sehr fleißig sein und zwölf bis sechzehn Stunden täglich üben musste – »*und das zwanzig Jahre lang, bis die Finger wund sind. Das ist mein Zauberspruch*«.

Michael Löhner (2005) gibt eine relativ einfache und plausible Erklärung: »*Die meisten Menschen sind von Natur aus nicht faul. Vielen gelingt es nur nicht, ihr nervales Schaltwerk zur Verbesserung ihrer Konzentration richtig zu bedienen. Dort gibt es zwei Gänge: den Leistungsgang und den Schongang. Wer richtig schaltet und seinen Körper und Geist nicht auf Mittelstellung dahintrudeln lässt, wird zu Leistungen und Erfolg kommen. Der Alltag sieht allerdings oft so aus: Im Leistungsgang des aktiven Tagesgeschehens überlässt man sich zeitweise der süßen gedanklichen Vorstellung, wie stressig alles sei, und wie sehr man mal der Ausspannung bedürfte, welch niedrige Leistungsprämie jedoch das Gehalt sei ... usw. Im Schongang zu Hause nagt der Gedankenwurm »Ob das Schreiben schon raus ist?« »Was machen wir, wenn der Aufsichtsrat morgen nicht zustimmt?« ... usw. Auf genau diese Weise ist man nie ganz da, wo man sein sollte. Die Zeit ist absehbar, nach der das nervliche Getriebe kollaboriert ... Arbeit heißt, mit etwas fertig zu werden; alles andere ist psychisch stabilisierender Zeitvertreib. Wer sich ergebnislos beschäftigt, darf nicht für seinen (selbst fehlgeleiteten) Fleiß gelobt werden wollen.*«

Im Laufe des Lebens verlieren die Menschen ihre Vitalkapazität. Die größte Gefahr ist jedoch nicht das Alter, sondern Faulheit, Trägheit, Gleichgültigkeit, Gewohnheit.

Der Geist kann und sollte lebendig und aktiv erhalten werden, an immer wieder neuen Zielen und Ergebnisvorstellungen ausgerichtet werden, so dass man jung stirbt – und das so spät wie nur möglich!

Kennzeichen

Ursachen mangelnden Fleißes

Abgesehen von größeren körperlichen oder geistigen Beeinträchtigungen können folgende Ursachen immer wieder beobachtet werden:
- Permanente Überforderung und schrittweise »Kapitulation« vor neuen Aufgaben;
- permanente Unterforderung und »innere Kündigung«: Man hat eigentlich schon mit dem Unternehmen abgeschlossen und wartet auf eine günstige Gelegenheit, woanders eine neue Tätigkeit aufzunehmen;
- Einschränkungen des eigenen Engagements in der Arbeit auf Grund von Ablenkungen und Infragestellen der Arbeit durch Familie oder Bekanntenkreis;
- fehlende Ziele und Perspektive: »Ich weiß nicht, was das alles noch soll.« »Ich weiß nicht mehr weiter«;
- Unsicherheit bezüglich zukünftiger Ziele und damit zusammenhängende Entscheidungsprobleme oder stark schwankende Zielvorstellungen;
- allgemeine Lebensunzufriedenheit oder gar allgemeine Depressivität;
- fehlende persönliche Identität mit dem Unternehmen oder der konkreten Aufgaben und Arbeitsbedingungen;
- langjährige Gewohnheit, »sich treiben zu lassen«, »im Strom mitzuschwimmen« ...

Empfehlungen

Fleißbremsen: Erkennen und Abbau

Aktion A: Prüfen Sie zuerst einmal, ob Sie sich
- Ihre Zeit stehlen lassen, sich verzetteln, zu viele Dinge gleichzeitig verrichten wollen und damit unter Ihrem Potenzial arbeiten;
- zu Aufgaben verleiten oder zwingen lassen, die gegen Ihr eigenes Gewissen gerichtet sind und denen Sie sich innerlich entgegenstemmen.

Weitere Anregungen zum Selbstcheck in diesem Zusammenhang können Sie den Selbsttrainingsprogrammen »Selbstmanagement« (speziell »Zeitfallen«/»Zeitfresser«) und »Normativ-ehtische Einstellungen« (speziell zu Ihren Zielen und Idealen) entnehmen.

Aktion B: Analysieren Sie, ob Sie sich bei der Aufnahme und Ihrer Energie (im übertragenen Sinne) im Gleichgewicht befinden, ob Ihre Energiebilanz letztlich aufgeht oder ob Sie etwas bei sich ändern müssen.
   Im Anhang finden Sie eine Übungsseite mit zwei Scheiben:
1. Auf der einen Scheibe können Sie für sich ganz individuell darstellen, wofür Sie Ihre Energien im Durchschnitt einer Woche zur Zeit einsetzen/verausgaben.
2. Auf der anderen Scheibe können Sie durch Bereichsdarstellungen wiederum kenntlich machen, woher Sie Ihre Energien beziehen: mehr aus der Familie oder aus der Arbeit oder aus dem Freundes- und Bekanntenkreis oder aus der Freizeitkapelle oder ...

Nehmen Sie sich ruhig 15 Minuten Zeit und tragen Sie die Berichte der Energieverausgabung und -aufnahme in die entsprechenden Scheiben ein. Beschriften Sie die Bereiche.

Die in der Anlage aufgeführten Beispiele sollen Sie nicht beeinflussen. Sie können noch ganz andere Bereiche aufnehmen, und die Größe der jeweiligen Bereiche ist bei Ihnen vielleicht ganz anders. Die Bereiche selbst können Sie – so Sie es wollen – auch noch einmal untergliedern. Und: Die Bereiche, deren Breite die Energiemenge beschreibt, werden zwischen 1. und 2. in der Regel nicht gleich groß sein.

Führen Sie jetzt die Übung durch. Erst wenn Sie beide Kreise ausgefüllt und verglichen haben, beantworten Sie bitte die Fragen auf der nächsten Seite!

Auswertungsfragen

Aktion C:
- In welchem Verhältnis steht der »Energieverteilungs-Kuchen« zur »Energie-Tankstelle«?
- Gibt es Aktivitäten, für die ich bedeutend mehr Energie verausgabe als ich durch sie erhalte?
- Wie gehe ich damit um? Ist dieses Verhältnis gerechtfertigt?
- Gibt es Felder, für die ich meine Energie reduzieren möchte oder müsste?
- Gibt es, wenn ich ehrlich zu mir selbst bin, Dinge, die ich vernachlässige?

Ziele
Aktion D: Um den für mein Leben wichtigsten Bereichen am stärksten nachzukommen, sollte ich Folgendes tun:

_____

_____

Welche Konsequenzen hat das bezüglich des Themas »Fleiß« für mich?

_____

_____

Diskutieren Sie nach einer gründlichen individuellen Auswertung Ihrer Überlegungen und Schlussfolgerungen Ihre Antworten und Vorhaben mit einer für Sie wichtigen Bezugsperson und lassen Sie sie ergänzen oder bestätigen.

Durch diese Übung können in der Regel wichtige Erkenntnisse darüber gewonnen werden, wie Sie sich selbst bzw. sich durch Ihre Umwelt beeinflussen und manipulieren lassen. Sie finden wahrscheinlich heraus, wohin ein Teil Ihrer Energie vergeudend fließt und was Sie stattdessen mit mehr Konsequenz, Beharrlichkeit, Fleiß (-Umverteilung) verfolgen sollten.

Charakteranalyse

Aktion E: Eine weitere Möglichkeit der Klärung Ihrer persönlichen Ziele und des wünschenswerten Engagements und der Beharrlichkeit besteht darin, dass Sie wichtige Charakteristika Ihrer Eltern oder Großeltern oder Geschwister beschreiben.

Danach geben Sie bitte an, **wem Sie worin** am meisten ähneln wollen. Natürlich können Sie neben Ähnlichkeiten auch Unterschiede zu diesen Personen hinsichtlich persönlicher Interessen, Bedürfnisse und Lebensziele darstellen.

In einem dritten Schritt sollten Sie wichtige Schlussfolgerungen für Ihre eigenen Ziele, Werte und für ein sinnvolles und beharrliches Engagement ziehen.

1. Schritt:

Personen	Wichtige Charakteristica

2. Schritt:

Personen	Worin möchgte ich wem am meisten ähneln?

3. Schritt:

Nr.	Schlussfolgerungen für meine eigenen Ziele/Werte/Engagements
1.	
2.	
3.	
4.	
...	
...	

Alternativen

Aktion F: Die nun folgende Übung »Berufs- und Tätigkeitsalternativen« geht folgenden Fragen nach:
- Gibt es Berufe bzw. Tätigkeiten, die Sie bewundern, ablehnen, nie durchführen oder aber besser durchführen würden als die gegenwärtig ausgeübten?
- Gäbe es Alternativen zu den gegenwärtigen Tätigkeiten?
- Was müssten Sie da anders machen und ggf. intensiver und mehr tun als in den gegenwärtigen?

Schreiben Sie Letzteres so differenziert wie möglich für sich selbst auf und scheuen Sie sich nicht davor, Schlussfolgerungen zur Veränderung Ihrer derzeitigen Tätigkeit und/oder der Arbeitsbedingungen zu ziehen und sich für die Umsetzung dieser Schlussfolgerungen aktiv einzusetzen.

Ziele und Maßnahmen

Aktion G: Setzen Sie sich konkrete Ziele und erarbeiten Sie Maßnahmen zur Umsetzung dieser: qualitativ, zeitlich. Überlegen Sie, wie Sie den erwarteten Erfolg erkennen und kontrollieren können – und wie Sie sich bei guten Ergebnissen belohnen können (»Auszeit«, Essen gehen, Hobby nachgehen, Glas Wein …). Die Selbstmotivation und Selbstbelohnung sind sehr wichtig und spielten schon immer eine große Rolle.

Schon in der (Vor-)Schule werden die Kinder mit kleinen Bildchen, Stempelaufdrucken u. Ä.. für ihren Fleiß belohnt. Das geht übrigens u. a. auf die Tradition der Meritentafeln im Basedow'schen Philantrophin des 18. Jahrhunderts in Dessau zurück. Das Philantrophin war zur damaligen Zeit eine außerordentlich fortschrittliche Lehranstalt, zu der etliche der damals namhaften Pädagogen zählten.

> Meritentafeln sollten zum Fleiß der Zöglinge beitragen. Außerdem sollten sie den »Ehrentrieb« wecken und standen deshalb im Interesse der Erziehung. Jeder Lehrer hatte eine Anzahl von Billets, von denen er nach jeder Stunde einige an Schüler verteilte, mit denen er besonders zufrieden war. Außerdem notierte er jede gute oder schlechte Handlung der Schüler auf seiner Schreibtafel.
>
> An jedem Samstag wurde dann ein Senat gehalten, bei dem dann die Billets in das große Hauptbuch eingetragen wurden. Für fünfzig Billets erhielt der Schüler einen goldenen Punkt auf der »Tafel des Fleißes und der Tugend«. Für Trägheit und schlechtes Benehmen wurden weiße Punkte auf der schwarzen Seite der Tafel fixiert. Ebenso gab es einen »Orden der Tugend«, der aus einer silbernen Medaille bestand (www.uni-oldenburg.de/~topsch/basedow/1lebens1.htm).

☞ Empfehlungen

Fleiß fängt im Kopf an. Wenn der eigene Anspruch willentlich erhöht wird, dann kommt es nicht mehr in erster Linie auf die Frage nach dem WAS, sondern nach dem WIE, nach der Organisation und Durchführung an.

> Wichtig sind die mit dem Anspruch verknüpften oder verknüpfbaren Ziele und Ideale.

In diesem Zusammenhang sollte man sich ruhig einmal folgenden Fragen (vgl. Kanfer et al.) gegenüber öffnen (einige Beispielfragen für die Klärung von Zielen und Werten):
- Welche Ziele, Pläne, Wünsche sind für mich in meinem Leben wichtig, und was ist weniger wichtig?
- Was genau ist mir hierbei wichtig?
- Welche Ziele und Pläne spielen in meinem Alltagshandeln zur Zeit tatsächlich eine Rolle?
- Was gibt mir die Kraft, mich dafür besonders engagiert und fleißig einzusetzen?
- Worauf bin ich stolz, worüber freue ich mich in meinem Leben?

Wenn Sie noch einen Schritt tiefer gehen wollen, dann empfehlen sich folgende Fragen:
- Was sind für mich »verbindliche Ziele«?
- Was sind hingegen nur »Lippenbekenntnisse«?
- Wo strebe ich eigentlich unerreichbare Utopien an?
- Welches sind meine persönlich relevanten, übergeordneten und unbedingt verbindlichen Ziele?
- In welche Nahziele kann ich bestimmte Fernziele zerlegen?
- Wie kann ich vage Zielvorstellungen konkretisieren?
- Welche Ziele (bzw. welche zielorientierten Verhaltensweisen) hängen funktional zusammen?

Wichtig sind schließlich die Fragen zum künftigen Umgang mit eigenen Zielen:
- Welche Prioritäten sind für mich wichtig »mit Blick nach vorn«?
- Welche Ziele setze ich mir jetzt (bzw. auf welche Ziele werde ich verzichten)?
- Welche dieser Ziele haben erhöhte (zeitliche) Priorität?
- Möchte ich ... (X) ... beibehalten oder ändern?
- Welchen kleinen Schritt kann ich unternehmen, um mich diesem Ziel anzunähern?

Empfehlungen

Wichtig sind aber auch die **eigenen Arbeitspläne sowie eigene Erfolgskontrollen**. Als formale Regeln sollten gelten:
- Sorgen Sie für geeignete Arbeits- und Lernbedingungen (Raum, Zeit, Aktivitätenplanung).
- Versuchen Sie, in einem selbstgewählten Tätigkeits- oder Lerngebiet Spezialist zu werden (das hat nichts mit dem erlernten Beruf zu tun).
- Setzen Sie sich realistische Ziele und begründen Sie vor sich selbst eine innere Beziehung zu Ihrer Tätigkeit und zu Lerninhalten und Lernhilfen.
- Erhalten Sie einen ungebrochenen Leistungs- und Lernwillen bis ins hohe Alter. Lernen Sie bewusst von anderen und über deren Erfahrungen.

- Fördern Sie Ihre Motivation durch Teilerfolge.
- Schieben Sie nichts auf, was wichtig ist. Klären Sie offene Fragen sofort.
- Lernen Sie grundsätzlich etwas mehr als notwendig zu sein scheint.
- Beobachten Sie andere ehrgeizige und erfolgreiche Menschen hinsichtlich ihrer Arbeits- und Lernerfahrungen und -stile.

Bei der Nutzung dieser Orientierungen neutralisieren Sie »die Fluchthelfer aus Arbeit und Lernen« (Löhner 1991) und stellen sich auf die Seite des persönlichen Erfolges.

Persönliche Maßnahmen

Was nehme ich mir für die nächsten 6 Wochen im Sinne einer Erhöhung meines »Fleißes« vor? (Stichworte):

_____

_____

Was werde ich zuerst und vorrangig tun? (Stichworte):

_____

_____

Wie kontrolliere ich die Resultate? (Stichworte):

_____

_____

Wo werde ich mich weiter zum Thema »Fleiß« informieren? (Stichworte):

_____

_____

Als weiterführende Informationsquellen empfehlen wir

Kanfer, F.H. et al.: Selbstmanagement-Therapie. Springer-Verlag, Berlin/Heidelberg 1996
Löhner, M. et al.: Führung neu denken. Campus Verlag, Frankfurt a. M. 2005

Anhang

1. Energieverteilung/-ausgabe

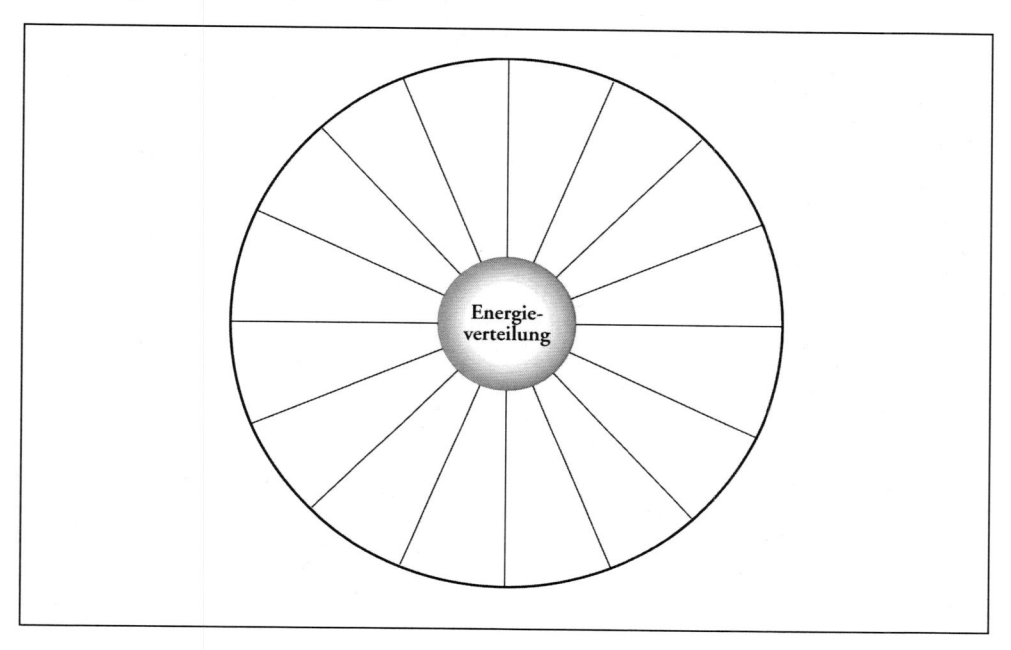

2. Energieaufnahme

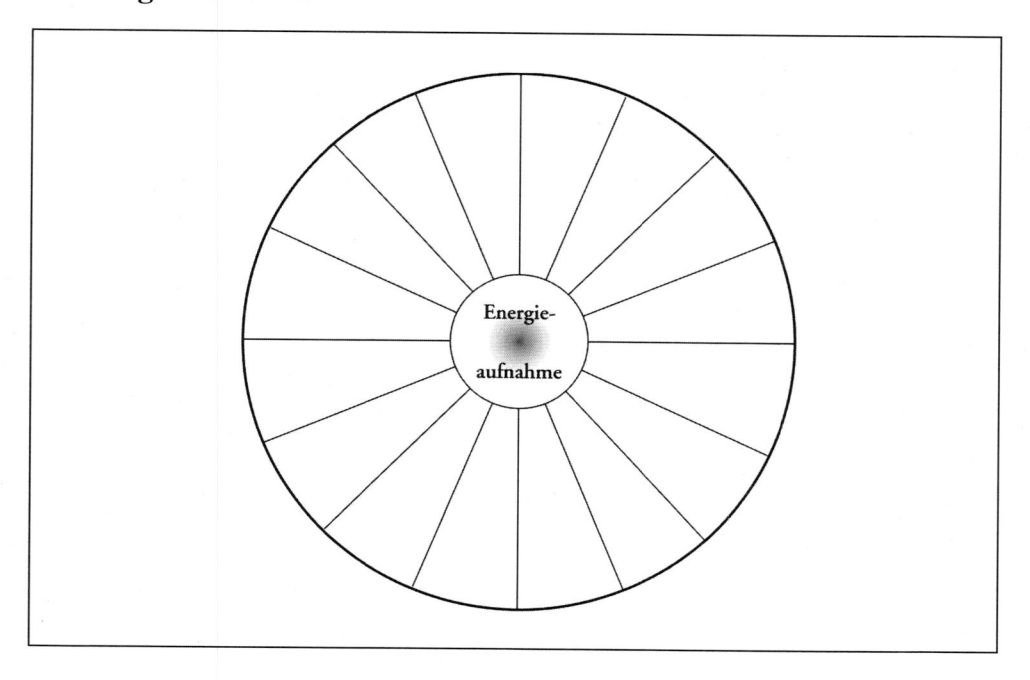

3. Beispiele

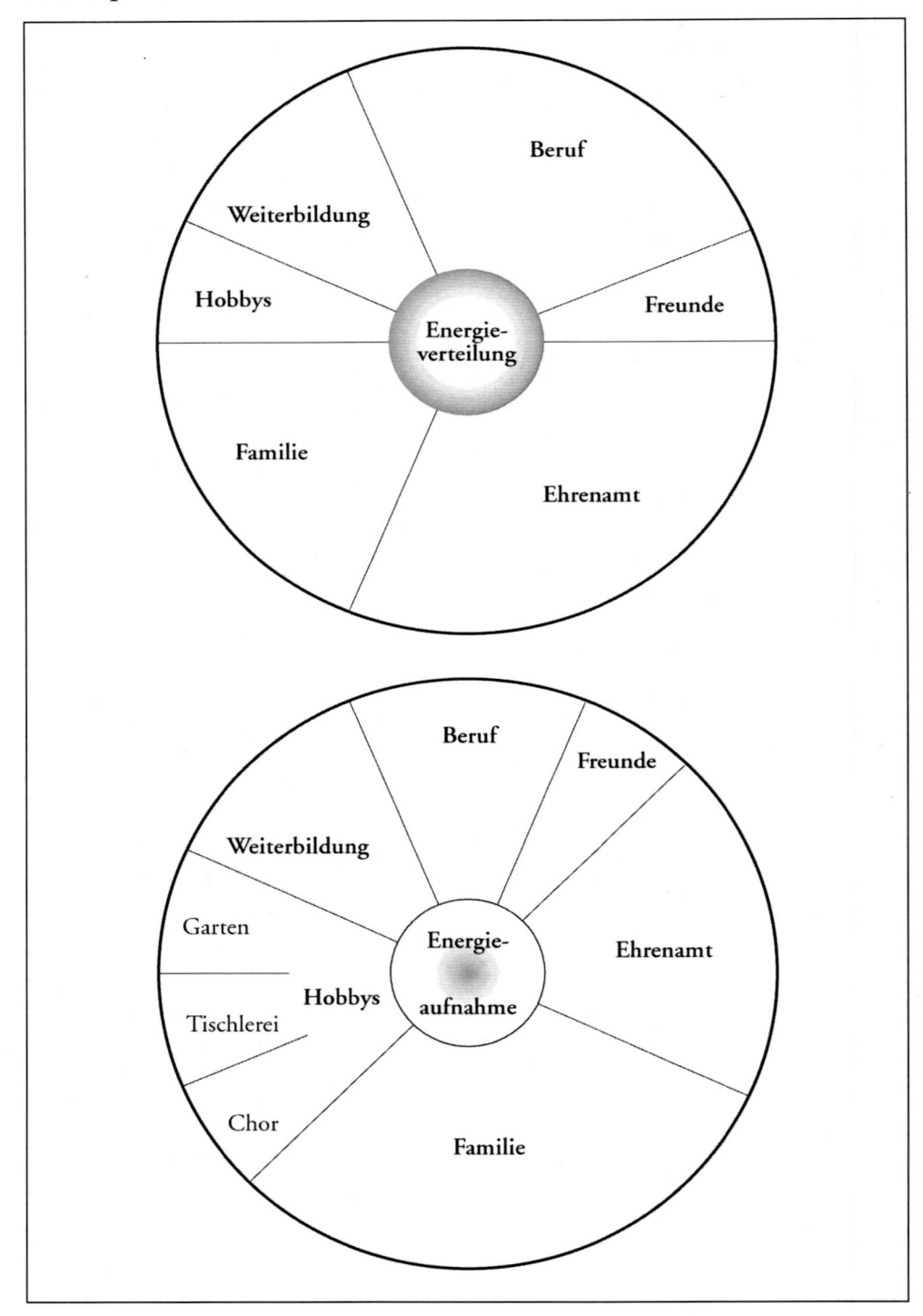

Energieverteilung: Beruf, Weiterbildung, Hobbys, Freunde, Familie, Ehrenamt

Energieaufnahme: Beruf, Freunde, Weiterbildung, Ehrenamt, Hobbys (Garten, Tischlerei, Chor), Familie

Kapitel V
Zusätzliche MIT
für Führungskräfte

In zahlreichen Gesprächen mit Führungskräften war eine gewisse Hilflosigkeit zu erkennen, wenn es um die Frage der Kompetenzentwicklung ihrer Mitarbeiter ging. Der Verweis auf diese Führungsaufgabe und die erwünschte Rolle der Führungskräfte als Coach der Mitarbeiter stieß schnell auf die Gegenfragen. »Welche Mittel und Methoden erhalte ich, um meinen Mitarbeitern konkrete Anregungen und Anstöße zu geben? Wir haben in unserem Unternehmen dazu eigentlich nichts.« Und: »Wer coacht mich? Woran kann ich mich selbst orientieren?«

Schon bei der ersten Auflage dieses Buches war es das Ziel, interessierte Führungskräfte, Trainer, Therapeuten, Lehrer mit den 64 MIT bei der Kompetenzentwicklung Dritter zu unterstützen. Die MIT sind eine Art begleitende Anreger, Appetitmacher zur bewussten Entwicklung und Freisetzung von Kompetenzen auf der Mitarbeiterebene. Die zunehmende Nutzung dieser Hilfsmittel im Rahmen eines gelebten Kompetenzmanagements durch Führungskräfte ist erfreulich.

Die im Kapitel V vorgestellten 16 MIT für Führungskräfte sind speziell für letztere gedacht. Es sind vorerst 16 von 64. Der gewillte Leser erhält nun bei 16 Teilkompetenzen Anregungen auf zwei Ebenen und kann sie noch erweitern, indem auch der eine oder andere Literaturtipp verfolgt wird.

Loyalität

P

(Führungskräfte)

Grundsätzliche Überlegungen

Als Führungskraft sollten Sie sich auch mit dem Modularen Informations- und Trainingsprogramm MIT 45 »Loyalität« für Mitarbeiter beschäftigen, da dort Grundsätzliches ausgeführt wurde und hier nicht noch einmal wiederholt wird.

Grundsätzlich gilt: Als Führungskraft vertreten Sie Ihr Unternehmen, sind quasi das personifizierte Unternehmen und sind in hohem Maße für die Loyalität der Mitarbeiter gegenüber der Organisation und untereinander verantwortlich. Von Ihnen hängt es weitgehend ab, ob die Mitarbeiter in Sie und in das Unternehmen ihr Vertrauen setzen und sich mit diesem identifizieren, oder ob sie sich von beidem kritisch absetzen, Leistungen verweigern und bei der nächst besten Möglichkeit die Organisation verlassen.

Loyalität hat viel mit Werten und Idealen zu tun und muss, durch Ihre Vorbildwirkung vermittelt, verbindlich gestaltet werden.

Gegenwärtige Probleme

Fehler von Führungskräften

Viele Führungskräfte sind quasi »über Nacht« zu ihrer Funktion und neuen Rolle gekommen und sie erhalten anfangs sowohl seitens ihrer übergeordneten Führungskräfte als auch seitens der Mitarbeiter einen gewissen Vertrauensvorschuss. Sie haben in der Regel nicht gelernt, wie man mit diesem Vertrauen umgeht und dieses rechtfertigt. Und sie haben nicht gelernt, Fehler zuzugeben.

Malik (2006) macht auf die verheerenden Folgen dieses Mangels – gepaart mit Machtmissbrauch als Chef – aufmerksam: Wenn die Führungskräfte ständig die Spielregeln gegenüber den Mitarbeitern zu ihren Gunsten verändern und die Mitarbeiter benachteiligen und demütigen, kommt es zu vielfältigen *loyalitätsuntergrabenden* bzw. *-abbauenden* Folgen: Gute Mitarbeiter und solche mit Optionen verlassen die Organisation, andere Mitarbeiter (zum Beispiel ältere ohne externe Alternativen) gehen in die »innere Kündigung«. Die Zahl der »Zuschauer« nimmt gegenüber den »Mitspielern« drastisch zu.

☞ Empfehlungen

Hieraus leitet Malik einige einfache Regeln zum Umgang mit Fehlern ab:

> Fehler der Mitarbeiter sind Fehler des Chefs.

Das bezieht sich auf die Kommunikation und den Loyalitätsanspruch nach außen und nach oben: Die Mitarbeiter können nicht ohne Vertrauensverlust alleingelassen oder blamiert und »abgestempelt« werden. Die Mitarbeiter müssen sich auf die Loyalität und Hilfsbereitschaft ihrer Führungskraft nach außen und nach oben verlassen können. Das setzt allerdings nicht die Pflicht der Führungskraft außer Kraft, sich mit Fehlern der Mitarbeiter nach innen sehr offen kritisch auseinanderzusetzen und dafür zu sorgen, dass sich solche Fehler nicht wiederholen.

> Fehler des Chefs sind Fehler des Chefs.

Er muss die Größe haben, Fehler – ohne Ausnahme und ohne vorgeschobene Rechtfertigungen – zuzugeben. Und er muss immer wieder lernen, dieses zu tun. Das ist menschliche Größe und zugleich einer der wichtigen loyalitätstiftenden Voraussetzungen. Er darf eigene Fehler nicht anderen unterschieben oder sie durch die Fehler Dritter rechtfertigen oder relativieren. Wohl darf er sich aber bei der Korrektur selbst begangener Fehler durch Mitarbeiter helfen lassen (was jedoch ausschließt, »den Karren« durch die anderen »aus dem Dreck ziehen zu lassen«).

> Erfolge der Mitarbeiter »gehören« den Mitarbeitern.

Führungskräfte sollten sich nie mit »fremden Federn« schmücken. Und: Sichtbar gemachte Erfolge der Mitarbeiter sind ein wichtiger Loyalitäts-Kitt für das Unternehmen, erhöhen die Identifikation und Integration. Die bescheidene Rücknahme der eigenen Erfolgsanteile durch die Führungskraft ist ein Merkmal für die loyale Rückstellung der eigenen Interessen hinter die des Unternehmens und Teams.

Autorität und Loyalitätsstiftung

Löhner (1991) geht auf das Verhältnis von *Autorität* als Führungskraft und *Loyalitätsstiftung* durch diese mit folgenden Überlegungen ein:

> Autorität ist demnach ein Synonym für die personale Macht, der andere freiwillig anerkennend Gefolgschaft leisten. Sie beruht darauf, überzeugen zu können und konfliktfähig zu sein. Eine wichtige Seite der Autorität ist es, Glauben erwecken zu können (religiöser, politischer, sozialer Glaube, Glaube an eine Person, an eine Gruppe, an die Organisation, an eine Sache/Idee). Und Glauben ist insbesondere in Situationen wichtig, in denen sichere Erkenntnisse und Orientierungen fehlen, die durch Veränderungen mit ungewissem Ausgang gekennzeichnet sind u. Ä.

Löhner spitzt diesen Sachverhalt zu: Wer sein soziales Leben – speziell als Führungskraft – entfalten will, berücksichtigt, dass Gefolgschaft und Loyalität nur derjenige erreicht, der einen stabilen Kurs steuert und seine innere Zerrissenheit nicht auf die Mitarbeiter überträgt, sondern überwiegend Durchdachtes von sich gibt. Und er meidet solche Fehler, die die Autorität zerstören:

> **Wenn man als Führungskraft** durch »beziehungsstrategische« Informationspolitik steuert, also einen Informationsvorsprung missbräuchlich nutzen, erhöht sich die spekulative Energie im System. Dadurch bestimmt weniger die Information das Zieldenken, sondern die Phantasie.

> **Wenn man als Führungskraft** Versprechungen und Zusagen nicht einhält, erhöht sich das aggressive Potenzial der Frustrierten. Dadurch sinken Toleranz und Loyalität gegenüber dem Unternehmen.

> **Wenn man als Führungskraft** sagt, man habe immer Zeit für seine Mitarbeiter, darf man nicht bestimmen, wie diese Zeit verwendet wird, andernfalls entsteht genereller Vertrauensverlust.

> **Wenn man als Führungskraft** bei Mitarbeitern Person und Position für identisch hält, zeigt man ein gestörtes Verhältnis zur Menschenwürde. Dadurch wird ein Menschenbild vermittelt, in dem Mitarbeiter austauschbare Arbeitseinheiten sind.

☞ Empfehlungen

Hinweis zur Erhöung der Loyalität

Für gute Leistungen werden die richtige Ausrüstung, Arbeitsbedingungen und andere Voraussetzungen benötigt. Die Mitarbeiter werden sich noch mehr engagieren und der Führungskraft noch mehr Vertrauen und Loyalität entgegenbringen, wenn sie sehen, dass diese sich für sie einsetzt.

1. Erfolgreich gelöste Aufgaben verstärken das Selbstwertgefühl der Mitarbeiter. Verstärken Sie dieses Gefühl durch aufrichtiges Lob und durch das öffentliche Bekanntmachen der Beiträge der Einzelnen oder des Teams.
2. Setzen Sie anspruchsvolle Ziele und stellen Sie gegenüber den Mitarbeitern den Zusammenhang zur Unternehmensentwicklung her. Unterteilen Sie das Hauptziel in realistische, anspruchsvolle Zwischenziele mit entsprechenden Maßnahmen und Zielerreichungskontrollen. Die Ziele sollten die Kompetenzen der einzelnen Mitarbeiter berücksichtigen.
3. Legen Sie großen Wert auf eine präzise Aufgabenstellung und fragen Sie die Mitarbeiter, ob sie diese wirklich gut verstanden haben und welche Möglichkeiten sie zu ihrer Lösung sehen.
4. Weisen Sie jedem Mitarbeiter eine Rolle und einen eigenen Verantwortungsbereich und Gestaltungsraum zu. Sehen Sie grundsätzlich in jedem Mitarbeiter eine kompetente Kraft.
5. Delegieren Sie vertrauensvoll Aufgaben und unterstützen Sie die Mitarbeiter bei ihrer Realisierung. Unterdrücken Sie keine Meinung Anderer.
6. Ermöglichen Sie eine offene Kommunikation zwischen Ihnen und Ihren Mitarbeitern. Nutzen Sie alle Mittel zur Kommunikation.
7. Versuchen Sie eine freie, offene Arbeitsatmosphäre zu gewährleisten.
8. Suchen Sie Feedback hinsichtlich Ihrer Effektivität als Führungskraft und geben Sie aktiv Feedback an Ihre Mitarbeiter.
9. Vergessen Sie nicht, dass Sie letztlich nur so gut sind wie Ihr Team!

Legen Sie a) kritisch Rechenschaft darüber ab, inwieweit und welche der genannten Fehler von Ihnen in der Vergangenheit gemacht wurden bzw. noch gemacht werden.

Prüfen Sie b) anhand der aufgeführten Hinweise zu Verbesserung der Loyalität, wo Sie noch eigene Verbesserungsmöglichkeiten sehen.

Schreiben Sie c) zwei für Sie wichtige Punkte auf und versehen Sie sie mit konkreten Maßnahmen.

Freiwillige Kundenloyalität

Ein nach außen gerichteter Aspekt der Loyalität ist freiwillige Kundenloyalität. Schütter/Fuchs (2006) sprechen vom **Total Loyalty Marketing**. Dauerhafte interne wie externe Loyalität werden zum Schlüssel für den unternehmerischen Erfolg. Schüller/Fuchs vertreten einen interessanten ganzheitlichen Ansatz, in dem die drei Loyalitätsachsen Marketing – Mitarbeiter – Kunden vernetzt sind. In diesem umfassenderen Sinn wird Loyalität zu einem Teil der Unternehmenskultur, und der Managementprozess des Total Loyalty Marketing richtet alle

Aktivitäten des Unternehmens systematisch auf den Kunden aus. Dabei stehen die Käufer- und Mitarbeiterloyalität in einem engen Zusammenhang und bestärken sich gegenseitig.

Die Autoren ersetzen das herkömmliche Bild der Kundenbindung durch die Loyalitäts-Orientierung. Die heutigen Kunden sind tendenziell zunehmende »individualisierte, multi-optionale, schnell wechselbereite Anspruchsdenker« und müssen anders angesprochen und interessiert werden. Loyalität bedeutet in diesem Zusammenhang vor allem
- freiwillige Treue,
- emotionale, andauernde Verbundenheit,
- leidenschaftliche Fürsprache und Weiterempfehlung.

Loyalität wird mit positiven Bewertungen und guten Gefühlen weitergetragen und mit Verweisen auf Zuverlässigkeit, Wertschätzung, Vertrauen, Glaubwürdigkeit, Zuneigung. Loyalität muss glaubhaft erarbeitet werden.

Die Mitarbeiter sind letztlich die Marketing-Umsetzungsverantwortlichen und die eigentlichen Loyalitätsentwickler. Je individueller die Leistung für den einzelnen Kunden ist und je unmittelbarer der Kunde-Mitarbeiter-Kontakt ausfällt, desto stärker ist das Gefühl der emotionalen Verbundenheit. Und wenn die Produkte oder Dienstleistungen nicht mehr so faszinieren wie früher, da müssen es die Mitarbeiter tun.

Schüller/Fuchs beschreiben den Managementprozess des Total Loyalty Marketing in Form eines Dreieck mit seinen Endpunkten Management, Mitarbeiter, Kunden. Eine loyalitätsfokussierte Basis, der eine offene Loyalitätsanalyse zugrunde liegt, sowie drei Mal fünf Bausteine sollen zum Ziel führen: zur Loyalitätsführerschaft. Das Controlling übernehmen hierbei vor allem die systematisch zu Rückinformationen ermunterten Kunden.

Unternehmen mit Loyalitätsführerschaft können auch als »Lachende Unternehmen« charakterisiert werden: Sie verfolgen Gewinner-Strategien. Die Mitarbeiter erleben Selbstbestimmung, Verantwortung, Wertschätzung und Anerkennung, Offenheit, breite Kommunikation, Respekt und Vertrauen. Es herrscht dort ein gutes Klima für Spitzenleistungen. Die Mitarbeiter sind zu einem sehr großen Teil motiviert, initiativreich, engagiert, unternehmerisch mitdenkend, begeistert, loyal, lernbereit. Dorthin kommen die Kunden gern und werben auch gegenüber Dritten für dieses Unternehmen.

Früher wurde all dieses mit der Bewertung »Erfolgsorientiertes Unternehmen« versehen.

Persönliche Maßnahmen

Was nehme ich mir für die nächsten 6 Wochen i. S. einer Verbesserung meiner Loyalität vor? (Stichworte):

Was werde ich zuerst und vorrangig tun? (Stichworte):

_____

_____

Wie kontrolliere ich die Resultate? (Stichworte):

_____

_____

Wo werde ich mich weiter zum Thema »Loyalität« informieren? (Stichworte):

_____

_____

ⓘ Als weiterführende Informationsquellen empfehlen wir

Löhner, M.: Unternehmen heisst lernen. Econ Verlag, Düsseldorf/Wien/New York/Moskau 1991
Malik, F.: Führen, Leisten, Leben. Heyne Business, München 2006
Schütter, A. M.; Fuchs, G.: Total Loyalty Marketing. Gabler Verlag, Wiesbaden 2006

Glaubwürdigkeit P
(Führungskräfte)

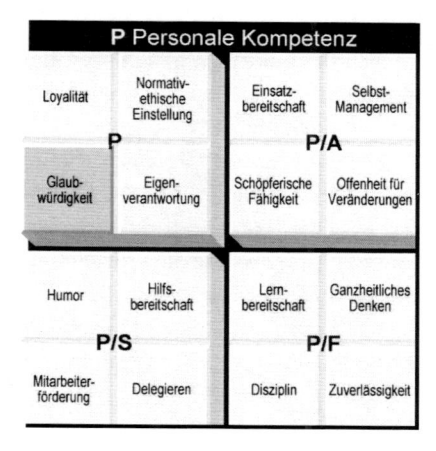

> Wir müssen das, was wir denken, auch sagen, wir müssen das was wir sagen, auch tun und wir müssen das, was wir tun, dann auch sein. (Alfred Herrhausen)

Grundsätzliche Überlegungen ⏪

Als Führungskraft sollten Sie sich das Modulare Informations- und Trainingsprogramm MIT 31 »Glaubwürdigkeit« für Mitarbeiter genauer ansehen, zumal in diesem Programm Grundfragen angesprochen sind, die genauso bzw. in einem noch größeren Maße die Führungskräfte tangieren. Gleiches gilt für die Übungen.

In dem vorliegenden Kurz-Trainingsprogramm für Führungskräfte wollen wir uns einer erweiterten Checkliste für Führungskräfte zuwenden. Sie stellt vielfältige Fragen zu 18 Anforderungsgruppen. Wenn Sie die Fragen zu Sollaussagen umformulieren, dann haben Sie ein umfassendes Soll-Bild für Ihre Arbeit und Rolle als Führungskraft, wichtige Maßstäbe für Ihre Glaubwürdigkeit als Mensch und Führungskraft. Die Glaubwürdigkeit liegt quasi als Querschnittsanforderung und Folge über den einzelnen Anforderungen. Ferner erhalten Sie neun Grundregeln für Glaubwürdigkeit bei der Führung von Mitarbeitern.

Gegenwärtige Probleme !

Im Jahr 2008 wurde in Deutschland eine tiefe Glaubwürdigkeitskrise in Politik und Wirtschaft offenbar. Einerseits konnte die hochkarätige Regierungskommission für gute Unternehmensführung (Corporate-Governance-Kommission) unter Leitung des Aufsichtsratsvorsitzenden von ThyssenKrupp, Gerhard Cromme, nach siebenjähriger Arbeit mehr als 100 Anregungen und Empfehlungen für eine gute Unternehmensführung vorlegen. Zur gleichen Zeit ist jedoch das Ansehen der Top-Manager großer Unternehmen und Banken so schlecht wie selten zuvor. Die bedrückende Reputation ehemals als »Top's des Jahres« gekrönter Führungskräfte in der Öffentlichkeit durch deren Steuerhinterziehungen oder schwarzen Kassen oder Bespitzelungsaffären bringt einen ganzen Berufsstand zu Unrecht in Verruf und führt zu einem sich schnell verbreitenden Misstrauen der Mitarbeiter in die Glaubwürdigkeit der Führungskräfte und zu noch nicht überschaubaren Auswirkungen auf die soziale Marktwirtschaft.

Zu recht betonte Gerhard Cromme: »Moral kann man weder per Gesetz noch per Kodex verordnen« (Grabitz, I.: Letzte Chance zur Selbstregulierung. Welt am Sonntag Nr. 26/08, 29. Juni 2008) und zeigt zugleich die Ratlosigkeit des Expertengremiums auf. Mit schärferen Gesetzen aber würde die notwendige unternehmensinterne Selbstregulierung und Eigenverantwortung unterlaufen und die Gefahr erhöht werden, wichtige unternehmerische Initiativen zu blockieren. Andererseits beschäftigen sich zunehmend Unternehmen mit Grundsätzen und Programmen der Corporate Governance, und kleine und mittlere Unternehmen verstehen die Welt nicht mehr, zumal bei ihnen in der Regel Loyalität, Glaubwürdigkeit, Eigenverantwortung groß geschrieben werden.

Die Glaubwürdigkeitskrise drückt sich einerseits darin aus, dass nach einer Gallup Sudie 2008 rund 70 % der befragten Bundesbürger den Oberen Führungskräften Unehrlichkeit und fehlende ethische Prinzipien unterstellen und dass andererseits die Manager ebenfalls eine hohe Diskrepanz zwischen Anspruch und Wirklichkeit, zwischen Wort und Handeln sehen. Sie fühlen somit »hautnahe« und zweifach die Glaubwürdigkeitskrise und fühlen sich selbst zu unrecht negativ bewertet und somit in einem Dilemma. Letzteres wird durch Vorurteile und verzerrte Informationen noch verstärkt.

Kennzeichen

Grundsätzlich wird Glaubwürdigkeit mit solchen Charakteristika in Verbindung gebracht wie:
- ist ehrlich
- ist offen, macht aus der eigenen Meinung keinen Hehl
- ist authentisch: sagt, was er/sie meint
- gibt wichtige Informationen schnell weiter
- gibt offenes, ehrliches Feedback
- steht für seine/ihre Meinungen und Entscheidungen ein.
- Glaubwürdigkeit ist eine subjektive Teilkompetenz; sie beinhaltet keinen Wertekanon.

Zwar gibt es einen Zusammenhang zwischen dem Streben nach eigenen Vorteilen auf den Schultern der anderen, Egoismus, fehlendem Mut zu klaren Entscheidungen, Egoismus und dem Mangel an Glaubwürdigkeit. Jedoch darf daraus keine Verallgemeinerung im Sinne von »Ohne Offenheit und Ehrlichkeit kommt man in der Wirtschaft weiter; Glaubwürdigkeit ist eher hinderlich« gezogen werden.

Fest steht, und das beweisen viele Beispiele aus dem Mittelstand, dass insbesondere glaubwürdige Führungskräfte zu hohen Leistungen und gegenseitige Unterstützung motivieren und die Belastbarkeit der Mitarbeiter erhöhen. Glaubwürdigkeit ist in solchen Unternehmen ein wichtiger Erfolgsfaktor und ist insbesondere förderlich für die Entwicklung von Schlüsselkräften und ein hohes Wohlbefinden der weiblichen Mitarbeiter.

Selbstcheck ✓

Beantworten Sie jede der nachfolgenden Fragen (Neges/Neges (2001, 2007) entlehnt) gewissenhaft. Natürlich können Sie nicht alle Fragen bejahen bzw. eindeutig beantworten. Eine größere Anzahl unsicher beantworteter bzw. verneinter Fragen kann Ihnen andererseits helfen, Lücken zu erkennen (und damit Optimierungsfelder) und damit auch mögliche Einschränkungen Ihrer Glaubwürdigkeit bzw. Anforderungsfelder für mögliche Missverständnisse und verzerrte Sichtweisen der Mitarbeiter gegenüber Ihrer Person und deren Ausstrahlung.

1. Visionen aktiv vorleben
- Habe ich überhaupt Visionen? Welche Visionen habe ich?
- Was sind meine visionären Stärken und Schwächen?
- Welche Bilder habe ich von Gegenwart und Zukunft?
- Welche Visionen habe ich bereits realisiert und wie? Welche habe ich noch nicht realisiert?
- Wie erlebe ich Visionen im eigenen Unternehmen. Wie setze ich mich für Visionen im Unternehmen ein?

2. Ehrlich kommunizieren
- Wie offen und authentisch kommuniziere ich mit meinen Mitarbeitern und Vorgesetzten?
- Wie klar und verständlich kommuniziere ich?
- Wie sehr stimme ich in meiner internen und externen Kommunikation überein?
- Gebe ich nicht zu viele Informationen, dafür aber die richtigen an meine Mitarbeiter weiter?

3. Als Vorbild menschlich sein
- Welche Vorbilder habe ich, und was ist das Interessante und für mich Prägende an diesen Vorbildern?
- Welches Bild vom Menschen habe ich?
- Was sind meine inneren Werte?
- Wie bewusst sind mir die eigene Erziehung und deren Auswirkungen?

4. Gefühle zeigen und offen damit umgehen
- Wie offen bin Ich?
- Wie leicht fällt es mir, über meine inneren Probleme, Gedanken und Konflikte zu sprechen?
- Wie spontan bin ich?

- Was höre ich an Feedback über mein Gefühlsleben?
- Welche Potenziale kann ich noch nutzen?
- Wie differenziert gehe ich mit Lob und Kritik um?

5. Menschen vor Ziele stellen
- Wie wichtig sind für mich klare Ziele und Ergebnisse?
- Wie setze ich Ziele und Kontrollkriterien zur Zielerreichung?
- Wie gehe ich mit Zielen und der Zielerreichung um?
- Wie wichtig ist für mich der Mensch bei der Zielerreichung?

6. Nachvollziebare Entscheidungen treffen
- Wie nachvollziehbar sind meine Entscheidungen für andere? Habe ich an die Folgen gedacht, und haben meine Entscheidungen auch morgen noch Bestand?
- Beziehe ich andere in die Vorbereitung meiner Entscheidungen ein?
- Informiere ich schnell und ausreichend über die Entscheidungen?
- Setzen andere Vertrauen in meine Entscheidungen?

7. Mitarbeiterpotenziale erkennen und fördern
- Was unternehme ich, um Mitarbeiterpotenziale zu erkennen und zu fördern?
- Welche Energiepotenziale nutzen meine Mitarbeiter und welche nicht?
- Inwieweit gelingt es mir, Energiepotenziale zu erkennen und anzuregen?
- Habe ich Erfahrungen im Coaching? Welche Merkmale als Coach habe ich?

8. Selbst Verantwortung übernehmen
- Übernehme ich nicht nur für die Erfolge, sondern auch für die Misserfolge die Verantwortung als Führungskraft?
- Lasse ich konstruktive Kritik zu? Lerne ich aus ihr?
- Kann ich (Vertrauen) delegieren und damit Eigenverantwortung? Unterstütze ich die Mitarbeiter darin, selbst Verantwortung zu übernehmen?

9. Menschliche Nähe suchen
- Wie gern bin ich unter Mitarbeitern?
- Wie oft gehe ich durch die Büros, Produktionshallen, Lagerräume?
- Was sage ich als erstes, wenn ich auf Menschen zugehe?
- Lasse ich Gefühle für das Unternehmen und meine Organisationseinheit entwickeln?
- Was spüre ich, wenn ich mit Menschen zusammen bin?
- Bin ich nur mit mir selbst und meinen Aufgaben, Aufträgen beschäftigt?

10. Energiebewusstsein ausbauen
- Wie sehe ich meine eigene Ausstrahlung?
- Empfinden mich die Mitarbeiter und gleichrangigen Führungskräfte glaubwürdig, in meinem Verhalten als authentisch?
- Wo verliere ich regelmäßig Energie?
- Was mache ich, um Energie zu tanken und weiter auszubauen?
- Welche Potenziale stecken in mir?
- Wer hilft mir, die eigenen Potenziale zu erkennen und zu nutzen? Vertraue ich mich jemandem an?

11. Konflikt- und Kritikfähigkeiten fördern
- Arbeite ich bei Konflikten auf Kompromiss- oder Konsenslösungen hin?
- Wie offen bin ich selbst bei Konflikten, welche andere mit mir haben?
- Wie gut kann ich Konflikte bewusst initiieren?
- Spreche ich auch Gefühle bei der Konfliktbehandlung an?
- Werde ich öfter (beratend oder vermittelnd) zu Konfliktsituationen und deren Lösung hinzugezogen?

12. Akzeptanz, Aufmerksamkeit und Anerkennung vermitteln
- Wie vermittle ich Akzeptanz?
- Mit welchen Aktivitäten schaffe ich Interesse bzw. Aufmerksamkeit bei meinen Mitarbeitern?
- Wann und wie spreche ich Anerkennung aus?
- Welche Zustimmungsformen verwende ich häufig?

13. Das Ergebnis steht im Vordergrund, nicht einseitig die Zeit
- Wie bewusst gehe ich täglich auf Ergebnisse ein?
- Wie mache ich Druck mit der Zeit?
- Bin ich selbst »Vorbild« mit: »Ich habe keine Zeit«?
- Wie bewirke ich Druck?
- Wie steht bei mir Ergebnis, Qualität mit Zeiteinsatz im Einklang?
- Was mache ich selbst gern?
- Was müsste ich eigentlich noch konsequenter delegieren?
- Wofür benötige ich zuviel Zeit, um ein positives Ergebnis zu erzielen?

14. Bewusstsein von Produktivität vermitteln
- Wie schaffe ich es, dass meine Mitarbeiter und Teams immer produktiv arbeiten?
- Was bedeutet für mich »Produktivität«?
- Woran messe ich die Leistung, was ist mir wichtig?
- Wie oft stelle ich Abläufe konstruktiv in Frage?
- Wie aktiv bringe ich Ideen zur Steigerung der Produktivität ein?
- Wie gut kenne ich vergleichbare Unternehmen und Organisationseinheiten (Benchmarking)?

15. Reden lassen, nicht selbst reden
- Brauche ich ständig eine Bühne?
- Wie gut kann ich zuhören?
- Habe ich immer das Bedürfnis, etwas sagen zu wollen?
- Wie reagieren meine Mitarbeiter, wenn ich zuhöre bzw. etwas sage?
- Wie führe ich mit Worten, mit der Sprache?
- Lasse ich andere ausreden?
- Sehe ich das Redenlassen als Entwicklung des anderen?

16. Teams bilden und für Entwicklung sorgen
- Wie teamfähig schätze ich mich ein?
- Wie aktiv bilde ich (Projekt-)Teams zu verschieden Anforderungen?
- Schaffe ich ein produktives Klima im Team?

- Kann ich im Team auch zurückstecken?
- Kann ich Teams weiterbewegen?
- Bin ich selbst in Teams integriert?
- Wo sind meine Stärken und Schwächen bei der Teamarbeit?
- Überlasse ich auch meinen Mitarbeitern die Teamsprecherfunktion und andere Teilführungsaufgaben?

17. Veränderungen laufend initiieren
- Wie oft stelle ich etwas konstruktiv in Frage?
- Wie ist bei den einzelnen Mitarbeitern und in der Organisationseinheit gesamt das Klima für Veränderungen?
- Reagiere ich erst, wenn es gar nicht mehr anders geht, oder kann ich agieren und auch als erster etwas anregen?
- Wie kann ich Lernen als Veränderungsgrundlage am Arbeitsplatz integrieren?
- Wer ist grundsätzlich für Veränderungen verantwortlich?
- Welche Aufzeichnungen führe ich zu meinen geplanten und bereits durchgeführten Veränderungen oder handle ich eher situativ und »aus dem Bauch heraus«?

18. Laufendes Lernen fördern
- Wie lerne ich? Wie halte ich mich auf dem Laufenden?
- Welche Zeit investiere ich selbst in das Lernen im Job?
- Wie sieht meine Lernbilanz für die nächsten sechs bis acht Monate aus?
- Welchen Lernplan habe ich?
- Führe ich eine Art Lerntagebuch mit verbundenen Maßnahmen zur Umsetzung des Gelernten?
- Wie aktiv fördere ich das Lernen der einzelnen Mitarbeiter und im Team?
- Führe ich bewusst Lernveranstaltungen mit den Mitarbeitern durch, zum Beispiel. Erfahrungsaustausch, Besprechungen über neue Produkte oder Schulungen zur persönlichen Entwicklung, Verkaufstrainings oder ähnliches?
- Wie bewusst ist mir die Bedeutung des informellen und selbstorganisierten und impliziten Lernens und wie fördere ich solche Lernformen im Team?

Wenn Sie mehrere unterstellte Führungskräfte haben, dann können Sie auch in der Führungscrew diese Fragen, ggf. ausschnittsweise, einmal diskutieren und einen Erfahrungsaustausch mit gegenseitigem Feedback führen. Das fördert nicht nur die Offenheit und Nähe, sondern erhöht auch Ihre persönliche Glaubwürdigkeit beim Ringen um eine gute Führungsqualität.

Empfehlungen

Abschließend sei auf Grundregeln der Glaubwürdigkeit hingewiesen, die man am besten an die Wand des Büros hängen und täglich beachten sollte.
- Es gibt in der Führung keine Patentrezepte, und jeder muss seinen eigenen Stil finden und zu diesem dann stehen. Es führt zu Fehlschlägen, wenn Sie versuchen, jemanden zu kopieren oder zu imitieren.
- Ehrlichkeit, Wahrhaftigkeit, Offenheit, eigene Standpunkte zahlen sich langfristig aus. Drücken Sie sich nicht vor unangenehmen Botschaften, sagen Sie klar, was los ist. Die Mitarbeiter schätzen ein klares Feedback.
- Arbeiten Sie unermüdlich daran, sich verständlich zu machen. Wiederholen Sie die Ihnen wichtigen Dinge immer wieder aufs Neue, mit größter Geduld und Beharrlichkeit. Vereinfachen Sie, versuchen Sie, in der Sprache der anderen zu sprechen und wählen Sie bildhafte Analogien.
- Zwingen Sie sich zuzuhören. Üben Sie ihre Selbstdisziplin im Zuhören und nehmen Sie sich unter diesem Gesichtspunkt ausreichend Zeit für Gespräche mit Ihren Mitarbeitern.
- Verzichten Sie auf Alibis, Ausreden und Rechtfertigungen. Behalten Sie die Resultate im Auge und flüchten Sie nicht in faule Begründungen für das Ausbleiben der Resultate und in Taktieren.
- Akzeptieren Sie Ihre eigene Bedeutungslosigkeit *relativ zur Aufgabe*. Die Aufgabe bleibt immer etwas anderes als sie selbst und ist immer von Ihrer Person zu unterscheiden. Diese innere Distanz gewährleistet Ihnen die notwendige Objektivität zur Beurteilung der Lage.
- Konsequenz in der Umsetzung und Berechenbarkeit in der Entscheidung zahlen sich aus. Das Vertrauen der Mitarbeiter in Sie erleichtert Ihnen wiederum die Durchsetzung schwieriger Entscheidungen. Halten Sie sich auch selbst an die gesetzten Regeln und Normen. Nichts beschädigt Ihre Glaubwürdigkeit mehr als Doppelmoral.
- Unternehmen Sie alles, um starke Mitarbeiter anzuziehen, sie zu fördern und zum Einsatz zu bringen. Haben Sie keine Furcht vor starken Mitarbeitern und den möglichen Verlust dieser. Und stehlen Sie Ihren Mitarbeitern nicht den Erfolg.
- Halten Sie Ihre Versprechen. Mitarbeiter sind sehr sensibel gegenüber Versprechen und deren Umsetzung. Versprechen Sie im Zweifel lieber nichts oder nur das, was Sie auch wirklich halten können.

Persönliche Maßnahmen

Was nehme ich mir für die nächsten 6 Wochen i. S. einer Erhöhung meiner Glaubwürdigkeit vor? (Stichworte):

_____

_____

Was werde ich zuerst und vorrangig tun? (Stichworte):

_____

_____

Wie kontrolliere ich die Resultate? (Stichworte):

_____

_____

Wo werde ich mich weiter zum Thema »Glaubwürdigkeit« informieren? (Stichworte):

_____

_____

ⓘ Als weiterführende Informationsquellen empfehlen wir

Neges, G.; Neges, R.: Kompaktwissen Management. Ueberreuter Verlag, Wien/Frankfurt a. M. 2002
Neges, G.; Neges, R.: Führungskraft und Persönlichkeit. Linde international, Wien 2007
Sottong, H.: Fehlende Glaubwürdigkeit. Harvard Business manager, September 2008
Vogelsang, G.; Burger, C.: Werte schaffen Wert. Econ Verlag, Düsseldorf 2004

Offenheit für Veränderungen   P/A
(Führungskräfte)

Ausgehend von dem Modularen Informations- und Trainingsprogramm »Offenheit für Veränderungen« für Mitarbeiter sollen nachfolgend Erweiterungen und gezielte Anregungen für Führungskräfte gegeben werden.

Grundsätzliche Überlegungen

Scheitern von Veränderungsprojekten

Das österreichische Hernstein-Institut fand bei einer Befragung von rund 1.000 Unternehmen im gesamten deutschsprachigen Raum heraus, dass nur 45 % der Unternehmen ihre Veränderungsprojekte als »erfolgreich« bezeichneten. 38 % meinten, ihre Veränderungsprojekte seien weniger oder gar nicht erfolgreich gewesen. Der häufigste Grund für das Scheitern der Projekte liegt im Widerstand der Mitarbeiter (30 %), gefolgt von mangelhafter Prozesssteuerung (25 %) und einem zu schnellen Tempo sowie unzureichender Kommunikation. Lediglich 12 % meinten, dass Veränderungsprojekte an einer unklaren Zielstellung scheiterten (www.hernstein.at). Die meisten Führungskräfte haben in diesem Zusammenhang echte Probleme mit dem Erkennen von Widerstandssignalen seitens der Mitarbeiter und dem Erkennen von deren Ursachen sowie mit dem motivierenden Eingehen auf die Mitarbeiter.

Zur Erhöhung der Offenheit für Veränderungen seitens der Mitarbeiter sowie der eigenen, sollen im weiteren einige praktische Erfahrungen und Techniken vermittelt werden.

⊃ **Kennzeichen**

Umgang mit Verunsicherungen

Größere Veränderungsprojekte verunsichern mindestens zu Anfang stets einen großen Teil der Mitarbeiter. Das Geländer, das bei neuen und durchaus riskanten Wegen Sicherheiten bieten soll ist die Kommunikation der Führungskräfte untereinander, mit dem Betriebsrat sowie mit den Mitarbeitern. Kommunikation wird zum A und O bei Veränderungen. Für die Gestaltung der Kommunikation müssen wiederum verschiedene grundsätzliche Erfolgs- und Misserfolgsfaktoren beachtet werden[1]:

1. Bei größeren Veränderungsprozessen ist der Unterschied zwischen erfolgreicher und erfolgloser Kommunikation im Umgang mit Unklarheit, Unsicherheit, Widersprüchlichkeit und einer grundsätzlichen Verunsicherung bei all denjenigen Mitarbeitern zu sehen, die an diesem noch weitgehend unsicheren Projekt mitarbeiten sollen bzw. von dessen Auswirkungen betroffen sind.
2. Das Auftreten von Gerüchten, Spekulationen ist ein Indikator dafür, dass Kommunikationsfehler begangen werden. Dabei haben Gerüchte zur Folge, dass ein ganzer Zyklus von negativen Ergebnissen eintritt: Die Gerüchteküche, insbesondere die überzogenen falschen, negativen Gerüchte, führen zu Verlust an Vertrauen, reduzierter Arbeitsmoral, insgesamt negativen Empfindungen, verbunden mit einer verminderten Loyalität und Hingabe, sich für das Unternehmen einzusetzen.
3. Der von Führungskräften häufig zu hörende Einwand, dass man bei ungenügender Informationslage warten sollte, bis man mehr Informationen für die von der Veränderung betroffenen Mitarbeiter zur Verfügung hat, ist falsch. Besser ist in jedem Fall, die Mitarbeiter zu informieren, verbunden mit dem Hinweis, dass zum gegenwärtigen Zeitpunkt nicht mehr Informationen zur Verfügung stehen.
4. Erfolgreiche Kommunikation bindet die von dem Veränderungsprojekt betroffenen Mitarbeiter in die Veränderung ein.
5. »Kein Kommentar« als Äußerung oder als eingenommene Position von Führungskräften, wenn diese von ihren Mitarbeitern angesprochen werden, führt zu Aggressionen und reduziertem Arbeitsengagement, weil dahinter bewusst zurückgehaltene Informationen vermutet werden.
6. Ein absolut törichtes Kommunikationsverhalten der Geschäftsführung ist das Abfordern von Erklärungen oder einer schriftlichen Zustimmung, dass man als Führungskraft keine Informationen über geplante Veränderungsprojekte weitergibt, bei denen Klarheit besteht, dass durch sie Mitarbeiter beeinträchtigt werden.

Die Kommunikation in Vorbereitung und Durchführung von Veränderungsprozessen darf von den maßgeblichen Führungskräften nicht weggeschoben oder auf Dritte, zum Beispiel PR-Abteilung, »wegdelegiert« werden. Zwar können Spezialisten in die Kommunikation

---

[1] Fonzo/Bordia 1998, nach Stiefel, R.: Kommunikation bei großflächigen Veränderungsprojekten. MAO, St. Gallen, 21. Jg., Heft 1/1999.

einbezogen werden und bestimmte Aufgaben übernehmen, aber die Kommunikation bleibt das wichtigste Instrument der für die Veränderung primär Verantwortlichen.

Am besten ist es, frühzeitig einen Steuerkreis zu bilden und in ihm zu Beginn schon darüber nachzudenken, wie fürderhin am besten im und über den Veränderungsprozess kommuniziert werden sollte. Dabei sollten die eigenen Erfahrungen aus früheren Veränderungsprojekten, und dabei auch die negativen Erfahrungen durch falsche oder unterlassene Kommunikation, ausgetauscht werden und gleichermaßen nach Erfahrungen anderer Unternehmen Ausschau gehalten werden (best practices). Letzteres kann auch die Einbeziehung von Angehörigen anderer Unternehmen sinnvoll erscheinen lassen, da es auf die praxis-konkreten Erfahrungen einschließlich der möglichen Erfolgs- und Misserfolgsfaktoren ankommt.

Fehlerhafte Kommunikationsmaßnahmen können zu später nur schwer und sehr aufwendig abzubauenden Nebeneffekten wie Ängsten, Gerüchten, Abwehr, passiver Gleichgültigkeit und verminderter Verantwortungsbereitschaft führen. Im Extremfall können fehlerhafte Kommunikationsmaßnahmen angestrebte Veränderungen ganz vereiteln. In jedem Fall senken Sie die eigentlich angestrebte Offenheit für notwendige Veränderungen.

Umgang mit starken Widerständen

Bei Veränderungen gibt es unterschiedliche Formen des individuellen Widerstandes. Hier gibt es die Skeptiker, die vielfache Bedenken im Detail vorbringen und deren Glaube an den Erfolg eingeschränkt ist. Es gibt Leute mit »innerer Kündigung«, denen der Veränderungserfolg für das Unternehmen völlig egal ist, und die in ihrer Verbleibdauer keine zusätzlichen Engagements und Risiken mehr eingehen wollen. Und es gibt Zyniker, die mit ausgesprochen großen Vorurteilen das Veränderungsprojekt betrachten, einen möglichen sachlichen Erfolg sowie die in der Veränderung engagierten Mitarbeiter und Führungskräfte in Frage stellen und dieses auch offen vertreten. Führungskräfte sollten die Existenz solcher Personen sowie deren Wirkung auf Dritte nicht herunterspielen. Stattdessen sollte alles versucht werden, die hinter solchen Personen steckende Kraft in konstruktiver Weise zu nutzen, anders zu kanalisieren. Aus Gegnern Verbündete zu machen ist nicht einfach, jedoch für das Unternehmen außerordentlich wichtig.

Empfehlungen

Mögliche Maßnahmen

Gegenüber erkanntem Zynismus empfehlen sich erfahrungsgemäß folgende Maßnahmen:[2]
1. Frühzeitige Einbindung der Mitarbeiter bei der Vorbereitung von Entscheidungen, die sie betreffen.
2. Erfahrungsaustausch und Befähigung der Führungskräfte für die Kommunikation der angestrebten Veränderung und für den richtigen Umgang mit Skeptikern, Passiven und Zynikern.

---

2 Vgl. Stiefel, R.: Umgang mit Zynismus bei Veränderungen. MAO, St. Gallen, 19. Jg., Heft 3/1997.

3. Kontinuierliche (und nicht nur einmalige) Information der Mitarbeiter über den Fortgang der Veränderungen. Offene Auswertung der Erfolgs- und Misserfolgsfaktoren mit den Mitarbeitern.
4. Sensibilität hinsichtlich des Zeitpunktes, wann und wie eine notwendige Veränderung mitgeteilt wird.
5. Vermeiden von Überraschungen bei der Veränderungsinformation. Die Kommunikation von Veränderungen sollten eher als Teil der alltäglichen Routine vorgesehen und realisiert werden.
6. Einbau von Personen mit hoher Authentizität und Glaubwürdigkeit in die Kommunikation. Das sind insbesondere Personen mit hohen personalen Kompetenzen.
7. Eingehen auf Vorkommnisse in früheren Veränderungsprojekten und bereitwilliges Eingestehen von Fehlern – analog dem Umgang mit beschwerdeführenden Kunden.
8. Veröffentlichung von positiven Meilenstein-Ergebnissen und -Erfolgen im Veränderungsprojekt.
9. Bestätigung der Sichtweise und Blickstellung der betroffenen Mitarbeiter, wie sie Veränderungen und die vermeintlichen Veränderungserfolge sehen.
10. Einräumen von Kommunikationsmöglichkeiten für die sich zynisch über Veränderungsprojekte äußernden Mitarbeiter, damit diese ihre Haltung öffentlich machen können, um dann mit Antworten darauf ihre negative Kraft gegenüber den angestrebten Veränderungen zu binden.

Gerade Letzteres ist besonders wichtig, da zynische, vorurteilshafte Personen die Welt im Sinne der sich selbst erfüllenden Prophezeiung zurechtlegen und in erster Linie die Informationen so selektieren, dass diese ihre bisherige Einstellung bestätigen und nicht etwa aufweichen. So begeben sich diese Personen immer wieder in einen Teufelskreis von stereotypen Einstellungen und Selbstbestätigungen, der letztlich immer enger und starrer wird. Mit dieser negativen Kraft wird im Unternehmensalltag häufig falsch umgegangen und sie wird dadurch noch erhöht.

Kennzeichen

Darüber hinaus sollten Sie als Führungskraft auch weitere typische (Gruppen-)Erscheinungen kennen, die regelmäßig und nahezu gesetzmäßig bei Veränderungsprojekten auftreten und häufig falsch interpretiert werden, zum Beispiel:
- Zunahme von Spekulationen, Gerüchten und Verzerrung der Realität
- Rückorientierung auf die (»ach so erfolgreiche und heile«) gemeinsame Vergangenheit
- Bildung einer Schein-Solidargemeinschaft der durch die Veränderungen wahrscheinlich geschädigten (Mitarbeiter)
- Zweifel an der Glaubwürdigkeit und sozialen Belastbarkeit der Führung bis hin zu Verunglimpfung dieser
- Angst und Resignation, »Dienst nach Vorschrift«
- … und vieles andere mehr.

Die Unternehmen stehen heute vor einem immens großen Veränderungsdruck. Hinzu kommt, dass nicht selten Veränderungsprojekte noch laufen bzw. nicht für alle Teilnehmer sichtbar enden und schon wieder neue Veränderungen angesagt sind. Die Überlappung offener und bereits wieder neuer Projekte, die zum Teil im scheinbaren Widerspruch zueinander stehen, können zu Desinteresse, Passivität, Zynismus und Widerstand führen. Deshalb sind Vernetzungen und Rückbezüge außerordentlich wichtig. Stiefel machte mit seiner »Landkarte der Veränderungen« bereits 1996 darauf aufmerksam und seine Anregungen sind nach wie vor gültig:

1. Bevor der Belegschaft neue Veränderungsprogramme aufgedrückt werden, braucht es eine »Phase des synergetischen Vernetzens« mit dem, was bisher im Unternehmen, im Bereich, in der Abteilung an Veränderung gelaufen ist. Synergetisch vernetzen bedeutet, vor dem Hintergrund von begrenzter Veränderungsenergie in der Belegschaft.
2. den Vektor des neuen Programms und den Veränderungsanspruch so zu wählen, dass die bisher verfolgten Veränderungen fortgeführt und nicht aufgehoben oder gar in Frage gestellt werden. Bei allen neuen Veränderungsprogrammen muss das Augenmerk auf die Öffnung der Belegschaft für die notwendige Veränderung erfolgen. Dazu ist Kommunikation, Kommunikation und nochmals Kommunikation notwendig.
3. Die Passung eines neuen Veränderungsprogramms zur Veränderungsvergangenheit im Unternehmen kann am besten daran abgelesen werden, ob es relativ leicht fällt, einem gewöhnlichen Mitarbeiter, der sich noch seinen unverbildeten Common sense bewahrt hat, die »Logik des verändernden Weiterführens« zu erklären. Wenn man in der Kommunikation eines neuen Veränderungsprogramms enorme Aufwendungen einsetzen muss, um ein neues Veränderungsprogramm zu »verkaufen«, dann soll man die Finger davon lassen. Mobilisierte Veränderungsenergie der Mitarbeiter entsteht nicht durch künstliche Kommunikationsstrategien, sondern sie ist einfach da, wenn man das »richtige Anschlussprojekt« hat und die Ankopplungslogik plausibel darstellen kann. Hier hat jede Führungskraft die Pflicht, die »Logik des verändernden Weiterführens« von der Geschäftsleitung einzufordern und Vorschläge für eine solche einzubringen.
4. Auch beim »richtigen Anschlussprojekt« entstehen jedoch in der Implementierung diverse Unsicherheiten bei den Betroffenen, die es geboten erscheinen lassen, eine »erläuternde kognitive Landkarte« als Intervention einzusetzen, damit die Teilnehmer in den Einzelmaßnahmen den Zusammenhang und die Stoßrichtung der Veränderungsprojekte erkennen.

Empfehlungen

Erarbeitung einer kognitiven Landkarte

Um eine detaillierte Übersichtskarte der von Ihnen und Ihren Mitarbeitern erlebten und mitgetragenen Veränderungen zu erarbeiten und damit bekannte Veränderungen mit neuen in Beziehung zu setzen, empfehlen sich zum Beispiel folgende Schritte:
1. Stellen Sie per PIN-Karten mit ausgewählten (oder wenn es die Gruppengröße zulässt mit allen) Mitarbeitern alle von ihnen registrierten Veränderungsprojekte, -maßnahmen, -aktionen der letzten zwei bis drei Jahre zusammen. Begrenzen Sie sich dabei nicht auf

die »großen« wie Erarbeitung eines Qualitätshandbuches oder Umstellung auf eine neue Software oder Bildung einer neuen Abteilung, Einführung des Mitarbeiterfeedbacks für die Führungskräfte …, sondern auch die eher unauffälligen, »kleinen« wie neue Abrechnungsformulare, einzelne technische Neuerungen und Veränderung einzelner Arbeitsplätze oder die wöchentliche Gegenüberstellung der Krankenstände der einzelnen Abteilungen am Schwarzen Brett u. Ä.
2. Ordnen Sie die PIN-Karten so, dass Gruppen von Veränderungen entstehen und wechselseitige Beziehungen zwischen den Veränderungen sichtbar werden. Stellen Sie nach Möglichkeit auch innerhalb größerer Veränderungsgruppen die Beziehungen und Abhängigkeiten her. Wahrscheinlich benötigen Sie dazu große Flächen bzw. mehrere PIN-Wände.
3. Gehen Sie mit mehreren Mitarbeitern diese Ordnungen durch und holen Sie sich dazu – sofern in Ihrem Unternehmen vorhanden – einen Personal- bzw. Organisationsentwickler, der als außenstehender Spezialist für solche Prozesse Ihre Schritte konstruktiv-kritisch einschätzen und Ihnen Hilfestellungen geben kann.
4. Werten Sie die entstandene kognitive Landkarte mit allen Mitarbeitern mit dem Ziel aus, Veränderungsoffenheit sowie Veränderungsenergien zu mobilisieren und die Zahl der Veränderungsagents unter den Mitarbeitern zu erhöhen.

Persönliche Maßnahmen

Was nehme ich mir für die nächsten 6 Wochen i. S. einer Erhöhung meiner »Offenheit für Veränderungen« vor? (Stichworte):

_____

_____

Was werde ich zuerst und vorrangig tun? (Stichworte):

_____

_____

Wie kontrolliere ich die Resultate? (Stichworte):

_____

_____

Wo werde ich mich weiter zum Thema »Offenheit für Veränderungen« informieren? (Stichworte):

Als weiterführende Informationsquellen empfehlen wir

Senge, P.M.; Klostermann, M.: Die fünften Disziplin. Klett-Cotta Verlag, Stuttgart 2006
Senge et al.: Das Fieldbook zur »Fünften Disziplin. Klett-Cotta Verlag, Stuttgart 2004
Schmidt, G.: Führen als interaktionelle systemische Kooperations-Kunst. Workshop Videoband 1–4 (deutsch): Weltkongress für systemisches Management vom 1.–6. Mai 2001 in Wien. AUDITORIUM Netzwerk. www.auditorium-netzwerk.com E-Mail: audionetz@aol.com

Schöpferische Fähigkeit P/A
(Führungskräfte)

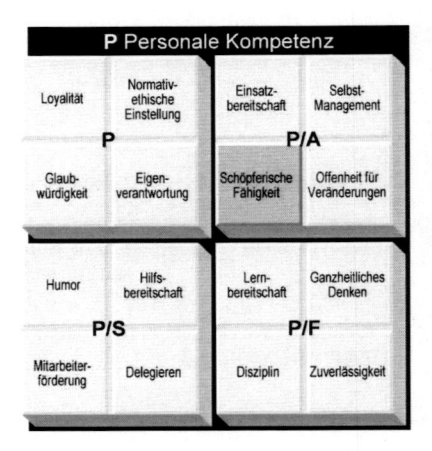

▶▶ Grundsätzliche Überlegungen

Fantasievoll und nach anderen, neuen Wegen suchend kann heute fast jeder Mensch sein. Es ist nicht das Privileg einzelner Personen oder Gruppen. Kreativ ist man allerdings erst dann wenn man neue Problemlösungen schafft, die auch nutzvoll umgesetzt werden. Letzteres kann für einzelne Nutzergruppen, für Vereine, für das Unternehmen, für das Gemeinwesen, für die Gesellschaft als Ganzes zutreffen. Nutzen heißt also nicht automatisch Umsatz im betriebswirtschaftlichen Sinn. Es kann auch ein sozialer Wert und Umsatz damit verbunden sein. Auch hierzu sind die meisten Menschen fähig. Jedoch kann nicht jeder Mensch auf allen Gebieten kreativ sein. Eine wichtige Führungsaufgabe besteht somit im betrieblichen Alltag darin zu erkennen, welcher Mitarbeiter auf welchem Gebiet kreativ sein kann, den Mitarbeiter beim Suchen neuer Problemlösungen zu ermutigen und die Arbeitsbedingungen so zu organisieren, dass sich die Mitarbeiter mit persönlichem Interesse und Lernoffenheit mit Neuem auseinandersetzen und nach neuen Lösungen suchen. Dabei sollte keine altersmäßige oder ethnische oder andere Bremse eingelegt werden. Das folgende Beispiel unterstreicht diese Forderung.

Andererseits soll und kann ein Unternehmen nicht alle Mitarbeiter kreativ herausfordern, sondern die am meisten kreativen Mitarbeiter entdecken und gezielt fördern. Fördern heißt in diesem Zusammenhang, sie als Talente und Schlüsselkräfte an Schwerpunktproblemen des Unternehmens zu beteiligen und in den Entscheidungsprozess einzubeziehen.

Diese Forderung stößt zwar in der Regel auf bejahendes Kopfnicken, bleibt jedoch häufig ohne wirkliche Konsequenzen.

Unser Beispiel soll veranschaulichen, dass
- kreative Talente nicht altersabhängig sind und stets Herausforderungen brauchen,
- fehlende Wahrnehmung für Talente gute, kommerziell verwertbare Ergebnisse verhindern kann und dass bei vielen Jahren der Zusammenarbeit analog zur sogenannten Betriebs-

blindheit auch eine Art von Personenblindheit auftritt (Verhaltensänderungen werden nicht bemerkt),
- sich Talente ihre Fahrbahn suchen und am Level der selbst gesuchten Aufgaben erkennbar sind.

Ein 60-jähriger Mitarbeiter in einem Forschungsinstitut, das sich mit Bautechnologien befasste, unterbreitete eines Tages den Vorschlag, einen Wetterdienst für das Bauwesen einzurichten, um mit entsprechenden regionalen (und später auch örtlichen) Wettervorhersagen die Arbeit vor Ort effizienter zu gestalten und Ausfälle durch frühzeitige Veränderung der Arbeitsabläufe zu minimieren. Der Mitarbeiter galt als guter Fachmann mit soliden, aber keineswegs überdurchschnittlichen Ergebnissen. Er arbeitete lieber allein und war sehr ruhig. Er fiel nicht weiter auf und war gewissermaßen »(ab)gestempelt und weggelegt«. So traf sein erster mündlicher sowie dann auch schriftlicher Vorschlag auf taube Ohren und wurde zwar lächelnd angenommen, aber trotz mehrer Nachfragen nicht beantwortet. Der Mitarbeiter hatte jedoch für diese Idee Feuer gefangen und holte sich von Bauunternehmen wie auch vom Wetterdienst Fürsprachen und Machbarkeitsaussagen ein und wurde schließlich beim Institutsdirektor vorstellig. Schließlich erhielt er einen Projektauftrag und erarbeitete in Zusammenarbeit mit späteren Nutzern sowie mit dem Wetterdienst ein fertiges Projekt, das dann auch realisiert wurde und viel Zustimmung in der Praxis erhielt.

Gegenwärtige Probleme   !

Immer noch anzutreffende Blockaden im betrieblichen Alltag sind:
- Kein kontinuierlich durchgeführter Verbesserungsprozess;
- Kein stimulierendes Betriebliches Vorschlagwesen: entweder es besteht keines (mehr) oder es ist zu stark formalisiert und »irgendwo angehängt« (zum Beispiel an der Personalabteilung);
- Kreativitätsförderung wird nicht als Bestandteil des Arbeitsprozesses betrachtet, sondern als Aufgabe der Weiterbildung. Mitarbeiter werden zu irgendwelchen Kreativitätstrainings geschickt, ohne die Verbindung zu den Arbeitsanforderungen zu definieren;
- Viele Führungskräfte schaffen es nicht, ihre Mitarbeiter regelmäßig zu realisierbaren neuen Ideen zu bringen, da sie eine von zwei häufig gewählten Herangehensweisen wählen (K. P. Coyne et. al., 2008): Entweder appellieren sie an die Mitarbeiter, innerhalb der alten Rahmenbedingungen nach neuen Anwendungen, Produkten, Geschäften zu suchen oder sie orientieren darauf, bewusst unkonventionell zu denken und sich von allem bisher Gültigen zu verabschieden. Bei der ersten Orientierung stehen alle materialisierten bisherigen Erfahrungen gegen neue, überdurchschnittlich zu bewertende Ideen, zum Beispiel Datenbanken, Marktforschungsraster, Job- und Funktionsbeschreibungen, Verantwortlichkeiten ... Bei der zweiten Orientierung besteht das Handicap darin, dass die meisten Menschen große Schwierigkeiten haben, unstrukturiert vorzugehen, abstrakt zu denken und sich willentlich für neue Ideen ein- und durchzusetzen;
- Ineffiziente Methoden wie das Brainstorming oder Brainwriting werden von Externen suggestiv eingeführt und führen zu solchen Verallgemeinerungen wie: Kreativität kann mit einfachsten Mitteln in allerkürzester Zeit entfacht werden.

Zögerlich setzt sich die seit den 1960er Jahren bestehende und immer wieder verdrängte Erkenntnis durch, dass in Brainstorminggruppen weniger brauchbare Ideen generiert werden, als wenn sich deutlich kreative Mitarbeiter intensiv mit Problemen befassen und nach neuen Ideen suchen. Die wirklich kreativen Mitarbeiter werden in zeitlich begrenzten Brainstormings eher gehemmt, und die vermeintlich hohe Anzahl von Ideen der Gruppe sagt noch nichts über nutzvoll umsetzbare Ideen aus, wohl aber über die formale Phantasiebreite der Gruppe. Der Erfolg ist in der Regel kein kreativer, sondern ein sozialer Effekt.

Allerdings gibt es immer wieder Versuche, mit vorstrukturierten Fragen, einer besseren Organisation sowie einer modifizierten Moderation die Brainstormingmethode anzureichern und effizienter zu gestalten. Ein aktuelles Beispiel ist das von Kevin P. Coyne et al. (2008)

Verantwortung der direkten Vorgesetzten für die Motivation und Einbeziehung von Kreativen

Es fällt auf, dass die Mehrzahl der Motivatoren im Gestaltungsbereich der direkten Vorgesetzten liegt, während die Hygienefaktoren primär vom Personalmanagement und von der Unternehmensleitung beeinflusst werden.

Kennzeichen

Das US-amerikanische Forschungs- und Beratungsunternehmen Gallup veröffentlichte 2005 eine Studie, in der Faktoren identifiziert wurden, die für **Leistung und Motivation** von besonderer Bedeutung sind (Wuttnick/Heyse 2008):
- Anerkennung von Leistung: »Habe ich in den letzten sieben Tagen für gute Arbeit Anerkennung und Lob bekommen?«
- Förderung: »Gibt es bei der Arbeit jemanden, der mich in meiner Entwicklung unterstützt und fördert?«
- Beteiligung: »Habe ich den Eindruck, dass bei der Arbeit meine Meinungen und Vorstellungen zählen?«
- Bedeutung des eigenen Leistungsbeitrages: »Geben mir die Ziele und die Philosophie meiner Firma das Gefühl, dass meine Arbeit wichtig ist?«
- Qualitätsorientierung: »Sind meine Kollegen bestrebt, Arbeit von hoher Qualität zu leisten?«
- Beziehungen im Unternehmen: »Habe ich innerhalb der Firma einen sehr guten Freund?«
- Regelmäßige Rückmeldung: »Hat in den letzten sechs Monaten jemand in der Firma mit mir über meine Fortschritte gesprochen?«
- Kompetenzentwicklung: »Hatte ich bei der Arbeit bisher die Gelegenheit, Neues zu lernen und mich weiterzuentwickeln?«

Zu ähnlichen Ergebnissen kommt die Unternehmenskultur-Studie von Psychonomics im Jahre 2007. Hier wurden als wichtigste Einflussfaktoren für das **Engagement** der Mitarbeiter ermittelt:

- »Es macht Spaß, hier zu arbeiten.«
- »Ich werde hier unabhängig von meiner Position als vollwertiges Mitglied behandelt.«
- »Man kann sich darauf verlassen, dass die Mitarbeiter zusammenarbeiten.«
- »Wir legen Wert darauf, unsere Fähigkeiten ständig zu erweitern.«
- »Die Sicherung und Steigerung der Qualität sind hier ein wichtiger Bestandteil der täglichen Arbeit.«

Check ✓

Stimulierung der Kreativen

Wie beurteilen Sie die Qualität der Einbindung und Stimulierung der Kreativen nach den folgenden ausgesuchten Methoden?

Motivierende Anreize für Kreative	Bewertung: gegenwärtiger Stand
Leistungsbeurteilung	
Auftragsgestaltung/Entfaltungsmöglichkeiten	
Partizipation	
Zeitsouveränität	
Herausforderung	
Entwicklungsmöglichkeiten (vertikal oder horizontal)	
Arbeitsplatzgestaltung	
Feedback und Wettbewerb	
Folgeaufträge/Arbeitsplatzsicherheit	
Referenzen	
Konsumvorteile	
Vertragsstrafe	

Tragen Sie in jeder Zeile der Tabelle eine Bewertungsziffer zwischen 1 und 5 ein:
1: Wird bei uns seit langem und systematisch realisiert
2: Wird seit kurzem bei uns angewandt
3: Bisher bei uns noch nicht systematisch angewandt, aber für zukünftig geplant
4: Wird bei uns in einigen Organisationseinheiten, jedoch nicht generell getan
5: Machen wir nicht.

Überlegen Sie bei allen Anreizen, die mit »3« bis »5« bewertet wurden, was unternommen werden muss, damit durch eine gezielte, insbesondere immaterielle, Stimulierung der Kreativen eine deutliche Performance-Steigerung im und für das Unternehmen eintreten kann.

Analyse des Grades der Vitalität im betrieblichen Talentmanagements

Ein **gelebtes** Talentmanagement schließt zwei wesentliche Voraussetzungen ein: Einerseits die Überzeugtheit des Top-Managements von der Notwendigkeit eines betrieblichen T-Managements und die Annahme dieser Herausforderung als eine nicht delegierbare Führungsaufgabe. Andererseits müssen eine Reihe von Talentmanagement-Leistungen realisiert, kritisch hinterfragt und begleitet werden, die sich deutlich von der Masse anderer Unternehmen der Branche unterscheiden. Beide Seiten können zum wirkungsvollen Immitationsschutz des Unternehmens gehören.

⇨ Kennzeichen

Für die erste Grundlage gelten in Anlehnung und Erweiterung von Ready/Conger (2007) und Stiefel (2007) mehrere Vitalitäts-Aspekte:
- Ernsthaftigkeit/mentale Überzeugtheit von der Wichtigkeit eines gelebten Talentmanagements
- Persönlicher Einsatz/Engagement für das betriebliche Talentmanagement
- Verantwortungsbewusstsein/Wahrnehmung der Eigenverantwortung und Handlungskonsequenz für die erfolgreiche Umsetzung des Talentmanagements
- Ganzheitliche Talent-Sicht; Differenzierung nach fachlichen und überfachlichen Kompetenzen und Einsatzmöglichkeiten.

Um den »Grad der Vitalität im Talentmanagement« eines Unternehmens zu bestimmen, ist es sinnvoll, **vier** für das Talentmanagement besonders wichtige **Personengruppen** zu befragen und die Ergebnisse gegeneinander zu stellen:

> - Top-Team im Unternehmen (Vorstand bzw. Geschäftsleitung)
> - Linienmanager (bzw. die Linienmanager mit besonders breiter Personalverantwortung)
> - Human Resources-Mitarbeiter sowie
> - die Talente (Mitarbeiter, Spezialisten, Führungskräfte) selbst.

Um die bestehenden Voraussetzungen einzufangen bietet sich die Methode der **Ermittlung des Grades der Vitalität im Management** an.

Schöpferische Fähigkeit (P/A)

Check

Beantworten Sie jede der vor Ihnen liegenden Fragen mit einer ehrlichen Schätzung des Prozentgrades Ihrer Realisierung: 0 bis 100%.

- **Ernsthaftigkeit/mentale Überzeugtheit:**
  Haben Sie gegenüber Dritten unmissverständlich Ihre Überzeugung und Ihre Glaubwürdigkeit vertreten, Talente in Ihrem Unternehmen mit aller Konsequenz zu entwickeln?
  Kreuzen Sie kritisch die Prozentzahl an, die Ihr Verhalten am nächsten charakterisiert:

  100%   90   80   70   50   40   30   20   0%

- **Persönlicher Einsatz/Engagement:**
  Wie engagiert sehen Sie andere aus Ihrer Umgebung bei Ihrem Einsatz für ein erfolgreiches T-Management in Ihrem Unternehmen?
  Kreuzen Sie kritisch die Prozentzahl an, die Ihr Verhalten am nächsten charakterisiert:

  100%   90   80   70   50   40   30   20   0%

- **Eigenverantwortung:**
  Wie verantwortlich fühlen Sie sich persönlich für das Erkennen und für die Entwicklung von Talenten auch außerhalb Ihres persönlichen Aufgabenbereiches?
  Kreuzen Sie kritisch die Prozentzahl an, die Ihr Verhalten am nächsten charakterisiert:

  100%   90   80   70   50   40   30   20   0%

- **Ganzheitliche Talent-Sicht:**
  Inwieweit werden in Ihrem Unternehmen die Talente nicht nur nach fachlichen, (Fachwissen, Qualifikation), sondern auch ernsthaft nach überfachlichen Aspekten identifiziert und entwickelt?
  Kreuzen Sie kritisch die Prozentzahl an, die Ihr Verhalten am nächsten charakterisiert:

  100%   90   80   70   50   40   30   20   0%

Die individuellen Prozentwerte können nun in jeder der vier Gruppen zusammengezählt, gemittelt und in folgende Übersicht übernommen werden. So es Sinn macht, können auch die Einzelmeinungen zusammen mit den Mittelwerten eingetragen und somit auch die Streuungen der Einzelmeinungen sichtbar gemacht werden.

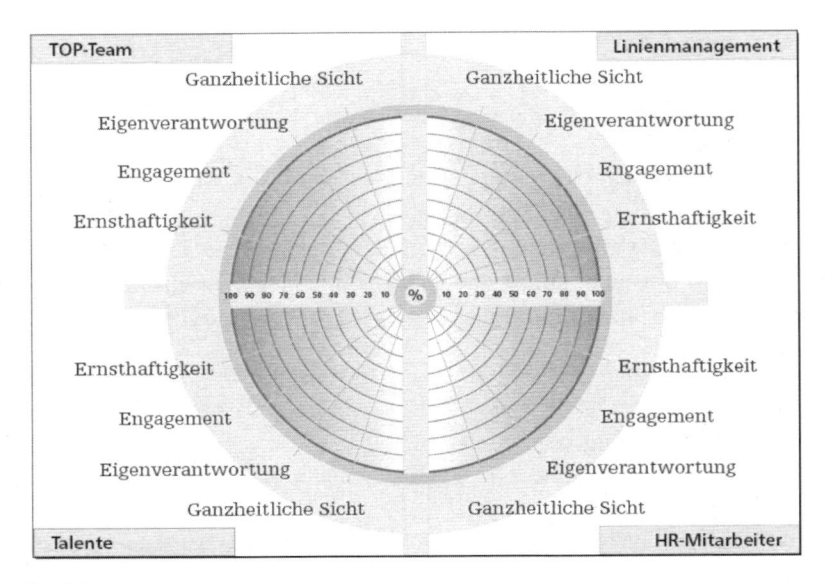

```
TOP-Team                                    Linienmanagement
        Ganzheitliche Sicht          Ganzheitliche Sicht
     Eigenverantwortung               Eigenverantwortung
       Engagement                       Engagement
    Ernsthaftigkeit                       Ernsthaftigkeit
              100 90 80 70 60 50 40 30 20 10  %  10 20 30 40 50 60 70 80 90 100
    Ernsthaftigkeit                       Ernsthaftigkeit
       Engagement                       Engagement
     Eigenverantwortung               Eigenverantwortung
        Ganzheitliche Sicht          Ganzheitliche Sicht
Talente                                         HR-Mitarbeiter
```

Vitalität im Management

1. Aufgabe: Schätzen Sie selbst einmal ein oder lassen Sie von verschiedenen Personen einschätzen, inwieweit die vier wichtigsten Gruppen die Förderung und Forderung der kreativen Talente wirklich ernst meint und nimmt.
2. Aufgabe: Sind Sie mit der vorliegenden Einschätzung zufrieden? Wenn ja, was macht Sie dabei besonders zufrieden?
3. Wenn, nein, was muss unternommen werden, damit ein besseres Ergebnis und damit durch eine bessere Arbeit mit den Kreativen eine deutliche Performance-Steigerung im und für das Unternehmen eintreten kann?

Vorbildwirkung der Führungskräfte

Um Mitarbeiter für Neues aufzuschließen und Kreativität zu fördern, ist die Vorbildwirkung der Führungskräfte im Umgang mit Neuem und mit Kreativen unabdingbar. Die nachfolgenden Zitate von Top- und Mittleren Managern geben einen Einblick in ihre Erfahrungen und Lebensmaximen.

Zitate

1. *Als Führungskraft« konzentriere ich mich auf drei Punkte: Erstens suche ich ständig nach Möglichkeiten, anderen die Liebe zu meinem Beruf zu vermitteln. Wenn ich Enthusiasmus zeige, werden meine Mitarbeiter mir eher zuhören und Energie aus meinem Vorbild ziehen. Zweitens rede ich selten über Zahlen, sondern mehr über die großen Ideen und die Rolle der Mitarbeiter dabei. Das Gehalt ... oder eine bestimmte Note hat mich nie begeistert, und ich glaube nicht, dass es sehr inspirierend für die Mitarbeiter ist, von Umsatzzielen zu reden oder von Marktanteilen. Stattdessen versuche ich, ihnen*

zu helfen, sich eine Zukunft vorzustellen, in der ihr Beitrag von besonderem Wert ist ...«
(Kris Gopalakrishnan, nach Dowling, D.W. 2008).

2. Zitate nach Erpenbeck/Heyse 2007:
   - *Ich habe immer Lust, etwas Neues auszuprobieren, natürlich auf der Grundlage guter Fachkompetenz.*
   - *Ich habe gelernt, intensiver und auf vielen Strecken gleichzeitig zu arbeiten.*
   - *Ich könnte auch etwas anderes machen (Beispiele von Technikern: Literaturwissenschaft, Medizintechnik, Architektur, asiatische Heilpraktiken, Betriebswirtschaft ...).*
   - *Mein Hobby ist die Architektur. Ich habe ein altes Brauereigebäude erworben, ja eigentlich mit viel Risiko, aber mit der Vorstellung, ich in dieser Neugestaltung des Gebäudes persönlich zu realisieren.*
   - *Mich interessiert das erzwungene Neue; es macht mir Spaß, mich mit Neuem auseinanderzusetzen (z. B. Wirtschaft, Recht, Managementaufgaben ...). Dann sage ich mir: Das hättest Du studieren/machen sollen ...*
   - *Ich war immer schnell zu inspirieren und zu begeistern, habe gern experimentiert und geknobelt – was ich auch heute noch beruflich und privat mache – und wollte die verschiedensten Berufe erlernen.*
   - *Die meisten Menschen leben im Schubkasten: Bloß nicht über den Schubkasten rausgucken – das haben wir schon immer so gemacht und ja nichts Neues ... Mich würde das irre machen ..., ich muss ständig irgendwo Veränderungen haben.*
   -

3. Zitate nach Heyse/Mair/Pejrimovsky 2008:
   - »Wissen anreichern steht für mich ganz oben – bis heute. Du kriegst neue Welten, die sich Dir erschließen. Das ist mit einem positiven Lebensgefühl verbunden.«
   - »Ich muss viel schauen, ich gehe zu Trainings. Ich bin extrem neugierig. Ich muss alles wissen. Ich sterbe, wenn ich irgendwas nicht weiß. Also für mich ist die Post schon so, die muss ich als Erste sehen, weil da was dabei sein könnte, was jetzt besonders wichtig ist.«
   - »Ich habe in meinem Privatleben schon sehr viel geändert. Ich würde auch jeden Tag etwas ändern, wenn ich der Meinung bin, dass es richtig ist und denke auch so für das Unternehmen.«
   - »Es gibt Menschen, die gleich mit 20 wissen, wie ihr Leben mit 60 ausschauen würde und es gibt Menschen die leben eher unter dem Motto ›Better to burn out than fade away‹. Und das war einfach immer mein Motto. Mir ist das Heftige, mit allem, was dazugehört immer schon lieber gewesen. Das tut natürlich dann auch genauso heftig weh. Aber es gibt so viele magische Momente und die geben Kraft ohne Ende, die vergisst man nicht. Und wenn man die nicht erlebt, dann ist es lauwarm«.

☞ Empfehlungen

Erhalt und Steigerung der Fähigkeit, neue Probleme zu erkennen und kreativ zu lösen

Früher zählte zu den häufigen Empfehlungen die nach dem Aufsuchen von Ruhe und Entspannung in der Annahme, dass nur unter diesen Umständen der quasi göttliche Funken der Inspiration und Kreativität entzündet werden könnte. Heute weiß man jedoch, dass Kreativität nicht unbedingt mit Entspannung oder Lockerung gleichzusetzen ist. In unserem anderen MIT Schöpferische Fähigkeit sprachen wir von höchster geistiger Anspannung, von »Selbstvergessenheit« zugunsten einer intensiven »Sachbesessenheit«.

Hingegen können folgende Formen kreativitätsfördernd sein:
- Beschäftigung mit kniffligen Spielen, mit Schach oder GO
- Sprachenlernen mit klaren Anwendungs-(und Erweiterungs-)Möglichkeiten
- Fantasieanregende Kriminalromane
- Kindergeschichten erfinden und erzählen
- Gedichte auswendig lernen und immer wieder memorieren, um die Konzentrationsfähigkeit und das Gedächtnis zu trainieren
- Neue anspruchsvolle Hobbies
- Interesse an Neuem auf den verschiedenen Gebieten, Neugier an Entwicklungen
- Kommunikation mit Experten anderer Fachgebiete, Erfahrungsaustausch zu grundsätzlichen Fragen und rege Suche nach individuellen Erfahrungen Dritter.

✎ Persönliche Maßnahmen

Was nehme ich mir für die nächsten 6 Wochen vor im Sinne einer Verstärkung meiner »Schöpferischen Fähigkeit«? (Stichworte):

_____

_____

Was werde ich zuerst und vorrangig tun? (Stichworte):

_____

_____

Wie kontrolliere ich die Resultate? (Stichworte):

_____

_____

Wo werde ich mich weiter zum Thema »Konfliktlösungsfähigkeit« informieren?

Als weiterführende Informationsquellen empfehlen wir

Coyne; K.P.; Clifford, P.G.; Dye, R.: Querdenken mit System. Havard Business manager, Juli 2008
Heyse, V.; Ortmann, S.: Talentmanagement. Waxmann Verlag, München u. a. 2008
Heyse, V.; Mair, M.; Pejrimovsky. G.: Kompetenzprofile und Kompetenzentwicklung im Tourismus. FHW, facultas.wuv, Wien 2008
Wucknitz, U.; Heyse, V.: Retention Management. Waxmann Verlag, Münster u. a. 2008
Dowling, D.W.: Tu, was du gern tust. Haward Business manager, Juli 2008

Für weitere Informationen empfehlen wir folgende Bücher und Zeitschriftenartikel:
Harvard Business manager, Juli 2008: Schwerpunkt Kreativität. Wie Sie Ideen entwickeln und umsetzen (mit CD: Kluge Köpfe. Wie Sie Talente richtig managen)
Lehmann, M.: Möglichkeiten und Grenzen der Ausgestaltung von Anreizsystemen für freie Mitarbeiter. Diskussionsbeiträge des Fachbereichs Betriebswirtschaft der Universität Duisburg-Essen Nr. 316, Duisburg 2006

Lernbereitschaft P/F
(Führungskräfte)

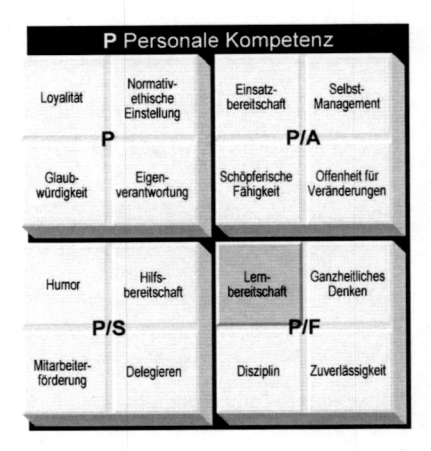

> Lernen ist wie rudern gegen den Strom. Sobald man aufhört, treibt man zurück.
> (Benjamin Britten)

> Begeisterung ist alles! Gib einem Menschen alle Gaben der Erde und nimm ihm die Fähigkeit der Begeisterung und du verdammst ihn zum ewigen Tod.
> (Adolf von Wilbrandt)

▶▶ Grundsätzliche Überlegungen

Die Lernbereitschaft und einsichtsgestützte Lern*begeisterung* (individuell, Teams, Organisation insgesamt) wird zukünftig mehr denn je zu einer Überlebensfrage des Unternehmens. So wird die Lernbereitschaft der Führungskräfte und ihrer Mitarbeiter zu einer der Hauptkriterien für gute Führungstätigkeit!

Damit Sie als Führungskraft noch gezielter organisationale Lernprozesse fördern können, erhalten Sie nachfolgend 2 Kriterienpakete.

Kennzeichen

1. Anlässe für Lern-, Entwicklungs- und Veränderungsprozesse

Sie werden sehen, dass eine Vielzahl dieser Anlässe bereits auch in Ihrem Unternehmen gegeben sind. Somit ist der Lerndruck relativ groß – auch wenn man im Alltag diesen nicht jede Stunde und auch nicht im Detail erlebt.

- Verkürzung der Produktlebenszyklen
- Zunahme der Wissensproduktion
- Wachsende Skepsis gegenüber Wissenschaft und Technik
- Rasanter technischer Fortschritt
- Neue Informatik- und Kommunikationssysteme verändern Wirtschaftsprozesse
- Internationalisierung des Wettbewerbs
- Zunehmender Informationsbedarf
- Verstärkter Innovationsdruck
- Neue Ära der OST-WEST-Beziehungen
- Bevölkerungsdynamik
- Neue unternehmerische Größenverhältnisse (International. Netzwerke, Joint-ventures, Fusionen, Mergers & Acquisitions, Expansionen)
- Zunehmende Dynamik auf Internationalen Geld-, Finanz- und Kapitalmärkten
- Wertewandel (individuell, »Selbstverwirklichung«)
- Zunehmendes Risikopotential
- Planungshorizonte werden schmaler
- Prognosen lassen sich kaum mehr treffen
- Einführung neuer Technologien und neuer Organisationsformen
- Weitreichende Veränderung der Marktlage, grundsätzliche Gesetzesänderungen
- Führungswechsel in Firmen (jährlich in Deutschland mehr als 120.000 TOP-Führungskräfte und Unternehmer).

2. Unternehmenskulturelle Faktoren zur Unterstützung organisationaler Lernprozesse und Merkmale der lernenden Organisation

Sobald Sie die unternehmenskulturellen Faktoren gelesen haben, werden Sie merken, dass es in Ihrem Unternehmen vielfältige Widersprüche und auch »blinde Flecke« gibt. Sie haben nun aber zugleich auch Maßstäbe, Ziele, die Sie in Ihrer Verantwortung als Führungskraft in Ihrem Verantwortungsbereich umsetzen und darüber hinaus auch von anderen einfordern sollten. Legen Sie hingegen diese Listen »einfach so weg«, dann betreiben Sie (ab jetzt bewusst) eine Vogel-Strauß-Politik.

- Entwicklung einer von allen getragenen Vision davon, wie das Unternehmen zu einer Hochleistungsorganisation werden kann und wer dazu welchen Beitrag leisten muss.
- Alle Beschäftigten kennen und teilen die Unternehmensvision, und es wird engagiert an der Verwirklichung gearbeitet.
- Auseinandersetzung mit Werten jedes Einzelnen in Bezug auf die Werte des Unternehmens.
- Es wird über Abteilungs- und Hierarchiegrenzen hinweg kommuniziert.

- Abstimmungen zwischen den unterschiedlichen Funktionsbereichen darüber, wie Leistungsprozesse optimiert werden können; aktives Aufeinanderzugehen.
- Zugänglichkeit der für die jeweilige Tätigkeit relevanten und unternehmenswichtigen Informationen.
- Investition von Zeit in die Reflexion über Arbeitsprozesse und -ergebnisse sowie im intensiven Erfahrungsaustausch innerhalb der Teams und zwischen diesen.
- Die Beschäftigten sind in hohem Maße eigenverantwortlich tätig und entwickeln eigene Initiativen.
- Die Beschäftigten werden ermuntert, unternehmerisch zu handeln, d. h. angemessene Risiken einzugehen sowie Fehler als Lernchancen anzunehmen.
- Sich selbst organisierende Teams bearbeiten eigenständig einen Großteil der Aufgaben.
- Untersuchung der Wechselbeziehungen zwischen den wettbewerbskritischen Erfolgsfaktoren und den Leistungsprozessen im Sinne eines Systemzusammenhangs.
- Dem Lernen wird allgemein ein hoher Stellenwert eingeräumt; sowohl organisierte als auch selbstorganisierte Weiterbildung ist eine Investition und kein Kostenfaktor.

Weitere unternehmenskulturelle Faktoren zur Unterstützung organisationaler Lernprozesse und Merkmale der lernenden Organisation

- Systemnahe Lernformen werden besonders gefördert (KVP, Qualitätszirkel, Workshops, Teamforen, Erfahrungsaustausch, Coaching, Lernnetzwerke …).
- Unternehmenspolitik und Strategieformulierungen sind bewusst als Leistungsprozesse gestaltet, d. h., Implementierung und Weiterentwicklung werden permanent überprüft.
- Die Auseinandersetzung im Rahmen der Strategieformulierung und der Unternehmenspolitik finden unter Einbeziehung unterschiedlicher Unternehmensbereiche statt, um vielen Mitarbeitern die Möglichkeit der Partizipation zu gewähren. Der Vorteil ergibt sich aufgrund einer Vielfalt unterschiedlicher Sichtweisen und gegensätzlicher Positionen, um Entscheidungen zu treffen.
- Kontrollsysteme werden so angelegt sein, dass es möglich wird, aus den Konsequenzen von Führungsentscheidungen zu lernen (Feedback und Reflexion).
- Innerbetriebliche Informationssysteme, inklusive der Anwendung der Informationstechnologien, werden so strukturiert, dass Unternehmensmitglieder die Möglichkeit haben, diese im Zuge einer konstruktiv kritischen Hinterfragung von Erfolgen und Misserfolgen zu nutzen.
- Einzelne Unternehmensbereiche (Abteilungen, Gruppen, Geschäftsbereiche) sollen in der Lage sein, sich über gegenseitige Erwartungen im Hinblick auf Produkt, Service, Qualität usw. (interne Kunden-Lieferanten-Beziehungen) austauschen zu können, so dass Feedback und somit Lernen ermöglicht wird.
- Außerhalb des Unternehmens tätige Mitarbeiter (z. B. Außendienst, Vertrieb) werden als wichtige Informationsträger für die Weiterentwicklung des Unternehmens und dessen Produkte bzw. Dienstleistungen erkannt und genutzt (Monitorfunktion).
- Es gibt Spielraum für Experimente, Lernen und Entwicklung. Fehler sollen erlaubt werden, solange diese hinterfragt werden und so als Lerngrundlage dienen.

- Es gibt innerbetriebliche Ressourcen und Freiräume für die Weiterentwicklung jedes einzelnen (Personalentwicklung, Persönlichkeitsentwicklung).
- Eine Vielzahl an Perspektiven und Wahrnehmungsstandpunkten ist erlaubt bzw. sogar erwünscht.
- Offenheit und Toleranz gegenüber abweichenden Meinungen, Kritiken, Konflikten, Experimenten, Fehlern, Inkonsistenzen und Mehrdeutigkeiten.
- Förderung multipler, unverfälschter und zuverlässiger Interaktionsprozesse und Nutzung der entscheidenden Mitarbeiter-Potenziale.
- Kontinuierliches oder periodisches Überprüfen der Interaktionsprozesse und der Wahrnehmung der Prozesse.
- Offene, vertrauensvolle Kommunikationsbeziehungen mit geringem Angstniveau.
- Einbringen neuer Perspektiven und Verhaltensmöglichkeiten durch z. B. Berater, Aus- und Weiterbildungsmaßnahmen, Rekrutierung neuer Mitarbeiter.
- Entwicklung mehrdimensionaler Feedback-Systeme (System-Umwelt-Rückkoppelungen für Soll-Ist-Vergleiche als Basis von Steuer- und Regelungsprozessen).
- Gezielter konzeptioneller Aufbau und die bewusste strategische Einbindung der Personal- und Managemententwicklung.
- Bisher wurde eine Vielzahl von unternehmenskulturellen Faktoren zur Unterstützung organisationaler Lernprozesse dargestellt und Merkmale der lernenden Organisation diskutiert. Das sind die allgemeine Rahmenbedingungen, die Führungskräfte kennen und berücksichtigen müssen.
- Im nächsten Schritt werden Erfahrungen erfolgreicher Führungskräfte wiedergegeben. Aus den sehr persönlichen Schilderungen wird nicht nur die hohe Bedeutung der ständigen individuellen Lernbereitschaft deutlich, sondern ebenso die Bedeutung und Vielfalt selbstorganisierten Lernens.

Zitate

Facetten der Lernbereitschaft (aus der Sicht von erfolgreichen Führungskräften)[1]
- *Ohne den festen Willen, dazulernen zu wollen und zu müssen, geschieht nichts.*
- *Internet wird als erweiteter Arbeitsplatz genutzt (»mobiler Arbeitsplatz«).*
- *Ohne Scheu hingehen zu Experten und sich das Wesentliche von ihnen zeigen lassen; das zeitigt den schnellsten Lernerfolg.*
- *Gewollte Schulungsteilnahme mehrfach im Jahr. Restliche Zeit: Lerne in Eigenregie.*
- *Mentale Einstellung: Sich immer als Autodidakt fühlen und wissbegierig Neues aufnehmen.*
- *Kontinuierlich lernen, dazu auch Auszeit nehmen.*
- *Zeitdisziplin: Sich frei machen von Nebensächlichkeiten, täglich Prioritäten in den Aufgaben setzen und Zeit zum Lesen, Lernen einplanen.*
- *Nicht erst auf Druck von außen lernen, sondern von sich aus lernbereit sein wollen.*

---

[1] Am Beispiel bekannter Wiener Tourismusmanager und auf der Grundlage kompetenzbiographischer Interviews (Heyse, V.; Mair, M.; Pejrimovsky, G.: Kompetenzprofile und -entwicklung im Tourismusmanagement. FHW, Wien 2008).

- *Sich nicht durch Störungen und Belastungen vom Verfolgen bestimmter Sachen und Lerninhalte abbringen lassen; sich nicht leicht ablenken lassen.*
- *Ständiges Lernen und darüber resümieren. Die unterschiedlichen Lernmöglichkeiten und Wege nutzen.*
- *Vergleich mit anderen. (»Ich spreche mit anderen, ich besuche Tagungen und Arbeitskreise, damit ich sehe, wie andere agieren. Ich suche das Gespräch aktiv in dieser Richtung.«).*
- *Viel Lesen, Verfolgen von Literaturhinweisen. Bücher genau prüfen, wie hilfreich sie sind. Bewusst Bücher zum überfachlichen Bereich suchen: Allgemeinwissen, Grenzwissen, Erfahrungen anderer Personen im überfachlichen Kompetenzbereich. Das Fachspezifische wird durch den Job und die Konfrontationen erworben.*

Einzelzitate (Individuelle Lebenserfahrungen)

- »*Immer nur zuhören, schauen, wie es andere machen. Als Quereinsteiger musst Du die Erfahrungen anderer suchen und nutzen. Es ist ein Unding zu glauben, man kann alles nachlesen. In der Praxis hast Du einerseits nicht die Zeit dazu und andererseits liest Du nicht die praktischen Erfahrungen. Die kann man sich nur abhören und absehen.*«
- »*Entscheidend für das Netzwerk ist: Sie bekommen etwas, wenn Sie etwas geben.*«
- »*Ich war Autodidakt und habe sehr viel an Führungskompetenz dazu gelernt über Kurse, Führungsseminare usw. Ich habe auch im Bereich Logistik und Beschaffung irrsinnig viel dazu gelernt. Ich habe auf vielen Gebieten als Autodidakt viel ausprobieren und dadurch lernen können.*«
- »*Das ist eine Meinung, aber sie muss nicht unbedingt so die richtige sein oder das kann ich für mich nicht so behaupten.‹ So ist mein Lernen oder mein Aufnehmen. Leider habe ich wenig Zeit für Vorträge oder externe Weiterbildung. So bleibt es vor allem bei Büchern und dem Internet*«
- »*Das meiste, was ich gelernt habe, war über Learning by doing. Das tun mittlerweile die meisten*«.
- »*Wie habe ich die fachlichen Qualifikationen erworben? Unterschiedlich natürlich. Mitarbeiterführung teils durch Learning by doing aber auch über viele Seminare, Fachliteratur. Ich mache pro Jahr mindestens ein Seminar. Dass ich immer wieder etwas Neues erfahre und mich entwickle oder auf neue Ideen oder Gedanken komme, das ist der Sinn. Ich lese sehr gerne solche Sachen. EDV – hauptsächlich Learning by doing. Nachdem ich noch zu dieser Generation zähle, die das in der Schule oder im Studium nie gelernt hat, weil es das damals noch gar nicht gegeben hat.*«
- »*Ich habe mal einen Beschwerdebrief über mich bekommen, der an mich gerichtet war. Er kam von einem Gast, der sich über mich beschwerte, weil ich präpotent oder überheblich oder irgendwas war. Und das auf 1 ½ Seiten. Ich habe mir damals geschworen, dass mir das nie mehr wieder passiert in meinem Leben. Ich habe mich sehr geniert und mich so gekränkt gefühlt, und ich habe mir das wirklich sehr zu Herzen genommen.*«
- »*Meine Mutter hat mir ohne Wenn-Und-Aber Auslandspraktika ermöglicht. Ich habe in New York gearbeitet, ich habe in Houston gearbeitet. Das war ja auch für meine Eltern ein extremer finanzieller Aufwand. Meine Mutter hat immer gesagt: ›Wenn du das willst – mach es. Wir unterstützen dich.‹ Seither bin ich immer auf einem Lernsprung und dankbar für neue Erfahrungen.*«

- *»Für mich ist es ganz wichtig, dass ich bei jeder Sache, die an mich herangetragen wird, offen bin, um daraus einen Lernschritt in jede Richtung zu machen. Das kann ein kleines Tagesproblem sein, und das kann ein komplexeres Thema betreffen«.*

Empfehlungen

Der Vergleich dieser Einstellungen und Lebenserfahrungen mit den eigenen bzgl. der Lernbereitschaft kann zu wichtigen Anregungen zur Verstärkung oder aber Veränderung der eigenen »Software« führen. Abrundend und ergänzend sollen nachfolgend weitere Schlussfolgerungen und Empfehlungen[2] zur Erhöhung der Lernbereitschaft erfolgen. Dabei sollten die Führungskräfte, die sich mit diesem MIT beschäftigen, dieses in zweierlei Hinsicht tun: a) geht es sicher um den Erhalt und den Ausbau der eigenen Lernbereitschaft und b) um eben diesen bei den Mitarbeitern.

- Überlegen Sie sich, in welchen Bereichen Sie noch Wissenslücken haben und welche Fähigkeiten Sie für Ihren Beruf weiter ausbauen sollten. Suchen Sie sich anschließend die passenden Weiterbildungsmöglichkeiten. Das können Workshops und Coachings sein, aber auch die tägliche Zusammenarbeit mit Kollegen im eigenen Unternehmen, aus der Sie neue Kenntnisse und Erfahrungen beziehen können. Überlegen Sie, welche fachlichen und außerfachlichen Kompetenzanforderungen Sie in Ihrer Führungsfunktion zu bewältigen haben, Was wird von Ihnen verlangt und was realisieren Sie gegenwärtig? Wo müssen Sie sich noch (weiter- bzw. hin-)entwickeln?
- Es gibt ein sogen. Stärken-Schwächen-Paradox (nach E. Fromm): Eine Stärke kann zu einer Schwäche werden, wenn man sie übertreibt. Durch eine starke Verhaltenskontrolle und bewusste Rücknahme der Übertreibung können Sie in den Bereich Ihrer Stärke und Ihres Talentes zurückkehren. Das müssen Sie jedoch als Chance annehmen, offen und lernbereit sein.
- Legen Sie die Scheuklappen ab und schauen Sie, wann immer sich die Chance dazu bietet, einem Ihrer Kollegen bewusst über die Schulter: Welche alternativen Möglichkeiten finden sich da im Vergleich zu Ihrer normalen Arbeitsweise? Auch Hinweise, Tipps und Kritik Ihrer Kollegen sollten Sie offen und gerne annehmen, anstatt sie geflissentlich zu überhören oder einfach abzublocken. Lernen Sie aus Ihren Fehlern, aber auch aus den Fehlern der anderen.
- Gewöhnen Sie sich eine gewisse Diskutierfreudigkeit an. Üben Sie sich darin, einerseits Ihre Meinung nachvollziehbar zu formulieren und andererseits die Argumente der anderen inhaltlich und systematisch genau zu verfolgen. Gleichen Sie diese Argumentationskette mit Ihren eigenen Gedankengängen ab und suchen Sie nach Gemeinsamkeiten, aber auch nach Differenzen. Durch jede Diskussion – ganz gleich ob zu einem arbeitsrelevanten oder allgemeinen Thema – erhalten Sie neue Informationen, lernen neue Standpunkte kennen und erfahren etwas über weitere Einflussfaktoren. Diesen Lerneffekt für Ihr berufliches Know-how sollten Sie keinesfalls unterschätzen.

---

2 Vgl.: Zum Teil wörtliche Übernahme der Empfehlungen aus: www.in-eigenersache.de/cps/rde/xchg/SID-3F57FEFE-5817FC4E/ies/style.xsl/1812.html

- Wer nicht fragt, bleibt dumm: Um etwas dazuzulernen, sollten Sie immer Fragen stellen. Insbesondere wenn Ihnen innerhalb einer Aufgabenstellung etwas unklar ist, sollten Sie es für sich zur Regel machen, nachzufragen oder die Lösung z. B. in Regelwerken oder mit Hilfe des Internets zu finden.
- Verbinden und verstärken Sie Ihre Kompetenzen in der Zusammenarbeit mit Mitarbeitern, die auf bestimmten Gebieten oder in Bezug auf bestimmte außerfachlichen Kompetenzen erfahrener sind als Sie.
- Ganz wichtig ist, sich für andere Gebiete und Bereiche im Unternehmen zu interessieren. Blicken Sie immer über den Tellerrand Ihres eigenen Arbeitsplatzes hinaus und betrachten Sie den Betrieb in seiner Gesamtheit. Wie laufen Arbeitsprozesse ab? Was machen andere Abteilungen? Sprechen Sie also nicht nur mit Kollegen aus Ihrem direkten Arbeitsumfeld, sondern treffen Sie sich auch mit Kollegen aus ganz anderen Bereichen. Genauso aufschlussreich kann es sein, sich mit Freunden und Bekannten aus anderen, durchaus auch branchenfremden Unternehmen über arbeitsrelevante Themen zu unterhalten.
- Wenn Sie eine neue Aufgabe übernehmen, sind Sie in der Regel noch kein Experte auf diesem Gebiet. Das ist normal! Legen Sie sich das nicht als Schwäche aus. Fragen Sie ohne Scheu – gleich zu Beginn der neuen Tätigkeit – Ihre Kollegen um Rat. Nach kurzer Zeit werden Sie die gleiche Sicherheit haben, die Sie in Ihrem alten Arbeitsgebiet auch hatten. Ihre bisherige Berufserfahrung kommt Ihnen hier zugute.
- Wählen Sie Weiterbildungen und Erfahrungsbereicherungen zielgerichtet und mit Blick auf Ihre weitere berufliche Zukunft aus. Wie geht es der Branche, in der Sie derzeit tätig sind? Welche technischen Entwicklungen zeichnen sich ab, die vielleicht Einfluss auf Ihren Arbeitsplatz haben könnten? Welche Qualifikationen sind derzeit gefragt, welche könnten bald ein Muss sein? Durch welche Zusatzqualifikation könnten Sie Ihren beruflichen Werdegang positiv beeinflussen? Beachten Sie unbedingt auch die außerfachlichen Kompetenzanforderungen und diese insbesondere unter dem Aspekt Führungsverantwortung. Suchen Sie dazu spezifische Lernwege.
- Nehmen Sie bei der Entscheidung für eine Weiterbildungsmöglichkeit Rücksicht auf Ihre persönlichen Lerngewohnheiten. Welche Lernformen liegen Ihnen am meisten? Befreien Sie sich gleichzeitig von dem übersteigerten Perfektionismus, das Lernziel unbedingt in den nächsten drei Monaten erreichen zu wollen. Lebenslanges Lernen heißt auch, langfristig zu denken und zu handeln. Wenn es einmal nicht so gut klappt, lernen Sie eben in kleinen Schritten, dafür aber eben ein Leben lang.
- Ihre Lernbereitschaft muss sich nicht ausschließlich auf Ihre beruflichen Fähigkeiten beziehen, sondern kann auch Themen wie Politik, Wirtschaft und Kultur umfassen. Der Besuch von Museen, Konzerten oder Galerien trägt zu Ihrer Allgemeinbildung bei. Wenn Sie sich bis jetzt nicht für Politik oder Wirtschaft interessiert haben, schauen Sie sich ruhig einmal politische Sendungen im Fernsehen an oder lesen Sie den Wirtschaftsteil Ihrer Tageszeitung etwas gründlicher als bisher. Wichtig ist, dass Sie Ihr Interesse für etwas Neues wecken und gerne dazulernen.

Empfehlungen

Wenn Sie Ihre Bereitschaft, ständig zu lernen verstärkt haben und sich auf der Suche nach Lernunterstützung und effizienten Lernwegen befinden, stellt sich die Frage nach dem WIE. Wie können Sie Ihren Spaß, die Motivation und das Interesse auch fürderhin vergrößern? Wie können Sie Ihre Konzentration beim Lernen verbessern? Und wie können Sie effiziente Lernstrategien entwickeln? Auf diese und weitere Fragen geht das hervorzuhebende Buch von Verena Steiner (10. Auflage 2006) ein.

Persönliche Maßnahmen

Was nehme ich mir für die nächsten 6 Wochen vor im Sinne einer Verstärkung meiner Verantwortung als Führungskraft bzgl. der Erhöhung der Lernfähigkeit im Unternehmen? (Stichworte):

_____

_____

Was werde ich zuerst und vorrangig tun? (Stichworte):

_____

_____

Wie kontrolliere ich die Resultate? (Stichworte):

_____

_____

Wo werde ich mich weiter zum Thema »Lernfähigkeit« informieren?

_____

_____

Als weiterführende Informationsquellen empfehlen wir

Steiner, V.: Exploratives Lernen. Der persönliche Weg zum Erfolg. Pendo Verlag, München/Zürich 2006

Weitere Empfehlung:
Heyse, V.: Selbstorganisiertes Lernen. In: Rosenstiel, L.v.; Regnet, E.; Domsch, M.: Führung von Mitarbeitern. Schäffer-Poeschel Verlag, Stuttgart 2003 (5. Aufl.)
Neumann, R.: Professionalität im Change Management. In: Neumann, R.; Graf G.: Management-Konzepte im Praxistest. Linde international, Wien 2007

Humor P/S
(Führungskräfte)

▶▶ Grundsätzliche Überlegungen

Führungskräfte, die notwendige Kritik mit humoristischen Interventionen gegenüber Mitarbeitern verbinden können, fördern damit die Selbstakzeptanz der Mitarbeiter und unterstützen sie dabei, sich mit Fehlern und Stärken anzunehmen und ihr Stärkenmanagement zu erweitern.

Humor beginnt im betrieblichen Alltag mit einem wohlwollenden Zwinkern nach innen und nach außen. Da viele Führungskräfte selbst Humor nicht vorgelebt sehen und darüber hinaus anscheinend eine Scheu vor Spontaneität und Lockerlassen haben, werden einige grundsätzliche Überlegungen zur Diskussion gestellt. Zuvor seien aber neun Vorteile für den betrieblichen Alltag genannt.

Humor als persönliche Weltanschauung

Humor – so wie wir ihn sehen – ist nicht das Witzeln am Stammtisch, sondern eine Metakompetenz, die grundsätzliche Fähigkeit, das Leben als Wandel, als gestaltbaren Widerspruch zu begreifen und zu meistern. Damit sind wir beim Kern des Selbst-Managens.

> Du kannst die Sorgenvögel nicht daran hindern, über Deinem Kopf zu fliegen. Du kannst sie aber daran hindern, auf Deinem Kopf ein Nest zu bauen. (Chinesisches Sprichwort)

Kennzeichen

Wie ernst nehme ich mich?

Hermann Hesse schreibt im »Steppenwolf«:

> »*Der Ernst, mein Junge, ist eine Angelegenheit der Zeit, er entsteht, soviel will ich dir verraten, aus einer Überschätzung der Zeit. Auch ich habe den Wert der Zeit einst überschätzt, darum wollte ich hundert Jahre alt werden. In der Ewigkeit aber, siehst du, gibt es keine Zeit; die Ewigkeit ist ein Augenblick, gerade lang genug für einen Spaß«.*

Und weiter: »*Aller höhere Humor fängt damit an, dass man die eigene Person nicht mehr ernst nimmt ... In der Welt zu leben, als sei es nicht die Welt; das Gesetz zu achten und doch über ihm zu stehen, zu besitzen, als besäße man nicht, zu verzichten, als sei es kein Verzicht – alle diese beliebten und oft formulierten Forderungen einer hohen Lebensweisheit ist einzig der Humor zu verwirklichen fähig.«*

Aller höhere Humor fängt damit an, dass man die eigene Person nicht tierisch ernst nimmt. Damit verweist er auf das wichtigste Mittel »Humor«: durch sich *Erlauben* zu wachsen und zu gewinnen. Wir nehmen uns lächelnd oder gar lachend ernst, wir erkennen unsere Grenzen und damit grenzensprengende Lern- und Gestaltungsräume. Wir erkennen die eigene Denkmechanik und die inneren Blockaden. Wir begrüßen unsere automatischen Störgedanken lächelnd, weil wir Sie als alte Bekannte wiedererkennen, wissen zugleich aber, dass wir den Umgang mit diesen einstellen. Das Lächeln ist ein Zeichen weiser Distanz, ein Zeichen unserer Betrachtungsweise des Endlichen, des Reparaturbedürftigen vom Standpunkt des Beobachters aus.

Humor ist – so betrachtet – ein lächelnder Zweifel, eine Geisteshaltung eines lernoffenen Wesens, eine beständige weltanschauliche Einstellung, der nicht völlig identifizierte Blick von oben.

Mit dieser Art von Humor sind wir *beobachtende* Zeugen des Geschehens. Wir schauen aus der Metaebene zu und können zwinkernd geraderücken, was uns in eine Schräglage bringt. Wir stehen »über den Dingen«, weil wir uns nicht in engen Gewohnheiten verstricken, uns nicht in Rechtfertigungen verfangen, nicht andere um alles in der Welt belehren müssen. Wir denken und handeln freier, weil wir wichtige Gesetzmäßigkeiten, die den Lauf der Dinge bestimmen, kennen *und sie für uns nutzen können*: das Stirb und Werde, das Ab und Auf als Unzertrennbares. Humor ist Folge von Eigen-Macht, Sarkasmus und Zynismus ist Folge von Ohn-Macht.

Mit Humor kann man vieles ernster nehmen, weil man von der Metaebene das Ziel wieder im Auge hat. Wenn man andererseits den Wald vor lauter Bäumen nicht mehr sieht, das Ziel aus dem Auge verliert und suchend herumirrt, reagiert man Ego-gemäß, bezieht alles auf sich. Jens Corssen (Psychotherapeut und Coach in Zürich; www.corssen.de) führte in einem Interview mit den Autoren dazu weiter aus:

> »*Wer Humor hat, der hat eine Idee dergestalt, dass die Idee größer als sein Ego ist. Und wer eine Idee hat, die größer ist als sein Ego, der wird automatisch humorvoll. Man kann nur begrenzt Humor trainieren, wenn die persönliche Software, also die eigenen*

Einstellungen und Erwartungen, das nicht zulässt. Humor ist eine Folge von bestimmten Sätzen, die man jeden Tag denkt, und von einem bestimmten Niveau der eigenen Softwareentwicklung aus entwickelt sich Humor von allein.

Humor ist immer der Schritt zu einer Metaebene: ›Ich werde mein eigener Boss!‹ Der Boss blickt von außen – und sieht das gesamte Spiel. Und das Spiel hat bestimmte Regeln, und es ist wichtig die Regeln einzuhalten, jedoch wiederum zu wissen, dass es eben Spielregeln sind und keine Gesetzmäßigkeiten darstellen. Und es muss bewusst sein, dass bestimmte Spielregeln eingehalten werden müssen, sonst ist man draußen. Es ist also wichtig zu wissen, dass es ein Spiel ist! Und wer diesen Abstand, diesen Humor nicht hat, also diese Geisteshaltung ›Metaebene‹, der verliert sich in einem Rechthabe-Kampf und der kann seine Potenziale nicht mehr nutzen.«

Humor setzt voraus, dass man das sogenannte Lächerliche, die Unzulänglichkeit als letztlich etwas Positives und Anziehendes empfindet. Es gehört doch zum Leben dazu. Mit Humor lacht man über die eigene oder die Unzulässigkeit eines Wesens, mit dem man sich identifiziert. Auch das Beste ist schließlich nicht bar irgendwelcher Schwächen und Unzulänglichkeiten, die es zu belächeln, zu kritisieren und aktiv lösend zu überwinden gilt, wenn man hinter ihnen einen Sinn und reale Werte sieht.

Auch in der Psychotherapie spielt Humor eine zunehmende Bedeutung. Insbesondere in der Sinngebenden Therapie von Viktor Frankl wird mit Humor und der Paradoxen Intention gearbeitet. Dieser Ansatz ist in hohem Maße deckungsgleich mit unserem Training des Selbst-Managens und –Entwickelns. Deshalb ist ein kleiner Ausflug in die Paradoxe Intention interessant, zumal er weitere Gesichtspunkte und erweiterte Sichtweisen ermöglicht.

Zitate

Alfried Längle (Arzt, Psychotherapeut, Management-Trainer in Wien; Vorsitzender der Internationalen Gesellschaft für Logotherapie und Existenzanalyse (GLE), Generalsekretär der Internationalen Gesellschaft für Psychotherapie (IFP). www.laengle.info) machte in einem Vortrag auf dem 3. Baseler Internationalen Kongress für Humor in der Therapie, Pädagogik und im Management unter anderem auf Folgendes aufmerksam (Ausschnitte):

»Humor ist ein spielerischer Umgang mit der Realität. Augenzwinkern und Lachen lösen für einen Moment von belastenden, einengenden Vorstellungen. Sie bringen eine Lockerung und tragen selbst zu einem Gewinn von Distanz bei. Es ist eine Feedbackschleife, man wird leicht und befreit.

Humor ist getragen von einer Stimmung, einer Haltung, die es möglich macht, das Leben nicht einfach übertrieben ernst zu sehen. Es ist eine Art »Gut-Aufgelegt-Seins« als Stimmung. Im Grunde ist Humor praktizierte Lebensfreude und Ausdruck einer deutlichen Ausprägung von Selbst-Vertrauen, das durchkommt. Humor ist eine Verliebtheit ins Leben, auf das Auf und Ab des Lebens.

Humor ist nicht Witzeln, sondern etwas Tieferes: er ist eine »Säfte-Mischung«, die in uns ist und unsere Lebenskraft zum spielen bringt. Der Humor ist gespeist von einer guten Beziehung zum Leben. Wer das Leben mag, der kann humorvoll sein. Und wer es nicht mag, der tut sich schwer mit Humor.

Humor, die Köstlichkeit des spielerischen Umgangs mit Realität zeigt zum Beispiel auch der Ausspruch von Woody Allen: »Es ist nicht so, dass ich Angst vor dem Tode hätte. Aber ich möchte nicht dort sein, wenn er stattfindet.«

Es ist kein Witz, wenn jemand eine humorvolle Wendung zum Überraschenden bringt, die von Lebensfreude durchtränkt ist, zum Beispiel wenn jemand sagt: »Ich kann allem widerstehen – nur der Versuchung nicht.«

Humor ist im Sinne der Logotherapie eine positive Grundstimmung dem Leben gegenüber, eine Verfassung, Ausdruck der Lebensfreude. Dagegen ist der Witz eine geistreiche Überspitzung von Kontrasten, die meistens durch Erzählen einer kleinen Geschichte aufgebaut wird, damit es dann wie das Brechen einer Woge zur Pointe kommt, in der das ganze konstruierte Gebäude in sich zusammenbricht.

Beim Witz ist die Person, die Beziehung zum Leben nicht enthalten. Es ist eine Karikierung der Situation, des Kontextes, der Geschichte ...«

Humor spielt in der Logotherapie, insbesondere im Rahmen der Paradoxen Intervention eine große Rolle. Aus dieser speziellen Therapie nach Frankl können vielfache Bezüge zum Managementtraining sowie zu anspruchsvollen Coachings hergestellt werden. Im Mittelpunkt steht das Verhältnis von Eigenmacht und hemmenden Ängsten und Gewohnheiten.

> Paradoxe Intention ist Humor als Methode. Hier geht es darum, statt vor der eigenen Angst (und den Vorstellungen der Vergangenheit) davonzulaufen, sich ihr zu stellen. Zum Beispiel die Angst, ich könnte in dieser Situation versagen, die mich (aus-)flüchten lässt. Stattdessen gilt es, das Davonlaufen zu überwinden und sich dieser Situation offenen Blickes zu stellen (»Die Situation ist mein Coach – und deshalb bin ich der Situation dankbar dafür«).
>
> Die Paradoxe Intention hilft nicht nur, sich der Angst zu stellen, sondern spitzt noch zu, provoziert gar die Angst. Es ist geradezu ein Frechwerden gegen die Angst – aus dem langsam aufkommenden Mut heraus, dem Lebensmut.
>
> Das Problem der Angst ist die Erwartungsangst, dass etwas, was uns erreicht (zum Beispiel Erröten, Vergessen ...), uns plötzlich schreckt und Angst erzeugt. Diese Angst hat zur Folge, dass sie die negative Erfahrung verstärkt und zu einem Symptom werden lässt. Das Symptom wiederum verstärkt die Angst, und so entsteht der Teufelskreis der Erwartungsangst: Angst vor der Angst.
>
> Die Paradoxe Intention greift bei den Erwartungsängsten an und folgt der (Humor-) Maxime »Pro Widerspruch«: Es ist unrealistisch, gegen das Leben zu leben. Ich darf nichts ausschließen, und Unangenehmes gehört zum Leben. Das Ziel ist, mit der Realität zu leben und nicht gegen sie (»Und so lang du das nicht hast, dieses: stirb und werde ...«).
>
> Man muss also das schlichtweg Gegebene erkennen und akzeptieren – die Fakten und Gegebenheiten, die diversen Möglichkeiten des Scheiterns akzeptieren. Es gibt keine Sicherheiten und Garantien (und das ist die Chance der Selbst-Entwicklung).

Humor als Lebens-Freude hat direkt etwas mit dem persönlichen Wohlgefühl, psychischer Gesundheit, Lebensqualität und Genuss zu tun. Insofern gehört Humor viel mehr in die Arbeitswelt als gegenwärtig in vielen Unternehmen gewollt oder gar gefördert.

Vorteile von Humor im (betrieblichen) Management

Führungskräfte, die notwendige Kritik mit humorvollen Interventionen gegenüber Mitarbeitern verbinden können, fördern damit die Selbstakzeptanz der Mitarbeiter und unterstützen sie dabei, sich mit Fehlern und Stärken anzunehmen, ihr Selbst-Management zu erweitern.

Kennzeichen

1. Humor – als Blick von außen – kann Mitarbeitern helfen, über sich selbst zu lachen und sich dadurch mit ihren Verletzlichkeiten und ihrer Fehlbarkeit zu akzeptieren, um dann ihr Verhalten zielorientiert zu verbessern und ihr Bestes zu geben.
2. Humor klärt viele der selbstschädigenden Verhaltensweisen (Vorurteile, perfektionistische Einstellungen von Mitarbeitern) in einer persönlich nicht bedrohlichen, akzeptablen Weise.
3. Humor liefert Blitzeinsichten und potenziell bessere Lösungen, oft in einer dramatischen, kraftvollen Art.
4. Er hilft Mitarbeitern, eine Art von objektiver Distanzierung zu entwickeln, indem sie an der humorvollen Distanzierung der Führungskraft teilnehmen (der Kern des Humors »als Anschauung von der Welt, von dem, was ich an mich herankommen lasse – und was nicht«).
5. Er unterbricht dramatisch die alten dysfunktionalen Gedankenmuster des Mitarbeiters und eröffnet die Möglichkeit für neue effektivere Muster des Denkens, Fühlens und Verhaltens.
6. Humor hilft Mitarbeitern im Kontext zu denken, innovativer an schwierige Aufgaben heranzugehen, entgegen ihren üblichen Gewohnheiten zu denken und zu handeln. Er macht sie neugieriger und aktiver. Er ermöglicht ihnen, viele Dinge zu tun, die Sie sich nicht zutrauten (z. B. die eigene Meinung nicht »hinterm Busch zu halten«, die eigene Ohn-Macht zu überwinden).
7. Humor entkrampft, durchbricht den »deutschen Bierernst« bei der Arbeit.
8. Er zeigt Menschen die Absurdität, den Realismus, die Freundlichkeit und die Fröhlichkeit des Lebens.
9. Humor entlarvt herzlich und wirksam menschliche Kleinlichkeit und Überheblichkeit, die eigenständige Störungen darstellen. Humor kann daher auf der kognitiven und der emotionalen Ebene konstruktive Veränderungen bewirken und dadurch Verhaltensänderungen erleichtern.

Leider scheint das Motto etlicher Unternehmen in Deutschland zu lauten: »Wer Spaß hat, nimmt die Arbeit nicht genügend ernst. Spaß gehört nicht an den Arbeitsplatz.« Heute gilt jedoch als wissenschaftlich bewiesen, dass Humor den Dis-Stress reduziert, die Arbeitsmotivation und den Teamgeist erhöht und die Kreativität verstärkt.

Führungskräfte, die über ihre Schwächen lachen können, wirken menschlicher und schaffen so eine Fehlerkultur, die statt auf Fehlervermeidung (und –Verdeckung) und Siegermentalität vielmehr auf das »Lernen aus Fehlern« und auf Erfolgsteilhabe aller engagiert Beteiligten setzt. Allerdings: Eine Führungskraft, die herzhaft und nicht verletzend mit ihren Mitarbeitern lachen kann, stellt sich bewusst auf die Mitarbeiterebene und ist bereit, einen Teil Macht abzugeben. Für viele Führungskräfte gilt das aber als Macht-*Verlust*, obwohl sie menschlich einen Zugewinn an Ansehen und Akzeptanz hätten.

Humor und Gesundheit hängen eng zusammen. So steigert Lachen zum Beispiel die Wachsamkeit und trägt zu einer Verbesserung der Gedächtnisleistungen bei. Und Humor stärkt das Immunsystem und erhöht die Schmerztoleranz. Aus dieser Sicht ist das Fördern einer Humorkultur eine bedeutsame Aufgabe der Führungskräfte.

Das Zulassen und Fördern von Humor am Arbeitsplatz und die Entwicklung von Humor als Kulturelement wie auch als aktiver Gesundheitsschutz (Gesundheit = Einheit von physischen, psychischem und sozialem Wohlbefinden) wird also in den entwickelten Industrie- und Wissensgesellschaften zwangsläufig zu einem neuen Paradigma in der Arbeitswelt und Kennzeichen einer neuen Unternehmensführung. Die Veränderungen beschleunigen sich, der Arbeitsanforderungen wird größer. Die Produktivität des Einzelnen muss wachsen, denn die Anforderungen erhöhen sich bei kleinerer Mitarbeiterzahl weiter.

Bei der Frage »Welche Instrumente und Techniken kann ich selbst auf der Grundlage dieser vielen Anregungen bei der weiteren Stärkung meines Humors nutzen?« verweisen wir Sie auf das allgemeine MIT Humor in diesem Buch. Wichtig ist jedoch Ihre Arbeit an der »eigenen Software«, an Ihrem Metaebenen-Fundament.

Persönliche Maßnahmen

Was nehme ich mir für die nächsten 6 Wochen vor im Sinne einer Verstärkung meines Humors? (Stichworte):

___

___

Was werde ich zuerst und vorrangig tun? (Stichworte):

___

___

Wie kontrolliere ich die Resultate? (Stichworte):

___

___

Wo werde ich mich weiter zum Thema »Humor« informieren?

ⓘ Als weiterführende Informationsquellen empfehlen wir

Anders, P.F.: Betriebswirtschaftslehre humoris causa. Gabler Verlag, Wiesbaden 1992
Längle, A.: Sinnvoll leben. Residenz Verlag, Salzburg 2007
Peseschkian, N.: Der Kaufmann und der Papagei (Mit Fallbeispielen zur Erziehung und Selbsthilfe). Fischer Taschenbuch Verlag, Frankfurt/M. 2006 (28. Aufl.)
Schwarz, G.: Führen mit Humor. Gabler, Wiesbaden 2007
Titze, M.; Eschenröder, Chr. T.: Therapeutischer Humor. Fischer Taschenbuch Verlag, Frankfurt/M. 2007 (5. Aufl.)

Mitarbeiterförderung P/S
(Führungskräfte)

Grundsätzliche Überlegungen ◄◄

Dieses MIT baut auf dem gleichnamigen im Abschnitt Personale Kompetenz auf. Während letzteres auch für Mitarbeiter mit zeitweiligen Führungsaufgaben, jedoch ohne disziplinarische Verantwortung, gedacht ist, geht dieses MIT nun auf Fragen der Führung im engeren Sinne ein. Insbesondere soll der Frage nachgegangen werden, wie Belohnungen und die verschiedenen Bindungsmöglichkeiten zur Verhaltensstabilisierung und -änderung sowie zu einer hohen Leistungsmotivation beitragen.

Grundsätzliche Überlegungen ◄◄

Kompetenzanforderungen an Führungskräfte

Führungskompetenz ist keine Einzelkompetenz, sondern sie setzt sich aus verschiedenen Teilkompetenzen zusammen. Die nachfolgend aufgeführten 16 Teilkompetenzen wurden von 18 Management-Wissenschaftlern sowie Führungskräften in einem mehrstufigen Abstimmungs-prozess herausgearbeitet. Sie gelten als sehr allgemeine Orientierung; im konkreten Fall muss eine unternehmensspezifische Anforderungsliste erarbeitet werden, die natürlich von der nachfolgend dargestellten in einigen Fällen abweichen kann.

➡ **Kennzeichen**

Führungskompetenz setzt sich zusammen aus.
- Glaubwürdigkeit
- Kommunikationsfähigkeit
- Ergebnisorientiertes Handeln
- Mitarbeiterförderung
- Zielorientiertes Handeln
- Eigenverantwortung
- Entscheidungsfähigkeit
- Organisationsfähigkeit
- Integrationsfähigkeit
- Tatkraft
- Belastbarkeit
- Delegieren
- Selbstmanagement
- Beurteilungsvermögen
- Impulsgeben
- Konzeptionsstärke

Bei genauerer Betrachtung dieser Liste fällt auf, dass genau die Hälfte der Teilkompetenzen mitarbeiterbezogen sind.

Hohe Ergebnisorientierung und Performance einerseits und ausgeprägte Mitarbeiterorientierung und -förderung andererseits müssen kein Widerspruch sein. Beer et.al. (2008) heben deutlich hervor, dass es zu den wichtigsten Aufgaben von Führungskräften gehört, »mit der Spannung umzugehen, die zwischen der Leistung des Unternehmens und den Bedürfnissen der Mitarbeiter besteht. Unternehmen sind einerseits wirtschaftlich arbeitende Organisationen, deren Überleben und Wachstum davon abhängt, dass sie auf dem gnadenlosen globalen Markt überdurchschnittliche Leistungen erbringen. Auf der anderen Seite sind sie soziale Einrichtungen, die das Leben ihrer Mitarbeiter nachhaltig beeinflussen.«

Nur verhältnismäßig wenigen Führungskräften gelingt es, beide Seiten miteinander zu verbinden und zu leben. Viele betrachten hingegen ihr Unternehmen fast ausschließlich aus der einen oder der anderen Brille. Durch den starken Druck der Kapitalmärkte neigen viele dazu, sich vorwiegend an den Aktionären auszurichten. Das aber steht der Notwendigkeit der Bindung und Entwicklung der Mitarbeiter, insbesondere der Talente und Schlüsselkräfte entgegen.

Selbst- und Fremdcheck ✓

Schätzen Sie sich hinsichtlich der Erfüllung der Anforderungen selbst ein. Bewerten Sie die Erfüllung jeder der 16 Anforderungen zur Führungskompetenz mit einer sechsstufigen Antwortskala:
1: durchgehend/immer erfüllt
2: fast immer erfüllt
3: häufig
4: manchmal
5: selten
6: fast nie

Lassen Sie in einem zweiten Schritt eine oder mehrere Fremdeinschätzungen anfertigen. Vergleichen Sie dann die Selbst- und Fremdeinschätzung(en). Fragen Sie bei größeren Differenzen nach den Meinungen der anderen. Nehmen Sie sich insbesondere gemeinsame Niedrigbewertungen und kritischere Meinungen der Fremdeinschätzer bei den acht mitarbeiterorientierten Anforderungen zu Herzen und prüfen Sie, was Sie zu einer Verbesserung der Anforderungserfüllung selbst beitragen können. Nutzen Sie diese Hinweise als Lernmöglichkeiten. Nehmen Sie sich für die nächsten sechs Wochen ein bis drei konkrete Maßnahmen vor. Holen Sie sich während dieser Zeit Feedback von einzelnen Mitarbeitern, um zu sehen, ob die Mitarbeiter Ihr Bemühen wahrnehmen.

Wie Führungskräfte ihre Mitarbeiter demotivieren können

Das wichtigste Bindemittel zwischen den Führungskräften und Mitarbeitern ist das gegenseitige Vertrauen und ein entsprechendes offenes (Kommunikations- und Feedback-)Klima, das die Mitarbeitermotivation freisetzt und nicht blockiert.

Gegenwärtige Probleme !

Ein ständig zu beobachtender Fehler ist der geistige Kurzschluss, dass ein Anheben von Hygienefaktoren (Incentives, Gehaltserhöhung, flexible Arbeitszeiten, Kantinenessen u. a.) quasi automatisch die Zufriedenheit der Mitarbeiter, ihre Leistungsmotivation und Loyalität gegenüber den Unternehmen und den Führungskräften erhöht. Motivation jedoch »gleicht einem inneren Feuer, das von außen nicht entfacht, wohl aber leicht gelöscht werden kann«[1].

Unterschiedlichen Umfragen zu Folge hat ein großer Teil der Beschäftigten in deutschen Unternehmen innerlich gekündigt und machen nur noch ihren »Dienst nach Vorschrift«. Dem liegen starke Demotivierungen, Enttäuschung und Ängst vor dem Verlust des Arbeitsplatzes zugrunde.

---

1 Deckstein, D.: Die Feuerlöscher. SZ 9./10. August 2008

⮕ Kennzeichen

Die stärksten Demotivatoren sind vor allem:
- Starkes Sicherheitsdenken der Führungskräfte, Selbstgefälligkeit, fehlender Einsatz für die Mitarbeiter in schwierigen Situationen.
- Fehlende bzw. unwahre bzw. verspätete unternehmensinterne Informationen über schwerwiegende Entscheidungen. Die Führungskräfte verfolgen eine Art Vogel-Strauß-Politik bzw. fratanalisieren mit den Mitarbeitern nach der Art: »Mir sagt auch keiner etwas; wir sitzen in einem Boot« oder: »Es wird alles nicht so heiß gegessen wie gekocht«.
- Die Mitarbeiter werden mit betrieblichen Umstellungen allein gelassen. Es fehlen Informationen, Unterstützungen, Erfahrungsaustausch, und die Führungskraft flüchtet in Nebenaktivitäten.
- Es wird nichts gegen sich verdichtende Gerüchte unternommen. Statt Aufklärung zu geben werden einzelne Mitarbeiter, die die anscheinenden Tabu-Themen ansprechen, persönlich angegriffen.
- Die Mitarbeiter vermissen zielorientiertes und konsequentes Handeln seitens der Führung und klare Aussagen zu ihrem zukünftigen Einsatz.
- Kreative Ideen, Verbesserungsvorschläge und Einzelinitiativen von Mitarbeitern werden herabdiskutiert bzw. nicht aufgenommen und gewürdigt.
- Fehlende Wertschätzung und Gefühle gegenüber den Mitarbeitern. Führungskräfte, die keine Gefühle zeigen, verunsichern die Mitarbeiter. Kränkungen, auch bei kleinen Fehlern, bremsen die Leistungsbereitschaft und können zu psychosomatischen Beschwerden führen.
- Die Mitarbeiter vermissen eine kollektive Führungskompetenz.

Das kann zu schmerzlichen Konsequenzen, beginnend bei den besten Mitarbeitern, führen: »Die Mitarbeiter kommen in ein Unternehmen, jedoch sie verlassen ihre Führungskraft« (Deckstein).

Andererseits mehren sich bei den verbliebenen Mitarbeitern psychische Störungen und Verhaltensstörungen; sie sind der Grund für mehr als zehn Prozent aller krankheitsbedingten Ausfalltage im Jahre 2007.

☞ Empfehlungen

Nehmen Sie die Feststellungen zur Demotivierung der Mitarbeiter persönlich ernst und verfolgen Sie eine persönliche Ethik des Leitens mit den Grundorientierungen:

1. **Vertrauen gewinnen**
   Immer die Wahrheit sagen und nichts vertuschen, die Mitarbeiter nicht täuschen. Unbedingt ehrlich sein und gleiches von den Mitarbeitern einfordern.

2. **Sozial handeln**
   Nehmen Sie sich Zeit für Gespräche mit einzelnen Mitarbeitern. Lernen Sie sie in ihren Stärken und Schwächen, mit Ihren Interessen und Verbesserungsvorschlägen kennen.

Zwingen Sie sich zum Zuhören. Finden und nutzen Sie Gelegenheiten zu einem zwanglosen Zusammensein mit den Mitarbeitern.

3. **Einsatz für die Mitarbeiter**
Kommunizieren Sie direkt mit den Mitarbeitern. Gehen Sie »an die Basis« und schauen Sie sich um. Setzen Sie sich gegenüber Ihren Vorgesetzten für eine Verbesserung der Arbeitsbedingungen, für die Weiterbildung von Mitarbeitern. Zeigen Sie vor Ort Respekt und setzen Sie sich auch für gerechtfertigte persönliche Belange ein. Sprechen Sie mit jedem.

4. **Definieren eines gemeinsames Zieles**
Ein gemeinsames Ziel spricht die Gefühle der Mitarbeiter an. Beer et.al. schlagen in diesem Zusammenhang ein dreiteiliges Versprechen vor. Erstens: Das Unternehmen hilft den Mitarbeitern, die Lebensbedingungen anderer zu verbessern (Soziales, ökologisches Engagement des Unternehmens). Zweitens: Es unterstützt sie dabei, Leistungen zu erbringen, auf die sie stolz sein können (Das Unternehmen muss überdurchschnittlich leistungsfähig sein/werden). Drittens: Es sorgt für eine Arbeitsumgebung, in der sie sich weiterentwickeln können (Möglichkeiten schaffen, dass das persönliche und berufliche Potenzial, die Kompetenzen umfassend ausgeschöpft werden, und periodisch kritische Prüfung der Möglichkeiten).
Hierbei darf es zu keinen Kompromissen und Verlangsamungen in der Realisierung kommen.

Belohnungen als Förderung von Verhaltensänderungen

Anscheinend wird auf keinem Gebiet bei der Mitarbeiterführung so oberflächlich und falsch reflektiert und gehandelt wie zum Thema Motivation und Mitarbeiter-(Leistungs-)Entwicklung. Die Kernfragen lauten: Was motiviert die einzelnen Mitarbeiter, was treibt sie an? Welchen Wert und Ansporn haben bestimmte Belohnungen für unterschiedliche Mitarbeiter? Was fördert und was ist möglicherweise praktizierter Aberglaube?

Gegenwärtige Probleme !

Neue Forschungsergebnisse rütteln an dem betrieblichen Alltagsselbstverständnis. Dazu zwei Beispiele:
1. Kontrolle ist sicher angebracht, Vertrauen jedoch zahlt sich mehr aus. Die York University in Kanada konnte in umfangreichen Untersuchungen bei 88 Filialen einer kanadischen Einzelhandelskette mit 4000 Mitarbeitern zum Ergebnis, dass es einen unstrittigen Zusammenhang zwischen dem Gefühl des Vertrauens, dem Gefühl selbstverantwortlich arbeiten zu können und der Leistungsbereitschaft der Mitarbeiter gibt.
2. Viele Unternehmen messen genau, was ihre Mitarbeiter im Vergleich zueinander leisten und stellen das zum Teil wöchentlich öffentlich zur Diskussion. Der tägliche Wettbewerb ist verbunden mit einer Leistungsbezahlung. Es soll das Maximum an Produktivität aus der Belegschaft und aus den einzelnen Mitarbeitern herausgeholt werden. Eine Studie

aus dem Jahr 2008 des Instituts zur Zukunft der Arbeit in Bonn zeigt, dass eine solche offene Konkurrenz der Qualität der Arbeit sogar schadet.[2] Egal wie Teilnehmer eines Experimentes belohnt wurden, das Wissen um die Leistungen der anderen verringerte die Arbeitsproduktivität der gesamten Gruppe. Einige wurden zwar angespornt, bei anderen nahm die Fehlerhäufigkeit deutlich zu, und vor allem leistungsschwächere fühlten sich nicht angespornt, sondern wurden durch die Rückstandmeldungen verunsichert und in den nachfolgenden Ergebnissen schlechter.

Insbesondere unter dem Förderungsaspekt für schwächere Mitarbeiter sollte besser kein öffentliches Feedback-System praktiziert werden. Es wird der Eindruck erweckt, dass solche »Belohnungssysteme« für die High-Performer gemacht wurden und die Masse der anderen Mitarbeiter ausgeblendet sind. Damit beschränkt sich die Förderung auf die Besten.

Roth (2007) setzt sich mit diesen Fragen kritisch auseinander und kommt zu interessanten Ergebnissen, von denen nachfolgend einige aufgeführt werden.

Aus der Sicht der Motivationspsychologie sind die menschlichen Motive psychische Antriebszustände für Dinge, die nicht automatisch ablaufen, sondern bei dem man bestimmte Widerstände überwinden muss. Je höher nun die Widerstände, desto stärker muss die Motivation für bestimmte Handlungen sein. Bei geringer Motivation geht man der Anforderungssituation aus dem Wege.

Ferner wird in der Motivationspsychologie häufig zwischen Motiven und Zielen unterschieden. Motive werden als *unbewusste*, Ziele hingegen als *bewusste Handlungsantriebe* bezeichnet. Motive sind tief in der Persönlichkeit verwurzelt. Sie entwickeln sich unbewusst, Ziele hingegen bewusst, und sie werden auch bewusst vermittelt. Zwischen beiden kann es Gemeinsamkeiten aber auch kleine oder große Diskrepanzen mit unterschiedlichen Ursachen geben. Die Übereinstimmung von Motiven und Zielen wiederum ist die Voraussetzung für die *Selbstwirksamkeit*. Das ist die »subjektive Einschätzung, dass die Verwirklichung von Zielen durch das eigene Verhalten beeinflusst werden kann« (Roth 2007). Selbstwirksame Personen verfolgen Ziele hartnäckig. Personen mit geringer Selbstwirksamkeit sehen anspruchsvolle Ziele nicht als Herausforderungen, sondern eher als Bedrohung und Möglichkeit eines Misserfolges an.

Leistungsfähig und zufrieden sind die Menschen in diesem Zusammenhang, wenn die unbewussten Motive und die bewussten Ziele eine hohe Übereinstimmung aufweisen. Die wichtigste Erfahrung ist, dass das Verfolgen selbstbestimmter (motivgetragener) Ziele ein Wohlgefühl, Glücksgefühl in sich trägt, also eine Eigen-Belohnung und keine externe Belohnung nötig hat.

Auf einen weiteren wichtigen Zusammenhang weist die Motivationspsychologie hin. Die Menschen haben vor allem drei biogene Motive, die zu der biologischen Ausrüstung gehören:

---

[2] Holzapfel, N.: Was tun mit schwachen Mitarbeitern? SZ Juli 2008

1. das Motiv *Anschluss*, das Streben nach sozialer Nähe, Geborgenheit, Zuneigung.
2. das Motiv *Macht*, das Streben nach Einfluss, Kontrolle, Dominanz.
3. das Motiv *Leistung*, das Streben nach hohen Leistungen, Selbstverwirklichung, Auseinendersetzung mit neuen Anforderungen und Statuserhöhung.

Diese Motive können zu hohen Engagements führen, jedoch auch zu Übertreibungen oder zur Angst vor dem Nichterreichen der eigenen Erwartungen und Hoffnungen. Letzteres führt in der Motivationspsychologie wiederum zu der Unterscheidung zwischen den *Erfolgs-Zuversichtlichen* und den *Misserfolgs-Ängstlichen*.

Führungskräfte sollten diese Hintergründe kennen, wenn sie von Motiven und Motivation der Mitarbeiter sprechen. Welche Motivlagen haben die einzelnen Mitarbeiter? Wie sind sie individuell und insbesondere ansprechbar, eher über das Motiv *Anschluss* oder über das Motiv *Leistung* …? Neigen sie zu übertriebenen Ansprüchen bei diesen Motiven oder zur Angst vor Versagen? Wie kann ich im Wissen um diese wichtigen Zusammenhänge gemeinsam mit ihnen die Ziele formulieren und eine Kongruenz von Motiven und Zielen für jeden einzelnen Mitarbeiter herstellen? Wie sind *Selbstwirksamkeit* und *Realitätsorientierung* bei den Mitarbeitern ausgeprägt?

Empfehlungen

Fertigen Sie für sich eine tabellarische Übersicht an, in die Sie horizontal die Mitarbeiternamen notieren und senkrecht getrennt die drei biogenen Motive, die Einteilung Erfolgs- und Misserfolgsorientiert und anzunehmende spezifische Belohnungsarten. Füllen Sie diese Liste für alle Mitarbeiter mit qualitativen Aussagen oder quantitativen Schätzungen (Intensitätsannahmen zwischen 0–100 %) aus, und versuchen Sie in persönlichen Gesprächen herauszufinden, was der einzelne Mitarbeiter auf Grund seiner spezifischen Motivstruktur bevorzugt.

Roth (2007) leitete einige grundsätzliche Merksätze zur Belohnung ab, die hier verkürzt wiedergegeben werden.

Empfehlungen

Lesen Sie die Merksätze von Roth gründlich durch und überlegen Sie in Ruhe, wie Sie mit Belohnungen der unterschiedlichen Art in Ihrem Unternehmen umgehen und was Sie zukünftig noch mehr beachten werden.

Merksatz 1: *Die Art der Belohnung muss an die individuelle Motivstruktur angepasst sein, deren Verhalten man deutlich bestärken, verstärken oder ändern will.*
Dabei ist davon auszugehen, dass unterschiedliche Personen unterschiedliche Vorstellungen von Belohnungen haben und sich der Wert von Belohnungen mit der Zeit individuell verändern kann. Ferner sollte von der Vielfalt möglicher Belohnungen, die die einzelnen biogenen Motive ansprechen können, auszugehen. Auf keinen Fall sollte eine Reduzierung auf ma-

terielle Formen vorgenommen, sondern die für die jeweilige Person geeignetste Belohnung gefunden werden.

Merksatz 2: *Belohnungen nutzen sich schnell ab.*
Je weiter die Belohnung von der elementaren Bedürfnisbefriedigung entfernt ist, desto schneller nutzt sie sich ab. Das betrifft vor allem die ideellen Belohnungsarten. Ständige Belobigungen klingen eines Tages fad und langweilen. Für das Aufrechterhalten oder Verstärken bestimmter Verhaltensweisen wirkt eine Belohnung mit variablen Quoten oder Intervallen am besten. Und so sind bestimmte Vergünstigungen oder ein Lob dann am wirkungsvollsten, wenn sie in ihrem Auftreten und ihrer Höhe nicht sicher erwartet werden.

Merksatz 3: *Belohnungen müssen einen Grad von Ungewissheit haben, um als solche zu wirken.*
Der Belohnungswert vieler Dinge wird erst bemerkt, wenn sie ausbleiben. Belohnungsentzug, der Mangel erhöht die Attraktivität einer Belohnungsart. Ein Gegenstand wird zum Beispiel umso mehr vermisst, je mehr er uns fehlt, und seine neuerliche Zuteilung erhöht das Wohlbefinden.

Belohnungen sollten immer eine Ausnahme sein und ein gewisses Maß an Ungesicherheit in sich tragen.

Merksatz 4: *Belohnungen müssen dem Aufwand angemessen sein und als gerecht empfunden werden.*
Belohnungen dürfen nicht zu schwer, aber auch nicht zu leicht erreichbar sein.

Jeder von uns ist ein Nutzensberechner und vergleicht den Aufwand mit dem Ergebnis. So können große Belohnungen für geringe Leistungen verwirren und kontraproduktiv wirken. Das nächste Mal wird fast automatisch damit gerechnet, dass bei wenig Anstrengung eine große Belohnung ins Haus steht – und die Leistung sinkt. Letzteres ist nicht dem Mitarbeiter anzuschulden, sondern der falschen Belohnungspraxis der Führungskraft.

Merksatz 5: *Die Belohnung muss unmittelbar erfolgen.*
Die Belohnung wirkt nur verstärkend, wenn sie unmittelbar nach einer Verhaltensveränderung oder -erweiterung erfolgt. Sie muss auf eine ganz bestimmte Leistung in Zeit und Raum ausgerichtet sein, um wirksam zu sein.

Merksatz 6: *Gewohnheiten tragen ihre Belohnung in sich.*
Insofern ist das Festhalten an Gewohnheiten, an bestimmten Arbeitsweisen das größte Hindernis für Verhaltensänderungen. Je mehr wir automatisieren können, desto größer ist das Wohlbefinden und das Gefühl der Geborgenheit und Überschaubarkeit. Jede Verhaltensänderung birgt dagegen Risiken in sich. Nur wenn die Verhaltensänderung eine weitaus größere Belohnung verspricht als das Festhalten am bisher Erfolgreichen kommt es zu einer solchen. Es muss also ein klarer Gewinn absehbar sein und keine vagen Annahmen und Versprechen.

Merksatz 7: *Eine Belohnung muss sich verselbständigen.*
Jede Belohnungstrategie muss sich überflüssig machen, zum Beispiel über die Dehnung der variablen Quoten und Intervalle für den Zeitraum, in dem sich neues Verhalten zur Gewohnheit entwickelt hat. Die neue Gewohnheit trägt dann die Belohnung in sich.

Grundsätzliche Überlegungen

Talente und Schlüsselkräfte binden und entwickeln

Talente muss man in der Regel nicht motivieren; sie sind in hohem Maße selbstmotiviert und suchen herausfordernde Aufgaben. Die wichtigste Aufgabe der Führungskräfte besteht in diesem Zusammenhang darin, den Talenten eben solche Aufgaben zu übertragen, die dafür notwendigen Arbeitsbedingungen konsequent zu schaffen und zu verbessern und unbürokratisch notwendige flankierende Entscheidungen zu treffen. Gemäß einer Hewitt-Studie (2006) zu diesem Thema ist ein großer Teil der befragten High-Potentials mit der Leistung ihrer Führungskräfte unzufrieden, insbesondere hinsichtlich der Handlungskonsequenz: »Sie reden viel und handeln wenig« [3]. Das bezieht sich sowohl auf die konkrete Zusammenarbeit als auch auf die Umsetzung von entsprechenden Förderprogrammen. Vorhandene Programme werden oft nur mangelhaft genutzt, und über die eigentlichen Leistungsanreize, die über einen längeren Zeitraum zu Höchstleistungen führen, ist man sich nicht im Klaren bzw. beachtet sie nicht strategisch. Es wird oft nur von Aufgabe zu Aufgabe und Aktion zu Aktion gedacht. Mehrere andere Untersuchungen kommen zum gleichen Ergebnis: Solche Anreize sind

1. herausfordernde Aufgaben und Arbeitsbedingungen, sowie transparente Entwicklungsmöglichkeiten mit zeitnahen neuen Herausforderungen und Verantwortung,
2. eine leistungsadäquate Vergütung, insbesondere unter dem Aspekt der Wertschätzung ihrer Person und Leistung,
3. ein ausgewogenes Verhältnis zwischen Arbeit und Freizeit und in diesem Zusammenhang auch freie Entscheidungen zu Arbeitszeit und -ort.

Gegenwärtige Probleme

Aus Nachbefragungen fluktuierter Top-Talents wurden die wahren Gründe für den Wechsel der Arbeitgeber bekannt: An *erster* Stelle steht die fehlende oder mangelhafte Wertschätzung der beruflichen Leistung und Person, an *zweiter* Stelle fehlende Entwicklungsmöglichkeiten und berufliche Herausforderungen. An *dritter* Stelle wird eine unzureichende Entlohnung beklagt, die mit der ersten Ursache wohl eng zusammenhängt. An *vierter* Stelle wurden Unstimmigkeiten im Verhältnis zur Führungskraft bzw. anderen Mitarbeitern und sonstiges genannt.

Im Widerspruch zu den Erwartungen der Talente, die Arbeit frei und flexibel gestalten zu können, steht übrigens auch die Tendenz vieler Führungskräfte, die nachgewiesene Arbeitszeit über die tatsächlichen Arbeitsergebnisse und Produktivität zu stellen.

Arbeit mit Anreizsystemen

Jedes Unternehmen hat ein spezifisches Anreizsystem als künstliches System zur Verhaltensbeeinflussung der Mitarbeiter im Sinne einer bestmöglichen unternehmerischen Zielerreichung.

---

3 Hewitt Associates: Sind Human Resources bereit für eine strategische Rolle? Pressemitteilung 2006.

Anreizsysteme sind somit Sozialtechnologien zur Verhaltenseinwirkung. Dabei stehen drei Zielbereiche im Vordergrund: Personalmotivation, Personalattraktion und Personalretention. In Deutschland gibt es rund 200 potenzielle Anreize (Heyse/Ortmann 2008), von denen nur ein Bruchteil – und hier wiederum vorwiegend materielle – genutzt werden.

Die nachfolgende verkürzte Anreiz-Übersicht von Lehmann[4] hebt spezifische Instrumente und Anreizarten für ein wirkungsvolles Personalretention hervor und darüber hinaus die für Personalattraktion und Personalmotivation spezifischen.

	Anreiz	Primär verfolgtes Ziel			Zu aktivierende Bedürfnisse				
					Primär fokussieren			Sekundär fokussieren	
		A	M	R	(1)	(2)	(3)	(4)	(5)
Materiell	Geld				x	x	x	x	
	Fixe Vergütung	x							
	Leistungsbeurteilung		x						
	(Gewinn- und Ertragsbeteiligung)	x							
	(Kapitalbeteiligung)	x							
	(Altersversorgung)			x				x	
	(Vergütung trotz Krankheit)	x						x	
	(Urlaub)	x						x	
	Reisekosten/Unterbringung	x				x	x		
	Dienstwagen	x				x			
	Verpflegung/Gesundheitsdienst	x						x	
	Konsumvorteile	x	x					x	
	Treueprämie/(Jubiläumszuwendung)			x	x	x	x	x	
	Arbeitsmaterialien	x							
	Vertragsstrafe		x						
	Soziale Veranstaltungen			x				x*	x
Immateriell	Auftragsgestaltung/Entfaltungsmöglichkeiten		x		x				
	Partizipation		x		x				
	(Zeitsouveränität)		x		x				
	Weiterbildung			x	x				
	Herausforderung		x		x				
	Karrieresystem		x			x			
	Parkplatz	x						x	
	Arbeitsplatzgestaltung	x	x					x	
	Feedback und Wettbewerb		x			x			
	Beziehungsmanagement			x					x
	Folgeaufträge/Arbeitsplatzsicherheit		x	x				x	
	Referenzen		x	x				x	
	Verlängerte Kündigungsfristen	x						x	
	Beratungsdienstleistungen	x							

Legende:
A: PersonalAttraktion (1) Bedürfnisse nach Selbstverwirklichung (4) Sicherheitsbedürfnisse
M: PersonalMotivation (2) Ich-Bedürfnisse (5) Soziale Bedürfnisse
R: PersonalRetenion (3) Physiologische Grundbedürfnisse

---

[4] Lehmann, M.: Möglichkeiten und Grenzen der Ausgestaltung von Anreizsystemen für freie Mitarbeiter. Diskussionsbeiträge des Fachbereichs Betriebswirtschaft der Universität Duisburg-Essen Nr. 316, Duisburg 2006.

Auch von diesen ausgewählten Anreizen wird in vielen Unternehmen nur ein Bruchteil genutzt.

Andererseits beschränken sich Unternehmen auf die Anwendung vorwiegend materieller Anreize und überlassen die Führungs- und Unternehmenskultur, die gerade für High Potentials so wichtig ist, eher dem Zufall. Dann müsse diese sich nicht wundern, wenn sie hohe Summen für die Abwerbung von Talenten bezahlen und letztere schon nach kurzer Zeit das Unternehmen wieder verlassen. Talente werden nicht in erster Hinsicht durch Geld und formale Statuszuweisungen motiviert und gefördert, sondern durch die Herausforderungen ihrer Tätigkeit, durch die Umsetzung ihrer Ergebnisse und durch die Wertschätzung des erbrachten Engagements und Erfolges. Insofern ist das *Retention Management* (Management der Einbindung und Entwicklung der Mitarbeiter) heute bedeutend breiter und verantwortungsbewusster zu gestalten und benötigt hybride Motivationsverstärker und Erhalter. Und: (Veränderungs-)Vorschläge von Talenten müssen ernsthaft geprüft und diskutiert werden. Desinteresse oder oberflächliche Ablehnungen sind der Tod für eine längerfristige Zusammenarbeit.

Wir konnten dieses in einer Längsschnitt-Untersuchung des Verbleibs von hochtalentierten High Potentials in der Industrieforschung deutlich erkennen: 30% der erfassten Talente hatten nach drei Jahren unserer Erstbegegnung das Unternehmen verlassen. Setzt man die Anzahl der Fluktuierten auf 100%, dann waren 82% von ihnen nicht aus materiellen Gründen weggegangen, sondern nachdem sie mehrfach und ohne Änderungsaussichten »mit dem Kopf an die Wand gelaufen« waren. Insbesondere ihre direkten Vorgesetzten, so gaben sie zu Protokoll, setzten sich zu wenig für sie ein bzw. setzten sich in ihrem Sinne zu wenig mit dem Widerstand der Mitarbeiter oder von Fachabteilungen zu Gunsten der Lösungsvorschläge auseinander. Das ergaben unsere Zweitgespräche mit den fluktuierten Talenten.

Zwar erfassen viele Unternehmen die Kündigungs- und Entlassungsgründe, nutzen diese jedoch kaum zu internen Veränderungen.

Kennzeichen

Untersuchungen der letzten 10 Jahre legen folgende Ausrichtung des Retention Managements, insbesondere unter der Zielstellung des Erhalts der High Potentials, nahe:
- Beachtung von Wertorientierung, Loyalität und (Eigen-)Verantwortung bereits bei der Selektion
- Motivierende Arbeitsaufgaben und Gestaltungsräume
- Offene Arbeitsatmosphäre
- Flexible Arbeitszeiten
- Anspruchsvolle Zielvereinbarungen
- Kombination von materiellen, immateriellen und sozialen Anreizen
- Laufende Weiterbildungsmöglichkeiten
- Wertschätzung und Unterstützung der Talente als change agents.

✔ Selbst- und Fremdcheck

Mit den beiden Checklisten können Sie als Führungskraft und andererseits Ihre Mitarbeiter die Qualität des RM einschätzen und miteinander vergleichen. Beantworten Sie die Fragen mit folgender Bewertungsskala:
1: Ja und völlig ausreichend
2: Im Prinzip ja, jedoch mit einigen Einschränkungen bzw. Optimierungsmöglichkeiten
3: Kaum
4: Nein

1. Fragen für Führungskräfte

- Können sich die Mitarbeiter mit den Werten, Produkten und Dienstleistungen des Unternehmens identifizieren?
- Kennen die Führungskräfte und Mitarbeiter die strategischen Ziele des Unternehmens und deren Veränderungen im Prozess?
- Wird den Mitarbeitern genügend Handlungsspielraum eingeräumt?
- Ist die Arbeitsbelastung angemessen und gerecht verteilt?
- Wird genügend Rücksicht auf das Privatleben genommen (Work-Life-Balance)?
- Sind die Vergütungsinstrumente attraktiv und transparent?
- Stimmen das Gehaltsniveau und die Zusatzelemente?
- Ist der Arbeitsstandort attraktiv?
- Ist das Betriebsklima wirklich gut?
- Gibt es eine zeitgemäße Karriereplanung?

2. Fragen für Mitarbeiter

- Ist das Unternehmen heute und auch in Zukunft attraktiv für mich?
- Kann ich mich einbringen, lerne ich dazu, kann ich mich weiterentwickeln?
- Ist die Firmenstrategie erfolgsversprechend?
- Sind meine Fähigkeiten am Markt gefragt (»Employability«)?
- Habe ich nötigenfalls Einfluss auf die Geschäftsfeldentscheidungen?
- Habe ich gute Beziehungen zu den Vorgesetzten?
- Ist die Arbeit sinnstiftend, habe ich Spaß dabei?
- Gibt mir die Stelle Erfolgserlebnisse?
- Sind Arbeitszeitregelungen, Arbeitsplatzgestaltung und Prozesse gut geregelt?
- Wie steht es um das Image des Unternehmens am Markt?
- Empfinde ich einen »Werksstolz«?

Es wird niemals der Idealzustand erreicht. Jedoch kann die Anzahl positiv beantworteter Fragen (mit »1« oder »2« beantwortet) ein wichtiger Hinweis auf ein gutes und sichtbar gelebtes Management der Einbindung und Entwicklung der Mitarbeiter sein. Werten Sie die Ergebnisse des Vergleiches beider Einschätzungen mit Ihren Mitarbeitern sowie mit Ihrer vorgesetzten Führungskraft aus und suchen Sie nach konkreten Anregungen und Maßnahmen zur Verbesserung bei den Bedingungen, die mit »3« oder »4« eingeschätzt wurden und kommunizieren Sie dieses. Ihr Einsatz und die Kommunikation sind wichtige vertrauensbildende Maßnahmen!

Persönliche Maßnahmen

Was nehme ich mir für die nächsten 6 Wochen i. S. einer Erhöhung meiner Kompetenz »Mitarbeiterförderung« vor? (Stichworte):

___

___

Was werde ich zuerst und vorrangig tun? (Stichworte):

___

___

Wie kontrolliere ich die Resultate? (Stichworte):

___

___

Wo werde ich mich weiter zum Thema »Mitarbeiterförderung« informieren? (Stichworte):

___

___

Als weiterführende Informationsquellen empfehlen wir

Beer, M. et al.: Der perfekte Chef. Harvard Businessmanager, August 2008
Heyse, V.; Ortmann, S.: TalentManagement in der Praxis. Eine Anleitung mit Arbeitsblättern, Checklisten, Softwarelösungen. Waxmann Verlag, Münster u. a. 2008
Roth, G.: Persönlichkeit, Entscheidung und Verhalten. Warum es so schwierig ist, sich und andere zu ändern. Verlag Klett-Cotta, Stuttgart 2007
Wucknitz, U.; Heyse, V.: RetentionManagement. Schlüsselkräfte entwickeln und binden. Arbeitsblätter, Checklisten, Softwarelösung. Waxmann Verlag, Münster u. a. 2008

Entscheidungsfähigkeit A/P
(Führungskräfte)

▶▶ Grundsätzliche Überlegungen

Inzwischen gibt es sehr gute, wegleitende Bücher zum Thema Entscheiden und der damit verbundenen Fähigkeit. In diesem MIT, das auf dem gleichnamigen im Kapitel II aufbaut, soll auf einige spezielle Fragen eingegangen werden:
- Wie entscheiden wir im Alltag? Rationale und psychologische Hintergründe.
- Kann der Mut zum Entscheiden bei Erwachsenen (noch) entwickelt werden?
- Was hält uns davon ab, falsche bzw. nicht realisierbare Ziele und Entscheidungen zu revidieren?

1. Wie entscheiden wir im Alltag? Rationale und psychologische Hintergründe

Entscheidungen sind mit komplizierten rationalen und emotionalen Prozessen verbunden, ebenso mit der individuellen Konzentrationsfähigkeit, sozialen Bestätigung oder Ablehnung und vielem anderen mehr. Wichtig ist in diesem Zusammenhang die Erkenntnis, dass der Mensch schnell überfordert ist, wenn eine Situation nur *mäßig komplex* wird. Wir verfügen über ein sehr begrenztes Kurzzeit- und Arbeitsgedächtnis und können in der Regel nicht mehr als fünf einfache Sachen im Kopf behalten und nicht mehr als zwei Vorgänge gleichzeitig verfolgen. Wir können mehr erreichen, wenn wir uns ungestört auf eine Sache konzentrieren können. Im heutigen betrieblichen Alltag sind jedoch die Ablenkungen und der Zeitdruck enorm. Allerdings können wir unsere kapazitative Enge, unser Aufmerksamkeitsbewusstsein dadurch unterlaufen, dass wir auf unser Vorbewusstsein zurückgreifen und auch intuitiv Probleme lösen können – und damit unsere Fähigkeit zur Verarbeitung komplexer Informationen enorm erhöhen.

Lange Zeit wurde angenommen, dass der Mensch bei seinen Entscheidungen und Handlungen möglichst rational und ökonomisch vorgeht (homo oeconomicus). Dagegen steht aus heutiger Sicht, dass komplizierte Entscheidungssituationen schon auf Grund der Komplexität, der mangelhaften Informationen über die Anfangs-, Verlaufs- sowie diversen Randbedingungen, der Grenzen der Berechenbarkeit sowie auf Grund der begrenzt zur Verfügung stehenden Zeit nicht optimal bewältigt werden können. Oft sind auch die Ausgangsbedingungen eingeschränkt und erschweren rationale Entscheidungen: Die vorrangig anzusteuernden Ziele sind unscharf, es gibt keine Präferenzordnung der Ziele, Handlungsalternativen sind nicht oder nicht ausreichend bekannt und ebenso die Wahrscheinlichkeit wichtiger Ereignisse und Folgen nicht.

Es ist also besser, von einer begrenzten Rationalität auszugehen, die in enger Verbindung mit intuitiven und emotionalen Prozessen zu sehen ist. Häufig wissen Entscheider nicht ausreichend, was sie eigentlich wollen und suchen zudem nach möglichst einfachen Lösungen, die dann nicht streng rational, sondern intuitiv entschieden werden. Sie orientieren sich an Erfahrungen aus der Vergangenheit, denen vergleichbare Entscheidungssituationen zugrunde liegen.

Neueren Forschungsergebnissen zufolge (Gigerenzer 2007, Roth 2007) verhalten sich die Menschen im Alltag eher nach einfachen Regeln und heuristischen Entscheidungsprinzipien. Für relativ einfache Entscheidungssituationen ohne dramatische Folgen nach schlechten Entscheidungen ist das ausreichend. Und dieses Verhalten ist auch im betrieblichen Alltag anzutreffen. Das Kennen der typischen Entscheidungs-Heuristiken und das Abwägen von Ziel und Entscheidungslösung erleichtert der Führungskraft die Suche nach tragfähigen Lösungen das kritische Überdenken bereits getroffener Entscheidungen.

Kennzeichen

Insbesondere folgende Entscheidungs-Heuristiken dominieren im Alltag:
- Beschränke dich auf wenige hervorstechende Merkmale, auf deren Grundlage du eine Entscheidung zwischen Alternativen triffst. Das »minimalistische« Entscheidungsprogramm kommt mit einem Merkmal aus.
- Dem liegt die Annahme zugrunde, dass *weniger mehr ist* und zu viele Informationen nicht verarbeitet werden können und somit auch nicht weiterbringen. Zu viele Informationen verwirren.
- Gib' das Streben nach der optimalen Strategie auf und suche (nur) so lange, bis du eine zufrieden stellende Lösung gefunden hast. Zwar gelingen damit häufig nur »nebenoptimale« Lösungen, jedoch die Wahrscheinlichkeit optimaler Lösungen ist äußerst gering und eine Erhöhung ist an viel Zeit und großen Datenaufwand gebunden.
- In vielen Fällen wird nur aufgrund von ein oder zwei Kriterien entschieden – und das recht erfolgreich.
- Entscheide aufgrund desjenigen Merkmals oder Kriteriums, das schon früher in einer vergleichbaren Situation am brauchbarsten war. Entscheide erfahrungsgestützt.

- Erarbeite dir eine Liste möglicher Unterscheidungsmerkmale. Fange dann oben an und hör auf, wenn du in der Lage bist, eine Entscheidung zu fällen. Wenn du verschiedene Alternativen hast, so streiche nacheinander all die, die wenig zu einer Lösung beitragen und wiederhole das so lange, bis nur noch eine Alternative übrig ist.
- Informiere dich über die Erfahrungen anderer bei der Lösung dieses Entscheidungsproblems oder vergleichbarer. Verkürze dein Suchen durch die Adaption ihrer Empfehlungen. Damit wählst du den Weg der Expertise, dem mindestens vier Teilstrategien zugrunde liegen können:
  - Statt selbst zum Profi auf einem bestimmten Gebiet zu werden, wende dich an einen solchen.
  - Wähle die Alternative, die sich bei anderen bewährt und einen guten Ruf hat.
  - Entscheide so, wie viele es tun.
  - Höre auf die persönlichen Empfehlungen von Bekannten, von denen anzunehmen ist, *dass sie hinsichtlich der anstehenden Entscheidungssituation von ähnlichen* Betrachtungen ausgehen wie du.

Diese Heuristiken sind nicht nur überraschend wirksam, sondern auch sehr zeitökonomisch. Allerdings muss die Führungskraft stets im Auge haben, dass mit ihnen Ungenauigkeiten, Risiken und suboptimale Lösungen verbunden sind. Entscheidungs-Heuristiken unterstützen Entscheidungen gegen die Alternative(n) mit den schlimmsten Folgen, garantieren jedoch keine optimalen Lösungen. Wenn dieses Bewusstsein nicht verloren geht und damit verbunden die Bereitschaft zur Kursänderung, Korrektur von Entscheidungen oder Nachholen erforderlicher umfangreicherer Analysen, dann können die Entscheidungs-Heutistiken deutlich zur Performance-Steigerung und Beschleunigung von Entscheidungen beitragen.

☞ Empfehlungen

Für Situationen mit großer individueller oder unternehmensspezifischer, ökonomischer, ökologischer, organisatorischer … Tragweite reichen diese Heuristiken natürlich nicht. Um aber auch hier schneller zu Entscheidungen zu gelangen sind folgende Empfehlungen (nach Dörner 2003) nützlich:
1. Gehe zur Strukturierung komplizierter Prozesse sinnvollerweise erst einmal von drei Faktoren aus, die den vorgefundenen Prozess hauptsächlich bestimmen. Identifiziere diese Faktoren und untersuche ihre langfristigen Wirkungen (organisatorische, soziale, wirtschaftlichen, ökologische, ethische …) und anhängigen störenden Folgen sowie die mit ihnen verbundenen Risiken. Hol dir dazu auch Meinungen Dritter ein.
2. Fange nicht mit einzelnen Maßnahmen an, die dir gerade ins Auge stechen, sondern analysiere sorgfältig, worin das Problem eigentlich besteht (suche nach dem Problemkern) und wie dringend seine Lösung ist.
3. Bedenke die mittel- und langfristigen Folgen der einzelnen Maßnahmen und die Auswirkungen auf andere Bereiche.
4. Bedenke die große Rolle positiver oder negativer Rückkopplung (insbesondere die Tot- und Verzögerungszeiten) bei jedem Eingreifen in einen laufenden Prozess.

5. Überprüfe deine Arbeitshypothesen und Strategien in der Realität.
6. Starte nicht sprunghaft neue Projekte bei ersten Misserfolgen, sondern verfolge geduldig, aber zugleich selbstkritisch und realitätsüberwacht eine bestimmte Strategie auch gegen Widerstände.
7. Drücke dich nicht vor Eigenverantwortung und suche bei Misserfolgen nicht nach Sündenböcken, sondern stehe zu deinen Entscheidungen und versuche sie zu korrigieren – falls dazu Gelegenheit besteht.

Zu ergänzen wäre:
8. Je komplexer die Entscheidungssituation und umfangreicher die möglichen Folgen und Risiken sind, desto wichtiger ist es, dass du bei den Schritten 1.–4. Fachleute aus verschiedenen Disziplinen und mit unterschiedlichen Betrachtungsweisen zu Rate ziehst. Das kann über mündliche oder schriftliche Einzelkontakte wie auch durch zeitweilige multidisziplinär zusammengesetzte Arbeits- oder Erfahrungsgruppen geschehen. Allerdings musst du darauf achten, dass dadurch keine zeitliche Verzögerung deiner Entscheidung eintreten darf.
9. Teile deine Entscheidung und die ihr zugrunde liegenden Faktoren und Bedingungen deinen Mitarbeitern mit, leite daraus mit ihnen gemeinsam die notwendigen Maßnahmen und Verantwortlichkeiten ab, prüfe in der Folgezeit den Fortschritt der Umsetzung und kommuniziere während des laufenden Prozesses Erfolge wie auch aufkommende Probleme.

2. Kann der Mut zum Entscheiden bei Erwachsenen (noch) entwickelt werden?

In einer umfassenden Studie zur Kompetenzentwicklung im Wiener Tourismusmanager wurden Top-Führungskräfte nach ihrem biografischen Kompetenzerwerb und den heutigen Erfahrungen befragt[1]. Nachfolgend werden einige typische individuelle Erfahrungen in Form von Zitaten wiedergegeben. Aus ihnen wird das enge Verhältnis von systematisch vorbereiteten und eher spontanen Entscheidungen ersichtlich, die bestimmende Komponente des Mutes, Entscheidungen zu treffen und zu ihnen zu stehen sowie die Überzeugung der Trainierbarkeit und Entwicklung der Entscheidungsfähigkeit.

Zitate
- »*Man muss in einem Unternehmen ... oft sehr schnell Entscheidungen treffen. Man hat oft nicht die Zeit, sich genug Informationen zu holen und übersieht dann, dass man als Führungskraft stark differenzieren muss: Wann nehme ich mir wieviel Zeit für die Entscheidung? Und dass man sich diese Zeit auch nehmen muss. Diese Differenzierung halte ich für einen wichtigen Lerneffekt. Um Entscheidungen schnell zu fällen muss man natürlich auch mutig sein. Das ist ja immer Training im Leben ... Sie müssen sich trauen,*

---

1 Heyse, V.; Meir, M.; Pejrimovsky, G.: Kompetenzprofile und Kompetenz-Entwicklung im Tourismus (Wien), FHW, Wien 2008.

- *Entscheidungen zu fällen; Sie müssen Ihr Hirn trainieren, damit Sie schnell einen Blick für alles bekommen und das einschätzen können. Und Sie müssen dann den Mut haben, zu entscheiden und die nächsten Schritte aufzuzeigen.«*
- *»Wenn ich an das Unternehmen denke, dann habe ich die einzelnen Bereiche, in denen ich jeden Tag strukturiert Entscheidungen treffen muss – kleinere und weitreichende. Und wo ich immer, je nach Zeitabschnitt, im Überblick behalten muss, dass der jeweilige Bereich hinsichtlich der Vorbereitung und dann noch der Entscheidung rechtzeitig anzusprechen ist. Also, ich muss einen sehr strategischen Überblick über die einzelnen Bereiche behalten können. Ich muss genau wissen: Wann muss ich mit meinen F&B Leuten was besprechen? Welche Planung muss wann fertig sein? Welches Controlling muss ich wann anschauen? ... Schließlich muss ich wissen, wann ich mich mit strategischen (zukünftigen) Dingen auseinandersetze und somit spätere Entscheidungen vorbereite.«*
- *»Die Entscheidungsfreude lernst Du automatisch, wenn Du ein großes Unternehmen führst. Wenn Du nicht entscheidungsfreudig bist, führst Du das Unternehmen nicht richtig. Die Entscheidungsbereitschaft kann man trainieren. Ich glaube, dass das wichtig ist, dass man Menschen vor Augen führt, was das für Auswirkungen hat, wenn jemand in einer Runde sitzt und die Entscheidungen nicht sofort trifft. Völlig wurscht, ob richtig oder falsch. Das ist das Schlimmste, was es gibt.«*
- *»Ich bin darauf gekommen, dass schnelle und rasche Entscheidungen irrsinnig wichtig sind. Egal, mit welchen Menschen man arbeitet, das braucht jeder. Egal, auf welcher Ebene man sich befindet .... Ich kenne keine einzige Führungskraft mit Entscheidungsschwächen, die erfolgreich ist. Aber viele, die nicht erfolgreich waren.*
- *»Es ist gut, zum Beispiel einfach Berichte einzufordern. Von gewissen Leuten fordere ich dann Wochenberichte ein. Da wird nicht reingeschrieben, was alles analysiert wurde, sondern die Ergebnisse. Das ist schon entwickelbar, allerdings nur mit Druck und Dranbleiben. Entscheidungsfähigkeit entwickeln geht nicht ohne Führung und entsprechende Rahmenbedingungen, die Entscheidungen erzwingen.«*

☞ Empfehlungen

Ein (Selbst-)Training zum mutiger werden, Entscheidungen zu treffen und zu ihnen zu stehen schließt verschiedene regelmäßige Schritte ein:
- Das Überdenken der eigenen Arbeitsweise: Halte ich mich zu lange mit Dingen auf, neige ich zum Verzetteln? Neige ich zur Perfektion und zu 120 % Qualitätsanspruch, obwohl nur 94 % erforderlich wäre? → Täglich/wöchentlich klare Prioritäten setzen, Realzeitplanung, *mit weniger* Energie/Kraftaufwand/Zeit *mehr leisten.*
- Klare Ziele setzen mit Teilzielen, Maßnahmen und zeitökonomischem Aufwand.
- Im Kleinen rasche Entscheidungen üben und zu diesen Entscheidungen stehen: Zum Beispiel statt des stets üblichen langen Studierens der Speisekarte dazu übergehen, in *zwei Minuten* die Auswahl zu beenden und das Herausgesuchte überzeugend zu bestellen.
- Andere in ihrem Entscheidungsverhalten beobachten und nach ihrem Vorgehen befragen.

3. Was hält uns davon ab, falsche bzw. nicht realisierbare Ziele und Entscheidungen zu revidieren?

> Es scheint, als würden sich die meisten Menschen sagen: Der Weg ist das Ziel – auch dann, wenn er rau ist und im Ruin endet. (Nikolas Westerhoff)

Gegenwärtige Probleme

Eine allgemeine Tendenz in allen Lebensbereichen ist das Klammern an einmal gesetzten Zielen und Entscheidungen, obwohl erkennbar ist, dass diese Ziele nicht erreicht werden können oder aber sich inzwischen überholt haben. Insbesondere stark vernunftsorientierte Personen haben schwer, falsche Entscheidungen zurückzunehmen und durch neue Ziele und Entscheidungen zu ersetzen. Wahrscheinlich liegen dem vor allem zwei Ursachen zu Grunde:
1. Die schon frühkindlich erworbenen Einstellungen, beharrlich einmal gesetzte Ziele zu verfolgen, nicht aufzugeben und nicht schwach zu sein, konsequent und widerspruchsfrei zu den eigenen Entscheidungen oder zu denen von Autoritäten zu stehen.
2. In der Leistungsgesellschaft ist es anscheinend verpönt, als »schlechter Entscheider« oder als »Umfaller« dazustehen. Lieber mit der Entscheidung untergehen als sie zu bereuen und als entscheidungsschwach zu gelten. Dass die Entscheidungsstärke gerade im Gegenteil besteht, nämlich sich rechtzeitig von falschen Zielen zu verabschieden, dieses öffentlich zu machen und mutig neue Entscheidungen zu treffen, wird dabei verkannt.

Aus diversen Untersuchungen können folgende »typische« menschlichen Verhaltenstendenzen, der insbesondere die Angst des Verlierens zu Grunde liegt, hervorgehoben werden[2]:

Kennzeichen

- Menschen sind umso unwilliger, den einmal eingeschlagenen Entscheidungsweg zu verlassen, je größer die »gefühlte« Nähe zu einem Ziel ist. Und: zeitlich nahe liegende Ereignisse haben subjektiv ein höheres Gewicht als zeitlich ferner liegende. Entsprechend werden nahe liegende Ziele eher verfolgt als weiter weg liegende – auch wenn die Vernunft an den näher liegenden Zielen zweifeln sollte.
- Je länger man an einer Entscheidung festhält, desto näher glaubt man sich subjektiv am Ziel, auch wenn das tatsächlich nicht der Fall ist. Je länger jemand auf ein bestimmtes Zel hinarbeitet, desto mehr glaubt diese Person, dass sie es irgendwann auch erreicht

---

[2] Vgl. Westerhoff, N.: Mit Vollgas in den Untergang. SZ Juni 2008.

(und das nicht nur bei Wettspielen und Wertpapieranlagen). Es kommt zu einer Art Tatsachenblindheit.
- Menschen tendieren dazu, ihr bisheriges Verhalten auch unter erheblichen Kosten fortzusetzen, wenn Verhaltensalternativen mit unkalkulierbaren Risiken verbunden sind.
- Zunehmende Verluste werden nicht mehr als solche gesehen; man hat sich schon an sie gewöhnt und wartet nun auf die positive Wende, die alles wieder gut macht. Auch ein deutliches externes Feedback zu der falschen Entscheidung führt häufig zu keiner Revision dieser.
- Sehr schwer scheint es zu sein, selbst gewählte Ziele aufzugeben oder aus unternehmensinternen Projekten auszusteigen, die zwar zweifelhaft sind, aber an die Loyalität und Leistungsmotivation der Mitarbeiter appellieren.
- Besonders rationale Personen stehen vor besonders großen psychischen Problemen, falsche Entscheidungen zu widerrufen. Sie sammeln viele Gründe für die Entscheidung, rationalisieren und verdrängen und stellen sie schließlich nicht in Frage.
- Für das Festhalten an falschen Entscheidungen ist insbesondere die Führungskraft entscheidend – und das umso mehr, wie die Mitarbeiter bzgl. des Inhaltes und der Rahmenbedingungen unerfahren oder unsicher sind. Die Führungskraft setzt (unbewusst) gegenseitig verpflichtende soziale Normen für die noch jüngeren Mitarbeiter und für die Meidung von negativen Ergebnissen. Das Prinzip der Hoffnung macht anscheinend stark und unrealistisch. Die soziale Norm suggeriert eine unbedingte Zielbeharrlichkeit – auch wenn es zu Rückschlägen kommt.
- Solange es eine minimale Erfolgschance gibt, weichen auch Entscheider, die wissen, dass sie eine schlechte Entscheidung getroffen haben, aus Imagegründen nicht von ihrer ehemaligen Entscheidung ab.
- Sehr Aktive sowie starke Optimisten handeln eher risikofreudig und fahren mit hohem Tempo in den Untergang bestimmter Projekte.
- Zusammenfassend kann festgestellt werden: Führungskräfte und Mitarbeiter tun sich sehr schwer, von einem einmal gefassten Vorhaben abzulassen.

☞ Empfehlungen

Was kann man tun, um diesen Fallen zu entgehen?
1. Es empfiehlt sich, im Unternehmen (sowie im privaten Bereich) Regeln für den Abbruch von Zielen Vorhaben, Projekten zu vereinbaren und diese Regeln auch gegenüber Statushöheren durchzusetzen.
2. Bei verfahrenen Entscheidungen und Projekten sollte die Verantwortung neu geregelt werden. Wer neu einsteigt und die bisherigen Ziele und Entscheidungen nicht als die eigenen empfindet, hat es wesentlich leichter, Fehlentscheidungen zu revidieren und neu anzufangen.
3. Es ist ratsam, einige unbestechliche Berater in Situationen aufzusuchen, wo man noch merkt, dass es mit einer Umkehr besser wäre. Ernstnahme des externen wie auch internen Feedbacks und Mut zur eigenen Meinungsvielfalt.

Persönliche Maßnahmen

Was nehme ich mir für die nächsten 6 Wochen i. S. einer Erhöhung meiner »Entscheidungsfähigkeit« vor? (Stichworte):

_____

_____

Was werde ich zuerst und vorrangig tun? (Stichworte):

_____

_____

Wie kontrolliere ich die Resultate? (Stichworte):

_____

_____

Wo werde ich mich weiter zum Thema »Mitarbeiterförderung« informieren? (Stichworte):

_____

_____

Als weiterführende Informationsquellen empfehlen wir

Albert, J.: Besser entscheiden. Verlag Eichborn (berufsstrategie), Frankfurt a. M. 2006
Dörner, D.: Logik des Misslingens. Strategisches Denken in komplexen Situationen. Rowohlt Taschenbücher, Reinbek 2003
Gigerenzer, G.: Bauchentscheidungen. Die Intelligenz des Unbewussten und die Macht der Intuition. Verlag c. Bertelsmann, München 2007
Kast, B.: Wie der Bauch dem Kopf beim Denken hilft. Verlag S. Fischer, Frankfurt a. M. 2007
Roth, G.: Persönlichkeit, Entscheidung und Verhalten. Verlag Klett-Cotta, Stuttgart 2007

Belastbarkeit

A/P

(Führungskräfte)

Dieses MIT baut auf dem gleichnamigen für Mitarbeiter auf. Es konzentriert sich vor allem auf neue Erkenntnisse der Medizin und Psychologie gegen den Alltagsstress.

▶▶ Grundsätzliche Überlegungen

Gegenwärtig gibt es eine Vielzahl von Veröffentlichungen und Trainings- sowie Therapieangeboten zur Stressminderung und Erhöhung der individuellen Belastbarkeit. Für den Einzelnen wird es immer schwerer, sich in dem Überangebot zurechtzufinden. Deshalb werden in diesem MIT für Führungskräfte ausgewählte und auf ihre Empfehlbarkeit geprüfte Methoden kurz vorgestellt. So wie es keine generelle Methode zum erfolgreichen Abnehmen für alle Menschen gibt, so ist das auch hinsichtlich der Methoden der Belastbarkeit für Führungskräfte. Insofern sind die folgende Darstellung als Methoden-Menü zu betrachten, aus dem man persönlich auswählen sollte.

Ferner wird auf zwei spezielle Fragen eingegangen werden:
- Umgang mit Suchtproblemen und
- Schutz vor Zumutungen von schwierigen Vorgesetzten.

> Ein Mensch sagt – und ist stolz darauf –, er gehe in seinen Pflichten auf. Bald aber, nicht mehr ganz so munter, geht er in seinen Pflichten unter. (Eugen Roth)

Gegenwärtige Probleme

Wie gehe ich mit meiner Energie um?

Viele Führungskräfte beuten sich heute bis zur völligen Erschöpfung selbst aus. Sie arbeiten 12 und mehr Stunden am Tag, stehen unter großem Erfolgszwang, vermissen Vorbildwirkung und Führung durch ihre Vorgesetzten und bemerken die immer deutlicher werdende körperlichen, geistigen und emotionalen Probleme. Sie sehen sich im Widerspruch zwischen dem immer stärker werdenden inneren Antrieb, noch besser, schneller werden zu wollen und der zunehmenden Einsicht, bald am Ende der eigenen Kräfte zu sein. Sie verausgaben auf Dauer mehr Energie als dass sie sie auftanken können.

Schwartz (2008) hat in einem Unternehmensberatungs-Projekt »The Energy Projekt« umfangreiche Erfahrungen beim Ausbauen und Erneuern der Energie von Führungskräften gewonnen. Er geht davon aus, dass der Mensch seine Energie aus vier Quellen speist: Körper, Emotionen, Verstand sowie das Empfinden von Sinnhaftigkeit.

Die Betroffenen müssen nach Schwartz erkennen, welches Verhalten ihre Energiereserven aufzehrt, und sie müssen Eigenverantwortung dafür übernehmen, dieses Verhalten zu verändern. Dabei kann an jedem der vier Energiequellen angesetzt werden, um neue Energien aufzutanken. Die dazu notwendigen Verhaltensweisen müssen zunächst bewusst und zu bestimmten Zeiten einsetzen. Ziel sind schnelle, unbewusst und automatisch ablaufende Verhaltensweisen. Dafür entwirft Schwartz nach einem Energie-Check-up für Manager (siehe Literaturangabe) individuelle Energieprogramme.

Am Beispiel der von ihm beratenen Bank Wachovia beschreibt Schwartz die Wirkung seines Trainingsprogramms zur Energieerneuerung und zum Vorbeugen möglicher »Energiekrisen« bei den Führungskräften.

Empfehlungen

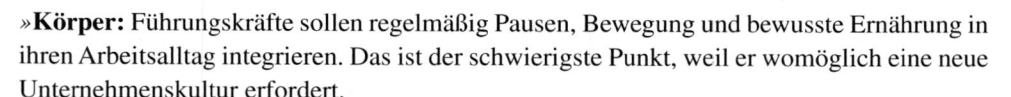

»**Körper:** Führungskräfte sollen regelmäßig Pausen, Bewegung und bewusste Ernährung in ihren Arbeitsalltag integrieren. Das ist der schwierigste Punkt, weil er womöglich eine neue Unternehmenskultur erfordert.

Emotionen: Sie lassen sich bewusst steuern, etwa mit der Entscheidung, Mitarbeitern regelmäßig Anerkennung zu schenken oder Probleme mit einer positiveren Einstellung zu betrachten.

Verstand: Wer auf jede Email reagiert, braucht viel länger für seine eigentliche Aufgabe. Trainierte Rituale, Verhaltensweisen helfen Managern, ihre Konzentration zu stärken und bei der Arbeit Prioritäten zu setzen.

Sinn: Die meisten Führungskräfte denken kaum darüber nach, was sie gut und gern tun. Dabei kann diese Überlegung der Schlüssel zu ihrer Energie sein – ebenso wie die Frage, was ihnen im Leben wirklich wichtig ist. Sinnhaftigkeit kann aber nur als Energiequelle dienen, wenn wir unsere Prioritäten kennen und in drei Kategorien die passenden Rituale einführen:

1. Bei der Arbeit jene Dinge tun, die wir am besten können und die uns die größte Freude machen.
2. Unsere Zeit und Energie bewusst auf die Bereiche des Lebens konzentrieren, die uns am wichtigsten sind – Arbeit, Familie, Gesundheit oder Ehrenämter.
3. Dafür sorgen, dass unser alltägliches Leben mit unseren grundlegenden Wertvorstellungen übereinstimmt.«[1]

Die Überlegungen zu individuellen Energieprogrammen zielen in den Mittelpunkt der zunehmend diskutierten Work-Life-Ballance, einem der Big Five der kommenden zehn Jahre in der Organisations- und Personalentwicklung.

Methode der Achtsamkeit für Führungskräfte

> Es ist gut und tut gut, auch für sich selbst ein aufmerksames Herz zu haben. Es ist gut und tut gut, auch sich selbst nicht fremd zu sein. Es ist gut und tut gut, auch zu sich selbst gut zu sein. Es ist gut und tut gut, auch für sich selbst da zu sein.
> (Bernhard von Clairvaux)

Zunehmend rückt die »Methode der Achtsamkeit« in das öffentliche Interesse. Sie vereint Konzentrations-, Atem- und Meditationstechniken in sich und soll seelischen wie auch körperlichen Erkrankungen entgegenwirken.

! Gegenwärtige Probleme

Der Verhaltensmediziner Jon Kabat-Zinn (2005) entwickelte die »Methode der achtsamkeitsbasierten Stressminderung. Er verweist darauf, dass Menschen häufig in einer sogen. *Alltagstrance* leben, wie von einem Autopiloten gesteuert und weit entfernt von einer bedachten Selbststeuerung, bei der alle Seiten der Realität aufmerksam wahrgenommen werden und auf dieser Grundlage dann gehandelt wird. Unterstützt wird dieses Verhalten durch kulturelle Reizüberflutungen und einem Menschenbild, dass derjenige als besonders wertvoll angesehen wird, der viele Dinge gleichzeitig erledigen kann. Viele unwesentlichen Sachen und Ereignisse werden verfolgt, die Konzentration auf das Wesentliche leidet darunter.

Dagegen wendet sich die Methode der Achtsamkeit von Kabat-Zinn und orientiert darauf, die Aufmerksamkeit ganz bewusst und mit klarer Absicht auf das *aktuelle Erleben* zu richten und das aktuell Wahrgenommene nicht vorschnell zu bewerten und zu verdrängen.

Kabat-Zinn baut auf der jahrtausend alten buddhistischen Erfahrung der Meditation auf, die zwar auch im europäischen Raum zunehmend auf Interesse stößt, jedoch immer noch

---

1 Diese und weitere Empfehlungen zur Verbesserung der eigenen »Energiebilanz« sind auch nachzulesen bei: Schwartz, T.; Loehr, J.: Die Disziplin des Erfolgs. Von Spitzensportlern lernen. Energie richtig managen. Verlag Econ, Düsseldorf 2003; Bloss, H.A.; Bloss, E.: Fit ohne Sport. Ihr Alltag ist Training genug. Knaur, München 2007; Kerber, B.: Die Arbeitsfalle – und wie man sein Leben zurückgewinnt. Verlag Walhalla u. Praetoria, Regensburg 2008.

im Widerspruch zum tiefen Rationalismus des Westens zu stehen scheint. Die Nutzung der meditativen Synergien schreitet genauso zögerlich vor wie vor zwei Jahrzehnten noch solche asiatischen Methoden wie die Akupunktur.

Kennzeichen

In der achtsamkeitsbasierten Stressminderung (mindfulness based stress reduction, MBSR) üben die Teilnehmer *vier Arten der Achtsamkeit* ein:
1. Ein Body-Scan wird geübt: das aufmerksame Durchwandern des Körpers mit geschlossenen Augen im Liegen – von den Zehenspitzen bis zum Scheitel, um so viel wie möglich wahrzunehmen und sich voll auf sich selbst zu konzentrieren.
2. Übungen aus dem Hatha-Yoga werden realisiert.
3. Die Teilnehmer lernen die Achtsamkeitsmeditation, in der sie in innerer Distanz ihre Empfindungen, Gefühle und Gedanken aufmerksam betrachten sollen.
4. Das *vierte Element* schließt die Aufgabe ein, im individuellen Alltag einzelne Handlungen langsamer und bedachter auszuführen.

Durch das Achtsamkeitstraining verändert sich in erster Linie die persönliche Einstellung zu Problemen, alltäglichem Stress und dadurch mittelbar das Erleben von Störungen und psychischen Beeinträchtigungen oder der empfundene Stress selbst. Es wird die Einstellung zu den bisher störenden Gedanken verändert. Die Teilnehmer lernen, sie als flüchtige geistige Ereignisse zu betrachten und sich nicht mit ihnen zu identifizieren.[2] Automatische Gedanken- und Gefühlsabläufe werden unterbrochen, und das stoppt auch die Verhaltensgewohnheiten, eingeschliffene Reaktionsmuster. Es findet eine De-Automatisierung statt.

Australische Untersuchungen weisen nach, dass Achtsamkeit zu mehr Feingefühl, Konzentration und Offenheit für Erfahrungen führt.[3]

> Das Grundprinzip der Methode der Achtsamkeit ist ein sehr Einfaches, nämlich die Konzentration auf die unmittelbare Gegenwart, auf das Hier und Jetzt – und das mit erstaunlichen Folgen.

Einfache kleine Übungen im Alltag bringen uns dem Prinzip der Achtsamkeit schon nahe.

Empfehlungen

1. Schulen Sie Ihre Aufmerksamkeit und Konzentration auf das Wesentliche, indem Sie sich eine halbe Stunde Zeit nehmen und langsam durch den Ort, in dem Sie schon lange wohnen, fahren oder gehen. Sehen Sie ihn mit anderen Augen, ganz naiv. Gehen Sie da-

---

2 Nach Geuter, U.: Achtsamkeit – das Mittel gegen den Alltagsstress. Psychologie heute, Heft 8/August 2008.
3 Ivanovski/Mahli 2007, zit. bei Geuter (2007).

von aus, dass Sie diesen Ort (oder diesen Stadtteil) zum ersten Mal betreten und er Ihnen bisher unbekannt war. Was entdecken Sie nun alles? Was fällt Ihnen auf?
2. Gehen Sie nicht immer in die gleichen Lokale, sondern suchen Sie ganz bewusst ein neues auf. Fahren Sie – auch wenn es mit einem kleinen Umweg verbunden ist – durch andere Straßen zur Arbeit. Gehen Sie auch einmal Treppen rückwärts herunter.
3. Durchbrechen Sie bewusst und aufmerksam ihre automatischen Handlungsabläufe und Rituale.

Die Methode der Achtsamkeit eignet sich nicht nur als Mittel *gegen* den *wahrgenommenen Alltagsstress* und seine Minderung, sondern auch sehr gut für eine *frühe Stressprophylaxe*. Diese Methode steht auch in einer gewissen Beziehung zum MIT Humor für Führungskräfte. Empfehlungen.

Neben den empfohlenen zwei Übungen gibt es einige einfache Maßnahmen zum achtsamen Umgang mit sich selbst:[4]

- **Nein-Sagen lernen**. Prüfen Sie, ob Sie ein Helfersyndrom haben und sich unter Rückstecken eigener Ziele und Interessen für andere einsetzen und Ihre eigenen Prioritäten über den Haufen schmeißen.

- **Sich weniger unter Druck setzen.** Schrauben Sie Ihre eigenen Ansprüche herunter, wenn Sie zum Perfektionismus neigen und andere Ihnen das ebenfalls bescheinigen. Konzentrieren Sie sich auf weniger Aufgaben, wenn Sie zum Aktionismus neigen und zu viele anscheinend interessanten Aufgaben an sich reißen. Fressen Sie weniger in sich herein, wenn Sie merken, dass andere zu Ihnen unfair sind und Dinge von Ihnen erwarten, die Sie (zeitlich) überlasten. Haben Sie den Mut zu einer offenen Rückmeldung.

- **Den persönlichen Antrieb klären.** Wenn Sie sehr engagiert sind, stellen Sie sich kritisch die Frage nach Ihrem persönlichen Verhältnis von Energieverausgabung und Energieaufnahme. Wofür tun Sie das alles und sehen Sie einen Sinn darin? Arbeiten Sie oder werden Sie gearbeitet? Konzentrieren Sie sich auf solche Dinge, hinter denen Sie stehen, in denen Sie für sich persönlich einen Sinn sehen.

- **Rituale praktizieren**. Bauen Sie sich eine Schutzzone auf. Nehmen Sie sich nach Möglichkeit zweimal am Tag dreißig Minuten Zeit, um Gespräche zu führen, Spazieren zu gehen, zu meditieren, kurz: um etwas zu tun, was Ihnen Spaß macht und Ihnen hilft, Abstand zum Alltag und zum Getriebensein zu gewinnen.

- **Sich positiv beeinflussen**. Conen gibt dazu einen einprägsamen Rat:

»Trainieren Sie (täglich), auch die erfreulichen Seiten eines Tages wahrzunehmen. Stecken Sie sich dazu jeden Morgen eine Handvoll Bohnen in die Jackentasche. Lassen Sie dann für jede positive Kleinigkeit (Ihren Lieblingssong im Radio, ein leckeres Sandwich, ein gutes Gespräch) eine Bohne von der rechten in die linke Jackentasche wandern. Zählen Sie abends, wie viele schöne Momente Sie auf diese Weise gesammelt haben, und lassen

---

4 Nach Conen, H.: Passen Sie gut auf sich auf. Maßnahmen für den achtsamen Umgang mit sich selbst. Psychologie heute, Heft 8/August 2008.

Sie sie vor Ihrem inneren Auge noch einmal vorbeiziehen. Das hilft, sich vom stressbedingten Tunnelblick zu lösen.«

Seien Sie skeptisch, wenn auch an »miesen Tagen« keine einzige Bohnen wandern konnte.

ADHS und die Folgen

ADHS ist die Abkürzung von »Aufmerksamkeits- und Hyperaktivitätssyndrom«.

Kennzeichen

ADHS ist gekennzeichnet durch:
- Enorme Geschäftigkeit mit wenig ersichtlichem Erfolg,
- Sucht nach »Action«, nach Veränderungen, Lärm, Tratsch,
- Chronische Zeitnot,
- Innere und äußere Ungeduld,
- Geringe Konzentration, Zerfahrenheit, sprunghaftes Handeln,
- Emotionale Labilität, schnelle psychisch-soziale Verwundbarkeit,
- Zunehmende Vergesslichkeit,
- Unentschlossenheit bei Entscheidungen,
- Chaotischen Arbeitsstil.

ADHS ist eine Art »schnelles Leben«. Wolf (2007) verweist in diesem Zusammenhang auf folgende Konsequenzen:

> »Die sozialen Folgen des schnellen Lebens lassen sich am besten in Oxymora fassen: Wir praktizieren eine kontaktfreudige Anonymität, wir befinden uns in intimer Distanz und geselliger Isolation. Das heißt: Viele unserer Begegnungen sind heute ›medial‹ im Wortsinne – sie finden mittels neuer Medien statt. Dagegen verlieren die direkten Kontakte ›von Angesicht zu Angesicht‹ – mit Familienmitgliedern, Freunden, Nachbarn, Vereinen oder Gemeinden – an Bedeutung, sie wirken, verglichen mit den schnellen und wechselnden medialen Kontakten, oftmals langweilig, unspektakulär, mühsam«.

Welche Möglichkeiten gibt es, dem ADHS zu entgehen?

Empfehlungen

Erstens gilt es, sich auf das Wesentliche zu konzentrieren, nämlich auf das, was uns tatsächlich interessiert und was wir am besten können. *Zweitens* sollte geklärt werden, welche Wohlfühlfaktoren individuell besonders wichtig sind, welche sozialen Beziehungen vertieft und welche eher formalen Beziehungen besser aufgelöst werden sollten. Die Suche nach Wohlfühlsituationen, nach Wellness für die Seele und positiven Emotionen ist als Thema für Führungskräfte dringender denn je.

Es gibt nach Meinung der Wohlbefindensforscher verschiedene Möglichkeiten, das eigene Wohlbefinden zu erhöhen und dem ADHS-Syndrom wirkungsvoll zu begegnen. Dazu zählt:
- persönlich wertgeschätzte Ziele zu verfolgen;
- existentiell wichtige soziale Kontakte pflegen, anderen gegenüber positive Gefühle ausdrücken und formale aufrecht gehaltene, hohle Kontakte beenden;
- sich aktiv und dauerhaft für andere Menschen einsetzen, ihnen helfen und sie pflegen;
- Aufsuchen eines Ortes der Stille und Neugier darauf, was die Stille mit einem macht. Die Erfahrung der Stille führt uns zur eigenen Mitte, zu sich selbst. Die Einsamkeit, die in der Stille liegt, verliert ihre Bedrohlichkeit und spendet neue Lebensenergie;
- eine gesunde Seele wirkt wie eine dauerhafte Wellness-Behandlung für den Körper.

Philosophische Beratung

Um Belastungen abzubauen und die eigene Belastbarkeit zu erhöhen bietet sich also die »Methode der Achtsamkeit« – verbunden mit Meditationsübungen und anderen jahrtausend alten asiatischen Erfahrungen und Methoden an.

Andererseits bieten sich in Deutschland seit drei Jahrzehnten und zunehmend sogen. Philosophische Praxen für die Beratung insbesondere von Managern an. Auch hier wird mit 2500 Jahre altem Wissen auf aktuelle Management-Fragen und -Probleme eingegangen. In Deutschland gibt es mittlerweile mehr als 130 solcher Praxen. Die beratenden Philosophen gehen auf das Hier und Jetzt ein, sehen sich als praktische Philosophen, zum Teil als Wirtschaftsphilosophen. Sie leiten Sinnsuchende an, die eigene Weltanschauung zu hinterfragen und ihr Handeln aus der Ferne zu betrachten – nach dem Motto: »Distanz bringt neue Nähe«.

Diese Beratungen finden in Gesprächskreisen, also kleinen Gruppen, oder in mehrmaligen Einzelsitzungen statt.

Philosophische Praxen (Salons) haben eine gute Zukunft, wenn der Trend weiter zunimmt, dass verbindliche Normen weniger Wert haben, die Orientierung an den Hauptreligionen abnimmt, die Politik unglaubwürdig ist und weniger handlungsleitende Werte von den älteren Generationen weiter getragen werden.

! Gegenwärtige Probleme

Umgang mit Suchtproblemen

Die deutsche Hauptstelle für Suchtfragen schätzt, dass gegenwärtig in Deutschland allein rund 1,3 Millionen Alkoholabhängige leben. Hinzu kommen Medikamentenabhängige sowie Abhängige von illegalen Drogen (zum Beispiel Kokain). Allein die Behandlung der Alkoholsüchtigen (rund fünf Prozent der deutschen Angestellten sind süchtig) kostet das Gesundheitssystem jährlich rund 20.0 Mrd. Euro.

Die Alkoholabhängigkeit wird in vielen Fällen in unseren Unternehmen ignoriert, verdrängt oder klein geredet, und die Sucht wird nicht als Krankheit gesehen, sondern als unliebsame Eigenschaft bzw. als persönliches Versagen. Das gehört wohl auch zu einer Art Selbstverleug-

nung und Selbstschutz, zumal Führungskräfte besonders oft alkoholabhängig sind. Gerade Menschen, die sehr stark auf Anerkennung und Außendarstellungen orientiert sind, einem besonderen Leistungsdruck unterliegen und immer sehr flexibel sein müssen, neigen zum Drogenkonsum[5]. Führungskräfte der unterschiedlichen Hierarchieebenen konsumieren laut einer Untersuchung der Oberbergkliniken an 268 Behandlungsfällen zu 71,2 % Alkohol, zu 10,6 % Alkohol plus Medikamente, 8,8 % illegale Drogen, 5,3 % Alkohol plus illegale Drogen, 2,4 % Medikamente und 1,7 % andere Suchtmittel.
Was können und sollen Sie dagegen tun?

Empfehlungen

- Sprechen Sie vertraulich und dabei sehr offen mit den Betroffenen. Bieten Sie Ihre Hilfe an und machen Sie zugleich mit aller Deutlichkeit auf die Folgen der Sucht aufmerksam, die bis zur Entlassung führen (können). Schließen Sie eine Zielvereinbarung mit konkreten Terminen ab. Der erste Schritt der Suchtüberwindung ist das Eingestehen der Sucht und die Kenntnis der Folgen.
- Überzeugen Sie den Mitarbeiter, dass er eine Suchtberatungsstelle aufsucht bzw. einen Psychologen, der im Rahmen der Suchtprävention gute Coaching-Erfahrungen hat.
- Ermutigen Sie den Betroffenen, in eine Selbsthilfegruppe zu gehen und über diesen Weg den körperlichen Entzug zu verkürzen und die psychischen Probleme zu überwinden.
- Ermuntern Sie einen vertrauenswürdigen anderen Mitarbeiter zur aufmerksamen, gegenüber Dritten jedoch verschwiegenen »Patenschaft«.

Gegenwärtige Probleme

Schutz vor Zumutungen von schwierigen Vorgesetzten

Der ständige Ärger mit schwierigen Chefs senkt das Wohlbefinden und macht im schlimmsten Fall krank. Häufige Ursachen psychischer Probleme unterstellter Führungskräfte sind nach Stöger (2008) die Vergabe langweiliger und unnötiger Aufträge, grundlose Kritik oder immer wieder überzogene Kritik (zum Beispiel vor versammelter Mannschaft) sowie das Fällen einsamer Entscheidungen, die die Mitarbeiter dann ausbaden müssen. Und ein Großteil der davon betroffenen Führungskräfte haben nicht den Mut, sich zur Wehr zu setzen. Dabei lässt sich durchaus die Frustrationstoleranz erhöhen, wenn man nur den Mut hat, klärende Gespräche mit dem Vorgesetzten herbeizuführen und eigene Standpunkte klar und sachlich auszudrücken – ohne persönlich zu werden.

---

5 Siehe auch www.arbeitssucht.de und: Grabitz, I.: Betriebskrankheit Alkohol. In: Welt kompakt. 20. Juni 2008.

☞ **Empfehlungen**

Stöger (2008) gibt dazu in ihrem Buch gute Tipps. Ausschnittsweise seien hier einige wiedergegeben. Dabei handelt es sich um sehr konkrete Maßnahmen, die in ihrer Einfachheit sehr wirkungsvoll ins Zentrum des ungünstigen Verhaltens stoßen.

Der Happy-Hektiker
Er kommt immer wieder mit Ideen, Aufgaben, Projekten, Zuarbeitungsforderungen bevor die laufenden umgesetzt werden. Sie werden ständig mit neuen Erwartungen und Forderungen bombardiert und fühlen sich hierdurch überfordert.
Maßnahme: Bitten Sie ihn um Prioritäten. Fragen Sie, was wirklich wichtig ist und welche laufenden Aufgaben verschoben, delegiert oder abgebrochen werden können.

Der Kontroll-Vorgesetzte
Er delegiert ungern, ist gegenüber der Selbstständigkeit seiner unterstellten Führungskräfte und Mitarbeiter misstrauisch. Er kontrolliert ständig und unterbindet dadurch eigenständige Gedanken und Lösungswege.
Maßnahme: Vereinbaren Sie mit ihm, dass Sie ihm mehrfach einen Bericht (mündlich oder schriftlich) geben, nämlich einen Tag nach der Auftragserteilung, in der Mitte der Auftragsbearbeitung (oder zweimal während eines längeren Bearbeitungsprozesses) sowie nach Beendigung. Ansonsten bitten Sie ihn um persönliches Vertrauen.

Der Lawinen-Chef
Er überhäuft Sie mit Aufgaben, sodass Sie Tag und Nacht zu arbeiten haben. Machen Sie das, dann lädt er Ihnen noch mehr auf.
Maßnahme: Sagen Sie ihm, welche Aufgaben Sie nicht oder nur halbwegs lösen können und bitten Sie um Priorisierung und anderweitiges Verteilen der Aufgaben, da Sie schon weit überdurchschnittlich beansprucht sind und andererseits die Qualität nachließe.

Der unmögliche Vorgesetzte
Er gibt Ihnen Aufgaben, die gar nicht zu packen sind, weil die notwendige Kapazität, Zeit, Budget und notwendigen Ressourcen nicht ausreichen. Er gibt häufig unerfüllbare Vorgaben und zu wenig oder unzutreffende Basisdaten.
Maßnahme: Geben Sie ihm einen kurzen, sehr konkreten schriftlichen Bericht, in dem Sie begründen, welche Ziele Sie mit den vorhandenen Ressourcen tatsächlich erreichen können und was mit 20 oder mehr Prozent Ressourcen erreicht werden kann. Bitten Sie um eine Prüfung der bisherigen Vorgaben und Ressourcen.

Ausharren und ducken kann krank machen, vor allem die Angst vor einem Gespräch. Letzteres können aber nur die Betroffenen führen, da sie in der Regel sehr konkret benennen können, was an dem Verhalten (nicht an der Person!) ihres Vorgesetzten besonders ungünstig und erschwerend ist.

Persönliche Maßnahmen

Was nehme ich mir für die nächsten 6 Wochen i. S. einer Erhöhung meiner »Belastbarkeit« vor? (Stichworte):

_____

_____

Was werde ich zuerst und vorrangig tun? (Stichworte):

_____

_____

Wie kontrolliere ich die Resultate? (Stichworte):

_____

_____

Wo werde ich mich weiter zum Thema »Mitarbeiterförderung« informieren? (Stichworte):

_____

_____

Als weiterführende Informationsquellen empfehlen wir

Bloss, H.A.; Bloss, E.: Fit ohne Sport. Ihr Alltag ist Training genug. Verlag Knaur, München 2007
Kabatt-Zinn, J.: Zur Besinnung kommen. Verlag Arbor, Freiburg 2005
Schwartz, T.: Einfach fitter für den Job. Harvard Business manager, Februar 2008
Wolf, A.: Einfach abschalten. Psychologie heute, Heft 1/Januar 2007

Innovationsfreudigkeit A/P
(Führungskräfte)

▶▶ Grundsätzliche Überlegungen

Einerseits wird kein Unternehmen bestreiten, dass neue Produkte und Dienstleistungen für den eigenen Erfolg unabdingbar sind und das Innovationsmanagement für alle Führungskräfte eine zentrale Aufgabe ist. Andererseits haben deutsche Unternehmen gerade beim Innovationsmanagement erhebliche Schwächen: Sie vernachlässigen die bestehenden sowie nahe liegend potenzielle Kunden, sie sitzen im Elfenbeinturm und ignorieren den Wettbewerb, gehen strategisch schwach in den Wettbewerb und vernachlässigen Wissen und Kompetenzen der Mitarbeiter.

! Gegenwärtige Probleme

In einer Innovationsmanagement-Untersuchung in 480 deutschen Unternehmen in den Jahren 2007/2008 stellte Wildemann (2008) unter anderem fest:
- In einem Fünftel der teilgenommenen Unternehmen gab es einen akuten Handlungsbedarf. Tatsächlich Weltklasse waren nur 2 %.
- Die Entwickler vernachlässigten Kunden und Wettbewerber. In mehr als 80 % der Unternehmen erfassen die Manager nicht systematisch und nachvollziehbar die Anforderungen ihrer Kunden, obwohl es ausreichend Instrumente dafür gäbe, zum Beispiel die Conjoint-Analyse. Rund 60 % beobachten kaum oder gar nicht andere Branchen, die neue Technologien erfolgreich nutzen und transferieren letztere nicht. Auch werden kaum Mitarbeiter anderer Branchen unter dem Gesichtspunkt des Erfahrungstransfers eingestellt.
- Die Kompetenzen und Fähigkeiten der eigenen Mitarbeiter bleiben weitgehend ungenutzt. Hierbei dominieren: Fehlende oder wenig praktikable Anforderungsprofile für FuE-Mitarbeiter/keine Talent- und Kompetenzentwicklung/wenig Kommunikation über

Stärken, Schwächen und Entwicklungsmöglichkeiten der Mitarbeiter/mangelhaftes Wissensmanagement.
- Es gibt Defizite in der Innovationskultur, beginnend beim Misstrauen der Führungskräfte gegenüber neuen Ideen.
- Die Reibungsverluste in der Organisation sind groß. Es gibt in vielen Unternehmen kein strukturiertes Vorschlagwesen, es mangelt an Qualitätsstandards in FuE und an regelmäßigen Überprüfungen des Produktportfolios.
- Der Know-how-Schutz ist lückenhaft – sowohl nach innen als nach außen. Damit werden Umsatzeinbußen von 10 % und mehr in Kauf genommen und darüber hinaus führende Gefährdungen des Unternehmens.

Durch all diese Mängel wird die Innovationsfreudigkeit sowohl des Unternehmens insgesamt als auch der einzelnen Mitarbeiter deutlich eingeschränkt. Abhilfe kann nur eine rigorose Aufdeckung der Schwächen wie der Stärken sein und ein bewusstes Wahrnehmen der Innovationsmanagement-Verantwortung auf allen Ebenen, beginnend bei der Geschäftsführung. Hierzu ist es notwendig, Innovationsmanagement ganzheitlich zu betrachten und nicht nur auf eine eher ökonomisch-technische Seite, zum Beispiel auf das Projektrisiko zu beschränken. Im deutschsprachigen Raum ist das Innovationsmanagement-Audit des TCW Transfer-Centrum GmbH München dafür besonders geeignet. Es ist mit einem Katalog von 219 Fragen kostenlos im Internet für Selbstaudits verfügbar und liefert ebenfalls abrufbare Vergleiche zu über 480 Unternehmen der verschiedensten Branchen. Aus den Vergleichen können Ableitungen zur Verbesserung der Innovationsfreudigkeit entnommen werden.

Die folgende Kurzübersicht zeigt die Vielfalt der zu beachtenden Aspekte. Die sechs einzelnen Module des Audits sind mehrfach mit Teilaspekten und entsprechenden Fragen untersetzt (www.tcw.de/tools/innovationsaudit/):

Der Innovation Check bildet den Kern des Innovationsaudits, FuE-Zulieferer Check und Produkt Check bewerten In- und Output. Den Rahmen für eine 540°-Bewertung bilden der Innovationskultur Check, der Projektrisiko Check und das Benchmarking.

Durch die einzelnen Module können sie maximal 500 Punkte erreichen. Entsprechend dieser Punktzahl erfolgt die Einstufung des unternehmensspezifischen Innovationsmanagements in vier Leistungsklassen des Innovationsmanagements.

Es werden 34 Einzelkriterien betrachtet:
1. **Innovation Check** mit den Analyseschwerpunkten Input, Strategie, Prozess, Struktur, Output.
2. **Produkt Check** mit den Analyseschwerpunkten Individualisierung, Standardisierung, Flexibilität, Stabilität.
3. **Innovationskultur Check** mit den Analyseschwerpunkten Soziales Umfeld, Widerstand, Freiräume, Feedback, gesteuerter Innovationsprozess, Organisation, Führung.
4. **Projektrisiko Check** mit den Analyseschwerpunkten Technisches Risiko, Wirtschaftliches Risiko, zeitliches Risiko, Interdependenz-Risiko, Ressourcen-Risiko.
5. **FuE-Zulieferer Check** mit den Analyseschwerpunkten Allgemeine Voraussetzungen, Vertragsgestaltung, Projektmanagement, Lieferantenmanagement, Änderungsmanagement, Entwicklungskostenmanagement, Konzeptwettbewerb, Know-how-Schutz.

6. **Benchmarking Check** mit den Analyseschwerpunkten Strukturkennzahlen, Effektivitätskennzahlen, Produkt, Vertragswesen, Entwicklungsprojekte.

Mit dem nachfolgenden Kurz-Audit können Sie sich einen ersten – noch sehr globalen – Überblick zum gegenwärtigen Stand Ihres Innovationsmanagements ermöglichen. Der Schnelltest bezieht einzelne Fragen des TCW (Wildemann, 2008) genauso ein wie Fragen der Autoren nach dem Kompetenzmanagement, die in den Unternehmen in der Regel immer noch vernachlässigt oder zu Unrecht klein geschrieben werden.

✔ Check

Schnelltest zum Innovationsmanagement

Fragen zum Kurz-Audit

Bewerten Sie bitte jede Frage nach folgenden vier Möglichkeiten:
0 Punkte: trifft für uns überhaupt nicht zu,
1 Punkt: trifft überwiegend nicht zu,
2 Punkte: trifft teilweise zu,
3 Punkte: trifft ausreichend zu,
4 Punkte: trifft vollständig zu.

Fragen	**Punkte**
Wir erfassen regelmäßig und strukturiert, etwa durch Conjoint-Analysen, die Kundenwünsche. Entsprechend legen wir die Zielkosten für das Gesamtprodukt fest und verteilen diese auf die einzelnen Module.	
Wir führen regelmäßig Wettbewerbsanalysen durch, um alle wichtigen Trends zu erfassen. Diese beziehen sowohl Produkte direkter Wettbewerber als auch Branchenfremder ein.	
Wir betrachten auch branchenfremde Technologieentwicklungen mit dem Ziel frühzeitig an neuen Entwicklungen und Transfermöglichkeiten in die eigene Branche beteiligt zu sein.	
Produktion, Service und Logistik stimmen sich bei der Entwicklung gezielt ab, damit die Produkte fertigungs-, montage-, versand- und servicegerecht gestaltet werden.	
Für jeden Entwicklungstyp (wie Anpass- oder Neuentwicklung) haben wir passende und den Mitarbeitern bekannte Prozesse. Wir prüfen vor der Freigabe eines Projekts Chancen und Risiken. Für kurzfristige Vorhaben gibt es Sonderbudgets.	
In regelmäßigen Abständen tauschen sich Entwickler verschiedener Hierarchiestufen und Bereiche über neue Ideen und Projekte sowie über Best-Practice-Methoden aus.	
Wir wissen, an wen wir uns mit neuen Ideen wenden können. Neue Ideen werden bei uns generell willkommen geheißen und gefördert.	

Fragen	Punkte
Wir haben in unserem Unternehmen eine ausgeprägte Unternehmenskultur mit einem guten Innovations- und Betriebsklima. Darin unterscheiden wir uns von vielen anderen Unternehmen.	
Wir verfügen über geeignete Methoden, um Ideen oder ergebnisse der FuE (wie Konstruktionszeichnungen, Testprotokolle, Angebotskalkulationen) effizient aufzufinden und wiederzugewinnen.	
In Szenario-Workshops untersuchen Vertrieb, Entwicklung und Produktmanagement gemeinsam regelmäßig Gefahren und Chancen unserer Produktstrategie bei verschiedenen künftigen Entwicklungen	
Wir kaufen von außen bestimmte Fach-Kompetenzen ein, deren Aufbau sich für uns nicht lohnt, oder gehen Partnerschaften ein. Die externen Experten integrieren sich ohne Probleme in unsere Arbeitsabläufe.	
Produktpiraterie kommt bei uns nicht vor. Wir schützen unser Know-how durch entsprechende Vorsorge im Produkt selbst sowie in der Organisation.	
Wir haben prinzipiell ein ausgewogenes Verhältnis von Arbeits- und Zeitbelastung einerseits und der Qualifikations- und Kompetenzadäquaten Auslastung des Einzelnen. Fachliche Unter- oder Überforderungen sind bei uns gering.	
Für die unterschiedlichen Tätigkeits- und Funktionsgruppen in FuE haben wir Anforderungsprofile, in denen einerseits die Wissens- und Qualifikationsanforderungen und andererseits die Kompetenzanforderungen (personale, fachlich-methodische, sozial-kommunikative Aktivität) differenziert dargestellt sind.	
Die Führungskräfte besprechen mit ihren Mitarbeitern regelmäßig Stärken, Schwächen und Entwicklungsmöglichkeiten nach einem transparenten Verfahren und halten diese in einem Entwicklungsplan fest.	
Wir schließen mit den Mitarbeitern differenzierte Qualifikations- und Kompetenzentwicklungs-Vereinbarungen ab und werten deren Realisierung aus.	
Talente werden bei uns in besonderem Maße ernst genommen und in Entscheidungsvorbereitungen auf den verschiedenen Ebenen einbezogen. Der Talententdeckung sowie -entfaltung wird ein besonderes Augenmerk gewidmet.	
Die Mitarbeiter werden bei uns in ihrer Verantwortungsbereitschaft gestärkt, indem sie von den Führungskräften verantwortungsvolle Aufgaben übertragen bekommen. Das Delegieren von Aufgaben und Jobnrichment sind bei uns groß geschrieben.	
Bei uns wird ständig über die Rationalisierung der Arbeit am einzelnen Arbeitsplatz sowie in den und zwischen den Abteilungen nachgedacht. Die Führungskräfte sehen darin eine ihrer wichtigsten Aufgaben.	
Unsere Führungskräfte zwingen sich, stets ein offenes Ohr für Verbesserungen zu haben und diese zu unterstützen. Sie gehen gegen formale Ablehnungen vor und verzichten auf Ausreden, Alibis und Taktieren. »Querdenker« haben gute Chancen.	

Fragen	Punkte
Unsere Führungskräfte haben keine Furcht vor starken Mitarbeitern und eigenem Machtverlust. Sie stehlen ihren Mitarbeitern nicht den Erfolg. Sie wissen, was die Organisation und die Mitarbeiter leisten und anerkennen das.	
Wir denken Innovationen verstärkt abteilungs- und bereichsübergreifend.	
Wir sind insgesamt aktive Entwickler und setzen Trends bei unseren Innovationen.	
Beschwerden und Anregungen von unseren Kunden, Kooperationspartnern und Mitarbeitern lösen konkrete Lernprozesse und Verbesserungen in den Produkten und Dienstleistungen, Strategien und Prozessen aus.	
Wie viel Prozent Ihres Umsatzes (Unternehmen) basieren auf wesentlichen Innovationen der vergangenen drei Jahre? **0** Punkte: 0–20 %; **1** Punkt: 21–40 %; **2** Punkte: 41–60 %; **3** Punkte: 61–80 %; **4** Punkte: 81–100 %.	

Am besten ist es, wenn Sie mehreren Führungskräften und auch Mitarbeitern diese Fragenliste mit der Bitte übergeben, nach eigenen Erfahrungen die Fragen zu beantworten. Die anschließende gemeinsame Auswertung (Mittelwert, Streuung) und schlussfolgernde Diskussion bringt Ihnen mit Sicherheit vielfache Anregungen zur Verbesserung Ihres Innovationsmanagements.

Auswertung
Für die quantitative Auswertung dieses Kurz-Audit's werden die Punktwerte zusammengezählt und mit den angebotenen vier Bewertungen des TCW verglichen:

0–24 Punkte: Nicht wettbewerbsfähig. Sollte Innovationsmanagement für Ihr Unternehmen wichtig sein, verbessern Sie es umgehend durch entsprechende Sofortmaßnahmen. Konzentrieren Sie sich dabei zunächst auf die größten Hebel.

25–49 Punkte: Traditionell. Um im Wettbewerb nicht zurückzufallen, sollten Sie Ihr Innovationsmanagement modernisieren. Konzentrieren Sie sich auf die größten Potenziale, führen Sie neue Organisationsformen und Methoden, insbesondere der Talente- und Kompetenzentwicklung der Mitarbeiter, schrittweise ein.

50–74 Punkte: Zukunftsfähig. Ihr Innovationsmanagement ist gut. Dennoch sollten Sie es angesichts des verschärften Wettbewerbs verbessern. Anregungen geben Ihnen Fragen, bei denen Sie 2 oder weniger Punkte vergeben haben.

75–100 Punkte: Prädikat Weltklasse. Mit hoher Wahrscheinlichkeit haben Sie glänzende Aussichten, im Wettbewerb zu bestehen. Sie sollten aber weiter die Fortschritte im Innovationsmanagement verfolgen und neue Instrumente einsetzen. Ihre Mitarbeiterführung scheint überdurchschnittlich gut zu sein, und die Innovationsfreudigkeit ist sehr hoch. Achten Sie bei Weggang von Führungskräften unbedingt darauf, dass die neuen Führungskräfte zu Ihrer Unternehmens- und Innovationskultur passen und diese schnell annehmen.

Selbstcheck

»Meine persönliche Innovationsfreude«

Prüfen Sie Ihre persönliche Innovationsfreude und lassen Sie sich zu den folgenden Fragen auch Einschätzungen von dritten innerhalb und außerhalb Ihrer Organisation vornehmen:

1. Bin ich prinzipiell offen für Wandel – egal woher er kommt? Begrüße ich jede Veränderungsinitiative?
2. Ermutige ich meine Mitarbeiter, Veränderungs- und Verbesserungsvorschläge zu machen? Unterstütze ich sie bei der Umsetzung?
3. Ergreife ich die Chance, den Markt und die Produktentwicklung zu überdenken, um die Wettbewerber zu übertreffen?? Komme ich letzteren zuvor und leite früher Veränderungen in meinem Verantwortungsbereich ein?
4. Welche wichtigen Neuerungen habe ich persönlich in den zurückliegenden 12 Monaten vorgenommen – im und außerhalb des Unternehmens?
5. Trage ich nachweisbar zu internen Veränderungs- sowie Entwicklungsprogrammen bei?
6. Analysiere ich den Wandel und bedenke die Auswirkungen der verschiedenen Arten der Veränderung?
7. Lerne ich aus Problemen, wie man sie löst und wie man sie verhindert? Setze ich mich dafür ein, dass andere es auch tun?
8. Welche Veränderungen will ich in den nächsten 15 Monaten realisieren?
9. Bewerte ich die Stärken und Schwächen der Organisation und meines Verantwortungsbereiches realistisch?
10. Ist mein bemühen ausreichend, Bedürfnisse von meinen Mitarbeitern und meinen (internen wie externen) Kunden zu erkennen und zu decken?
11. Setze ich Prioritäten in den zentralen Schlüsselbereichen?
12. Versuchen ich, jede Woche eine neue Idee einzubringen? Animiere ich gleichermaßen meine Mitarbeiter zu neuen Ideen und schnellen Lösungen? Nehme ich kurzfristig Veränderungen in meinen Planungsunterlagen vor, wenn sich die Bedingungen ändern? Gleiche ich diese sowie meine Zeitplanung immer mit den Betroffenen ab?
13. Achte ich darauf, dass die geplanten Neuerungen die Arbeit der Mitarbeiter interessanter macht?
14. Nutze ich ausreichend die Talente meiner Mitarbeiter?
15. Führen meine Veränderungsprojekte zu großen Verbesserungen und nachhaltigen Erfolgen?

✎ Persönliche Maßnahmen

Was nehme ich mir für die nächsten 6 Wochen im Sinne meiner »Innovationsfreudigkeit« und der Verbesserung unseres Innovationsmanagements vor? (Stichworte):

_____

_____

Was werde ich zuerst und vorrangig tun? (Stichworte):

_____

_____

Wie kontrolliere ich die Resultate? (Stichworte):

_____

_____

Wo werde ich mich weiter zum Thema »Innovationsfreude« informieren?

_____

_____

ⓘ Als weiterführende Informationsquellen empfehlen wir

Heller, R.; Hindle, T.: Erfolgreiches Management. Dorling Kindersley Verlag, Stuttgart/München 2000

Wildemann, H.: Innovationsmanagement-Leitfaden zur Einführung eines effizienten Innovationsmanagenments. TCW, München 2008 und: www.tcw.de/ttols/innovationsaudit/

Wildemann, H.: Am Kunden vorbei. Harvard Business manager, März 2008

Beziehungsmanagement S
(Führungskräfte)

Grundsätzliche Überlegungen

Wie halte ich die Kunden?

Beziehungsmanagement hat viele Aspekte. In diesem Selbsttrainingsprogramm für Führungskräfte soll ein zentraler Aspekt aus der Vielfalt möglicher hervorgehoben werden, da er von den meisten Führungskräften nicht oder nur recht unzureichend beherrscht wird. In Analogie gilt das auch für bestimmte »unternehmensinterne Kunden«, Behörden usw. Gemeint ist ein durchdachtes Kundenmanagement, das für das Unternehmen gewährleistet, dass die Kunden nicht nur an Spitzenmitarbeiter gebunden werden und mit deren Unternehmenswechsel ihnen folgen, sondern ihre Loyalität und Bindung auf das ganze Unternehmen und seine Produkte und Dienstleistungen ausdehnen.

Gegenwärtige Probleme !

Viele Unternehmen überlassen einzelnen Vertriebsmitarbeitern oder den Vertriebschefs den Aufbau von Kundenbeziehungen und registrieren beim Ausscheiden dieser Mitarbeiter den gleichzeitigen Weggang wichtiger Kunden. Mitunter bemerken sie den Verlust erst zeitverzögert, weil bestehende Verträge eine kurzfristige Loslösung des Kunden erschweren; die einseitige Bindung des Kunden an den schon fast vergessenen ehemaligen Mitarbeiter fällt nicht auf... Und wenn schon Abwanderungs-Vorbeugestrategien ersonnen werden, dann in der Regel einseitig aus der Sicht des Unternehmens – ohne sich in die Bedürfnisse, Überlegungen und Einstellungen der Kunden bzw. deren wichtigsten Repräsentanten hineinzudenken.

Natürlich ist der Ruf eines Unternehmens immer in Verbindung mit den Beziehungen zwischen Vertretern des Unternehmens und des Kunden zu sehen, durch Menschen und deren

Emotionen getragen. Nicht selten wird die Person eines Vertreters höher geschätzt als das von ihm vertretene Unternehmen oder dessen Produkte oder Dienstleistungen – zumal, wenn letztere sich nicht substanziell von denen anderer unterscheiden. Und wenn diese besonderen Personen das Unternehmen verlassen, fühlen sich die Kunden nicht selten im Stich gelassen und folgen den »Beziehungsträgern« oder öffnen sich gegenüber inzwischen geschickt an sie herangetragenen Angeboten der Konkurrenz. Das kann auch passieren, wenn die bisherige Bezugsperson in einen anderen Bereich des gleichen Unternehmens gewechselt ist oder auch nur in der gleichen Abteilung andere Aufgaben übernommen hat. Fakt bleibt die Lösung der bisher ausschließlich personenbezogenen Beziehung.

Neue Einsichten

Nach einer Studie von N. Bendapudi und R. P. Leone aus dem Jahre 2001 (HBmanager 3/02) sind die von Unternehmen am meisten eingesetzten und zugleich weitgehend ineffektiven Strategien zur Vorbeugung von Kundenverlusten folgende drei:
1. Es wird mit allen Mitteln versucht zu verhindern, dass Schlüsselmitarbeiter das Unternehmen verlassen.
2. Es wird versucht, das Kundenwissen fluktuierter Schlüsselmitarbeiter im eigenen Unternehmen zu belassen.
3. Es werden rechtliche Mittel (etwa Wettbewerbsklauseln und langfristige Verträge) ausgeschöpft.

Das ist jedoch noch längst keine Garantie für rückläufige Kundenfluktuation, da diese Maßnahmen ausschließlich »nach innen« gerichtet sind und die spezifischen Wahrnehmungen der Kunden unberücksichtigt lassen. Es wird kaum danach gefragt, worauf es den Kunden bei der Beendigung direkter Kontakte mit den bisherigen Schlüsselpersonen ankommt.

⇨ Kennzeichen

Kunden-Befürchtungen

In der erwähnten Studie sind insbesondere folgende vier Befürchtungen der Kunden erfasst worden:
1. »Ich verliere meinen wichtigsten Kontakt zum Unternehmen.«
2. »Der neue Betreuer wird sicher nicht so gut sein wie mein bisheriger.«
3. »Ich muss im Verhältnis zu diesem Unternehmen wieder bei null anfangen. Und irgendwas wird mir dabei bestimmt verloren gehen«.
   »Was geschieht, wenn auch der neue Mitarbeiter nicht lange bleibt?«
   »Wurde der neue Mitarbeiter von seinem Vorgänger richtig eingearbeitet?«
4. »Wie sieht das mit der Qualität dieses Unternehmens aus, wenn wir über den Wechsel nicht im Vorhinein informiert wurden? Ist das Vor-Vollendende-Tatsachen-Stellen symptomatisch für dieses Unternehmen?«

Empfehlungen

Lösungen – zum Kunden hin

Analog zu den vier häufigen Befürchtungsgruppen gibt es vier grundsätzliche Lösungsansätze:
1. Entwickeln Sie eine Beziehung zum Kunden, die so breit angelegt sowie tief ist, dass sie nicht nur von einem einzigen Mitarbeiter abhängt.
2. Vermitteln Sie dem Kunden unaufgefordert die Qualität aller Ihrer Mitarbeiter, um ihn von Ihrer Mitarbeiterqualität und von Ihrer Wertschätzung zu überzeugen und um ihm Sicherheit zu geben.
3. Informieren Sie Ihre Kunden über einen Mitarbeiterwechsel schnell und professionell und behandeln Sie den Weggang als eine natürliche Angelegenheit. Gestalten Sie den Übergang so reibungslos wie möglich.
4. Informieren Sie den Kunden ausserhalb eines möglichen Mitarbeiterwechsels von Ihren Bemühungen und Erfolgen bei der Qualitätssicherung Ihrer Produkte und Dienstleistungen. *Kommunikation und Qualitätshinweise im Austauschprozess* sind nicht nur heutige Auffassungen eines modernen Kundenmanagements schlechthin, sondern auch wichtige Orientierungsgrößen und Sicherheitssignale für den Kunden selbst in einer immer schwieriger berechenbaren und überschaubaren Umwelt.

Empfehlungen

Orientierungen zur Stärkung Ihres Kundenbeziehungs-Managements

Bendapudi und Leone geben auf grund ihrer umfangreichen Studie und Fehleranalyse folgende Empfehlungen:

Vermeiden Sie, dass Ihre Kunden sich nur an einen bzw. sehr wenige Mitarbeiter binden.
- Lassen Sie Ihr Personal rotieren. Dahinter steht das Ziel, den Kunden mit zahlreichen Mitarbeitern Ihres Unternehmens in Kontakt treten zu lassen. Allerdings muss Rotation durchdacht verlaufen und nicht willkürlich und zu oft. Der Kunde muss erfahren, dass das Unternehmen durch verschiedene fähige, loyale und verlässliche Mitarbeiter beim Kunden vertreten ist bzw. sein kann.
- Setzen Sie Teams ein. Mitarbeiter können sich in Teams ergänzen und ganz gezielt die Teamsynergien für den Kunden nutzen. Gleichzeitig erfährt er die breiter angelegten Mitarbeiterkompetenzen und somit auch Unternehmensqualitäten.
- Stellen Sie den Kunden mehrere Mitarbeiter in einem informellen Rahmen vor.
- ieten Sie Kunden den Einkauf aus einer Hand über mehrere Mitarbeiter an.

Entwickeln Sie neben Superstars auch beständige Leistungsträger.
- Machen Sie Ihre Verfahren zur Auswahl und Einstellung von Mitarbeitern bekannt.
- Legen Sie Ihre Weiterbildungsmaßnahmen und -Methoden offen.

- Stellen Sie den Kunden gegenüber die Leistungen des Unternehmens und aller seiner Mitarbeiter heraus.
- Schenken Sie Details in Ihrer eigenen Organisation und der Ihrer Kunden Beachtung.

Sorgen Sie dafür, dass Ihre Kunden vom Weggang eines Mitarbeiters nicht überrascht werden.
- Benachrichtigen Sie Ihre Kunden möglichst früh.
- Geben Sie bekannt, wie der Übergang geplant ist.
- Seien Sie darauf bedacht, dass der ausscheidende Mitarbeiter oder eine Führungskraft den Nachfolger vorstellt.
- Fragen Sie nach dem Wechsel bei den Kunden nach, ob alles zu ihrer Zufriedenheit verlaufen ist.

Hinter diesen Bemühungen steht doch auch die Frage: Wie müssen wir uns in diesem Unternehmen organisieren und wie müssen wir zuverlässig kommunizieren, damit das, wofür uns die Kunden bezahlen, stets im Zentrum unserer Aufmerksamkeit steht?

✔ Selbstcheck

Customer Relationship Scorecard: Checkliste und Handlungsorientierungen

Nachfolgend können Sie feststellen, inwieweit Sie sich vor einer Kundenfluktuation schützen und in diesem Zusammenhang Ihr Beziehungsmanagement erfolgreich gestalten (können).

Nutzen Sie zur Beantwortung der nachfolgenden Fragen Prozentwerte zwischen 0 und 100. 100 % hieße »Hervorragend im Griff ..., bestens ..., gegenüber anderen Unternehmen in der Realisierung meilenweit voraus ...«. Wenn Sie die Zwischenergebnisse auf dieser Prozentangaben-Basis zusammenziehen, erkennen Sie am Gesamtergebnis sehr schnell, wie gut Ihr Kundenbeziehungsmanagement und damit die Kundenbindung ausgeprägt ist oder nicht: Je höher die Gesamtpunktzahl ist, desto besser ist Ihr Kundenbeziehungsmanagement.

Im Vergleich aller einzelnen Fragekomplexe sehen Sie ferner, in welchen Bereichen Ihr Unternehmen besser und in welchen nicht so gut und damit verbesserungsfähig ist. Dieses gilt für Unternehmen insgesamt, kann aber auch auf einzelne Bereiche, Abteilungen ebenso wie auf einzelne Teams hin angewandt werden. So können Sie durchaus auch einzelne Teams mit dem von Ihnen angenommenen Ergebnis des Unternehmens gesamt verglichen werden. Und: Sie können die Einschätzung auch für einzelne Kunden durchführen, beginnend bei den am meisten gewinnbringenden und/oder den am meisten referenzbildenden.

Werten Sie mit Ihren unterstellten Führungskräften und Mitarbeitern die Ergebnisse aus und erarbeiten Sie einen Aktionsplan für die kommenden sechs Monate mit Kontrollmaßnahmen. Wenn Sie selbst eine eher mittlere Führungsposition einnehmen, dann setzen Sie sich dafür ein, dass Ihre Einschätzungen und Vorschläge auf die Tagesordnung einer der nächsten Dienstbesprechungen des Bereiches/Direktorats ... gesetzt werden. Ihr Engagement für Verbesserungen ist zugleich ein sehr gutes (Selbst-)Training in Sachen Beziehungsmanagement und Kundenbindung und rechtfertigt Ihr Vorschlagsrisiko. Denken Sie auch über die Art und Weise/das WIE der Formulierung und des Herantragens Ihres Vorschlages und Ihrer konkreten Bewertungen und Vorschläge nach!

Orientierungen und Vorschläge stecken in den Fragen selbst. Wenn Sie sie zu Handlungsempfehlungen umformulieren, dann kommen Sie schnell zu dem gesuchten Aktionsplan, verstärkt und ergänzt durch das Erkennen und Auswerten momentaner Schwächen (Beispiele fallen Ihnen beim Durchgehen und Überprüfen der einzelnen Fragen ein!).

8 Fragenbereiche

1. **Lassen Sie solche Mitarbeiter rotieren, die wichtige Ansprechpartner für Ihre Kunden sind?**
   - Bringen Sie Ihre Kunden systematisch, planmäßig mit mehreren (Kontakt-)Mitarbeitern in Verbindung?
   - Haben Sie Ihre Kunden auf die Möglichkeit vorbereitet, dass einzelne Mitarbeiter mitunter wechseln, Sie aber für einen reibungslosen Ablauf für den Kunden Sorge tragen?
   - Verfügen mehrere Mitarbeiter über alle wichtigen Kundeninformationen, oder weiß nur ein Kontaktmitarbeiter ausreichend Bescheid?
   - Sind die wichtigsten Kundeninformationen in periodisch aktualisierten Kundenblättern oder in (begrenzt) zugänglichen Datenbanken im Unternehmen vorhanden?

   Prozentwert: ☐

2. **Bedienen Sie Ihre Kunden in Teams?**
   - Besuchen Sie die besten Kunden mit einem Team an Mitarbeitern?
   - Haben die Teammitglieder bestimmte Rollen, und wissen Ihre Kunden, welche diese sind? Können die Kunden zwischen »Hauptansprech«-Partner und »unterstützenden« Mitarbeitern unterscheiden?
   - Fördern Sie den Aufbau von Beziehungen zwischen Ihren Geschäftskunden und ihren externen sowie den internen Verkaufs- und Servicemitarbeitern?
   - Kommen einzelne Teammitarbeiter auch schon einmal ausserhalb konkreter Aufträge im Sinne der Kontaktpflege beim Kunden vorbei?
   - Treten Sie persönlich (als Führungskraft) hin und wieder im Rahmen der Beziehungspflege (ggf. telefonisch) an ihre Kunden heran?

   Prozentwert: ☐

3. **Kultivieren Sie vielfältige Kontakte zu Ihren Kunden?**
   - Fungieren Sie für Ihre Kunden als »Anbieter aus einer Hand«, der mehrere Bedürfnisse befriedigt?
   - Stellen Sie gut koordinierte vielfältige Kontakte her, um unterschiedlichen Aspekten der Geschäftstätigkeit Ihrer Kunden gerecht zu werden?
   - Verlangen Sie von Ihren Mitarbeitern, andere in Ihrem Unternehmen über Ihren Geschäftsverkehr mit Kunden zu informieren?

- Unterstützen Sie den sozialen Umgang zwischen Ihren Kunden und mehreren Mitarbeitern Ihres Unternehmens (zum Beispiel in Clubs, ehrenamtlicher Tätigkeit, Assoziationen …)?
- Organisieren Sie hin und wieder gemeinsame Kundenveranstaltungen, an denen auch die Betreuungsteams und Mitarbeiter teilnehmen?

Prozentwert: ☐

4. **Sorgen Sie dafür, dass im Bewusstsein Ihrer Kunden ein starkes Image Ihres Unternehmens entsteht bzw. bestehen bleibt?**
   - Verfügt Ihr Unternehmen über ein charakteristisches (eigenes) Unternehmensimage, das über den Auftritt einzelner Mitarbeiter hinausgeht und möglicherweise auch schriftlich fixiert ist (Zeitungsberichte, Referenzen, Broschüren …)?
   - Beteiligt sich Ihr Unternehmen – in der Öffentlichkeit sehbar – an gemeinschaftsfördernden, regionalen und wohltätigen Aktionen?
   - Wissen das auch Ihre Mitarbeiter, und vertreten sie diese Unternehmensaktionen auch stolz in der Öffentlichkeit?
   - Verfügen Sie über Strategien, um die Öffentlichkeit über Patente, Produktentwicklungen und andere geistige Eigentumswerte des Unternehmens, über sein Kompetenzkapital und dessen gesellschaftsrelevanten Wirkungen zu informieren?
   - Weiss die Öffentlichkeit, wie Ihr Unternehmen (Ihre Abteilung …) sowohl fachliche als auch überfachliche Kompetenzen (sozial-kommunikative, personale, Aktivitäts-/Umsetzungskompetenzen) der Führungskräfte und Mitarbeiter fördert?

Prozentwert: ☐

5. **Informieren Sie die Öffentlichkeit über Ihre anspruchsvollen Auswahl-, Einstellungs- und Weiterbildungsverfahren?**
   - Wissen Ihre Kunden, nach welchen Regeln Sie Ihre Mitarbeiter auswählen und wie Sie sie danach ausrichten?
   - Wissen Ihre Kunden überhaupt, dass Sie hohe Maßstäbe an Ihre Mitarbeiter stellen? Hat sich das auch bei Ihren Bewerbern herumgesprochen?
   - Setzen Sie Ihre Kunden davon in Kenntnis, wenn Ihr Unternehmen als ein besonders leistungsstarker oder als ein besonders mitarbeiterfreundlicher Arbeitgeber Anerkennung findet?
   - Stellen Sie in ihren öffentlichen Auftritten deutlich heraus wie wichtig Ihnen das Verhältnis zu fachlichen Kompetenzen sowie zu überfachlichen Kompetenzen ist und was Sie gerade zur Erweiterung letzterer unternehmen?

Prozentwert: ☐

6. **Informieren Sie die Kunden über die berufliche Kompetenzentwicklung durch Weiterbildungsmaßnahmen, die Ihre Kundenbetreuer betreffen?**
   - Wissen Ihre Kunden von den kompetenzfördernden Weiterbildungsmaßnahmen in Ihrem Unternehmen?
   - Wissen die Kunden von Ihren Bemühungen um eine systematische Verknüpfung und Nutzung der unterschiedlichen Lernformen: organisiertes und selbstorganisiertes

Lernen, Lernen expliziten und impliziten Wissens ... und den damit verbundenen Förderprogrammen in Ihrem Unternehmen?
- Wie erfahren die Kunden von den unternehmensspezifischen Trainingsmaßnahmen?
- Nutzen Sie bewusst unterschiedliche Informationswege und -Instrumente?
- Informieren Sie die Kunden über neue Weiterbildungsmaßnahmen und deren Erfolgskontrollen?
- Beziehen Sie einzelne Kunden bei der Planung und/oder Durchführung von Weiterbildungsmaßnahmen aktiv ein und berichten Sie darüber öffentlich?
- Laden Sie bestimmte Kunden (-Gruppen) zur Teilnahme an bestimmten internen Weiterbildungsveranstaltungen ein und werden diese Einladungen angenommen? Informieren Sie darüber Ihre Kunden?

Prozentwert: ☐

7. **Heben Sie Ihre Mitarbeiter hervor, personifizieren Sie das Unternehmen gegenüber Dritten?**
   - Versuchen Sie regelmäßig, mehrere Ihrer Mitarbeiter ins Rampenlicht zu rücken, statt lediglich immer dieselben zu nennen oder nur einen Star zu fördern?
   - Nutzen Sie verschiedene Möglichkeiten, diese Hervorhebungen auch den Kunden bekannt zu machen (Briefe, Newsletter, Jahresbericht, Anruf mit Hinweis auf den direkten Betreuer ...)?
   - Bieten Sie ihren Kunden Vorträge durch Ihre Führungskräfte und/oder Mitarbeiter an?
   - Verstehen es Ihre Mitarbeiter ausreichend, die besondere Qualität Ihres Unternehmens und sein Interesse selbst an Details zu vermitteln? Stimmt in diesem Zusammenhang auch das durch die Mitarbeiter vermittelte Erscheinungsbild (partnerschaftliches Auftreten, Kleidung, Visitenkarte, Prospekte, Informationen über weitere Bezugspersonen im Unternehmen ...)?

Prozentwert: ☐

8. **Informieren Sie Ihre Kunden rechtzeitig über einen bevorstehenden Betreuerwechsel?**
   - Benachrichtigen Sie Ihre Kunden (schriftlich oder mündlich, direkt oder über Dritte?) über Veränderungen bzgl. der wichtigsten Kontaktpersonen?
   - Lassen Sie die Kunden wissen, wann die neuen Mitarbeiter bereitstehen und wie sie qualifiziert werden?
   - Werden die neuen Mitarbeiter durch einen Schlüsselmitarbeiter, durch Sie selbst oder eine andere Führungskraft beim Kunden vorgestellt: vor Ort oder schriftlich oder per Telefon?
   - Erkundigen Sie sich relativ kurz nach dem Wechsel beim Kunden, wie der Wechsel aus Sicht des Kunden verlaufen ist, ob dieser Fragen oder Vorschläge hat?

Prozentwert: ☐

Gesamtwert (Summe aller Teil-Prozentwerte, dividiert durch acht): ☐

Handeln Sie!

Egal, ob Sie 30, 55 oder 90 % insgesamt errechnet haben, Sie sollten im Rahmen Ihres Beziehungsmanagements etwas proaktiv unternehmen! Besonders wichtig ist das, wenn Sie im Durchschnitt unter 60 % liegen! Dann ist zu vermuten, dass Sie der Kundenbindung aus dem Betrachtungswinkel des Kunden bisher noch sehr wenig Aufmerksamkeit geschenkt haben. Andererseits wissen Sie nun um die Mängel vieler, auch alteingesessener Unternehmen und können nun in Vorhand gehen. Wenn Sie auf diesem Feld persönlich noch aktiver werden, trainieren Sie auch weitere Seiten Ihres Beziehungsmanagements mit!

Erweiterung

Beziehungsmanagement richtet sich natürlich auch nach »innen« und umfasst letztlich alles, was die Zusammenarbeit mit anderen Führungskräften, Mitarbeitern und Kooperationspartnern und die damit verbundene Beziehungsqualität betrifft. In den Literaturempfehlungen werden weitere Quellen benannt, in denen Sie sich zu diesen erweiterten Fragen informieren können.

Schutz vor Übertreibungen

Personen mit einer außerordentlich hohen Ausprägung der sozial-kommunikativen Kompetenz können zu Übertreibungen neigen und sollten versuchen, letztere zu kontrollieren und bewusst zu dämpfen. Ihre an sich guten Voraussetzungen für ein effektives Beziehungsmanagement können sich sonst zu Blockaden Dritter und zum Gegenteil wenden. Kellner (1999) nennt drei besonders markante Übertreibungen, die hier wiedergegeben werden:
1. Entscheidungsscheu, wenn es um Dinge geht, die anderen wehtun könnten. Man möchte es jedem recht machen, keinen verletzen und schiebt schließlich notwendige Entscheidungen vor sich her.
2. Unangemessener »Pflegeinstinkt« gegenüber unbrauchbaren Mitarbeitern. Aus Mitleid werden von »netten Beziehungschefs« auch solche Mitarbeiter immer wieder mitgezogen und »motiviert«, denen man längst die rote Karte hätte zeigen müssen.
3. Unangemessene Kumpanei. Aus dem Bestreben heraus, sich mit allen und mit jedem gut zu vertragen und womöglich anzufreunden, werden persönliche Beziehungen mit Mitarbeitern, Kunden und womöglich sogar Konkurrenten eingegangen. Das wissen die anderen recht bald auszunutzen.

Persönliche Maßnahmen

Was nehme ich mir für die nächsten 6 Wochen i. S. einer Verbesserung meines Beziehungsmanagements vor? (Stichworte):

_____

_____

Was werde ich zuerst und vorrangig tun? (Stichworte):

_____

_____

Wie kontrolliere ich die Resultate? (Stichworte):

_____

_____

Wo werde ich mich weiter zum Thema »Beziehungsmanagement« informieren? (Stichworte):

_____

_____

Als weiterführende Informationsquellen empfehlen wir

Kenzelmann, P.: Pocket Business: Kundenbindung. Cornelsen Verlag Scriptor, Berlin 2008
Müller-Martin, M.: Bezugspunkte zwischen Kundenkompetenz und Kundenbindung. Forschungsbeiträge zum Strategischen Management: Bd. 2. Universität Bremen 2005
Wobbe, D.: Ressourcenorientiertes Kundenbindungsmanagement. Verlag Dr. Kovač, Hamburg 2003

Konfliktlösungsfähigkeit S/P
(Führungskräfte)

▶▶ **Grundsätzliche Überlegungen**

Führungskräfte sind vor allem in schwierigen und außergewöhnlichen Situationen gefragt. Konfliktmanagement wird immer mehr zu einer zentralen Führungsaufgabe auf allen Ebenen des betrieblichen Alltages. Es gibt dafür insbesondere zwei Gründe:

1. **Zunehmende Kooperations-/Teamwork-Notwendigkeiten.**
   Schätzungen zufolge werden Führungskräfte in Zukunft 2/3 ihrer Arbeitszeit in Projektgruppen und Arbeitskreisen verbringen, da die Aufgaben immer komplexer werden und damit der koordinierte Sachverstand verschiedenster Fachdisziplinen sowie das Zusammenspiel unterschiedlich ausgeprägter Kompetenzen gefragt sind. Und: Wo Menschen oft zusammenkommen und wo es viele Schnittstellen gibt ist das Auftreten von Konflikten eher wahrscheinlich.
2. **Das Selbstbewußtsein der Mitarbeiter sowie deren Erwartungen nach mehr Eigenständigkeit in der Arbeit und nach ihrer Ernstnahme steigen. Das kann zu Auseinandersetzungen und Durchsetzungskonflikte führen.**

Führungskräfte müssen in diesem Rahmen mehr und mehr die Rolle des Moderators, Koordinators und Mediators übernehmen.

Viele Führungskräfte befürchten jedoch, dass Konflikte sogar noch zunehmen, wenn man sie direkt anspricht, und dass es dann sehr persönlich und belastend werden kann. Sie neigen deshalb zum Unterbinden oder Verdrängen von Konflikten und zum Gebrauch von Pseudokonfliktlösungsstrategien (vgl. Trainingsmodul »Konfliktlösungsverhalten« für Mitarbeiter).

Konfliktvermeidung statt Konfliktlösung? Auf Dauer kehrt sich der anscheinende augenblickliche Vorteil zum Gegenteil. Und die Tendenz vieler Mitarbeiter, eigene Konflikte erst im allerletzten Moment oder gar nicht »nach oben« zu tragen, kommt diesem Verhalten von Führungskräften noch entgegen.

> Führen heißt Entscheiden und Konflikte offen legen und lösen! Wer das nicht kann, ist (noch) keine Führungskraft!

Die Rückdelegierung der Konfliktlösung an die beteiligten Mitarbeiter als »Nicht-Einmischen-Wollen« der Führungskräfte ist der Verzicht der Führungskräfte auf Einfluss und Autorität.

Eine gute Führungskraft ist den Konfliktbeteiligten dabei behilflich, den Konflikt und die mit ihm stehenden Probleme umfassender und unter neuen Aspekten zu betrachten, um ihn dadurch besser zu verstehen und gemeinsam lösbar zu machen. Die Führungskraft muss hierbei auf die gemeinsame Verantwortung der Beteiligten für das Unternehmen und für die weitere Zusammenarbeit hinweisen und damit den Konfliktaustragungsrahmen klar zu setzen. Personen unter Interaktionszwang (Verpflichtung zur Zusammenarbeit) finden letztlich besser oder schneller zu einer Konfliktlösung.

Empfehlungen

Beachten Sie stets:
- Nie einseitige Parteinahme, sondern personenneutral im Konflikt vermitteln;
- Keine vorzeitigen Bewertungen vornehmen (analog den Regeln eines Brainstormings);
- Auf die gemeinsamen Aufgaben hinweisen und damit grundsätzliche Gemeinsamkeiten immer wieder ins Spiel bringen (Konflikte sind ja vor allem durch die Tendenz des Trennens und das Fehlen von Maßstäben, die helfen, den Konflikt bewertbar und lösbar zu machen, gekennzeichnet);
- Gemeinsame Attacken der Beteiligten gegen die Führungskraft nicht persönlich nehmen, sondern als zeitweiliges Los jedes Konfliktvermittlers;
- Beachten, dass die Führungskraft selbst durch ihr Verhalten zu einer zusätzlichen Konfliktquelle werden kann und ein sogenannter »neutraler Dritter« in bestimmten Phasen des Konfliktes von den Beteiligten eher als stressverstärkend als erleichternd empfunden wird.

Gegenwärtige Probleme

Führungskräfte sind auf Grund ihrer Zwitterposition und den damit verbundenen besonderen Schwierigkeiten, ein klares persönliches Selbstkonzept (= das Bild, das jemand von sich selbst hat, von den eigenen Bedürfnissen, Lebenszielen, Talenten, Werten ...) zu entwickeln, besonders konfliktanfällig. Mittlere Führungskräfte fühlen sich zu rund 45 % der Unternehmensleitung zugehörig, zu 5–10 % eher bei den Arbeitsnehmern und **zu 45–50 % dazwischen**. Wenn über lange Perioden hinweg keine klare mentale Zuordnung und Ausrichtung eintreten, können Verunsicherungen und Defensivstrategien zunehmen. So erleben gerade untere und mittlere Führungskräfte weitaus mehr Symptome emotionaler und körperlicher Krankheit als Top-Manager.

Der Umgang mit menschlichen Problemen, auf die die wenigsten Führungskräfte vorbereitet sind, belastet die mittleren Führungskräfte am meisten und nimmt mit steigender Hierarchie wieder ab.

Eine sogenannte **Rollenunsicherheit** (Unklarheiten bzgl. Erwartungen Dritter, Ausmaß der eigenen Verantwortung, Beurteilung durch Dritte ...) und eine mehr oder weniger große **Rollendistanz** (Unsicherheit oder Zweifel darüber, wie weit man die zugesprochene Führungsrolle auch wirklich übernehmen und ausfüllen will) sind weitere Verstärker intrapersoneller Konflikte. Gerade von Führungskräften wird aber eine hohe Identifikation mit dem Unternehmen und der eigenen Führungsrolle verlangt. Was für die Mitarbeiter die Motivation ist, ist für die Führungskräfte die Identifikation. Und die Anforderung an letztere steigt mit der Höhe der Hierarchieebene.

Konflikthintergründe
Zusätzlich erschweren nicht selten Konflikte mit den eigenen Vorgesetzten der Führungskraft den betrieblichen Alltag. Insbesondere werden in entsprechenden Umfragen folgende Konflikthintergründe genannt:
- Kein oder kaum Feedback über die eigenen Leistungen;
- Fehlen einer systematischen Karriereentwicklung (nicht nur vertikal, sondern auch horizontal);
- Unzulängliche Informationen, zu wenig Inputs und Erfahrungsaustausch;
- Ersticken in Routinearbeiten;
- Kritik des Vorgesetzten vor Dritten/fehlende Umgangsformen der Führungskräfte untereinander;
- Keine Erklärung von Entscheidung, keine Sinngebung bzw. Schnelle Schuldzuweisungen bei Fehlentscheidungen und Fehlentscheidungen durch rangniedrigere Führungskräfte und Mitarbeiter ausbügeln lassen;
- Bemühen um Totalkontrolle und ständige Eingriffe in die Weisungs- und Delegationsbereiche.

Je mehr die Führungskraft erwartet, um so mehr leisten die Mitarbeiter.
Livington (1990) verweist auf ein Phänomen, das die besondere Rolle einer Führungskraft gut illustriert:

Je mehr eine Führungskraft erwartet, um so mehr leisten die Mitarbeiter. Hegen die Führungskräfte hohe Erwartungen, werden die Mitarbeiter wahrscheinlich überdurchschnittliches leisten. Setzen sie die Erwartungen gering an, werden die Leistungen wahrscheinlich bescheidener ausfallen, denn diese Erwartungen beeinflussen das Verhalten der Führungskraft gegenüber dem Mitarbeiter. Sind oder geben sich Führungskräfte im äußersten Fall desinteressiert an einem Mitarbeiter, so vermittelt es diesem das Gefühl der Unzufriedenheit. Offensichtlich gibt es in der Wahrnehmung nicht den Ausschlag, was die Führungskraft sagt, sondern wie sie sich verhält. Sozusagen als »sich selbst erfüllende Prophezeiungen« bestimmen dann die Erwartungen der Führungskräfte und ihre Mitarbeiterbehandlung weitgehend deren Leistungen und Karrierefortschritte. Wobei hohe Erwartungen allerdings nur dann motivierend sind, wenn die Mitarbeiter sie für realistisch und für erfüllbar halten. In letzter Konsequenz bedeutet dies einen *Placebo-Effekt* und dass jede Organisation und jede Führungskraft mittel- und langfristig die Mitarbeiter erhält, die es bzw. die er verdient.

Laterale Kooperationskonflikte
Solche Konflikte gibt es zwischen Kollegen auf derselben Ebene, aber in anderen Abteilungen, zum Beispiel zwischen dem Leiter der Abteilung Marketing und dem Leiter der Entwicklungsabteilung in einem mittelständischen IT-Unternehmen. Unter besonders hohen Kooperationsbelastungen arbeiten in der Regel Stabs- und Querschnittsabteilungen, zum Beispiel Verwaltung und Finanzwesen.

Vermeidung lateraler Kooperationskonflikte
Die Gestaltung lateraler Kooperationsbeziehungen ist eine wichtige Führungsaufgabe der oberen Führungskräfte, aber auch der betroffenen Führungskräfte selbst. Es muss alles getan werden, um die für eine gute Kooperation notwendigen strukturellen Voraussetzungen sicherzustellen: Aufbau- und Ablauforganisation, klare Entscheidungs- und Verantwortungsregeln, Richlinien, institutionalisierte Kooperationsformen (regelmäßige Besprechungen, Projektgruppenarbeit, Erfahrungsaustausch …). Klare strukturelle Regelungen können Konfliktsituationen eventuell schon vorbeugend ausschalten.

Führung ist eine Austauschbeziehung
Führung ist eine Interaktion mit wechselseitiger Beeinflussung. Leider stellen viele Führungskräfte wider besseren Wissens die fachlichen Aufgaben und ihre fachliche Kompetenz in den Mittelpunkt ihres Führungsverständnisses statt sozial-kommunikative Fragen. Der Hinweis, sie hätten zu wenig Zeit für die mündliche Kommunikation mit den (einzelnen) Mitarbeitern zeugt in der Regel von größeren Defiziten der entsprechenden Führungskräfte im Bereich der personalen bzw. sozial-kommunikativen Kompetenz, insbesondere bezüglich Ihres grundsätzlichen Interesses an Menschen, ihres Selbstmanagements, ihrer Fähigkeit zu delegieren … (vgl. die Selbsttrainingsprogramme zu diesen Teilkompetenzen).

Bossing und Mobbing
Der aus dem Englischen stammende Begriff Mobbing charakterisiert unfaireAngriffe – meistens mehrerer Mitarbeiter oder gar einer Gruppe – gegenüber einem Einzelnen (»über jemanden herfallen«) mit dem Wunsch der Demütigung und des Ausschlusses. Natürlich können viele beobachtbare Spannungen, Konflikte, Auseinandersetzungen nicht mit Mobbing gleichgesetzt werden, auch wenn einzelne dieses vorschnell machen.

Von *Mobbing* kann erst gesprochen werden, wenn die betroffene Person von einer anderen oder mehreren Personen
- mindestens einmal in der Woche
- zielgerichtet und systematisch
- durchgehend mindestens während 6 Monaten
- direkt oder indirekt mit dem Ziel angegriffen wird,
- um aus dem gemeinsamen Tätigkeitsbereich ausgeschlossen, hinausgedrängt zu werden.

Von *Bossing* wird gesprochen, wenn diese destruktiven Ziele und Aktionen von der Führungskraft selbst ausgehen und gesteuert werden.

Gute Führung und Mobbing bzw. Bossing schließen sich aus!
Achten Sie als Führungskraft strikt darauf, dass Konflikte nicht kaschiert, verdrängt, vertagt, delegiert werden. Unterbinden Sie unfaire, unaufrichtige, gemeine Verhaltensmuster schon im Keim, indem Sie mit den Betreffenden darüber offen sprechen und deren Loyalität und Identifikation mit dem Unternehmen und der darin vertretenen Unternehmenskultur einfordern.

Zum Erkennen schon von Mobbingtendenzen empfehlen wir die Checkliste LIPT (Leymann Inventory of Psychological Terror) in dem Büchlein von Fehlau (2002). Hier verwenden wir deshalb nur einige Ausschnitte, die Ihnen erste grobe Erkennungshinweise liefern:
- Sie werden auf unterschiedlichste Art und Weise schlecht gemacht und in Ihren Kontakten behindert.
- Sie werden systematisch isoliert.
- Ihre Arbeitsaufgaben werden geändert, um Sie zu bestrafen.
- Sie werden in Ihrem Ansehen herabgewürdigt.
- Sie werden massiv bedroht.

☞ Empfehlungen

> Wehret den Anfängen! Schärfen Sie Ihre Beobachtungsfähigkeit gegenüber Mobbing-/Bossingerscheinungen und handeln Sie frühzeitig! Nicht gelöste Konflikte in Ihrem Verantwortungsbereich fallen Ihnen in der einen oderen anderen Form früher oder später wie Bleigewichte auf Ihre Füße. Nehmen Sie auch über Ihre Bereichsgrenzen konstruktiv und eigenaktiv Einfluss beim Vermeiden oder schnellen Offenlegen von Mobbing, denn Sie sind von den allgemeinen unternehmenskulturellen Rahmenbedingungen, von den gelebten Werten und Normen stets direkt oder indirekt beeinflusst.

☞ Empfehlungen

Arbeitshilfe »Themenzentrierte Interaktion«

Die Themenzentrierte Interaktion (TZI) nach Ruth C. Cohn wird als Lern- und Trainingsmethode im Rahmen der Personal- und Persönlichkeitsentwicklung oft eingesetzt und kann im Rahmen Ihres Selbsttrainings dazu beitragen, Ihre emotionale und geistige Reife auf der Grundlage persönlicher Sinnentscheidungen zu fördern:

1. **Seien Sie Ihr eigener Chairman.**
   Bestimmen Sie selbst, was Sie machen wollen und was nicht, wann Sie sprechen wollen und wann nicht ... Übernehmen Sie Verantwortung für alle Ihre Verhaltensweisen und Gefühle. Suchen Sie zwar Gründe außerhalb von Ihnen, aber suchen Sie nicht die Schuld bei anderen ... Nehmen Sie anderen nicht deren Verantwortung ab, engen Sie andere nicht ein und helfen Sie dem anderen, wenn dieser offensichtlich momentan nicht in der Lage ist, die Verantwortung für sich zu tragen ... Beobachten Sie sich selbst, Ihre Gefühle, Phantasien, Gedanken, Ideen, Wertungen, die Signale, die aus Ihrem Körper kommen. Beobachten Sie auch andere bewußt, während Sie mit ihnen kommunizieren.

2. **Beobachten Sie Ihre eigenen Körpersignale**
   Sie können Ihnen oft mehr Informationen liefern als Ihr Kopf ...

3. **Störungen haben Vorrang**
   Unterbrechen Sie Gespräche, die Ihnen nichts geben, die langweilig werden oder verletzend ...

4. **Sprechen Sie authentisch**
   mit »Ich« statt »man« oder »wir«. Zeigen Sie sich konkret als Person und verstecken Sie sich – insbesondere bei klärenden Gesprächen – nicht hinter anonymen Dritten ...

5. **Eigene Meinung statt Fragen**
   Wenn Sie Fragen stellen, dann sagen Sie warum Sie sie stellen und teilen Sie dem anderen Ihre Beweggründe mit. Verstecken Sie sich nicht hinter (ablenkenden oder gar inquisitorische Fragen). Verbinden Sie eine Frage mit der kurzen Mitteilung Ihrer Meinung, dann erleichtern Sie dem anderen seine Standpunktdarstellung: dafür oder dagegen ...

6. **Sprechen Sie direkt**
   und nicht um die Ecke ...

7. **Geben Sie Feedback,**
   wenn Sie dazu das Bedürfnis haben. Wenn das Verhalten eines anderen bei Ihnen angenehme oder unangenehmen Gefühle auslöst, dann teilen Sie es dieser Person sofort und direkt mit – und nicht erst später über Dritte ... Werten Sie beim Feedback nicht, und sprechen Sie nicht über das verhalten des anderen ...

8. **Vermeiden Sie**
   ohne schlüssige Fakten Interpretationen und Spekulationen über den anderen ...

9. **Wenn Sie Feedback erhalten,**
   hören Sie geduldig und aufmerksam zu ...

10. **Es kann immer nur einer zur Zeit reden.**
    Wenn mehrere Personen zur gleichen Zeit sprechen wollen, dann muss dafür eine Lösung gefunden werden ...

☞ Empfehlungen

Verbesserung der eigenen Reflexionsfähigkeit

Das nachfolgend beschriebene Vorgehen für das Erkennen und Lösen personeninterner Konflikte kann Ihnen vielfältige Einsichten in Ihr persönliches Konfliktverhalten geben und Ihre Konfliktmanagement-Fähigkeiten als Führungskraft verbessern helfen. Nehmen Sie sich für diese Übung (nach James/Jongeward 1986) Zeit und am besten einen ruhigen Ort mit einer Tasse Kaffee oder Tee. Sie benötigen Papier und Schreibzeug.

Wenn Sie einen Konflikt mit sich herumtragen, dann können Sie in einer bestimmten Schrittfolge vorgehen. Sie werden merken, dass es Sie erleichtert und zu wichtigen Einsichten und Schlussfolgerungen führen wird – vorausgesetzt, Sie gehen nicht oberflächlich an diese Übung heran bzw. brechen nicht zu früh die Übung ab. Manche der vorgestellten Schritte sind nicht für alle Konflikttypen zu nutzen; aber Sie sollten diese auch betrachten.

1. Schritt:
Definieren Sie den Konflikt und schreiben Sie ihn kurz auf. Möglicherweise merken Sie dabei, dass das, was Sie für den Konflikt hielten, gar nicht der eigentliche Konflikt war.

2. Schritt:
Welche Meinungen, Informationen und Verhaltensweisen hätten Ihre Eltern dazu (gehabt)?
- Schreiben Sie in Stichworten auf, was Ihre Eltern (oder analoge für Sie in Ihrer Kindheit prägende Personen!) dazu sagen, was sie tun würden. Hören Sie in sich hinein.
- Schreiben Sie deren Ge- und Verbote in Stichworten auf (etwa 2–3 der wichtigsten der für Sie prägendsten Personen aus Ihrer Kindheit).
- Notieren Sie auch kurz, was diese Personen wahrscheinlich zu sagen vermieden haben.
- Notieren Sie auch die nichtverbalen Mitteilungen Ihrer Eltern/prägenden Personen (Mimik/Gestik/Pantomimik …).

3. Schritt:
Berücksichtigen Sie jetzt die Gefühle, Einstellungen und Informationen, die Sie spontan, natürlich bei sich erleben:
- Schreiben Sie in Stichworten die eigenen Gefühle auf, die bei Ihnen im Zusammenhang mit diesem Konflikt auftreten.
- Kommt es in Zusammenhang mit diesem Konflikt zu irgenwelchen psychologischen »Spielchen«, die Sie oder andere miteinander treiben?
- Passt der Konflikt in Ihr konstruktives oder destruktives oder unproduktives Lebenskonzept? Werden irgendwelche manipulativen Rollen gespielt?

4. Schritt:
Vergleichen Sie die schriftlichen Resultate der Schritte 3 und 4 und beantworten Sie auf dieser Grundlage folgende Fragen:
a) Welche Einstellungen Ihrer früheren (prägenden) Bezugspersonen hindern Sie daran, den Konflikt zu lösen?

b) Welche Einstellungen dieser Personen helfen Ihnen – Gegenteil – dabei, den Konflikt zu lösen?
c) Welche Gefühle und Anpassungen Ihres spontanen Verhaltens und Gefühls hindern Sie daran, den Konflikt zu lösen, welche helfen Ihnen dabei?
d) Welche Lösung würde Ihren Eltern/frühen Bezugspersonen gefallen? Wäre diese Lösung für Sie angemessen oder eher hinderlich?
e) Welche Lösung würde Ihnen persönlich (spontan) gefallen? Wäre sie angemessen oder eher destruktiv?

5. Schritt:
Stellen Sie sich jetzt alternative Möglichkeiten zur Lösung des Konfliktes vor. Wehren Sie diese Ideen nicht ab und bezweifeln Sie diese nicht gleich. Sammeln Sie so viele Möglichkeiten wie Ihnen einfallen, selbst wenn manche Ihnen lächerlich erscheinen mögen. – Halten Sie ein Einzel-Brainstorming mit sich selbst ab – ca. 15 Minuten und schreiben Sie Ihre Ideen in Stichworten auf.

6. Schritt:
Bedenken Sie nun die inneren und äußeren Hilfsmittel, die für jede Lösung erforderlich sind. Stehen Ihnen diese Hilfsmittel zur Verfügung, und sind sie angemessen?

7. Schritt:
Schätzen Sie die Erfolgschance jeder Alternativlösung ein. – Scheiden Sie die unmöglichen aus.

8. Schritt:
Wählen Sie zwei oder drei Möglichkeiten, die den meisten Erfolg versprechen. Entscheiden Sie dann auf Grund von Tatsachen und Ihrer kreativen Phantasie.

9. Schritt:
Machen Sie sich nun in Ruhe die wahrscheinlichen Auswirkungen Ihrer Entscheidung bewusst. Eine Entscheidung, bei denen Ihnen unbehaglich zumute ist, wird wahrscheinlich von den Vorstellungen Ihrer prägenden Bezugspersonen oder von Ihren spontanen Ideen und Wertungen bekämpft, könnte Ihnen oder anderen vielleicht schaden oder ist vielleicht wirklich die falsche Entscheidung.

10. Schritt:
Schließen Sie einen symbolischen Vertrag mit sich selbst oder unter Einbeziehung eines guten Bekannten oder Freundes. Solch ein Vertrag ist wichtig, um die Entscheidung auch wirklich umzusetzen.

11. Schritt:
Handeln sie nun gemäß Ihrer Entscheidung. Gegebenenfalls testen Sie Ihre Entscheidung erst einmal im kleinen Kreis.

12. Schritt:
Schätzen Sie während des Handlungsprozesses die Stärken und Schwächen Ihrer Entscheidung und des Planes.

13. Schritt:
Nehmen Sie bewußt Ihren Handlungserfolg auf und an. Akzeptieren Sie, dass, wer realistisch denkt, aus seinen Fehlern ebensoviel lernt wie aus seinen Erfolgen.

Achtung: Wenn *Verlierer* Entscheidungen treffen, die schiefgehen, machen sie gewöhnlich dritte dafür verantwortlich. Wenn aber Gewinner Entscheidungen treffen, übernehmen sie gewöhnlich die Verantwortung dafür, ob die Entscheidungen nun richtig oder falsch waren.

Persönliche Maßnahmen

Was nehme ich mir für die nächsten 6 Wochen vor im Sinne einer Verstärkung meiner Konfliktlösungsfähigkeit? (Stichworte):

_____

_____

Was werde ich zuerst und vorrangig tun? (Stichworte):

_____

_____

Wie kontrolliere ich die Resultate? (Stichworte):

_____

_____

Wo werde ich mich weiter zum Thema »Konfliktlösungsfähigkeit« informieren?

_____

_____

Als weiterführende Informationsquellen empfehlen wir

Benien, K.: Schwierige Gespräche führen. Rowohlt Taschenbuch Verlag, Reinbeck bei Hamburg 2007
Fehlau, E.G.: Konflikte im Beruf. Verlag Haufe, Freiburg 2002
Fehlau, E.G.: 30 Minuten gegen Mobbing am Arbeitsplatz. Verlag Gabal, Offenbach 2008
Hugo-Becker, A.; Becker, H.: Psychologische Konfliktmanagement. dtv, München 1996.
Röhl, W.: Mein Chef ... Stern 13/2002, ab Seite 59 (Artikel über Mobbing und Bossing)

Teamfähigkeit S/P
(Führungskräfte)

Grundsätzliche Überlegungen

Bedeutung des Teams für den Unternehmenserfolg

Folgende Veränderungen im wirtschaftlichen Umfeld sprechen für die zentrale Bedeutung von einer Zusammenarbeit in Teams, um den Unternehmenserfolg zu sichern:
- Marktveränderungen weg von Verkäufer- und hin zu Käufermärkten, was für das einzelne Unternehmen stärkere Kundenorientierung sowie erhöhte Flexibilität bedeutet.
- Gesellschaftlicher Wertewandel führt dazu, dass Mitarbeiter sich für ihre Tätigkeit mehr Abwechslung, mehr Verantwortung und Entscheidungsfreiheit sowie zusätzliche Qualifizierungsmöglichkeiten wünschen.
- Neue Technologien bedingen weniger Kontrollmöglichkeiten durch Führungskräfte, stärkere Kooperation verschiedener Experten sowie die teilweise Aufhebung von direkten und indirekten Tätigkeitsbereichen.

Dies erfordert von den Unternehmen eine hohe Flexibilität im Sinne einer lernenden Organisation. Um diese gewährleisten zu können bedarf es folgender Prinzipen:
- Dezentralisierung,
- Funktionsintegration,
- Einführung von Mechanismen der Selbstregulation.

Da es in einem lernenden Unternehmen in erster Linie die Menschen sind, die voneinander lernen, sind Teamstrukturen die wesentliche organisatorische und auch kulturelle Grundlage, um ein gegenseitiges Lernen zu ermöglichen.
Der »Gewinn«, der durch Teamarbeit erzielt wird, verteilt sich sowohl auf das Unternehmen im Sinne von erhöhter Produktivität als auch auf die Mitarbeiter im Sinne erhöhter Arbeitszufriedenheit und darüber hinaus auf die Form und Kultur der Zusammenarbeit, wie

folgendes in einem Flyer an die Belegschaft verteilte Beispiel anlässlich der Einführung von Teamarbeit in der Fertigung verdeutlicht:

Für das Unternehmen	Für mich	Für uns alle
Verkürzung der Lieferzeiten • kürzere Durchlaufzeiten • weniger Schnittstellen • weniger Stör- und Ausfallzeiten • 100 % in 24 Stunden	**Interessantes Arbeiten** • mehr Abwechlung • gezielter Belastungswechsel • mehr Handlungsspielraum • mehr Eigenverantwortung	**Verbesserung der Kommunikation** • einander zuhören • einander ernst nehmen • einander verstehen
Verbesserung der Qualität • bessere Qualifizierung der Mitarbeiter • mehr Verständnis für Zusammenhänge • bessere Zusammenarbeit	**Höhere Qualifizierung** • mehr Arbeitsplätze beherrschen • Hintergründe und Zusammenhänge besser verstehen • berufliches Weiterkommen	**Stärkung des Wir-Gefühles** • gegenseitige Unterstützung • gemeinsames Lernen • gemeinsame Erfolgserlebnisse • weniger Fremdkontrolle
Senkung der Kosten • höhere Produktivität • Vermeidung von Verschwendung • weniger Ausschuss/Bruch	**Verbesserung des Einkommens** • durch bessere Einzel- und Teamleistung • durch Höhergruppierung • durch Ausschöpfung von Verbesserungsmöglichkeiten	**Kreativere Problemlösungen** • Fachwissen der Mitarbeiter nutzen • unkomplizierte Problemlösungen • Fantasie der Teams nutzen
Höhere Flexibilität • breitere Einsatzmöglichkeiten der Mitarbeiter • flexible Pausen- und Arbeitszeiten • schnellere Reaktionsmöglichkeiten	**Entwicklung der Persönlichkeit** • besser auf andere zugehen können • selbstständiger werden • an Ansehen gewinnen, akzeptiert werden	**Sicherung der Arbeitsplätze** • höhere Produktivität • höhere Wettbewerbsfähigkeit • höhere Kundenzufriedenheit

Was bedeutet Teamarbeit in der Abteilung »Veredelung von Brillengläsern« in einem mittelständischen Unternehmen der Brillenglasherstellung?[1]

Zusammenhang von Team und Selbstorganisation

Zweifellos unterliegt das Konzept der Zusammenarbeit in Teams, wie andere Managementkonzepte auch, einem »Modezyklus«. Hatte das Konzept der Teamarbeit zwischen Mitte der 80er bis Mitte der 90er Jahre vor allem in der Fertigung Hochkonjunktur, scheint es heute weit weniger propagiert zu werden. Zudem werden Erfahrungen vermittelt, die der Teamarbeit den vorausgesagten Erfolg absprechen.

---

[1] Schäffner, L.: Der Beitrag der Veränderungsforschung zur Nachhaltigkeit von Organisationsentwicklung. München und Mering 2002

Dort, wo der Erfolg ausgeblieben ist, liegt dies jedoch nicht in dem Konzept der Teamarbeit selbst, sondern in den Rahmenbedingungen, die Teamarbeit eher behinderten. Dazu gehören u. a.
- Die Isolierung von Teamarbeit auf einzelne Inseln von Pilotprojekten im Umfeld von Organisations- und Kulturformen, die eher teamfeindlich waren.
- Führungsfehler, die darin bestanden, das bisher praktizierte Führungsverhalten, das auf Individuen gerichtet war, auf die Führung von Teams zu übertragen.
- Ein zögerliches Übertragen von Verantwortung auf die Teams, damit sie ihre Chance auf Selbstorganisation überhaupt wahrnehmen können.
- Die Unfähigkeit, ein Entlohnungssystem zu kreieren, das Teamleistungen gerecht wird.

Dessen ungeachtet bleibt Teamarbeit das Konzept, das eine geeignete Antwort auf die gegenwärtigen Herausforderungen geben kann. Sie weist den Weg zu der überall laut propagierten Selbstorganisation, und zwar zu Selbstorganisationsformen, die individuelle Selbstorganisation auf die einer kollektiven Selbstorganisation ausweitet und damit auch stärkt.

Die Diskussion in Wissenschaft und Praxis darüber, wann man von einer Gruppe und wann von einem Team spricht, und welche Formen der Zusammenarbeit in einer Organisation es gibt soll hier nicht ausführlich fortgesetzt werden, fordert aber wenigstens zu einer Klarstellung heraus, die vor allem in Kapitel 4 durch die zentralen Aspekte von Teamarbeit präzisiert werden. Teamarbeit bezeichnet eine besondere Qualität von der Zusammenarbeit in einer Gruppe. Gruppenarbeit findet dort statt, wo eine gewisse Anzahl von Mitarbeitern in einem sozialen Kontext miteinander beruflich tätig sind. Die Frage der individuellen Kooperation d. h. der konkreten gegenseitigen Unterstützung wird überwiegend in die Entscheidungsgewalt der Individuen gelegt. Sie entscheiden, ob und wann sie einem anderen helfen, wobei damit die Erwartung verbunden wird, dass der andere mir dann in einer anderen Situation, wo ich selbst Hilfe brauche, diese anbietet.

Die vor allem in kleinen Gemeinden praktizierte Zusammenarbeit beim Bau von Häusern kann als Beispiel dienen.

Durch seine Hilfe erwirbt der Einzelne Sozialkapital, das er dann einlösen kann, wenn es ihm ratsam erscheint.

Wenn nun Teamarbeit – in der Unterscheidung von Gruppenarbeit – in ihrem Zentrum definiert wird durch die gemeinsame gegenseitige Verantwortung, wird das ehemalig private Sozialkapital »sozialisiert«.

Dies stößt nun bei den einzelnen Mitarbeitern nicht unbedingt auf Gegenliebe, ist auf der anderen Seite aber das Potenzial im Interesse des Unternehmens und damit auch der Mitarbeiter, im Wettbewerb bestehen zu können.

Warum wird bei der Teamanalyse ein wesentlicher Schwerpunkt auf Kompetenzen gelegt?

Wenn Kompetenzen als Dispositionen der Selbstorganisation bei der Lösung von Aufgaben verstanden wird, ist das Kompetenzmodell am Besten geeignet, das Selbstorganisationspotenzial von Teams abzubilden. Dies gilt sowohl für die Selbstorganisationsfähigkeit der einzelnen Teammitglieder als auch – aus den individuellen Kompetenzen auf das Gesamtteam »hochgerechnet« – für dessen Kompetenzausprägung.

In allen Organisationen spielen Kompetenzen eine zunehmende Rolle. Immer weniger ist der exzellente »Fachidiot« gefragt. Die Beherrschung der fachlichen und methodischen Voraussetzungen der eigenen Arbeit nimmt in der Bedeutung natürlich nicht ab, gilt aber – beispielsweise bei Rekrutierungen und Beförderungen – als selbstverständlich.

Erst wirkliche Einsatzbereitschaft, schöpferische Fähigkeit und ausgeprägte Zuverlässigkeit – also personale Kompetenzen –, erst Entscheidungsfähigkeit, Mobilität und Initiative – also aktivitätsbezogene Kompetenzen –, erst Teamfähigkeit, Kommunikationsfähigkeit und Pflichtgefühl – also sozial-kommunikative Kompetenzen – befähigen Mitarbeiter und Führungskräfte dazu, Leistungen zu erbringen und Produkte zu schaffen, die sich in echte, überdauernde Wettbewerbsvorteile ummünzen lassen. Mitarbeiterkompetenzen sichern letztlich Flexibilität und Innovationsfähigkeit und damit das Überleben des Unternehmens.

Kennzeichen

Aspekte einer Teamdiagnose

Die Aspekte einer Teamanalyse sind abhängig von den zentralen Kriterien, die ein Team definieren. In unserem Ansatz sprechen wir von einem Team, wenn folgende Kriterien erfüllt sind:
- Eine gemeinsame Aufgabe, ein gemeinsamer Arbeitsansatz und gemeinsame Werte
- Eine begrenzte Anzahl von Personen
- Eine für die Zusammenarbeit förderliche Kommunikation
- Unterschiedliche Fähigkeiten der Teammitglieder
- Eine gemeinsame gegenseitige Verantwortung

Die Bedeutung des Kriteriums gemeinsame Aufgabe, gemeinsamer Arbeitsansatz, gemeinsame Werte

Dieses Kriterium steckt die Rahmenbedingungen für die Erfüllung der anderen Kriterien ab. Aufgaben, Arbeitsansatz und Werte bestimmen im Wesentlichen die Inhalte und Ziele der Kommunikation, geben die Richtung vor für die gemeinsame gegenseitige Verantwortung und für die erforderlichen Fähigkeiten der Teammitglieder. Dasselbe gilt auch für die Zahl der Teammitglieder.

Es ist dabei zu unterscheiden, welches die Aufgaben und Ziele und Arbeitsansätze für das gesamte Unternehmen und welche die für das konkrete Team sind. Diese Trennung ist vor allem für Teams auf der Leitungsebene wichtig, da auf dieser Ebene die Zielrichtung für das gesamte Unternehmen bestimmt wird. Dennoch bleibt die Frage von Bedeutung, welche Aufgabe die Unternehmensleitung als Team hat. Es geht letztlich um den Existenzzweck des Teams. Dieser ist auch für alle weiteren Teams auf den hierarchisch nachgeordneten Ebenen zu klären.

Die Bedeutung des Kriteriums Teamgröße

Das Kriterium der Teamgröße bzw. das der begrenzten Anzahl von Personen hängt von der jeweiligen Unternehmensstruktur ab. In der Teamdiagnose wird ihm eher eine untergeordnete Bedeutung zugemessen.

Die optimale Teamgröße von 6 bis 8, wie sie in der Literatur beschrieben wird, kann zu Empfehlungen führen. Eine zu kleine Anzahl von Teammitgliedern (vor allem im Top-Management) kann eventuell durch weitere Mitglieder auf der Ebene darunter ergänzt oder ein zu großes Team verkleinert bzw. in Subteams aufgeteilt werden.

Die Bedeutung des Kriteriums Kommunikation

Kommunikation erfüllt das Team mit Leben und ist zugleich zentrales Mittel zur Erfüllung aller anderen Kriterien.

Einzelaspekte einer Teamanalyse sind
- die Inhalte – differenziert in Strategien, Tagesgeschäft und Führung und
- die Formen und Orte der Kommunikation differenziert in
  - »Zwischen Tür und Angel« (spontan, kurzfristig, nach Bedarf),
  - kleine »ad-hoc-Besprechungen«,
  - anberaumte Sitzungen,
  - Klausuren/Workshops,
  - außerhalb des Unternehmens in eher privatem Rahmen.

Bedeutung des Kriteriums Unterschiedliche Kompetenzen

Die Fähigkeiten der einzelnen Teammitglieder bieten den zentralen Handlungsansatz, sowohl von außen als auch von innen das Team zu gestalten. Unter dem Aspekt, dass unterschiedliche Fähigkeiten sich ergänzend zum Wohl der Teamleistung auswirken, geht es zum einen um die personelle Zusammensetzung eines Teams, zum anderen aber auch um dessen Zukunftsgestaltung über die Entwicklung der einzelnen Mitglieder. Insofern ist es richtig, dieses Kriterium in das Zentrum von Teamdiagnose und Teamentwicklung zu stellen.

Das Kriterium »unterschiedliche (sich ergänzende) Fähigkeiten« wird in der Regel auf mehreren Ebenen diskutiert. So gibt es die Unterscheidung zwischen Sach-, Beziehungs- und Steuerungsebene oder die Ausdifferenzierung in Aufgaben- und Erhaltungsrollen. Es geht also im Wesentlichen darum, nach den beiden Aspekten *Wirkung nach außen*, zur Erledigung der gestellten Aufgabe und *Wirkung nach innen*, zur Stärkung des Teams zu unterscheiden. Vor diesem Hintergrund mag die Differenzierung in Sach-, Beziehungs- und Steuerungsebene nach innen Sinn machen, nach außen jedoch weniger, da die nach außen zu erbringende Leistung nicht nur auf der Sachebene stattfindet, sondern auch auf der Beziehungsebene im Sinne der Art und Weise, wie diese Leistung erbracht wird. Da mag das komplexere Gebilde »Rolle« eher geeignet sein, die Verknüpfung von Sach- und Beziehungsebene herzustellen. Allerdings ist die Kritik an dem Rollenmodell berechtigt, da die Rollen sehr häufig auf einem inkonsistenten Kriterienmodell beruhen. Die unterschiedlichen Rollenmodelle stellen in der Regel lediglich eine Auflistung von Rollen dar, die dann ergänzt wird, wenn man eine neue braucht oder eine neue entdeckt. Eine Systematik in solchen Modellen sucht man meist vergeblich.

Dieser Mangel kann behoben werden, wenn es gelingt, die Kompetenzen zu ermitteln, welche die einzelnen Teammitglieder überhaupt erst befähigen, bestimmte Rollen einnehmen zu können, zumal Kompetenzen als Dispositionen zur Lösung von Aufgaben hinter den Rollen stehen und den Rahmen definieren, innerhalb dessen bestimmte Rollen gut oder weniger gut eingenommen werden können.

Als Basis-Instrument bietet zum Beispiel das Diagnose- und Entwicklungsverfahren KODE® hier eine überzeugende Orientierung, zumal es die nicht sinnvolle Unterscheidung zwischen Aufgaben- und Teamrollen aufhebt, da KODE® auf Lösungsmuster verweist, die keine Unterscheidung einerseits im Verhalten nach außen bzw. auf der Sachebene und andererseits nach innen auf das Team hin bzw. auf die Beziehungsebene, nahe legt.

Die Lösung besteht darin, aus den 4 Grundkompetenzen P, A, F und S (siehe KompetenzAtlas) und aus zentralen Kompetenzbündeln ein Raster zusammen zu fügen, das in Dispositionen von grundsätzlichen Verhaltensweisen operationalisiert werden kann. Daraus lässt sich folgende Typisierung ableiten:
- Ruhender Pol und stilles Vorbild
- Teamplayer
- Experte
- Aktiver
- Begeisterer
- Verantwortlicher
- Unterstützer
- Koordinator
- Initiator
- Fachlicher Vermittler.

Teams benötigen gemeinsame Ziel- und Aufgabenstellungen; entscheidend sind jedoch gemeinsam erkannte Probleme und der Versuch, zu deren Lösung die **Einzeltalente** richtig zu nutzen und Teamsynergien zu ermöglichen. Es kommt nicht in erster Linie um die individuellen Einzelleistungen an, sondern um die Teamleistung insgesamt. Es geht um verschworene Gemeinschaften; und nur dort kann sich der viel beschworene Teamgeist entfalten. Die Teammitglieder müssen sich in erster Linie zu (gemeinsamen) hohen Leistungen selbst motivieren und davon ausgehen, dass sie durch gemeinsame Erfolge eigene Entwicklungssprünge verzeichnen können. Das Team ist Performance-Voraussetzung und -Resultat zugleich. Für das einzelne leistungsmotivierte Mitglied ist es gleichermaßen ein Fitness-Studio zur Entwicklung der eigenen Persönlichkeit und Kompetenzen. Diven werden sich in guten Teams nicht lange halten u d gehören auch ncht dahin. Die Qualität von Spitzenkräften beruht vielmehr auf ihrer Bereitschaft sowie Fähigkeit, sich einzuordnen und außerordentliche Leistungen als gemeinsame Teamaufgabe zu vertreten.

Die Problemlösung darf nicht schon feststehen, wenn besondere Leistungen vollbracht werden sollen. Und es sollten nicht zu früh die gemeinsamen Ressourcen auf eine Lösung konzentriert werden, sondern ausreichend viel Zeit für eine ernste Problemanalyse und später zum Auffinden unterschiedlicher Lösungsansätze eingesetzt werden – und damit die Kompetenz- und Innovationskraft des Teams voll ausgeschöpft werden.

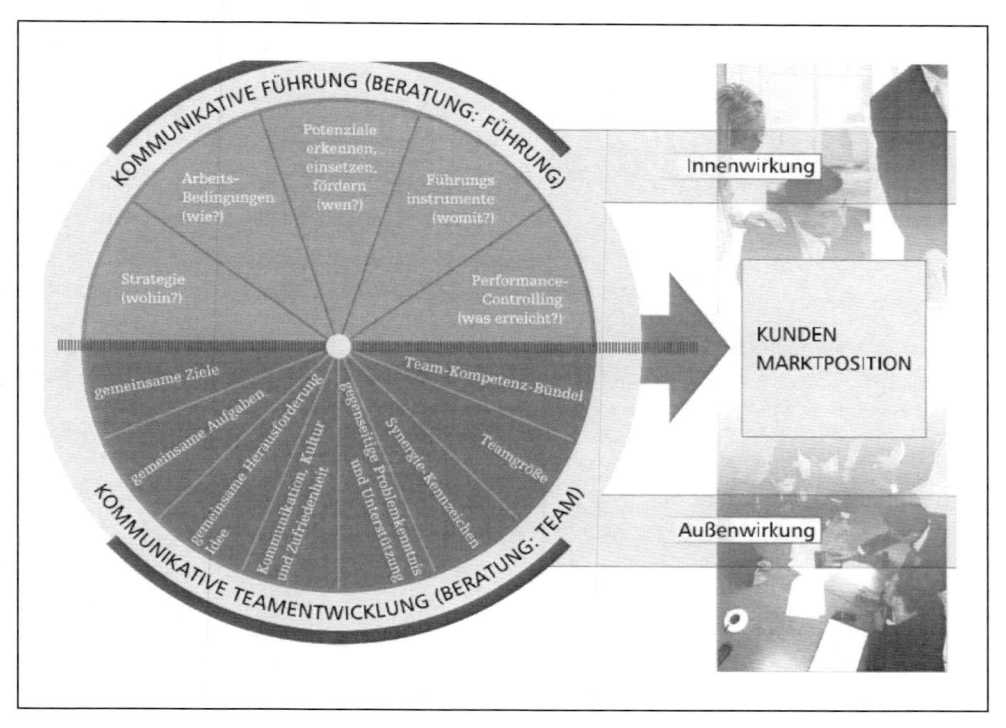

Zusammenspiel von Führungs- und Teamentwicklungs-Aspekten

Wann ist eine Teamanalyse sinnvoll oder sogar erforderlich?

Eine Teamdiagnostik braucht grundsätzlich keinen besonderen Anlass. Dort, wo Teamstrukturen zu einem wesentlichen Element der Unternehmensstrategie gehören, sind regelmäßige Maßnahmen zur Teamdiagnose unerlässlich.

Darüber hinaus sind – unabhängig von einer strategisch verankerten Teamkultur – Diagnosebemühungen erforderlich, wenn folgende »kritische« Sondersituationen eintreten, die nicht isoliert betrachtet werden können, weil sie eine beachtliche Schnittmenge haben:
- Nachlassende Leistungen;
- Nicht Erreichen der Ziele;
- Uneinigkeit über gemeinsame Aufgaben, Ziel, Arbeitsansätze und Werte;
- Suche nach den Schuldigen statt einer Übernahme der gemeinsamen Verantwortung als Team.

Unabhängig von solchen kritischen Situationen sind Teamdiagnosen dann sinnvoll, wenn strategisch wichtige Entscheidungen von unterschiedlicher Tragweite anstehen. So z. B.
- die Ersetzung eines bisherigen oder Kooption eines neuen Teammitgliedes;
- die Schaffung neuer Teams;
- die Neugestaltung einer Teamstruktur in einem Unternehmen;
- Entscheidung über Fusionen, Übernahmen oder Beteiligungen, vor allem hinsichtlich der Bewertung der Unternehmensleitung als Team.

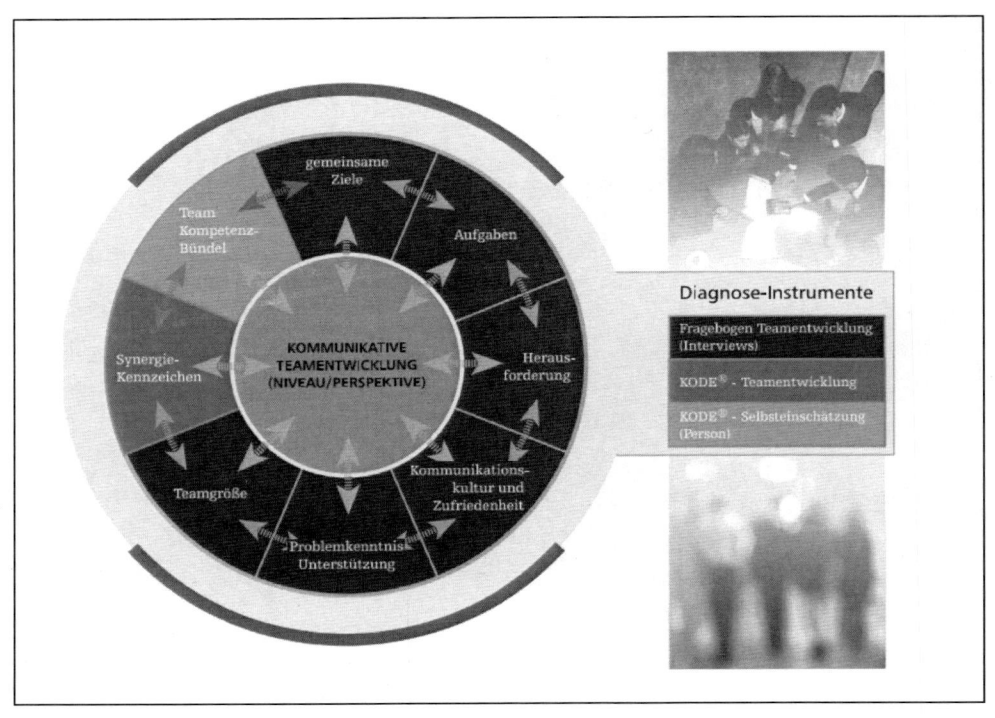

Diagnose-Instrumente 1

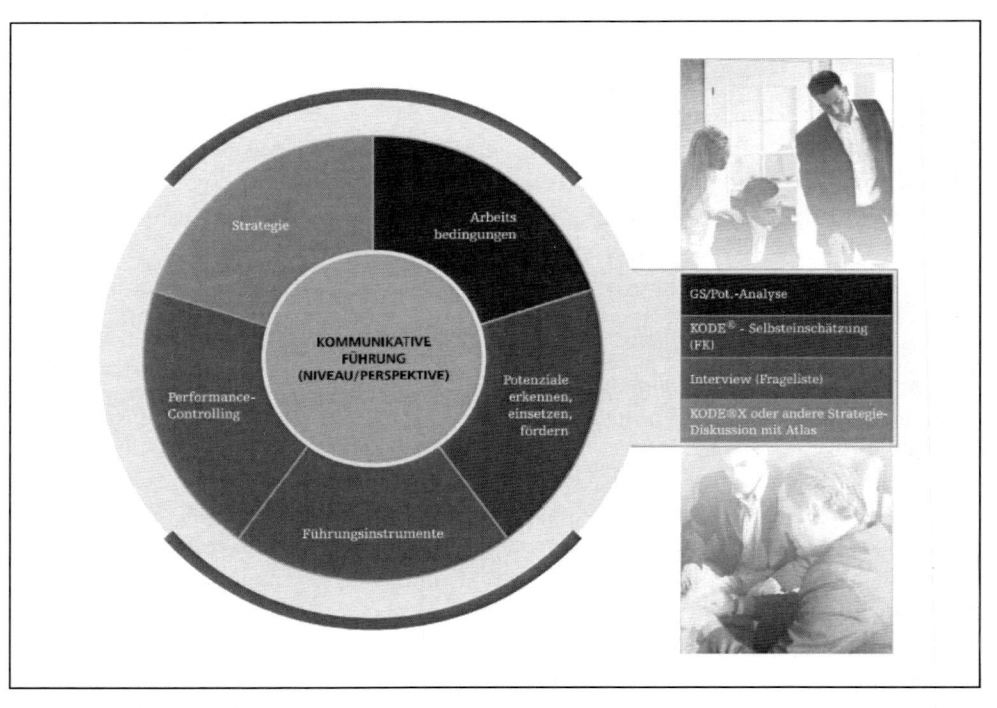

Diagnose-Instrumente 2

Welche Effekte können durch eine Teamanalyse erzielt werden?

Die Bewertung von Teams wird sich zu einem großen Teil auf die erzielten Ergebnisse als Beitrag zu dem Unternehmenserfolg richten. »Verrechnet« werden müssen die Ergebnisse allerdings mit dem Aufwand, der betrieben werden muss, um ein Team leistungsfähig zu machen und zu halten. Dieser gegen zu rechnende Aufwand lässt sich an Hand der zentralen Teamkriterien ausdifferenzieren. Allerdings bedarf es auch einer Vorgabe von Seiten des Managements hinsichtlich seiner Beurteilung, wann ein Team leistungsfähig ist und wann nicht. Diese Vorgaben lassen sich mit weiteren Instrumenten, wie z. B. der Blanced Score-Card operationalisieren.

Die Teamanalyse stellt zunächst einmal die Basis dar, aus der Handlungskonsequenzen geschlossen werden können und müssen. Schon allein die Darstellung der Analyseergebnisse vor Mitarbeitern und Führungskräften im Sinne eines survey-feed-back-Verfahrens bewirkt erfahrungsgemäß insofern Effekte als die so Informierten einerseits die Problemfelder erkennen, die zur Korrekturen auffordern und andererseits auch die Potenziale wahrnehmen, die diese Korrekturen fördern.

Eine solche Einsicht wird allerdings nur Wirkung haben, wenn sie in entsprechende Entwicklungsmaßnahmen im Sinne eines Verständnisses von Organisationsentwicklung umgesetzt werden. Dabei beschränken sich diese Maßnahmen nicht auf das Team selbst, sie müssen sich vielmehr auf die Rahmenbedingungen unter denen Teams arbeiten – und insbesondere auf die Führungsarbeit – erstrecken.

Letztendlich hängt der Erfolg einer Teamanalyse davon ab, wie konsequent sowohl in der inhaltlichen Aufarbeitung als auch in der Zeitabfolge, das Management Schlussfolgerungen zieht und auch realisiert.

Welche Möglichkeiten gibt es, auf die Analyseergebnisse im Sinne einer Teamentwicklung zu antworten?

Dort, wo in Teams Kompetenzdefizite zu verzeichnen sind, bestehen Kompetenztrainingsmöglichkeiten, sowohl auf der Team als auch auf der individuellen Ebene.

Die konkreten Maßnahmen ergeben sich aus den Defiziten, die hinsichtlich der Erfüllung der Teamkriterien festgestellt werden. Dabei ist die inhaltliche und methodische Ausgestaltung abhängig von den Kriterien bei denen Defizite festgestellt wurden. Die einzusetzenden methodischen Konzepte reichen von zeitlich kurzen Interventionen bis hin zu umfangreichen und komplexen Workshop-Strukturen. Dabei haben die vorgeschlagenen Maßnahmen eine beträchtliche Schnittmenge, so dass sie bei mehreren Defiziten sinnvoll einsetzbar sind.

Die Interventionen dürfen sich nicht auf gruppendynamische Spiele beschränken, wie in der Vergangenheit häufig zu beobachten war, sondern müssen unbedingt auf die Einbindung der Teams in die gesamte Unternehmenskonzeption einschließlich des Unternehmensleitbildes ausgeweitet werden, um die in der Zusammenfassung beschriebenen Management- und Führungsfehler nicht zu wiederholen.

Eine erste Annäherung an eine Struktur der Interventionsmöglichkeiten ergibt sich, wie nachfolgend aufgezeigt aus den Defiziten, die in den zentralen, ein Team definierenden Elementen zu beobachten sind. Diese Struktur bildet den äußeren Rahmen für eine toolbox, in die weitere kleiner Unterteilungen einzubauen und entsprechend der beobachteten Problemlagen zu kennzeichnen sind. In den nachfolgenden Schritten sind die Boxen mit entsprechenden methodischen Materialien sukzessiv zu füllen.

Defizite hinsichtlich der erforderlichen Kompetenzen
Bei Defiziten im Bereich der erforderlichen Kompetenzen bietet sich neben der Kooption von (neuen) Kompetenzträgern eine Entwicklung im Sinne der MITs an.
Dabei bestehen Kompetenztrainingsmöglichkeiten sowohl auf der individuellen als auch auf der Teamebene.

Defizite hinsichtlich des Wissens um die gemeinsamen Aufgaben, Arbeitsansätze und Ziele und Werte, einmal auf der Ebene des Teams
Auf der Ebene des Teams kann man die Trainingsempfehlungen der MITs zu einer Teamfragestellung machen und gemeinsam bearbeiten.

Auf der individuellen Ebene kann man danach fragen, wer der Teammitglieder hinsichtlich der Förderung der schwach ausgebildeten Kompetenzen im Vergleich zu den anderen Teammitgliedern das größte Potenzial hat und wie er dieses Potenzial mit Hilfe der MITs ausweiten kann.

Welcher konkrete Handlungsbedarf für die Ausrichtung der Teams auf die Unternehmensstrategie besteht, bedarf einer konkreten Soll-Vorstellung, die mit Hilfe des Kompetenzatlasses ermittelt wird und über ein Ranking der 16 Teilkompetenzen, die für die nächsten 18–24 Monate wichtig sind.

Defizite hinsichtlich des Bewusstseins gemeinsamer Aufgaben, Ziele Strategien und Werte
Bei solchen Defiziten bieten sich Leitbild- und Strategieworkshops an, die folgende unterschiedlichen Ansätze aufweisen können.

Ansatz: Operationalisierungsprozess von der Vision hin zu konkreten Regelungen.
Für solch einen Workshop bietet sich folgende Struktur an:
- **Vision** als Sinnfrage. Konkret: Wozu ist das Unternehmen gut im Sinne einer »Veredelung« der Aufgaben? Welches Bild eines idealen Zustandes gibt es bzw. wird kommuniziert?
- **Mission** als Intention bezogen auf das zentrale Ziel
- **Ziele:** Wie lauten die *Einzel-Ziele* als fixierte Meilensteine auf die Vision hin?
- **Strategien:** Welche Wege zur Zielerreichung sollen eingeschlagen werden?
- **Grundannahmen:** Welche Grundannahmen werden vorausgesetzt (z. B. der Mensch ist die wichtigste Quelle des Unternehmenserfolges)?
- **Leitlinien:** Welche Vorgaben zum Verhalten z. B. Führungsleitlinien sollen fixiert werden?
- **Regelungen:** im Sinne von konkreten Maßnahmen, wie z. B. Durchführung und Dokumentation eines halbjährlichen Mitarbeitergespräches.

Ansatz: Rollenverhandeln nach Harrision
Ein solcher Workshop beinhaltet folgende Schritte:
Rolleninhalt primary task: Jeder Teilnehmer stellt die 10–15 Einzelaufgaben, die er seiner Meinung nach hat, dar.
Daraufhin wird eine Zustimmung oder ein Widerspruch der anderen erfragt. Vor allem in den Fällen, in denen andere sagen, dies seien primär ihre Aufgaben oder z.T. ihre Aufgaben,

sind Entscheidungen zu treffen, wem die Aufgabe primär zuzuweisen ist oder es muss geklärt werden, wie Schnittmengen zu managen sind.

Ansatz: Struktur im Unternehmen
Ein solcher Workshop klärt:
- Was ist unsere zentrale Aufgabe?
- Wie ist unser Team im Unternehmen platziert (zeichnen)?
- Welche Erwartungen haben unsere Kunden an das Team?
- Welche Erwartungen haben die Teammitglieder an die Funktion innerhalb und außerhalb des Teams?

Defizite hinsichtlich der gemeinsamen gegenseitigen Verantwortung
Bei Defiziten im Bereich der gemeinsamen gegenseitigen Verantwortung sind Teambildungsseminare geraten mit dem Schwerpunkt »Teamspielregeln« und »Rollenverhandeln – nach Harrison«, ausdifferenziert nach Rolleninhalte und Rollengestaltung.
Bei der Erarbeitung von Spielregeln hat sich folgender Fragen-Ablauf bewährt:
- Was sollen die anderen Gutes über uns sagen?
- Welche Spielregeln müssen wir einhalten, dass andere so Gutes über uns sagen?
- Wie erkennen wir, ob die Spielregeln eingehalten bzw. verletzt wurden?
- Was tun wir, wenn sie verletzt wurden?
- Welches Motto sollte unser Team kennzeichnen?

Bei der Gestaltung der individuellen Rollen zur Verbesserung der Kooperation ist erfahrungsgemäß folgende Struktur erfolgreich:

Jedes Gruppenmitglied kann innerhalb eines Workshops einen Brief an jedes andere Teammitglied in folgender Form schreiben »es würde meine Arbeit wesentlich erleichtern, wenn Sie in Zukunft Folgendes so machen würden ...« Der Adressat schreibt alle an ihn gerichteten Wünsche auf ein Flipchart.

Nun beginnt das eigentliche Rollenverhandeln. Der Adressat wird vom Moderator gefragt, ob er diesen Wunsch erfüllen könnte und welche »Gegenleistung« er von dem Absender oder auch von anderen Teammitgliedern dafür braucht. Der Moderator hat dabei darauf zu achten, dass die Verhandlung nicht in Rechtfertigungen und Schuldzuweisungen mündet. Sind die Verhandlungen erfolgreich, wird ein Vertrag geschlossen und schriftlich fixiert. Darüber hinaus wird jemand benannt, der die Einhaltung des Vertrages überprüft. Wenn der Moderator den Verhandlungsprozess zügig steuert, können je nach Komplexität an einem Tag zwischen 50 und 100 Verträge geschlossen werden. Positiv hat sich die Anwesenheit einer Führungskraft mit weitreichender Entscheidungsbefugnis erwiesen, um gegebenenfalls Ressourcen zur Verfügung stellen zu können, die für die Lösung der benannten Problem erforderlich sind und nicht in der Verfügungsgewalt der Teammitglieder stehen.

Defizite hinsichtlich der Kommunikation
Bei Defiziten im Bereich der Kommunikation bieten sich Teambildungsmaßnahmen mit dem Schwerpunkt »Kommunikation im Team« und die Analyse der Faktoren, die die Kohäsion des Teams (Anziehungskraft des Teams für den einzelnen) behindern oder befördern an.

Zentrale Kohäsionsfördernde Faktoren sind:
- Ähnlicher Arbeitsoperationen
- Verweildauer in der Gruppe
- Autonomie der Gruppe, wenn die Teilnehmer dies wollen
- Lebendige Kommunikation
- Kleine Teilnehmerzahl
- Konkurrenz und Wettbewerb mit anderen Gruppen
- Konformität der Mitglieder mit Gruppennormen und -zielen
- Sichtbare Ergebnisse
- Erlebte Unterstützung
- Beliebtheitsführer
- Homogenität der Persönlichkeitsmerkmale.

Vor diesem Hintergrund sind eigene Möglichkeiten zu ermitteln, die Kohäsion zu stärken. Darüber hinaus sind Teamkonflikte und deren Bearbeitung im Team zu behandeln.

Defizite hinsichtlich der Gruppengröße
Bei Defiziten im Bereich Gruppengröße sind Organisationsveränderungen im Sinne von OE einschließlich einer Kräftefeldanalyse angebracht. Eine Kräftefeldanalyse ermittelt die Faktoren, welche einerseits die Erreichung eines Zieles behindern und andererseits die, welche die Zielerreichung fördern. Im Rahmen eines brainstormings werden Möglichkeiten ermittelt, die Hindernisse zu minimieren und die »Fördernisse« zu stärken.

Weitere Problemlagen als »Überschriften« für einzelne Boxen können u. a. sein:
- Kommunikation mit einen Team und innerhalb des Teams
- Management der Zeit und der anderen Ressourcen im Team
- Entscheidungsfindung mit dem Team und innerhalb des Teams
- Teams führen, insbesondere
  - Delegation an ein Team
  - Teams motivieren
  - Gruppendynamik steuern
  - Außenseiter aus ihrer Rolle befreien
  - Mobbing verhindern
- Teambesprechungen organisieren
- Mit dem und innerhalb des Teams überzeugend verhandeln
- Auswahl und Integration neuer Teammitgliedern
- Trennung von Teammitgliedern
- Teams für Veränderungen gewinnen und sie als Betroffene zu beteiligen
- Stress im Team verringern.

Empfehlungen

Die folgenden erweiterten Empfehlungen richten sich für Führungskräfte, die ihre eigene Teamfähigkeit im Rahmen ihrer Arbeit im Führungsteam sowie als Teamleiter erfolgreich erweitern bzw. stabilisieren wollen:

1. Gehen Sie stets davon aus, dass jedes Teammitglied etwas beitragen kann.
2. Formulieren Sie die Gruppenziele genau, und nehmen Sie sie stets ernst.
3. Nehmen Sie darauf Einfluss, dass die Teammitglieder sich gegenseitig unterstützen.
4. Teilen Sie langfristige Projekte in kurzfristige Ziele auf.
5. Setzen Sie für jedes Projekt eine eindeutige Frist.
6. Entscheiden Sie früh, welche Art Team für Ihr Ziel am besten passt (Anbindung, Zusammensetzung, Zusammenarbeit mit anderen Teams und Organisationseinheiten).
7. Versuchen Sie, starke Bindungen mit anderen Teammitgliedern aufzubauen.
8. Finden Sie Personen, die die Arbeit des Teams fördern können (Promotoren, Multiplikatoren …).
9. Verdeutlichen Sie den Teammitgliedern, dass sie zusammengehören.
10. Legen Sie messbare Ziele fest, damit Ihr Team funktional bleibt.
11. Nutzen Sie Freundschaften, um ein Team stark zu machen.
12. Fördern Sie die Akzeptanz Ihres Teams im Unternehmen.
13. Erziehen Sie Ihre Mitarbeiter zur Durchführung von intensiven Feedback-Prozessen über das »Miteinander« im Team.
14. Fördern Sie auch von Zeit zu Zeit den privaten Kontakt zwischen den Teammitgliedern.
15. Wählen Sie Teamleiter bzw. Leiter zeitweiliger Untergruppen immer nach Leistung aus.
16. Machen Sie Ideen möglich, behindern Sie sie nicht aus Ängstlichkeit vor den Folgen.
17. Vergessen Sie nicht, dass jeder im Team anders denkt.
18. Schaffen Sie im Team ein Klima der Lernfreudigkeit und Eigeninitiative.
19. Fördern Sie die persönliche Weiterentwicklung der Mitglieder.
20. Schaffen Sie Freiräume zur Selbstorganisation der Teammitglieder.
21. Bringen Sie Ideen für richtiges, effizientes Lernen im Team ein.
22. Organisieren Sie einen täglichen Beitrag zur Förderung des Teamklimas.
23. Achten Sie auf das Kompetenz- und Wachstumspotenzial möglicher Teammitglieder.
24. Nehmen Sie ineffiziente Leute aus dem Team.
25. Umgehen Sie bei der Suche nach guten Leuten die anscheinend sehr »bequemen«, unauffälligen.
26. Setzen Sie herausfordernde Ziele mit realistischen Fristen.
27. Streben Sie Leistungs- und Ergebnisorientierung bei allen Ihren Aktivitäten an.
28. Entwickeln Sie Qualitätsstandards zur gemeinsamen Erreichung von Teamzielen.
29. Stellen Sie zu den konkreten Arbeitsaufgaben zusätzliche interessante Theamaufgaben, zum Beispiel zur Steigerung der Teamperformance, zu Wegen der Aktivierung von Selbstlernprozessen u. a.
30. Unterstützen Sie Ihre Mitarbeiter beim persönlichen Lernen durch Ideen, Literatur, Erfahrungswerte, Aussprachen …
31. Behalten Sie die Ziele der einzelnen Teammitglieder im Auge.

32. Verhindern Sie, dass ein Teilbereich den Gesamterfolg gefährdet.
33. Behandeln Sie externe Berater wie Gruppenmitglieder.
34. Informieren Sie Förderer (Punkt 8) über die Ergebnisse im Bearbeitungsprozess.
35. Bestehen Sie unbedingt auf den nötigen IT-Systemen und Arbeitsbedingungen.
36. Sorgen Sie für eine hohe Methodenkompetenz des Teams (Arbeitstechniken, Zeitmanagement, Moderations- und Präsentationstechniken, Umgang mit Medien …).
37. Führen Sie öfter moderierte Besprechungen durch und übertragen Sie die Durchführungs-(Moderations-)Verantwortung an Ihre Mitarbeiter.
38. Besuchen Sie nach Möglichkeit einmal in 16 Monaten gemeinsam mit Ihren Mitarbeitern ein (in-house-)Seminar zur Weiterentwicklung des Teams.
39. Trainieren Sie mit Ihren Mitarbeitern mindestens einmal in 6 Wochen einen alle interessierenden Bereich, z. B. Gesprächstechniken, Verhandlungsführung, Kundenorientierung, Einwandbehandlung, Konfliktlösung …
40. Delegieren Sie Aufgaben mutig. Delegieren Sie nicht unnötige Arbeit, sondern streichen Sie sie konsequent.
41. Lassen Sie das Team vieles selbst so exakt vorbereiten, dass Sie auf dieser Grundlage schnell und von allen mitgetragen Entscheidungen treffen können.
42. Behalten Sie nur die Aufgaben, die unbedingt bei Ihnen verbleiben müssen.
43. Ermutigen Sie positive Beiträge von Teammitgliedern und Eigeninitiativen.
44. Teamerfolge sollten Sie anerkennen, bekannt geben und feiern.
45. Lehnen Sie niemals eine Idee ohne Begründung ab.
46. Sorgen Sie dafür, dass das Team mit den (internen wie externen) Kunden in Kontakt bleibt.
47. Treten Sie dem Team bestimmt, aber aggressionsfrei gegenüber.
48. Gehen Sie auf Konflikte sofort ein und versuchen Sie, den Konflikttyp richtig zu bestimmen und den Hintergrund aufzudecken.
49. Suchen Sie nach Möglichkeiten, zeitweilige Spannungen zwischen Teammitgliedern sowie Konflikte richtig zu kanalisieren und konstruktiv zu nutzen.
50. Denken Sie daran, dass Spaß an der Arbeit gut tut und entkrampfen Sie.

Interessant sind in diesem Zusammenhang Versuche, spätestens nach der Fußball-Weltmeisterschaft 2006 aus dem Fußball Tipps zur Teambildung auf den Management-Alltag zu übertragen. So stellt beispielsweise Hickersberger sieben Orientierungen zur Diskussion (J. Hickersberger: Aufstieg. In: Trend, Mai 2008, S. 134–35):

- Schaffen Sie Strukturen, die es schwierig machen, dass ein einzelner auf Kosten der Gemeinschaft Erfolg hat.
- Boni und Incentives sind wie Torprämien; sie schaden dem Kooperationsklima. Achten Sie daher auf die Belohnungsstrukturen.
- Definieren Sie keine Ziele, sondern ein gemeinsames Problem, das auch nur vom Team gelöst werden kann.
- Trennen Sie sich von Diven. Mannschaftsfeindliches Verhalten muss konsequent geahndet werden.
- Erkennen Sie die individuellen Talente, und machen Sie diese für das Gemeinsame nutzbar. Schaffen Sie Einheit, indem Sie Vielfalt zulassen.

- Die Qualität von wirklichen Spitzenleuten beruht auf ihrer Fähigkeit, sich ins Team einzuordnen. Der gemeinsame Sieg muss möglich, aber darf nicht selbstverständlich sein. Das Team sollte mit der Aufgabe weder überfordert noch unterfordert sein.
- Teamfähig ist jener Mitarbeiter, dem es egal ist, wer die Lorbeeren erntet; Hauptsache es ist jemand aus dem eigenen Team.

Persönliche Maßnahmen

Was nehme ich mir für die nächsten 6 Wochen im Sinne meiner »Teamfähigkeit« und der Verbesserung unseres Innovationsmanagements vor? (Stichworte):

_____

_____

Was werde ich zuerst und vorrangig tun? (Stichworte):

_____

_____

Wie kontrolliere ich die Resultate? (Stichworte):

_____

_____

Wo werde ich mich weiter zum Thema »Teamfähigkeit« informieren?

_____

_____

Als weiterführende Informationsquellen empfehlen wir

Litke, H-D.; Kunow, I.: Projektmanagement. Haufe Verlag, Freiburg 2006
Neges, G.; Neges, R.: Führungskraft und Team. Linde international, Wien 2007
Sprenger, R.K.: Gut aufgestellt. Fußballstrategien für Manager. Campus Verlag, Frankfurt/M. 2008

Beratungsfähigkeit S/A
(Führungskräfte)

▶▶ Grundsätzliche Überlegungen

Führungskraft als Berater

Führungskraft als Berater? Ja, natürlich! Führungskräfte sind von ihrer Funktion und Rolle her auch Berater ihrer Mitarbeiter, unterstellter Führungskräfte, Berater von Kunden, Behörden u. a. – abhängig natürlich von ihren konkreten Aufgaben und Anforderungen. Im Alltagsbewusstsein geht diese Beraterstellung aber häufig unter.

Wenn wir unterschiedliche Beratungsfunktionen einer Führungskraft unterscheiden wollen, dann ist in erster Linie an folgende acht Funktionen zu denken:
- Spezialist mit hoher fachlich-methodischer Kompetenz in bestimmten Bereichen
- Spezialist für Entscheidungsvorbereitung und klare Entscheidungen
- Anreger neuer Ideen
- Archivar, »Gedächtnis« des Unternehmens
- Arbeits-(Bedingungen-)Gestalter, Spezialist für attraktive Tätigkeiten und Arbeitserleichterungen
- Mentor und Coach für Mitarbeiter und ggf. Gleichgestellte
- Berater für sinnvolle Veränderungen und Rationalisierung
- Vermittler, Beziehungsmanager nach innen und aussen (Manager der Kooperation zwischen den Organisationseinheiten, Beziehungsmanager beim Aufbau und der Pflege von Kundenbeziehungen u. a.).

Viele Manager wurden »ins kalte Wasser geworfen« und mussten das Einmaleins des Managens weitgehend ohne Hilfe seitens Dritter über Versuch und Irrtum selbst lernen; nur wenige hatten das Glück, zum Beispiel als Assistent der Geschäftsleitung oder durch Mentoren begleitet umfassende Erfahrungen vor dem eigenen Einsatz als Führungskraft »vor Ort« zu sammeln.

Insofern beherrschen viele Manager diese Beratungsfunktionen nur teilweise und sind selbst wiederum auf Beratung und Coaching angewiesen. Andererseits nimmt bei zunehmender Dynamik und Komplexität der Anforderungen aus der Arbeitswelt die Notwendigkeit zu, zeitweilig beratende interne oder externe Spezialisten in Problemlösungen einzubeziehen.

Gegenwärtige Probleme

Drei Schwächen vieler Manager sollen hervorgehoben werden:
1. Sie können die aktuelle Sachlage nur teilweise oder recht subjektiv erfassen und wiedergeben.
2. Sie ziehen daraus nicht die richtigen bzw. ausreichenden Schlüsse und haben große Probleme, selbst klare Entscheidungen zu treffen.
3. Sie haben wenig Erfahrung im umsichtigen Ausfüllen ihrer Beratungsrollen – außerhalb der rein fachlich-sachlichen Aufgaben. Insbesondere fällt ihnen der korrekte, beratende Einfluß auf die eigenen Mitarbeiter schwer.

Kennzeichen

Anforderungen an Führungskräfte

In einer Umfrage bei über 600 Führungskräften über das Eigenschaftsprofil von Beratern und Managern im Jahre 1999 und einem Vergleich mit analogen Ergebnissen aus dem Jahre 1993 konnte Höselbarth (2000) für den zukünftigen noch mehr beratenden Manager vor allem folgende Anforderungen feststellen:

> »Der Manager von morgen muss vor allem seine Change Management-Kompetenz ausbilden. Neben diesem Trend zur verhaltensorientierten Change Management-Kompetenz werden mit je über 50 Prozent Zuwachs die Informationstechnologie-Aufgeschlossenheit und die Fähigkeit zum Projektmanagement zunehmend wichtig. Teamorientierung, Kommunikationsfähigkeit und soziale Kompetenz sind weitere stark gestiegene Anforderungen an das Management ... Im Kurs stark gefallen ist autoritäre Führung, die in der Wertskala ganz unten liegt, aber auch Loyalität, Alter sowie Eingebundenheit in intakte Familienverhältnisse sind vermindert. Die heute gefragten Managerprofile haben ein nicht der Vergangenheit, sondern der offenen Zukunft zugewandtes Gesicht: die wichtige Change Management-Kompetenz und Visionskraft sind prospektive Eigenschaften ...«

Besonders interessant an dieser Umfrage ist das Ergebnis, dass sich die Zukunftsprofile der Manager und der (externen) Berater in hohem Maße ähneln. Dahinter steht sicher vor allem die Einsicht, dass Manager in Zukunft noch mehr generalistische und beratende Teilaufgaben übertragen bekommen und »Agents des Wandels« werden müssen und die Berater andererseits sich noch mehr auf die unmittelbaren Aufgaben und Abläufe in Unternehmen konzentrieren und zeitweilige Verantwortung im Unternehmensprozess übernehmen müssen (z. B. als Manager auf Zeit, Projektmanager …).

☞ Empfehlungen

Grundorientierungen für Führungskräfte als Berater

Wenn Sie Ihre Beratungskompetenz als Führungskraft auf- und ausbauen wollen, dann orientieren Sie sich als erstes an dem Modularen Trainings- und Informationsmodul MIT 12 »Beratungsfähigkeit« für Mitarbeiter. Gleichzeitig denken Sie einmal kritisch darüber nach, wie Ihr Grundverständnis als Führungskraft beschrieben werden kann und was Sie entsprechend bewusst umsetzen. Dazu erhalten Sie nachfolgend 10 Beschreibungsmöglichkeiten einer Vertrauen schaffenden, Kompetenz fördernden Führungskraft, die gleichzeitig wichtige Kennzeichen einer guten Berater-Führungskraft sind.

Seien Sie kritisch bei Ihrer Einschätzung, inwiefern Sie diese Aspekte schon in Ihrem Verhalten realisieren und schreiben Sie zu den Aspekten, die Ihres Erachtens noch nicht so »rund« in Ihrem Führungsverhalten realisiert werden, eigene Vorhaben für die nächsten Wochen auf die nachfolgenden Leerzeilen.

1. Ich begegne meinen Mitarbeitern grundsätzlich mit einem positiven Mitarbeiterbild und gehe erst einmal von Ihren individuellen Stärken aus.
2. Ich habe Respekt vor meinen Mitarbeitern als Fachleute und überlasse ihnen Freiräume für selbständiges Arbeiten und Entscheidungen in ihrem Verantwortungsbereich.
3. Ich gebe die guten Leistungen meiner Mitarbeiter nie als meine eigenen aus.
4. Ich nehme die Ratschläge meiner Mitarbeiter ernst und kann gut zuhören.
5. In meinem Verhalten bleibe ich gerecht und lasse mich kaum von augenblicklichen Stimmungen und Gefühlen leiten.
6. Ich nehme meinen Mitarbeitern die Angst vor Fehlern und Risiken und werte aufgetretene Fehler im Sinne eines gemeinsamen Lernprozesses mit ihnen aus.
7. Auch wenn meine Sympathien unterschiedlich verteilt sind, behandele ich jedoch alle gerecht und bevorteile keinen.
8. Ich zeige persönliche Wertschätzung und persönliches Interesse, ohne intim zu werden.
9. Ich fördere bei meinen Mitarbeitern offensiv solche Teilkompetenzen wie Analytische Fähigkeiten, Systematisch-methodisches Vorgehen, Entscheidungfähigkeit, Gestaltungswille, Tatkraft, Projektmanagement, Zuverlässigkeit, Kundenorientierung und Teamfähigkeit.
10. In kritischen Situationen stelle ich mich schützend vor jeden meiner Mitarbeiter und wehre unsachliche Vorwürfe von außen ab.

Das will ich in Zukunft besser machen bzw. mehr beachten:

_____

_____

Mit dem oben skizzierten Verhalten lassen Sie Ihre eigenen (guten) Mitarbeiter wachsen, entwickeln Selbstbewusstsein und sehr wichtige personale wie auch atmosphärische Voraussetzungen für eine gute Beratung auch seitens Ihrer Mitarbeiter!

Kennzeichen

Interne Berater (Sie oder Ihre Mitarbeiter oder eine Inhouse-Consulting-Abteilung ...) haben immer immense Vorteile gegenüber externen Beratern, z. B.:
- Sie kennen das Unternehmen besser und müssen sich nicht erst einarbeiten
- Sie haben keinen Know-how-Verlust nach Beendigung der Beratung, da sie nicht das Unternehmen verlassen; Beratung und Umsetzung können Hand in Hand gehen
- Sie können Umsetzungsverantwortung übernehmen und zeitweilige Weisungsbefugnisse erhalten
- Die Kosten bleiben überschaubar.

Selbstcheck

Beraterstil-Analyse

Neges (2007) entwickelte eine Beraterstil-Analyse zur Standortbestimmung vorhandener Stärken und Schwächen eines Beraters im Vertrieb. Große Teile des Fragebogens mit 125 unterschiedlichen Kriterien können aber auch außerhalb des Vertriebs eingesetzt werden. Der Fragebogen kann sowohl für Selbsteinschätzungen als auch für Fremdeinschätzungen als auch für den Vergleich beider in ausführlichen Feedbackgesprächen zwischen dem (Berater-)Mitarbeiter und der zuständigen Führungskraft genutzt werden. Dazu gibt es in dem weiter unten aufgeführten Buch von Neges ausführliche Beschreibungen und sehr praktische Empfehlungen. Als Führungskraft können Sie diese und andere Instrumente direkt einsetzen. Beispiel (Auszüge aus der Beraterstil-Analyse):

Bewertung je Frage:	nie/wenig				immer/sehr		
	1	2	3	4	5	6	7
1. Ich bin auf Kundengespräche gut vorbereitet							
2. Ich gehe aktiv auf andere Menschen zu							
3. Ich mache mir einen Tagesplan für die zu erledigenden Aufgaben							
4. Ich kann mich sehr gut in die Lage anderer Menschen versetzen							
5. Ich gehe bei Beratungsgesprächen immer strukturiert vor							
6. Ich erkenne rasch die wahren Ursachen eines Problems, ohne mich von Vorwänden, Einwänden usw. ablenken zu lassen							

Bewertung je Frage:				nie/wenig				immer/sehr	
	1	2	3	4	5	6	7		
7. Ich verzichte darauf, mich in den Mittelpunkt zu stellen									
8. Ich argumentiere sachlich und lasse Gefühle aus dem Spiel									
9. Ich überlasse nichts dem Zufall und bereite meine Argumente sorgfältig vor									
10. Es fällt mir leicht, eine Vertrauensbasis zwischen meinem Gesprächspartner und mir aufzubauen									

Dem Fragebogen mit 125 Kriterien liegen 7 Kriteriengruppen zugrunde:
- Auftreten
- Kommunikation
- Konfliktfähigkeit
- Strukturiertes Handeln
- Teamverhalten
- Kundenorientierung
- Führungsverhalten.

☞ Empfehlungen

Sie können dieses Hilfsmittel zum Zwecke der Selbsterkenntnis und Ableitung von notwendigen eigenen Korrekturen bzw. Entwicklungsschritten nutzen, aber auch zum Zwecke differenzierter Entwicklungsgespräche mit Ihren Mitarbeitern.

Weitere Anregungen zur Mitarbeiterberatung, zur Beratung im Rahmen von Entscheidungsprozessen, zum Heranziehen und Vorbereiten externer Berater, zur Nutzung von PR-Beratern u. v. a. m können Sie dem sehr leicht verständlichen und gut illustrierten Buch von Heller/Hindle (2000) entnehmen.

Bei allen verfügbaren Theorien, Ratschlägen, Instrumenten hängt die Beratung letztlich immer von der Person des Beraters, genauer gesagt seinem Charakter, ab und die Beratung ist stets eine sittliche Aufgabe. Fehlt die Sittlichkeit, die ethische Einbindung, so wird Beratung oberflächlich und steckt niemanden an, Veränderungen vorzunehmen oder mitzutragen.

✎ Persönliche Maßnahmen

Was nehme ich mir für die nächsten 6 Wochen vor i. S. einer Verstärkung meiner Beraterfähigkeit? (Stichworte):

Was werde ich zuerst und vorrangig tun? (Stichworte):

Wie kontrolliere ich die Resultate? (Stichworte):

Wo werde ich mich weiter zum Thema »Beratungsfähigkeit« informieren? (Stichworte):

Als weiterführende Informationsquellen empfehlen wir

Caroli, T. S.: Consulting Research. Unternehmensberatung aus wissenschaftlicher Perspektive. Springer Verlag, Heidelberg 2007

Höselbarth, F.: Die Umfrage ... In: Höselbarth, F.; Lay, R.; Loópez de Arriortúa, J.I. (Hrsg.): Die Berater. Einstieg, Aufstieg, Wechsel. F.A.Z.– Institut für Management-, Markt- und Medieninformation, Frankfurt am Main 2000.

Kellner, H.: Sind Sie eine gute Führungskraft? Campus Verlag, Frankfurt/New York 1999

Neges, G; Neges, R.: Führungskraft und Team. Linde international, Wien 2007

Analytische Fähigkeiten   F/P
(Führungskräfte)

Wissens-orientierung	Analytische Fähigkeiten	Konzeptions-stärke	Organisations-fähigkeit
F/P		**F/A**	
Sachlichkeit	Beurteilungs-vermögen	Fleiß	Systematisch-methodisches Vorgehen
Projekt-management	Folge-bewusstsein	Fachwissen	Markt-kenntnisse
F/S		**F**	
Lehr-fähigkeit	Fachliche Anerkennung	Planungs-verhalten	Fach-übergreifende Kenntnisse

F Fach- und Methodenkompetenz

▶▶ Grundsätzliche Überlegungen

Kernanforderungen

Führungskräfte müssen vor allem *analysieren, entscheiden, organisieren, Menschen zusammenführen* und *repräsentieren* können. Führungstätigkeit ohne betriebswirtschaftliche Aspekte und (Mit-)Verantwortung sind im heutigen betrieblichen Alltag schier unvorstellbar. Analytische Fähigkeiten im Rahmen betriebswirtschaftlichen Denkens und Handelns umfassen somit auch die Gestaltung komplexer Systeme in Hinblick auf bestimmte Zielstellungen. Hier gibt es deutliche Schnittstellen zum betrieblichen Controlling.

Führungskräfte haben das Recht und die Pflicht, in ihren Verantwortungsbereichen periodisch zu analysieren, »wo etwas hakt«, was verbessert werden kann und wie die Schrittfolge von Veränderungen zu gestalten ist. Da Tätigkeiten von Menschen vollzogen werden und das Ergebnis ihrer Arbeit in hohem Maße von Ihrer Leistungsbereitschaft sowie von den (förderlichen oder hinderlichen) Arbeitsbedingungen abhängen, sollten in solchen Analysen stets die Sachfragen mit Fragen nach den sozialen und persönlichen Bedingungen verbunden werden.

Nachfolgend finden Sie eine Liste mit Problemen, die in der einen oder anderen Form und Ausprägung in jedem Unternehmen auftreten (können). Es ist eine Zusammenstellung von sogenannten Hard- und Soft-Problemen, die der Unternehmensberatungspraxis entliehen ist und ganzheitliche Organisationsentwicklungs-Analysen unterstützt. Erweitern Sie Ihre analytische Sichtweise, indem Sie die Gesamtheit der aufgeführten Probleme nutzen, um festzustellen, welche Probleme in Ihrem Unternehmen vor Ort (ggf. Betriebsteil in einem Großunternehmen) gegenwärtig bestehen. Denken Sie dabei noch nicht an Lösungen, sondern führen Sie im ersten Schritt lediglich eine Diagnose durch.

Selbstcheck

Problemanalyse

In jedem Unternehmen gibt es zeitweilige Probleme, die es zu erkennen und zu lösen gilt. Sehen Sie sich die nachfolgenden 60 Probleme an und markieren Sie diejenigen, die Sie gegenwärtig in Ihrem Unternehmen bzw. im Betriebsteil des Gesamtunternehmens sehen. Ziel der späteren Auswertung ist es, Beiträge zu Problemlösungen abzuleiten.

Die für viele Unternehmen typischen Probleme sind in der vorliegenden Liste nicht als gleichwertig anzusehen. Sie sind auch nicht nach Bedeutsamkeiten oder Schwierigkeitsgraden sortiert, sondern in der Reihenfolge eher zufällig angeordnet. Gehen Sie bitte Zeile für Zeile durch und kreuzen Sie die relevanten Probleme ohne Kommentar in dem jeweils links stehenden Kästchen an.

Begrenzen Sie sich nicht von vornherein auf eine bestimmte Anzahl anzukreuzender Probleme. Es ist ganz natürlich, dass ein bestätigtes Problem ein oder mehrere andere Probleme nach sich zieht, denn die Probleme sind nicht völlig unabhängig voneinander.

1. Mangelnde Zukunftsorientierung/Strategie nicht deutlich ☐
2. Wirtschaftliche, technische und/oder soziale Änderungen nicht hinreichend bekannt ☐
3. Stagnation oder Schrumpfung der Marktanteile ☐
4. Konkurrenz ist bei Marktänderung flexibler ☐
5. Entscheidungsprozesse zu langwierig ☐
6. Teamfähigkeit und -bereitschaft bei Führungskräften zu gering ☐
7. Mangelnde Erfolgsverantwortung ☐
8. Unzureichende Abgrenzungen der Aufgaben und Verantwortlichkeiten ☐
9. Tägliche Kleinarbeit lässt zu wenig Zeit für wichtige Fragen ☐
10. Mangelnde Kooperation und Konfliktbereinigung ☐
11. Steuerungskennzahlen fehlen bzw. sind nicht zureichend ☐
12. Unternehmens- und Abteilungsziele sind nicht hinreichend klar ☐
13. Niveau der praxisorientierten beruflichen Weiterbildung zu gering ☐
14. Unternehmenswachstum ist zu gering bzw. gefährdet ☐
15. Gemeinkostenbelastung wächst überproportional ☐
16. Fehlen einer klaren Führungskonzeption ☐
17. Sinkende Leistungsbereitschaft ☐
18. Bereichsegoismen, Abteilungsdenken ☐
19. Liquidität gefährdet ☐
20. Zu viele langwierige und unergiebige Besprechungen ☐
21. Eigeninitiative der Führungskräfte zu gering ☐
22. Zu wenig Verbesserungsvorschläge und neue Ideen ☐
23. Unternehmenskultur und Grundsätze der Führung und Zusammenarbeit werden zwar dikutiert, aber nicht (vor-)gelebt ☐
24. Orientierung an Kundenproblemen zu gering ☐
25. Anspruchsdenken wächst zusehends ☐

26. Schwerfälligkeit der Organisation ☐
27. Mangelhaft präsentierte Entscheidungsvorlagen ☐
28. Lieferanteil an Dienstleistungen bei potenziell wichtigen Kunden zu gering ☐
29. Führungsstil ist zu autokratisch, dirigistisch ☐
30. Gruppenarbeit ist zu wenig ergiebig ☐
31. Organisatorische, technische oder andere Innovationen stoßen auf Ablehnung ☐
32. Unzureichende Informationsbereitschaft unter den Mitarbeitern bzw. zwischen den Organisationseinheiten ☐
33. Kostensenkungsmaßnahmen greifen zu wenig ☐
34. Auszehrung des Eigenkapitals ☐
35. Prozessmoderatoren für Gruppenarbeit, Workshops u. a. fehlen ☐
36. Qualitätsmängel, Reklamationen und Nacharbeitsanteil sind zu hoch ☐
37. Bürokratischer Formalismus ☐
38. Ergebnisfördernder Leistungs-Mix in den Organisationseinheiten bzw. zwischen ihnen unbekannt ☐
39. Nicht ausreichende Finanzmittel (z. B. für FuE, Investitionen, Auslandsengagements) ☐
40. Zu wenig Gestaltungsspielraum der Mitarbeiter und Vertrauen in diese ☐
41. Zu wenig Kommunikation mit den Kunden, um deren Wahrnehmung unseres Unternehmens und deren Erwartungen uns gegenüber zu erfassen ☐
42. Fachliche Über-/Unterforderungen ☐
43. Zu wenig Besprechungen und Erfahrungsaustausch ☐
44. Fehlende Identifikation mit den Aufgaben ☐
45. Fehlende Leistungsrückmeldungen ☐
46. Zu wenig genutzte Kreativität der Mitarbeiter ☐
47. Eigene (Rollen-)Unsicherheit der Führungskräfte auf den einzelnen Ebenen ☐
48. Mangelnde hierarchische Kommunikation und Zusammenarbeit ☐
49. Unzureichende Einarbeitung neuer Mitarbeiter ☐
50. Zu lange Entscheidungswege ☐
51. Doppelarbeiten auf Grund unzureichender Abstimmungen und fehlender Koordination ☐
52. Wenig Beteiligung der Mitarbeiter bei Veränderungen (frühzeitige Information und Aufnahme von Vorschlägen) ☐
53. Zu tiefe Arbeitsteilung, zu viele unnötige Schnittstellen ☐
54. Keine bzw. kaum schriftliche Anweisungen, keine Festlegungskontrolle und Rückinformationen ☐
55. Zusammenhänge werden nicht erkannt bzw. benannt ☐
56. Informationsverzerrungen aufgrund unzureichender (bzw. verzerrter) Informationen ☐
57. Ad-hoc-Personalentscheidungen ☐
58. Geringe Personaldecke, Überlastung, Fehlzeiten ☐
59. Fehlende Entwicklungsperspektiven für Fachspezialisten/-Experten ☐
60. Fehlende Orientierung für Nachwuchsführungskräfte. ☐

Auswertung

Wenn Sie die ca. 10–15 % Fragen streichen, die ggf. nicht auf Ihren direkten Führungsbereich übertragen werden können, dann haben Sie dennoch genügend Fragen, mit denen Sie Ihren Verantwortungsbereich einschätzen können. Empfehlenswert ist auch, von mindestens 5 Mitarbeitern einzeln und anonym analoge Einschätzungen vornehmen zu lassen und danach den (statistischen) Durchschnitt aller Fremdeinschätzungen mit Ihrer eigenen Einschätzung zu vergleichen. Ihre Auswertungen können dann als Grundlage für Feedback- und Rationalisierungsgespräche mit Ihren Mitarbeitern dienen.

Empfehlungen

Analyseschritte

Gehen Sie bei der Analyse und Auswertung der Liste mit den (60) Problemen – bezogen auf Ihr Unternehmen oder auf Ihren direkten Verantwortungsbereich – wie folgt vor:
1. Ordnen Sie die 60 Probleme folgenden Problemgruppen zu:
   - Aufbauorganisation
   - Ablauforganisation
   - Führung
   - Personalentwicklung und Einbeziehung
   - Markt/Wettbewerb
2. Schreiben Sie die Anzahl der Kreuze (Problembestätigungen) in die jeweilige Gruppe:

Gruppe 1:
Probleme _____

Gesamt (Kreuze): _____

Gruppe 2:
Probleme _____

Gesamt (Kreuze): _____

Gruppe 3:
Probleme _____

Gesamt (Kreuze): _____

Gruppe 4:
Probleme _____

Gesamt (Kreuze): _____

Gruppe 5:
Probleme _____

Gesamt (Kreuze): _____

3. Der Vergleich der Anzahl bestätigter Probleme zwischen den Problemgruppen deutet auf besonders zu beachtende Handlungsbereiche und setzt für die späteren Problembearbeitungsschritte Prioritäten.
4. Suchen Sie nach Zusammenhängen, Ursachen-Wirkungsfolgen sowie nach Querbeziehungen innerhalb einzelner Problemgruppen sowie zwischen unterschiedlichen. Sie können die vermuteten Zusammenhänge auch grafisch zum Beispiel in Netzwerken darstellen und durchschaubar machen.
5. Wählen Sie – eine größere Anzahl gegenwärtiger Probleme vorausgesetzt – drei bis vier Probleme aus, um diese weiter zu bearbeiten und später zu lösen. Sie sollten sich bei der Problemauswahl auf solche konzentrieren, auf die Sie oder Ihre Mitarbeiter persönlich Einfluss nehmen können und mit deren Lösung kurzfristig begonnen werden kann.
6. Wenn Sie Ihre Mitarbeiter einzeln und anonym ebenfalls analoge Einschätzungen vornehmen lassen, dann bieten sich für die Problemauswahl insbesondere solche Probleme an, die mehr- oder vielfach von Ihren Mitarbeitern angekreuzt wurden.
7. Analysieren Sie bei den ausgewählten Problemen einzeln die Ursachen und spezifischen (Aus-)Wirkungen. Seien Sie kritisch und verdecken Sie nichts, da letzteres Veränderungen und Entwicklungen erschweren.

Beispiel
Ein in einem größeren mittelständischen Unternehmen mehrfach genanntes Problem bezieht sich auf die gegenwärtige Qualität. Nachdem Meinungen von Mitarbeitern erfasst und zusammengefasst wurden, konnte als Zwischenschritt eine sogenannte Problemkarte erstellt werden.

Problemkarte »Qualitätsmängel ...«
Individuelle Begründungen/Hinweise • Fehlende Fehlermeldungen (Abteilungen, Büros untereinander) • Keine systematische Fehlererfassung und -auswertung i. S. einer »lernenden Organisation« • Abteilungen zur Abnahme untereinander gezwungen, keine Qualitätsabzüge ..., deshalb Hang zum Schludern und Vertuschen • QM wird »oben« nicht gelebt. Weiterhin »trial and error«. • QM wird in gegenwärtiger Form und Umsetzung von vielen Mitarbeitern als Belastung und kaum als Entlastung angesehen (betr. Checklisten, kaum Auswertungen, keine Beispiele für QM-Erfolge ...) • Kaum ordentliche Projektübergabe. »Nachhol- und Notbremse-Informationen« über Küchengespräche erhältlich. »Wer 2 Tage nicht in der Kaffeeküche war, weiß nicht mehr, was los ist« • Zu wenig Zeit und Ernstnahme bzgl. Einarbeitung neuer Mitarbeiter. Dadurch unnötige zusätzliche Qualitätsmängel • »Definiertes QM hört für Projektleiter gerade dort auf, wo es eigentlich anfängt: bei der Ablauforganisation« • QM-Beauftragte sind zeitweilig überfordert durch gleichzeitig zu viele Aufgaben (Abteilungsleiter ...) • QM-Schulung müßte ständig aktualisiert werden.

Auf der Grundlage dieser Problemkarte mit den unterschiedlichen Facetten des Problems konnte die Führungskraft nun eine sogenannte Ideenkarte als Grundlage für lösungsorientierte Teamdiskussionen erarbeiten:

Primäre und sekundäre Entwicklungsprobleme sowie Möglichkeiten ihrer Begegnung (Ideensammlung)
Qualitätsmängel • Straffung der Q-Kontrolle. Wöchentliche Rückmeldungen der Abteilungen an die Geschäftsleitung und der Geschäftsleitung an die Abteilungen. QM-Beauftragte sammeln und verdichten für die Geschäftsleitung (spezielles Formular, Pflichtausfüllung) • Projektbesprechungen straffen und effizienter/verbindlicher gestalten, zeitlich begrenzen • Zentrale Fehler- und Mängelanalysen, beginnend in innerbetrieblichen Zuarbeiten • Prüfen, welche Aufträge gleichermaßen innen und außen ausgeschrieben werden können, und damit bewusste Steigerung des Qualitäts- und Kostendruckes intern Ergänzen: • ... • ... • ...

So kann nun die Detailanalyse und Lösungserarbeitung zu den anderen hervorgehobenen Problemen erfolgen.

Persönliche Maßnahmen

Was nehme ich mir für die nächsten 6 Wochen vor im Sinne einer Verstärkung meiner analytischen Fähigkeiten? (Stichworte):

_____

_____

Was werde ich zuerst und vorrangig tun? (Stichworte):

_____

_____

Wie kontrolliere ich die Resultate? (Stichworte):

_____

_____

Wo werde ich mich weiter zum Thema »Analytische Fähigkeiten« informieren?

ⓘ Als weiterführende Informationsquellen empfehlen wir

Arbeitshilfen Projektmanagement. Diverse Checklisten zur Analyse (2008): www.projektmagazin.de/magazin/arbeitshilfen/arbeitshilfen_abc.html-72k

Ossola-Haring, C. (Hrsg.): Die 499 besten Checklisten für Ihr Unternehmen. verlag moderne industrie (mi), Landsberg/Lech 1996.

Beurteilungsvermögen   F/P
(Führungskräfte)

Diagramm mit Kompetenzfeldern:
- F/P: Wissensorientierung, Analytische Fähigkeiten, Sachlichkeit, **Beurteilungsvermögen**
- F/A: Konzeptionsstärke, Organisationsfähigkeit, Fleiß, Systematisch-methodisches Vorgehen
- F/S: Projektmanagement, Folgebewusstsein, Lehrfähigkeit, Fachliche Anerkennung
- F: Fachwissen, Marktkenntnisse, Planungsverhalten, Fachübergreifende Kenntnisse

F Fach- und Methodenkompetenz

Grundsätzliche Überlegungen

In dem Modularen Informations- und Trainingsprogramm MIT 13 »Beurteilungsvermögen« für Mitarbeiter werden Anregungen zur Vertiefung des Beurteilungsvermögens gegenüber kritischen Ereignissen, Sachproblemen, betrieblichen Prozessen gegeben. Ihr Interesse auch an diesem Selbst-Trainingsprogramm vorausgesetzt, wird nachfolgend die Beurteilung von Personen in den Vordergrund gestellt. Die Beurteilung von Mitarbeitern gehört zu den wichtigsten Aufgaben von Führungskräften.

Sie erhalten praktikable Hinweise zur personalen Beurteilung: Grundsätze, »Fallen«, Vorteile, methodische Details.

Empfehlungen

Allgemeine Beurteilungsgrundsätze

- In die Regelbeurteilung werden grundsätzlich alle in einem unbefristeten Arbeitsverhältnis beschäftigten Mitarbeiter einbezogen.
- Mitarbeiter, die sich während des Beurteilungszeitraumes in einem ruhenden Arbeitsverhältnis (Langzeiterkrankung, Mutterschutz, Erziehungsurlaub, Bund/Zivildienst) befinden, werden bei der nächsten Regelbeurteilung berücksichtigt.
- Mitarbeiter ab vollendetem 55. Lebensjahr werden nur auf Wunsch beurteilt.

Bei der Anfertigung von Beurteilungen beachten Sie bitte folgende Grundsätze:
- *Beobachten* Sie den zu beurteilenden Mitarbeiter *gründlich und regelmäßig* über den gesamten Beurteilungszeitraum. So gewährleisten Sie eine faire und verantwortungsbewusste Beurteilung und verhindern sowohl Spontan- als auch Pauschalurteile.

- Schaffen Sie sich *Sicherheit durch gute Vorbereitung*. Stellen Sie Tatsachen zusammen und bewerten Sie die Fakten sachlich gerecht und angemessen (nicht den Einzelfall verallgemeinern). Von Vorteil ist es, wenn Sie sich gelegentlich kurze Notizen mit Datum zu dem zu Beurteilenden machen.
- *Halten Sie sich an das Arbeitsgebiet* des Mitarbeiters und setzen Sie nur die sich daraus ergebenden *Anforderungen als Maßstäbe* an. Legen Sie die zu erwartende Normalleistung zugrunde und nicht eine Idealleistung.
- *Beurteilen Sie nur das, was in den Beurteilungszeitraum* fällt.
- *Frühere Beurteilungsergebnisse* sollten Sie *nicht beeinflussen*. Die Leistungen sowie das Verhalten des Mitarbeiters können jetzt ganz anders sein – und gerade das soll die regelmäßige Beurteilung anzeigen.
- Erreichen Sie eine weitestgehende *Objektivität* in der Beurteilung. Versuchen Sie sich als Beurteiler der Problematik bewusst zu werden, dass es keine hundertprozentige Objektivität geben kann, wo Menschen andere Menschen beurteilen. So kommen Sie der Objektivität ein Stück näher.

Beurteilungstypen

Es gibt folgende »Beurteilungstypen«:
- Der **Objektive** vergleicht Leistungen und Arbeitsverhalten mit den Anforderungen des Arbeitsplatzes. So findet er klare Maßstäbe für sein Urteil. Er vergleicht seine Mitarbeiter untereinander und stuft jeden an der ihm zukommenden Stelle ein.
- Der **Nachsichtige** spricht Leistungsreserven bei Mitarbeitern nicht an. Auch wenn Leistung und Verhalten des Mitarbeiters Anlaß zur Kritik geben, wird dieses nicht deutlich gemacht.
- Der **Superkritische** sieht Fehler mit dem Vergrößerungsglas. Gute Leistungen sind für ihn nicht erwähnenswerte Selbstverständlichkeiten. Er hat fast ausschließlich Mitarbeiter, die den Anforderungen nicht gerecht werden.
- Der **Vorsichtige** legt sich ungern fest. Er hat nur Mitarbeiter mit durchschnittlichen Leistungen. Seine Beurteilungen werden dadurch nichtssagend.

In jedem Beurteiler steckt ein Teil dieser Typen. Stellen Sie sich darauf ein.

Machen Sie sich frei von Vorurteilen, Ansichten anderer und Eindrücken, die mit der Beurteilung nichts zu tun haben. Kontrollieren Sie sich selbstkritisch auf sympathische und unsympathische Empfindungen.

Beachten Sie auch, dass Sie nicht Ihre eigenen Verhaltens-, Leistungs- oder Wertmaßstäbe auf den Mitarbeiter übertragen, sondern sehen Sie den Mitarbeiter, seine Leistungen und sein Verhalten.

Stellen Sie nur vergleichbare Querbeurteilungen an.

Beurteilungsgespräch

Hauptanliegen jeder Beurteilung ist das Gespräch mit dem Mitarbeiter über seine Leistungsergebnisse und sein Leistungsverhalten. Die Beurteilung selbst ist nur Gesprächsbasis.

Kennzeichen

Vorteile für den Mitarbeiter
- Der Mitarbeiter erhält von Ihnen Informationen zu seiner Leistung und seinem Verhalten.
- Ihre Leistungserwartungen und damit die Ihres Unternehmens werden verdeutlicht.
- Der Mitarbeiter setzt Sie über Erwartungen an seine berufliche Entwicklung und individuelle Fördermaßnahmen in Kenntnis.
- Das Mitarbeitergespräch bietet Gelegenheit, Fragen bezüglich der Zusammenarbeit mit Ihnen und den Kollegen zu behandeln.
- Ihre Gesprächsführung wirkt motivationsfördernd.

Vorteile für die Führungskraft
- Das Beurteilungsgespräch ist ein wichtiges Instrument zur Wahrnehmung Ihrer Führungsaufgaben.
- Mit dem Beurteilungsgespräch verwirklichen Sie einen kooperativen Führungsstil.
- Sie fördern die Kommunikation mit Ihren Mitarbeitern und haben dadurch die Möglichkeit, mehr über ihre Ansichten, Probleme, Neigungen und Interessen zu erfahren.

Vorteile für das Unternehmen
- Mit der Führung von Beurteilungsgesprächen erhöhen Sie im Unternehmen die Effektivität in bezug auf Führung und Kommunikation.
- Sie verbessern das Arbeitsklima im Unternehmen.
- In der Personalführung und -entwicklung erreichen Sie eine höhere Zieleindeutigkeit.

Zeitlicher Ablauf des Beurteilungsgesprächs

Begrüßung/Einstimmung

Im Zusammenhang mit der Einstimmung auf das Beurteilungsgespräch stellen Sie einleitend die Ziele des Beurteilungssystems heraus und benennen den jeweiligen Anlass der Beurteilung.

Besprechen der Beurteilung anhand des Beurteilungsbogens

In dem Gespräch nehmen Sie die sachliche Offenlegung der Beurteilung auf der Grundlage der Beurteilungskriterien vor.

Sie besprechen gemeinsam mit dem Mitarbeiter den zukunftsorientierten Teil der Beurteilung und füllen die entsprechenden Felder im Beurteilungsbogen aus.

Gegebenenfalls vereinbaren Sie mit dem Mitarbeiter Ziele, um z. B. seine Stärken zu festigen oder Probleme auszuräumen

Wichtig ist auch Ihre Kontrolle der Umsetzung der Zielvereinbarungen aus der letzten Beurteilung.

Stellungnahmen/Abschluss

Bei Einverständnis wird die Beurteilung durch die Unterschriften von dem Mitarbeiter und Ihnen abgeschlossen.

Bei Nichteinverständnis gibt der Mitarbeiter eine Begründung ab.

Der Mitarbeiter schätzt abschließend das Beurteilungsgespräch ein.

☞ Empfehlungen

Hinweise zur Gesprächsführung für den Beurteiler

- Vereinbaren Sie mit dem Mitarbeiter *rechtzeitig* den Gesprächstermin (mindestens drei Tage vorher), damit auch er Zeit zu seiner Vorbereitung erhält.
- Nehmen Sie sich für dieses wichtige Gespräch *ausreichend Zeit.* Wählen Sie als Zeitpunkt nicht die unruhigen Stunden des Tages. Wenn persönliche oder äußere Umstände den Zeitpunkt nicht als günstig erscheinen lassen, dann verschieben Sie ihn.
- Das Gespräch ist in der Regel unter *vier Augen* zu führen, falls nicht, ist dieses dem Mitarbeiter rechtzeitig anzuzeigen.
- Beachten Sie, dass Ihre *Einleitung* entscheidend auf den weiteren Verlauf des Gesprächs wirkt.

- Führen Sie das Gespräch **aufgeschlossen**. Seien Sie darauf bedacht, Distanz abzubauen und die Atmosphäre entspannt zu halten.
- **Zerlegen** Sie die Beurteilungskriterien zur besseren Verdeutlichung in die Beurteilungsschwerpunkte.
- Verwenden Sie nur die Beurteilungskriterien/-schwerpunkte, die für das Tätigkeitsfeld des Mitarbeiters in Frage kommen.
- Gewichten Sie, was nebensächlich und **was wichtig** ist. Achten Sie darauf, dass Nebensächliches nicht überbetont, Wichtiges nicht zerredet oder nur am Rande erwähnt wird.
- Lenken Sie das Gespräch immer wieder auf das **Gesprächsziel**.
- Stellen Sie stets den **Beratungs- und Förderungsgedanken** in den Vordergrund. Denken Sie daran, dass die Beurteilung für die Entwicklung des Mitarbeiters und seine Motivation wichtig ist. In dem Beurteilungsgespräch soll Bilanz über die Zusammenarbeit in dem Beurteilungszeitraum gezogen werden. Das Ergebnis ist gemeinsam zu analysieren. Es ist also zu besprechen, was gut war und deshalb so bleiben soll und was verbessert werden kann oder sogar muss.
- Beachten Sie ein ausgewogenes und gerechtes Maß von **Anerkennung und Kritik**. Gehen Sie erst auf das Positive, die Stärken des Mitarbeiters, ein. Kritik darf den Mitarbeiter in seiner Persönlichkeit nicht verletzen. Sie soll ermutigend und verbessernd wirken.
- Besprechen Sie mit Ihrem Mitarbeiter nur **realistische Ziele** und treffen Sie mit ihm nur Zielvereinbarungen, die umgesetzt werden können.
- Das Beurteilungsgespräch ist ein Dialog. **Hören Sie** sich die Argumente des Mitarbeiters an.
- Verwenden Sie im Gespräch möglichst nur **offene Fragen** (Fragen, die nicht nur mit »ja« oder »nein« zu beantworten sind).
- Gestehen Sie offen ein, wenn die **Argumente** des Mitarbeiters zutreffender sind als Ihre.
- Vermeiden Sie unsachliche Gespräche und beenden Sie das Gespräch möglichst mit **motivierendem Ausgang**.
- Der Erfolg Ihres Gesprächs sollte sich darin ausdrücken, dass die **Zusammenarbeit weiterhin gut** bleibt oder sich noch verbessert.

Fragekatalog für den Beurteiler

1. Habe ich gründlich und planvoll beobachtet, um objektiv, fair und verantwortungsbewusst beurteilen zu können?
2. Habe ich mich gut vorbereitet, Beobachtungen für meine Argumentation zusammengestellt und diese sachlich gerecht und angemessen bewertet?
3. Habe ich mich bei Mitarbeitern, die räumlich von mir getrennt arbeiten, ausreichend über ihre Leistungen und ihr Verhalten informiert?
4. Messe ich Leistung und Verhalten des Mitarbeiters an den Anforderungen seines Arbeitsplatzes?
5. Was erwarte ich als Normalleistung?
6. Habe ich dem Mitarbeiter alle notwendigen Hilfen gegeben?
7. Kennt der Mitarbeiter konkret seine Aufgaben und meine Erwartungen?
8. Beurteile ich nur das, was in den Beurteilungszeitraum fällt?

9. Habe ich alle Gelegenheiten genutzt, um dem Mitarbeiter meine Eindrücke von seinen Leistungen und seinem Verhalten mitzuteilen, so daß er durch meine Beurteilung nicht überrascht wird?
10. Habe ich alles getan, damit der Mitarbeiter mit einer positiven Einstellung zum Gespräch kommt?
11. Welche Zukunftsaussichten sehe ich für den Mitarbeiter, welche Förderungsmaßnahmen will ich ihm vorschlagen?

Die Arbeit mit dem Beurteilungsbogen

Auf dem Beurteilungsbogen dokumentieren Sie die Leistungs- und Verhaltensbeurteilung des Mitarbeiters auf der Grundlage der vorgegebenen Beurteilungskriterien. Darüber hinaus können Sie weitere Aussagen, die mit der Beurteilung in engem Zusammenhang stehen und sich aus dem Beurteilungsgespräch ergeben, auf dem Bogen festhalten. Übergeben Sie das Original des ausgefüllten Beurteilungsbogens an die Personalabteilung. Der Mitarbeiter erhält von Ihnen eine Kopie des gesamten Beurteilungsbogens.

Bei der Arbeit mit dem Beurteilungsbogen beachten Sie bitte folgende Hinweise:

> Die **1. Seite** umfasst die persönlichen Daten, den Anlass der Beurteilung und die Tätigkeiten.
>
> Die Eintragung der persönlichen Daten nehmen Sie bitte eigenständig vor.

> Die **2. Seite** beinhaltet die eigentliche Beurteilung.
>
> Wir empfehlen Ihnen, die Punktewertung entsprechend der Skalierung für die einzelnen Beurteilungskriterien ebenfalls vor dem Beurteilungsgespräch vorzunehmen.

Nehmen Sie die Bewertung der Beurteilungskriterien nach den folgenden Ausprägungsgraden vor.

1. **»Weniger ausgeprägt«**
   Der Mitarbeiter erfüllt die Anforderungen selten bzw. nur mit größeren Abstrichen. Er/sie arbeitet fehlerhaft und nicht gründlich. Hinweise auf erforderliche Verbesserungen in der Leistung und im Verhalten sind notwendig.

2. **»Teilweise ausgeprägt«**
   Erfüllt die Anforderungen teilweise. Der Mitarbeiter zeigt zufriedenstellende Leistungen, er arbeitet nicht immer gründlich und sorgfältig. Hinweise auf erforderliche Verbesserungen in der Leistung und im Verhalten sind notwendig.

3. »Ausgeprägt«
Erfüllt die Anforderungen mit kleinen Abstrichen. Der Mitarbeiter leistet in der Regel Gefordertes, er arbeitet meist exakt und fehlerfrei. Gelegentlich sind Hinweise auf erforderliche Verbesserungen in der Leistung und/oder im Verhalten notwendig.

4. »Deutlich ausgeprägt«
Der Mitarbeiter erfüllt die Anforderungen exakt. Der Mitarbeiter leistet Gefordertes in der angemessenen Zeit, er erledigt die Arbeit exakt und sorgfältig. Kritiken und Beschwerden zu Ergebnissen seiner Leistung und zu seinem Verhalten treten nicht auf.

5. »Stark ausgeprägt«
Der Mitarbeiter erfüllt die Anforderungen mit viel Eigeninitiative und übererfüllt sie zum Teil. Der Mitarbeiter leistet sehr viel in sehr hoher Qualität, er arbeitet ungewöhnlich schnell. Er geht mit den komplexen Anforderungen an seinen Arbeitsplatz gut um und handelt sehr sicher im Sinne des Unternehmens.

6. »Sehr stark ausgeprägt«
Der Mitarbeiter übertrifft die Anforderungen und zählt zu den »high potential« des Unternehmens. Er zeigt auch unter schwierigen Bedingungen überdurchschnittliche Leistungen und Engagement.

7. »Übermäßig stark ausgeprägt«
Der Mitarbeiter überzieht/übertreibt Kompetenzen und zeigt dadurch spezifische Schwächen, die für die konkrete Tätigkeit/Funktion hinderlich sind bzw. sein können.
- In einem Feld Erläuterungen können Sie die einzelnen Punktebewertungen begründen bzw. Ergänzungen zu den jeweiligen Beurteilungskriterien geben, wie z. B. Hinweise auf Beurteilungsschwerpunkte, die besonders zutreffen bzw. nicht in Frage kommen.
- Die Felder ab »Besonderheiten im Umfeld ... « füllen Sie im Gespräch gemeinsam mit dem Beurteilten aus.
- Als Besonderheiten im Umfeld des Mitarbeiters verstehen Sie besondere Umstände oder Belastungen, die u. U. zu einem Leistungsabfall geführt haben.

Die **3. Seite** umfasst die Stärken und Entwicklungsfelder, die Kontrolle bestehender und der Abschluss neuer Zielvereinbarungen sowie Vorschläge zur Mitarbeiterförderung.
- Bevor Sie neue Zielvereinbarungen mit dem Mitarbeiter treffen, prüfen Sie gemeinsam mit ihm, ob es aus der letzten Regelbeurteilung nicht realisierte Zielvereinbarungen gibt. Wenn ja, tragen Sie diese in das entsprechende Feld ein und treffen diesbezügliche Festlegungen gegebenenfalls für den nächsten Beurteilungszeitraum.
- In das Feld »Vorschläge zur Mitarbeiterförderung« schreiben Sie Vorschläge zur organisierten und selbstorganisierten Personalentwicklung.
- Um eine ständige Kontrolle der festgelegten Maßnahmen zu gewährleisten, fertigen Sie sich bitte eine Kopie dieser Seite an.

> Die **4. Seite** ist für das Festhalten der Erwartungen, die Stellungnahme des Mitarbeiters zur Beurteilung und zum Beurteilungsgespräch und für die Unterschriften vorgesehen.
>
> Nach Beendigung des Beurteilungsgespräches räumen Sie dem Mitarbeiter Zeit für seine Stellungnahme und die Einschätzung des Gesprächs ein.
>
> Um eine ständige Kontrolle der festgelegten Maßnahmen zu gewährleisten, fertigen Sie sich bitte eine Kopie dieser Seite an.
>
> Bei Nichteinverständnis mit der Beurteilung kann der Mitarbeiter seine Begründung dafür auf einer Anlage zum Beurteilungsbogen abgeben. Die Abgabe der Begründung kann auch zu einem späteren Termin erfolgen, spätestens jedoch innerhalb von 5 Arbeitstagen nach dem Beurteilungsgespräch.
>
> Für den Fall, dass es zwischen Beurteiler und dem beurteilten Mitarbeiter zu keiner Übereinstimmung hinsichtlich der Beurteilung und des Beurteilungsgespräches kommt und der Mitarbeiter eine Gegendarstellung hierzu abgibt, schlagen wir folgende Verfahrensweise vor:
>
> Der Mitarbeiter erhält durch »– ? –« eine Bestätigung des Eingangs der Gegendarstellung. »– ? –« informiert darüber den Beurteiler.
>
> Es ergeben sich danach 3 Möglichkeiten der Verfahrensweise:
>
> a) Der Beurteiler nimmt keine Korrektur der Beurteilung vor. Dieses wird ebenfalls auf einer formlosen Anlage zum Beurteilungsbogen festgehalten und von beiden Beteiligten unterzeichnet.
>
> b) Zwischen dem Beurteiler und dem Beurteilten wird eine Vereinbarung geschlossen. Darin wird festgelegt, dass der Mitarbeiter vor der nächsten Regelbeurteilung noch einmal beurteilt wird.
>
> c) Der Beurteiler nimmt eine Korrektur der Beurteilung vor. Diese wird auf einer formlosen Anlage zum Beurteilungsbogen dokumentiert und vom Mitarbeiter sowie dem Beurteiler unterzeichnet.

Kompetenz-Beurteilungskriterien (5 Beispiele)

Beispiele für Kompetenzanforderungen, die in Beurteilungen genutzt werden können (dieser Kriterien-Ausschnitt basiert auf einem ACT-Kompetenzatlas mit 64 definierten Kompetenzanforderungen (Heyse/Erpenbeck 2007).

1. Akquisitionsstärke

Geht auf andere Personen aktiv und initiativreich zu Versteht und beeinflusst andere durch intensive und kontinuierliche Kommunikation

Entwickelt beim Kunden spezifische Lösungsvorschläge und vermittelt das Gefühl der vollen Einbeziehung des Kunden

Beendet Gespräche mit konkreten Vereinbarungen (weiteres Vorgehen, Termine …)

Unterstützt und pflegt den bestehenden Kundenstamm sowie potenzielle Neukunden durch Beratung und Lösungsvorschläge.

Kompetenzübertreibung: *Wirkt auf andere zu bedrängend, zu sehr ergebnisorientiert ...*

2. Glaubwürdigkeit
Gibt erlebte und beobachtete Situationen, Sachverhalte und Verhältnisse zutreffend und objektiv wieder

Kann durch persönliche Gelassenheit und Stabilität von der Richtigkeit der eigenen Sicht überzeugen

Gibt Fehler und Schwächen offen zu und ist bereit, die eigene Sicht bei Auftreten neuer Fakten oder stimmiger Argumente zu korrigieren

Motiviert andere durch eigenes vorbildliches Handeln.

Kompetenzübertreibung *Tendiert dazu, zu offen zu sein; idealisiert Beziehungen, ist mitunter zu selbstkritisch, naiv ...*

3. Disziplin
Handelt freiwillig und selbstverantwortlich gemäß einmal akzeptierter und persönlich angeeigneter Werte und Normen

Folgt fachlich-methodisch gewonnenen Einsichten unbeirrt, auch wenn sich unbequeme persönliche Konsequenzen ergeben

Sorgt im Unternehmen, dem Arbeitsbereich, der Arbeitsgruppe ... dafür, dass sich verbindliche Werthaltungen ausbilden

Achtet darauf, dass einmal erarbeitete Werthaltungen, Normen, Vereinbarungen auch von den anderen praktisch umgesetzt oder eingehalten werden.

Kompetenzübertreibung: *Neigt zu überdiszipliniertem Verhalten; wirkt auf andere als zu streng und zu eingeengt/einengend ...*

4. Kommunikationsfähigkeit
Kann zuhören und geht auf Gesprächspartner ein

Begegnet Einwänden sachlich und frustrationstolerant

Spricht und schreibt verständlich und kann sich kundengerecht ausdrücken

Verfügt über rhetorische Fertigkeiten, ist redegewandt und hat Verhandlungsgeschick.

Kompetenzübertreibung: *Neigt zur Schwatzhaftigkeit, Leutseligkeit; ist zu sehr von der Anerkennung durch Dritte abhängig ...*

5. Konzeptionsstärke
Besitzt die nötige fachlich-methodische Basis, um sich systematisch weiterzuentwickeln

Verfügt über die Willensstärke und Tatkraft, gefundene Lösungen zu realisieren

Gibt sich nicht mit Teillösungen zufrieden, sondern sucht den systematischen Zusammenhang von Lösungsmöglichkeiten

Ist beharrlich genug, einmal gefundene Lösungen durchzusetzen und flexibel genug, neue Anregungen und Ideen ins eigene Konzept zu integrieren.

Kompetenzübertreibung: *Tendiert zu übermäßig starken Konfrontationen, Beharrlichkeit und Alleingängen bei der Durchsetzung eigener Ideen ...*

☞ **Empfehlungen**

Leitfaden für den Mitarbeiter zur Vorbereitung auf das Beurteilungsgespräch

Beurteilungen sind ein wichtiges Instrument für die Sicherung eines leistungsgerechten Personaleinsatzes und für eine gezielte Personalförderung.

Motivation und Engagement eines jeden sind im erheblichen Umfang von Anerkennung und sachlicher Kritik abhängig. Insofern ist die Beurteilung – verbunden mit einem *offenen und fairen* Gespräch – zugleich eine wichtige Führungsaufgabe für die erfolgreiche Durchsetzung der Geschäftspolitik des Unternehmens.

Für die Praxis bedeutet das, die Beurteilung und vor allem das Beurteilungsgespräch so zu gestalten, dass die Leistungsergebnisse und das Leistungsverhalten jedes einzelnen Mitarbeiters möglichst objektiv erfasst und transparent gemacht werden. Gute Leistungen zu festigen und weiter auszubauen und dagegen unzureichende Ergebnisse in Leistung und Verhalten mehr und mehr zu überwinden, sollte dabei unser oberstes Ziel sein.

Vorteile des Beurteilungsgesprächs für den Mitarbeiter

- Sie erhalten von Ihrer Führungskraft Informationen zu Ihrer Leistung und Ihrem Verhalten.
- Die Leistungserwartungen Ihrer Führungskraft und damit des Unternehmens werden verdeutlicht.
- Sie haben die Möglichkeit, Erwartungen an Ihre berufliche Entwicklung anzusprechen und Einfluss auf individuelle Fördermaßnahmen zu nehmen.
- Das Mitarbeitergespräch bietet Ihnen die Gelegenheit, Fragen bezüglich der Zusammenarbeit mit Ihrer Führungskraft und den Kollegen zu behandeln.
- Das Beurteilungsgespräch wirkt auf Sie motivationsfördernd.
- Der zu Beurteilende kann eine Vertrauensperson aus dem Unternehmen zum Gespräch hinzuziehen.

Zeitlicher Ablauf des Beurteilungsgesprächs

1. Begrüßung/Einstimmung
   Ihre Führungskraft stellt zur Einstimmung auf das Beurteilungsgespräch die Ziele des Beurteilungssystems heraus und benennt den jeweiligenAnlass Ihrer Beurteilung.

2. Besprechen der Beurteilung anhand des Beurteilungsbogens
   In dem Gespräch nimmt Ihre Führungskraft eine sachliche Offenlegung Ihrer Beurteilung auf der Grundlage der Beurteilungskriterien vor.
   Gemeinsam bespricht er sie mit Ihnen den zukunftsorientierten Teil der Beurteilung und füllt die entsprechenden Felder im Beurteilungsbogen aus. Gegebenenfalls vereinbart Ihre Führungskraft mit Ihnen Ziele, um z. B. Stärken zu festigen oder Probleme auszuräumen.

In dem Zusammenhang kontrollieren Sie ebenso wie Ihre Führungskraft Umsetzung der Vereinbarungen aus der letzten Beurteilung.

3. Stellungnahmen/Abschluss

Sind Sie mit Ihrer Beurteilung einverstanden, wird diese mit Ihrer Unterschrift und der Ihrer Führungskraft abgeschlossen.

Sollten Sie nicht einverstanden sein, geben Sie eine entsprechende Begründung dazu ab.

Abschließend schätzen Sie das Beurteilungsgespräch ein. Für die Einschätzung und für die eventuell erforderliche Formulierung der Begründung bei Nichteinverständnis mit der Beurteilung wird Ihnen von Ihrer Führungskraft unmittelbar nach dem Gespräch Zeit eingeräumt.

Hinweise zur Gesprächsführung für den Beurteilten

- Bereiten Sie sich gründlich auf das Beurteilungsgespräch vor.
- Informieren Sie gegebenenfalls Ihre Führungskraft über die Hinzuziehung einer von Ihnen gewählten Vertrauensperson unseres Unternehmens.
- Nehmen Sie aktiven Anteil am Gespräch, es dient Ihren persönlichen Interessen.
- Äußern Sie sich konstruktiv kritisch.
- Vereinbaren Sie mit Ihrer Führungskraft nur realistische Ziele und machen Sie ihn/sie auf erforderliche Hilfestellung aufmerksam.
- Informieren Sie Ihre Führungskraft ganz offen über Ihre beruflichen Ziele und Vorstellungen.
- Akzeptieren Sie konstruktive Kritik. Sie dient Ihrer persönlichen Weiterentwicklung.

Fragekatalog für den Beurteilten zur Vorbereitung auf das Beurteilungsgespräch

1. Habe ich mir das Beurteilungssystem angesehen und überlegt, wie ich mich selbst einstufen würde?	☐
2. Sind mir meine Arbeitsziele und die Erwartungen der Führungskraft genügend bekannt?	☐
3. Erhalte ich die notwendige Unterstützung zur Erfüllung meiner Aufgaben, z. B. durch Informationen, Arbeitsmittel, Kompetenzen? Wenn nein: Was wünsche ich mir?	☐
4. Was gefällt mir an meiner Arbeit am meisten, was am wenigsten?	☐
5. Kann ich meine Fähigkeiten bei meiner jetzigen Aufgabe voll einsetzen? Wenn nein: Welche Vorstellungen habe ich?	☐
6. Worauf bin ich in meiner Arbeitsleistung bzw. bei meinem Arbeitsverhalten ein wenig stolz? Habe ich Bestätigung und Lob erhalten?	☐

7. Was erachte ich an meiner Arbeitsleistung bzw. an meinem Arbeitsverhalten noch für verbesserungsfähig? ☐
8. Kann ich meine Leistung bzw. mein Arbeitsverhalten noch verbessern ☐
   a) durch mehr direkte Hilfe seitens des Unternehmens?
   b) durch berufliche Fortbildungsmaßnahmen?
9. Welche Maßnahmen stelle ich mir vor? ☐
10. Was möchte ich im Beurteilungsgespräch noch zur Sprache bringen? ☐

✎ Persönliche Maßnahmen

Was nehme ich mir für die nächsten 6 Wochen i. S. einer Verbesserung meines »Beurteilungsvermögens« vor? (Stichworte):

_____

_____

Was werde ich zuerst und vorrangig tun? (Stichworte):

_____

_____

Wie kontrolliere ich die Resultate? (Stichworte):

_____

_____

Wo werde ich mich weiter zum Thema »Beurteilung« informieren? (Stichworte):

_____

_____

ⓘ Als weiterführende Informationsquellen empfehlen wir

Heyse, V.; Erpenbeck, J.: KompetenzManagement. Waxmann Verlag, Münster/New York/München/Berlin 2007

Von Rosenstiel, L.; Regnet, E.; Domsch, M. E. (Hrsg.): Führung von Mitarbeitern. 5. Aufl., Schäffer-Poeschel Verlag, Stuttgart 2003